# 湖南省普通高校2023届毕业生
# 就业质量年度报告

HUNANSHENG PUTONG GAOXIAO 2023 JIE BIYESHENG
JIUYE ZHILIANG NIANDU BAOGAO

曹　敏　彭艳霞 ◎ 主编



湘潭大学出版社
XIANGTAN UNIVERSITY PRESS

**图书在版编目（CIP）数据**

湖南省普通高校 2023 届毕业生就业质量年度报告 / 曹敏，彭艳霞主编. -- 湘潭 : 湘潭大学出版社，2024. 9. -- ISBN 978-7-5687-1565-2
Ⅰ. G647.38
中国国家版本馆 CIP 数据核字第 2024VQ6840 号

**湖南省普通高校 2023 届毕业生就业质量年度报告**

HUNANSHENG PUTONG GAOXIAO 2023 JIE BIYESHENG JIUYE ZHILIANG NIANDU BAOGAO

**曹敏 彭艳霞 主编**

**责任编辑**：张宝香　郭　瑜
**封面设计**：李　平
**出版发行**：湘潭大学出版社
**社　　址**：湖南省湘潭大学工程训练大楼
**电　　话**：0731-58298960 0731-58298966（传真）
**邮　　编**：411105
**网　　址**：http://press.xtu.edu.cn/
**印　　刷**：长沙超峰印刷有限公司
**经　　销**：湖南省新华书店
**开　　本**：787 mm×1092 mm 1/16
**印　　张**：22.25
**字　　数**：500 千字
**版　　次**：2024 年 9 月第 1 版
**印　　次**：2024 年 9 月第 1 次印刷
**书　　号**：ISBN 978-7-5687-1565-2
**定　　价**：88.00 元

# 编 委 会

本书是湖南省教育科学“十四五”规划2024年度决策咨询专项课题：湖南高校各类学科专业毕业生供需匹配度调查分析（课题编号：XJK24JCZD07）的研究成果。

# 序　言

中共湖南省委教育工委委员，湖南省教育厅党组成员、副厅长　兰　勇

中国式现代化，民生为大。就业是最基本的民生，就业稳则民心安、社会稳。党的十八大以来，习近平总书记对就业在党和国家事业全局中的战略性基础性作用、就业事业取得的历史性成就和宝贵经验、就业工作的新定位新使命等作出了一系列重要论述；党的二十届三中全会也明确提出，“在发展中保障和改善民生是中国式现代化的重大任务”“完善就业优先政策”。习近平总书记的系列重要论述和党中央的系列决策部署，是指导我们做好新时代新征程就业工作的行动纲领和根本遵循。

功以才成，业由才广。高校毕业生是党和国家的宝贵人才资源，是实现中国式现代化的生力军，做好高校毕业生就业工作更是党中央交给我们的重大政治任务。近年来，湖南省教育厅坚持以习近平新时代中国特色社会主义思想为指引，深入贯彻党中央、国务院以及教育部、湖南省委省政府决策部署，把高校毕业生作为就业工作的重中之重，推动出台创业就业三年行动方案、促进实施高校毕业生高质量充分就业 8 条、支持高校毕业生创业 16 条等举措，努力确保全省高校毕业生就业保持总体稳定、实现稳中向好，为实现“三高四新”美好蓝图、建设中国式现代化新湖南注入了源源不断的人才动力。这份工作答卷，非常难得、殊为不易！

举网以纲，千目皆张。依靠发展促进就业是推动就业行稳致远的宝贵历史经验，健全高质量充分就业促进机制是破解高校毕业生就业工作突出矛盾的标本兼治之策。我们既要以“时时放心不下”的责任担当，解决毕业生求职就业的“急难愁盼事”，也要以“功成不必在我”的胸襟情怀，多做打基础、利长远的“潜功隐绩”。党的二十大以来，湖南省教育厅突出工作重点，聚焦关键环节，多措并举、精准施策，用“加减乘除”促进高校毕业生高质量充分就业。一是在拓展就业资源上做好“加法”扩增量，稳定并适度扩大政策性岗位资源，加大力度挖掘市场化岗位，组织促就业系列活动，大力推进高校书记校长访企拓岗专项行动，积极推动创业带动就业，为毕业

生创造更多高质量就业岗位。二是在服务提质增效上做好“减法”降负担，坚持以服务对象需求为导向，完善就业公共服务制度，健全就业公共服务体系，深入推进“一件事一次办”改革，督促就业创业帮扶政策落实落细，提升毕业生就业创业“一站式”服务效能，打通服务就业群体的“最后一公里”。三是在深化产教融合上做好“乘法”聚合力，不断深化对新时代就业工作规律的认识，动态调整高等教育专业和资源结构布局，构建招生—培养—就业联动机制，推动人才培养与经济社会发展同频共振，促进教育链、人才链与产业链、创新链深度融合，不断提升人才培养的目标达成度、职业匹配度和社会满意度。四是在破解障碍壁垒上做好“除法”通堵点，加强就业创业帮扶、基层就业、应届毕业生身份认定等各类政策的宣传解读，推动构建政府、行业、企业、高校、家庭“五位一体”的“大就业”工作格局，着力解决衔接不畅、协同不够、融合不深、共享不足等工作机制中的难点、堵点和痛点。

知之愈明，则行之愈笃。立足新时代，奋进新征程，教育系统更要深刻认识和深入思考就业工作所处的历史方位、所面临的复杂内外环境、所肩负的崭新使命责任。高校毕业生就业质量是人才培养质量的核心内容，是检验高等教育改革发展成果的重要指标。毕业生就业状况跟踪调查，是综合评价高校毕业生就业质量的重要举措，是我省高等教育人才培养质量保障体系的重要组成部分。常态化开展高校毕业生就业质量专项研究，既能促进高校全面贯彻党的教育方针，主动调整学科专业结构、改革人才培养模式，切实增强人才自主培养能力，又能促进政府准确掌握高校及相关学科专业人才培养质量和毕业生就业质量、中长期高校毕业生就业变化趋势，还能促进用人单位与高校毕业生参与高校人才培养和就业工作。

今年，我省以湖南省教育科学“十四五”规划决策咨询专项课题的形式，立项支持开展相关研究，撰写、出版全省普通高校 2023 届毕业生就业质量年度报告，既是全省高校毕业生就业战线同志们向社会交出的一份珍贵答卷，也是湖南省教育厅系统总结高校毕业生就业工作经验、扬帆奋进再出发的号角。锚定高质量充分就业的目标，努力让毕业生找到心仪的工作，走稳踏入社会的第一步，实现好的奔头，成就美的前程，我们一直在接续奋斗，一直在砥砺前行。

是为序。

2024 年 8 月

# 报告说明

## 一、数据说明

本书所用数据均由湖南省大中专学校学生信息咨询与就业指导中心提供。数据分为三部分：一是 2023 届普通高校毕业生就业管理系统数据；二是 2023 届普通高校毕业生就业相关调查数据，调查对象包括毕业生与用人单位；三是 2020—2022 届普通高校毕业生就业相关调查数据，调查对象包括毕业生与用人单位。

就业管理系统数据统计截止日期为 2023 年 8 月 31 日。数据显示，湖南省普通高校 2023 届毕业生共计 500681 人，毕业生毕业去向落实率为 88.62%。

调查数据包括 2023 届毕业生离校前调查、2023 届毕业生离校后调查及用人单位调查、2020—2022 届毕业生及用人单位调查，具体的回收情况与调查内容如下：

1. 2023 届毕业生离校前调查时间段为 2022 年 11 月 28 日到 2023 年 3 月 31 日，调查回收有效数据为 473597 条，样本量十分充足，调查内容主要是毕业生对教育教学的评价与建议等。

2. 2023 届毕业生离校后调查及用人单位调查的时间段为 2023 年 9 月 1 日至 12 月 31 日，毕业生调查回收有效样本量 153795 条，调查内容主要包括毕业生就业相关分析、毕业生专项就业分析、毕业生就业影响因素分析、毕业生就业质量评价分析等；用人单位调查回收有效样本量 5411 条，调查内容主要包括单位对毕业生工作表现评价和对高校人才培养与就业服务的评价与建议等。

3. 2020—2022 届毕业生及用人单位调查时间段为 2023 年 6 月 1 日至 8 月 31 日，毕业生调查回收有效样本量 16084 条，调查内容主要包括毕业生对母校人才培养的评价、毕业生能力评价、毕业生就业状态及就业质量评价等；用人单位调查回收有效样本 2839 条，调查内容主要包括用人单位毕业生业务主管对毕业生的政治思想觉悟与职业素养、专业水平、职业能力水平、工作岗位匹配度及综合评价等。

表 1 至表 4 为 2023 届毕业生离校后调查样本的分布，从表中可知样本结构与毕业生

总体结构比值差异较小，因此选取的样本具有较高代表性。

**表 1　湖南省普通高校 2023 届毕业生及回收样本量的分布**

| 学历 | 毕业生 | | 样本量 | |
|---|---|---|---|---|
| | 人数（人） | 比例（%） | 人数（人） | 比例（%） |
| 高职专科 | 262979 | 52. 52 | 69514 | 45. 20 |
| 本科 | 207166 | 41. 38 | 76439 | 49. 70 |
| 研究生 | 30536 | 6. 10 | 7842 | 5. 10 |
| 总计 | 500681 | 100. 00 | 153795 | 100. 00 |

**表 2　湖南省普通高校 2023 届专科毕业生的样本分布**

| 专业大类 | 毕业生 | | 样本量 | |
|---|---|---|---|---|
| | 人数（人） | 比例（%） | 人数（人） | 比例（%） |
| 农、林、牧、渔大类 | 6760 | 2. 57 | 1423 | 2. 05 |
| 资源环境与安全大类 | 3695 | 1. 41 | 630 | 0. 91 |
| 能源动力与材料大类 | 2747 | 1. 04 | 1057 | 1. 52 |
| 土木建筑大类 | 17034 | 6. 48 | 3065 | 4. 41 |
| 水利大类 | 1113 | 0. 42 | 186 | 0. 27 |
| 装备制造大类 | 32947 | 12. 53 | 8797 | 12. 66 |
| 生物与化工大类 | 2912 | 1. 11 | 903 | 1. 30 |
| 轻工纺织大类 | 336 | 0. 13 | 113 | 0. 16 |
| 食品药品与粮食大类 | 3258 | 1. 24 | 829 | 1. 19 |
| 交通运输大类 | 19168 | 7. 29 | 5180 | 7. 45 |
| 电子信息大类 | 36567 | 13. 90 | 8586 | 12. 35 |
| 医药卫生大类 | 37048 | 14. 09 | 8076 | 11. 62 |
| 财经商贸大类 | 39447 | 15. 00 | 11563 | 16. 63 |
| 旅游大类 | 5411 | 2. 06 | 2011 | 2. 89 |
| 文化艺术大类 | 13231 | 5. 03 | 2710 | 3. 90 |
| 新闻传播大类 | 2228 | 0. 85 | 489 | 0. 70 |
| 教育与体育大类 | 29948 | 11. 39 | 11678 | 16. 80 |
| 公安与司法大类 | 1513 | 0. 58 | 635 | 0. 91 |
| 公共管理与服务大类 | 7616 | 2. 90 | 1583 | 2. 28 |
| 总计 | 262979 | 100. 00 | 69514 | 100. 00 |

表 3　湖南省普通高校 2023 届本科毕业生的样本分布

| 学科门类 | 毕业生 | | 样本量 | |
|---|---|---|---|---|
| | 人数（人） | 比例（%） | 人数（人） | 比例（%） |
| 哲学 | 106 | 0.05 | 12 | 0.02 |
| 经济学 | 9749 | 4.71 | 2902 | 3.80 |
| 法学 | 7167 | 3.46 | 2800 | 3.66 |
| 教育学 | 7520 | 3.63 | 3750 | 4.91 |
| 文学 | 22588 | 10.90 | 9107 | 11.91 |
| 历史学 | 771 | 0.37 | 363 | 0.47 |
| 理学 | 14970 | 7.23 | 6137 | 8.03 |
| 工学 | 68693 | 33.16 | 24408 | 31.93 |
| 农学 | 2898 | 1.40 | 1503 | 1.97 |
| 医学 | 20003 | 9.66 | 7002 | 9.16 |
| 管理学 | 32335 | 15.61 | 11767 | 15.39 |
| 艺术学 | 20366 | 9.83 | 6688 | 8.75 |
| 总计 | 207166 | 100.00 | 76439 | 100.00 |

表 4　湖南省普通高校 2023 届毕业研究生的样本分布

| 学科门类 | 毕业生 | | 样本量 | |
|---|---|---|---|---|
| | 人数（人） | 比例（%） | 人数（人） | 比例（%） |
| 哲学 | 239 | 0.78 | 69 | 0.88 |
| 经济学 | 1504 | 4.93 | 322 | 4.11 |
| 法学 | 1934 | 6.33 | 588 | 7.50 |
| 教育学 | 2234 | 7.32 | 609 | 7.77 |
| 文学 | 1574 | 5.15 | 403 | 5.14 |
| 历史学 | 186 | 0.61 | 71 | 0.91 |
| 理学 | 2549 | 8.35 | 562 | 7.17 |
| 工学 | 10630 | 34.81 | 2759 | 35.18 |
| 农学 | 1159 | 3.80 | 573 | 7.31 |
| 医学 | 4248 | 13.91 | 981 | 12.51 |
| 管理学 | 3157 | 10.34 | 638 | 8.14 |
| 艺术学 | 1122 | 3.67 | 267 | 3.40 |
| 总计 | 30536 | 100.00 | 7842 | 100.00 |

## 二、框架说明

本书由 12 部分构成，分别是毕业生就业基本状况、毕业生专项就业相关分析、近三届毕业生就业发展趋势、毕业生就业影响因素分析、毕业生就业质量调研分析、毕业生对教育教学评价、用人单位对毕业生与高校评价、毕业生留湘就业专项分析、毕业生服务“三高四新”战略定位和使命任务专项分析、毕业生就业工作开展情况及特点、2020—2022 届毕业生就业状况追踪调查专项分析、反馈与建议（见图 1）。

| | |
|---|---|
| 就业基本状况 | 包含毕业生结构、毕业生初次毕业去向落实率、毕业生就业特征分析等。 |
| 专项就业相关分析 | 包含毕业去向为升学、自主创业、自由职业、未就业的毕业生去向基本情况和状态相关分析等。 |
| 就业发展趋势 | 包含毕业生规模变化、毕业去向落实率变化、就业结构变化等。 |
| 就业影响因素分析 | 包含毕业生就业期望、毕业生专业优势、毕业生自身就业能力、毕业生就业过程等维度的探寻等。 |
| 就业质量分析 | • 包含毕业生就业现状满意度、就业适配情况、就业待遇情况、就业单位质量情况、就业稳定情况、就业导向性等；<br>• 包含总体、科类、专业就业质量评估结论等。 |
| 毕业生对教育教学评价 | 包含毕业生对高校人才培养过程的教学评价、课程设置评价、实践教学评价、双创教育评价、就业服务工作评价、高校影响力等。 |
| 用人单位对毕业生与高校评价 | 包含用人单位对高校毕业生工作表现评价、岗位适应性、职业发展评价，对高校就业服务、人才培养工作，以及高校对毕业生求职方面的评价与建议等。 |
| 留湘就业专项分析 | 包含毕业生留湘就业分布及毕业生留湘就业特征分析；毕业生留湘就业调研分析；近三年毕业生留湘就业变化等。 |
| 服务“三高四新”战略定位和使命任务专项分析 | 包含毕业生服务装备制造业、科学研究和技术服务业发展情况，毕业生在中部地区、长江经济带就业情况，毕业生在民生领域、教育领域、农、林、牧、渔领域就业情况。 |
| 就业工作开展情况及特点 | 展现省级毕业生就业工作部门工作开展情况、省内高校 2023 年度毕业生就业工作情况等。 |
| 2020—2022 届毕业生就业状况追踪调查专项分析 | 包括 2020-2022 届毕业生就业质量、毕业生能力自评、对母校的人才培养的评价、用人单位对毕业生的评价等。 |
| 反馈与建议 | 总结报告中的主要结论，并通过数据反馈提出针对各高校教育教学工作、就业创业服务工作的相关改进建议。 |

**图 1　本书框架**

## 三、其他说明

1. 本书基于就业管理系统数据，结合 2023 届毕业生离校前后两次调研和用人单位调研数据以及 2020—2022 届毕业生及用人单位追踪调研数据，对相关指标进行分析。

2. 调研数据统计中，问卷涉及的多选题均采用多重响应计算原则，即比值为选项回答人数与参与答题的总人数相除得到。

3. 在统计结果中，对各项比例的提取，一般精确到小数点后 2 位，因四舍五入原因，若各分项整体比例之和不等于 100%，但与 100%非常接近，视为正常现象。

# 目录 CONTENTS

# 第1章

# 湖南省普通高校 2023 届毕业生就业基本状况

## 1.1 规模与结构

### 1.1.1 总体规模与结构

湖南省普通高校2023届毕业生（以下简称“毕业生”）总规模为500681人，较上届增加2.08万人。其中高职专科毕业生262979人，占毕业生总数的52.52%；本科毕业生207166人，占毕业生总数的41.38%；毕业研究生30536人，占毕业生总数的6.10%。如图1-1所示。

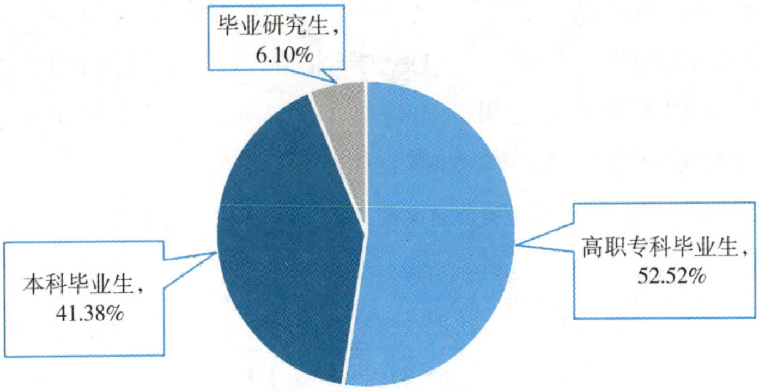


**图1-1　湖南省普通高校2023届毕业生总体规模**

从入学时的户籍来看，毕业生为湖南省生源人数占比为79.35%，为非湖南省生源人数占比为20.65%，其中高职专科毕业生湖南省生源所占比例较本科毕业生与毕业研究生要高。如表1-1所示。

**表 1-1 湖南省普通高校 2023 届毕业生生源结构**

| 学历 | 湖南省生源 | | 非湖南省生源 | |
|---|---|---|---|---|
| | 人数（人） | 比例（%） | 人数（人） | 比例（%） |
| 高职专科毕业生 | 237399 | 90. 27 | 25580 | 9. 73 |
| 本科毕业生 | 144662 | 69. 83 | 62504 | 30. 17 |
| 毕业研究生 | 15252 | 49. 95 | 15284 | 50. 05 |
| 总体 | 397313 | 79. 35 | 103368 | 20. 65 |

从入学时的城乡类型来看，毕业生为农村生源人数占比为 69. 13%，为城镇生源人数占比为 30. 87%，其中高职专科毕业生农村生源所占比例较本科毕业生与毕业研究生要高。如表 1-2 所示。

**表 1-2 湖南省普通高校 2023 届毕业生城乡类型**

| 学历 | 城镇生源 | | 农村生源 | |
|---|---|---|---|---|
| | 人数（人） | 比例（%） | 人数（人） | 比例（%） |
| 高职专科毕业生 | 60449 | 22. 99 | 202530 | 77. 01 |
| 本科毕业生 | 78473 | 37. 88 | 128693 | 62. 12 |
| 毕业研究生 | 15651 | 51. 25 | 14885 | 48. 75 |
| 总体 | 154573 | 30. 87 | 346108 | 69. 13 |

从性别构成来看，2023 届普通高校男性毕业生人数占比为 48. 03%，女性毕业生人数占比为 51. 97%，男女比为 1∶1. 08，其中男性毕业生人数所占比例较上届增加了 0. 9 个百分点。具体来看，高职专科毕业生男女比持平，为 1∶0. 97；本科毕业生男女比为 1∶1. 22，毕业研究生男女比为 1∶1. 25。如表 1-3 所示。

**表 1-3 湖南省普通高校 2023 届毕业生性别结构**

| 学历 | 男 | | 女 | | 男女比 |
|---|---|---|---|---|---|
| | 人数（人） | 比例（%） | 人数（人） | 比例（%） | |
| 高职专科毕业生 | 133629 | 50. 81 | 129350 | 49. 19 | 1∶0. 97 |
| 本科毕业生 | 93275 | 45. 02 | 113891 | 54. 98 | 1∶1. 22 |
| 毕业研究生 | 13598 | 44. 53 | 16938 | 55. 47 | 1∶1. 25 |
| 总体 | 240502 | 48. 03 | 260179 | 51. 97 | 1∶1. 08 |

从入学时的应、往届考生类型来看，应届生源人数占比为 87. 73%，往届生源人数占比为 12. 27%，其中应届生源人数所占比例较上届减少 0. 13 个百分点。具体来看，应届生源中毕业研究生的占比相对较低。如表 1-4 所示。

表 1-4　湖南省普通高校 2023 届毕业生考生类别结构

| 学历 | 往届生 | | 应届生 | |
|---|---|---|---|---|
| | 人数（人） | 比例（%） | 人数（人） | 比例（%） |
| 高职专科毕业生 | 28539 | 10.85 | 234440 | 89.15 |
| 本科毕业生 | 28503 | 13.76 | 178663 | 86.24 |
| 毕业研究生 | 4369 | 14.31 | 26167 | 85.69 |
| 总体 | 61411 | 12.27 | 439270 | 87.73 |

## 1.1.2　科类结构

2023 届高职专科各专业大类中，人数占比在 10.00%以上的专业类分别是财经商贸大类（15.00%）、医药卫生大类（14.09%）、电子信息大类（13.90%）、装备制造大类（12.53%）、教育与体育大类（11.39%）。人数占比不足 1.00%的专业大类有新闻传播大类（0.85%）、公安与司法大类（0.58%）、水利大类（0.42%）、轻工纺织大类（0.13%）。如表 1-5 所示。

表 1-5　2023 届普通高校高职专科毕业生专业大类分布

| 高职专科毕业生 | 人数（人） | 比例（%） |
|---|---|---|
| 农、林、牧、渔大类 | 6760 | 2.57 |
| 资源环境与安全大类 | 3695 | 1.41 |
| 能源动力与材料大类 | 2747 | 1.04 |
| 土木建筑大类 | 17034 | 6.48 |
| 水利大类 | 1113 | 0.42 |
| 装备制造大类 | 32947 | 12.53 |
| 生物与化工大类 | 2912 | 1.11 |
| 轻工纺织大类 | 336 | 0.13 |
| 食品药品与粮食大类 | 3258 | 1.24 |
| 交通运输大类 | 19168 | 7.29 |
| 电子信息大类 | 36567 | 13.90 |
| 医药卫生大类 | 37048 | 14.09 |
| 财经商贸大类 | 39447 | 15.00 |
| 旅游大类 | 5411 | 2.06 |
| 文化艺术大类 | 13231 | 5.03 |
| 新闻传播大类 | 2228 | 0.85 |
| 教育与体育大类 | 29948 | 11.39 |

续表

| 高职专科毕业生 | 人数（人） | 比例（%） |
|---|---|---|
| 公安与司法大类 | 1513 | 0.58 |
| 公共管理与服务大类 | 7616 | 2.90 |
| 合计 | 262979 | 100.00 |

2023 届本科各学科门类人数占比在 10.00%以上的有工学（33.16%）、管理学（15.61%）、文学（10.90%），毕业研究生各学科门类人数占比在 10.00%以上的有工学（34.81%）、医学（13.91%）、管理学（10.34%）。如表 1-6 所示。

**表 1-6　2023 届普通高校本科毕业生与毕业研究生学科分布**

| 本科毕业生 | | | 毕业研究生 | | |
|---|---|---|---|---|---|
| 学科门类 | 人数（人） | 比例（%） | 学科门类 | 人数（人） | 比例（%） |
| 哲学 | 106 | 0.05 | 哲学 | 239 | 0.78 |
| 经济学 | 9749 | 4.71 | 经济学 | 1504 | 4.93 |
| 法学 | 7167 | 3.46 | 法学 | 1934 | 6.33 |
| 教育学 | 7520 | 3.63 | 教育学 | 2234 | 7.32 |
| 文学 | 22588 | 10.90 | 文学 | 1574 | 5.15 |
| 历史学 | 771 | 0.37 | 历史学 | 186 | 0.61 |
| 理学 | 14970 | 7.23 | 理学 | 2549 | 8.35 |
| 工学 | 68693 | 33.16 | 工学 | 10630 | 34.81 |
| 农学 | 2898 | 1.40 | 农学 | 1159 | 3.80 |
| 医学 | 20003 | 9.66 | 医学 | 4248 | 13.91 |
| 管理学 | 32335 | 15.61 | 管理学 | 3157 | 10.34 |
| 艺术学 | 20366 | 9.83 | 艺术学 | 1122 | 3.67 |
| 合计 | 207166 | 100.00 | 合计 | 30536 | 100.00 |

### 1.1.3　生源结构

2023 届普通高校毕业生来自湖南省的有 397313 人，占毕业生总人数的 79.35%；来自省外的有 103368 人，占毕业生总人数的 20.65%。分学历来看，高职专科的湖南省生源最多，占比为 90.27%；其次是本科毕业生，占比为 69.83%；再次是毕业研究生，占比为 49.95%。

2023 届高校毕业生省外生源主要来自河南省、江西省、广东省、四川省、河北省、贵州省、山东省等省份，生源人数均在 5000 人以上。其中毕业研究生的省外生源构成主要有河南省和江西省，所占比例为 4.00%以上。如表 1-7 所示。

**表 1-7　湖南省普通高校 2023 届毕业生生源地域结构分布**

| 生源所在地 | 高职专科毕业生 | | 本科毕业生 | | 毕业研究生 | | 总体 | |
|---|---|---|---|---|---|---|---|---|
| | 人数（人） | 比例（%） | 人数（人） | 比例（%） | 人数（人） | 比例（%） | 人数（人） | 比例（%） |
| 湖南省 | 237399 | 90. 27 | 144662 | 69. 83 | 15252 | 49. 95 | 397313 | 79. 35 |
| 省外 | 25580 | 9. 73 | 62504 | 30. 17 | 15284 | 50. 05 | 103368 | 20. 65 |
| 总计 | 262979 | 100. 00 | 207166 | 100. 00 | 30536 | 100. 00 | 500681 | 100. 00 |
| 省外生源分布 | | | | | | | | |
| 河南省 | 1530 | 0. 58 | 3916 | 1. 89 | 2327 | 7. 62 | 7773 | 1. 55 |
| 江西省 | 1952 | 0. 74 | 3620 | 1. 75 | 1479 | 4. 84 | 7051 | 1. 41 |
| 广东省 | 2157 | 0. 82 | 3502 | 1. 69 | 857 | 2. 81 | 6516 | 1. 30 |
| 四川省 | 1973 | 0. 75 | 2732 | 1. 32 | 873 | 2. 86 | 5578 | 1. 11 |
| 河北省 | 880 | 0. 33 | 3898 | 1. 88 | 634 | 2. 08 | 5412 | 1. 08 |
| 贵州省 | 2999 | 1. 14 | 1903 | 0. 92 | 515 | 1. 69 | 5417 | 1. 08 |
| 山东省 | 733 | 0. 28 | 3164 | 1. 53 | 1158 | 3. 79 | 5055 | 1. 01 |
| 湖北省 | 1063 | 0. 4 | 2818 | 1. 36 | 1052 | 3. 45 | 4933 | 0. 99 |
| 安徽省 | 982 | 0. 37 | 2809 | 1. 36 | 1090 | 3. 57 | 4881 | 0. 97 |
| 广西壮族自治区 | 1342 | 0. 51 | 2692 | 1. 3 | 479 | 1. 57 | 4513 | 0. 90 |
| 浙江省 | 754 | 0. 29 | 2679 | 1. 29 | 406 | 1. 33 | 3839 | 0. 77 |
| 江苏省 | 345 | 0. 13 | 2886 | 1. 39 | 565 | 1. 85 | 3796 | 0. 76 |
| 福建省 | 699 | 0. 27 | 2614 | 1. 26 | 355 | 1. 16 | 3668 | 0. 73 |
| 山西省 | 488 | 0. 19 | 2307 | 1. 11 | 771 | 2. 52 | 3566 | 0. 71 |
| 云南省 | 1232 | 0. 47 | 1887 | 0. 91 | 259 | 0. 85 | 3378 | 0. 67 |
| 甘肃省 | 781 | 0. 3 | 2030 | 0. 98 | 340 | 1. 11 | 3151 | 0. 63 |
| 重庆市 | 674 | 0. 26 | 1931 | 0. 93 | 460 | 1. 51 | 3065 | 0. 61 |
| 陕西省 | 289 | 0. 11 | 2054 | 0. 99 | 388 | 1. 27 | 2731 | 0. 55 |
| 海南省 | 499 | 0. 19 | 2035 | 0. 98 | 102 | 0. 33 | 2636 | 0. 53 |
| 新疆维吾尔自治区 | 425 | 0. 16 | 1786 | 0. 86 | 152 | 0. 5 | 2363 | 0. 47 |
| 内蒙古自治区 | 486 | 0. 18 | 1562 | 0. 75 | 195 | 0. 64 | 2243 | 0. 45 |
| 辽宁省 | 455 | 0. 17 | 1444 | 0. 7 | 203 | 0. 66 | 2102 | 0. 42 |
| 黑龙江省 | 307 | 0. 12 | 1373 | 0. 66 | 215 | 0. 7 | 1895 | 0. 38 |
| 吉林省 | 412 | 0. 16 | 1286 | 0. 62 | 120 | 0. 39 | 1818 | 0. 36 |
| 西藏自治区 | 1611 | 0. 61 | 174 | 0. 08 | 6 | 0. 02 | 1791 | 0. 36 |
| 天津市 | 19 | 0. 01 | 1010 | 0. 49 | 68 | 0. 22 | 1097 | 0. 22 |
| 宁夏回族自治区 | 156 | 0. 06 | 835 | 0. 4 | 102 | 0. 33 | 1093 | 0. 22 |

续表

| 生源所在地 | 高职专科毕业生 | | 本科毕业生 | | 毕业研究生 | | 总体 | |
|---|---|---|---|---|---|---|---|---|
| | 人数（人） | 比例（%） | 人数（人） | 比例（%） | 人数（人） | 比例（%） | 人数（人） | 比例（%） |
| 青海省 | 310 | 0. 12 | 729 | 0. 35 | 33 | 0. 11 | 1072 | 0. 21 |
| 上海市 | 11 | 0. 00 | 391 | 0. 19 | 19 | 0. 06 | 421 | 0. 08 |
| 北京市 | 11 | 0. 00 | 305 | 0. 15 | 43 | 0. 14 | 359 | 0. 07 |
| 台湾省 | 2 | 0. 00 | 57 | 0. 03 | 6 | 0. 02 | 65 | 0. 01 |
| 香港特别行政区 | 3 | 0. 00 | 50 | 0. 02 | 10 | 0. 03 | 63 | 0. 01 |
| 澳门特别行政区 | 0 | 0. 00 | 25 | 0. 01 | 2 | 0. 01 | 27 | 0. 01 |

2023 届湖南籍生源的高校毕业生主要来自邵阳市、衡阳市和长沙市，所占比例均为 10. 00%以上。具体来看，高职专科毕业生源来自邵阳市、衡阳市和长沙市较多，本科毕业生生源来自长沙市、衡阳市和邵阳市较多，毕业研究生生源来自长沙市的最多。如表 1-8所示。

**表 1-8　湖南省普通高校 2023 届毕业生生源在湖南省内的结构分布**

| 省内城市 | 高职专科毕业生 | | 本科毕业生 | | 毕业研究生 | | 总体 | |
|---|---|---|---|---|---|---|---|---|
| | 人数（人） | 比例（%） | 人数（人） | 比例（%） | 人数（人） | 比例（%） | 人数（人） | 比例（%） |
| 邵阳市 | 31792 | 13. 39 | 16103 | 11. 13 | 1533 | 10. 05 | 49428 | 12. 44 |
| 衡阳市 | 28367 | 11. 95 | 17188 | 11. 88 | 1494 | 9. 80 | 47049 | 11. 84 |
| 长沙市 | 24934 | 10. 50 | 18355 | 12. 69 | 3377 | 22. 14 | 46666 | 11. 75 |
| 永州市 | 22461 | 9. 46 | 11194 | 7. 74 | 695 | 4. 56 | 34350 | 8. 65 |
| 郴州市 | 20026 | 8. 44 | 9629 | 6. 66 | 607 | 3. 98 | 30262 | 7. 62 |
| 岳阳市 | 15907 | 6. 70 | 11758 | 8. 13 | 1256 | 8. 23 | 28921 | 7. 28 |
| 娄底市 | 15317 | 6. 45 | 9438 | 6. 52 | 1164 | 7. 63 | 25919 | 6. 52 |
| 常德市 | 12735 | 5. 36 | 11572 | 8. 00 | 1227 | 8. 04 | 25534 | 6. 43 |
| 怀化市 | 16588 | 6. 99 | 7959 | 5. 50 | 523 | 3. 43 | 25070 | 6. 31 |
| 益阳市 | 12940 | 5. 45 | 8777 | 6. 07 | 919 | 6. 03 | 22636 | 5. 70 |
| 株洲市 | 10153 | 4. 28 | 8403 | 5. 81 | 965 | 6. 33 | 19521 | 4. 91 |
| 湘西土家族苗族自治州 | 12597 | 5. 31 | 4498 | 3. 11 | 404 | 2. 65 | 17499 | 4. 40 |
| 湘潭市 | 7962 | 3. 35 | 6149 | 4. 25 | 812 | 5. 32 | 14923 | 3. 76 |
| 张家界市 | 5620 | 2. 37 | 3639 | 2. 52 | 276 | 1. 81 | 9535 | 2. 40 |
| 总计 | 237399 | 100. 00 | 144662 | 100. 00 | 15252 | 100. 00 | 397313 | 100. 00 |

# 1.2　毕业去向落实率

## 1.2.1　总体毕业去向落实率

截至 2023 年 8 月 31 日，湖南省普通高校 2023 届毕业生已落实毕业去向的共有 443712 人，总体毕业去向落实率为 88.62%。其中高职专科毕业生毕业去向落实率为 90.39%，本科毕业生毕业去向落实率为 85.76%，毕业研究生毕业去向落实率为 92.81%。如表 1-9 所示。

**表 1-9　2023 届普通高校不同学历毕业生毕业去向**

| 毕业去向 | 高职专科毕业生 | | 本科毕业生 | | 毕业研究生 | | 总体 | |
|---|---|---|---|---|---|---|---|---|
| | 人数（人） | 比例（%） | 人数（人） | 比例（%） | 人数（人） | 比例（%） | 人数（人） | 比例（%） |
| 签订协议和劳动合同就业 | 174912 | 66.51 | 113051 | 54.57 | 24132 | 79.03 | 312095 | 62.33 |
| 灵活就业 | 37565 | 14.28 | 30899 | 14.92 | 1792 | 5.87 | 70256 | 14.03 |
| 升学（含出国深造） | 23847 | 9.07 | 32849 | 15.86 | 2351 | 7.70 | 59047 | 11.79 |
| 自主创业 | 1391 | 0.53 | 859 | 0.41 | 64 | 0.21 | 2314 | 0.46 |
| 待就业（有就业意愿未就业） | 24377 | 9.27 | 25992 | 12.55 | 2105 | 6.89 | 52474 | 10.48 |
| 暂不就业（无就业意愿） | 887 | 0.34 | 3516 | 1.70 | 92 | 0.30 | 4495 | 0.90 |
| 已落实毕业去向 | 237715 | 90.39 | 177658 | 85.76 | 28339 | 92.81 | 443712 | 88.62 |

## 1.2.2　各类毕业生的毕业去向落实率

### 1.2.2.1　不同性别毕业生的毕业去向落实率

截至 2023 年 8 月 31 日，湖南省 2023 届普通高校男性毕业生 240502 人，已落实毕业去向 214666 人，毕业去向落实率为 89.26%；女性毕业生 260179 人，已落实毕业去向

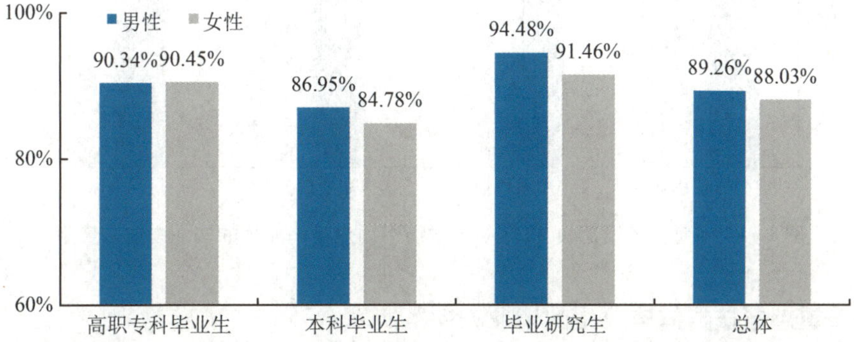


**图 1-2　湖南省普通高校 2023 届各学历不同性别毕业生的毕业去向落实率**

229046人，毕业去向落实率为88.03%。分学历来看，不同性别的高职专科毕业生的毕业去向落实率基本持平，男性本科毕业生和毕业研究生的毕业去向落实率均高于同学历的女性毕业生。如图1-2所示。

#### 1.2.2.2 不同省份毕业生的毕业去向落实率

截至2023年8月31日，湖南籍2023届普通高校毕业生397313人，已落实毕业去向354192人，毕业去向落实率为89.15%；非湖南籍高校毕业生103368人，已落实毕业去向89520人，毕业去向落实率为86.60%。各学历湖南籍高校毕业生的毕业去向落实率均高于同学历非湖南籍毕业生。如图1-3所示。

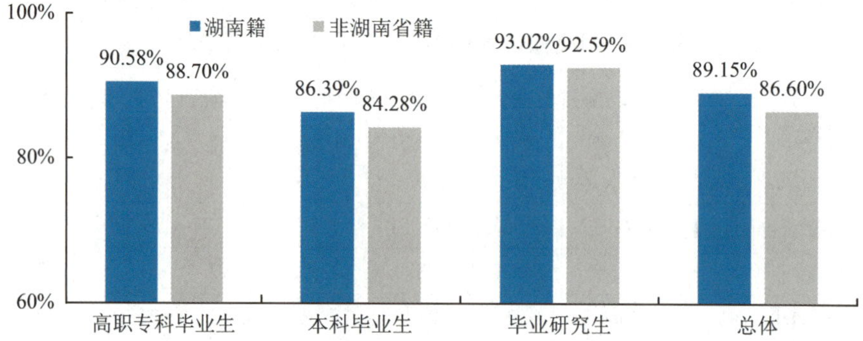


**图1-3 湖南省普通高校2023届各学历不同省份毕业生的毕业去向落实率**

#### 1.2.2.3 不同生源毕业生的毕业去向落实率

截至2023年8月31日，湖南省2023届普通高校城镇生源毕业生154573人，已落实毕业去向133720人，毕业去向落实率为86.51%；农村生源毕业生346108人，已落实毕业去向309992人，毕业去向落实率为89.57%。各学历农村生源毕业生的毕业去向落实率均高于同学历的城镇生源毕业生。如图1-4所示。

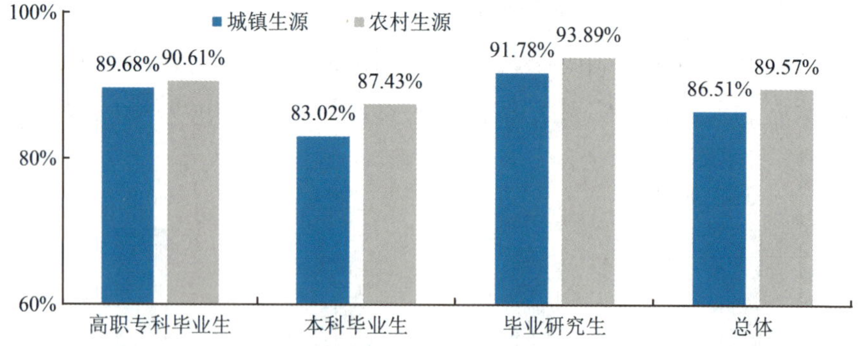


**图1-4 湖南省普通高校2023届各学历不同户籍毕业生的毕业去向落实率**

#### 1.2.2.4 重点帮扶群体毕业生的毕业去向落实率

截至2023年8月31日，湖南省2023届普通高校毕业生中重点帮扶群体（含脱贫家庭、低保家庭、零就业家庭、残疾毕业生四类，下同）43060 人，已落实毕业去向 40001 人，毕业去向落实率为 92.90%。

分学历来看，高职专科毕业生重点帮扶群体 27529 人，已落实毕业去向 25635 人，毕业去向落实率为 93.12%。本科毕业生重点帮扶群体 14524 人，已落实毕业去向 13418 人，毕业去向落实率为 92.39%。毕业研究生重点帮扶群体 1007 人，已落实毕业去向 948 人，毕业去向落实率为 94.14%。如图 1-5 所示。

细分群体来看，脱贫家庭毕业生 32536 人，已落实毕业去向 30354 人，毕业去向落实率为 93.29%；低保家庭毕业生 7043 人，已落实毕业去向 6511 人，毕业去向落实率为 92.45%；零就业家庭毕业生 1538 人，已落实毕业去向 1400 人，毕业去向落实率为 91.03%；残疾毕业生 1943 人，已落实毕业去向 1736 人，毕业去向落实率为 89.35%。如表 1-10 所示。

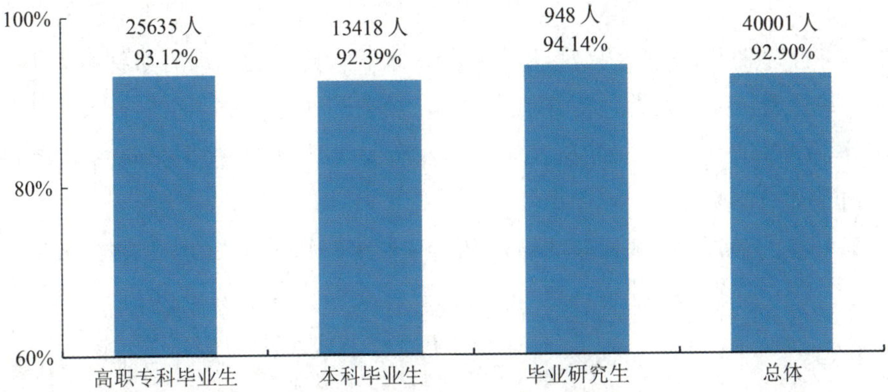


**图 1-5　湖南省普通高校 2023 届各学历重点帮扶群体的毕业去向落实率**

**表 1-10　湖南省普通高校 2023 届毕业生各类重点帮扶群体的毕业去向落实率**

| 重点帮扶群体 | 毕业生人数（人） | 已落实毕业去向人数(人) | 毕业去向落实率 |
|---|---|---|---|
| 脱贫家庭 | 32536 | 30354 | 93.29% |
| 低保家庭 | 7043 | 6511 | 92.45% |
| 零就业家庭 | 1538 | 1400 | 91.03% |
| 残疾毕业生 | 1943 | 1736 | 89.35% |
| 合计 | 43060 | 40001 | 92.90% |

#### 1.2.2.5　各类院校的毕业去向落实率

从院校类型来看，高职专科院校毕业生毕业去向落实率最高，为 90.37%；其次是本科院校，毕业去向落实率为 87.76%；再次是独立学院，毕业去向落实率为 78.81%。如表 1-11 所示。

**表 1-11　湖南省普通高校 2023 届毕业生分院校类型的毕业去向落实率**

| 院校类型 | 毕业人数（人） | 就业人数（人） | 毕业去向落实率（%） | 毕业去向 | | | | | |
|---|---|---|---|---|---|---|---|---|---|
| | | | | 协议和合同就业（%） | 灵活就业（%） | 升学（%） | 创业（%） | 待就业（%） | 暂不就业（%） |
| 高职专科 | 249891 | 225819 | 90. 37 | 67. 01 | 14. 64 | 8. 19 | 0. 54 | 9. 28 | 0. 35 |
| 本科院校 | 226557 | 198819 | 87. 76 | 58. 26 | 12. 73 | 16. 38 | 0. 39 | 10. 78 | 1. 46 |
| 独立学院 | 24127 | 19015 | 78. 81 | 52. 31 | 20. 01 | 6. 08 | 0. 41 | 19. 91 | 1. 28 |
| 科研院所 | 106 | 59 | 55. 66 | 39. 62 | 8. 49 | 7. 55 | 0. 00 | 40. 57 | 3. 77 |
| 总计 | 500681 | 443712 | 88. 62 | 62. 33 | 14. 03 | 11. 79 | 0. 46 | 10. 48 | 0. 90 |

### 1. 2. 3　各学科/专业大类的毕业去向落实率

高职专科各专业大类中，生物与化工大类、水利大类、能源动力与材料大类、交通运输大类、公共管理与服务大类、装备制造大类、公安与司法大类 7 个专业大类毕业生毕业去向落实率为 92. 00%以上，而农、林、牧、渔大类毕业生毕业去向落实率最低，为 84. 19%。如表 1-12 所示。

**表 1-12　湖南省普通高校 2023 届毕业生高职专科不同专业大类的毕业去向落实率**

| 专业大类 | 毕业人数（人） | 就业人数（人） | 毕业去向落实率（%） | 毕业去向 | | | | | |
|---|---|---|---|---|---|---|---|---|---|
| | | | | 协议和合同就业（%） | 灵活就业（%） | 升学（%） | 创业（%） | 待就业（%） | 暂不就业（%） |
| 农、林、牧、渔大类 | 6760 | 5691 | 84. 19 | 56. 88 | 19. 67 | 0. 90 | 6. 73 | 15. 65 | 0. 16 |
| 资源环境与安全大类 | 3695 | 3364 | 91. 04 | 72. 75 | 9. 01 | 0. 70 | 8. 58 | 8. 74 | 0. 22 |
| 能源动力与材料大类 | 2747 | 2569 | 93. 52 | 83. 18 | 1. 71 | 0. 33 | 8. 30 | 6. 15 | 0. 33 |
| 土木建筑大类 | 17034 | 15209 | 89. 29 | 66. 94 | 12. 43 | 0. 66 | 9. 26 | 10. 24 | 0. 48 |
| 水利大类 | 1113 | 1043 | 93. 71 | 82. 93 | 0. 09 | 0. 27 | 10. 42 | 6. 29 | 0. 00 |
| 装备制造大类 | 32947 | 30471 | 92. 48 | 75. 22 | 10. 88 | 0. 49 | 5. 89 | 7. 07 | 0. 44 |
| 生物与化工大类 | 2912 | 2744 | 94. 23 | 85. 78 | 5. 84 | 0. 10 | 2. 51 | 4. 46 | 1. 30 |
| 轻工纺织大类 | 336 | 301 | 89. 58 | 67. 56 | 13. 69 | 0. 60 | 7. 74 | 9. 82 | 0. 60 |
| 食品药品与粮食大类 | 3258 | 2962 | 90. 91 | 67. 93 | 16. 27 | 0. 31 | 6. 41 | 8. 96 | 0. 12 |
| 交通运输大类 | 19168 | 17822 | 92. 98 | 75. 24 | 12. 46 | 0. 34 | 4. 94 | 6. 85 | 0. 17 |
| 电子信息大类 | 36567 | 32931 | 90. 06 | 68. 85 | 11. 41 | 0. 72 | 9. 07 | 9. 56 | 0. 39 |
| 医药卫生大类 | 37048 | 32770 | 88. 45 | 50. 54 | 25. 81 | 0. 30 | 11. 81 | 11. 46 | 0. 09 |
| 财经商贸大类 | 39447 | 35678 | 90. 45 | 66. 10 | 13. 09 | 0. 74 | 10. 52 | 9. 13 | 0. 43 |
| 旅游大类 | 5411 | 4908 | 90. 70 | 74. 94 | 7. 71 | 0. 31 | 7. 74 | 8. 87 | 0. 43 |

续表

| 专业大类 | 毕业人数（人） | 就业人数（人） | 毕业去向落实率（%） | 毕业去向 | | | | | |
|---|---|---|---|---|---|---|---|---|---|
| | | | | 协议和合同就业（%） | 灵活就业（%） | 升学（%） | 创业（%） | 待就业（%） | 暂不就业（%） |
| 文化艺术大类 | 13231 | 12048 | 91. 06 | 70. 23 | 7. 69 | 0. 61 | 12. 53 | 8. 71 | 0. 23 |
| 新闻传播大类 | 2228 | 2023 | 90. 80 | 73. 56 | 1. 97 | 0. 67 | 14. 59 | 9. 07 | 0. 13 |
| 教育与体育大类 | 29948 | 26729 | 89. 25 | 67. 83 | 10. 77 | 0. 41 | 10. 24 | 10. 29 | 0. 46 |
| 公安与司法大类 | 1513 | 1393 | 92. 07 | 38. 20 | 38. 07 | 0. 79 | 15. 00 | 7. 67 | 0. 26 |
| 公共管理与服务大类 | 7616 | 7059 | 92. 69 | 49. 54 | 37. 30 | 0. 29 | 5. 55 | 7. 14 | 0. 17 |
| 合计 | 262979 | 237715 | 90. 39 | 66. 51 | 14. 28 | 0. 53 | 9. 07 | 9. 27 | 0. 34 |

本科各学科中，理学、教育学、历史学、工学学科毕业生毕业去向落实率为 87. 00%以上，而哲学学科毕业生毕业去向落实率最低，为 82. 08%。如表 1-13 所示。

**表 1-13　湖南省普通高校 2023 届毕业生本科不同学科的毕业去向落实率**

| 学科门类 | 毕业生人数（人） | 就业人数（人） | 毕业去向落实率（%） | 毕业去向 | | | | | |
|---|---|---|---|---|---|---|---|---|---|
| | | | | 协议和合同就业（%） | 灵活就业（%） | 升学（%） | 创业（%） | 待就业（%） | 暂不就业（%） |
| 哲学 | 106 | 87 | 82. 08 | 27. 36 | 14. 15 | 40. 57 | 0. 00 | 10. 38 | 7. 55 |
| 经济学 | 9749 | 8107 | 83. 16 | 53. 65 | 14. 52 | 14. 56 | 0. 43 | 15. 41 | 1. 44 |
| 法学 | 7167 | 5977 | 83. 40 | 50. 76 | 18. 95 | 13. 39 | 0. 29 | 15. 03 | 1. 58 |
| 教育学 | 7520 | 6637 | 88. 26 | 57. 47 | 21. 20 | 8. 83 | 0. 76 | 11. 28 | 0. 47 |
| 文学 | 22588 | 18891 | 83. 63 | 54. 98 | 17. 25 | 11. 12 | 0. 28 | 15. 54 | 0. 83 |
| 历史学 | 771 | 678 | 87. 94 | 66. 02 | 5. 45 | 16. 47 | 0. 00 | 10. 89 | 1. 17 |
| 理学 | 14970 | 13303 | 88. 86 | 56. 89 | 10. 90 | 20. 92 | 0. 15 | 9. 10 | 2. 03 |
| 工学 | 68693 | 60169 | 87. 59 | 56. 79 | 9. 97 | 20. 47 | 0. 36 | 9. 85 | 2. 55 |
| 农学 | 2898 | 2515 | 86. 78 | 35. 20 | 11. 87 | 39. 34 | 0. 38 | 11. 97 | 1. 24 |
| 医学 | 20003 | 16960 | 84. 79 | 44. 59 | 18. 39 | 21. 73 | 0. 08 | 13. 50 | 1. 71 |
| 管理学 | 32335 | 27103 | 83. 82 | 58. 06 | 15. 24 | 9. 87 | 0. 64 | 14. 90 | 1. 28 |
| 艺术学 | 20366 | 17231 | 84. 61 | 52. 37 | 25. 25 | 6. 14 | 0. 84 | 14. 55 | 0. 84 |
| 合计 | 207166 | 177658 | 85. 76 | 54. 57 | 14. 92 | 15. 86 | 0. 41 | 12. 55 | 1. 70 |

毕业研究生各学科中，经济学、管理学、工学、教育学学科毕业生毕业去向落实率为 92. 00%以上，而哲学学科毕业生毕业去向落实率最低，为 83. 68%。如表 1-14 所示。

表 1-14　2023 届普通高校毕业研究生不同学科的毕业去向落实率

| 学科门类 | 毕业生人数（人） | 就业人数（人） | 毕业去向落实率（%） | 毕业去向 | | | | | |
|---|---|---|---|---|---|---|---|---|---|
| | | | | 协议和合同就业（%） | 灵活就业（%） | 升学（%） | 创业（%） | 待就业（%） | 暂不就业（%） |
| 哲学 | 239 | 200 | 83. 68 | 61. 51 | 5. 86 | 15. 90 | 0. 42 | 16. 32 | 0. 00 |
| 经济学 | 1504 | 1433 | 95. 28 | 88. 03 | 1. 26 | 5. 92 | 0. 07 | 4. 45 | 0. 27 |
| 法学 | 1934 | 1760 | 91. 00 | 76. 94 | 8. 89 | 4. 96 | 0. 21 | 8. 79 | 0. 21 |
| 教育学 | 2234 | 2066 | 92. 48 | 80. 08 | 10. 52 | 1. 61 | 0. 27 | 7. 25 | 0. 27 |
| 文学 | 1574 | 1439 | 91. 42 | 77. 64 | 9. 66 | 3. 88 | 0. 25 | 8. 39 | 0. 19 |
| 历史学 | 186 | 161 | 86. 56 | 72. 04 | 6. 45 | 8. 06 | 0. 00 | 13. 44 | 0. 00 |
| 理学 | 2549 | 2316 | 90. 86 | 74. 85 | 4. 55 | 11. 26 | 0. 20 | 8. 67 | 0. 47 |
| 工学 | 10630 | 10031 | 94. 37 | 82. 62 | 2. 04 | 9. 63 | 0. 08 | 5. 22 | 0. 41 |
| 农学 | 1159 | 1037 | 89. 47 | 69. 46 | 14. 58 | 4. 49 | 0. 95 | 10. 53 | 0. 00 |
| 医学 | 4248 | 3869 | 91. 08 | 72. 03 | 6. 03 | 12. 95 | 0. 07 | 8. 64 | 0. 28 |
| 管理学 | 3157 | 2999 | 95. 00 | 87. 77 | 4. 50 | 2. 38 | 0. 35 | 4. 81 | 0. 19 |
| 艺术学 | 1122 | 1028 | 91. 62 | 62. 57 | 25. 67 | 2. 50 | 0. 89 | 8. 29 | 0. 09 |
| 合计 | 30536 | 28339 | 92. 81 | 79. 03 | 5. 87 | 7. 70 | 0. 21 | 6. 89 | 0. 30 |

## 1. 2. 4　毕业去向落实率排名前、后 20 名专业

高职专科毕业生毕业去向落实率排名前 20 名的专业中，毕业去向落实率为 100. 00%的有 3 个，分别是资产评估与管理、铁路桥梁与隧道工程技术、农业经济管理；毕业去向落实率排名后 20 名的专业中，毕业去向落实率不足 70. 00%的专业有 3 个，分别是森林生态旅游、生态农业技术、现代教育技术。如表 1-15 所示。

表 1-15　2023 届普通高校高职专科专业毕业去向落实率排名前、后 20 名分布

| 高职专科毕业生 | 专业代码 | 专业 | 毕业人数（人） | 就业人数（人） | 毕业去向落实率（%） |
|---|---|---|---|---|---|
| 毕业去向落实率排名前 20 的专业 | 630103 | 资产评估与管理 | 52 | 52 | 100. 00 |
| | 600110 | 铁路桥梁与隧道工程技术 | 120 | 120 | 100. 00 |
| | 510118 | 农业经济管理 | 329 | 329 | 100. 00 |
| | 560605 | 航空发动机维修技术 | 288 | 287 | 99. 65 |
| | 690206 | 行政管理 | 2597 | 2588 | 99. 65 |
| | 510401 | 水产养殖技术 | 138 | 137 | 99. 28 |
| | 560611 | 导弹维修 | 341 | 338 | 99. 12 |
| | 560602 | 飞行器维修技术 | 609 | 603 | 99. 01 |

续表

| 高职专科毕业生 | 专业代码 | 专业 | 毕业人数（人） | 就业人数（人） | 毕业去向落实率(%) |
|---|---|---|---|---|---|
| 毕业去向落实率排名前 20 的专业 | 690302 | 家政服务与管理 | 98 | 97 | 98.98 |
| | 520811 | 资源综合利用与管理技术 | 93 | 92 | 98.92 |
| | 530304 | 光伏发电技术与应用 | 136 | 134 | 98.53 |
| | 530603 | 复合材料工程技术 | 67 | 66 | 98.51 |
| | 650119 | 工艺美术品设计 | 59 | 58 | 98.31 |
| | 600410 | 飞机电子设备维修 | 419 | 411 | 98.09 |
| | 680701 | 刑事侦查技术 | 98 | 96 | 97.96 |
| | 540401 | 建筑设备工程技术 | 187 | 183 | 97.86 |
| | 680503 | 法律事务 | 501 | 490 | 97.80 |
| | 530104 | 高压输配电线路施工运行与维护 | 304 | 297 | 97.70 |
| | 540402 | 供热通风与空调工程技术 | 127 | 124 | 97.64 |
| | 600104 | 铁道工程技术 | 818 | 798 | 97.56 |
| 毕业去向落实率排名后 20 的专业 | 510207 | 森林生态旅游 | 128 | 83 | 64.84 |
| | 510106 | 生态农业技术 | 96 | 64 | 66.67 |
| | 670120 | 现代教育技术 | 306 | 212 | 69.28 |
| | 510201 | 林业技术 | 101 | 71 | 70.30 |
| | 670119 | 科学教育 | 251 | 177 | 70.52 |
| | 520207 | 环境地质工程 | 120 | 86 | 71.67 |
| | 510304 | 动物防疫与检疫 | 79 | 57 | 72.15 |
| | 560501 | 船舶工程技术 | 74 | 54 | 72.97 |
| | 610106 | 智能监控技术应用 | 73 | 54 | 73.97 |
| | 510306 | 宠物养护与驯导 | 252 | 191 | 75.79 |
| | 540106 | 园林工程技术 | 282 | 218 | 77.30 |
| | 610204 | 计算机系统与维护 | 80 | 62 | 77.50 |
| | 540503 | 建筑经济管理 | 218 | 170 | 77.98 |
| | 590304 | 化妆品经营与管理 | 218 | 172 | 78.90 |
| | 620801 | 健康管理 | 257 | 203 | 78.99 |
| | 630202 | 国际金融 | 58 | 46 | 79.31 |
| | 510202 | 园林技术 | 1311 | 1047 | 79.86 |
| | 670114 | 体育教育 | 687 | 553 | 80.49 |
| | 590207 | 生物制药技术 | 98 | 79 | 80.61 |
| | 690301 | 老年服务与管理 | 449 | 362 | 80.62 |

说明：本表只针对专业人数在 50 人及以上的专业进行统计。

本科毕业生毕业去向落实率排名前 20 名的专业中，毕业去向落实率为 100.00%的有 3 个，分别是警务指挥与战术、机械工艺技术、应用电子技术教育；毕业去向落实率排名后 20 名的专业中，毕业去向落实率不足 70.00%的专业是西班牙语专业。如表 1-16 所示。

**表 1-16 2023 届普通高校本科专业毕业去向落实率排名前、后 20 名分布**

| 本科毕业生 | 专业代码 | 专业 | 毕业人数（人） | 就业人数（人） | 毕业去向落实率(%) |
|---|---|---|---|---|---|
| 毕业去向落实率排名前 20 的专业 | 30615 | 警务指挥与战术 | 51 | 51 | 100.00 |
| | 80209 | 机械工艺技术 | 54 | 54 | 100.00 |
| | 80716 | 应用电子技术教育 | 73 | 73 | 100.00 |
| | 30601 | 治安学 | 151 | 150 | 99.34 |
| | 83108 | 网络安全与执法 | 100 | 99 | 99.00 |
| | 30604 | 禁毒学 | 50 | 49 | 98.00 |
| | 83103 | 交通管理工程 | 99 | 97 | 97.98 |
| | 30602 | 侦查学 | 148 | 145 | 97.97 |
| | 40206 | 运动康复 | 96 | 94 | 97.92 |
| | 30305 | 家政学 | 182 | 178 | 97.80 |
| | 83101 | 刑事科学技术 | 150 | 146 | 97.33 |
| | 81004 | 建筑电气与智能化 | 106 | 103 | 97.17 |
| | 81602 | 服装设计与工程 | 69 | 67 | 97.10 |
| | 82204 | 核化工与核燃料工程 | 58 | 56 | 96.55 |
| | 20202 | 税收学 | 129 | 124 | 96.12 |
| | 50307 | 数字出版 | 67 | 64 | 95.52 |
| | 81601 | 纺织工程 | 131 | 125 | 95.42 |
| | 90107 | 茶学 | 85 | 81 | 95.29 |
| | 20201 | 财政学 | 139 | 132 | 94.96 |
| | 80414 | 新能源材料与器件 | 198 | 188 | 94.95 |
| 毕业去向落实率排名后 20 的专业 | 50205 | 西班牙语 | 146 | 94 | 64.38 |
| | 120405 | 城市管理 | 65 | 47 | 72.31 |
| | 20102 | 经济统计学 | 176 | 129 | 73.30 |
| | 30102 | 知识产权 | 167 | 123 | 73.65 |
| | 130402 | 绘画 | 150 | 113 | 75.33 |
| | 81304 | 能源化学工程 | 58 | 44 | 75.86 |
| | 82401 | 森林工程 | 60 | 46 | 76.67 |
| | 50302 | 广播电视学 | 159 | 122 | 76.73 |
| | 130507 | 工艺美术 | 323 | 248 | 76.78 |
| | 80717 | 人工智能 | 104 | 80 | 76.92 |
| | 100202 | 麻醉学 | 209 | 164 | 78.47 |

续表

| 本科毕业生 | 专业代码 | 专业 | 毕业人数（人） | 就业人数（人） | 毕业去向落实率(%) |
|---|---|---|---|---|---|
| 毕业去向落实率排名后 20 的专业 | 120203 | 会计学 | 8666 | 6825 | 78.76 |
| | 130404 | 摄影 | 57 | 45 | 78.95 |
| | 81402 | 勘查技术与工程 | 77 | 61 | 79.22 |
| | 71201 | 统计学 | 391 | 310 | 79.28 |
| | 50103 | 汉语国际教育 | 483 | 383 | 79.30 |
| | 30101 | 法学 | 4533 | 3612 | 79.68 |
| | 40101 | 教育学 | 197 | 157 | 79.70 |
| | 20303 | 保险学 | 85 | 68 | 80.00 |
| | 90403 | 动植物检疫 | 76 | 61 | 80.26 |

说明：本表只针对专业人数在 50 人及以上的专业进行统计。

毕业研究生毕业去向落实率排名前 20 名的专业中，毕业去向落实率为 100.00%的有 15 个；毕业去向落实率排名后 20 名的专业中，毕业去向落实率不足 70.00%的专业有 3 个，分别为航空宇航科学与技术、地理学、心理学。如表 1-17 所示。

**表 1-17　2023 届普通高校毕业研究生专业的毕业去向落实率排名前、后 20 名分布①**

| 毕业研究生 | 专业代码 | 专业 | 毕业人数（人） | 就业人数（人） | 毕业去向落实率(%) |
|---|---|---|---|---|---|
| 毕业去向落实率排名前 20 的专业 | 105706 | 中医五官科学 | 30 | 30 | 100.00 |
| | 85406 | 控制工程 | 32 | 32 | 100.00 |
| | 77700 | 生物医学工程 | 34 | 34 | 100.00 |
| | 100512 | 针灸推拿学 | 34 | 34 | 100.00 |
| | 125600 | 工程管理 | 36 | 36 | 100.00 |
| | 135106 | 舞蹈 | 36 | 36 | 100.00 |
| | 45202 | 运动训练 | 37 | 37 | 100.00 |
| | 100206 | 皮肤病与性病学 | 40 | 40 | 100.00 |
| | 85300 | 城市规划 | 42 | 42 | 100.00 |
| | 85501 | 机械工程 | 47 | 47 | 100.00 |
| | 135100 | 艺术 | 48 | 48 | 100.00 |
| | 80600 | 冶金工程 | 61 | 61 | 100.00 |
| | 85410 | 人工智能 | 61 | 61 | 100.00 |

① 注：部分专业可能在培养类型、专业研究领域与方向、教学内容等方面有所不同，因此存在专业名称相同但专业代码不同的情况。

续表

| 毕业研究生 | 专业代码 | 专业 | 毕业人数（人） | 就业人数（人） | 毕业去向落实率（%） |
|---|---|---|---|---|---|
| 毕业去向落实率排名前 20 的专业 | 80800 | 电气工程 | 227 | 227 | 100.00 |
| | 85801 | 电气工程 | 292 | 292 | 100.00 |
| | 25400 | 国际商务 | 131 | 130 | 99.24 |
| | 85405 | 软件工程 | 113 | 112 | 99.12 |
| | 125200 | 公共管理 | 411 | 406 | 98.78 |
| | 45100 | 教育 | 72 | 71 | 98.61 |
| | 85601 | 材料工程 | 63 | 62 | 98.41 |
| 毕业去向落实率排名后 20 的专业 | 82500 | 航空宇航科学与技术 | 35 | 17 | 48.57 |
| | 70500 | 地理学 | 46 | 27 | 58.70 |
| | 77100 | 心理学 | 48 | 29 | 60.42 |
| | 45400 | 应用心理 | 41 | 29 | 70.73 |
| | 87100 | 管理科学与工程 | 63 | 46 | 73.02 |
| | 105704 | 中医妇科学 | 37 | 28 | 75.68 |
| | 100400 | 公共卫生与预防医学 | 78 | 60 | 76.92 |
| | 105104 | 神经病学 | 61 | 47 | 77.05 |
| | 105102 | 儿科学 | 34 | 27 | 79.41 |
| | 90400 | 植物保护 | 56 | 45 | 80.36 |
| | 40200 | 心理学 | 31 | 25 | 80.65 |
| | 105109 | 外科学 | 303 | 251 | 82.84 |
| | 135107 | 美术 | 105 | 87 | 82.86 |
| | 90500 | 畜牧学 | 53 | 44 | 83.02 |
| | 130400 | 美术学 | 48 | 40 | 83.33 |
| | 71010 | 生物化学与分子生物学 | 49 | 41 | 83.67 |
| | 105113 | 肿瘤学 | 31 | 26 | 83.87 |
| | 30200 | 政治学 | 78 | 66 | 84.62 |
| | 10100 | 哲学 | 198 | 168 | 84.85 |
| | 50100 | 中国语言文学 | 185 | 157 | 84.86 |

说明：本表只针对专业人数在 30 人及以上的专业进行统计。

# 1.3　就业特征分布

## 1.3.1　就业单位性质分布

2023 届普通高校毕业生就业主要去向为企业，占比为 80.39%；其次是机关事业单位，占比为 14.49%；再次是其他，占比为 3.93%。

分学历层次来看，各学历毕业生均在企业单位就业占比最高，毕业研究生就业在机关事业单位的占比较高，达到 40.27%。如表 1-18 所示。

**表 1-18　湖南省普通高校 2023 届毕业生就业单位性质分布**

| 类型 | 类型明细 | 高职专科毕业生 | | 本科毕业生 | | 毕业研究生 | | 总体 | |
|---|---|---|---|---|---|---|---|---|---|
| | | 人数（人） | 比例（%） | 人数（人） | 比例（%） | 人数（人） | 比例（%） | 人数（人） | 比例（%） |
| 企业 | 其他企业 | 138691 | 70.49 | 87922 | 68.19 | 7681 | 31.35 | 234294 | 66.90 |
| | 国有企业 | 13416 | 6.82 | 15235 | 11.82 | 5308 | 21.66 | 33959 | 9.70 |
| | 三资企业 | 8886 | 4.52 | 3496 | 2.71 | 880 | 3.59 | 13262 | 3.79 |
| | 小计 | 160993 | 81.83 | 106653 | 82.71 | 13869 | 56.60 | 281515 | 80.39 |
| 机关事业单位 | 医疗卫生单位 | 6935 | 3.52 | 5697 | 4.42 | 2407 | 9.82 | 15039 | 4.29 |
| | 其他事业单位 | 7999 | 4.07 | 3174 | 2.46 | 1815 | 7.41 | 12988 | 3.71 |
| | 其他教学单位 | 4818 | 2.45 | 6463 | 5.01 | 1647 | 6.72 | 12928 | 3.69 |
| | 机关 | 1366 | 0.69 | 3618 | 2.81 | 1761 | 7.19 | 6745 | 1.93 |
| | 高等学校 | 134 | 0.07 | 450 | 0.35 | 2021 | 8.25 | 2605 | 0.74 |
| | 科研设计单位 | 137 | 0.07 | 77 | 0.06 | 217 | 0.89 | 431 | 0.12 |
| | 小计 | 21389 | 10.87 | 19479 | 15.11 | 9868 | 40.27 | 50736 | 14.49 |
| 部队 | 部队 | 2939 | 1.49 | 73 | 0.06 | 70 | 0.29 | 3082 | 0.88 |
| 乡镇单位 | 城镇社区 | 460 | 0.23 | 189 | 0.15 | 10 | 0.04 | 659 | 0.19 |
| | 农村建制村 | 349 | 0.18 | 76 | 0.06 | 2 | 0.01 | 427 | 0.12 |
| | 小计 | 809 | 0.41 | 265 | 0.21 | 12 | 0.05 | 1086 | 0.31 |
| 其他 | 其他 | 10619 | 5.40 | 2474 | 1.92 | 685 | 2.80 | 13778 | 3.93 |
| 总计 | | 196749 | 100.00 | 128944 | 100.00 | 24504 | 100.00 | 350197 | 100.00 |

注：本表将就业去向为签就业协议形式就业、签劳动合同形式就业和其他录用形式就业三类情况作为统计基数。

## 1.3.2　就业单位行业分布

从毕业生就业行业来看，“制造业”“教育”“信息传输、软件和信息技术服务业”

“建筑业”“批发和零售业”“卫生和社会工作”吸纳了湖南省普通高校 64.50%的 2023 届毕业生。

具体来看，高职专科、本科毕业生在“制造业”就业的人数比最高，毕业研究生在“教育”行业就业的人数比例最高。如表 1-19 所示。

**表 1-19　湖南省普通高校 2023 届毕业生就业行业分布**

| 单位行业 | 高职专科毕业生 | | 本科毕业生 | | 毕业研究生 | | 总体 | |
|---|---|---|---|---|---|---|---|---|
| | 人数（人） | 比例（%） | 人数（人） | 比例（%） | 人数（人） | 比例（%） | 人数（人） | 比例（%） |
| 制造业 | 30384 | 15.44 | 20875 | 16.19 | 4332 | 17.68 | 55591 | 15.87 |
| 教育 | 20344 | 10.34 | 17448 | 13.53 | 5443 | 22.21 | 43235 | 12.35 |
| 信息传输、软件和信息技术服务业 | 19461 | 9.89 | 16332 | 12.67 | 2025 | 8.26 | 37818 | 10.80 |
| 建筑业 | 16898 | 8.59 | 12755 | 9.89 | 1025 | 4.18 | 30678 | 8.76 |
| 批发和零售业 | 20075 | 10.20 | 9342 | 7.25 | 338 | 1.38 | 29755 | 8.50 |
| 卫生和社会工作 | 15754 | 8.01 | 10021 | 7.77 | 3017 | 12.31 | 28792 | 8.22 |
| 租赁和商务服务业 | 10441 | 5.31 | 6554 | 5.08 | 467 | 1.91 | 17462 | 4.99 |
| 文化、体育和娱乐业 | 9603 | 4.88 | 6680 | 5.18 | 389 | 1.59 | 16672 | 4.76 |
| 科学研究和技术服务业 | 6190 | 3.15 | 5597 | 4.34 | 1831 | 7.47 | 13618 | 3.89 |
| 居民服务、修理和其他服务业 | 9548 | 4.85 | 3002 | 2.33 | 269 | 1.10 | 12819 | 3.66 |
| 交通运输、仓储和邮政业 | 9053 | 4.60 | 2080 | 1.61 | 373 | 1.52 | 11506 | 3.29 |
| 住宿和餐饮业 | 8323 | 4.23 | 1829 | 1.42 | 32 | 0.13 | 10184 | 2.91 |
| 金融业 | 2911 | 1.48 | 4559 | 3.54 | 1358 | 5.54 | 8828 | 2.52 |
| 公共管理、社会保障和社会组织 | 2674 | 1.36 | 4301 | 3.34 | 1843 | 7.52 | 8818 | 2.52 |
| 电力、热力、燃气及水生产和供应业 | 3330 | 1.69 | 3332 | 2.58 | 839 | 3.42 | 7501 | 2.14 |
| 农、林、牧、渔业 | 3845 | 1.95 | 1570 | 1.22 | 397 | 1.62 | 5812 | 1.66 |
| 房地产业 | 2240 | 1.14 | 1098 | 0.85 | 114 | 0.47 | 3452 | 0.99 |
| 水利、环境和公共设施管理业 | 2188 | 1.11 | 977 | 0.76 | 236 | 0.96 | 3401 | 0.97 |
| 军队 | 2951 | 1.50 | 49 | 0.04 | 58 | 0.24 | 3058 | 0.87 |
| 采矿业 | 529 | 0.27 | 541 | 0.42 | 118 | 0.48 | 1188 | 0.34 |
| 国际组织 | 7 | 0.00 | 2 | 0.00 | 0 | 0.00 | 9 | 0.00 |
| 总计 | 196749 | 100.00 | 128944 | 100.00 | 24504 | 100.00 | 350197 | 100.00 |

注：本表将就业去向为签就业协议形式就业、签劳动合同形式就业和其他录用形式就业三类情况作为统计基数。

### 1.3.3　工作职位类别分布

从毕业生就业的工作职位类别来看，“其他人员”“工程技术人员”“其他专业技术人员”“教学人员”为湖南省普通高校 2023 届毕业生提供了大量的职位，职位人数合计占比高达 61.84%。

具体来看，“教学人员”“工程技术人员”“卫生专业技术人员”“科学研究人员”“公务员”“金融业务人员”“法律专业人员”所占比例与学历呈正相关，即学历越高，毕业生在上述 7 个职位就业的比例越高。如表 1-20 所示。

**表 1-20 湖南省普通高校 2023 届毕业生就业职位类别分布**

| 工作职位类别 | 高职专科毕业生 | | 本科毕业生 | | 毕业研究生 | | 总体 | |
|---|---|---|---|---|---|---|---|---|
| | 人数（人） | 比例（%） | 人数（人） | 比例（%） | 人数（人） | 比例（%） | 人数（人） | 比例（%） |
| 其他人员 | 64123 | 32.59 | 24684 | 19.14 | 2695 | 11.00 | 91502 | 26.13 |
| 工程技术人员 | 18743 | 9.53 | 22920 | 17.78 | 4808 | 19.62 | 46471 | 13.27 |
| 其他专业技术人员 | 23202 | 11.79 | 15454 | 11.99 | 2867 | 11.70 | 41523 | 11.86 |
| 教学人员 | 17002 | 8.64 | 15202 | 11.79 | 4848 | 19.78 | 37052 | 10.58 |
| 办事人员和有关人员 | 11477 | 5.83 | 16700 | 12.95 | 1048 | 4.28 | 29225 | 8.35 |
| 商业和服务业人员 | 21075 | 10.71 | 6681 | 5.18 | 295 | 1.20 | 28051 | 8.01 |
| 卫生专业技术人员 | 12752 | 6.48 | 8680 | 6.73 | 2705 | 11.04 | 24137 | 6.89 |
| 生产和运输设备操作人员 | 11757 | 5.98 | 854 | 0.66 | 83 | 0.34 | 12694 | 3.62 |
| 经济业务人员 | 4687 | 2.38 | 5051 | 3.92 | 369 | 1.51 | 10107 | 2.89 |
| 金融业务人员 | 2935 | 1.49 | 3640 | 2.82 | 1108 | 4.52 | 7683 | 2.19 |
| 公务员 | 291 | 0.15 | 2427 | 1.88 | 1271 | 5.19 | 3989 | 1.14 |
| 文学艺术工作人员 | 1660 | 0.84 | 1346 | 1.04 | 92 | 0.38 | 3098 | 0.88 |
| 军人 | 2922 | 1.49 | 24 | 0.02 | 30 | 0.12 | 2976 | 0.85 |
| 科学研究人员 | 291 | 0.15 | 1190 | 0.92 | 1349 | 5.51 | 2830 | 0.81 |
| 农、林、牧、渔业技术人员 | 1999 | 1.02 | 572 | 0.44 | 218 | 0.89 | 2789 | 0.80 |
| 法律专业人员 | 89 | 0.05 | 1586 | 1.23 | 542 | 2.21 | 2217 | 0.63 |
| 体育工作人员 | 1052 | 0.53 | 1081 | 0.84 | 52 | 0.21 | 2185 | 0.62 |
| 新闻出版和文化工作人员 | 692 | 0.35 | 852 | 0.66 | 124 | 0.51 | 1668 | 0.48 |
| 合计 | 196749 | 100.00 | 128944 | 100.00 | 24504 | 100.00 | 350197 | 100.00 |

注：本表将就业去向为签就业协议形式就业、签劳动合同形式就业和其他录用形式就业三类情况作为统计基数。

# 1.4 就业地域流向分布

## 1.4.1 就业单位地域分布

2023 届普通高校毕业生有 350197 人分布在不同区域的工作单位就业（“毕业生就业分布”部分仅分析毕业去向为签就业协议形式就业、签劳动合同形式就业和其他录用形式就业三类情况），其中在湖南省内就业 200618 人，比例为 57.29%。分学历来看，高职专科毕业生在湖南省内就业的比例为 61.47%，本科毕业生在湖南省内就业的比例为 52.93%，毕业研究生在湖南省内就业的比例为 46.60%。毕业生省外落实就业去向地主要有广东省（19.87%）、浙江省（4.01%）、江苏省（2.38%）。如表 1-21 所示。

**表 1-21　湖南省普通高校 2023 届毕业生就业地域分省份分布**

| 就业地域 | 高职专科毕业生 | | 本科毕业生 | | 毕业研究生 | | 总体 | |
|---|---|---|---|---|---|---|---|---|
| | 人数（人） | 比例（%） | 人数（人） | 比例（%） | 人数（人） | 比例（%） | 人数（人） | 比例（%） |
| 湖南省 | 120943 | 61.47 | 68255 | 52.93 | 11420 | 46.60 | 200618 | 57.29 |
| 省外 | 75806 | 38.53 | 60689 | 47.07 | 13084 | 53.40 | 149579 | 42.71 |
| 合计 | 196749 | 100.00 | 128944 | 100.00 | 24504 | 100.00 | 350197 | 100.00 |
| 省外就业地域分布 | | | | | | | | |
| 广东省 | 38269 | 19.45 | 27027 | 20.96 | 4295 | 17.53 | 69591 | 19.87 |
| 浙江省 | 7770 | 3.95 | 5371 | 4.17 | 897 | 3.66 | 14038 | 4.01 |
| 江苏省 | 3967 | 2.02 | 3617 | 2.81 | 744 | 3.04 | 8328 | 2.38 |
| 上海市 | 2820 | 1.43 | 2906 | 2.25 | 596 | 2.43 | 6322 | 1.81 |
| 湖北省 | 2337 | 1.19 | 2256 | 1.75 | 765 | 3.12 | 5358 | 1.53 |
| 江西省 | 2723 | 1.38 | 1505 | 1.17 | 586 | 2.39 | 4814 | 1.37 |
| 福建省 | 2402 | 1.22 | 1664 | 1.29 | 352 | 1.44 | 4418 | 1.26 |
| 北京市 | 1151 | 0.59 | 2080 | 1.61 | 611 | 2.49 | 3842 | 1.10 |
| 四川省 | 1585 | 0.81 | 1262 | 0.98 | 509 | 2.08 | 3356 | 0.96 |
| 贵州省 | 1882 | 0.96 | 834 | 0.65 | 362 | 1.48 | 3078 | 0.88 |
| 安徽省 | 1320 | 0.67 | 1065 | 0.83 | 316 | 1.29 | 2701 | 0.77 |
| 山东省 | 845 | 0.43 | 1302 | 1.01 | 475 | 1.94 | 2622 | 0.75 |
| 广西壮族自治区 | 1132 | 0.58 | 1037 | 0.80 | 349 | 1.42 | 2518 | 0.72 |
| 河南省 | 838 | 0.43 | 891 | 0.69 | 617 | 2.52 | 2346 | 0.67 |
| 河北省 | 604 | 0.31 | 1080 | 0.84 | 186 | 0.76 | 1870 | 0.53 |
| 云南省 | 945 | 0.48 | 606 | 0.47 | 143 | 0.58 | 1694 | 0.48 |

续表

| 就业地域 | 高职专科毕业生 | | 本科毕业生 | | 毕业研究生 | | 总体 | |
|---|---|---|---|---|---|---|---|---|
| | 人数（人） | 比例（%） | 人数（人） | 比例（%） | 人数（人） | 比例（%） | 人数（人） | 比例（%） |
| 重庆市 | 653 | 0.33 | 641 | 0.50 | 275 | 1.12 | 1569 | 0.45 |
| 陕西省 | 392 | 0.20 | 882 | 0.68 | 261 | 1.07 | 1535 | 0.44 |
| 海南省 | 554 | 0.28 | 823 | 0.64 | 107 | 0.44 | 1484 | 0.42 |
| 新疆维吾尔自治区 | 494 | 0.25 | 545 | 0.42 | 45 | 0.18 | 1084 | 0.31 |
| 辽宁省 | 645 | 0.33 | 339 | 0.26 | 54 | 0.22 | 1038 | 0.30 |
| 天津市 | 234 | 0.12 | 642 | 0.50 | 150 | 0.61 | 1026 | 0.29 |
| 山西省 | 268 | 0.14 | 621 | 0.48 | 130 | 0.53 | 1019 | 0.29 |
| 甘肃省 | 306 | 0.16 | 467 | 0.36 | 74 | 0.30 | 847 | 0.24 |
| 西藏自治区 | 659 | 0.33 | 134 | 0.10 | 3 | 0.01 | 796 | 0.23 |
| 吉林省 | 367 | 0.19 | 220 | 0.17 | 34 | 0.14 | 621 | 0.18 |
| 内蒙古自治区 | 204 | 0.10 | 315 | 0.24 | 61 | 0.25 | 580 | 0.17 |
| 青海省 | 275 | 0.14 | 180 | 0.14 | 7 | 0.03 | 462 | 0.13 |
| 宁夏回族自治区 | 63 | 0.03 | 207 | 0.16 | 33 | 0.13 | 303 | 0.09 |
| 黑龙江省 | 79 | 0.04 | 154 | 0.12 | 40 | 0.16 | 273 | 0.08 |
| 香港特别行政区 | 0 | 0.00 | 7 | 0.01 | 4 | 0.02 | 11 | 0.00 |
| 澳门特别行政区 | 2 | 0.00 | 1 | 0.00 | 0 | 0.00 | 3 | 0.00 |
| 台湾省 | 1 | 0.00 | 0 | 0.00 | 1 | 0.00 | 2 | 0.00 |
| 国外 | 20 | 0.02 | 8 | 0.01 | 2 | 0.02 | 30 | 0.01 |

注：本表将就业去向为签就业协议形式就业、签劳动合同形式就业和其他录用形式就业三类情况作为统计基数。

2023 届普通高校毕业生在湖南省内就业 200618 人，其中在长沙市就业的占 51.21%，在长沙市以外地区就业占比 4.00%以上的市（州）有衡阳市、株洲市、岳阳市、邵阳市、郴州市。如表 1-22 所示。

**表 1-22　湖南省普通高校 2023 届毕业生就业地域在湖南省内各市（州）的分布**

| 就业市（州） | 高职专科毕业生 | | 本科毕业生 | | 毕业研究生 | | 总体 | |
|---|---|---|---|---|---|---|---|---|
| | 人数（人） | 比例（%） | 人数（人） | 比例（%） | 人数（人） | 比例（%） | 人数（人） | 比例（%） |
| 长沙市 | 61541 | 50.88 | 34411 | 50.42 | 6781 | 59.38 | 102733 | 51.21 |
| 衡阳市 | 6435 | 5.32 | 4508 | 6.60 | 557 | 4.88 | 11500 | 5.73 |
| 株洲市 | 5563 | 4.60 | 3670 | 5.38 | 915 | 8.01 | 10148 | 5.06 |
| 岳阳市 | 5791 | 4.79 | 3163 | 4.63 | 534 | 4.68 | 9488 | 4.73 |

续表

| 就业市（州） | 高职专科毕业生 | | 本科毕业生 | | 毕业研究生 | | 总体 | |
|---|---|---|---|---|---|---|---|---|
| | 人数（人） | 比例（%） | 人数（人） | 比例（%） | 人数（人） | 比例（%） | 人数（人） | 比例（%） |
| 邵阳市 | 6152 | 5.09 | 2940 | 4.31 | 277 | 2.43 | 9369 | 4.67 |
| 郴州市 | 4940 | 4.08 | 2946 | 4.32 | 277 | 2.43 | 8163 | 4.07 |
| 永州市 | 5468 | 4.52 | 2330 | 3.41 | 177 | 1.55 | 7975 | 3.98 |
| 怀化市 | 4646 | 3.84 | 2539 | 3.72 | 178 | 1.56 | 7363 | 3.67 |
| 常德市 | 3614 | 2.99 | 2821 | 4.13 | 348 | 3.05 | 6783 | 3.38 |
| 湘潭市 | 3838 | 3.17 | 2255 | 3.30 | 629 | 5.51 | 6722 | 3.35 |
| 娄底市 | 4209 | 3.48 | 2289 | 3.35 | 226 | 1.98 | 6724 | 3.35 |
| 益阳市 | 3344 | 2.76 | 2199 | 3.22 | 261 | 2.29 | 5804 | 2.89 |
| 湘西土家族苗族自治州 | 3688 | 3.05 | 1258 | 1.84 | 171 | 1.50 | 5117 | 2.55 |
| 张家界市 | 1714 | 1.42 | 926 | 1.36 | 89 | 0.78 | 2729 | 1.36 |
| 总计 | 120943 | 100.00 | 68255 | 100.00 | 11420 | 100.00 | 200618 | 100.00 |

注：本表将就业去向为签就业协议形式就业、签劳动合同形式就业和其他录用形式就业三类情况作为统计基数。

## 1.4.2　就业经济地区分布

从毕业生就业的四大经济地区来看，2023 届毕业生主要就业在中部地区与东部地区，两地区吸纳毕业生人数比高达 94.36%，其中本科毕业生与毕业研究生流向东部地区就业的占比明显高于高职专科毕业生。如表 1-23 所示。

**表 1-23　湖南省普通高校 2023 届毕业生在四大地区的就业分布**

| 地区 | 高职专科毕业生 | | 本科毕业生 | | 毕业研究生 | | 总体 | |
|---|---|---|---|---|---|---|---|---|
| | 人数（人） | 比例（%） | 人数（人） | 比例（%） | 人数（人） | 比例（%） | 人数（人） | 比例（%） |
| 中部地区 | 128429 | 65.28 | 74593 | 57.86 | 13834 | 56.47 | 216856 | 61.93 |
| 东部地区 | 58616 | 29.80 | 46512 | 36.08 | 8413 | 34.34 | 113541 | 32.43 |
| 西部地区 | 8590 | 4.37 | 7110 | 5.51 | 2122 | 8.66 | 17822 | 5.09 |
| 东北地区 | 1091 | 0.55 | 713 | 0.55 | 128 | 0.52 | 1932 | 0.55 |
| 总计 | 196726 | 100.00 | 128928 | 100.00 | 24497 | 100.00 | 350151 | 100.00 |

注：上表中所涉及东部、中部、西部和东北地区的具体划分为：东部地区包括北京、天津、河北、上海、江苏、浙江、福建、山东、广东和海南 10 省（市）；中部地区包括山西、安徽、江西、河南、湖北和湖南 6 省；西部地区包括内蒙古、广西、重庆、四川、贵州、云南、西藏、陕西、甘肃、青海、宁夏和新疆 12 省（区、市）；东北地区包括辽宁、吉林和黑龙江 3 省。

从毕业生就业的七大经济区域来看，毕业生集中在中部地区就业的最多，占 59. 49%；其次是泛珠江三角洲地区，占 22. 29%；第三是泛长江三角洲地区，占 10. 34%。如表 1-24 所示。

**表 1-24　湖南省普通高校 2023 届毕业生在七大经济区域的就业分布**

| 就业地域 | 高职专科毕业生 | | 本科毕业生 | | 毕业研究生 | | 总体 | |
|---|---|---|---|---|---|---|---|---|
| | 人数（人） | 比例（%） | 人数（人） | 比例（%） | 人数（人） | 比例（%） | 人数（人） | 比例（%） |
| 中部地区 | 124118 | 63. 08 | 71402 | 55. 37 | 12802 | 52. 24 | 208322 | 59. 49 |
| 泛珠江三角洲地区 | 42380 | 21. 54 | 30567 | 23. 71 | 5110 | 20. 85 | 78057 | 22. 29 |
| 泛长江三角洲地区 | 18600 | 9. 45 | 14464 | 11. 22 | 3139 | 12. 81 | 36203 | 10. 34 |
| 泛渤海湾地区 | 3306 | 1. 68 | 6040 | 4. 68 | 1613 | 6. 58 | 10959 | 3. 13 |
| 西南地区 | 5724 | 2. 91 | 3477 | 2. 70 | 1292 | 5. 27 | 10493 | 3. 00 |
| 西北地区 | 1530 | 0. 78 | 2281 | 1. 77 | 420 | 1. 71 | 4231 | 1. 21 |
| 东北地区 | 1091 | 0. 55 | 713 | 0. 55 | 128 | 0. 52 | 1932 | 0. 55 |
| 总计 | 196749 | 100. 00 | 128944 | 100. 00 | 24504 | 100. 00 | 350197 | 100. 00 |

## 1. 4. 3　不同生源留湘就业情况

2023 届普通高校毕业生通过协议和合同形式留湘落实就业的毕业生占 57. 29%，其中湖南籍毕业生有 65. 06%留湘就业，非湖南籍毕业生有 24. 34%留湘就业。如表 1-25 所示。

**表 1-25　湖南省普通高校 2023 届毕业生不同生源的就业地域分布**

| 生源类别 | 就业地域 | 高职专科毕业生 | | 本科毕业生 | | 毕业研究生 | | 总体 | |
|---|---|---|---|---|---|---|---|---|---|
| | | 人数（人） | 比例（%） | 人数（人） | 比例（%） | 人数（人） | 比例（%） | 人数（人） | 比例（%） |
| 湖南生源 | 湖南省 | 115696 | 65. 06 | 59354 | 63. 82 | 9293 | 74. 35 | 184343 | 65. 06 |
| | 省外 | 62146 | 34. 94 | 33650 | 36. 18 | 3206 | 25. 65 | 99002 | 34. 94 |
| | 小计 | 177842 | 100. 00 | 93004 | 100. 00 | 12499 | 100. 00 | 283345 | 100. 00 |
| 非湖南生源 | 湖南省 | 5247 | 27. 75 | 8901 | 24. 77 | 2127 | 17. 72 | 16275 | 24. 34 |
| | 省外 | 13660 | 72. 25 | 27039 | 75. 23 | 9878 | 82. 28 | 50577 | 75. 66 |
| | 小计 | 18907 | 100. 00 | 35940 | 100. 00 | 12005 | 100. 00 | 66852 | 100. 00 |
| 总体 | 湖南省 | 120943 | 61. 47 | 68255 | 52. 93 | 11420 | 46. 60 | 200618 | 57. 29 |
| | 省外 | 75806 | 38. 53 | 60689 | 47. 07 | 13084 | 53. 40 | 149579 | 42. 71 |
| | 小计 | 196749 | 100. 00 | 128944 | 100. 00 | 24504 | 100. 00 | 350197 | 100. 00 |

注：本表将就业去向为签就业协议形式就业、签劳动合同形式就业和其他录用形式就业三类情况列入统计基数。

# 第2章

# 湖南省普通高校2023届毕业生专项就业相关分析

## 2.1 升学相关分析

### 2.1.1 升学基本情况分布

就业管理系统数据显示，湖南省普通高校2023届毕业生升学（含高职专科升普通本科、考取研究生、考取第二学士学位以及出国深造）的共有59047人，升学率为11.79%。具体来看，高职专科毕业生升学率为9.07%，本科毕业生升学率为15.86%，毕业研究生升学率为7.70%。如图2-1所示。

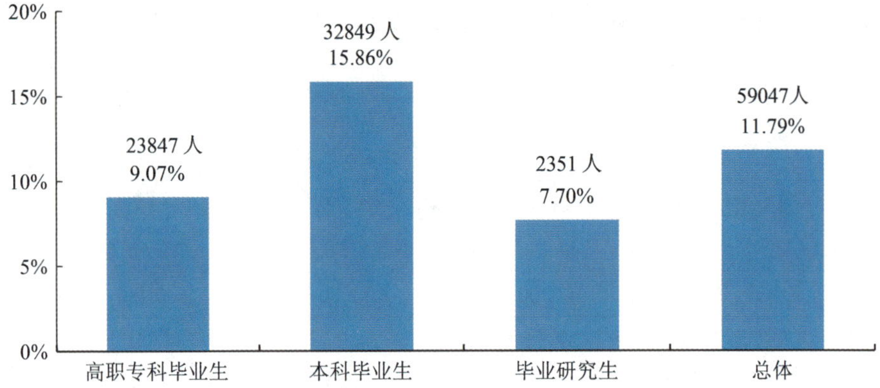


**图2-1　湖南省普通高校2023届毕业生升学率及人数分布**

2023届本科毕业生中，升学率排名前三名的学科是哲学（40.57%）、农学（39.34%）、医学（21.73%）；升学率排名后三名的学科是艺术学（6.14%）、教育学（8.83%）、管理学（9.87%）。2023届毕业研究生中，升学率排名前三名的学科是哲学（15.90%）、医学（12.95%）、理学（11.26%）；升学率排名后三名的学科是教育学（1.61%）、管理学（2.38%）、艺术学（2.50%）。如表2-1所示。

**表 2-1　湖南省普通高校 2023 届本科毕业生与毕业研究生升学情况的学科分布**

| 学科（大类） | 本科毕业生 | | 毕业研究生 | |
|---|---|---|---|---|
| | 升学人数（人） | 升学率（%） | 升学人数（人） | 升学率（%） |
| 哲学 | 43 | 40.57 | 38 | 15.90 |
| 经济学 | 1419 | 14.56 | 89 | 5.92 |
| 法学 | 960 | 13.39 | 96 | 4.96 |
| 教育学 | 664 | 8.83 | 36 | 1.61 |
| 文学 | 2512 | 11.12 | 61 | 3.88 |
| 历史学 | 127 | 16.47 | 15 | 8.06 |
| 理学 | 3132 | 20.92 | 287 | 11.26 |
| 工学 | 14062 | 20.47 | 1024 | 9.63 |
| 农学 | 1140 | 39.34 | 52 | 4.49 |
| 医学 | 4346 | 21.73 | 550 | 12.95 |
| 管理学 | 3193 | 9.87 | 75 | 2.38 |
| 艺术学 | 1251 | 6.14 | 28 | 2.50 |

### 2.1.2　国内继续深造原因

调研数据显示，2023 届普通高校毕业生国内继续深造的原因主要有“提升学历层次”（50.27%）、“增加择业资本，提升就业竞争力”（17.90%）、“对专业感兴趣，愿深入学习”（14.90%）。分学历来看，学历越高，国内继续深造原因为“对专业感兴趣，愿深入学习”的比例越高。如表 2-2 所示。

**表 2-2　湖南省普通高校 2023 届毕业生国内继续深造原因（单位:%）**

| 深造原因 | 高职专科毕业生 | 本科毕业生 | 硕士毕业生 | 总体 |
|---|---|---|---|---|
| 提升学历层次 | 65.39 | 43.49 | 35.71 | 50.27 |
| 增加择业资本，提升就业竞争力 | 12.51 | 20.57 | 16.82 | 17.90 |
| 对专业感兴趣，愿深入学习 | 9.25 | 16.95 | 31.80 | 14.90 |
| 提升综合能力 | 5.18 | 9.11 | 8.99 | 7.85 |
| 延缓面对择业的困难 | 4.71 | 6.35 | 3.69 | 5.76 |
| 家人期望 | 1.46 | 1.17 | 1.38 | 1.27 |
| 其他 | 1.03 | 1.34 | 1.15 | 1.24 |
| 受身边同学升学的影响 | 0.47 | 1.01 | 0.46 | 0.82 |

### 2.1.3 深造前后专业一致性

调研数据显示，2023 届普通高校毕业生总体国内继续深造前后专业一致度为 82.56%，其中“非常一致”占比为 34.40%，“比较一致”占比为 32.60%，“一致”占比为 15.56%。其中硕士毕业生国内深造前后专业一致度最高，为 88.93%。如图 2-2 所示。

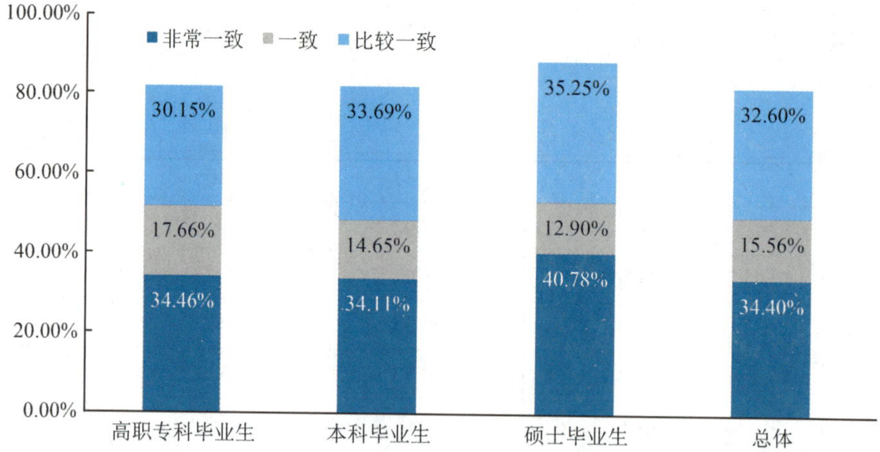


图 2-2 湖南省普通高校 2023 届毕业生国内继续深造前后专业一致度

### 2.1.4 出国（境）留学原因

调研数据显示，2023 届普通高校毕业生出国（境）留学的主要目的为“增长见识”（48.81%）与“提升综合竞争力”（45.31%）。如图 2-3 所示。分学历来看，高职专科毕业生、本科毕业生出国（境）留学主要原因较为一致，位居前三的是“增长见识”“提升综合竞争力”“教育条件及教育方式好”；硕士毕业生出国（境）留学原因除了“提升综

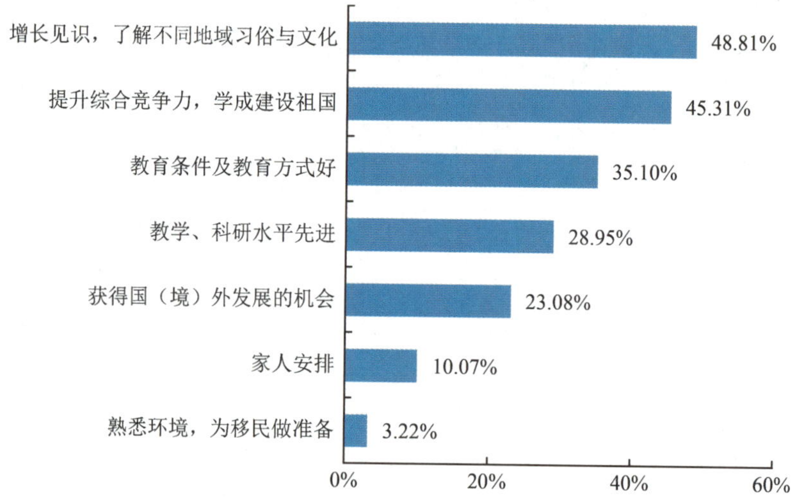


图 2-3 湖南省普通高校 2023 届毕业生出国（境）留学原因

合竞争力”以外，将“教学、科研水平先进”和“增长见识”作为第二重要因素。如表 2-3所示。

**表 2-3　湖南省普通高校 2023 届毕业生分学历层次的出国（境）留学原因（单位:%）**

| 出国（境）留学原因 | 高职专科毕业生 | 本科毕业生 | 硕士毕业生 |
|---|---|---|---|
| 增长见识，了解不同地域习俗与文化 | 38.97 | 51.89 | 33.33 |
| 提升综合竞争力，学成建设祖国 | 35.29 | 46.85 | 66.67 |
| 教育条件及教育方式好 | 26.47 | 37.48 | 29.17 |
| 教学、科研水平先进 | 24.26 | 29.91 | 33.33 |
| 获得国（境）外发展的机会 | 19.12 | 24.50 | 12.50 |
| 家人安排 | 20.59 | 7.93 | 0.00 |
| 熟悉环境，为移民做准备 | 6.62 | 2.52 | 0.00 |

## 2.1.5　出国（境）留学地区

调研数据显示，2023 届普通高校毕业生出国（境）留学去往港澳台地区、英国、澳大利亚的位居前三位，占比分别为 22.66%、21.54%、11.19%。高职专科毕业生出国（境）留学去往美国的最多，占 16.18%；本科毕业生出国（境）留学去往英国的最多，占 25.23%；硕士毕业生出国（境）留学去往港澳台地区的最多，占 29.17%。如表 2-4 所示。

**表 2-4　湖南省普通高校 2023 届毕业生分学历层次的出国（境）留学去向（单位:%）**

| 出国（境）留学去向 | 高职专科毕业生 | 本科毕业生 | 硕士毕业生 | 总体 |
|---|---|---|---|---|
| 中国港澳台地区 | 13.97 | 24.50 | 29.17 | 22.66 |
| 英国 | 8.09 | 25.23 | 12.50 | 21.54 |
| 澳大利亚 | 4.41 | 13.15 | 4.17 | 11.19 |
| 美国 | 16.18 | 5.77 | 8.33 | 7.83 |
| 日本 | 8.09 | 4.86 | 8.33 | 5.59 |
| 韩国 | 5.88 | 3.24 | 0.00 | 3.64 |
| 俄罗斯 | 2.21 | 2.52 | 4.17 | 2.52 |
| 法国 | 2.21 | 2.70 | 0.00 | 2.52 |
| 德国 | 2.94 | 1.62 | 4.17 | 1.96 |
| 加拿大 | 0.00 | 1.08 | 0.00 | 0.84 |
| 其他国家或地区 | 36.03 | 15.32 | 29.17 | 19.72 |

## 2.2 自主创业相关分析

### 2.2.1 创业基本情况分布

就业管理系统数据显示，2023 届普通高校毕业生共有 2314 人选择自主创业，总体创业比例为 0.46%。其中高职专科毕业生自主创业比例最高，为 0.53%。如图 2-4 所示。

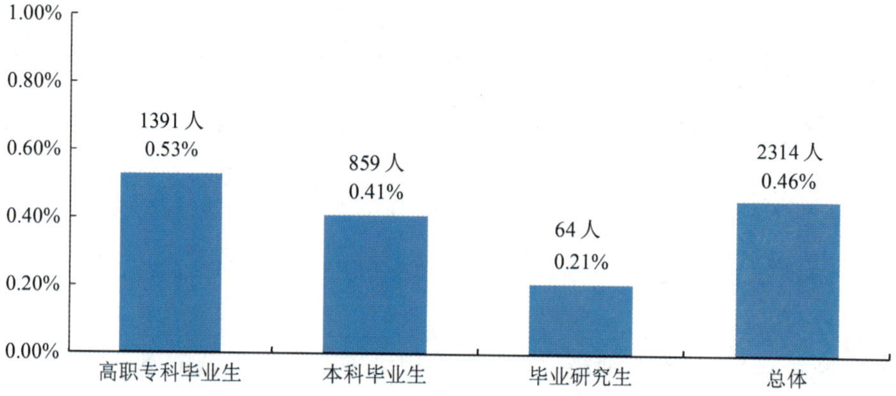


**图 2-4　湖南省普通高校 2023 届毕业生创业总体分布**

2023 届高职专科毕业生创业人数为 1391 人，分不同专业大类来看，财经商贸大类、电子信息大类毕业生创业人数最多，分别为 292 人和 264 人。如表 2-5 所示。

**表 2-5　湖南省普通高校 2023 届高职专科不同专业大类毕业生创业人数及创业率**

| 专业（大类） | 创业人数（人） | 创业率（%） |
|---|---|---|
| 财经商贸大类 | 292 | 0. 74 |
| 电子信息大类 | 264 | 0. 72 |
| 装备制造大类 | 162 | 0. 49 |
| 教育与体育大类 | 123 | 0. 41 |
| 土木建筑大类 | 113 | 0. 66 |
| 医药卫生大类 | 110 | 0. 30 |
| 文化艺术大类 | 81 | 0. 61 |
| 交通运输大类 | 66 | 0. 34 |
| 农、林、牧、渔大类 | 61 | 0. 90 |
| 资源环境与安全大类 | 26 | 0. 70 |
| 公共管理与服务大类 | 22 | 0. 29 |
| 旅游大类 | 17 | 0. 31 |
| 新闻传播大类 | 15 | 0. 67 |

续表

| 专业（大类） | 创业人数（人） | 创业率（%） |
| --- | --- | --- |
| 公安与司法大类 | 12 | 0.79 |
| 食品药品与粮食大类 | 10 | 0.31 |
| 能源动力与材料大类 | 9 | 0.33 |
| 水利大类 | 3 | 0.27 |
| 生物与化工大类 | 3 | 0.10 |
| 轻工纺织大类 | 2 | 0.60 |

2023 届本科毕业生创业人数为 859 人，分不同学科来看，工学、管理学、艺术学毕业生创业人数较多，分别为 246 人、208 人、171 人。毕业研究生创业人数整体较少。如表 2-6所示。

**表 2-6　湖南省普通高校 2023 届本科、研究生不同学科毕业生创业人数及创业率**

| 学科（大类） | 本科毕业生 | | 毕业研究生 | |
| --- | --- | --- | --- | --- |
| | 创业人数（人） | 创业率（%） | 创业人数（人） | 创业率（%） |
| 工学 | 246 | 0.36 | 8 | 0.08 |
| 管理学 | 208 | 0.64 | 11 | 0.35 |
| 艺术学 | 171 | 0.84 | 10 | 0.89 |
| 文学 | 64 | 0.28 | 4 | 0.25 |
| 教育学 | 57 | 0.76 | 6 | 0.27 |
| 经济学 | 42 | 0.43 | 1 | 0.07 |
| 理学 | 23 | 0.15 | 5 | 0.20 |
| 法学 | 21 | 0.29 | 4 | 0.21 |
| 医学 | 16 | 0.08 | 3 | 0.07 |
| 农学 | 11 | 0.38 | 11 | 0.95 |
| 哲学 | 0 | 0.00 | 1 | 0.42 |
| 历史学 | 0 | 0.00 | 0 | 0.00 |

## 2.2.2　创业原因

调研数据显示，2023 届普通高校毕业生创业原因主要有“实现个人理想及价值”（49.08%）、“预期可能有更高的收入”（34.12%）。分学历来看，硕士毕业生因“实现个人理想及价值”的比例明显高于高职专科毕业生与本科毕业生，而本科毕业生因“预期可能有更高的收入”比例高于高职专科毕业生与硕士毕业生。如图 2-5、表 2-7 所示。

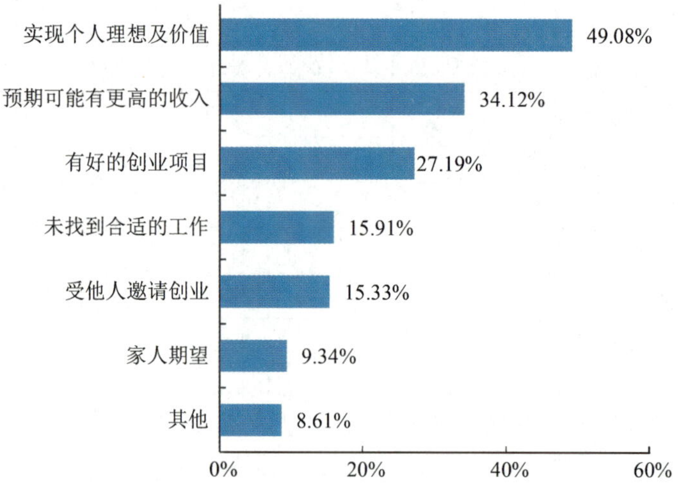


**图 2-5　湖南省普通高校 2023 届毕业生创业原因（多选题）**

**表 2-7　湖南省普通高校 2023 届毕业生分学历层次的创业原因（多选题）（单位:%）**

| 创业原因 | 高职专科毕业生 | 本科毕业生 | 硕士毕业生 | 总体 |
|---|---|---|---|---|
| 实现个人理想及价值 | 49. 71 | 47. 00 | 68. 75 | 49. 08 |
| 预期可能有更高的收入 | 33. 73 | 34. 99 | 31. 25 | 34. 12 |
| 有好的创业项目 | 27. 42 | 26. 65 | 28. 12 | 27. 19 |
| 未找到合适的工作 | 15. 56 | 16. 25 | 21. 88 | 15. 91 |
| 受他人邀请创业 | 14. 97 | 15. 67 | 18. 75 | 15. 33 |
| 家人期望 | 9. 84 | 8. 78 | 3. 12 | 9. 34 |
| 其他 | 9. 42 | 7. 47 | 3. 12 | 8. 61 |

## 2. 2. 3　创业类型与方式

调研数据显示，2023 届普通高校毕业生创业主要方式是“个人独立创业”（35. 64%）与“与人合伙创业”(32. 86%)；创业的主要类型是“在独立的场地创立公司”（33. 44%)。如表 2-8 所示。

**表 2-8　湖南省普通高校 2023 届毕业生创业类型与创业方式（单位:%）**

| 创业方式 | 高职专科毕业生 | 本科毕业生 | 硕士毕业生 | 总体 |
|---|---|---|---|---|
| 创业方式 | | | | |
| 个人独立创业 | 35. 32 | 36. 02 | 40. 62 | 35. 64 |
| 与人合伙创业 | 32. 97 | 32. 94 | 28. 12 | 32. 86 |
| 家族创业 | 12. 45 | 12. 45 | 15. 62 | 12. 49 |

续表

| 创业方式 | 高职专科毕业生 | 本科毕业生 | 硕士毕业生 | 总体 |
| --- | --- | --- | --- | --- |
| 其他 | 12.28 | 8.78 | 6.25 | 10.92 |
| 带领团队创业 | 6.98 | 9.81 | 9.38 | 8.08 |
| 创业类型 | | | | |
| 在独立的场地创立公司 | 31.03 | 36.60 | 53.12 | 33.44 |
| 其他 | 31.71 | 27.67 | 18.75 | 30.03 |
| 电子商务创业 | 20.19 | 20.50 | 12.50 | 20.16 |
| 加盟创业 | 12.11 | 8.49 | 3.12 | 10.66 |
| 在孵化机构中创业 | 4.96 | 6.73 | 12.50 | 5.72 |

## 2.2.4　创业领域与专业相关度

调研数据显示，2023 届普通高校毕业生创业领域与所学专业的整体相关度为 37.01%。分学历来看，高职专科毕业生创业领域与专业相关度为 32.29%，本科毕业生创业领域与专业相关度为 44.07%，硕士毕业生创业领域与专业相关度为 62.50%，毕业生创业领域与所学专业相关度随学历层次的提高而明显提升。如图 2-6 所示。

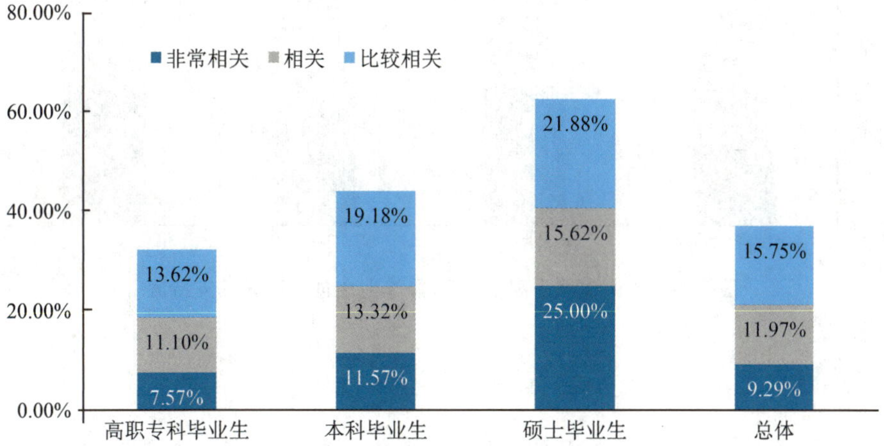


**图 2-6　湖南省普通高校 2023 届毕业生创业领域与所学专业相关度**

## 2.2.5　创业家人支持度

调研数据显示，2023 届普通高校毕业生创业资金来源主要是“父母资助”（38.95%）与“个人累计”（38.74%）。如图 2-7 所示。

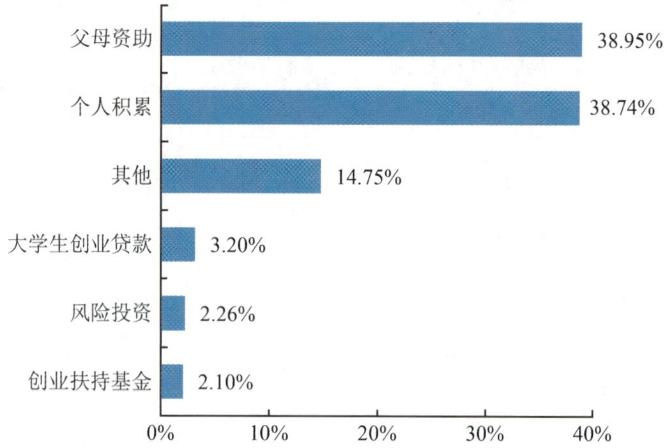


**图 2-7　湖南省普通高校 2023 届毕业生创业资金来源**

进一步调研“自主创业”的 2023 届普通高校毕业生了解到，有 63. 09%的家长对毕业生选择创业持支持态度。其中硕士毕业生的家人对自主创业的支持度最高，为 75. 00%。如图 2-8 所示。

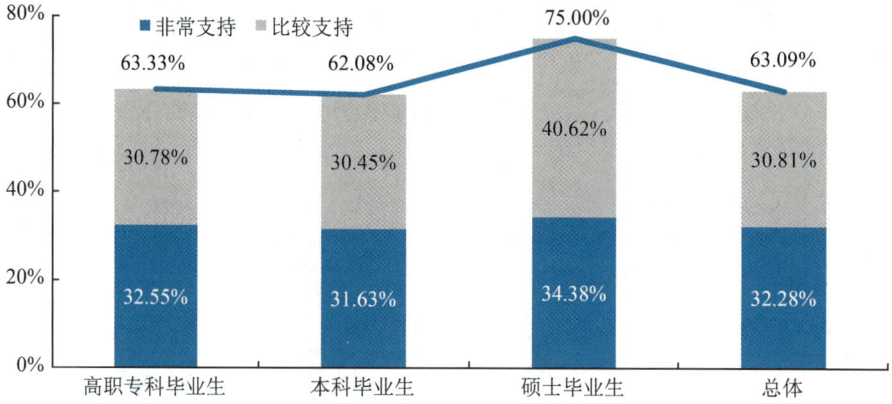


**图 2-8　湖南省普通高校 2023 届毕业生创业家人的支持度**

### 2. 2. 6　创业前准备

调研数据显示，2023 届普通高校毕业生在创业前所做的准备主要是“在社会实践中积累经验”（49. 29%）、“多和朋友沟通，整合身边资源”（45. 20%）、“向成功创业者学习”（40. 68%）。如图 2-9 所示。

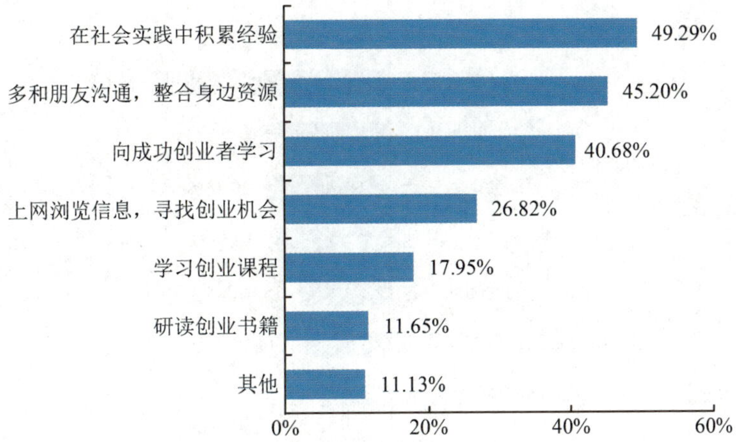


**图 2-9　湖南省普通高校 2023 届毕业生创业前准备**

### 2.2.7　大学生创业应具备能力

调研数据显示，2023 届普通高校毕业生认为大学生创业应具备的关键能力位居前三的是“持续学习能力”（38.85%）、“管理领导能力”（36.85%）、“专业基础知识”（34.54%），具备这些能力能够为大学生创业提供较大的帮助。如图 2-10 所示。

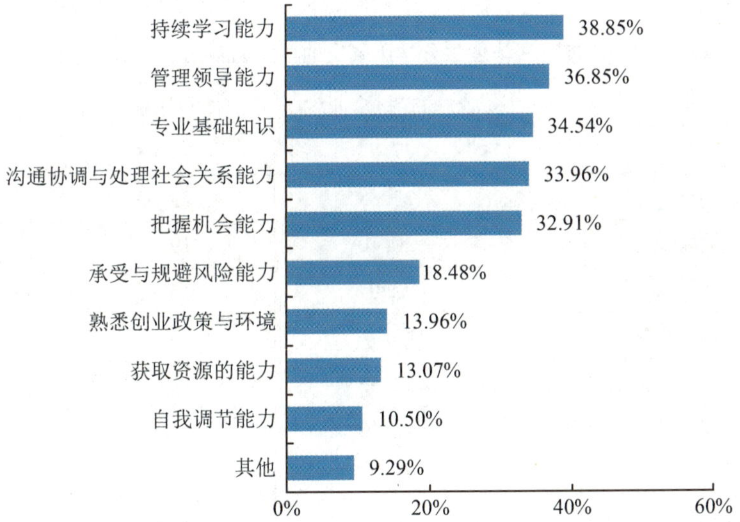


**图 2-10　湖南省普通高校 2023 届大学生创业应具备能力（多选题）**

### 2.2.8　创业遇到困难

调研数据显示，2023 届普通高校毕业生在创业过程中遇到的困难主要表现在“资金筹备”（38.64%）、“市场推广”（23.67%）。如图 2-11 所示。分学历来看，本科和高职专科毕业生选择“市场推广”“其他”“创业相关知识、技能缺乏”的比例高于硕士毕业生。如表 2-9 所示。

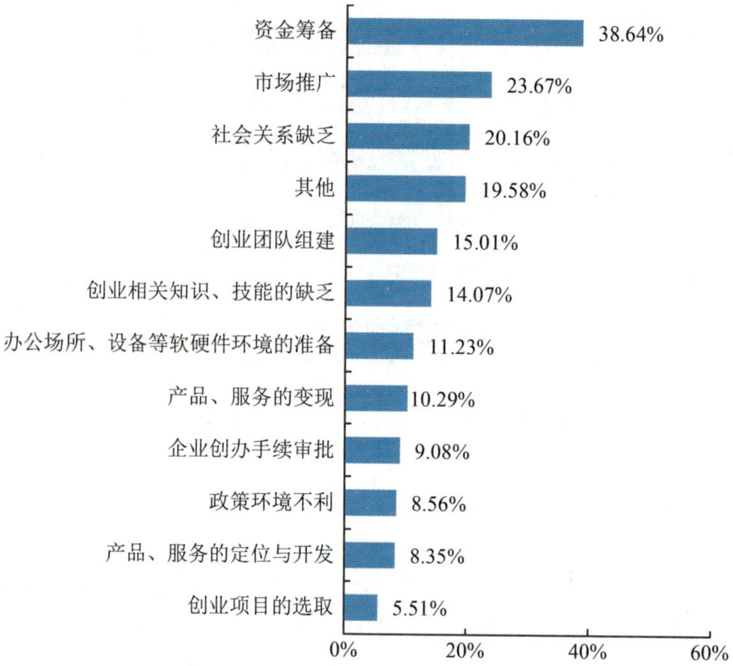


**图 2-11　湖南省普通高校 2023 届毕业生创业遇到主要困难（多选题）**

**表 2-9　湖南省普通高校 2023 届毕业生分学历层次的创业遇到主要困难（多选题）（单位:%）**

| 困难 | 高职专科毕业生 | 本科毕业生 | 硕士毕业生 |
|---|---|---|---|
| 资金筹备 | 37.85 | 39.68 | 46.88 |
| 市场推广 | 22.88 | 25.33 | 15.62 |
| 社会关系缺乏 | 20.10 | 19.91 | 28.12 |
| 其他 | 22.04 | 15.96 | 6.25 |
| 创业团队组建 | 13.96 | 16.40 | 25.00 |
| 创业相关知识、技能的缺乏 | 14.55 | 13.47 | 9.38 |
| 办公场所、设备等软硬件环境的准备 | 11.10 | 11.42 | 12.50 |
| 产品、服务的变现 | 9.25 | 12.15 | 6.25 |
| 企业创办手续审批 | 8.66 | 9.81 | 9.38 |
| 政策环境不利 | 7.82 | 9.52 | 15.62 |
| 产品、服务的定位与开发 | 7.32 | 9.96 | 12.50 |
| 创业项目的选取 | 5.21 | 5.56 | 15.62 |

### 2.2.9　创业服务工作改进建议

调研数据显示,2023 届毕业生认为高校创业服务工作应在“创业相关课程”(27.19%)、

“提供资金与平台”（27.14%）等方面做出优化。如图 2-12 所示。分学历来看，硕士毕业生认为高校创业服务工作应侧重于“创业相关课程”“提供资金与平台”“创业协会或俱乐部”“创业师资队伍建设”“创业讲座或论坛”等方面的比例明显高于本科和高职专科毕业生。如表 2-10 所示。

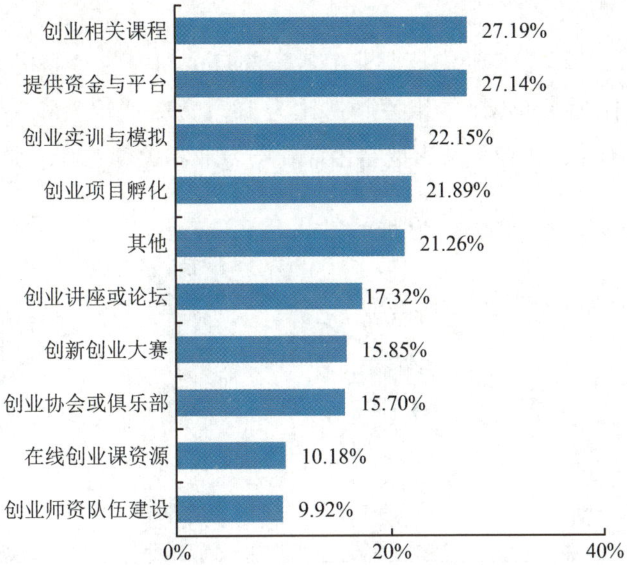


**图 2-12　湖南省普通高校 2023 届毕业生建议高校开展创业教育应重点加强方面（多选题）**

**表 2-10　湖南省普通高校 2023 届毕业生分学历层次建议高校开展创业教育应重点加强方面（多选题）（单位:%）**

| 创业教育应重点加强方面 | 高职专科毕业生 | 本科毕业生 | 硕士毕业生 |
|---|---|---|---|
| 创业相关课程 | 28. 43 | 24. 45 | 37. 50 |
| 提供资金与平台 | 26. 16 | 28. 70 | 31. 25 |
| 创业实训与模拟 | 22. 62 | 21. 67 | 15. 62 |
| 创业项目孵化 | 20. 35 | 24. 60 | 21. 88 |
| 其他 | 23. 89 | 17. 42 | 6. 25 |
| 创业讲座或论坛 | 16. 99 | 17. 28 | 28. 12 |
| 创新创业大赛 | 15. 48 | 16. 69 | 12. 50 |
| 创业协会或俱乐部 | 15. 14 | 16. 25 | 21. 88 |
| 在线创业课资源 | 10. 51 | 9. 96 | 3. 12 |
| 创业师资队伍建设 | 8. 16 | 12. 45 | 21. 88 |

## 2.3 自由职业相关分析

### 2.3.1 自由职业与专业相关度

调研数据显示，2023 届普通高校毕业生从事的自由职业与专业相关度为 36.58%，其中“非常相关”占比为 4.13%，“相关”占比为 18.15%，“比较相关”占比为 14.30%。分学历来看，学历越高，毕业生从事的自由职业与专业相关度越高。如图 2-13 所示。

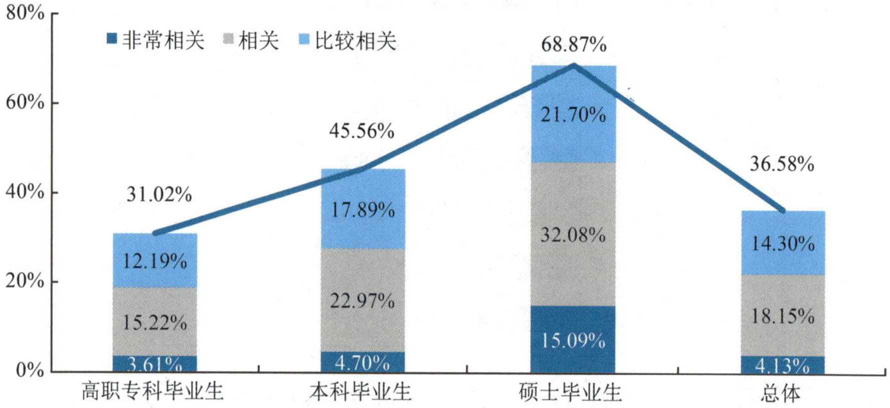


**图 2-13 湖南省普通高校 2023 届毕业生从事自由职业与专业相关度**

### 2.3.2 自由职业与理想职业一致度

调研数据显示，2023 届普通高校毕业生所从事的自由职业与理想职业一致度为 41.79%，可见自由职业从业者当前工作与理想职业差距较大。分学历来看，自由职业者学历越高，从事的职业与理想一致度越高。如图 2-14 所示。

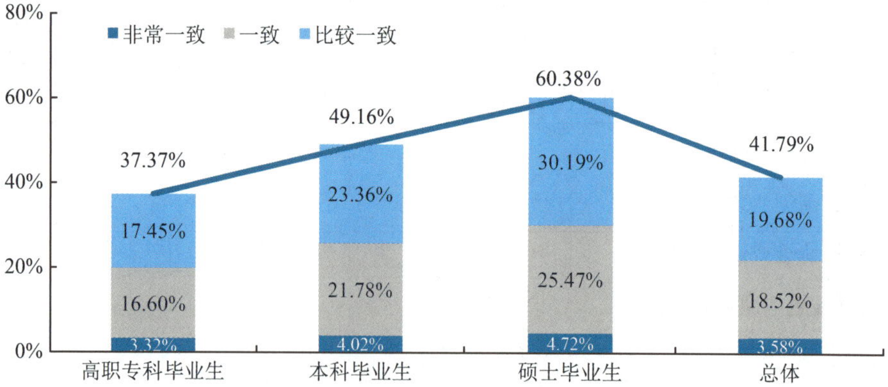


**图 2-14 湖南省普通高校 2023 届毕业生从事的自由职业与理想职业一致度**

### 2.3.3　自由职业平均月薪与增值情况

调研数据显示，2023 届毕业生从事自由职业的平均月薪在 4000 元以上的比例为 35.84%。分学历来看，硕士毕业生从事自由职业的平均月薪 4000 元以上的占比为 50.93%，高于本科和高职专科毕业生。如表 2-11 所示。2023 届硕士毕业生反馈，据自己了解，所从事岗位一年后平均月薪增值在 500—2000 元区间的比例为 35.85%，明显高于本科和高职专科毕业生。如图 2-15 所示。

**表 2-11　南省普通高校 2023 届各学历毕业生中从事自由职业的平均月薪分布（单位:%）**

| 薪酬区间 | 高职专科毕业生 | 本科毕业生 | 硕士毕业生 | 总体 |
|---|---|---|---|---|
| 3000 元以下 | 34.55 | 36.29 | 29.25 | 35.10 |
| 3001—4000 元 | 30.75 | 26.31 | 19.81 | 29.06 |
| 4001—5000 元 | 17.81 | 16.01 | 17.92 | 17.18 |
| 5001—6000 元 | 8.89 | 10.14 | 16.04 | 9.41 |
| 6001—8000 元 | 5.21 | 6.06 | 8.49 | 5.55 |
| 8000 元以上 | 2.79 | 5.18 | 8.48 | 3.70 |

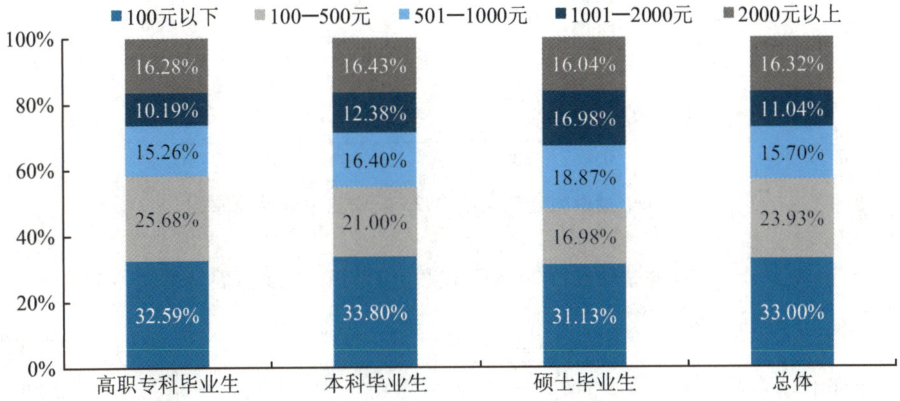


**图 2-15　湖南省普通高校 2023 届各学历毕业生从事自由职业的平均月薪增值情况**

## 2.4　未就业相关分析

### 2.4.1　未就业基本情况分布

就业管理系统数据显示，2023 届未就业毕业生共有 56969 人，其中待就业 52474 人，占未就业人数的 92.11%；暂不就业 4495 人，占未就业人数的 7.89%。分学历来看，本科毕业生暂不就业比例最高，达到了 11.92%。如表 2-12 所示。

表 2-12 湖南省普通高校 2023 届毕业生未就业总体分布

| 学历 | 待就业 | | 暂不就业 | | 总人数 |
|---|---|---|---|---|---|
| | 人数（人） | 比例（%） | 人数（人） | 比例（%） | |
| 高职专科毕业生 | 24377 | 96.49 | 887 | 3.51 | 25264 |
| 本科毕业生 | 25992 | 88.08 | 3516 | 11.92 | 29508 |
| 毕业研究生 | 2105 | 95.81 | 92 | 4.19 | 2197 |
| 总体 | 52474 | 92.11 | 4495 | 7.89 | 56969 |

## 2.4.2 未就业原因

调研数据显示，2023 届未就业的高校毕业生中有 77.31% 的人处于求职中，其他 22.69%的人基本有相应的职业规划。其中高职专科毕业生处于求职状态的比例较高，为 86.50%，而本科毕业生与硕士毕业生拟参加公招考试的比例明显高于高职专科毕业生。如图 2-16、表 2-13 所示。

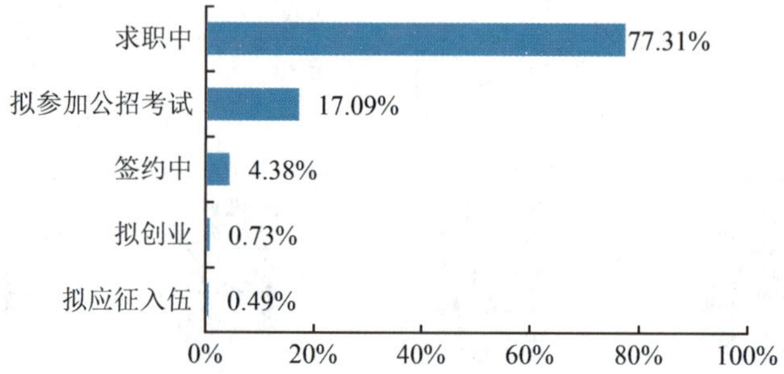


图 2-16 湖南省普通高校 2023 届毕业生未就业原因

表 2-13 湖南省普通高校 2023 届毕业生分学历未就业原因（单位:%）

| 原因 | 高职专科毕业生 | 本科毕业生 | 硕士毕业生 |
|---|---|---|---|
| 求职中 | 86.50 | 71.03 | 60.66 |
| 拟参加公招考试 | 6.99 | 24.15 | 32.79 |
| 签约中 | 4.73 | 3.97 | 6.15 |
| 拟创业 | 1.08 | 0.50 | 0.00 |
| 拟应征入伍 | 0.70 | 0.34 | 0.41 |

## 2.4.3 求职关注因素

调研数据显示，2023 届待就业毕业生求职关注的首要因素为“薪酬水平”，占比为 52.56%；其次是“工作稳定性”和“岗位发展前景”，占比分别为 52.14%、38.57%。如

图 2-17 所示。分学历来看，高学历毕业生对就业的工作地点更为看重。如表 2-14 所示。

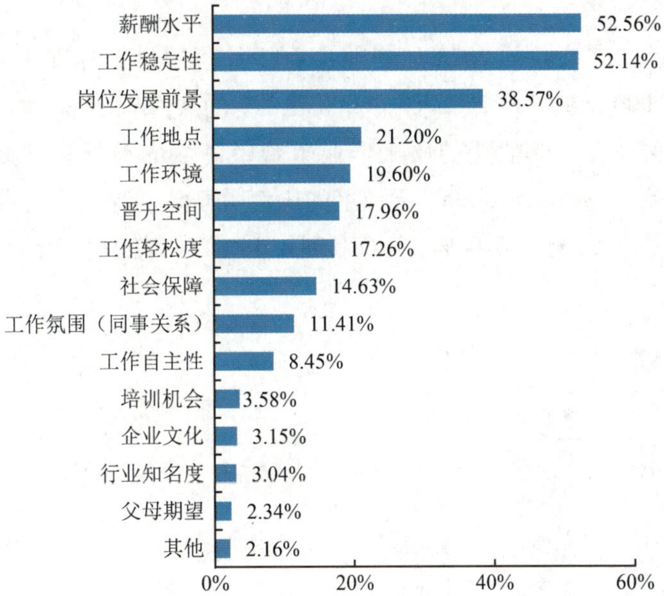


**图 2-17　湖南省普通高校 2023 届待就业毕业生求职关注因素**

**表 2-14　湖南省普通高校 2023 届待就业毕业生分学历层次的求职关注因素（单位:%）**

| 关注因素 | 高职专科毕业生 | 本科毕业生 | 硕士毕业生 |
|---|---|---|---|
| 薪酬水平 | 51. 45 | 53. 81 | 50. 31 |
| 工作稳定性 | 53. 09 | 51. 42 | 47. 85 |
| 岗位发展前景 | 36. 88 | 40. 30 | 37. 42 |
| 工作地点 | 18. 38 | 22. 50 | 44. 79 |
| 工作环境 | 20. 56 | 18. 96 | 15. 34 |
| 晋升空间 | 18. 12 | 17. 76 | 18. 40 |
| 工作轻松度 | 18. 04 | 16. 83 | 12. 27 |
| 社会保障 | 16. 06 | 13. 51 | 10. 43 |
| 工作氛围（同事关系） | 13. 31 | 9. 66 | 9. 82 |
| 工作自主性 | 8. 66 | 8. 36 | 6. 75 |
| 培训机会 | 3. 51 | 3. 69 | 3. 07 |
| 企业文化 | 2. 90 | 3. 47 | 1. 84 |
| 行业知名度 | 2. 59 | 3. 36 | 4. 91 |
| 父母期望 | 2. 06 | 2. 61 | 2. 45 |
| 其他 | 2. 36 | 2. 01 | 1. 23 |

### 2.4.4 就业起薪标准

调研数据显示，待就业的 2023 届毕业生希望月薪的最低标准为 4000 元以下的占 64.16%，4001—6000 元的共占 26.59%，6000 元以上的共占 9.25%。如图 2-18 所示。

分各学历层次来看，待就业的硕士毕业生希望月薪的最低标准为 4001—5000 元、5001—6000 元、7001—8000 元、8000 元以上的比例明显高于待就业的本科和高职专科毕业生，比例分别达 17.92%、16.04%、5.66%和 8.48%。如表 2-15 所示。

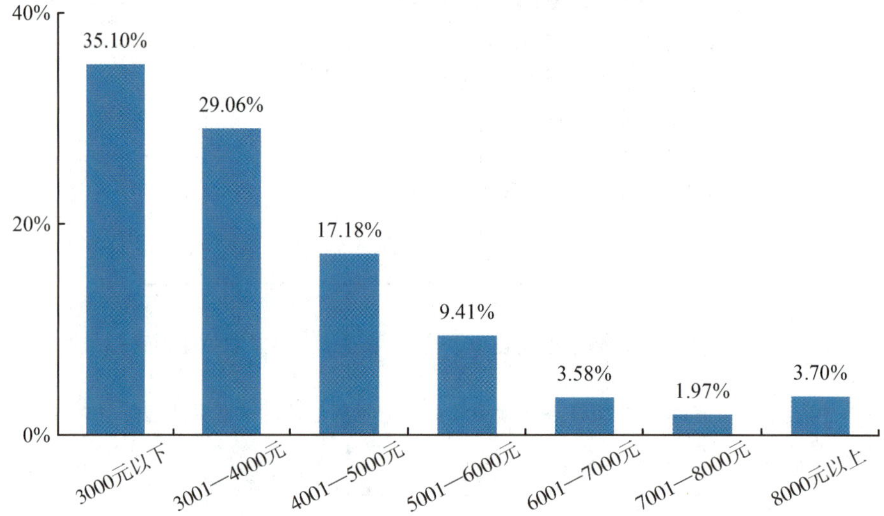


**图 2-18 湖南省普通高校 2023 届毕业生就业平均月薪期望值**

**表 2-15 湖南省普通高校 2023 届毕业生分学历层次的就业平均月薪期望值（单位:%）**

| 平均月薪 | 高职专科毕业生 | 本科毕业生 | 硕士毕业生 |
|---|---|---|---|
| 3000 元以下 | 34.55 | 36.29 | 29.25 |
| 3001—4000 元 | 30.75 | 26.31 | 19.81 |
| 4001—5000 元 | 17.81 | 16.01 | 17.92 |
| 5001—6000 元 | 8.89 | 10.14 | 16.04 |
| 6001—7000 元 | 3.46 | 3.82 | 2.83 |
| 7001—8000 元 | 1.75 | 2.24 | 5.66 |
| 8000 元以上 | 2.79 | 5.18 | 8.48 |

### 2.4.5 求职过程遇到困难

调研数据显示，2023 届待就业毕业生求职过程中遇到的主要困难有“适合自己专业和学历的岗位不多”（45.72%）、“实践经验缺乏”（42.37%）和“用人单位待遇和条件不符合预期”（34.95%）。值得注意的是，有 11.06%的待就业毕业生求职过程中遇到的主要困难是“存在就业歧视”。如图 2–19 所示。分学历来看，高职专科毕业生和硕士毕业生遇到的主要困难为“适合自己专业和学历的岗位不多”，本科毕业生遇到的主要困难为“实践经验缺乏”。如表 2–16 所示。

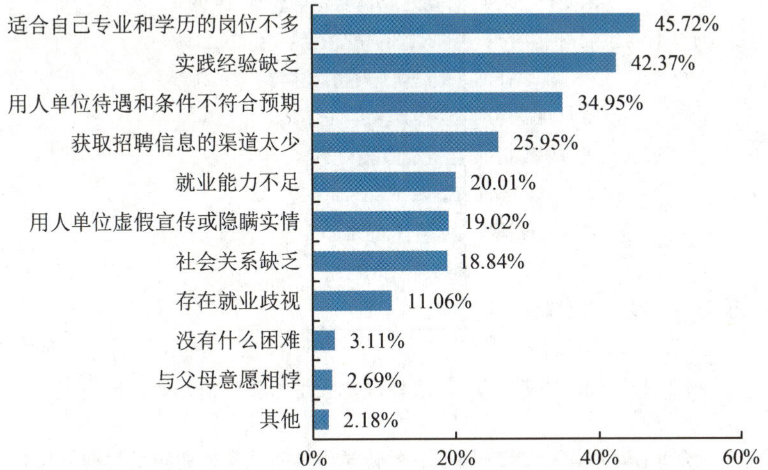


**图 2–19　湖南省普通高校 2023 届待就业毕业生求职过程中遇到的主要困难（多选题）**

**表 2–16　湖南省普通高校 2023 届待就业毕业生分学历求职过程中遇到的主要困难(多选题)(单位:%)**

| 主要困难 | 高职专科毕业生 | 本科毕业生 | 硕士毕业生 |
|---|---|---|---|
| 适合自己专业和学历的岗位不多 | 47. 71 | 42. 54 | 66. 26 |
| 实践经验缺乏 | 39. 51 | 46. 01 | 29. 45 |
| 用人单位待遇和条件不符合预期 | 35. 58 | 34. 37 | 34. 36 |
| 获取招聘信息的渠道太少 | 29. 60 | 23. 06 | 14. 72 |
| 就业能力不足 | 17. 05 | 23. 28 | 13. 50 |
| 用人单位虚假宣传或隐瞒实情 | 21. 97 | 16. 79 | 8. 59 |
| 社会关系缺乏 | 18. 00 | 19. 89 | 15. 34 |
| 存在就业歧视 | 9. 53 | 11. 90 | 21. 47 |
| 没有什么困难 | 3. 39 | 2. 76 | 3. 68 |
| 与父母意愿相悖 | 2. 52 | 2. 95 | 1. 23 |
| 其他 | 2. 52 | 1. 87 | 1. 84 |

### 2. 4. 6　希望获得就业帮助类型

调研数据显示，2023 届普通高校待就业毕业生主要希望获得的就业帮助类型有“增加职位信息”“岗位推荐”“求职技巧培训”，占比分别为 41. 51%、33. 05%、29. 99%。如图 2–20 所示。

分学历来看，本科和高职专科毕业生还希望获得“求职补贴”，硕士毕业生希望开展

“行业/岗位发展前景等分析”的比例高于本科和高职专科毕业生。如表 2-17 所示。

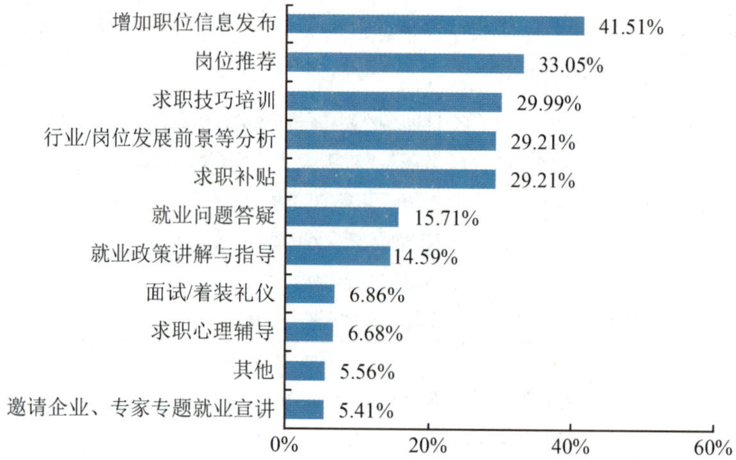


**图 2-20 湖南省普通高校 2023 届毕业生希望获得就业帮助类型**

**表 2-17 湖南省普通高校 2023 届毕业生分学历希望获得就业帮助类型（单位:%）**

| 希望获得的就业帮助类型 | 高职专科毕业生 | 本科毕业生 | 硕士毕业生 |
|---|---|---|---|
| 增加职位信息发布 | 42. 33 | 40. 67 | 41. 72 |
| 岗位推荐 | 34. 94 | 31. 49 | 28. 22 |
| 求职技巧培训 | 27. 92 | 32. 01 | 29. 45 |
| 求职补贴 | 29. 86 | 29. 14 | 19. 63 |
| 行业/岗位发展前景等分析 | 29. 18 | 28. 69 | 38. 04 |
| 就业问题答疑 | 15. 79 | 15. 71 | 14. 72 |
| 就业政策讲解与指导 | 14. 76 | 14. 29 | 17. 18 |
| 面试/着装礼仪 | 6. 22 | 7. 54 | 6. 13 |
| 求职心理辅导 | 6. 52 | 7. 05 | 3. 07 |
| 其他 | 6. 41 | 4. 85 | 3. 68 |
| 邀请企业、专家专题就业宣讲 | 4. 96 | 5. 71 | 7. 36 |

## 2. 4. 7 求职过程中发现的自身短板

调研数据显示，2023 届普通高校毕业生在求职过程中表现出的短板主要是“专业知识和技能”（37. 31%）、“对社会的了解”（35. 77%）、“沟通协调能力”（35. 47%）。如图 2-21 所示。

分学历来看，本科和高职专科毕业生在“专业知识和技能”“沟通协调能力”“承受压力和克服困难的能力”“解决基本问题能力”等方面的短板较硕士毕业生更为突出，而硕士毕业生在“对企业岗位专业知识的了解”“求职技巧”方面的短板较本科和高职专科毕业生更为明显。如表 2-18 所示。

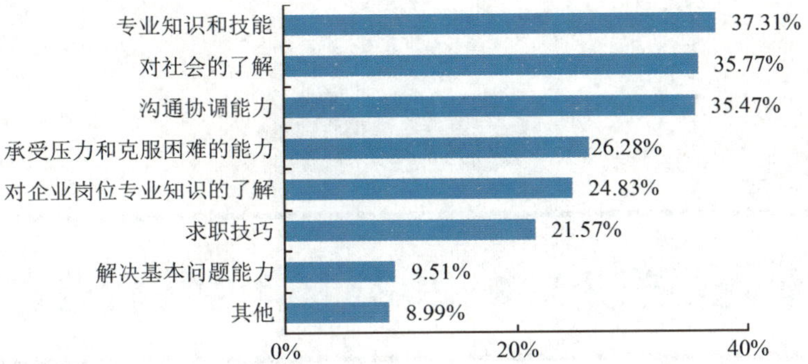


**图 2-21　湖南省普通高校 2023 届毕业生在求职过程中发现自身短板**

**表 2-18　湖南省普通高校 2023 届毕业生分学历层次在求职过程中发现自身短板（单位:%）**

| 自身短板 | 高职专科毕业生 | 本科毕业生 | 硕士毕业生 |
| --- | --- | --- | --- |
| 专业知识和技能 | 36. 61 | 38. 93 | 31. 57 |
| 对社会的了解 | 35. 25 | 36. 25 | 36. 19 |
| 沟通协调能力 | 35. 52 | 35. 82 | 32. 82 |
| 承受压力和克服困难的能力 | 26. 51 | 26. 44 | 23. 75 |
| 对企业岗位专业知识的了解 | 22. 39 | 26. 94 | 28. 17 |
| 求职技巧 | 20. 68 | 21. 92 | 25. 50 |
| 解决基本问题能力 | 9. 56 | 9. 76 | 7. 53 |
| 其他 | 10. 84 | 7. 25 | 7. 43 |

## 2. 4. 8　未就业毕业生的就业态度

调研数据显示，2023 届未就业毕业生对待就业态度主要以“没有做好就业准备”（48. 83%）、“想先放松一下自己再就业”（44. 39%）为主。其中本科未就业毕业生就业态度为“没有做好就业准备”的比例高于高职专科及硕士毕业生。如图 2-22 所示。

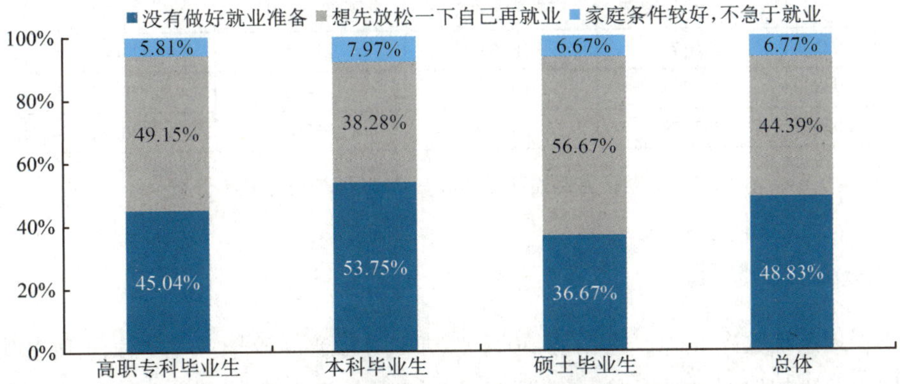


**图 2-22　2022 届普通高校未就业毕业生就业态度**

# 第3章

# 湖南省普通高校 2021—2023 届毕业生就业发展趋势

## 3.1 规模变化

### 3.1.1 总体规模变化

就业管理系统数据显示，湖南省 2021—2023 届普通高校毕业生规模呈逐年上升趋势，其中各学历层次毕业生规模变化趋势与总体趋势保持一致。如图 3-1 所示。可见，湖南省普通高校近年来生源充足，毕业生规模持续扩大。

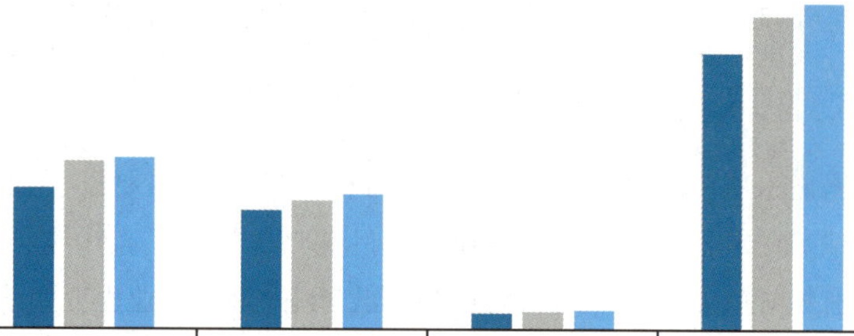

| | 高职专科毕业生 | 本科毕业生 | 毕业研究生 | 总体 |
|---|---|---|---|---|
| ■2021届 | 216371 | 181656 | 25035 | 423062 |
| ■2022届 | 256305 | 196608 | 26959 | 479872 |
| ■2023届 | 262979 | 207166 | 30536 | 500681 |

**图 3-1　湖南省普通高校 2021—2023 届毕业生规模分布**

### 3.1.2 性别规模变化

就业管理系统数据显示，湖南省 2021—2023 届普通高校毕业生男女比例基本稳定，其中男性毕业生的比例呈逐年增长趋势。分学历来看，高职专科毕业生近两届的男性毕业生占比高于女性毕业生，而本科毕业生、毕业研究生近三届的男性毕业生占比均低于女性毕业生。如表 3-1 所示。

**表 3-1　湖南省普通高校 2021—2023 届毕业生分性别的规模变化**

| 学历 | 届别 | 男性 | | 女性 | |
|---|---|---|---|---|---|
| | | 人数（人） | 比例（%） | 人数（人） | 比例（%） |
| 高职专科毕业生 | 2021 | 105733 | 48.87 | 110638 | 51.13 |
| | 2022 | 128373 | 50.09 | 127932 | 49.91 |
| | 2023 | 133629 | 50.81 | 129350 | 49.19 |
| 本科毕业生 | 2021 | 79464 | 43.74 | 102192 | 56.26 |
| | 2022 | 86121 | 43.80 | 110487 | 56.20 |
| | 2023 | 93275 | 45.02 | 113891 | 54.98 |
| 毕业研究生 | 2021 | 10893 | 43.51 | 14142 | 56.49 |
| | 2022 | 11680 | 43.33 | 15279 | 56.67 |
| | 2023 | 13598 | 44.53 | 16938 | 55.47 |
| 总体 | 2021 | 196090 | 46.35 | 226972 | 53.65 |
| | 2022 | 226174 | 47.13 | 253698 | 52.87 |
| | 2023 | 240502 | 48.03 | 260179 | 51.97 |

### 3.1.3　生源地域变化

就业管理系统数据显示，2021—2023 届普通高校毕业生为湖南籍的比例呈逐年上升趋势，2023 届毕业生为湖南籍的比例达到 79.35%。湖南省各市（州）生源中，毕业生人数比例呈逐年上升趋势的有永州市、郴州市、张家界市，张家界市生源近三届均最少。如表 3-2 所示。

**表 3-2　湖南省普通高校 2021—2023 届毕业生分生源地域规模变化（单位:%）**

| 生源地域 | 2021 届 | 2022 届 | 2023 届 |
|---|---|---|---|
| 湖南籍 | 77.18 | 79.22 | 79.35 |
| 非湖南籍 | 22.82 | 20.78 | 20.65 |
| 湖南省各市（州）生源变化 | | | |
| 衡阳市 | 12.11 | 12.13 | 11.84 |
| 邵阳市 | 11.76 | 12.63 | 12.44 |
| 长沙市 | 11.42 | 10.94 | 11.75 |
| 常德市 | 7.32 | 6.74 | 6.43 |
| 岳阳市 | 7.73 | 7.31 | 7.28 |
| 永州市 | 8.25 | 8.42 | 8.65 |

续表

| 生源地域 | 2021 届 | 2022 届 | 2023 届 |
|---|---|---|---|
| 娄底市 | 6. 90 | 6. 87 | 6. 52 |
| 益阳市 | 6. 11 | 5. 88 | 5. 70 |
| 郴州市 | 6. 76 | 7. 32 | 7. 62 |
| 怀化市 | 5. 99 | 6. 38 | 6. 31 |
| 株洲市 | 4. 90 | 4. 92 | 4. 91 |
| 湘潭市 | 4. 12 | 3. 83 | 3. 76 |
| 湘西土家族苗族自治州 | 4. 36 | 4. 33 | 4. 40 |
| 张家界市 | 2. 26 | 2. 30 | 2. 40 |

## 3. 2　毕业去向落实率变化

就业管理系统数据显示，近三届毕业生的毕业去向落实率比较稳定，均达到 88%以上。分学历来看，近三届毕业研究生的毕业去向落实率均最高，本科毕业生的毕业去向落实率均最低。如图 3-2 所示。整体来看，实现了“稳就业”“保就业”的目标，毕业生就业大局整体稳定。

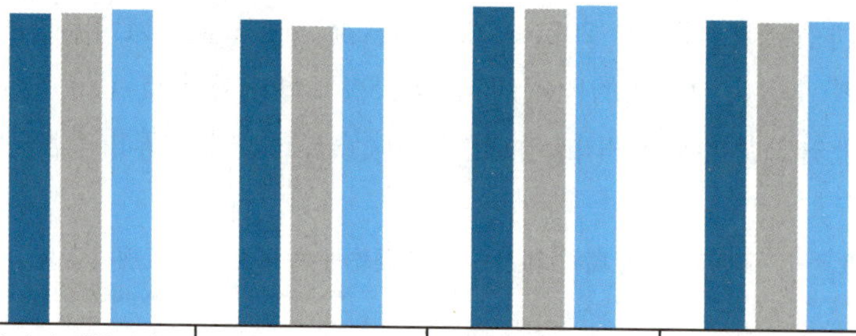

| | 高职专科毕业生 | 本科毕业生 | 毕业研究生 | 总体 |
|---|---|---|---|---|
| 2021届 | 89.07% | 87.91% | 92.22% | 88.76% |
| 2022届 | 89.23% | 85.99% | 91.63% | 88.04% |
| 2023届 | 90.39% | 85.76% | 92.81% | 88.62% |

**图 3-2　湖南省普通高校 2021—2023 届毕业生毕业去向落实率变化**

## 3. 3　专项毕业去向变化

就业管理系统数据显示，湖南省普通高校近三届毕业生专项就业情况中，毕业生继续深造比例三届均保持最高；毕业生从事基层项目的比例有所波动，其中 2023 届相比 2022

届有所下降；2023 届毕业生“出国、出境”比例与 2022 届持平；毕业生自主创业比例近三年稳定在 0.40%以上；“科研助理、管理助理”的比例，2023 届相比 2022 届有所增长。如表 3-3 所示。

**表 3-3 湖南省普通高校 2021—2023 届毕业生专项就业比例变化（单位:%）**

| 专项就业 | 2021 届 | 2022 届 | 2023 届 |
|---|---|---|---|
| 继续深造 | 11.00 | 10.96 | 11.25 |
| 基层项目 | 1.97 | 3.88 | 2.01 |
| 出国、出境 | 0.57 | 0.54 | 0.54 |
| 自主创业 | 0.42 | 0.43 | 0.46 |
| 科研助理、管理助理 | 0.29 | 0.17 | 0.33 |

分学历来看，本科毕业生、毕业研究生近三年选择继续深造的占比呈现持续上升趋势；毕业研究生就业为“科研助理、管理助理”的占比高于本科毕业生。如表 3-4 所示。

**表 3-4 湖南省普通高校 2021—2023 届毕业生分学历层次专项就业比例变化（单位:%）**

| 专项就业 | 高职专科毕业生 | | | 本科毕业生 | | | 毕业研究生 | | |
|---|---|---|---|---|---|---|---|---|---|
| | 2021 届 | 2022 届 | 2023 届 | 2021 届 | 2022 届 | 2023 届 | 2021 届 | 2022 届 | 2023 届 |
| 继续深造 | 9.11 | 8.99 | 9.01 | 13.92 | 14.17 | 14.76 | 6.13 | 6.24 | 6.78 |
| 基层项目 | 1.58 | 4.27 | 0.85 | 2.43 | 3.67 | 3.48 | 1.96 | 1.59 | 2.00 |
| 出国、出境 | 0.10 | 0.07 | 0.06 | 1.10 | 1.15 | 1.10 | 0.78 | 0.66 | 0.92 |
| 自主创业 | 0.44 | 0.49 | 0.53 | 0.41 | 0.38 | 0.41 | 0.27 | 0.18 | 0.21 |
| 科研助理、管理助理 | - | - | 0.01 | 0.53 | 0.29 | 0.59 | 1.00 | 0.78 | 1.30 |

## 3.4 就业结构变化

### 3.4.1 就业行业变化

就业管理系统数据显示，“制造业”“教育”“卫生和社会工作”“信息传输、软件和信息技术服务业”“建筑业”“批发和零售业”为近三届毕业生就业的主要行业，这 6 个行业近三年吸纳的毕业生人数占比均超 6 成。近三届毕业生就业在“制造业”“公共管理、社会保障和社会组织”“电力、热力、燃气及水生产和供应业”“住宿和餐饮业”“水利、环境和公共设施管理业”“采矿业”的占比呈逐年上升趋势。“卫生和社会工作”“信息传输、软件和信息技术服务业”“房地产业”的占比呈逐年下降趋势。如表 3-5 所示。

表3-5 湖南省普通高校2021—2023届毕业生就业行业变化（单位:%）

| 就业行业 | 2021届 | 2022届 | 2023届 |
|---|---|---|---|
| 制造业 | 12.77 | 14.26 | 15.87 |
| 教育 | 12.97 | 10.77 | 12.35 |
| 卫生和社会工作 | 9.17 | 8.93 | 8.22 |
| 信息传输、软件和信息技术服务业 | 11.52 | 11.07 | 10.80 |
| 建筑业 | 9.55 | 8.75 | 8.76 |
| 批发和零售业 | 8.33 | 9.65 | 8.50 |
| 租赁和商务服务业 | 5.76 | 6.33 | 4.99 |
| 交通运输、仓储和邮政业 | 4.02 | 4.21 | 3.29 |
| 居民服务、修理和其他服务业 | 3.44 | 3.43 | 3.66 |
| 文化、体育和娱乐业 | 4.19 | 4.19 | 4.76 |
| 金融业 | 2.54 | 2.46 | 2.52 |
| 科学研究和技术服务业 | 4.35 | 4.89 | 3.89 |
| 公共管理、社会保障和社会组织 | 2.18 | 2.31 | 2.52 |
| 房地产业 | 1.83 | 1.16 | 0.99 |
| 电力、热力、燃气及水生产和供应业 | 1.87 | 2.04 | 2.14 |
| 住宿和餐饮业 | 2.28 | 2.34 | 2.91 |
| 水利、环境和公共设施管理业 | 0.81 | 0.94 | 0.97 |
| 农、林、牧、渔业 | 1.26 | 1.21 | 1.66 |
| 军队 | 0.93 | 0.82 | 0.87 |
| 采矿业 | 0.23 | 0.25 | 0.34 |
| 国际组织 | 0.00 | 0.00 | 0.00 |

### 3.4.2 就业职位类别变化

就业管理系统数据显示，“其他人员”“工程技术人员”“其他专业技术人员”“教学人员”“办事人员和有关人员”“商业和服务业人员”“卫生专业技术人员”为近三届高校毕业生就业的主要职位，这7个职位近三年吸纳的毕业生比例均在85.00%以上。其中毕业生就业职位为“其他人员”“商业和服务业人员”“金融业务人员”“军人”“体育工作人员”的比例呈逐年上升趋势，毕业生就业职位为“工程技术人员”“卫生专业技术人员”“经济业务人员”的比例呈逐年下降趋势。如表3-6所示。

表 3-6　湖南省普通高校 2021—2023 届毕业生就业职位类别变化（单位:%）

| 就业职位类别 | 2021 届 | 2022 届 | 2023 届 |
|---|---|---|---|
| 其他人员 | 24. 39 | 25. 64 | 26. 13 |
| 工程技术人员 | 15. 07 | 13. 89 | 13. 27 |
| 其他专业技术人员 | 10. 76 | 12. 10 | 11. 86 |
| 教学人员 | 11. 18 | 9. 29 | 10. 58 |
| 办事人员和有关人员 | 9. 83 | 10. 17 | 8. 35 |
| 商业和服务业人员 | 6. 65 | 6. 70 | 8. 01 |
| 卫生专业技术人员 | 7. 96 | 7. 41 | 6. 89 |
| 生产和运输设备操作人员 | 3. 64 | 3. 97 | 3. 62 |
| 经济业务人员 | 3. 55 | 3. 29 | 2. 89 |
| 金融业务人员 | 2. 00 | 2. 08 | 2. 19 |
| 公务员 | 0. 90 | 0. 80 | 1. 14 |
| 文学艺术工作人员 | 0. 76 | 0. 76 | 0. 88 |
| 军人 | 0. 41 | 0. 82 | 0. 85 |
| 科学研究人员 | 0. 76 | 0. 86 | 0. 81 |
| 农、林、牧、渔业技术人员 | 0. 63 | 0. 54 | 0. 80 |
| 法律专业人员 | 0. 58 | 0. 57 | 0. 63 |
| 体育工作人员 | 0. 49 | 0. 57 | 0. 62 |
| 新闻出版和文化工作人员 | 0. 44 | 0. 53 | 0. 48 |

### 3. 4. 3　就业地域变化

就业管理系统数据显示，近三届毕业生留湘就业的比例呈下降趋势。具体到湖南各城市就业人数比例来看，长沙市一直是毕业生就业的首选城市，且近三年衡阳市、株洲市、岳阳市、郴州市、邵阳市、怀化市、永州市、益阳市、张家界市就业人数比例均呈逐年上升趋势，但近三年在长沙市、常德市、湘潭市就业人数比例均呈逐年下降趋势。如表 3-7 所示。

表 3-7　2021—2023 届毕业生就业地域变化（单位:%）

| 地域 | 2021 届 | 2022 届 | 2023 届 |
|---|---|---|---|
| 湖南地区 | 59. 29 | 57. 92 | 57. 29 |
| 非湖南地区 | 40. 71 | 42. 08 | 42. 71 |
| 省内各市（州）就业比例变化 | | | |
| 长沙市 | 57. 22 | 54. 14 | 51. 21 |

续表

| 地域 | 2021 届 | 2022 届 | 2023 届 |
|---|---|---|---|
| 衡阳市 | 5. 18 | 5. 57 | 5. 73 |
| 株洲市 | 4. 65 | 4. 71 | 5. 06 |
| 常德市 | 3. 71 | 3. 49 | 3. 38 |
| 湘潭市 | 3. 48 | 3. 40 | 3. 35 |
| 岳阳市 | 4. 17 | 4. 46 | 4. 73 |
| 郴州市 | 3. 59 | 3. 91 | 4. 07 |
| 邵阳市 | 3. 43 | 4. 14 | 4. 67 |
| 怀化市 | 2. 78 | 3. 44 | 3. 67 |
| 永州市 | 3. 01 | 3. 44 | 3. 98 |
| 娄底市 | 2. 94 | 3. 48 | 3. 35 |
| 湘西土家族苗族自治州 | 2. 19 | 2. 05 | 2. 55 |
| 益阳市 | 2. 47 | 2. 58 | 2. 89 |
| 张家界市 | 1. 17 | 1. 19 | 1. 36 |

近三届各学历毕业生留湘就业的比例均呈逐年下降的趋势，毕业研究生留湘就业比例变化幅度大于本科和高职专科毕业生。近三届高职专科毕业生留湘就业比例均高于 61. 00%，本科毕业生留湘就业比例均高于 52%，毕业研究生留湘就业比例均高于 46. 00%。如表 3-8 所示。

**表 3-8　湖南省普通高校 2021—2023 届毕业生分学历层次就业地域变化（单位:%）**

| 地域 | 高职专科毕业生 | | | 本科毕业生 | | | 毕业研究生 | | |
|---|---|---|---|---|---|---|---|---|---|
| | 2021 届 | 2022 届 | 2023 届 | 2021 届 | 2022 届 | 2023 届 | 2021 届 | 2022 届 | 2023 届 |
| 湖南地区 | 64. 00 | 62. 16 | 61. 47 | 54. 34 | 53. 15 | 52. 93 | 51. 10 | 48. 26 | 46. 60 |
| 非湖南地区 | 36. 00 | 37. 84 | 38. 53 | 45. 66 | 46. 85 | 47. 07 | 48. 90 | 51. 74 | 53. 40 |
| 省内各市（州）就业比例变化 | | | | | | | | | |
| 长沙市 | 57. 94 | 54. 12 | 50. 88 | 55. 03 | 52. 79 | 50. 42 | 63. 93 | 62. 87 | 59. 38 |
| 株洲市 | 4. 09 | 4. 14 | 4. 60 | 5. 24 | 5. 37 | 5. 38 | 6. 66 | 6. 99 | 8. 01 |
| 湘潭市 | 3. 64 | 3. 39 | 3. 17 | 3. 07 | 3. 16 | 3. 30 | 4. 48 | 5. 06 | 5. 51 |
| 衡阳市 | 4. 72 | 5. 35 | 5. 32 | 5. 96 | 6. 09 | 6. 60 | 4. 80 | 4. 74 | 4. 88 |
| 岳阳市 | 4. 31 | 4. 35 | 4. 79 | 4. 08 | 4. 63 | 4. 63 | 3. 40 | 4. 64 | 4. 68 |
| 常德市 | 2. 94 | 2. 84 | 2. 99 | 4. 93 | 4. 72 | 4. 13 | 3. 75 | 3. 12 | 3. 05 |
| 邵阳市 | 3. 26 | 4. 57 | 5. 09 | 3. 93 | 3. 73 | 4. 31 | 1. 88 | 1. 86 | 2. 43 |

续表

| 地域 | 高职专科毕业生 | | | 本科毕业生 | | | 毕业研究生 | | |
|---|---|---|---|---|---|---|---|---|---|
| | 2021 届 | 2022 届 | 2023 届 | 2021 届 | 2022 届 | 2023 届 | 2021 届 | 2022 届 | 2023 届 |
| 湘西土家族苗族自治州 | 2.79 | 2.36 | 3.05 | 1.35 | 1.59 | 1.84 | 1.53 | 1.46 | 1.50 |
| 益阳市 | 2.41 | 2.48 | 2.76 | 2.63 | 2.82 | 3.22 | 2.11 | 2.15 | 2.29 |
| 郴州市 | 3.80 | 4.08 | 4.08 | 3.59 | 3.96 | 4.32 | 1.52 | 1.73 | 2.43 |
| 永州市 | 3.13 | 3.77 | 4.52 | 3.05 | 3.19 | 3.41 | 1.50 | 1.27 | 1.55 |
| 娄底市 | 2.88 | 3.62 | 3.48 | 3.25 | 3.47 | 3.35 | 1.60 | 1.95 | 1.98 |
| 怀化市 | 2.84 | 3.71 | 3.84 | 2.82 | 3.28 | 3.72 | 1.95 | 1.33 | 1.56 |
| 张家界市 | 1.26 | 1.22 | 1.42 | 1.07 | 1.20 | 1.36 | 0.88 | 0.82 | 0.78 |

# 第4章

# 湖南省普通高校 2023 届毕业生就业影响因素分析

## 4.1 毕业生就业期望影响

### 4.1.1 就业心态

调研数据显示，2023 届普通高校毕业生总体就业心态乐观度为 79.63%，其中“非常乐观”占比为 20.36%，“乐观”占比为 25.39%，“比较乐观”占比为 33.88%。如图 4-1 所示。博士毕业生就业乐观度最高，为 90.07%。

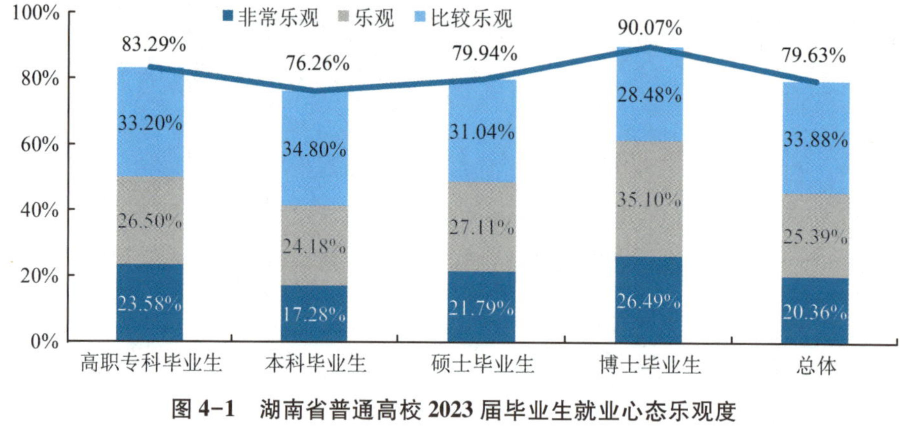


**图 4-1 湖南省普通高校 2023 届毕业生就业心态乐观度**

对促进高校 2023 届毕业生就业自信度提升的主要因素分析显示，“学校提供的就业指导、岗位推荐等服务”（52.70%）、“政府就业帮扶政策”（43.55%）、“家人朋友的建议与支持”（35.95%）等因素均有助于提振毕业生就业自信心。如图 4-2、表 4-1 所示。

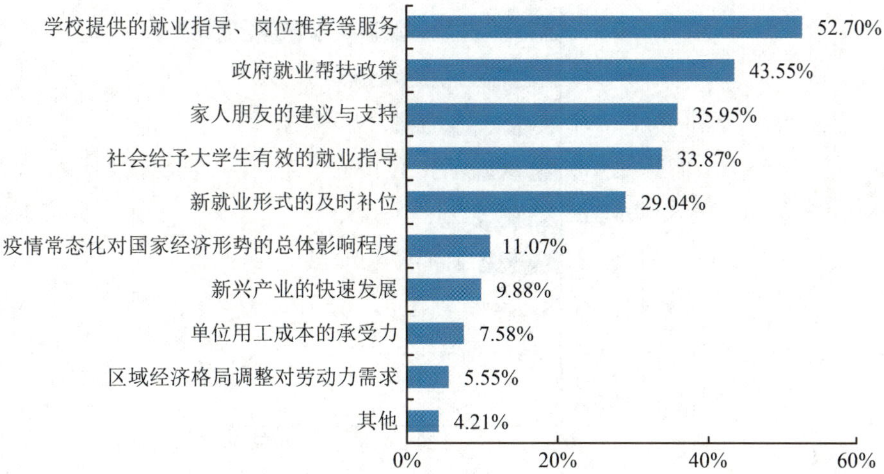


**图 4-2　促进湖南省普通高校 2023 届毕业生就业自信度提升的主要因素（多选题）**

**表 4-1　促进湖南省普通高校 2023 届毕业生分学历层次就业自信度提升因素（多选题）（单位:%）**

| 就业自信度提升因素 | 高职专科毕业生 | 本科毕业生 | 硕士毕业生 | 博士毕业生 |
|---|---|---|---|---|
| 学校提供的就业指导、岗位推荐等服务 | 53. 84 | 51. 04 | 54. 76 | 56. 17 |
| 政府就业帮扶政策 | 43. 28 | 44. 03 | 42. 42 | 42. 38 |
| 家人朋友的建议与支持 | 36. 55 | 35. 26 | 35. 75 | 32. 54 |
| 社会给予大学生有效的就业指导 | 35. 95 | 32. 62 | 23. 78 | 19. 69 |
| 新就业形式的及时补位 | 29. 07 | 28. 79 | 30. 75 | 30. 98 |
| 疫情常态化对国家经济形势的总体影响程度 | 11. 79 | 10. 31 | 10. 22 | 8. 29 |
| 新兴产业的快速发展 | 9. 02 | 10. 67 | 12. 06 | 9. 84 |
| 单位用工成本的承受力 | 8. 30 | 6. 92 | 5. 81 | 5. 49 |
| 区域经济格局调整对劳动力需求 | 5. 59 | 5. 47 | 5. 70 | 6. 42 |
| 其他 | 4. 57 | 3. 84 | 3. 69 | 5. 70 |

### 4. 1. 2　期望工作地区

调研数据显示，2023 届普通高校毕业生期望就业的工作地区以湖南省内、长沙市内、“北京、上海、广州、深圳”为主。期望留在湖南省内就业的比例为 53. 87%，期望留在长沙市内就业的比例为 31. 93%，期望留在“北京、上海、广州、深圳”就业的比例为 23. 41%。如图 4-3 所示。分学历来看，学历越高，期望留在长沙市内工作的比例越高，50. 18%的博士毕业生趋向于留在长沙市内就业。如表 4-2 所示。

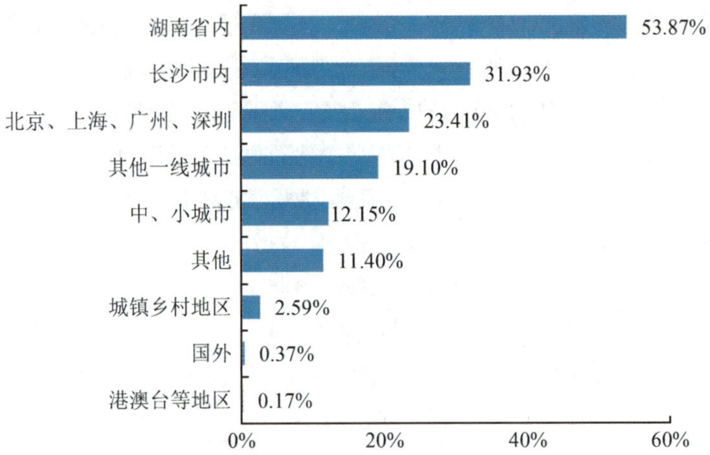


**图 4-3 湖南省普通高校 2023 届毕业生期望工作地区（多选题）**

注：此题为多选题，且各选项之间存在包含关系。

**表 4-2 湖南省普通高校 2023 届分学历毕业生期望工作地区（多选题）（单位:%）**

| 期望工作地点 | 高职专科毕业生 | 本科毕业生 | 硕士毕业生 | 博士毕业生 |
|---|---|---|---|---|
| 湖南省内 | 62. 72 | 48. 16 | 35. 29 | 30. 95 |
| 长沙市内 | 28. 10 | 33. 78 | 43. 34 | 50. 18 |
| 北京、上海、广州、深圳 | 20. 98 | 26. 48 | 19. 68 | 16. 12 |
| 其他一线城市 | 15. 02 | 22. 04 | 26. 01 | 25. 82 |
| 中、小城市 | 11. 71 | 12. 47 | 13. 11 | 8. 97 |
| 其他 | 9. 12 | 12. 45 | 18. 78 | 18. 86 |
| 城镇乡村地区 | 3. 25 | 2. 26 | 0. 64 | 0. 00 |
| 国外 | 0. 32 | 0. 44 | 0. 21 | 0. 37 |
| 港澳台等地区 | 0. 18 | 0. 18 | 0. 05 | 0. 18 |

注：此题为多选题，且各选项之间存在包含关系。

### 4. 1. 3 回生源地就业意愿度

调研数据显示，2023 届普通高校毕业生总体回生源地就业意愿度较高，为 87. 39%。其中，高职专科毕业生回生源地就业意愿度最高，达 89. 08%，随着学历的提高，这种意愿有所减缓。如图 4-4 所示。

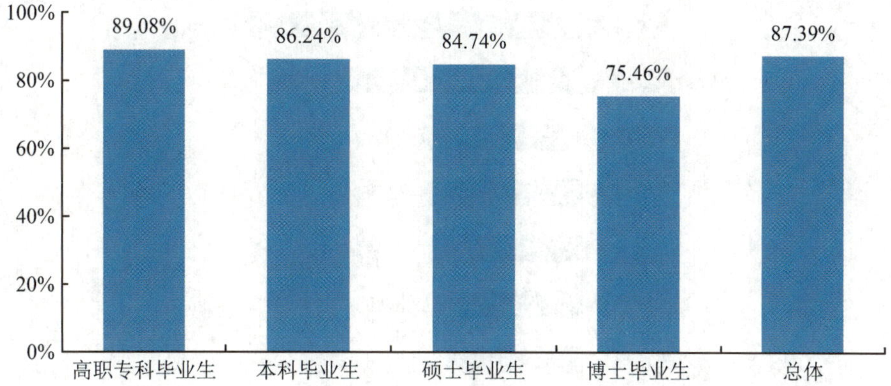


**图 4-4　湖南省普通高校 2023 届毕业生回生源地就业意愿**

## 4.1.4　优先留湘就业意愿度

调研数据显示，2023 届普通高校毕业生优先留湘就业意愿度为 83.57%。分学历来看，意愿度最高的是高职专科毕业生，为 89.60%；其次是本科毕业生，为 79.53%；再次是博士毕业生，为 76.56%；硕士毕业生相对最低，为 71.22%。如图 4-5 所示。

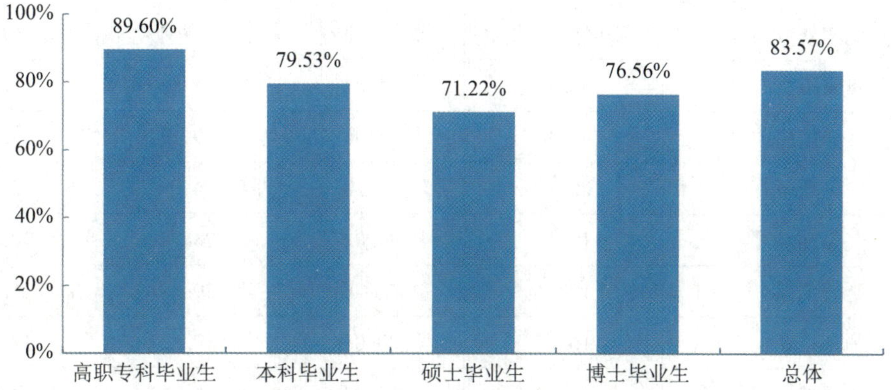


**图 4-5　湖南省普通高校 2023 届毕业生优先留湘就业意愿度**

调研数据显示，2023 届普通高校毕业生优选湖南就业的原因主要是“离家距离”（50.14%）、“经济社会发展前景”（33.00%）。如图 4-6 所示。分学历来看，高职专科毕业生、本科毕业生、硕士毕业生和博士毕业生均主要是因为“离家距离”优先在湖南就业。如表 4-3 所示。

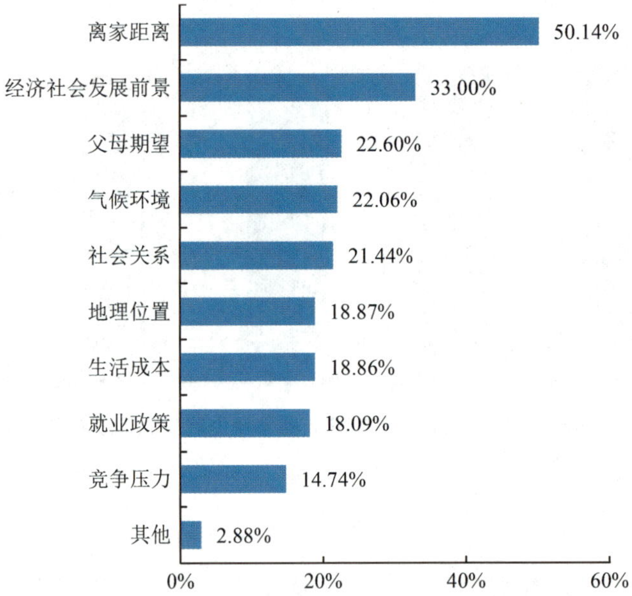


**图 4-6 湖南省普通高校 2023 届毕业生优选湖南就业的原因（多选题）**

**表 4-3 湖南省普通高校 2023 届分学历毕业生优选湖南就业的原因（多选题）（单位:%）**

| 优选湖南就业原因 | 高职专科毕业生 | 本科毕业生 | 硕士毕业生 | 博士毕业生 |
|---|---|---|---|---|
| 离家距离 | 38. 83 | 51. 82 | 67. 82 | 68. 75 |
| 经济社会发展前景 | 37. 46 | 33. 96 | 19. 19 | 14. 06 |
| 父母期望 | 20. 80 | 23. 20 | 24. 03 | 22. 66 |
| 气候环境 | 15. 10 | 24. 02 | 28. 78 | 30. 47 |
| 社会关系 | 17. 31 | 21. 78 | 29. 58 | 21. 88 |
| 地理位置 | 16. 50 | 20. 06 | 19. 33 | 12. 50 |
| 生活成本 | 25. 53 | 17. 87 | 8. 62 | 3. 91 |
| 就业政策 | 21. 26 | 18. 03 | 11. 18 | 13. 28 |
| 竞争压力 | 22. 37 | 12. 13 | 9. 27 | 9. 38 |
| 其他 | 4. 14 | 2. 42 | 1. 96 | 3. 91 |

### 4. 1. 5 期望就业单位类型

调研数据显示，2023 届普通高校毕业生主要期望就业在“国有企业”（40. 77%）与“事业单位”（36. 28%）中，两者累计占比超过七成。各学历毕业生期望到“国有企业”和“事业单位”就业的比例之和均超 75. 00%，可见高校毕业生就业期望与国家当前实际企业分布存在明显差异，建议引导毕业生转变观念，加大力度引导毕业生到民营企业、三资企业等就业。如图 4-7、表 4-4 所示。

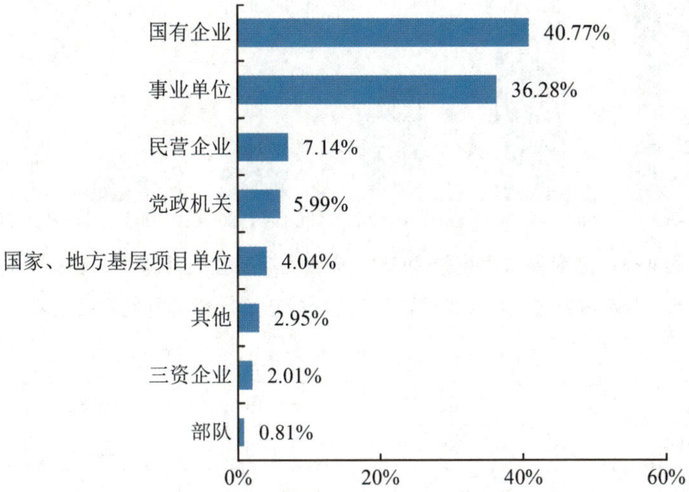


**图 4-7　湖南省普通高校 2023 届毕业生期望就业单位类型**

**表 4-4　湖南省普通高校 2023 届分学历毕业生期望就业单位类型（单位:%）**

| 单位类型 | 高职专科毕业生 | 本科毕业生 | 硕士毕业生 | 博士毕业生 |
| --- | --- | --- | --- | --- |
| 国有企业 | 44. 57 | 39. 50 | 26. 85 | 6. 24 |
| 事业单位 | 32. 64 | 37. 09 | 51. 41 | 81. 65 |
| 民营企业 | 6. 98 | 7. 99 | 3. 07 | 0. 37 |
| 党政机关 | 4. 52 | 6. 29 | 13. 54 | 6. 42 |
| 国家、地方基层项目单位 | 5. 36 | 3. 13 | 1. 50 | 1. 83 |
| 其他 | 3. 40 | 2. 63 | 2. 15 | 3. 12 |
| 三资企业 | 1. 36 | 2. 82 | 1. 11 | 0. 00 |
| 部队 | 1. 15 | 0. 55 | 0. 36 | 0. 37 |

### 4. 1. 6　期望签约的月薪

调研数据显示，2023 届普通高校毕业生期望月薪范围为 4001—6000 元的比例最高（39. 30%），其次是 6001—8000 元（31. 91%）。分学历来看，高职专科毕业生期望月薪范围为 4001—6000 元的比例最高（49. 86%），本科毕业生期望月薪为 6001—8000 元的比例最高（37. 45%），硕士毕业生期望月薪为 8001—10000 元的比例最高（33. 82%），博士毕业生期望月薪为 10001—15000 元的比例最高（34. 62%），呈现出学历越高，期望薪资水平越高的趋势。如图 4-8、表 4-5 所示。

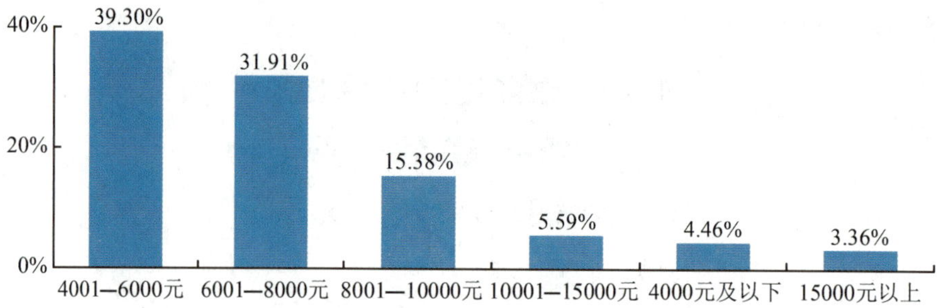


**图 4-8 湖南省普通高校 2023 届毕业生期望签约月薪（单位：元）**

**表 4-5 湖南省普通高校 2023 届毕业生分学历层次期望签约月薪（单位:%）**

| 月薪区间 | 高职专科毕业生 | 本科毕业生 | 硕士毕业生 | 博士毕业生 |
|---|---|---|---|---|
| 4001—6000 元 | 49. 86 | 34. 19 | 6. 86 | 0. 37 |
| 6001—8000 元 | 27. 89 | 37. 45 | 23. 56 | 8. 24 |
| 8001—10000 元 | 9. 60 | 18. 24 | 33. 82 | 22. 34 |
| 10001—15000 元 | 2. 23 | 5. 25 | 27. 59 | 34. 62 |
| 4000 元及以下 | 7. 54 | 2. 09 | 0. 20 | 0. 00 |
| 15000 元以上 | 2. 87 | 2. 78 | 7. 96 | 34. 43 |

### 4. 1. 7 求职关注因素

调研数据显示，2023 届普通高校毕业生求职关注的主要因素是“薪酬水平”，比例高达 78. 18%；其次是“工作稳定度”（60. 11%）、“社会保障”（53. 67%）、“发展空间”

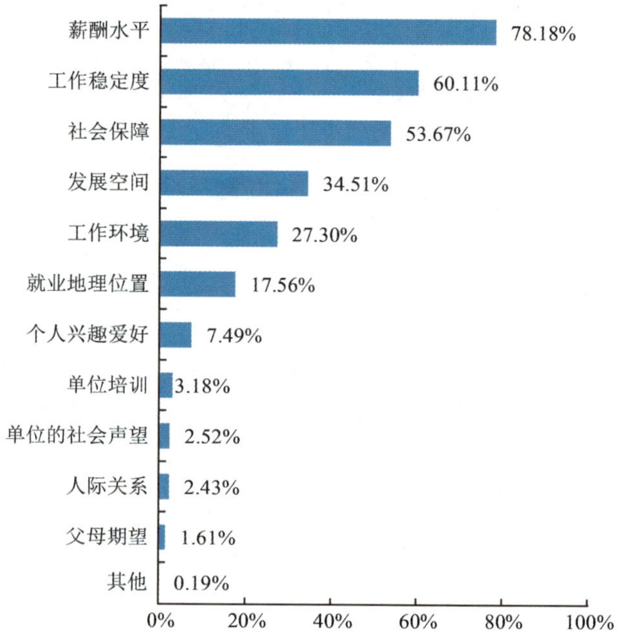


**图 4-9 湖南省普通高校 2023 届毕业生求职关注主要因素（多选题）**

（34.51%）。如图 4-9、表 4-6 所示。建议高校应引导毕业生从职业生涯长远发展的角度来找准就业定位。

**表 4-6　湖南省普通高校 2023 届毕业生分学历层次求职关注主要因素（多选题）（单位:%）**

| 关注因素 | 高职专科毕业生 | 本科毕业生 | 硕士毕业生 | 博士毕业生 |
|---|---|---|---|---|
| 薪酬水平 | 74.48 | 81.28 | 82.02 | 77.84 |
| 工作稳定度 | 63.68 | 57.30 | 56.19 | 47.99 |
| 社会保障 | 53.11 | 55.00 | 49.53 | 41.58 |
| 发展空间 | 36.27 | 32.87 | 32.99 | 44.32 |
| 工作环境 | 29.56 | 26.06 | 20.99 | 23.44 |
| 就业地理位置 | 12.74 | 20.09 | 31.61 | 27.66 |
| 个人兴趣爱好 | 7.53 | 7.72 | 5.82 | 5.86 |
| 单位培训 | 3.54 | 3.15 | 1.29 | 0.37 |
| 单位的社会声望 | 2.18 | 2.38 | 4.81 | 13.00 |
| 人际关系 | 2.82 | 2.08 | 2.24 | 1.47 |
| 父母期望 | 1.85 | 1.46 | 1.09 | 0.73 |
| 其他 | 0.25 | 0.15 | 0.13 | 0.18 |

## 4.2　毕业生专业优势影响

### 4.2.1　专业就业前景

调研数据显示，2023 届普通高校毕业生对所学专业就业前景持肯定态度的比例超过了 80.00%。分学历来看，硕士毕业生对所学专业就业市场前景的肯定程度最低，为 77.42%，不及其他学历层次的毕业生。如图 4-10 所示。

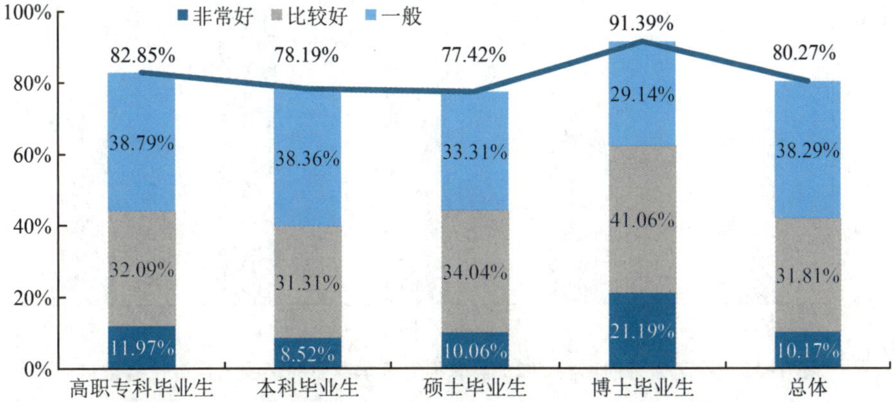


**图 4-10　湖南省普通高校 2023 届毕业生对所学专业就业前景预判**

### 4.2.2 专业了解比例

调研数据显示，2023 届普通高校毕业生对所学专业能够“完全了解”和“了解”的比例和为 73.00%，其中对所学专业“完全了解”的比例为 12.71%，“了解”的比例为 60.29%。分学历来看，学历越高，毕业生对所学专业能够“完全了解”和“了解”的比例之和越高。如图 4-11 所示。

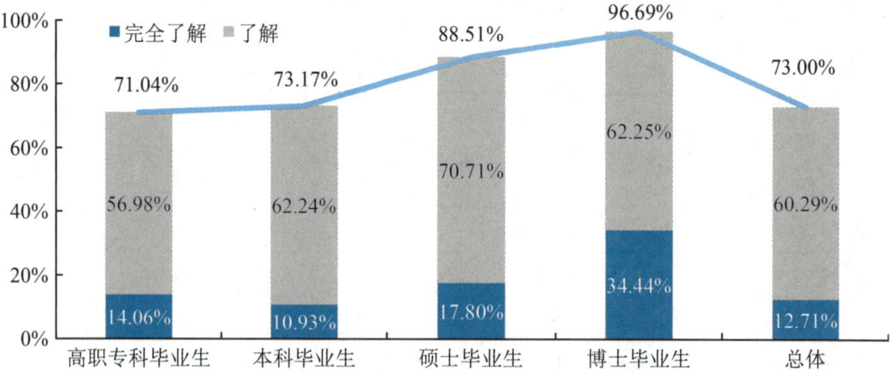


**图 4-11　湖南省普通高校 2023 届毕业生对所学专业了解度**

### 4.2.3 专业课程满足度

调研数据显示，2023 届普通高校毕业生认为所学专业课程能够满足工作需求的比例为 62.80%，其中表示“非常满足”的占比仅为 8.13%，“满足”占比为 26.26%。如图 4-12 所示。总体上，高校专业课程设置与实际岗位需求间的契合度不高，特别是高职专科及本科学历专业课程与工作需求差距较为明显，高校的专业课程设置仍存在较大提升空间。

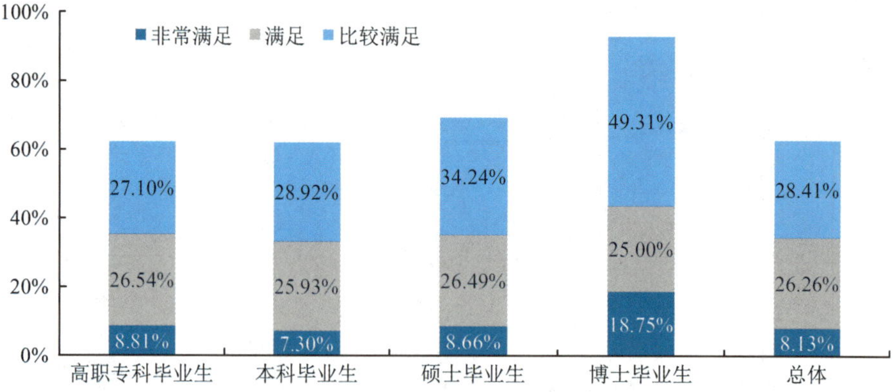


**图 4-12　湖南省普通高校 2023 届毕业生所学专业的课程满足岗位需求度**

# 4.3　毕业生自身就业能力影响

## 4.3.1　毕业生对促进就业创业政策的了解度

调研数据显示，2023 届毕业生对促进就业创业政策的了解度为 39.97%，其中“非常了解”占比为 3.07%，“了解”占比为 13.22%，“比较了解”占比为 23.68%。如图 4-13 所示。总体上，高校毕业生对就业创业政策了解度相对较低，建议高校加大对促进毕业生就业创业政策进行推广与宣传的力度。

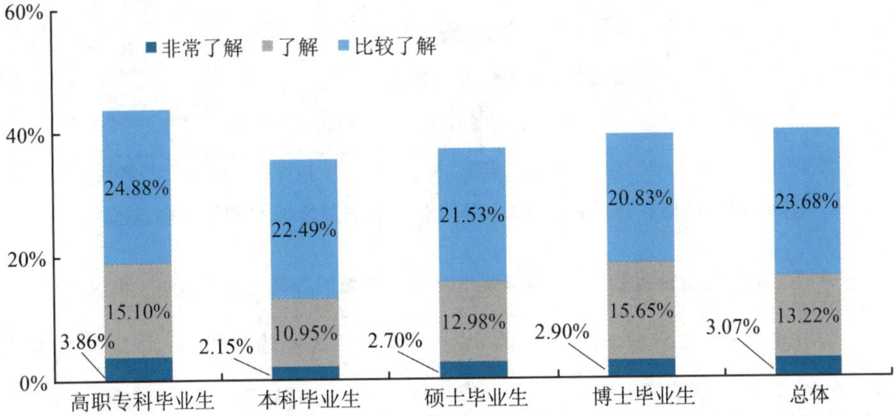


**图 4-13　湖南省普通高校 2023 届毕业生对促进就业创业政策的了解度**

## 4.3.2　毕业生求职准备

调研数据显示，2023 届毕业生在求职前所做的准备工作主要有“努力学好专业知识”（71.31%）、“积极参加校内、外各种活动”（38.38%）、“通过兼职或实习获取工作经验”（31.17%）等。如图 4-14 所示。分学历来看，求职所做准备中，“通过兼职或实习获取工作经验”“学习就业指导课程”“参加职业资格培训”与学历层次呈负相关。如表 4-7 所示。

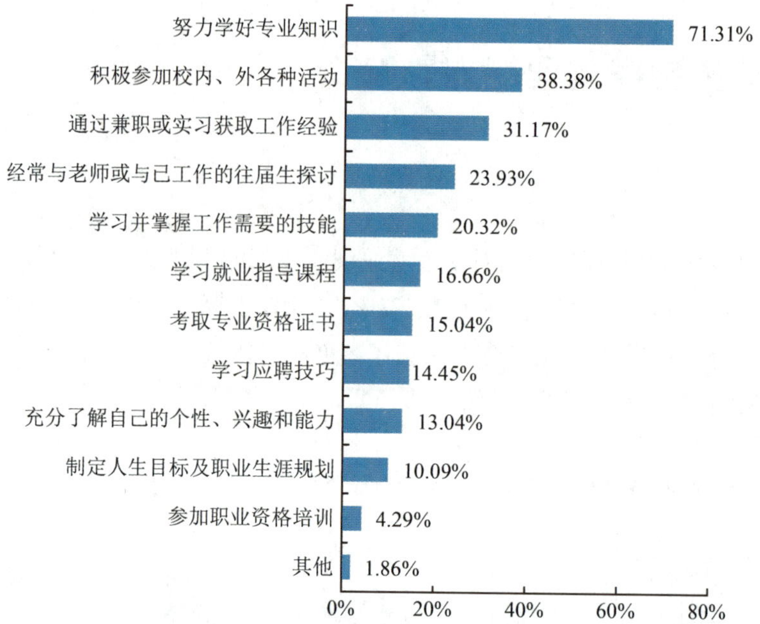


**图 4-14　湖南省普通高校 2023 届毕业生求职前所做的准备（多选题）**

**表 4-7　湖南省普通高校 2023 届毕业生求职前所做的准备（多选题）（单位:%）**

| 求职准备 | 高职专科毕业生 | 本科毕业生 | 硕士毕业生 | 博士毕业生 |
|---|---|---|---|---|
| 努力学好专业知识 | 70. 63 | 71. 18 | 78. 53 | 87. 46 |
| 积极参加校内、外各种活动 | 38. 33 | 38. 33 | 39. 34 | 37. 31 |
| 通过兼职或实习获取工作经验 | 31. 78 | 30. 97 | 27. 54 | 8. 29 |
| 经常与老师或与已工作的往届生探讨 | 24. 42 | 21. 71 | 36. 36 | 48. 70 |
| 学习并掌握工作需要的技能 | 21. 18 | 19. 40 | 19. 17 | 20. 41 |
| 学习就业指导课程 | 17. 86 | 16. 30 | 7. 98 | 5. 39 |
| 考取专业资格证书 | 13. 67 | 16. 68 | 15. 52 | 9. 43 |
| 学习应聘技巧 | 13. 84 | 14. 98 | 16. 37 | 7. 98 |
| 充分了解自己的个性、兴趣和能力 | 13. 73 | 12. 66 | 9. 34 | 10. 05 |
| 制定人生目标及职业生涯规划 | 11. 05 | 8. 95 | 9. 55 | 15. 96 |
| 参加职业资格培训 | 4. 65 | 3. 97 | 3. 27 | 1. 76 |
| 其他 | 2. 17 | 1. 59 | 0. 96 | 1. 14 |

### 4. 3. 3　毕业生就业面临主要困难

调研数据显示，2023 届普通高校毕业生在求职过程中面临的主要困难有“学历层次不够”（49. 20%）、“缺乏符合岗位要求的职业能力，缺乏工作经验”（42. 75%）、“自身定位不清晰”（40. 63%）。如图 4-15 所示。

分学历来看，本科和高职专科毕业生主要面临的困难是“学历层次不够”，硕士毕业生面临的主要困难是“缺乏符合岗位要求的职业能力，缺乏工作经验”，博士毕业生面临的主要困难是“自身定位不清晰”。如表 4-8 所示。

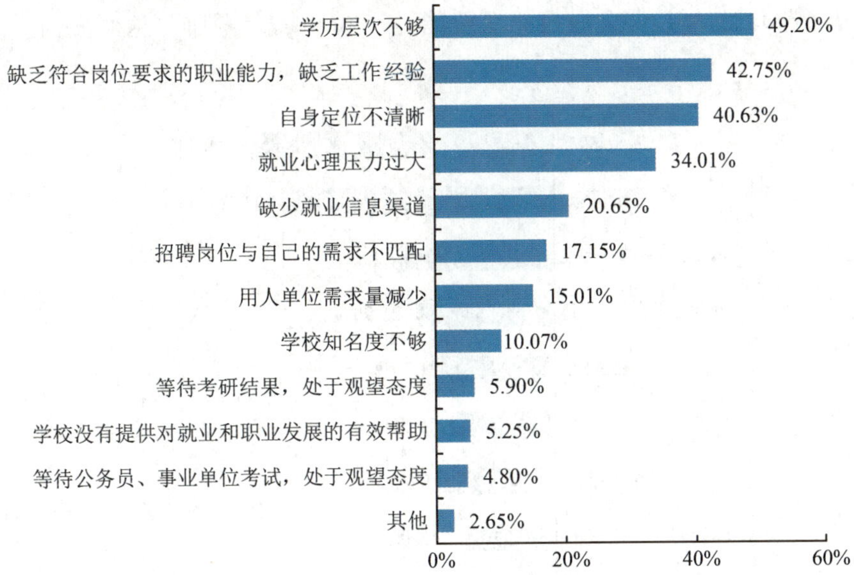


**图 4-15　湖南省普通高校 2023 届毕业生就业面临主要困难（多选题）**

**表 4-8　湖南省普通高校 2023 届毕业生分学历层次就业面临主要困难（多选题）（单位:%）**

| 就业面临困难 | 高职专科毕业生 | 本科毕业生 | 硕士毕业生 | 博士毕业生 |
|---|---|---|---|---|
| 学历层次不够 | 56. 52 | 43. 61 | 23. 13 | 11. 61 |
| 缺乏符合岗位要求的职业能力，缺乏工作经验 | 42. 90 | 42. 74 | 41. 80 | 31. 50 |
| 自身定位不清晰 | 42. 03 | 39. 65 | 34. 81 | 36. 79 |
| 就业心理压力过大 | 36. 16 | 31. 98 | 29. 31 | 26. 53 |
| 缺少就业信息渠道 | 21. 87 | 19. 15 | 20. 53 | 23. 73 |
| 招聘岗位与自己的需求不匹配 | 16. 31 | 17. 05 | 25. 92 | 28. 70 |
| 用人单位需求量减少 | 14. 41 | 14. 19 | 27. 30 | 28. 39 |
| 学校知名度不够 | 7. 27 | 13. 24 | 12. 22 | 10. 05 |
| 等待考研结果，处于观望态度 | 1. 51 | 11. 87 | 1. 06 | 0. 83 |
| 学校没有提供对就业和职业发展的有效帮助 | 6. 13 | 4. 32 | 4. 12 | 4. 66 |
| 等待公务员、事业单位考试，处于观望态度 | 2. 44 | 6. 57 | 13. 99 | 4. 15 |
| 其他 | 3. 22 | 2. 01 | 2. 09 | 6. 53 |

### 4.3.4 毕业生自身需加强就业竞争力

调研数据显示，2023届普通高校毕业生认为自身需加强的就业竞争力主要是“专业能力”（58.44%）和“综合素质”（49.05%），其次是“人际交往与沟通能力”（29.21%）、“就业政策熟知情况”（25.90%）和“创新创业实践能力”（21.29%）。如图4-16所示。各学历的毕业生均认为主要需加强“专业能力”和“综合素质”这两方面。如表4-9所示。

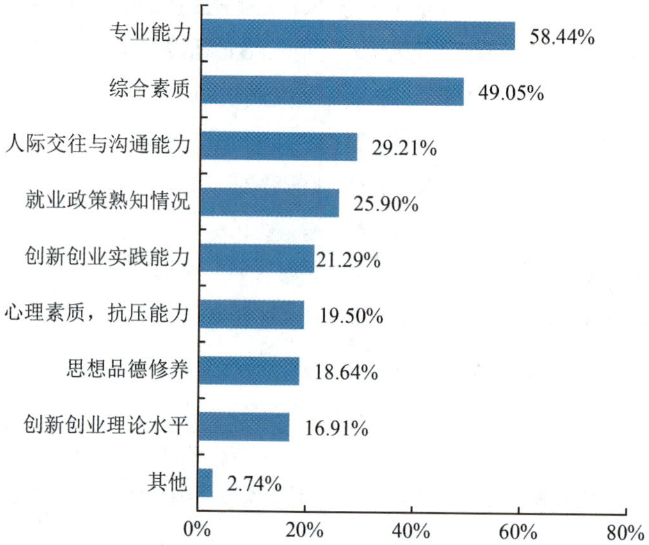


图4-16 湖南省普通高校2023届毕业生自身需要加强就业竞争力（多选题）

表4-9 湖南省普通高校2023届毕业生分学历层次自身需要加强就业竞争力（多选题）（单位：%）

| 自身需加强的就业竞争力 | 高职专科毕业生 | 本科毕业生 | 硕士毕业生 | 博士毕业生 |
|---|---|---|---|---|
| 专业能力 | 58.48 | 59.25 | 52.06 | 41.55 |
| 综合素质 | 48.09 | 49.87 | 51.90 | 52.23 |
| 人际交往与沟通能力 | 29.63 | 28.68 | 29.42 | 27.77 |
| 就业政策熟知情况 | 25.55 | 26.42 | 25.18 | 25.49 |
| 创新创业实践能力 | 21.50 | 21.27 | 19.45 | 17.82 |
| 心理素质，抗压能力 | 20.14 | 18.63 | 20.45 | 15.03 |
| 思想品德修养 | 21.29 | 16.12 | 13.10 | 10.57 |
| 创新创业理论水平 | 17.92 | 15.89 | 15.34 | 14.30 |
| 其他 | 3.25 | 2.19 | 2.11 | 5.49 |

### 4.3.5　影响毕业生成功求职因素

调研数据显示，2023 届普通高校毕业生认为影响成功求职的因素主要有“就业信息量少”（38.81%）、“岗位专业知识不够”（35.51%）、“自身专业技能不强”（35.45%）、“缺乏社会实践能力”（33.59%），所占比例均超三成。如图 4-17 所示。“就业信息量少”仍然是制约毕业生（特别是博士毕业生）顺利就业的最主要因素，就业信息的普及是解决该问题的关键所在。如表 4-10 所示。

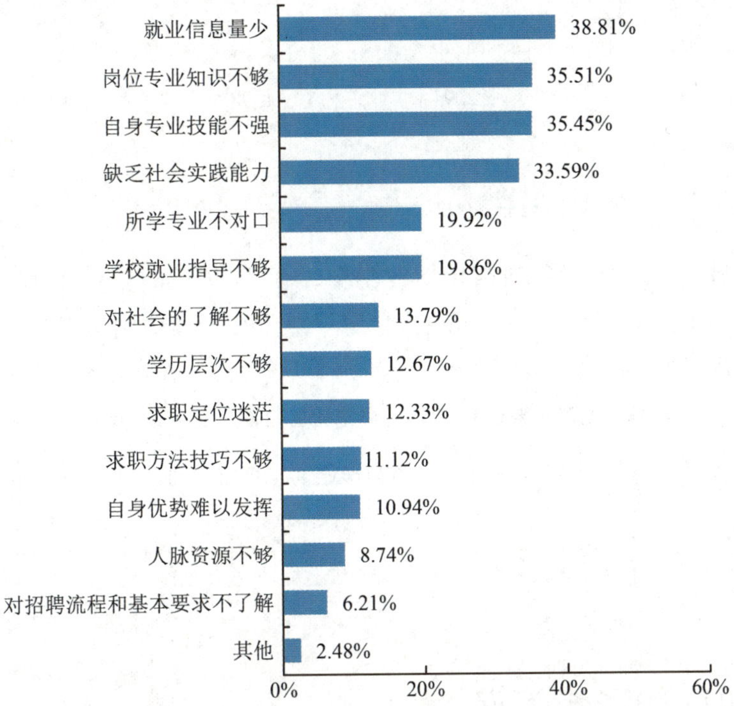


图 4-17　湖南省普通高校 2023 届毕业生认为影响成功求职的主要因素（多选题）

表 4-10　湖南省普通高校 2023 届毕业生分学历层次认为影响成功求职的主要因素（多选题）（单位：%）

| 影响求职成功因素 | 高职专科毕业生 | 本科毕业生 | 硕士毕业生 | 博士毕业生 |
|---|---|---|---|---|
| 就业信息量少 | 38.97 | 38.38 | 40.67 | 42.07 |
| 岗位专业知识不够 | 35.62 | 35.90 | 31.50 | 26.94 |
| 自身专业技能不强 | 33.41 | 38.38 | 32.11 | 27.46 |
| 缺乏社会实践能力 | 33.31 | 34.49 | 29.52 | 23.52 |
| 所学专业不对口 | 18.65 | 20.65 | 26.43 | 25.08 |
| 学校就业指导不够 | 20.73 | 19.03 | 18.09 | 17.31 |
| 对社会的了解不够 | 14.70 | 12.95 | 11.61 | 11.71 |

续表

| 影响求职成功因素 | 高职专科毕业生 | 本科毕业生 | 硕士毕业生 | 博士毕业生 |
|---|---|---|---|---|
| 学历层次不够 | 15.25 | 10.22 | 7.38 | 2.80 |
| 求职定位迷茫 | 12.68 | 11.90 | 12.51 | 10.57 |
| 求职方法技巧不够 | 10.63 | 11.35 | 14.16 | 12.54 |
| 自身优势难以发挥 | 10.80 | 10.91 | 12.51 | 13.68 |
| 人脉资源不够 | 8.85 | 8.42 | 9.94 | 16.68 |
| 对招聘流程和基本要求不了解 | 6.49 | 5.91 | 5.79 | 6.84 |
| 其他 | 2.94 | 1.98 | 1.91 | 3.83 |

### 4.3.6 毕业生就业基本实践经历

调研数据显示，2023 届普通高校毕业生中，有 73.95%的毕业生参加过社团活动，51.86%的毕业生担任过学生干部，可见大部分毕业生在校实践阅历丰富，也是毕业生求职应聘时的择业资本。如表 4-11 所示。

**表 4-11 湖南省普通高校 2023 届毕业生在校实践阅历（单位:%）**

| 在校实践阅历类型 | 高职专科毕业生 | 本科毕业生 | 硕士毕业生 | 博士毕业生 | 总体 |
|---|---|---|---|---|---|
| 参加过社团活动 | 70.78 | 77.07 | 71.69 | 74.83 | 73.95 |
| 担任过学生干部 | 46.88 | 55.72 | 58.21 | 66.89 | 51.86 |

## 4.4 就业过程影响因素

### 4.4.1 成功就业途径①

调研数据显示，2023 届普通高校毕业生通过母校途径成功落实就业的比例为 36.33%，其中“校园招聘会（双选会/宣讲会）”占比为 18.32%，“专业实习后与单位签订正式就业协议”占比为 7.22%，“学校官网或公众号发布的招聘信息”占比为 6.55%，“老师推荐”占比为 4.24%。如图 4-18 所示。

分学历来看，通过母校途径成功就业的比例与学历成正比，博士毕业生通过母校途径成功就业的比例为 59.72%，但高职专科毕业生通过母校途径成功就业的比例仅为

① 学校途径就业包含“校园招聘会（双选会/宣讲会）”“专业实习后与单位签订正式就业协议”“学校官网或公众号发布的招聘信息”“老师推荐”成功落实就业。

31.08%，较总体存在明显差异，因此，高职专科院校应积极拓宽校园就业渠道，发挥校园招聘主战场作用，助力毕业生从校园到职场的无缝衔接。如表 4-12 所示。

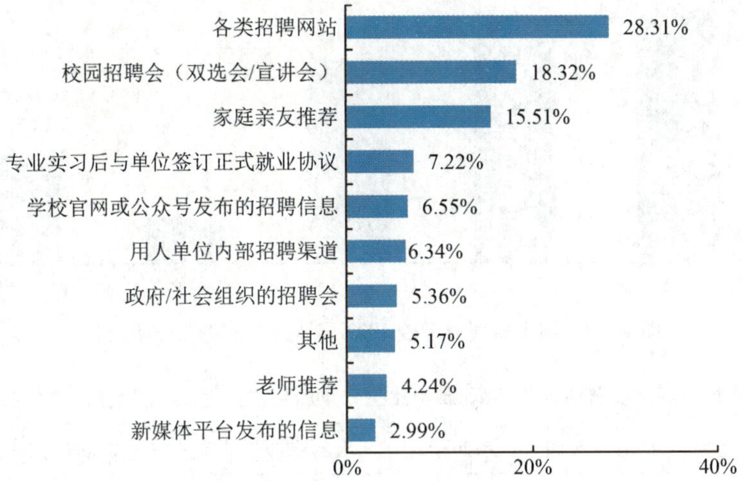


**图 4-18　湖南省普通高校 2023 届毕业生成功就业的途径**

**表 4-12　湖南省普通高校 2023 届毕业生分学历层次成功就业途径（单位:%）**

| 成功就业途径 | 高职专科毕业生 | 本科毕业生 | 硕士毕业生 | 博士毕业生 |
|---|---|---|---|---|
| 各类招聘网站 | 29.74 | 27.54 | 23.23 | 15.97 |
| 校园招聘会（双选会/宣讲会） | 12.87 | 22.93 | 26.61 | 9.72 |
| 家庭亲友推荐 | 20.18 | 12.19 | 4.36 | 0.69 |
| 专业实习后与单位签订正式就业协议 | 9.22 | 5.98 | 1.08 | 1.39 |
| 学校官网或公众号发布的招聘信息 | 5.46 | 6.47 | 14.82 | 31.94 |
| 用人单位内部招聘渠道 | 7.25 | 5.58 | 4.94 | 6.94 |
| 政府/社会组织的招聘会 | 3.28 | 6.40 | 13.59 | 9.03 |
| 其他 | 5.73 | 4.98 | 2.20 | 4.86 |
| 老师推荐 | 3.53 | 4.81 | 5.21 | 16.67 |
| 新媒体平台发布的信息 | 2.74 | 3.11 | 3.95 | 2.78 |

## 4.4.2　获得工作机会数

调研数据显示，2023 届普通高校毕业生求职过程中获得 1—3 个工作机会的共占 80.66%。分学历来看，本科和高职专科毕业生获得 1 个工作机会的比例最高，硕士和博士毕业生获得 3 个工作机会的比例最高。如图 4-19 及表 4-13 所示。

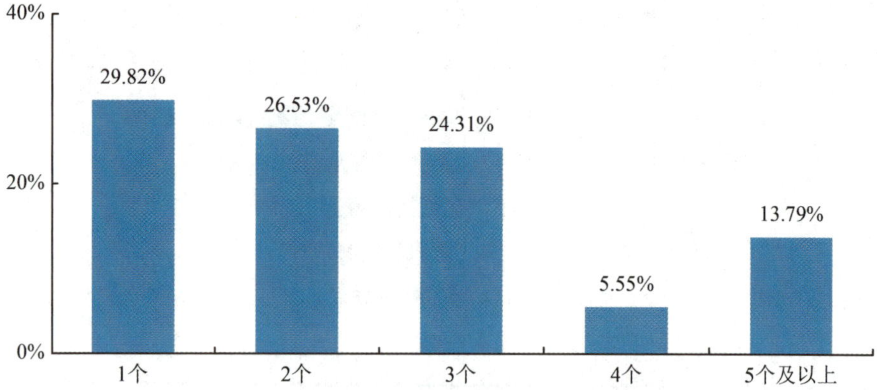


**图 4-19　湖南省普通高校 2023 届毕业生获得工作机会数**

**表 4-13　湖南省普通高校 2023 届毕业生分学历层次获得工作机会数（单位:%）**

| 获得工作机会 | 高职专科毕业生 | 本科毕业生 | 硕士毕业生 | 博士毕业生 |
|---|---|---|---|---|
| 1 个 | 30. 40 | 30. 27 | 22. 32 | 20. 83 |
| 2 个 | 27. 11 | 25. 84 | 27. 08 | 30. 56 |
| 3 个 | 23. 22 | 25. 01 | 27. 31 | 32. 64 |
| 4 个 | 4. 62 | 6. 13 | 8. 35 | 6. 25 |
| 5 个及以上 | 14. 65 | 12. 74 | 14. 94 | 9. 72 |

### 4. 4. 3　成功就业用时

调研数据显示，2023 届普通高校毕业生在 3 个月内求职成功的比例达到 79. 27%。其中，高职专科毕业生及本科毕业生在 1 个月以内求职成功的比例最高，分别为 52. 01%和 42. 61%，硕士毕业生和博士毕业生在 1—3 个月内求职成功的比例最高，分别为 37. 04%和 32. 64%。如图 4-20、表 4-14 所示。

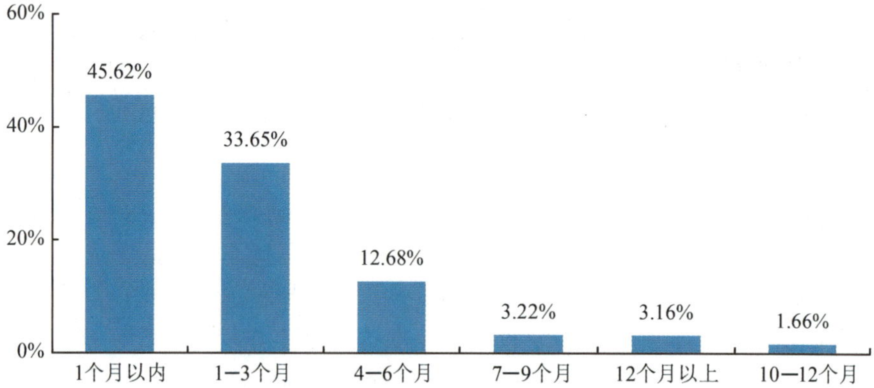


**图 4-20　湖南省普通高校 2023 届毕业生成功就业用时**

**表 4-14　湖南省普通高校 2023 届毕业生分学历层次成功就业用时（单位:%）**

| 成功就业用时 | 高职专科毕业生 | 本科毕业生 | 硕士毕业生 | 博士毕业生 |
|---|---|---|---|---|
| 1 个月以内 | 52. 01 | 42. 61 | 19. 48 | 17. 36 |
| 1—3 个月 | 30. 37 | 36. 63 | 37. 04 | 32. 64 |
| 4—6 个月 | 10. 06 | 13. 43 | 26. 80 | 30. 56 |
| 7—9 个月 | 2. 52 | 3. 15 | 8. 88 | 9. 72 |
| 12 个月以上 | 3. 67 | 2. 60 | 3. 43 | 2. 08 |
| 10—12 个月 | 1. 36 | 1. 58 | 4. 37 | 7. 64 |

# 第5章

# 湖南省普通高校2023届毕业生就业质量调研分析

## 5.1 就业现状满意度

### 5.1.1 总体就业现状满意度

调研数据显示，2023届普通高校毕业生总体就业现状满意度为69.60%，其中“非常满意”占比为8.78%，“满意”占比为34.57%，“比较满意”占比为26.25%。分学历来看，高职专科毕业生就业现状满意度为71.95%，本科毕业生为67.12%，硕士毕业生为72.64%，博士毕业生为87.42%。如图5-1所示。总体来看，本科毕业生就业现状满意度不高，需要引起高校注意。

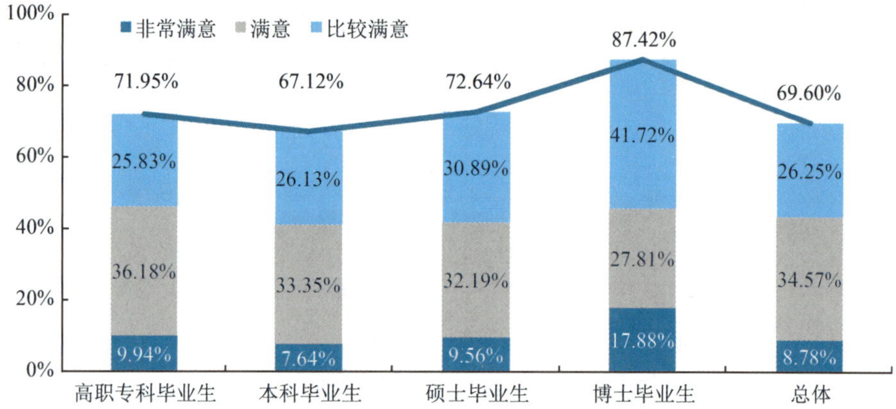


图5-1 湖南省普通高校2023届毕业生就业现状满意度

### 5.1.2 不同毕业去向的就业现状满意度

调研数据显示，不同毕业去向中，毕业生就业现状满意度在80.00%以上的有“应征入伍”（92.56%）、“自主创业”（81.66%）和“国内升学”（80.91%）。分学历来看，高职专科毕业生就业现状满意度最高的是“应征入伍”（92.97%），本科毕业生就业现状满意度最高的是“应征入伍”（91.04%），硕士毕业生就业现状满意度最高的是“出国（境）升学”（95.83%）。如表 5-1 所示。

**表 5-1　湖南省普通高校 2023 届毕业生分不同毕业去向的就业现状满意度（单位:%）**

| 毕业去向 | 高职专科毕业生 | 本科毕业生 | 硕士毕业生 | 博士毕业生 | 总体 |
|---|---|---|---|---|---|
| 应征入伍 | 92.97 | 91.04 | 60.00 | - | 92.56 |
| 自主创业 | 83.70 | 77.81 | 87.50 | 100.00 | 81.66 |
| 国内升学 | 85.69 | 78.50 | 82.95 | - | 80.91 |
| 签就业协议形式就业 | 82.30 | 76.84 | 80.40 | 92.05 | 79.42 |
| 出国（境）升学 | 85.29 | 76.76 | 95.83 | - | 79.02 |
| 签劳动合同形式就业 | 71.55 | 66.52 | 69.00 | 76.00 | 69.23 |
| 暂不就业拟升学 | 81.06 | 63.74 | 75.95 | - | 67.71 |
| 基层项目就业 | 65.31 | 69.63 | 74.36 | - | 67.70 |
| 科研助理、管理助理或博士后入站 | 64.47 | 67.62 | 63.01 | 84.62 | 67.27 |
| 其他录用形式就业 | 64.08 | 62.04 | 69.71 | 100.00 | 63.39 |
| 自由职业 | 59.14 | 57.64 | 59.43 | - | 58.62 |
| 暂不就业拟继续参加公考 | 52.21 | 49.92 | 45.61 | 100.00 | 50.03 |
| 其他不想就业情况（无就业意愿） | 46.59 | 38.49 | 30.00 | 50.00 | 42.82 |
| 有就业意愿未就业 | 38.72 | 33.90 | 30.33 | 66.67 | 35.86 |
| 总计 | 71.95 | 67.12 | 72.64 | 87.42 | 69.60 |

注：上表中标-的，表示接受问卷调查的毕业生中没有该毕业去向的人。

通过进一步分析，毕业去向为单位就业①的毕业生就业现状满意度为 72.16%，其中高职专科毕业生为 73.74%，本科毕业生为 70.08%，硕士毕业生为 74.97%，博士毕业生为 88.20%。如图 5-2 所示。

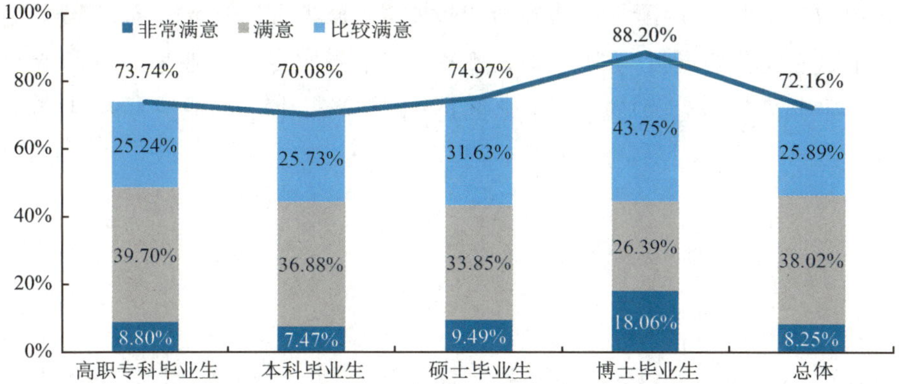


**图 5-2　湖南省普通高校 2023 届毕业生不同毕业去向就业现状满意度**

① 本部分仅分析毕业去向为签就业协议形式就业、签劳动合同形式就业、其他录用形式就业、基层项目就业和“科研助理、管理助理或博士后入站”五类情况。

# 5.2 就业适配情况[①]

## 5.2.1 专业相关度

调研数据显示，2023 届普通高校毕业生总体专业相关度为 69.74%，其中“非常相关”占比为 21.88%，“相关”占比为 22.03%，“比较相关”占比为 25.83%。分学历来看，专业相关度与学历呈正相关，高职专科毕业生专业相关度为 64.89%，本科毕业生为 73.51%，硕士毕业生为 78.64%，博士毕业生为 97.92%。如图 5-3 所示。

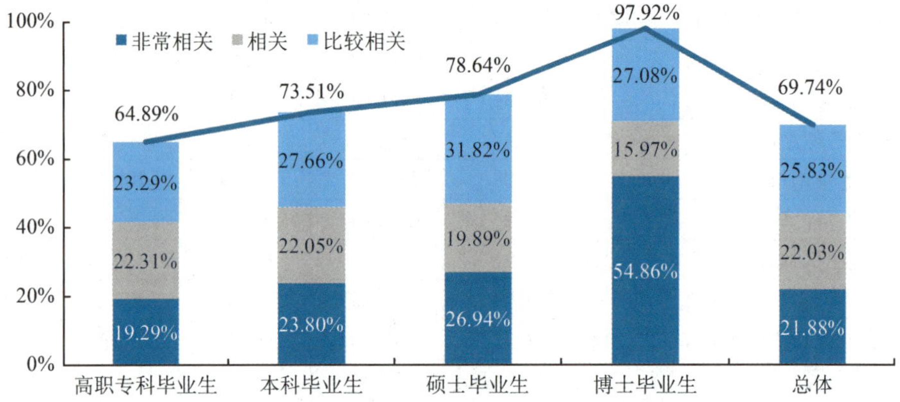


**图 5-3 湖南省普通高校 2023 届毕业生专业相关度**

## 5.2.2 职业期待匹配度

调研数据显示，2023 届普通高校毕业生总体职业期待匹配度为 73.91%，其中“非常匹配”占比为 9.21%，“匹配”占比为 31.94%，“比较匹配”占比为 32.75%。分学历来看，毕业生职业期待匹配度与学历呈正相关，其中高职专科毕业生职业期待匹配度为 71.28%，本科毕业生为 75.51%，硕士毕业生为 81.82%，博士毕业生为 94.44%。如图 5-4 所示。

① 关于就业适配情况、就业待遇情况、就业单位质量情况、就业个性满足情况、就业稳定情况、就业导向性，调研对象是毕业去向为签就业协议形式就业、签劳动合同形式就业、其他录用形式就业、基层项目就业和“科研助理、管理助理或博士后入站”五种毕业生，即单位就业的人员，因此，“就业适配情况、就业待遇情况、就业单位质量情况、就业个性满足情况、就业稳定情况、就业导向性”分析的是单位就业毕业生的情况。

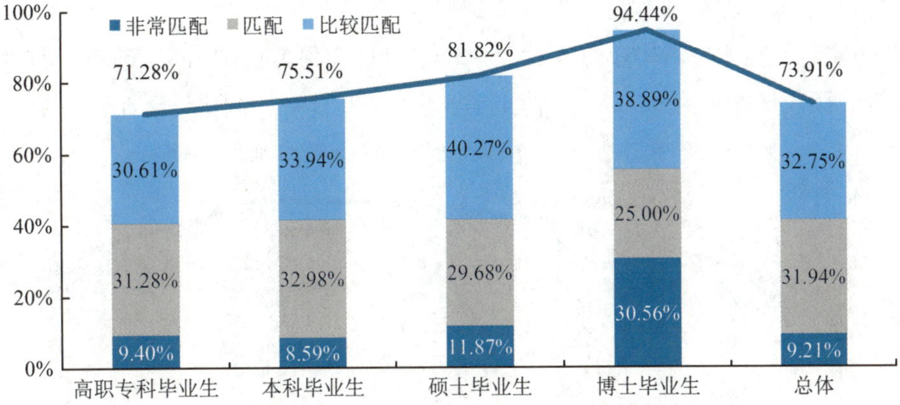


**图 5-4　湖南省普通高校 2023 届毕业生职业期待匹配度**

## 5.3　就业待遇情况

### 5.3.1　月薪满意度

调研数据显示，2023 届普通高校毕业生总体月薪满意度为 52.26%，其中“非常满意”占比为 3.56%，“满意”占比为 28.45%，“比较满意”占比为 20.25%。分学历来看，毕业生月薪满意度与学历基本呈正相关，其中高职专科毕业生月薪满意度为 51.74%，本科毕业生为 51.84%，硕士毕业生为 58.87%，博士毕业生为 69.44%。如图 5-5 所示。

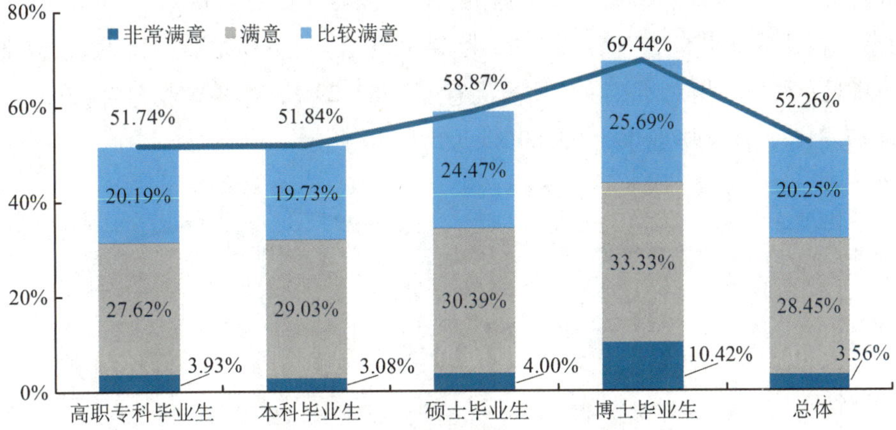


**图 5-5　湖南省普通高校 2023 届毕业生就业月薪满意度**

### 5.3.2　社会保障

调研数据显示，2023 届普通高校毕业生在就业单位享有社会保障的总体比例为 85.01%，其中“仅五险”占比为 18.62%，“五险一金”占比为 45.87%，“提供五险一金外，还提供其他保障和补贴”占比为 20. 52%。

分学历来看，高职专科毕业生在就业单位享有社会保障比例为 77. 67%，本科毕业生为 90. 83%，硕士毕业生为 98. 25%，博士毕业生为 99. 31%。如图 5-6 所示。

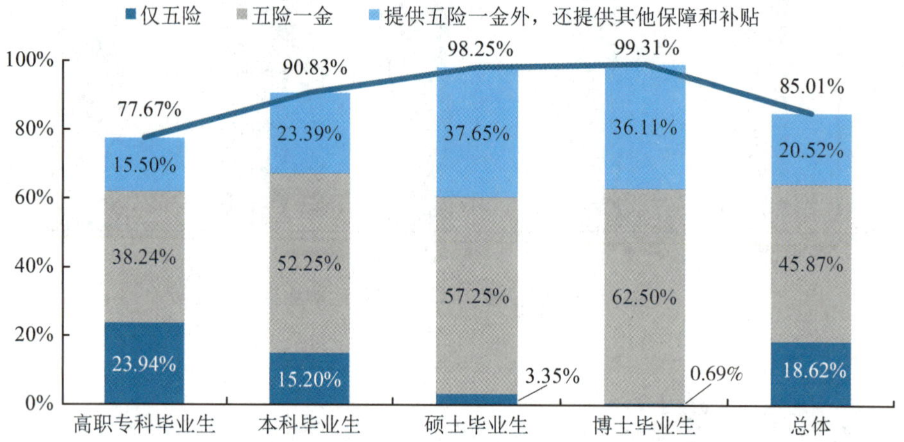


**图 5-6　湖南省普通高校 2023 届毕业生就业社会保障享有情况**

## 5. 4　就业单位质量情况

### 5. 4. 1　单位综合满意度

调研数据显示，2023 届普通高校毕业生总体对就业单位综合满意度为 82. 63%，其中“非常满意”占比为 9. 12%，“满意”占比为 44. 84%，“比较满意”占比为 28. 67%。分学历来看，高职专科毕业生对所在单位质量满意度为 82. 29%，本科毕业生为 82. 31%，硕士毕业生为 87. 31%，博士毕业生为 95. 83%。如图 5-7 所示。

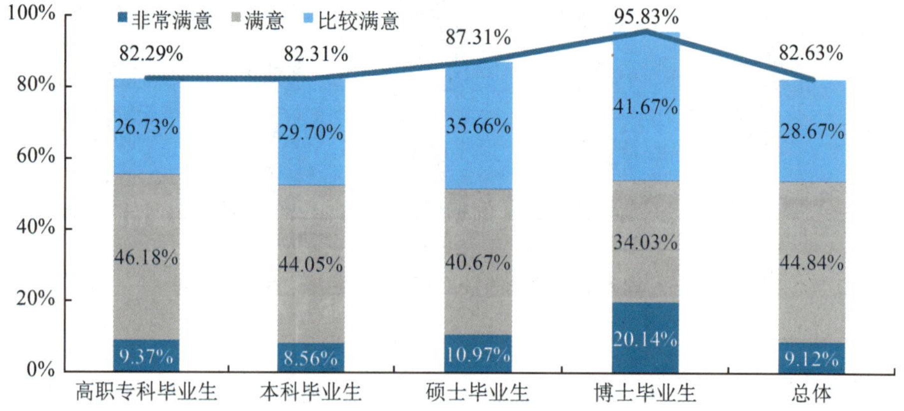


**图 5-7　湖南省普通高校 2023 届毕业生对所在单位综合满意度**

### 5.4.2　单位各方面满意度

进一步从毕业生对所在单位各方面满意度来考核毕业生就业单位质量，调研数据显示，毕业生对所在单位在业界知名度满意度为 81.28%，对单位工作环境满意度为 82.38%，对单位岗位晋升空间满意度为 67.89%，对单位的岗位培训机会满意度为 78.09%。如表 5-2 所示。分学历来看，博士毕业生对单位在业界知名度、工作环境满意度、岗位晋升空间满意度、单位培训满意度均最高，本科毕业生对这四方面的满意度均最低。

**表 5-2　湖南省普通高校 2023 届毕业生所在单位各方面满意度（单位:%）**

| 所在单位各方面满意度 | 高职专科毕业生 | 本科毕业生 | 硕士毕业生 | 博士毕业生 | 总体 |
|---|---|---|---|---|---|
| 单位业界知名度 | 80.89 | 80.85 | 86.95 | 95.83 | 81.28 |
| 工作环境满意度 | 83.13 | 81.24 | 84.75 | 92.36 | 82.38 |
| 岗位晋升空间满意度 | 68.31 | 66.94 | 71.26 | 80.56 | 67.89 |
| 岗位培训机会满意度 | 78.33 | 77.36 | 81.25 | 93.75 | 78.09 |

## 5.5　就业个性满足情况

### 5.5.1　工作压力

调研数据显示，2023 届普通高校毕业生认为当前从事工作岗位的压力较大比例为 67.63%（包括“非常大”“大”“比较大”），可见应届毕业生就业后适应职场环境能力有待提高。分学历来看，学历越高，毕业生对从事的工作压力感受越明显，一方面，源自高学历毕业生从事工作难度相对较高；另一方面，高学历毕业生受到来自社会和自身等方面的高标准要求，因此压力感受相对明显。

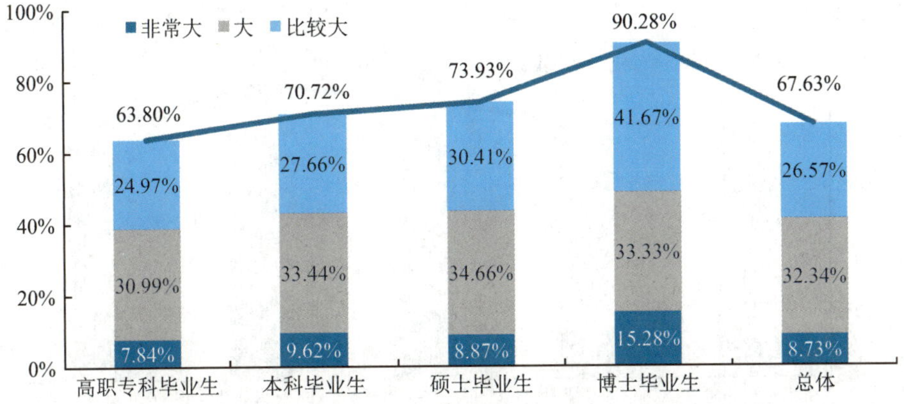


**图 5-8　湖南省普通高校 2023 届毕业生所在岗位的工作压力**

### 5.5.2 工作自主性

调研数据显示，2023 届普通高校毕业生总体对所在单位工作自主性满意度为 79.12%，其中“非常满意”占比为 8.02%，“满意”占比为 42.83%，“比较满意”占比为 28.27%。分学历来看，各学历毕业生对所在单位工作自主性表现满意度均为 77.00%以上，其中高职专科毕业生对所在单位工作自主性满意度为 80.57%，本科毕业生为 77.14%，硕士毕业生为 82.13%，博士毕业生为 91.67%。如图 5-9 所示。

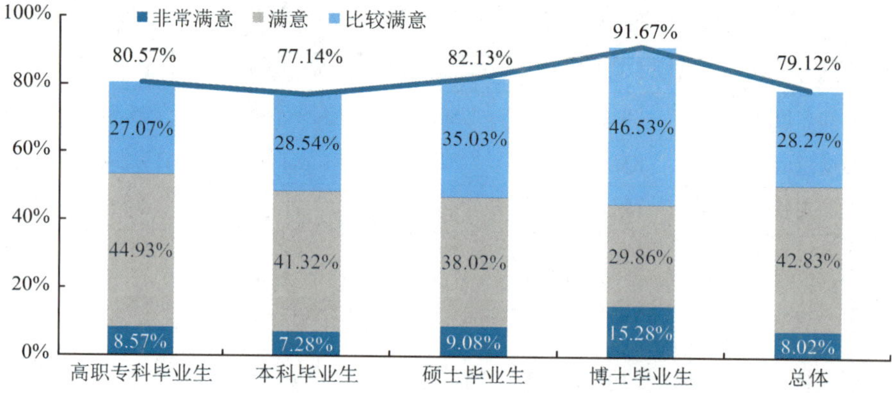


**图 5-9 湖南省普通高校 2023 届毕业生工作自主性满意度**

## 5.6 就业稳定情况

### 5.6.1 所在单位工作稳定度

调研数据显示，2023 届普通高校毕业生所在单位工作稳定度为 81.37%，其中“非常稳定”占比为 14.32%，“稳定”占比为 31.97%，“比较稳定”占比为 35.08%。分学历来看，学历越高，毕业生所在单位工作稳定度越高，其中高职专科毕业生所在单位工作稳定度为 80.32%，本科毕业生为 81.47%，硕士毕业生为 88.25%，博士毕业生为 94.44%。如图 5-10 所示。

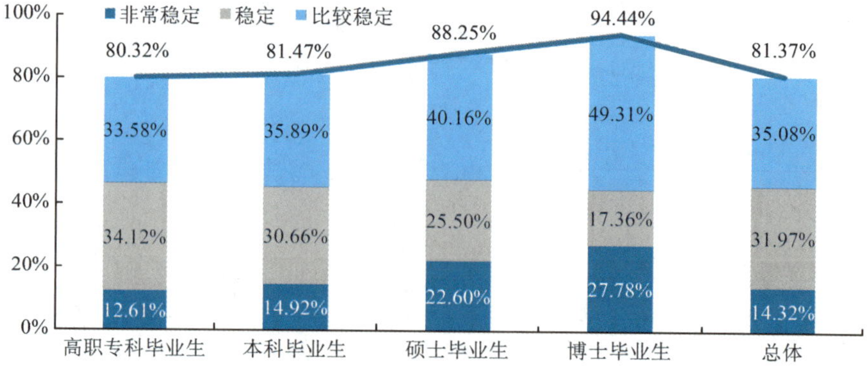


**图 5-10 湖南省普通高校 2023 届毕业生所在单位稳定度**

## 5.6.2　职业发展稳定性

调研数据显示，2023 届普通高校毕业生就业半年内的稳定率为 71.63%，离职率为 28.37%。分学历来看，硕士毕业生离职率最低，为 10.82%；高职专科毕业生离职率最高，为 41.38%。如图 5-11 所示。

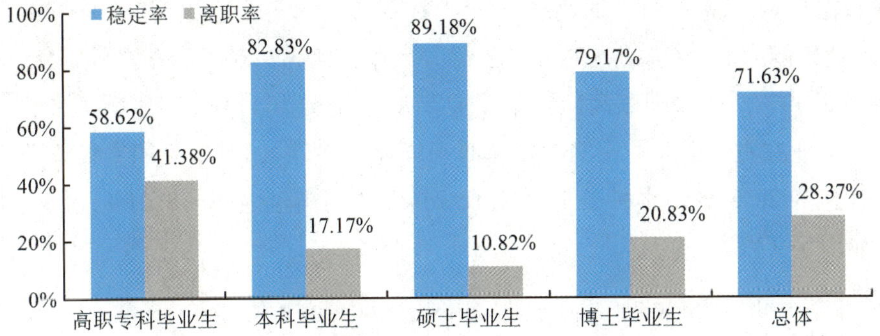


**图 5-11　湖南省普通高校 2023 届毕业生职业发展稳定性**

对有离职经历毕业生的离职原因做进一步调研，数据显示，毕业生离职原因主要有“薪资福利差”（41.58%）、“发展空间不大”（38.76%）。分学历来看，博士毕业生因薪资福利差而离职的比例明显低于其他学历。如表 5-3 所示。

**表 5-3　湖南省普通高校 2023 届毕业生离职原因（多选题）（单位:%）**

| 离职原因 | 高职专科毕业生 | 本科毕业生 | 硕士毕业生 | 博士毕业生 | 总体 |
|---|---|---|---|---|---|
| 薪资福利差 | 43.60 | 37.16 | 34.96 | 13.33 | 41.58 |
| 发展空间不大 | 40.12 | 35.46 | 37.25 | 36.67 | 38.76 |
| 工作压力大 | 27.77 | 28.39 | 22.06 | 10.00 | 27.78 |
| 工作环境不好 | 20.87 | 19.44 | 13.75 | 3.33 | 20.29 |
| 工作内容不喜欢 | 12.76 | 14.19 | 9.17 | 3.33 | 13.06 |
| 入职后发现与面试时描述不符 | 11.96 | 13.85 | 5.73 | 3.33 | 12.32 |
| 想改变职业或行业 | 11.47 | 11.12 | 15.9 | 16.67 | 11.48 |
| 工作地域问题 | 10.87 | 11.44 | 18.19 | 23.33 | 11.22 |
| 其他 | 7.66 | 6.46 | 7.88 | 16.67 | 7.34 |
| 家庭原因 | 6.53 | 6.76 | 14.47 | 13.33 | 6.79 |
| 对单位管理制度和文化不适应 | 5.75 | 8.52 | 7.16 | 6.67 | 6.55 |
| 人际关系因素 | 6.59 | 6.41 | 3.87 | 0.00 | 6.47 |
| 被单位裁员或解聘 | 1.90 | 3.44 | 1.58 | 0.00 | 2.32 |
| 工作单位倒闭 | 2.44 | 1.93 | 2.01 | 0.00 | 2.29 |

# 5.7 就业导向性

## 5.7.1 重点企业就业情况

调研数据显示，2023 届普通高校毕业生在重点企业①就业比例为 29.32%，其中在“国企”就业比例为 14.86%，在“上市公司”就业比例为 9.67%，在“外资、合资企业”就业比例为 3.30%，在“国家高新技术企业”就业比例为 1.49%。分学历来看，学历越高，毕业生就业在重点企业的比例越高（博士毕业生除外），其中高职专科毕业生在重点企业就业比例为 26.39%，本科毕业生为 31.24%，硕士毕业生为 38.21%，博士毕业生为 6.95%。如图 5-12 所示。

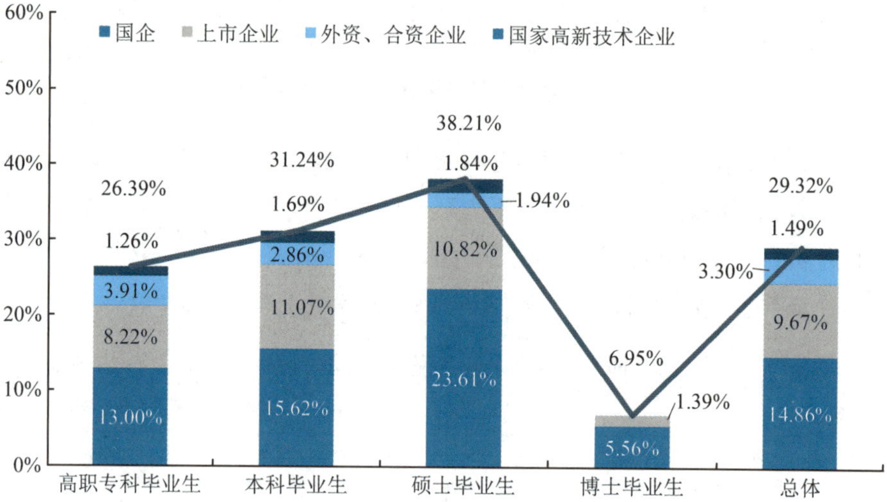


图 5-12 湖南省普通高校 2023 届毕业生在重点企业就业分析

## 5.7.2 国家战略性新兴产业就业情况

调研数据显示，2023 届普通高校毕业生在国家战略性新兴产业②就业比例接近五成，为 47.71%。在国家战略性新兴产业中，2023 届毕业生主要就业于“其他非制造业产业”。如表 5-4 所示。分学历来看，各学历毕业生在国家战略性新兴产业就业比例基本持平，其中高职专科毕业生在国家战略性新兴产业就业比例为 48.54%，本科毕业生为 46.70%，硕士毕业生为 48.48%，博士毕业生为 45.13%。如图 5-13 所示。

① 重点企业包括国企、上市企业、“外资、合资企业”、国家高新技术企业 4 种。

② 国家战略性新兴产业包括节能环保产业、新一代信息技术产业、生物产业、高端装备制造产业、新能源产业、新材料产业、新能源汽车产业、数字创意产业、相关服务业 9 类。

**表 5-4　湖南省普通高校 2023 届毕业生分学历层次在国家战略性新兴产业就业分析（单位:%）**

| 产业类型 | 高职专科毕业生 | 本科毕业生 | 硕士毕业生 | 博士毕业生 | 总体 |
|---|---|---|---|---|---|
| 其他非制造业产业 | 51.45 | 53.29 | 51.52 | 54.86 | 52.30 |
| 相关服务业 | 16.95 | 15.38 | 10.28 | 4.86 | 15.79 |
| 新一代信息技术产业 | 8.00 | 8.76 | 6.35 | 4.86 | 8.24 |
| 生物产业 | 5.74 | 5.82 | 11.17 | 18.75 | 6.14 |
| 高端装备制造产业 | 4.17 | 2.87 | 4.34 | 2.08 | 3.59 |
| 节能环保产业 | 3.70 | 2.92 | 3.04 | 3.47 | 3.31 |
| 数字创意产业 | 3.16 | 3.22 | 2.11 | 2.08 | 3.12 |
| 新能源产业 | 2.36 | 3.11 | 4.76 | 4.86 | 2.86 |
| 新能源汽车产业 | 2.25 | 2.53 | 4.94 | 0.00 | 2.55 |
| 新材料产业 | 2.21 | 2.09 | 1.49 | 4.17 | 2.11 |

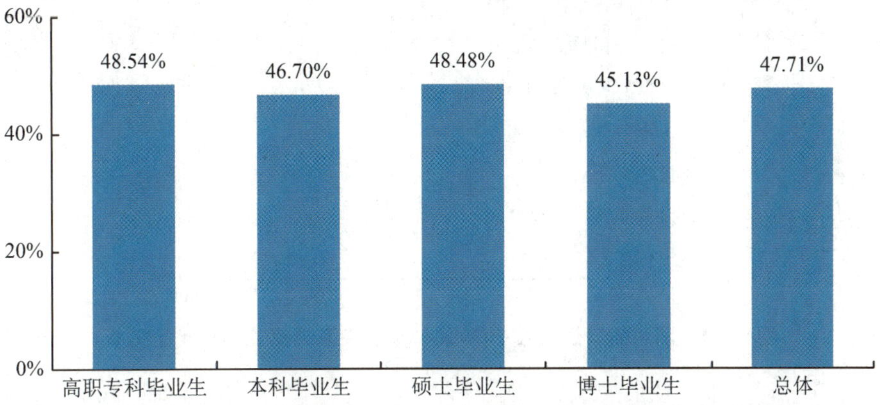


**图 5-13　湖南省普通高校 2023 届毕业生在国家战略性新兴产业就业分析**

### 5.7.3　基层就业情况①

调研数据显示，2023 届普通高校毕业生在基层单位就业的类型主要有“西部计划”（15.63%）、“三支一扶”（7.64%）、“选调生”（7.39%）。分学历来看，本科毕业生选择“西部计划”的占比（28.74%）明显高于其他学历，硕士毕业生就业的基层类型主要是“选调生”（61.54%）。如表 5-5、图 5-14 所示。

**表 5-5　湖南省普通高校 2023 届毕业生分学历层次在基层就业项目类型分析（单位:%）**

| 基层就业类型 | 高职专科毕业生 | 本科毕业生 | 硕士毕业生 | 总体 |
|---|---|---|---|---|
| 其他 | 69.22 | 30.86 | 29.49 | 49.60 |
| 西部计划 | 4.18 | 28.74 | 1.28 | 15.63 |

① 基层单位就业类型调查的人群是毕业去向为“基层项目就业”的毕业生，因此，基层单位就业类型分析的是毕业去向为“基层项目就业”的毕业生的情况。

续表

| 基层就业类型 | 高职专科毕业生 | 本科毕业生 | 硕士毕业生 | 总体 |
|---|---|---|---|---|
| 三支一扶 | 4.28 | 11.35 | 5.13 | 7.64 |
| 选调生 | 1.53 | 9.01 | 61.54 | 7.39 |
| 乡村教师 | 4.18 | 8.38 | 1.28 | 6.04 |
| 农技特岗 | 6.73 | 1.70 | 0.00 | 4.10 |
| 乡村医生 | 5.50 | 2.33 | 0.00 | 3.80 |
| 特岗教师 | 1.22 | 5.20 | 1.28 | 3.10 |
| 大学生村官 | 3.16 | 2.44 | 0.00 | 2.70 |

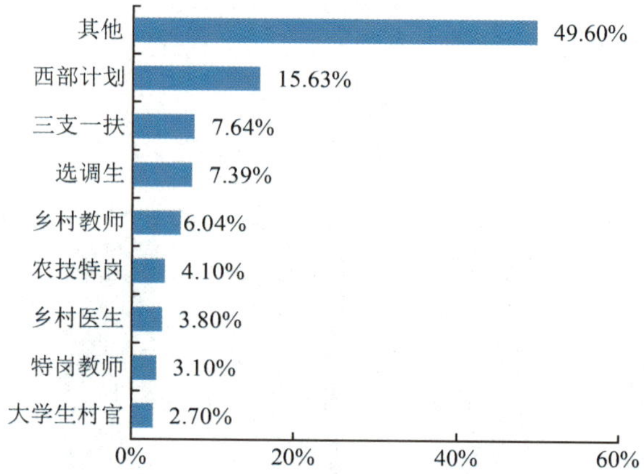


**图 5-14　湖南省普通高校 2023 届毕业生在基层就业项目类型分析**

### 5.7.4　机关/事业单位就业情况

调研数据显示，2023 届普通高校毕业生在机关/事业单位就业的总体比例为 25.81%。其中学历越高，毕业生就业在机关/事业单位的比例越高，特别是博士毕业生在机关/事业单位就业的比例高达 88.89%。如图 5-15 所示。

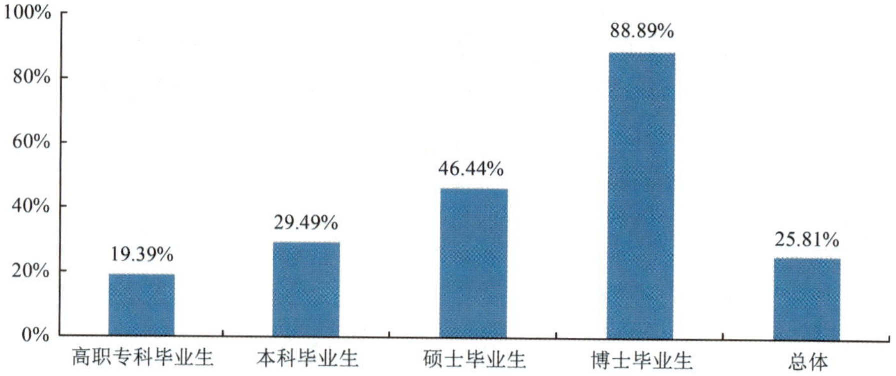


**图 5-15　2023 届普通高校毕业生在机关/事业单位就业分析**

注：机关/事业单位就业情况分析中包含教育与医疗机构。

# 5.8　就业质量专项指标调研分析

本节对毕业生就业质量调查中的就业现状满意度、专业相关度、想理职业匹配度、月薪满意度、社保提供比例、单位综合质量、职业稳定率 7 个核心指标进行不同维度的观测，进而了解影响毕业生就业质量的一般规律。为观测方便，本节通过对 7 个核心指标进行加权求和，得出综合观测值，并命名“就业综合评估值”。就业综合评估值计算采用加权求和法，其中就业现状满意度赋值 18.00%、专业相关度赋值 20.00%、理想职业匹配度赋值 17.00%、月薪满意度赋值 10.00%、社保提供比例赋值 5.00%、单位综合质量赋值 15.00%、职业稳定率赋值 15.00%。本节 7 项指标权重值由专家头脑风暴和第三方经验综合得出。

## 5.8.1　性别对就业质量专项指标影响

就业综合评估值显示，各学历层次的男性毕业生就业综合评估值均高于女性，其中高职专科毕业生表现相对突出。如表 5-6 所示。

**表 5-6　2023 届毕业生分性别七项就业指标分析（单位:%）**

| 学历 | 性别 | 就业现状满意度 | 专业相关度 | 理想职业匹配度 | 月薪满意度 | 社保提供比例 | 单位综合质量 | 职业稳定率 | 就业综合评估值 |
|---|---|---|---|---|---|---|---|---|---|
| 高职专科毕业生 | 男 | 73.14 | 63.30 | 72.15 | 56.35 | 84.14 | 82.51 | 59.11 | 69.18 |
| | 女 | 70.95 | 66.20 | 70.57 | 47.95 | 72.36 | 82.10 | 58.22 | 67.47 |
| 本科毕业生 | 男 | 67.45 | 73.40 | 75.89 | 54.61 | 93.91 | 82.70 | 84.13 | 74.91 |
| | 女 | 66.88 | 73.59 | 75.23 | 49.78 | 88.55 | 82.02 | 81.87 | 73.53 |
| 毕业研究生 | 男 | 74.25 | 78.96 | 82.96 | 59.05 | 99.21 | 88.58 | 88.58 | 80.70 |
| | 女 | 71.93 | 79.15 | 81.42 | 59.13 | 97.54 | 86.64 | 89.26 | 79.79 |

## 5.8.2　院校类型对就业质量专项指标影响

就业综合评估值显示，就业综合评估值在 75.00%以上的高校类型有“双一流”建设高校的本科毕业生和“双一流”建设高校、一本院校的毕业研究生。如表 5-7 所示。

**表 5-7　2023 届毕业生分院校类型七项就业指标分析（单位:%）**

| 院校分类 | 院校性质 | 学历 | 就业现状满意度 | 专业相关度 | 理想职业匹配度 | 月薪满意度 | 社保提供比例 | 单位综合质量 | 职业稳定率 | 就业综合评估值 |
|---|---|---|---|---|---|---|---|---|---|---|
| 职业院校 | 高职专科院校 | 高职专科毕业生 | 71.66 | 64.36 | 71.05 | 51.98 | 77.72 | 82.21 | 58.23 | 68.00 |
| | 职业本科院校 | 高职专科毕业生 | 69.41 | 58.47 | 68.06 | 46.53 | 70.14 | 81.94 | 49.03 | 63.56 |

续表

| 院校分类 | 院校性质 | 学历 | 就业现状满意度 | 专业相关度 | 理想职业匹配度 | 月薪满意度 | 社保提供比例 | 单位综合质量 | 职业稳定率 | 就业综合评估值 |
|---|---|---|---|---|---|---|---|---|---|---|
| 本科院校 | “双一流”建设高校 | 本科毕业生 | 70.57 | 79.76 | 79.50 | 57.05 | 97.05 | 82.84 | 95.56 | 79.49 |
| | | 毕业研究生 | 73.65 | 77.99 | 82.65 | 61.13 | 98.46 | 88.53 | 92.22 | 81.05 |
| | 一本院校 | 高职专科毕业生 | 73.86 | 78.34 | 70.38 | 50.96 | 76.11 | 82.48 | 79.62 | 74.15 |
| | | 本科毕业生 | 67.09 | 73.32 | 74.99 | 52.33 | 93.84 | 81.92 | 87.00 | 74.75 |
| | | 毕业研究生 | 72.41 | 79.82 | 81.80 | 58.04 | 98.15 | 86.90 | 87.02 | 79.70 |
| | 二本院校 | 高职专科毕业生 | 77.65 | 77.45 | 78.00 | 48.05 | 79.62 | 84.24 | 67.97 | 74.34 |
| | | 本科毕业生 | 67.89 | 74.67 | 76.61 | 51.81 | 87.43 | 83.69 | 77.86 | 73.96 |
| | 三本院校 | 毕业研究生 | 83.33 | 63.33 | 76.67 | 36.67 | 100.00 | 83.33 | 86.67 | 74.87 |
| | | 本科毕业生 | 61.02 | 65.27 | 70.55 | 46.48 | 88.56 | 77.35 | 78.54 | 68.49 |

### 5.8.3 在校背景对就业质量专项指标影响

专业成绩影响：各学历层次毕业生在校期间所学的专业成绩排名越靠前，毕业生就业综合评估值相对越高。如表 5-8 所示。

**表 5-8 2023 届毕业生分专业成绩七项就业指标分析（单位:%）**

| 学历 | 综合成绩排名位于本专业的: | 就业现状满意度 | 专业相关度 | 理想职业匹配度 | 月薪满意度 | 社保提供比例 | 单位综合质量 | 职业稳定率 | 就业综合评估值 |
|---|---|---|---|---|---|---|---|---|---|
| 高职专科毕业生 | 前 30% | 72.37 | 67.60 | 72.06 | 50.82 | 80.29 | 82.19 | 61.04 | 69.38 |
| | 前 30%—70% | 71.84 | 63.80 | 70.90 | 52.16 | 75.75 | 82.40 | 56.83 | 67.63 |
| | 后 30% | 69.74 | 54.12 | 68.85 | 54.91 | 76.12 | 81.97 | 57.31 | 65.27 |
| 本科毕业生 | 前 30% | 69.49 | 75.52 | 76.73 | 51.93 | 91.78 | 82.82 | 83.66 | 75.41 |
| | 前 30%—70% | 65.75 | 72.73 | 74.92 | 51.40 | 90.23 | 82.10 | 82.36 | 73.44 |
| | 后 30% | 63.25 | 68.98 | 73.49 | 53.90 | 90.11 | 81.27 | 81.82 | 72.04 |
| 毕业研究生 | 前 30% | 74.40 | 79.21 | 83.47 | 60.05 | 98.39 | 88.74 | 89.60 | 81.10 |
| | 前 30%—70% | 71.72 | 78.87 | 81.01 | 58.41 | 98.25 | 86.26 | 87.95 | 79.34 |
| | 后 30% | 69.05 | 79.22 | 78.18 | 55.84 | 97.40 | 85.71 | 90.91 | 78.51 |

专业实习时间影响：在校期间有实习经历的高校毕业生的就业综合评估值要明显高于没有实习的毕业生；在校实习时间在半年以上的高校毕业生的就业综合评估值要高于实习

时间在 3 个月以内的毕业生。如表 5-9 所示。

**表 5-9　2023 届毕业生分专业实习时间七项就业指标分析（单位:%）**

| 学历 | 实习情况 | 就业现状满意度 | 专业相关度 | 理想职业匹配度 | 月薪满意度 | 社保提供比例 | 单位综合质量 | 职业稳定率 | 就业综合评估值 |
|---|---|---|---|---|---|---|---|---|---|
| 高职专科毕业生 | 有过实习经历，在 3 个月以内 | 72. 28 | 60. 48 | 69. 86 | 53. 42 | 78. 43 | 82. 49 | 53. 63 | 66. 67 |
| | 有过实习经历，在半年以上 | 73. 12 | 70. 43 | 73. 85 | 50. 66 | 77. 05 | 83. 03 | 60. 86 | 70. 30 |
| | 没有实习经历 | 68. 41 | 59. 00 | 67. 53 | 51. 52 | 77. 90 | 80. 17 | 61. 56 | 65. 90 |
| 本科毕业生 | 有过实习经历，在 3 个月以内 | 67. 52 | 71. 37 | 75. 13 | 53. 40 | 90. 66 | 82. 75 | 82. 04 | 73. 79 |
| | 有过实习经历，在半年以上 | 69. 73 | 81. 04 | 79. 52 | 50. 11 | 90. 13 | 83. 34 | 83. 45 | 76. 81 |
| | 没有实习经历 | 61. 47 | 65. 86 | 68. 55 | 49. 46 | 92. 98 | 78. 49 | 84. 56 | 69. 94 |
| 毕业研究生 | 有过实习经历，在 3 个月以内 | 74. 72 | 78. 43 | 83. 00 | 59. 62 | 98. 45 | 87. 75 | 89. 65 | 80. 74 |
| | 有过实习经历，在半年以上 | 73. 66 | 83. 22 | 84. 45 | 58. 33 | 98. 17 | 88. 51 | 86. 48 | 81. 25 |
| | 没有实习经历 | 69. 74 | 73. 96 | 77. 54 | 59. 50 | 98. 18 | 85. 71 | 91. 61 | 77. 98 |

担任学生干部影响：毕业生在校期间担任班干部情况与毕业生就业质量存在一定关系，其中担任过班干部的各学历毕业生就业综合评估值要高于没有担任过班干部的各学历毕业生，该现象在高职专科毕业生、本科毕业生中尤其明显。如表 5-10 所示。

**表 5-10　2023 届毕业生分担任学生干部情况七项就业指标分析（单位:%）**

| 学历 | 班干部担任情况 | 就业现状满意度 | 专业相关度 | 理想职业匹配度 | 月薪满意度 | 社保提供比例 | 单位综合质量 | 职业稳定率 | 就业综合评估值 |
|---|---|---|---|---|---|---|---|---|---|
| 高职专科毕业生 | 担任过 | 72. 85 | 67. 21 | 73. 15 | 51. 57 | 79. 31 | 82. 98 | 61. 23 | 69. 75 |
| | 没有担任过 | 71. 15 | 62. 82 | 69. 62 | 51. 88 | 76. 22 | 81. 67 | 56. 29 | 66. 90 |
| 本科毕业生 | 担任过 | 69. 07 | 74. 03 | 76. 93 | 52. 49 | 91. 72 | 83. 51 | 84. 23 | 75. 31 |
| | 没有担任过 | 64. 67 | 72. 87 | 73. 79 | 51. 05 | 89. 76 | 80. 86 | 81. 14 | 72. 65 |
| 毕业研究生 | 担任过 | 74. 16 | 77. 68 | 83. 41 | 60. 66 | 98. 39 | 88. 64 | 89. 66 | 80. 80 |
| | 没有担任过 | 71. 20 | 81. 07 | 80. 18 | 56. 82 | 98. 10 | 85. 83 | 87. 95 | 79. 32 |

社团活动参加影响：毕业生在校期间参加社团活动与毕业生就业质量存在一定关系，其中参加过社团活动的高职专科毕业生就业综合评估值高出没有参加过社团活动的 3. 99 个百分点。如表 5-11 所示。

**表 5-11　2023 届毕业生分社团活动参与情况七项就业指标分析（单位:%）**

| 学历 | 社团参与情况 | 就业现状满意度 | 专业相关度 | 理想职业匹配度 | 月薪满意度 | 社保提供比例 | 单位综合质量 | 职业稳定率 | 就业综合评估值 |
|---|---|---|---|---|---|---|---|---|---|
| 高职专科毕业生 | 参加过 | 73.10 | 66.59 | 72.47 | 51.78 | 78.95 | 82.96 | 60.09 | 69.38 |
| | 没有参加过 | 69.16 | 60.61 | 68.29 | 51.63 | 74.46 | 80.60 | 54.92 | 65.39 |
| 本科毕业生 | 参加过 | 67.68 | 73.94 | 75.89 | 51.89 | 90.95 | 82.76 | 82.99 | 74.47 |
| | 没有参加过 | 65.27 | 72.04 | 74.23 | 51.64 | 90.44 | 80.80 | 82.30 | 72.92 |
| 毕业研究生 | 参加过 | 73.06 | 78.89 | 82.34 | 59.66 | 98.41 | 87.60 | 89.55 | 80.38 |
| | 没有参加过 | 72.60 | 79.53 | 81.46 | 57.62 | 97.90 | 87.20 | 87.42 | 79.67 |

## 5.8.4　家庭背景对就业质量专项指标影响

家庭帮助对就业影响：家庭对毕业生就业帮助与毕业生就业质量关系非常大，其中家庭对毕业生就业帮助越大，毕业生就业综合评估值越高。如表 5-12 所示。

**表 5-12　2023 届毕业生分家庭对就业帮助七项就业指标分析（单位:%）**

| 学历 | 家庭对就业帮助情况 | 就业现状满意度 | 专业相关度 | 理想职业匹配度 | 月薪满意度 | 社保提供比例 | 单位综合质量 | 职业稳定率 | 就业综合评估值 |
|---|---|---|---|---|---|---|---|---|---|
| 高职专科毕业生 | 较大帮助 | 83.53 | 68.92 | 80.47 | 62.91 | 80.88 | 90.28 | 64.16 | 76.00 |
| | 基本没有帮助 | 65.56 | 62.62 | 66.11 | 45.45 | 75.87 | 77.79 | 55.50 | 63.90 |
| 本科毕业生 | 较大帮助 | 79.25 | 75.16 | 83.32 | 60.98 | 91.06 | 90.39 | 85.15 | 80.44 |
| | 基本没有帮助 | 62.54 | 72.85 | 72.42 | 48.21 | 90.75 | 79.12 | 81.91 | 71.65 |
| 毕业研究生 | 较大帮助 | 83.06 | 81.97 | 89.03 | 67.99 | 98.30 | 92.82 | 86.09 | 85.03 |
| | 基本没有帮助 | 69.87 | 78.18 | 80.00 | 56.41 | 98.26 | 85.88 | 89.83 | 78.72 |

父母文化程度对就业影响：父母文化程度与毕业生就业质量关系较大，其中父母学历在大学及以上的，毕业生就业质量相对较好。如表 5-13 所示。

**表 5-13　2023 届毕业生分父母文化程度七项就业指标分析（单位:%）**

| 学历 | 父母文化程度 | 就业现状满意度 | 专业相关度 | 理想职业匹配度 | 月薪满意度 | 社保提供比例 | 单位综合质量 | 职业稳定率 | 就业综合评估值 |
|---|---|---|---|---|---|---|---|---|---|
| 高职专科毕业生 | 大学及以上学历 | 79.13 | 72.22 | 80.49 | 60.21 | 84.27 | 87.37 | 66.59 | 75.70 |
| | 高中及高中以下 | 70.96 | 63.94 | 70.09 | 50.64 | 76.82 | 81.63 | 57.59 | 67.26 |
| 本科毕业生 | 大学及以上学历 | 72.86 | 75.05 | 81.97 | 59.26 | 93.44 | 87.84 | 86.55 | 78.82 |
| | 高中及高中以下 | 66.07 | 73.26 | 74.47 | 50.64 | 90.41 | 81.42 | 82.23 | 73.34 |

续表

| 学历 | 父母文化程度 | 就业现状满意度 | 专业相关度 | 理想职业匹配度 | 月薪满意度 | 社保提供比例 | 单位综合质量 | 职业稳定率 | 就业综合评估值 |
|---|---|---|---|---|---|---|---|---|---|
| 毕业研究生 | 大学及以上学历 | 76. 33 | 77. 01 | 85. 86 | 65. 84 | 98. 35 | 89. 99 | 86. 77 | 81. 75 |
| | 高中及高中以下 | 72. 12 | 79. 52 | 81. 25 | 57. 58 | 98. 26 | 86. 93 | 89. 46 | 79. 83 |

家庭生活水平对就业影响：家庭生活水平与毕业生就业质量存在较大关系，其中家庭生活水平越高，毕业生就业质量综合评估值越高。如表 5-14 所示。

**表 5-14　2023 届毕业生分家庭生活水平七项就业指标分析（单位:%）**

| 学历 | 家庭生活水平 | 就业现状满意度 | 专业相关度 | 理想职业匹配度 | 月薪满意度 | 社保提供比例 | 单位综合质量 | 职业稳定率 | 就业综合评估值 |
|---|---|---|---|---|---|---|---|---|---|
| 高职专科毕业生 | 比较富裕或非常富裕 | 85. 77 | 74. 26 | 86. 15 | 68. 69 | 86. 83 | 90. 99 | 62. 99 | 79. 24 |
| | 中等或小康 | 75. 47 | 65. 70 | 73. 86 | 54. 80 | 78. 33 | 84. 71 | 59. 18 | 70. 26 |
| | 比较贫困或特别贫困 | 62. 45 | 61. 90 | 63. 51 | 42. 57 | 75. 08 | 75. 60 | 56. 81 | 62. 29 |
| 本科毕业生 | 比较富裕或非常富裕 | 82. 34 | 76. 54 | 87. 60 | 68. 39 | 94. 76 | 89. 65 | 79. 31 | 81. 94 |
| | 中等或小康 | 70. 17 | 74. 06 | 77. 87 | 54. 72 | 90. 94 | 84. 75 | 83. 29 | 75. 90 |
| | 比较贫困或特别贫困 | 57. 82 | 71. 83 | 68. 50 | 43. 07 | 90. 17 | 75. 62 | 82. 10 | 68. 89 |
| 毕业研究生 | 比较富裕或非常富裕 | 84. 76 | 82. 22 | 90. 56 | 73. 33 | 98. 33 | 91. 11 | 78. 33 | 84. 76 |
| | 中等或小康 | 74. 61 | 79. 41 | 83. 75 | 61. 02 | 98. 37 | 88. 95 | 88. 91 | 81. 25 |
| | 比较贫困或特别贫困 | 66. 15 | 77. 56 | 75. 71 | 51. 16 | 97. 95 | 82. 33 | 90. 40 | 76. 21 |

## 5. 8. 5　求职过程对就业质量专项指标影响

求职时间影响：高职专科毕业生求职时长在 9 个月以上的就业质量综合评估值较好，本科毕业生与毕业研究生求职时长为 3 个月以内的就业质量综合评估值较好。如表 5-15 所示。

**表 5-15　2023 届毕业生分求职时间七项就业指标分析（单位:%）**

| 学历 | 成功就业用时 | 就业现状满意度 | 专业相关度 | 理想职业匹配度 | 月薪满意度 | 社保提供比例 | 单位综合质量 | 职业稳定率 | 就业综合评估值 |
|---|---|---|---|---|---|---|---|---|---|
| 高职专科毕业生 | 1 个月以内 | 75. 20 | 65. 60 | 72. 79 | 51. 76 | 77. 52 | 82. 52 | 58. 91 | 69. 30 |
| | 1—3 个月 | 72. 59 | 62. 77 | 69. 41 | 51. 89 | 76. 82 | 82. 22 | 54. 58 | 66. 97 |
| | 4—6 个月 | 70. 51 | 64. 23 | 69. 03 | 51. 93 | 77. 85 | 82. 06 | 60. 38 | 67. 72 |
| | 7—9 个月 | 68. 74 | 63. 57 | 68. 42 | 51. 13 | 79. 32 | 79. 48 | 63. 09 | 67. 18 |
| | 10—12 个月 | 74. 32 | 67. 12 | 70. 42 | 51. 65 | 82. 13 | 83. 18 | 70. 57 | 71. 11 |
| | 12 个月以上 | 74. 58 | 74. 25 | 73. 86 | 50. 11 | 83. 68 | 81. 80 | 75. 69 | 73. 65 |

续表

| 学历 | 成功就业用时 | 就业现状满意度 | 专业相关度 | 理想职业匹配度 | 月薪满意度 | 社保提供比例 | 单位综合质量 | 职业稳定率 | 就业综合评估值 |
|---|---|---|---|---|---|---|---|---|---|
| 本科毕业生 | 1个月以内 | 71.06 | 75.33 | 75.87 | 50.39 | 90.50 | 81.60 | 82.57 | 74.94 |
| | 1—3个月 | 70.23 | 73.10 | 76.02 | 53.02 | 90.67 | 83.29 | 81.87 | 74.79 |
| | 4—6个月 | 67.91 | 71.35 | 74.16 | 52.53 | 91.57 | 82.14 | 84.66 | 73.95 |
| | 7—9个月 | 69.77 | 67.12 | 74.73 | 56.73 | 93.82 | 84.38 | 85.46 | 74.53 |
| | 10—12个月 | 70.05 | 69.24 | 78.59 | 55.96 | 94.04 | 83.74 | 87.53 | 75.81 |
| | 12个月以上 | 63.56 | 70.82 | 68.59 | 46.66 | 89.28 | 77.66 | 85.24 | 70.83 |
| 毕业研究生 | 1个月以内 | 75.98 | 80.81 | 82.22 | 59.05 | 97.82 | 86.74 | 85.18 | 80.40 |
| | 1—3个月 | 77.14 | 80.76 | 83.01 | 61.30 | 98.19 | 87.89 | 89.62 | 81.82 |
| | 4—6个月 | 73.83 | 78.23 | 82.35 | 57.13 | 98.70 | 87.82 | 90.58 | 80.34 |
| | 7—9个月 | 73.59 | 73.94 | 81.94 | 60.65 | 98.47 | 87.22 | 92.84 | 79.96 |
| | 10—12个月 | 75.77 | 76.79 | 79.86 | 56.66 | 97.95 | 90.10 | 89.76 | 80.12 |
| | 12个月以上 | 65.62 | 73.66 | 72.77 | 50.00 | 98.21 | 82.14 | 79.46 | 73.07 |

获得工作机会数影响：各学历层次毕业生就业质量受获得工作机会数影响较小。其中高职专科毕业生获得工作机会数为1个的就业综合评估值最高，为74.52%；本科毕业生为1个的就业综合评估值最高，为76.66%；毕业研究生为5个及以上的就业综合评估值最高，为81.56%。如表5-16所示。

**表5-16　2023届毕业生分获得工作机会数七项就业指标分析（单位:%）**

| 学历 | 获得工作机会数 | 就业现状满意度 | 专业相关度 | 理想职业匹配度 | 月薪满意度 | 社保提供比例 | 单位综合质量 | 职业稳定率 | 就业综合评估值 |
|---|---|---|---|---|---|---|---|---|---|
| 高职专科毕业生 | 1个 | 74.90 | 72.65 | 73.58 | 51.36 | 80.78 | 82.98 | 82.48 | 74.52 |
| | 2个 | 73.35 | 62.75 | 70.16 | 51.65 | 74.72 | 82.08 | 51.81 | 66.67 |
| | 3个 | 73.25 | 60.87 | 69.88 | 51.64 | 76.28 | 82.30 | 46.96 | 65.61 |
| | 4个 | 71.99 | 61.49 | 68.68 | 50.29 | 77.06 | 80.50 | 43.05 | 64.35 |
| | 5个及以上 | 73.36 | 60.16 | 71.63 | 53.30 | 79.11 | 81.77 | 45.10 | 65.73 |
| 本科毕业生 | 1个 | 70.93 | 76.55 | 75.42 | 50.22 | 90.48 | 81.75 | 93.04 | 76.66 |
| | 2个 | 69.67 | 72.29 | 74.69 | 52.05 | 89.66 | 82.28 | 80.76 | 73.84 |
| | 3个 | 69.41 | 72.16 | 75.70 | 52.55 | 90.71 | 82.56 | 78.52 | 73.74 |
| | 4个 | 67.63 | 71.89 | 74.79 | 53.42 | 93.09 | 82.16 | 75.87 | 72.97 |
| | 5个及以上 | 71.39 | 72.17 | 77.36 | 53.10 | 93.21 | 83.30 | 74.60 | 74.09 |

续表

| 学历 | 获得工作机会数 | 就业现状满意度 | 专业相关度 | 理想职业匹配度 | 月薪满意度 | 社保提供比例 | 单位综合质量 | 职业稳定率 | 就业综合评估值 |
|---|---|---|---|---|---|---|---|---|---|
| 毕业研究生 | 1 个 | 73. 13 | 77. 76 | 79. 46 | 56. 67 | 97. 01 | 84. 90 | 89. 66 | 78. 92 |
| | 2 个 | 75. 49 | 79. 56 | 82. 08 | 56. 95 | 98. 27 | 87. 44 | 88. 55 | 80. 46 |
| | 3 个 | 76. 51 | 79. 27 | 83. 80 | 60. 75 | 98. 62 | 89. 11 | 88. 39 | 81. 50 |
| | 4 个 | 75. 18 | 78. 83 | 81. 93 | 62. 59 | 99. 27 | 86. 50 | 90. 15 | 80. 95 |
| | 5 个及以上 | 75. 77 | 79. 86 | 83. 03 | 61. 66 | 98. 98 | 89. 06 | 89. 06 | 81. 56 |

## 5. 9　就业质量建模评估

### 5. 9. 1　模型建立说明

为全面、精准、直观地掌握湖南省普通高校 2023 届毕业生就业情况与质量，有效促进湖南省普通高校就业工作与高等教育教学的改革，笔者利用掌握的现有数据资源构建 2023 届毕业生就业质量综合评估模型。模型构建情况说明如下：

1. 评价体系说明：湖南省普通高校 2023 届毕业生就业质量指标评价体系基于 2022 届毕业生就业质量评估体系进行微调形成。2023 届毕业生就业质量评价体系包含 9 个方面，18 个观点（由于有 2 个指标是综合评价得出，实则涵盖了 27 个指标信息）。指标体系的框架及各方面的观测点含义、计算方法如表 5-17、表 5-18 所示。

**表 5-17　指标体系及基本含义说明（单位:%）**

| 评价维度 | 一级指标 | 指标含义说明 |
|---|---|---|
| 就业整体质量 | 就业充分性 | 就业充分性是就业质量考查的基本表现，通过毕业去向落实整体充分性和单位就业流向的充分性两个指标体现。 |
| | 就业适配度 | 就业的适配度是就业质量考察的主要表现，适配度通过毕业生就业是否与专业、与理想职业相匹配两个指标体现。 |
| | 就业稳定性 | 在当前国内外经济下行与多变的情况下，就业的稳定性越来越被学生与家长看重，成为毕业生衡量自身就业质量的又一关键因素。就业稳定性通过单位为毕业生社保提供比例、毕业生所在单位工作稳定性、毕业生自身职业发展稳定性 3 个指标来体现。 |
| | 就业单位质量满意度 | 所在就业单位整体质量会影响毕业生就业声誉质量、职业发展质量等方面，成为毕业生在择业过程中的又一重要因素。毕业生就业单位质量通过所在单位社会美誉度、所在工作环境满意度、所在单位晋升空间满意度、所在单位培训机会满意度、所在单位综合满意度 5 个指标体现。 |

续表

| 评价维度 | 一级指标 | 指标含义说明 |
| --- | --- | --- |
| 就业整体质量 | 就业个性满足性 | “00 后”的毕业生就业逐渐尊重内心感受和个性需求，就业中对单位工作管理制度中的软性文化比较重视，成为“00 后”毕业生对就业质量评判的一个重要影响因素。就业个性满足通过工作压力较小比例、工作自主性满意度 2 个指标体现。 |
| | 就业薪酬 | 就业薪酬是保障毕业生在社会就业生活活动的基本物质条件，对毕业生评价就业质量起到关键作用，就业薪酬通过毕业生对就业月薪满意度 1 个指标来体现。 |
| | 就业导向性 | 高校积极引导毕业生在政策倡导与国家/地方需要的方面就业，提升高校社会服务能力。毕业生就业导向性从毕业生在基层就业比例、战略产业就业比例、重点企业就业比例、高校所在地就业比例 4 个指标体现。 |
| 就业社会影响力 | 就业发展性 | 毕业生职业发展潜力提升，有助于促进毕业生社会贡献力。考查毕业生就业发展性通过毕业生深造比例、毕业生创业比例 2 个指标体现。 |
| | 单位对毕业生评价（仅针对总体评估用到） | 单位对毕业生的评价是反映高校培养的毕业生质量与社会需求对接的情况，对毕业生就业质量起关键作用。单位对毕业生评价从用人单位对毕业生综合满意度、对毕业生思想与政治表现肯定度、对毕业生工作态度表现、专业水平表现肯定度、职业能力表现肯定度、职业发展潜力表现肯定度 6 个指标体现。 |

**表 5-18　指标体系各项数据来源与计算方式说明**

| 评价维度 | 一级指标 | 二级指标 | 指标来源说明 |
| --- | --- | --- | --- |
| 就业整体质量 | 就业充分性 | 毕业去向落实率 | 统计到毕业生截至 8 月 31 日毕业去向落实率 |
| | | 协议签约比例 | 统计到毕业生协议就业和合同就业比例 |
| | 就业适配度 | 专业相关度 | 调查到毕业生工作内容与所学专业的相关度 |
| | | 理想职业匹配度 | 调查到毕业生职业与理想职业吻合度 |
| | | 社保提供比例 | 调查到单位为毕业生提供社保的比例 |
| | 就业稳定性 | 职业发展稳定性 | 调查到毕业生离职情况，职业发展稳定性=1-离职率 |
| | | 工作稳定性 | 调查到毕业生所在单位用工稳定比例 |
| | 就业单位质量满意度 | 就业单位质量满意度 | 调查到毕业生所在单位社会美誉度、所在工作环境满意度、所在单位晋升空间满意度、所在单位培训机会满意度、所在单位综合满意度情况 |
| | 就业个性满足性 | 工作压力较小比例 | 调查到毕业生工作压力较小比例，其中工作压力较小比例=（压力非常小+压力比较小） |
| | | 工作自主性满意度 | 调查到毕业生所在单位工作岗位灵活性 |
| | 就业薪酬 | 薪资满意度 | 调查到毕业生对签约月薪满意度 |

续表

| 评价维度 | 一级指标 | 二级指标 | 指标来源说明 |
| --- | --- | --- | --- |
| 就业社会影响力 | 就业导向性 | 基层就业比例 | 调查到毕业生参加基层项目就业、应征入伍就业的比例，即基层就业比例=“基层项目就业”比例+“应征入伍”比例 |
| | | 战略性新兴产业就业比例 | 调查到毕业生在国家战略性新兴产业就业比例，即在节能环保产业、新一代信息技术产业、生物产业、高端装备制造产业、新能源产业、新材料产业、新能源汽车产业、数字创意产业、相关服务业中就业的比例 |
| | | 重点企业就业比例 | 调查到毕业生在“上市企业”“国企”“国家高新技术企业”“外资、合资企业”单位就业的比例 |
| | | 高校所在地就业比例 | 统计到毕业生院校所在地级市/州就业人数占协议和合同就业总人数比例 |
| | 就业发展性 | 创业比例 | 统计到自主创业毕业生占毕业生总数的比例 |
| | | 继续深造比例 | 统计到国内深造毕业生占毕业生总数的比例 |
| | 单位对毕业生评价 | 单位对毕业生满意度 | 调查到用人单位对毕业生综合满意度、对毕业生思想与政治表现肯定度、工作态度表现肯定度、专业水平表现肯定度、职业能力表现肯定度、职业发展潜力表现肯定度 |

说明：评价体系中涉及的就业单位质量满意度、单位对毕业生满意度均是由多个指标计算得出的结果值，极大地提升了相关指标含义的准确性，各指标计算公式如下：

（1）就业单位质量满意度=（所在单位社会美誉度 * 15+所在工作环境满意度 * 7. 5+所在单位晋升空间满意度 * 20+所在单位培训机会满意度 * 7. 5+所在单位综合满意度 * 50）/100；

（2）单位对毕业生满意度=调查到用人单位对毕业生综合满意度 * 0. 5+对毕业生思想与政治表现肯定度 * 0. 1+工作态度表现肯定度 * 0. 1+专业水平表现肯定度 * 0. 1+职业能力表现肯定度 * 0. 1+职业发展潜力表现肯定度 * 0. 1；

（3）以上两个指标的计算公式均由工作经验分配给出。

2. 评价体系权重说明：2023 届普通高校毕业生就业质量评价体系权重值引用 2022 届毕业生确定的权重值。其中关于在湖南省普通高校就业质量总体评价权重值确定上，仍然按照学历结构比例来确定，并进行加权求和得到，各学历层次确定类别原则见下节的权重引用说明。如表 5-19 所示。

**表 5-19　各院校类别评价维度指标权重说明（单位:%）**

| 评价维度 | 一级指标 | 双一流院校指标权重 | 普通本科院校指标权重 | 高职高专院校指标权重 | 二级指标 | 双一流院校指标权重 | 普通本科院校指标权重 | 高职高专院校指标权重 | 总体 |
|---|---|---|---|---|---|---|---|---|---|
| 就业整体质量 | 就业充分性 | 25. 83 | 32. 50 | 36. 67 | 落实率 | 20. 83 | 27. 50 | 30. 83 | 26. 59 |
| | | | | | 协议签约比例 | 5. 00 | 5. 00 | 5. 83 | 5. 01 |
| | 就业适配度 | 12. 50 | 11. 67 | 13. 33 | 专业相关度 | 5. 83 | 5. 83 | 6. 67 | 5. 78 |
| | | | | | 理想职业匹配度 | 6. 67 | 5. 83 | 6. 67 | 5. 82 |
| | 就业稳定性 | 10. 00 | 10. 83 | 12. 50 | 社保提供比例 | 3. 33 | 3. 33 | 4. 17 | 3. 47 |
| | | | | | 职业发展稳定性 | 4. 17 | 5. 00 | 5. 00 | 4. 57 |
| | 就业单位质量满意度 | 9. 17 | 7. 50 | 5. 83 | 所在单位员工工作稳定性 | 2. 50 | 2. 50 | 3. 33 | 2. 70 |
| | | | | | 就业单位质量满意度 | 9. 17 | 7. 50 | 5. 83 | 6. 23 |
| | 就业个性满足性 | 7. 50 | 5. 83 | 2. 50 | 工作压力较小比例 | 3. 33 | 2. 50 | 0. 83 | 1. 57 |
| | | | | | 工作自主性满意度 | 4. 17 | 3. 33 | 1. 67 | 2. 34 |
| | 就业薪酬 | 4. 17 | 2. 50 | 3. 33 | 薪资满意度 | 4. 17 | 2. 50 | 3. 33 | 2. 79 |
| | | | | | 基层就业比例 | 3. 33 | 4. 17 | 3. 33 | 3. 41 |
| 就业社会影响力 | 就业导向性 | 23. 33 | 23. 33 | 22. 50 | 战略产业就业比例 | 5. 00 | 4. 17 | 5. 00 | 4. 29 |
| | | | | | 重点企业就业比例 | 5. 83 | 4. 17 | 5. 83 | 4. 72 |
| | 就业发展性 | 7. 50 | 5. 83 | 3. 33 | 高校所在地就业比例 | 9. 17 | 10. 83 | 8. 33 | 8. 73 |
| | | | | | 创业比例 | 3. 33 | 1. 67 | 1. 67 | 1. 63 |
| | 单位对毕业生评价 | – | – | – | 深造比例 | 4. 17 | 4. 17 | 1. 67 | 2. 67 |
| | | | | | 单位对毕业生满意度 | – | – | – | 7. 69 |

3. 评价体系应用：（1）在权重引用方面，我们定义研究生学历权重引用双一流院校指标权重，本科学历的权重引入普通本科院校指标权重，高职专科学历的权重引入高职高专院校指标权重。更进一步，在各学历层次的科类与专业就业质量权重确认上，也沿用此逻辑定义。（2）在消除量纲方面，对于评估对象的单位不统一的问题（如平均薪酬），统一采用 z-score 标准化法。其中，由于在就业质量评价中，为避免样本量太小带来的误差，各学历标准化过程的均值和标准偏差参考各学历对应专业样本所求的值，总体标准化过程的均值和标准差参考所有参评科类所求的值。另外，为方便查看，我们对标准化的得分进行转换，转换公式为 $t=z\times10+80$。在就业综合值计算方面，采用加权求和计算综合就业指标值。

## 5.9.2 模型结论①

### 5.9.2.1 总体评估②

评估结果显示，2023 届普通高校毕业生就业质量综合评估值为 82.47%，其中高职专科院校毕业生就业质量综合评估值最高，为 83.19%。如表 5-20 所示。

**表 5-20 湖南省普通高校 2021—2023 届毕业生总体就业质量评估结果（单位:%）**

| 院校类型 | 2021 届 | 2022 届 | 2023 届 |
|---|---|---|---|
| 双一流院校 | 83.63 | 82.14 | 80.68 |
| 一本院校 | 80.11 | 81.36 | 82.06 |
| 二本院校 | 78.86 | 78.31 | 81.89 |
| 三本院校 | 74.36 | 71.54 | 81.73 |
| 职业本科院校 | – | 80.33 | 82.88 |
| 高职专科院校 | 76.43 | 77.40 | 83.19 |
| 总计 | 78.59 | 78.26 | 82.47 |

### 5.9.2.2 学历与科类评估

评估结果显示，高职专科毕业生就业质量综合评估值为 83.19%，本科毕业生综合评估值为 82.36%，毕业研究生综合评估值为 80.90%，如图 5-16 所示。分科类来看，高职专科专业大类评估结果排名前三的是文化艺术大类、轻工纺织大类、食品药品与粮食大类，本科毕业生是历史学、教育学、理学；毕业研究生是管理学、教育学、工学。如表 5-21所示。

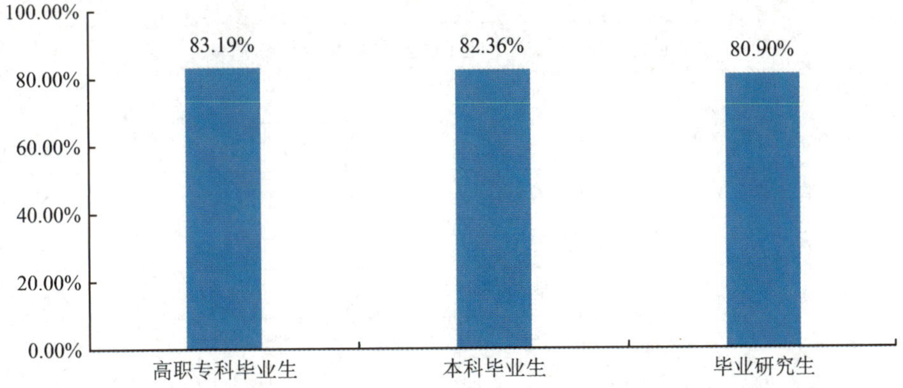


**图 5-16 湖南省普通高校 2023 届各学历层次毕业生就业质量评估结果**

① 本评估结论对于样本量较大的评价具有较高的参考性，样本量较小的以实际为主。

② 总体评估中，评估加入了单位对毕业生满意度指标，其余由于数据受限原因，评估结论均不含单位对毕业生满意度指标；本评估中标准化过程的均值与方差取自于高校所有专业的均值与方差。

**表 5-21　湖南省普通高校 2023 届各学历层次不同科类毕业生就业质量评估结果（单位：%）**

| 科类名称 | 评估值 | 科类名称 | 评估值 |
|---|---|---|---|
| 高职专科专业大类毕业生就业质量综合评估值 | | | |
| 文化艺术大类 | 83.58 | 财经商贸大类 | 83.02 |
| 轻工纺织大类 | 83.53 | 公共管理与服务大类 | 83.02 |
| 食品药品与粮食大类 | 83.48 | 交通运输大类 | 82.90 |
| 新闻传播大类 | 83.39 | 旅游大类 | 82.89 |
| 装备制造大类 | 83.32 | 生物与化工大类 | 82.89 |
| 资源环境与安全大类 | 83.31 | 公安与司法大类 | 82.86 |
| 医药卫生大类 | 83.30 | 能源动力与材料大类 | 82.76 |
| 土木建筑大类 | 83.17 | 水利大类 | 82.22 |
| 教育与体育大类 | 83.15 | 农、林、牧、渔大类 | 81.99 |
| 电子信息大类 | 83.04 | | |
| 本科学科门类毕业生就业质量综合评估值 | | | |
| 历史学 | 82.60 | 艺术学 | 81.82 |
| 教育学 | 82.41 | 管理学 | 81.72 |
| 理学 | 82.40 | 工学 | 81.68 |
| 文学 | 82.12 | 法学 | 81.65 |
| 农学 | 81.96 | 经济学 | 81.30 |
| 医学 | 81.90 | 哲学 | 81.06 |
| | | | |
| 研究生学科门类毕业生就业质量综合评估值 | | | |
| 管理学 | 81.11 | 法学 | 80.72 |
| 教育学 | 80.98 | 农学 | 80.70 |
| 工学 | 80.97 | 文学 | 80.60 |
| 医学 | 80.92 | 艺术学 | 80.41 |
| 理学 | 80.83 | 历史学 | 80.32 |
| 经济学 | 80.75 | 哲学 | 80.16 |

#### 5.9.2.3　院校类型科类评估

高职专科毕业生中，高职高专院校毕业生就业质量综合评估值排名前三的专业大类是文化艺术大类、轻工纺织大类、食品药品与粮食大类；普通本科院校毕业生就业质量综合评估值排名前三的专业大类是文化艺术大类、新闻传播大类、医药卫生大类。如表 5-22 所示。

**表 5-22　湖南省普通高校 2023 届各类型高校不同科类高职专科毕业生就业质量评估结果（单位:%）**

| 学历 | 专业大类 | 高职高专院校 | 普通本科院校 |
|---|---|---|---|
| 高职专科毕业生 | 文化艺术大类 | 83.58 | 83.02 |
| | 轻工纺织大类 | 83.53 | 82.31 |
| | 食品药品与粮食大类 | 83.48 | 82.60 |
| | 新闻传播大类 | 83.39 | 82.78 |
| | 装备制造大类 | 83.32 | 82.03 |
| | 资源环境与安全大类 | 83.31 | 82.40 |
| | 医药卫生大类 | 83.30 | 82.76 |
| | 土木建筑大类 | 83.17 | 82.44 |
| | 教育与体育大类 | 83.15 | 82.67 |
| | 电子信息大类 | 83.04 | 82.21 |
| | 财经商贸大类 | 83.02 | 82.36 |
| | 公共管理与服务大类 | 83.02 | 82.47 |
| | 交通运输大类 | 82.90 | 81.56 |
| | 旅游大类 | 82.89 | 82.28 |
| | 生物与化工大类 | 82.89 | 81.45 |
| | 公安与司法大类 | 82.86 | 82.51 |
| | 能源动力与材料大类 | 82.76 | 81.53 |
| | 水利大类 | 82.22 | 81.69 |
| | 农、林、牧、渔大类 | 81.99 | 81.44 |

本科毕业生中，双一流院校和普通本科院校毕业生就业质量综合评估值排名前三的学科均是历史学、理学、教育学。毕业研究生中，双一流院校毕业生就业质量综合评估值排名前三的学科是管理学、教育学、工学；普通本科院校毕业生就业质量综合评估值排名前三的学科是教育学、管理学、医学。如表 5-23 所示。

**表 5-23　湖南省普通高校 2023 届各类型高校不同科类本科毕业生、毕业研究生就业质量评估结果（单位:%）**

| 学历 | 学科门类 | 双一流院校 | 普通本科院校 |
|---|---|---|---|
| 本科毕业生 | 历史学 | 81.34 | 82.60 |
| | 理学 | 81.23 | 82.40 |
| | 教育学 | 81.21 | 82.41 |
| | 文学 | 81.04 | 82.12 |
| | 工学 | 80.92 | 81.68 |
| | 农学 | 80.89 | 81.96 |

续表

| 学历 | 学科门类 | 双一流院校 | 普通本科院校 |
|---|---|---|---|
| 本科毕业生 | 医学 | 80.88 | 81.90 |
| | 管理学 | 80.87 | 81.72 |
| | 艺术学 | 80.82 | 81.82 |
| | 法学 | 80.68 | 81.65 |
| | 经济学 | 80.53 | 81.30 |
| | 哲学 | 79.87 | 81.06 |
| 毕业研究生 | 管理学 | 81.11 | 81.99 |
| | 教育学 | 80.98 | 82.01 |
| | 工学 | 80.97 | 81.62 |
| | 医学 | 80.92 | 81.92 |
| | 理学 | 80.83 | 81.77 |
| | 经济学 | 80.75 | 81.50 |
| | 法学 | 80.72 | 81.65 |
| | 农学 | 80.70 | 81.54 |
| | 文学 | 80.60 | 81.48 |
| | 艺术学 | 80.41 | 81.18 |
| | 历史学 | 80.32 | 81.16 |
| | 哲学 | 80.16 | 80.95 |

#### 5.9.2.4 专业评估①

（1）高职专科毕业生

高职专科各专业评估结果显示，就业质量综合评估值在90%以上的专业有7个，分别是农业经济管理、机械装备制造技术、智能产品开发、生物制药技术、粮食工程技术、工程安全评价与监理、水净化与安全技术。就业质量综合评估值在80%以下的专业有3个，分别是矿井通风与安全、生态农业技术、林业技术。如表5-24所示。

---

① 本节专业取样规则：

（1）本科毕业生、专科毕业生取样：对专业毕业生人数大于100人，同时在单位就业调研人数大于等于30人的专业作为一级保留样本，然后对专业毕业生人数大于10人，在单位就业调研人数占总毕业生人数比例大于50%的专业作为二级保留样本。

（2）研究生取样：毕业生人数大于等于30人，同时在单位就业调研人数大于或等于10人的专业。

表 5-24　湖南省普通高校 2023 届高职专科毕业生分专业就业质量评估结果（单位:%）

| 专业代码 | 专业 | 就业质量综合评估值 | 专业代码 | 专业 | 就业质量综合评估值 |
|---|---|---|---|---|---|
| 120301 | 农业经济管理 | 92.13 | 600604 | 城市轨道交通供配电技术 | 83.01 |
| 560117 | 机械装备制造技术 | 91.03 | 630302 | 会计 | 83.01 |
| 610104 | 智能产品开发 | 90.49 | 640106 | 休闲服务与管理 | 83.01 |
| 590207 | 生物制药技术 | 90.40 | 540301 | 建筑工程技术 | 83.01 |
| 590401 | 粮食工程技术 | 90.31 | 090401 | 动物医学 | 83.01 |
| 520905 | 工程安全评价与监理 | 90.24 | 530112 | 分布式发电与微电网技术 | 83.00 |
| 520812 | 水净化与安全技术 | 90.05 | 120901 | 旅游管理 | 83.00 |
| 630506 | 报关与国际货运 | 89.94 | 120204 | 财务管理 | 82.99 |
| 530307 | 太阳能光热技术与应用 | 89.91 | 050307 | 数字出版 | 82.97 |
| 560305 | 工业网络技术 | 89.90 | 600410 | 飞机电子设备维修 | 82.96 |
| 560201 | 自动化生产设备应用 | 89.89 | 630902 | 物流信息技术 | 82.95 |
| 530701 | 建筑材料工程技术 | 89.89 | 650208 | 国际标准舞 | 82.94 |
| 520501 | 煤矿开采技术 | 89.77 | 560602 | 飞行器维修技术 | 82.94 |
| 520811 | 资源综合利用与管理技术 | 89.74 | 680705 | 司法信息安全 | 82.93 |
| 590208 | 中药制药技术 | 89.73 | 670104 | 语文教育 | 82.93 |
| 560501 | 船舶工程技术 | 89.68 | 050262 | 商务英语 | 82.93 |
| 620805 | 医疗设备应用技术 | 89.65 | 520203 | 钻探技术 | 82.93 |
| 590501 | 粮油储藏与检测技术 | 89.62 | 530201 | 电厂热能动力装置 | 82.92 |
| 650114 | 包装艺术设计 | 89.58 | 610301 | 通信技术 | 82.91 |
| 630508 | 国际文化贸易 | 89.58 | 600606 | 城市轨道交通运营管理 | 82.91 |
| 540405 | 工业设备安装工程技术 | 89.55 | 540501 | 建设工程管理 | 82.90 |
| 670209 | 应用俄语 | 89.53 | 580410 | 服装设计与工艺 | 82.90 |
| 520903 | 救援技术 | 89.50 | 560701 | 汽车制造与装配技术 | 82.88 |
| 620807 | 医疗器械维护与管理 | 89.49 | 620405 | 口腔医学技术 | 82.88 |
| 650118 | 首饰设计与工艺 | 89.49 | 600112 | 高速铁路客运乘务 | 82.87 |
| 560506 | 游艇设计与制造 | 89.45 | 025700 | 审计 | 82.87 |
| 120209 | 物业管理 | 89.44 | 080205 | 工业设计 | 82.87 |
| 650213 | 音乐制作 | 89.41 | 610214 | 电子商务技术 | 82.86 |
| 590209 | 药物制剂技术 | 89.40 | 680701 | 刑事侦查技术 | 82.85 |
| 510207 | 森林生态旅游 | 89.39 | 670116 | 舞蹈教育 | 82.84 |
| 610204 | 计算机系统与维护 | 89.39 | 640205 | 西餐工艺 | 82.83 |

续表

| 专业代码 | 专业 | 就业质量综合评估值 | 专业代码 | 专业 | 就业质量综合评估值 |
|---|---|---|---|---|---|
| 520906 | 安全生产监测监控 | 89. 37 | 670112 | 音乐教育 | 82. 82 |
| 630202 | 国际金融 | 89. 35 | 120902 | 酒店管理 | 82. 82 |
| 590102 | 酿酒技术 | 89. 35 | 630803 | 网络营销 | 82. 82 |
| 590305 | 食品药品监督管理 | 89. 30 | 690306 | 幼儿发展与健康管理 | 82. 82 |
| 082802 | 城乡规划 | 89. 30 | 650211 | 现代流行音乐 | 82. 82 |
| 650402 | 文化市场经营管理 | 89. 28 | 600202 | 道路桥梁工程技术 | 82. 81 |
| 620812 | 医疗器械经营与管理 | 89. 26 | 520809 | 污染修复与生态工程技术 | 82. 81 |
| 650303 | 民族服装与服饰 | 89. 26 | 600111 | 高速铁道工程技术 | 82. 81 |
| 650119 | 工艺美术品设计 | 89. 19 | 630805 | 跨境电子商务 | 82. 80 |
| 590201 | 中药生产与加工 | 89. 17 | 520208 | 岩土工程技术 | 82. 80 |
| 560502 | 船舶机械工程技术 | 89. 13 | 560601 | 飞行器制造技术 | 82. 79 |
| 580201 | 包装工程技术 | 89. 10 | 520602 | 矿物加工技术 | 82. 79 |
| 650403 | 公共文化服务与管理 | 89. 08 | 120601 | 物流管理 | 82. 79 |
| 580102 | 制浆造纸技术 | 89. 01 | 600113 | 动车组检修技术 | 82. 78 |
| 580301 | 数字图文信息技术 | 88. 98 | 630103 | 资产评估与管理 | 82. 76 |
| 650404 | 文物修复与保护 | 88. 96 | 640202 | 烹调工艺与营养 | 82. 76 |
| 620604 | 卫生信息管理 | 88. 91 | 520304 | 测绘地理信息技术 | 82. 76 |
| 650113 | 雕刻艺术设计 | 88. 68 | 130201 | 音乐表演 | 82. 76 |
| 650203 | 歌舞表演 | 88. 53 | 600408 | 机场运行 | 82. 76 |
| 520101 | 国土资源调查与管理 | 87. 63 | 650201 | 表演艺术 | 82. 76 |
| 520502 | 矿井建设 | 87. 63 | 530109 | 水电站与电力网 | 82. 75 |
| 520204 | 矿山地质 | 87. 63 | 600101 | 铁道机车 | 82. 75 |
| 510206 | 野生动物资源保护与利用 | 87. 58 | 610201 | 计算机应用技术 | 82. 74 |
| 610208 | 嵌入式技术与应用 | 86. 09 | 600114 | 高铁综合维修技术 | 82. 74 |
| 510203 | 森林资源保护 | 85. 81 | 520102 | 地质调查与矿产普查 | 82. 74 |
| 640104 | 景区开发与管理 | 85. 51 | 610119 | 物联网应用技术 | 82. 74 |
| 560207 | 新能源装备技术 | 85. 31 | 540105 | 风景园林设计 | 82. 74 |
| 520804 | 环境工程技术 | 85. 23 | 130505 | 服装与服饰设计 | 82. 73 |
| 650105 | 产品艺术设计 | 85. 14 | 600102 | 铁道车辆 | 82. 71 |
| 600307 | 港口与航道工程技术 | 84. 99 | 540106 | 园林工程技术 | 82. 69 |
| 520807 | 环境规划与管理 | 84. 96 | 630601 | 工商企业管理 | 82. 69 |

续表

| 专业代码 | 专业 | 就业质量综合评估值 | 专业代码 | 专业 | 就业质量综合评估值 |
|---|---|---|---|---|---|
| 560107 | 金属材料与热处理技术 | 84. 96 | 610307 | 物联网工程技术 | 82. 69 |
| 530302 | 风电系统运行与维护 | 84. 67 | 580202 | 包装策划与设计 | 82. 69 |
| 680605 | 社区矫正 | 84. 58 | 600405 | 空中乘务 | 82. 67 |
| 540404 | 建筑智能化工程技术 | 84. 58 | 630501 | 国际贸易实务 | 82. 67 |
| 600702 | 快递运营管理 | 84. 45 | 530603 | 复合材料工程技术 | 82. 67 |
| 650115 | 陶瓷设计与工艺 | 84. 42 | 650107 | 皮具艺术设计 | 82. 67 |
| 660208 | 影视多媒体技术 | 84. 37 | 600109 | 铁路物流管理 | 82. 66 |
| 630804 | 商务数据分析与应用 | 84. 35 | 620407 | 眼视光技术 | 82. 66 |
| 620202 | 助产 | 84. 26 | 540402 | 供热通风与空调工程技术 | 82. 65 |
| 660214 | 传播与策划 | 84. 20 | 560702 | 汽车检测与维修技术 | 82. 64 |
| 650102 | 视觉传播设计与制作 | 84. 20 | 610101 | 电子信息工程技术 | 82. 62 |
| 620104 | 中医骨伤 | 84. 20 | 520311 | 国土测绘与规划 | 82. 62 |
| 530304 | 光伏发电技术与应用 | 84. 19 | 510102 | 种子生产与经营 | 82. 60 |
| 660102 | 网络新闻与传播 | 84. 11 | 600108 | 铁道交通运营管理 | 82. 60 |
| 530301 | 风力发电工程技术 | 84. 06 | 560706 | 汽车改装技术 | 82. 58 |
| 560119 | 工业工程技术 | 84. 01 | 640201 | 餐饮管理 | 82. 57 |
| 610213 | 云计算技术与应用 | 83. 94 | 600402 | 民航通信技术 | 82. 56 |
| 560116 | 内燃机制造与维修 | 83. 93 | 680603 | 行政执行 | 82. 55 |
| 660204 | 广播电视技术 | 83. 91 | 101001 | 医学检验技术 | 82. 54 |
| 650109 | 室内艺术设计 | 83. 90 | 040202 | 运动训练 | 82. 54 |
| 560111 | 机械产品检测检验技术 | 83. 88 | 600110 | 铁路桥梁与隧道工程技术 | 82. 54 |
| 650122 | 人物形象设计 | 83. 87 | 670206 | 应用日语 | 82. 53 |
| 520904 | 安全技术与管理 | 83. 87 | 510315 | 宠物临床诊疗技术 | 82. 53 |
| 520301 | 工程测量技术 | 83. 85 | 600409 | 飞机机电设备维修 | 82. 53 |
| 610211 | 信息安全与管理 | 83. 83 | 560608 | 航空电子电气技术 | 82. 52 |
| 600207 | 交通运营管理 | 83. 82 | 690303 | 婚庆服务与管理 | 82. 52 |
| 520303 | 测绘工程技术 | 83. 81 | 630702 | 汽车营销与服务 | 82. 52 |
| 560103 | 数控技术 | 83. 80 | 600601 | 城市轨道交通车辆技术 | 82. 51 |
| 630604 | 连锁经营管理 | 83. 77 | 670410 | 健身指导与管理 | 82. 50 |
| 135108 | 艺术设计 | 83. 76 | 650202 | 戏剧影视表演 | 82. 50 |
| 650218 | 舞台艺术设计与制作 | 83. 76 | 540603 | 给排水工程技术 | 82. 50 |

续表

| 专业代码 | 专业 | 就业质量综合评估值 | 专业代码 | 专业 | 就业质量综合评估值 |
|---|---|---|---|---|---|
| 101003 | 医学影像技术 | 83.75 | 120402 | 行政管理 | 82.50 |
| 590301 | 药品经营与管理 | 83.75 | 610102 | 应用电子技术 | 82.49 |
| 540104 | 建筑室内设计 | 83.75 | 690305 | 现代殡葬技术与管理 | 82.48 |
| 560308 | 电梯工程技术 | 83.73 | 610115 | 移动互联应用技术 | 82.47 |
| 650120 | 动漫设计 | 83.72 | 630206 | 投资与理财 | 82.45 |
| 650206 | 音乐剧表演 | 83.72 | 620801 | 健康管理 | 82.44 |
| 600406 | 民航安全技术管理 | 83.71 | 530101 | 发电厂及电力系统 | 82.42 |
| 540303 | 土木工程检测技术 | 83.68 | 630905 | 工程物流管理 | 82.42 |
| 590204 | 药品质量与安全 | 83.68 | 540403 | 建筑电气工程技术 | 82.40 |
| 620502 | 言语听觉康复技术 | 83.68 | 020401 | 国际经济与贸易 | 82.39 |
| 640301 | 会展策划与管理 | 83.67 | 100401 | 预防医学 | 82.39 |
| 530204 | 火电厂集控运行 | 83.66 | 600104 | 铁道工程技术 | 82.39 |
| 100801 | 中药学 | 83.66 | 550203 | 水利水电工程管理 | 82.38 |
| 560309 | 工业机器人技术 | 83.66 | 670216 | 应用外语 | 82.38 |
| 670117 | 艺术教育 | 83.66 | 560611 | 导弹维修 | 82.37 |
| 650111 | 环境艺术设计 | 83.62 | 600103 | 铁道供电技术 | 82.37 |
| 560110 | 焊接技术与自动化 | 83.62 | 630505 | 经济信息管理 | 82.35 |
| 120206 | 人力资源管理 | 83.61 | 670409 | 体育保健与康复 | 82.35 |
| 590202 | 药品生产技术 | 83.61 | 600107 | 铁道通信与信息化技术 | 82.34 |
| 550202 | 水利水电工程技术 | 83.60 | 600309 | 港口物流管理 | 82.32 |
| 650103 | 广告设计与制作 | 83.59 | 600401 | 民航运输 | 82.31 |
| 100701 | 药学 | 83.58 | 120403 | 劳动与社会保障 | 82.31 |
| 600605 | 城市轨道交通工程技术 | 83.56 | 045114 | 现代教育技术 | 82.30 |
| 560102 | 机械制造与自动化 | 83.56 | 690301 | 老年服务与管理 | 82.28 |
| 510119 | 农村经营管理 | 83.55 | 670411 | 电子竞技运动与管理 | 82.27 |
| 600416 | 通用航空器维修 | 83.54 | 510202 | 园林技术 | 82.27 |
| 680503 | 法律事务 | 83.54 | 600603 | 城市轨道交通通信信号技术 | 82.26 |
| 650104 | 数字媒体艺术设计 | 83.53 | 670408 | 体育运营与管理 | 82.25 |
| 560703 | 汽车电子技术 | 83.52 | 120205 | 国际商务 | 82.25 |
| 570103 | 药品生物技术 | 83.52 | 560303 | 工业过程自动化技术 | 82.24 |
| 660201 | 新闻采编与制作 | 83.52 | 510401 | 水产养殖技术 | 82.24 |

续表

| 专业代码 | 专业 | 就业质量综合评估值 | 专业代码 | 专业 | 就业质量综合评估值 |
|---|---|---|---|---|---|
| 610107 | 汽车智能技术 | 83.52 | 670106 | 英语教育 | 82.24 |
| 620501 | 康复治疗技术 | 83.48 | 510107 | 园艺技术 | 82.24 |
| 560204 | 数控设备应用与维护 | 83.46 | 610206 | 软件与信息服务 | 82.23 |
| 620105 | 针灸推拿 | 83.45 | 670203 | 应用英语 | 82.22 |
| 520105 | 宝玉石鉴定与加工 | 83.45 | 670204 | 旅游英语 | 82.22 |
| 040106 | 学前教育 | 83.45 | 610306 | 光通信技术 | 82.22 |
| 082702 | 食品质量与安全 | 83.43 | 600415 | 航空物流 | 82.21 |
| 560114 | 电机与电器技术 | 83.43 | 620503 | 中医康复技术 | 82.19 |
| 600206 | 工程机械运用技术 | 83.42 | 530705 | 新型建筑材料技术 | 82.18 |
| 560610 | 无人机应用技术 | 83.41 | 680604 | 司法警务 | 82.18 |
| 630201 | 金融管理 | 83.40 | 670212 | 应用西班牙语 | 82.18 |
| 520601 | 金属与非金属矿开采技术 | 83.39 | 660210 | 影视照明技术与艺术 | 82.17 |
| 630704 | 茶艺与茶叶营销 | 83.39 | 650220 | 音乐传播 | 82.17 |
| 100301 | 口腔医学 | 83.39 | 510104 | 现代农业技术 | 82.15 |
| 590107 | 食品营养与检测 | 83.39 | 025500 | 保险 | 82.14 |
| 560603 | 航空发动机制造技术 | 83.37 | 530103 | 电力系统自动化技术 | 82.13 |
| 660209 | 影视动画 | 83.36 | 570203 | 石油化工技术 | 82.11 |
| 660203 | 广播影视节目制作 | 83.36 | 570101 | 食品生物技术 | 82.11 |
| 640203 | 营养配餐 | 83.35 | 600106 | 铁道信号自动控制 | 82.10 |
| 100501 | 中医学 | 83.35 | 620811 | 老年保健与管理 | 82.09 |
| 560113 | 模具设计与制造 | 83.33 | 580304 | 印刷媒体技术 | 82.08 |
| 560302 | 电气自动化技术 | 83.31 | 550201 | 水利工程 | 82.07 |
| 610212 | 移动应用开发 | 83.31 | 030302 | 社会工作 | 82.07 |
| 660202 | 播音与主持 | 83.31 | 540701 | 房地产经营与管理 | 82.07 |
| 520801 | 环境监测与控制技术 | 83.31 | 520201 | 工程地质勘查 | 82.06 |
| 530104 | 高压输配电线路施工运行与维护 | 83.31 | 690205 | 公共事务管理 | 82.06 |
| 610215 | 大数据技术与应用 | 83.30 | 530106 | 水电站机电设备与自动化 | 82.03 |
| 610304 | 通信工程设计与监理 | 83.30 | 590304 | 化妆品经营与管理 | 82.03 |
| 670105 | 数学教育 | 83.29 | 540107 | 建筑动画与模型制作 | 82.02 |
| 630602 | 商务管理 | 83.28 | 520403 | 油气储运技术 | 82.02 |

续表

| 专业代码 | 专业 | 就业质量综合评估值 | 专业代码 | 专业 | 就业质量综合评估值 |
|---|---|---|---|---|---|
| 560401 | 铁道机车车辆制造与维护 | 83.27 | 690104 | 社区管理与服务 | 82.01 |
| 560301 | 机电一体化技术 | 83.27 | 650204 | 戏曲表演 | 82.00 |
| 120105 | 工程造价 | 83.26 | 540504 | 建设项目信息化管理 | 81.98 |
| 580106 | 化妆品技术 | 83.25 | 690201 | 民政管理 | 81.98 |
| 690302 | 家政服务与管理 | 83.25 | 640102 | 导游 | 81.96 |
| 610205 | 软件技术 | 83.24 | 540302 | 地下与隧道工程技术 | 81.95 |
| 600210 | 汽车车身维修技术 | 83.24 | 540503 | 建筑经济管理 | 81.94 |
| 620201 | 护理 | 83.23 | 560604 | 航空发动机装试技术 | 81.93 |
| 630802 | 移动商务 | 83.22 | 040201 | 体育教育 | 81.93 |
| 560304 | 智能控制技术 | 83.21 | 670403 | 社会体育 | 81.88 |
| 670205 | 商务日语 | 83.21 | 660206 | 影视编导 | 81.86 |
| 610210 | 数字媒体应用技术 | 83.20 | 670210 | 应用法语 | 81.85 |
| 570207 | 工业分析技术 | 83.20 | 600417 | 通用航空航务技术 | 81.83 |
| 040107 | 小学教育 | 83.19 | 540406 | 消防工程技术 | 81.81 |
| 630304 | 会计信息管理 | 83.18 | 570202 | 石油炼制技术 | 81.81 |
| 600602 | 城市轨道交通机电技术 | 83.17 | 510306 | 宠物养护与驯导 | 81.79 |
| 680601 | 刑事执行 | 83.17 | 600310 | 轮机工程技术 | 81.77 |
| 610302 | 移动通信技术 | 83.16 | 040102 | 科学教育 | 81.74 |
| 045116 | 心理健康教育 | 83.16 | 610106 | 智能监控技术应用 | 81.74 |
| 560112 | 理化测试与质检技术 | 83.16 | 660213 | 摄影摄像技术 | 81.73 |
| 020309 | 互联网金融 | 83.16 | 540401 | 建筑设备工程技术 | 81.72 |
| 510117 | 农业装备应用技术 | 83.15 | 630901 | 物流工程技术 | 81.71 |
| 570204 | 高分子合成技术 | 83.15 | 650401 | 文化创意与策划 | 81.71 |
| 610216 | 虚拟现实应用技术 | 83.15 | 620803 | 中医养生保健 | 81.69 |
| 540102 | 建筑装饰工程技术 | 83.15 | 600204 | 道路养护与管理 | 81.68 |
| 120801 | 电子商务 | 83.15 | 640204 | 中西面点工艺 | 81.65 |
| 590105 | 食品检测技术 | 83.14 | 590101 | 食品加工技术 | 81.64 |
| 610207 | 动漫制作技术 | 83.14 | 520907 | 职业卫生技术与管理 | 81.60 |
| 540601 | 市政工程技术 | 83.13 | 540101 | 建筑设计 | 81.60 |
| 600209 | 汽车运用与维修技术 | 83.13 | 680704 | 司法鉴定技术 | 81.59 |
| 550204 | 水利水电建筑工程 | 83.12 | 520307 | 测绘与地质工程技术 | 81.53 |

续表

| 专业代码 | 专业 | 就业质量综合评估值 | 专业代码 | 专业 | 就业质量综合评估值 |
|---|---|---|---|---|---|
| 560605 | 航空发动机维修技术 | 83.12 | 530501 | 有色冶金技术 | 81.52 |
| 600201 | 智能交通技术运用 | 83.11 | 670211 | 应用德语 | 81.49 |
| 620804 | 心理咨询 | 83.11 | 510301 | 畜牧兽医 | 81.47 |
| 610217 | 人工智能技术服务 | 83.10 | 530601 | 材料工程技术 | 81.43 |
| 670113 | 美术教育 | 83.10 | 530505 | 储能材料技术 | 81.40 |
| 670301 | 文秘 | 83.10 | 670208 | 应用韩语 | 81.39 |
| 570208 | 化工装备技术 | 83.09 | 520805 | 环境信息技术 | 81.38 |
| 610203 | 计算机信息管理 | 83.09 | 530605 | 光伏材料制备技术 | 81.37 |
| 530102 | 供用电技术 | 83.08 | 520901 | 安全健康与环保 | 81.36 |
| 570201 | 应用化工技术 | 83.08 | 530602 | 高分子材料工程技术 | 81.28 |
| 680502 | 法律文秘 | 83.08 | 630907 | 采购与供应管理 | 81.21 |
| 630906 | 冷链物流技术与管理 | 83.08 | 090402 | 动物药学 | 81.18 |
| 570205 | 精细化工技术 | 83.08 | 670215 | 应用阿拉伯语 | 81.18 |
| 670406 | 民族传统体育 | 83.07 | 630904 | 物流金融管理 | 81.11 |
| 650121 | 游戏设计 | 83.07 | 520207 | 环境地质工程 | 81.09 |
| 610120 | 集成电路技术应用 | 83.07 | 510114 | 绿色食品生产与检验 | 80.91 |
| 620404 | 医学美容技术 | 83.07 | 630607 | 中小企业创业与经营 | 80.88 |
| 590302 | 药品服务与管理 | 83.07 | 650116 | 刺绣设计与工艺 | 80.69 |
| 120202 | 市场营销 | 83.06 | 670405 | 高尔夫球运动与管理 | 80.65 |
| 560101 | 机械设计与制造 | 83.06 | 520808 | 环境评价与咨询服务 | 80.60 |
| 130204 | 舞蹈表演 | 83.06 | 510108 | 植物保护与检疫技术 | 80.51 |
| 560707 | 新能源汽车技术 | 83.04 | 540505 | 建设工程监理 | 80.51 |
| 630402 | 统计与会计核算 | 83.04 | 650110 | 展示艺术设计 | 80.48 |
| 670101 | 早期教育 | 83.04 | 650215 | 钢琴调律 | 80.28 |
| 510304 | 动物防疫与检疫 | 83.03 | 510105 | 休闲农业 | 80.24 |
| 560205 | 制冷与空调技术 | 83.03 | 570211 | 烟花爆竹技术与管理 | 80.16 |
| 040108 | 特殊教育 | 83.03 | 520504 | 矿井通风与安全 | 79.99 |
| 100201 | 临床医学 | 83.03 | 510106 | 生态农业技术 | 79.84 |
| 610305 | 电信服务与管理 | 83.02 | 510201 | 林业技术 | 79.65 |
| 610202 | 计算机网络技术 | 83.02 | | | |
| 560203 | 机电设备维修与管理 | 83.02 | | | |

（2）本科毕业生

本科各专业评估结果显示，就业质量综合评估值在 87%以上的专业有 3 个，分别是国际事务与国际关系、草业科学、图书馆学。就业质量综合评估值在 79%以下的专业有 2 个，分别是铁道工程、探测制导与控制技术。如表 5-25 所示。

**表 5-25　2023 届普通高校本科毕业生分专业就业质量评估结果（单位:%）**

| 专业代码 | 专业 | 就业质量综合评估值 | 专业代码 | 专业 | 就业质量综合评估值 |
|---|---|---|---|---|---|
| 030204 | 国际事务与国际关系 | 87.36 | 090401 | 动物医学 | 80.90 |
| 090701 | 草业科学 | 87.07 | 082503 | 环境科学 | 80.89 |
| 120501 | 图书馆学 | 87.05 | 080205 | 工业设计 | 80.89 |
| 070203 | 核物理 | 86.95 | 120701 | 工业工程 | 80.89 |
| 030502 | 中国共产党历史 | 86.86 | 040101 | 教育学 | 80.89 |
| 082505 | 环保设备工程 | 86.46 | 080409 | 粉体材料科学与工程 | 80.87 |
| 083102 | 消防工程 | 86.45 | 030602 | 侦查学 | 80.87 |
| 081602 | 服装设计与工程 | 86.40 | 082202 | 辐射防护与核安全 | 80.86 |
| 081601 | 纺织工程 | 86.37 | 082801 | 建筑学 | 80.86 |
| 080710 | 集成电路设计与集成系统 | 86.14 | 081101 | 水利水电工程 | 80.85 |
| 100703 | 临床药学 | 86.11 | 080301 | 测控技术与仪器 | 80.84 |
| 100901 | 法医学 | 85.83 | 082804 | 历史建筑保护工程 | 80.83 |
| 083103 | 交通管理工程 | 85.79 | 130402 | 绘画 | 80.83 |
| 100205 | 精神医学 | 85.27 | 082803 | 风景园林 | 80.83 |
| 082001 | 航空航天工程 | 85.21 | 070502 | 自然地理与资源环境 | 80.83 |
| 082004 | 飞行器动力工程 | 85.15 | 083101 | 刑事科学技术 | 80.82 |
| 082204 | 核化工与核燃料工程 | 83.36 | 120404 | 土地资源管理 | 80.81 |
| 080411 | 焊接技术与工程 | 82.82 | 082502 | 环境工程 | 80.81 |
| 040206 | 运动康复 | 82.67 | 120901 | 旅游管理 | 80.81 |
| 081806 | 交通设备与控制工程 | 82.20 | 030615 | 警务指挥与战术 | 80.80 |
| 080716 | 应用电子技术教育 | 82.07 | 120204 | 财务管理 | 80.80 |
| 080405 | 金属材料工程 | 82.04 | 080501 | 能源与动力工程 | 80.80 |
| 082302 | 农业机械化及其自动化 | 82.03 | 100201 | 临床医学 | 80.79 |
| 080209 | 机械工艺技术 | 81.88 | 080704 | 微电子科学与工程 | 80.79 |
| 050203 | 德语 | 81.87 | 080701 | 电子信息工程 | 80.79 |
| 081004 | 建筑电气与智能化 | 81.87 | 130403 | 雕塑 | 80.78 |

续表

| 专业代码 | 专业 | 就业质量综合评估值 | 专业代码 | 专业 | 就业质量综合评估值 |
|---|---|---|---|---|---|
| 120403 | 劳动与社会保障 | 81.82 | 050209 | 朝鲜语 | 80.77 |
| 080906 | 数字媒体技术 | 81.81 | 080714 | 电子信息科学与技术 | 80.76 |
| 081102 | 水文与水资源工程 | 81.74 | 100402 | 食品卫生与营养学 | 80.75 |
| 020201 | 财政学 | 81.71 | 090502 | 园林 | 80.75 |
| 101005 | 康复治疗学 | 81.71 | 030604 | 禁毒学 | 80.75 |
| 040207 | 休闲体育 | 81.70 | 082401 | 森林工程 | 80.74 |
| 070501 | 地理科学 | 81.70 | 090102 | 园艺 | 80.74 |
| 120104 | 房地产开发与管理 | 81.69 | 100203 | 医学影像学 | 80.73 |
| 100705 | 药物分析 | 81.68 | 120903 | 会展经济与管理 | 80.72 |
| 030301 | 社会学 | 81.68 | 130507 | 工艺美术 | 80.72 |
| 100403 | 妇幼保健医学 | 81.67 | 120301 | 农林经济管理 | 80.72 |
| 120405 | 城市管理 | 81.65 | 080503 | 新能源科学与工程 | 80.71 |
| 120410 | 健康服务与管理 | 81.62 | 130202 | 音乐学 | 80.71 |
| 100802 | 中药资源与开发 | 81.60 | 120201 | 工商管理 | 80.70 |
| 071101 | 心理学 | 81.60 | 120205 | 国际商务 | 80.70 |
| 081505 | 矿物资源工程 | 81.60 | 082901 | 安全工程 | 80.69 |
| 040107 | 小学教育 | 81.59 | 081402 | 勘查技术与工程 | 80.69 |
| 090301 | 动物科学 | 81.59 | 130401 | 美术学 | 80.68 |
| 100207 | 儿科学 | 81.58 | 100601 | 中西医临床医学 | 80.67 |
| 070201 | 物理学 | 81.57 | 130503 | 环境设计 | 80.67 |
| 080408 | 复合材料与工程 | 81.57 | 130204 | 舞蹈表演 | 80.67 |
| 081702 | 包装工程 | 81.56 | 020101 | 经济学 | 80.67 |
| 071102 | 应用心理学 | 81.56 | 080902 | 软件工程 | 80.66 |
| 080102 | 工程力学 | 81.55 | 081503 | 矿物加工工程 | 80.66 |
| 090201 | 农业资源与环境 | 81.52 | 040103 | 人文教育 | 80.66 |
| 083002 | 生物制药 | 81.51 | 020402 | 贸易经济 | 80.66 |
| 081002 | 建筑环境与能源应用工程 | 81.49 | 050262 | 商务英语 | 80.66 |
| 020202 | 税收学 | 81.48 | 081304 | 能源化学工程 | 80.65 |
| 120902 | 酒店管理 | 81.48 | 080705 | 光电信息科学与工程 | 80.65 |
| 030304 | 女性学 | 81.48 | 120602 | 物流工程 | 80.64 |

续表

| 专业代码 | 专业 | 就业质量综合评估值 | 专业代码 | 专业 | 就业质量综合评估值 |
|---|---|---|---|---|---|
| 070301 | 化学 | 81.46 | 130309 | 播音与主持艺术 | 80.63 |
| 130201 | 音乐表演 | 81.44 | 130501 | 艺术设计学 | 80.63 |
| 130310 | 动画 | 81.43 | 120102 | 信息管理与信息系统 | 80.62 |
| 090107 | 茶学 | 81.42 | 070503 | 人文地理与城乡规划 | 80.62 |
| 130508 | 数字媒体艺术 | 81.42 | 080903 | 网络工程 | 80.61 |
| 101004 | 眼视光学 | 81.41 | 080702 | 电子科学与技术 | 80.61 |
| 080406 | 无机非金属材料工程 | 81.40 | 080901 | 计算机科学与技术 | 80.61 |
| 081302 | 制药工程 | 81.39 | 080801 | 自动化 | 80.60 |
| 081901 | 船舶与海洋工程 | 81.39 | 120203 | 会计学 | 80.59 |
| 080414 | 新能源材料与器件 | 81.39 | 082802 | 城乡规划 | 80.59 |
| 030305 | 家政学 | 81.39 | 080703 | 通信工程 | 80.58 |
| 081802 | 交通工程 | 81.39 | 130404 | 摄影 | 80.58 |
| 090101 | 农学 | 81.38 | 090103 | 植物保护 | 80.56 |
| 040102 | 科学教育 | 81.38 | 120210 | 文化产业管理 | 80.56 |
| 071003 | 生物信息学 | 81.37 | 050103 | 汉语国际教育 | 80.56 |
| 081003 | 给排水科学与工程 | 81.35 | 101003 | 医学影像技术 | 80.55 |
| 060101 | 历史学 | 81.34 | 130504 | 产品设计 | 80.55 |
| 082403 | 林产化工 | 81.33 | 020309 | 互联网金融 | 80.55 |
| 120208 | 资产评估 | 81.33 | 080905 | 物联网工程 | 80.55 |
| 081103 | 港口航道与海岸工程 | 81.33 | 020302 | 金融工程 | 80.54 |
| 130311 | 影视摄影与制作 | 81.32 | 080412 | 功能材料 | 80.54 |
| 081201 | 测绘工程 | 81.32 | 050302 | 广播电视学 | 80.53 |
| 071001 | 生物科学 | 81.31 | 130505 | 服装与服饰设计 | 80.53 |
| 081501 | 采矿工程 | 81.30 | 030101 | 法学 | 80.52 |
| 100801 | 中药学 | 81.29 | 120402 | 行政管理 | 80.51 |
| 120105 | 工程造价 | 81.29 | 080206 | 过程装备与控制工程 | 80.50 |
| 080202 | 机械设计制造及其自动化 | 81.28 | 070102 | 信息与计算科学 | 80.48 |
| 100501 | 中医学 | 81.27 | 130512 | 包装设计 | 80.48 |
| 100701 | 药学 | 81.27 | 020401 | 国际经济与贸易 | 80.48 |
| 070101 | 数学与应用数学 | 81.26 | 050307 | 数字出版 | 80.47 |

续表

| 专业代码 | 专业 | 就业质量综合评估值 | 专业代码 | 专业 | 就业质量综合评估值 |
|---|---|---|---|---|---|
| 070302 | 应用化学 | 81. 25 | 100100 | 基础医学 | 80. 47 |
| 120302 | 农村区域发展 | 81. 25 | 101102 | 助产学 | 80. 47 |
| 030302 | 社会工作 | 81. 23 | 090203 | 水土保持与荒漠化防治 | 80. 47 |
| 040205 | 运动人体科学 | 81. 23 | 080904 | 信息安全 | 80. 45 |
| 080204 | 机械电子工程 | 81. 23 | 101101 | 护理学 | 80. 44 |
| 080203 | 材料成型及控制工程 | 81. 23 | 081703 | 印刷工程 | 80. 44 |
| 101007 | 卫生检验与检疫 | 81. 22 | 050207 | 日语 | 80. 44 |
| 081005 | 城市地下空间工程 | 81. 22 | 080213 | 智能制造工程 | 80. 42 |
| 080403 | 材料化学 | 81. 21 | 040202 | 运动训练 | 80. 42 |
| 030503 | 思想政治教育 | 81. 21 | 070202 | 应用物理学 | 80. 41 |
| 120207 | 审计学 | 81. 21 | 030201 | 政治学与行政学 | 80. 41 |
| 080402 | 材料物理 | 81. 20 | 120802 | 电子商务及法律 | 80. 40 |
| 040106 | 学前教育 | 81. 20 | 080711 | 医学信息工程 | 80. 40 |
| 081006 | 道路桥梁与渡河工程 | 81. 20 | 100702 | 药物制剂 | 80. 39 |
| 080208 | 汽车服务工程 | 81. 19 | 082702 | 食品质量与安全 | 80. 38 |
| 120801 | 电子商务 | 81. 19 | 080910 | 数据科学与大数据技术 | 80. 38 |
| 081701 | 轻化工程 | 81. 19 | 071202 | 应用统计学 | 80. 35 |
| 071002 | 生物技术 | 81. 19 | 020301 | 金融学 | 80. 35 |
| 070801 | 地球物理学 | 81. 18 | 020304 | 投资学 | 80. 35 |
| 120601 | 物流管理 | 81. 17 | 100202 | 麻醉学 | 80. 31 |
| 130509 | 艺术与科技 | 81. 17 | 080706 | 信息工程 | 80. 29 |
| 081001 | 土木工程 | 81. 16 | 090105 | 种子科学与工程 | 80. 29 |
| 040104 | 教育技术学 | 81. 16 | 120209 | 物业管理 | 80. 25 |
| 080404 | 冶金工程 | 81. 15 | 080907 | 智能科学与技术 | 80. 24 |
| 083001 | 生物工程 | 81. 15 | 100401 | 预防医学 | 80. 22 |
| 040201 | 体育教育 | 81. 15 | 080803 | 机器人工程 | 80. 21 |
| 050101 | 汉语言文学 | 81. 15 | 130405 | 书法学 | 80. 21 |
| 050201 | 英语 | 81. 14 | 070504 | 地理信息科学 | 80. 20 |
| 080802 | 轨道交通信号与控制 | 81. 14 | 040204 | 武术与民族传统体育 | 80. 20 |
| 082504 | 环境生态工程 | 81. 13 | 090601 | 水产养殖学 | 80. 19 |
| 050303 | 广告学 | 81. 13 | 130301 | 表演 | 80. 18 |

续表

| 专业代码 | 专业 | 就业质量综合评估值 | 专业代码 | 专业 | 就业质量综合评估值 |
|---|---|---|---|---|---|
| 050107 | 秘书学 | 81.13 | 082703 | 粮食工程 | 80.12 |
| 050204 | 法语 | 81.12 | 081801 | 交通运输 | 80.09 |
| 100502 | 针灸推拿学 | 81.10 | 071012 | 生态学 | 80.08 |
| 050261 | 翻译 | 81.10 | 120503 | 档案学 | 80.06 |
| 101001 | 医学检验技术 | 81.09 | 020102 | 经济统计学 | 80.05 |
| 120103 | 工程管理 | 81.08 | 082201 | 核工程与核技术 | 80.04 |
| 082701 | 食品科学与工程 | 81.08 | 120101 | 管理科学 | 80.03 |
| 130205 | 舞蹈学 | 81.08 | 020303 | 保险学 | 80.01 |
| 081202 | 遥感科学与技术 | 81.08 | 090402 | 动物药学 | 79.92 |
| 050301 | 新闻学 | 81.08 | 030104 | 信用风险管理与法律防控 | 79.91 |
| 040203 | 社会体育指导与管理 | 81.06 | 090603 | 水族科学与技术 | 79.91 |
| 120206 | 人力资源管理 | 81.04 | 077700 | 生物医学工程 | 79.88 |
| 080207 | 车辆工程 | 81.04 | 010101 | 哲学 | 79.87 |
| 050202 | 俄语 | 81.02 | 090108 | 烟草 | 79.87 |
| 130206 | 舞蹈编导 | 81.01 | 040108 | 特殊教育 | 79.84 |
| 020305 | 金融数学 | 81.00 | 130304 | 戏剧影视文学 | 79.84 |
| 083108 | 网络安全与执法 | 81.00 | 030102 | 知识产权 | 79.80 |
| 050306 | 网络与新媒体 | 80.99 | 130510 | 陶瓷艺术设计 | 79.78 |
| 081301 | 化学工程与工艺 | 80.98 | 071400 | 统计学 | 79.78 |
| 120202 | 市场营销 | 80.98 | 070303 | 化学生物学 | 79.76 |
| 082402 | 木材科学与工程 | 80.97 | 090503 | 森林保护 | 79.76 |
| 080401 | 材料科学与工程 | 80.97 | 081403 | 资源勘查工程 | 79.66 |
| 030601 | 治安学 | 80.97 | 020105 | 商务经济学 | 79.58 |
| 100301 | 口腔医学 | 80.96 | 081401 | 地质工程 | 79.55 |
| 130305 | 广播电视编导 | 80.96 | 050305 | 编辑出版学 | 79.37 |
| 120401 | 公共事业管理 | 80.96 | 080717 | 人工智能 | 79.33 |
| 080200 | 机械工程 | 80.95 | 050205 | 西班牙语 | 79.07 |
| 080407 | 高分子材料与工程 | 80.94 | 090403 | 动植物检疫 | 79.03 |
| 080601 | 电气工程及其自动化 | 80.93 | 081007 | 铁道工程 | 78.85 |
| 130502 | 视觉传达设计 | 80.92 | 082103 | 探测制导与控制技术 | 78.58 |
| 090501 | 林学 | 80.91 | | | |

（3）毕业研究生

毕业研究生各专业评估结果显示，就业质量综合评估值在 87%以上的专业有 12 个，分别是冶金环境工程、工业催化、材料冶金、构造地质学、纺织工程、艺术学、计算数学、中医药膳学、法学理论、生殖医学、日语语言文学、方剂学；就业质量综合评估值在 79%以下的是园艺产品采后科学与技术、航空宇航科学与技术、动物遗传育种与繁殖、地理学、全科医学。如表 5-26 所示。

**表 5-26　2023 届普通高校毕业研究生分专业就业质量评估结果（单位:%）**

| 专业代码 | 专业 | 就业质量综合评估值 | 专业代码 | 专业 | 就业质量综合评估值 |
|---|---|---|---|---|---|
| 0806Z1 | 冶金环境工程 | 87.36 | 080200 | 机械工程 | 81.15 |
| 081705 | 工业催化 | 87.36 | 090900 | 草学 | 81.13 |
| 0806Z3 | 材料冶金 | 87.36 | 081100 | 控制科学与工程 | 81.12 |
| 070904 | 构造地质学 | 87.36 | 105702 | 中医外科学 | 81.12 |
| 081601 | 纺织工程 | 87.36 | 090100 | 作物学 | 81.11 |
| 130101 | 艺术学 | 87.36 | 025200 | 应用统计 | 81.11 |
| 070102 | 计算数学 | 87.36 | 120100 | 管理科学与工程 | 81.11 |
| 1005Z3 | 中医药膳学 | 87.33 | 085206 | 动力工程 | 81.10 |
| 030101 | 法学理论 | 87.13 | 100201 | 临床医学 | 81.10 |
| 1001Z2 | 生殖医学 | 87.13 | 045103 | 学科教学（语文） | 81.10 |
| 050205 | 日语语言文学 | 87.09 | 045200 | 体育 | 81.10 |
| 100504 | 方剂学 | 87.08 | 085500 | 机械 | 81.08 |
| 130100 | 艺术学理论 | 86.94 | 080401 | 材料科学与工程 | 81.07 |
| 100503 | 中医医史文献 | 86.90 | 045110 | 学科教学（地理） | 81.07 |
| 020205 | 产业经济学 | 86.89 | 095138 | 农村发展 | 81.06 |
| 040108 | 职业技术教育学 | 86.88 | 045108 | 学科教学（英语） | 81.06 |
| 100704 | 药物分析学 | 86.83 | 045101 | 教育管理 | 81.06 |
| 045204 | 社会体育指导 | 86.80 | 030103 | 宪法学与行政法学 | 81.05 |
| 050203 | 法语语言文学 | 86.77 | 080800 | 电气工程 | 81.05 |
| 040104 | 比较教育学 | 86.71 | 081801 | 交通运输 | 81.04 |
| 100501 | 中医基础理论 | 86.71 | 085800 | 能源动力 | 81.04 |
| 030102 | 法律史 | 86.71 | 065100 | 文物与博物馆 | 81.03 |
| 100901 | 法医学 | 86.67 | 082502 | 环境工程 | 81.03 |
| 081401 | 岩土工程 | 86.67 | 100104 | 病理学与病理生理学 | 81.00 |

续表

| 专业代码 | 专业 | 就业质量综合评估值 | 专业代码 | 专业 | 就业质量综合评估值 |
|---|---|---|---|---|---|
| 100702 | 药剂学 | 86.63 | 081702 | 包装工程 | 81.00 |
| 100505 | 中医诊断学 | 86.63 | 040101 | 教育学 | 81.00 |
| 030109 | 国际法学 | 86.59 | 045104 | 学科教学（数学） | 81.00 |
| 010101 | 马克思主义哲学 | 86.58 | 120203 | 会计学 | 80.99 |
| 100502 | 中医临床基础 | 86.56 | 080902 | 软件工程 | 80.99 |
| 1002Z6 | 临床蛋白质组学与结构生物学 | 86.54 | 030503 | 思想政治教育 | 80.98 |
| 030105 | 民商法学 | 86.54 | 055200 | 新闻与传播 | 80.97 |
| 0710Z3 | 生物数学 | 86.54 | 070301 | 化学 | 80.97 |
| 100202 | 麻醉学 | 86.54 | 030200 | 政治学 | 80.97 |
| 085208 | 电子与通信工程 | 86.52 | 045114 | 现代教育技术 | 80.95 |
| 080414 | 新能源材料与器件 | 86.51 | 085210 | 控制工程 | 80.95 |
| 040106 | 高等教育学 | 86.51 | 105117 | 急诊医学 | 80.94 |
| 0713Z6 | 生态环境与城乡规划 | 86.46 | 100201 | 内科学 | 80.93 |
| 083900 | 网络空间安全 | 86.46 | 135105 | 广播电视 | 80.92 |
| 105115 | 运动医学 | 86.41 | 045120 | 职业技术教育 | 80.91 |
| 105705 | 中医儿科学 | 86.38 | 025100 | 金融 | 80.91 |
| 100701 | 药物化学 | 86.36 | 050261 | 翻译 | 80.90 |
| 070205 | 凝聚态物理 | 86.34 | 020100 | 理论经济学 | 80.90 |
| 040101 | 教育学原理 | 86.33 | 071012 | 生态学 | 80.89 |
| 080603 | 有色金属冶金 | 86.31 | 050211 | 外国语言学及应用语言学 | 80.89 |
| 020206 | 国际贸易学 | 86.31 | 070501 | 自然地理学 | 80.87 |
| 100900 | 特种医学 | 86.31 | 090201 | 农业资源与环境 | 80.86 |
| 085504 | 航天工程 | 86.31 | 030108 | 环境与资源保护法学 | 80.86 |
| 020201 | 财政学 | 86.31 | 040303 | 体育教育训练学 | 80.86 |
| 080602 | 钢铁冶金 | 86.30 | 082801 | 建筑学 | 80.86 |
| 030104 | 刑法学 | 86.29 | 030506 | 中国近现代史基本问题研究 | 80.84 |
| 090800 | 水产 | 86.28 | 070302 | 应用化学 | 80.83 |
| 085213 | 建筑与土木工程 | 86.27 | 085806 | 航天动力工程 | 80.83 |
| 080501 | 材料物理与化学 | 86.25 | 085700 | 资源与环境 | 80.83 |
| 020202 | 区域经济学 | 86.23 | 090501 | 林学 | 80.82 |

续表

| 专业代码 | 专业 | 就业质量综合评估值 | 专业代码 | 专业 | 就业质量综合评估值 |
|---|---|---|---|---|---|
| 090102 | 作物遗传育种 | 86.22 | 040205 | 运动人体科学 | 80.80 |
| 086003 | 食品工程 | 86.22 | 071007 | 遗传学 | 80.79 |
| 030202 | 中外政治制度 | 86.21 | 120202 | 企业管理 | 80.79 |
| 030201 | 政治学理论 | 86.21 | 045106 | 学科教学（化学） | 80.78 |
| 1005Z2 | 中医亚健康学 | 86.19 | 082802 | 农业水土工程 | 80.77 |
| 120204 | 技术经济及管理 | 86.19 | 0713Z3 | 农业生态学 | 80.77 |
| 1002Z2 | 重症医学 | 86.17 | 100100 | 基础医学 | 80.77 |
| 085274 | 能源与环保 | 86.16 | 071001 | 植物学 | 80.77 |
| 070400 | 天文学 | 86.14 | 081700 | 化学工程与技术 | 80.77 |
| 1006Z3 | 中西医结合影像医学 | 86.12 | 120301 | 农业经济管理 | 80.75 |
| 080601 | 冶金物理化学 | 86.08 | 620201 | 护理 | 80.75 |
| 081005 | 城市地下空间工程 | 86.08 | 050102 | 语言学及应用语言学 | 80.74 |
| 020104 | 西方经济学 | 86.07 | 071008 | 发育生物学 | 80.74 |
| 040202 | 运动训练 | 86.05 | 105704 | 中医妇科学 | 80.74 |
| 095134 | 渔业发展 | 86.05 | 105111 | 眼科学 | 80.73 |
| 085216 | 化学工程 | 86.04 | 030101 | 法学 | 80.73 |
| 071102 | 应用心理学 | 85.94 | 040107 | 小学教育 | 80.73 |
| 040103 | 教育史 | 85.94 | 120205 | 国际商务 | 80.73 |
| 080503 | 材料加工工程 | 85.94 | 030501 | 马克思主义基本原理 | 80.72 |
| 071100 | 系统科学 | 85.93 | 083000 | 环境科学与工程 | 80.72 |
| 030403 | 中国少数民族经济 | 85.93 | 055102 | 英语口译 | 80.71 |
| 095200 | 兽医 | 85.93 | 035102 | 法律（法学） | 80.71 |
| 0814Z3 | 土木建筑与规划设计 | 85.93 | 095132 | 资源利用与植物保护 | 80.71 |
| 040201 | 基础心理学 | 85.93 | 081401 | 地质工程 | 80.70 |
| 1006Z5 | 中西医结合检验医学 | 85.93 | 025300 | 税务 | 80.70 |
| 085272 | 先进制造 | 85.92 | 120301 | 农林经济管理 | 80.69 |
| 095109 | 农业机械化 | 85.92 | 085228 | 林业工程 | 80.69 |
| 1001Z1 | 干细胞与再生医学 | 85.92 | 020301 | 金融学 | 80.67 |
| 0713J3 | 林业生态经济与管理 | 85.92 | 095136 | 农业工程与信息技术 | 80.67 |
| 082901 | 安全工程 | 85.91 | 135108 | 艺术设计 | 80.67 |

续表

| 专业代码 | 专业 | 就业质量综合评估值 | 专业代码 | 专业 | 就业质量综合评估值 |
|---|---|---|---|---|---|
| 040304 | 民族传统体育学 | 85. 88 | 085412 | 网络与信息安全 | 80. 67 |
| 040104 | 教育技术学 | 85. 87 | 035101 | 法律（非法学） | 80. 66 |
| 105128 | 临床病理学 | 85. 83 | 100401 | 流行病与卫生统计学 | 80. 65 |
| 030204 | 中共党史 | 85. 80 | 045102 | 学科教学（思政） | 80. 64 |
| 080101 | 一般力学与力学基础 | 85. 78 | 081600 | 测绘科学与技术 | 80. 62 |
| 020105 | 世界经济 | 85. 78 | 071009 | 细胞生物学 | 80. 62 |
| 1005Z6 | 临床中药学 | 85. 78 | 086000 | 生物与医药 | 80. 62 |
| 082302 | 交通信息工程及控制 | 85. 78 | 085601 | 材料工程 | 80. 61 |
| 020106 | 人口、资源与环境经济学 | 85. 78 | 135100 | 艺术 | 80. 61 |
| 0301Z1 | 体育管理与体育法制 | 85. 78 | 085400 | 电子信息 | 80. 60 |
| 105710 | 全科医学(中医,不授博士学位) | 85. 78 | 025500 | 保险 | 80. 59 |
| 082801 | 农业机械化工程 | 85. 78 | 1202Z1 | 饭店管理 | 80. 59 |
| 0901Z3 | 农业科技服务与管理 | 85. 78 | 025700 | 审计 | 80. 58 |
| 095111 | 农业科技组织与服务 | 85. 78 | 050300 | 新闻传播学 | 80. 56 |
| 0905Z1 | 动物生产与畜牧工程 | 85. 78 | 090500 | 畜牧学 | 80. 56 |
| 090502 | 动物营养与饲料科学 | 85. 78 | 080717 | 人工智能 | 80. 56 |
| 1004J5 | 医药信息管理 | 85. 78 | 030500 | 马克思主义理论 | 80. 55 |
| 1002Z1 | 口腔整形美容学 | 85. 78 | 055101 | 英语笔译 | 80. 53 |
| 0101Z1 | 审美文化学 | 85. 78 | 100703 | 临床药学 | 80. 52 |
| 047100 | 教育经济与管理 | 85. 78 | 100701 | 药学 | 80. 52 |
| 0907Z2 | 森林游憩与公园管理 | 85. 78 | 120210 | 文化产业管理 | 80. 52 |
| 090704 | 森林经理学 | 85. 78 | 0872J1 | 人居环境设计学 | 80. 52 |
| 081104 | 模式识别与智能系统 | 85. 78 | 120402 | 行政管理 | 80. 51 |
| 090203 | 水土保持与荒漠化防治 | 85. 78 | 080702 | 电子科学与技术 | 80. 51 |
| 0713Z7 | 生态旅游学 | 85. 78 | 081900 | 矿业工程 | 80. 51 |
| 0905Z2 | 畜产品加工与营养工程 | 85. 78 | 080901 | 计算机科学与技术 | 80. 50 |
| 070901 | 矿物学、岩石学、矿床学 | 85. 78 | 135101 | 音乐 | 80. 50 |
| 030203 | 科学社会主义与国际共产主义运动 | 85. 78 | 100205 | 精神病与精神卫生学 | 80. 49 |
| 020103 | 经济史 | 85. 78 | 083400 | 风景园林学 | 80. 49 |
| 082502 | 航空宇航推进理论与工程 | 85. 78 | 120402 | 社会医学与卫生事业管理 | 80. 48 |

续表

| 专业代码 | 专业 | 就业质量综合评估值 | 专业代码 | 专业 | 就业质量综合评估值 |
|---|---|---|---|---|---|
| 090107 | 茶学 | 85.78 | 080803 | 机器人工程 | 80.47 |
| 0902Z1 | 药用植物资源工程 | 85.78 | 070100 | 数学 | 80.47 |
| 100403 | 营养与食品卫生学 | 85.78 | 105300 | 公共卫生 | 80.46 |
| 090202 | 蔬菜学 | 85.78 | 020200 | 应用经济学 | 80.46 |
| 0902Z2 | 观赏园艺 | 85.78 | 135106 | 舞蹈 | 80.45 |
| 030106 | 诉讼法学 | 85.78 | 100207 | 儿科学 | 80.45 |
| 082304 | 载运工具运用工程 | 85.78 | 081000 | 信息与通信工程 | 80.44 |
| 081501 | 采矿工程 | 85.78 | 0713Z5 | 生态经济与管理 | 80.43 |
| 083102 | 消防工程 | 85.77 | 090200 | 园艺学 | 80.43 |
| 0501Z4 | 文化传播学 | 85.74 | 050204 | 德语语言文学 | 80.43 |
| 081802 | 地球探测与信息技术 | 85.71 | 050103 | 汉语言文字学 | 80.43 |
| 083001 | 生物工程 | 85.71 | 077700 | 生物医学工程 | 80.42 |
| 010108 | 科学技术哲学 | 85.66 | 060200 | 中国史 | 80.42 |
| 080300 | 光学工程 | 85.62 | 101101 | 护理学 | 80.40 |
| 071006 | 神经生物学 | 85.61 | 070502 | 人文地理学 | 80.39 |
| 040105 | 学前教育学 | 85.57 | 100215 | 康复医学与理疗学 | 80.39 |
| 1005Z8 | 中医管理学 | 85.42 | 095135 | 食品加工与安全 | 80.38 |
| 1005Z4 | 中医药信息学 | 85.42 | 082700 | 核科学与技术 | 80.37 |
| 1002Z4 | 临床心理学 | 85.42 | 120500 | 图书情报与档案管理 | 80.37 |
| 020201 | 国民经济学 | 85.42 | 0501Z2 | 文化传播与文化产业学 | 80.37 |
| 0903Z2 | 土地资源学 | 85.42 | 100103 | 病原生物学 | 80.36 |
| 120701 | 工业工程 | 85.42 | 082301 | 道路与铁道工程 | 80.36 |
| 070303 | 有机化学 | 85.42 | 100207 | 影像医学与核医学 | 80.34 |
| 090201 | 果树学 | 85.42 | 100601 | 中西医结合基础 | 80.32 |
| 0710Z2 | 烟草生物科学与工程技术 | 85.42 | 045117 | 科学与技术教育 | 80.32 |
| 080902 | 电路与系统 | 85.42 | 130300 | 戏剧与影视学 | 80.32 |
| 120404 | 社会保障 | 85.42 | 045111 | 学科教学（音乐） | 80.32 |
| 0814Z1 | 绿色包装与低碳管理 | 85.42 | 050201 | 英语语言文学 | 80.31 |
| 010106 | 美学 | 85.42 | 045105 | 学科教学（物理） | 80.30 |
| 086101 | 轨道交通运输 | 85.42 | 083300 | 城乡规划学 | 80.28 |

续表

| 专业代码 | 专业 | 就业质量综合评估值 | 专业代码 | 专业 | 就业质量综合评估值 |
|---|---|---|---|---|---|
| 1204Z2 | 公共信息资源管理 | 85.15 | 010101 | 哲学 | 80.27 |
| 120404 | 土地资源管理 | 85.15 | 050200 | 外国语言文学 | 80.26 |
| 090601 | 基础兽医学 | 85.15 | 085401 | 新一代电子信息技术(含量子技术) | 80.25 |
| 1002Z5 | 临床遗传学 | 84.91 | 040102 | 课程与教学论 | 80.25 |
| 080203 | 机械设计及理论 | 84.91 | 080400 | 仪器科学与技术 | 80.24 |
| 081503 | 矿物加工工程 | 84.91 | 050100 | 中国语言文学 | 80.23 |
| 100502 | 针灸推拿学 | 82.89 | 095400 | 林业 | 80.23 |
| 040301 | 体育人文社会学 | 82.88 | 085507 | 工业设计工程 | 80.21 |
| 105112 | 耳鼻咽喉科学 | 82.45 | 030400 | 民族学 | 80.21 |
| 045100 | 教育 | 82.39 | 030302 | 社会工作 | 80.18 |
| 080404 | 冶金工程 | 82.21 | 081201 | 测绘工程 | 80.17 |
| 100801 | 中药学 | 82.10 | 050101 | 文艺学 | 80.17 |
| 055300 | 出版 | 82.10 | 045109 | 学科教学（历史） | 80.16 |
| 071003 | 生理学 | 82.07 | 095137 | 农业管理 | 80.15 |
| 100208 | 临床检验诊断学 | 82.06 | 0304Z3 | 民族法学 | 80.14 |
| 100706 | 药理学 | 82.05 | 100511 | 中医五官科学 | 80.14 |
| 050103 | 汉语国际教育 | 82.00 | 010105 | 伦理学 | 80.11 |
| 081800 | 地质资源与地质工程 | 81.98 | 130500 | 设计学 | 80.10 |
| 085300 | 城市规划 | 81.88 | 050106 | 中国现当代文学 | 80.09 |
| 030107 | 经济法学 | 81.88 | 095131 | 农艺与种业 | 80.08 |
| 100102 | 免疫学 | 81.83 | 090103 | 植物保护 | 80.08 |
| 045107 | 学科教学（生物） | 81.81 | 100400 | 公共卫生与预防医学 | 80.08 |
| 080100 | 力学 | 81.80 | 071400 | 统计学 | 80.07 |
| 095110 | 农村与区域发展 | 81.75 | 095133 | 畜牧 | 80.07 |
| 030301 | 社会学 | 81.74 | 040108 | 特殊教育 | 80.05 |
| 045113 | 学科教学（美术） | 81.67 | 0501Z1 | 写作学 | 80.05 |
| 135104 | 电影 | 81.62 | 1005Z1 | 中医肿瘤学 | 80.00 |
| 040300 | 体育学 | 81.58 | 010102 | 中国哲学 | 80.00 |
| 120103 | 工程管理 | 81.56 | 1006Z2 | 中西医结合精神病学 | 80.00 |
| 550201 | 水利工程 | 81.55 | 070302 | 分析化学 | 80.00 |

续表

| 专业代码 | 专业 | 就业质量综合评估值 | 专业代码 | 专业 | 就业质量综合评估值 |
|---|---|---|---|---|---|
| 105703 | 中医骨伤科学 | 81.55 | 010103 | 外国哲学 | 80.00 |
| 081001 | 通信与信息系统 | 81.54 | 070600 | 大气科学 | 80.00 |
| 083700 | 安全科学与工程 | 81.49 | 080102 | 工程力学 | 80.00 |
| 085905 | 市政工程（含给排水等） | 81.46 | 070700 | 海洋科学 | 80.00 |
| 071010 | 生物化学与分子生物学 | 81.43 | 100301 | 口腔医学 | 79.99 |
| 0903Z1 | 农业环境保护 | 81.43 | 125500 | 图书情报 | 79.97 |
| 071005 | 微生物学 | 81.42 | 1007Z1 | 医药经济与管理 | 79.95 |
| 045116 | 心理健康教育 | 81.40 | 081501 | 水文学及水资源 | 79.95 |
| 1006Z4 | 中西医结合康复医学 | 81.39 | 130200 | 音乐与舞蹈学 | 79.91 |
| 071000 | 生物学 | 81.39 | 105104 | 神经病学 | 79.91 |
| 081404 | 供热、供燃气、通风及空调工程 | 81.39 | 135107 | 美术 | 79.85 |
| 085402 | 通信工程(含宽带网络、移动通信) | 81.37 | 030304 | 民俗学 | 79.83 |
| 081101 | 控制理论与控制工程 | 81.33 | 050104 | 中国古典文献学 | 79.83 |
| 120201 | 工商管理 | 81.33 | 100600 | 中西医结合 | 79.82 |
| 125604 | 物流工程与管理 | 81.32 | 045171 | 学校课程与教学 | 79.78 |
| 080700 | 动力工程及工程热物理 | 81.32 | 071002 | 动物学 | 79.77 |
| 105113 | 肿瘤学 | 81.31 | 085408 | 光电信息工程 | 79.76 |
| 080502 | 材料学 | 81.29 | 100203 | 老年医学 | 79.74 |
| 082800 | 农业工程 | 81.29 | 120503 | 档案学 | 79.74 |
| 085404 | 计算机技术 | 81.28 | 0705J2 | 旅游地理学 | 79.68 |
| 100602 | 中西医结合临床 | 81.28 | 070503 | 地图学与地理信息系统 | 79.64 |
| 100101 | 人体解剖与组织胚胎学 | 81.26 | 050105 | 中国古代文学 | 79.61 |
| 045201 | 体育教学 | 81.26 | 020209 | 数量经济学 | 79.52 |
| 105106 | 皮肤病与性病学 | 81.25 | 0713Z2 | 教育生态学 | 79.48 |
| 090600 | 兽医学 | 81.23 | 070900 | 地质学 | 79.44 |
| 100211 | 妇产科学 | 81.22 | 060300 | 世界史 | 79.44 |
| 030503 | 马克思主义中国化研究 | 81.22 | 045400 | 应用心理 | 79.41 |
| 630302 | 会计 | 81.22 | 130401 | 美术学 | 79.39 |
| 085503 | 航空工程 | 81.21 | 0101J2 | 人类文化遗产学 | 79.34 |
| 082300 | 交通运输工程 | 81.21 | 097203 | 农产品加工及贮藏工程 | 79.33 |

续表

| 专业代码 | 专业 | 就业质量综合评估值 | 专业代码 | 专业 | 就业质量综合评估值 |
|---|---|---|---|---|---|
| 100210 | 外科学 | 81. 20 | 040106 | 学前教育 | 79. 31 |
| 085403 | 集成电路工程 | 81. 20 | 020101 | 政治经济学 | 79. 18 |
| 085900 | 土木水利 | 81. 18 | 071101 | 心理学 | 79. 08 |
| 120901 | 旅游管理 | 81. 18 | 050108 | 比较文学与世界文学 | 79. 01 |
| 120400 | 公共管理 | 81. 17 | 0902Z3 | 园艺产品采后科学与技术 | 78. 81 |
| 070201 | 物理学 | 81. 17 | 082500 | 航空宇航科学与技术 | 78. 69 |
| 082803 | 风景园林 | 81. 16 | 090501 | 动物遗传育种与繁殖 | 78. 62 |
| 105701 | 中医内科学 | 81. 15 | 070500 | 地理学 | 78. 30 |
| 081001 | 土木工程 | 81. 15 | 105127 | 全科医学 | 77. 75 |
| 082701 | 食品科学与工程 | 81. 15 | | | |
| 085600 | 材料与化工 | 81. 15 | | | |

# 第6章

# 湖南省普通高校2023届毕业生对教育教学评价

## 6.1 对母校人才培养综合满意度

调研数据显示，2023届普通高校毕业生对母校人才培养综合满意度为87.47%，其中"非常满意"占比为13.82%，"满意"占比为40.60%，"比较满意"占比为33.05%。各学历层次毕业生对母校人才培养综合满意度均达到86.00%以上；满意度最高的是博士毕业生，达97.35%。如图6-1所示。

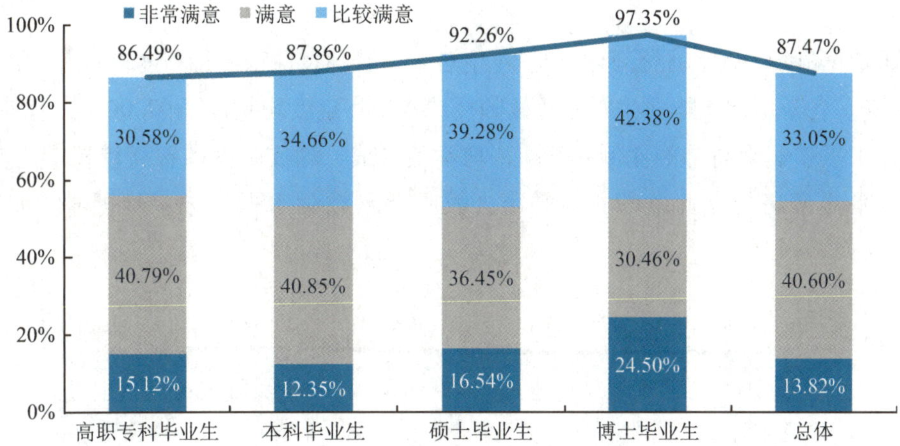


**图6-1 湖南省普通高校2023届毕业生对母校人才培养综合满意度**

## 6.2 对教师的教学评价

### 6.2.1 教师素养满意度

调研数据显示，2023届普通高校毕业生对母校教师素养满意度为97.20%，其中"非常满意”占比为45.35%，“满意”占比为15.28%，“比较满意”占比为36.57%。如图6-2所示。从学历层次上看，各学历层次毕业生对母校教师素养满意度均达到97.00%以上；其中博士毕业生对母校教师素养表示“非常满意”的最高，达56.99%。如图6-2所示。

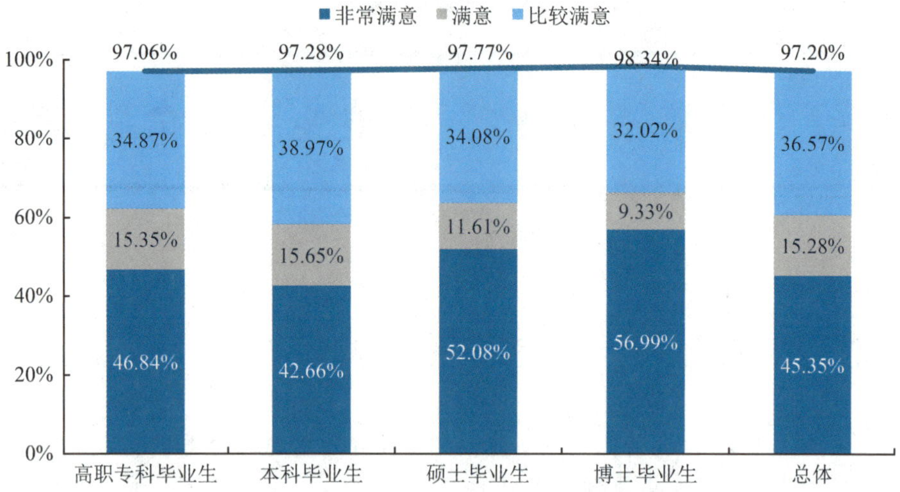


**图6-2　湖南省普通高校2023届毕业生对母校教师素养满意度**

## 6.2.2　专业教师普遍授课水平

调研数据显示，2023届普通高校毕业生对专业教师授课水平持高度肯定态度，肯定度为98.01%。各学历层次毕业生对专业教师授课水平肯定度均超过了97.00%，但表示专业教师授课水平“非常高”的比例并不高，均不足二成，这反映湖南省高校教学能力较强，但教学水平非常高的专业教师相对缺乏，教师课堂教学水平需进一步提升。如图6-3所示。

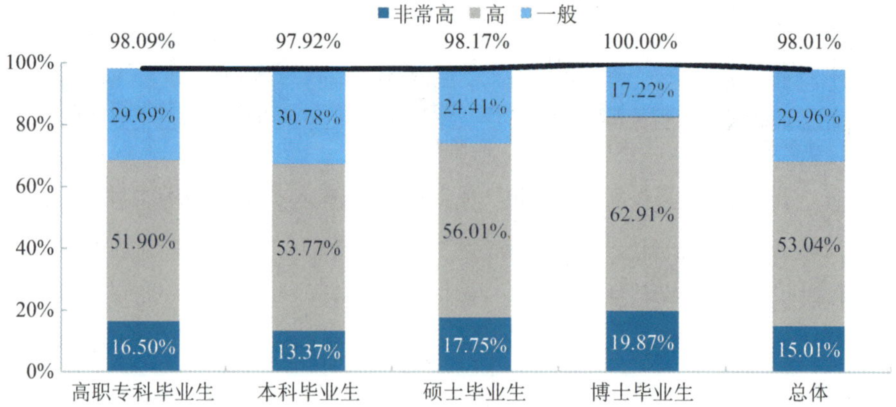


**图6-3　湖南省普通高校2023届毕业生对专业教师普遍授课水平肯定度**

### 6.2.3　教学改进建议

调研数据显示，2023 届普通高校毕业生希望母校在教学上重点加强的方面中，“实践教学”“专业课的内容及安排”“教学方法和手段”三个方面所占比例均超过了 30.00%。如图 6-4 所示。其中，本科毕业生希望加强“专业课的内容和安排”的比例明显高于其他学历层次毕业生，达 40.10%；硕士毕业生建议母校加强“实践教学”的比例明显高于其他学历，达 52.09%；博士毕业生希望加强“考核方法与教学评价”的比例明显高于其他学历，达 23.18%。如表 6-1 所示。

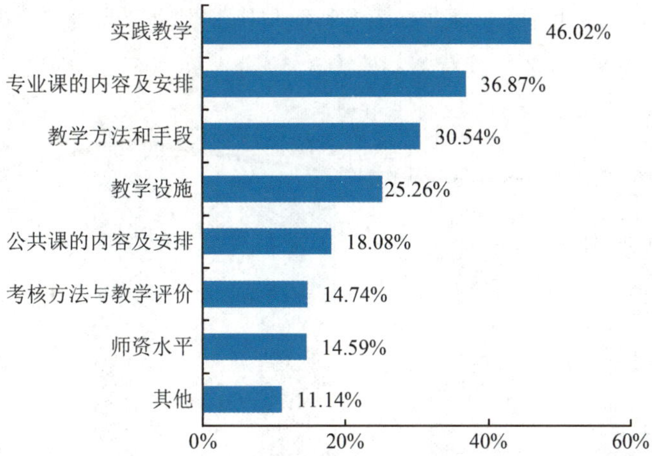


**图 6-4　湖南省普通高校 2023 届毕业生建议母校在教学中应重点加强方面（多选题）**

**表 6-1　湖南省普通高校 2023 届毕业生分学历层次建议母校在教学中应重点加强方面（多选题）（单位:%）**

| 教学中应重点加强方面 | 高职专科毕业生 | 本科毕业生 | 硕士毕业生 | 博士毕业生 |
| --- | --- | --- | --- | --- |
| 实践教学 | 43. 25 | 47. 93 | 52. 09 | 45. 70 |
| 专业课的内容及安排 | 33. 34 | 40. 10 | 36. 74 | 31. 13 |
| 教学方法和手段 | 28. 27 | 32. 36 | 32. 87 | 33. 77 |
| 教学设施 | 25. 72 | 25. 17 | 22. 13 | 18. 54 |
| 公共课的内容及安排 | 17. 91 | 18. 71 | 13. 51 | 8. 61 |
| 考核方法与教学评价 | 13. 55 | 15. 58 | 17. 03 | 23. 18 |
| 师资水平 | 13. 16 | 15. 90 | 14. 38 | 13. 25 |
| 其他 | 15. 62 | 7. 52 | 6. 74 | 7. 28 |

## 6.3 课程设置评价

### 6.3.1 专业设置与课程安排合理性

调研数据显示，2023 届普通高校毕业生对高校专业设置与课程安排的合理性整体满意度达 85.69%。分学历来看，本科毕业生对专业设置与课程安排合理性的满意度评价最低，为 84.12%；博士毕业生对专业设置与课程安排合理性的满意度评价最高，为 96.03%。如图 6-5 所示。从不同类别院校来看，高职专科院校毕业生对专业设置与课程安排合理性的满意度评价最高，为 87.13%，满意度均值为 3.59 分。如表 6-2 所示。

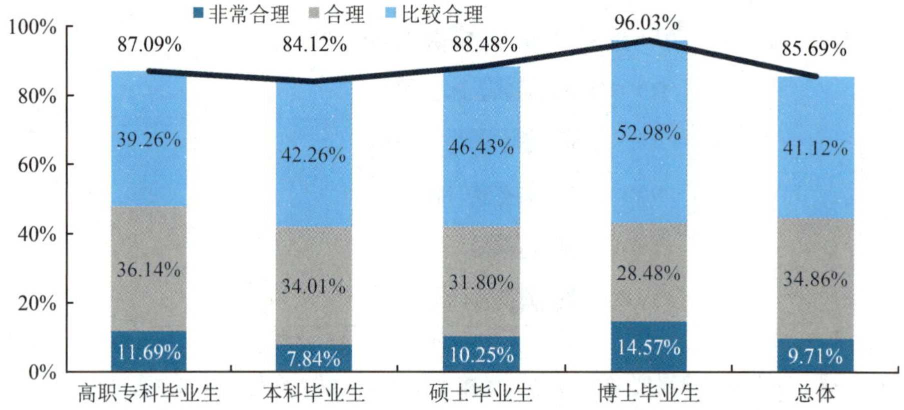


**图 6-5 湖南省普通高校 2023 届毕业生对专业设置与课程安排合理性的满意度**

**表 6-2 2023 届不同类别院校毕业生对专业课程设置合理性的满意度**

| 院校类型 | 学校的专业设置与课程安排的合理性（%） | 均值（5 分制） |
|---|---|---|
| “双一流”建设高校 | 86.87 | 3.66 |
| 一本院校 | 83.98 | 3.56 |
| 二本院校 | 85.10 | 3.54 |
| 三本院校 | 84.08 | 3.52 |
| 职业本科院校 | 83.47 | 3.44 |
| 高职专科院校 | 87.13 | 3.59 |
| 总体 | 85.69 | 3.57 |

### 6.3.2 课程设置改进建议

2023 届普通高校毕业生通过 9 个方面的选择，对母校课程设置提出改进建议。从选择占比来看，建议加强“专业课内容的实用性”占比最高，达 46. 94%；其次先后为“实践课程安排次数”“专业课程与时俱进”“专业课开设的先后顺序”，占比分别为 31. 75%、27. 83%、19. 55%。如图 6-6 所示。不同学历层次毕业生建议加强的内容总体一致，但本科毕业生对“专业课开设的先后顺序”的建议强度明显高于其他学历毕业生。如表 6-3 所示。

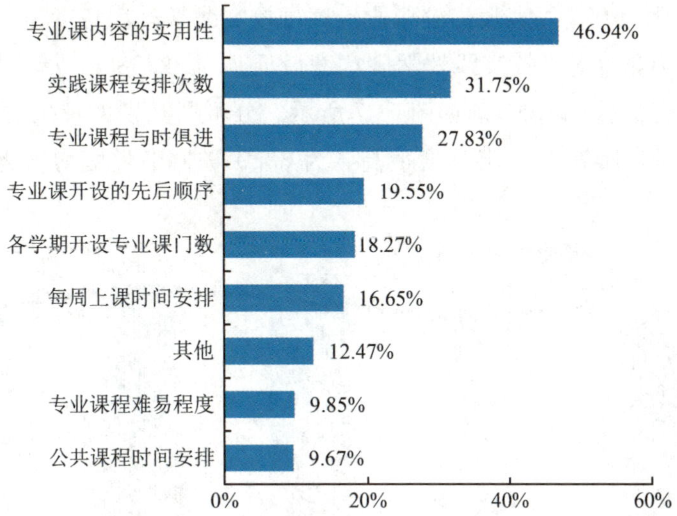


**图 6-6　湖南省普通高校 2023 届毕业生建议母校在课程设置中应重点加强方面（多选题）**

**表 6-3　湖南省普通高校 2023 届毕业生分学历层次建议母校在课程设置中应重点加强方面（多选题）（单位:%）**

| 课程应重点加强方面 | 高职专科毕业生 | 本科毕业生 | 硕士毕业生 | 博士毕业生 |
|---|---|---|---|---|
| 专业课内容的实用性 | 40. 61 | 51. 94 | 54. 35 | 52. 32 |
| 实践课程安排次数 | 29. 84 | 33. 11 | 35. 67 | 26. 49 |
| 专业课程与时俱进 | 23. 67 | 30. 99 | 33. 83 | 35. 76 |
| 专业课开设的先后顺序 | 17. 45 | 21. 92 | 15. 10 | 13. 25 |
| 各学期开设专业课门数 | 17. 76 | 19. 12 | 14. 43 | 13. 91 |
| 每周上课时间安排 | 19. 24 | 14. 75 | 12. 22 | 12. 58 |
| 其他 | 17. 72 | 8. 20 | 7. 49 | 9. 27 |
| 专业课程难易程度 | 10. 92 | 9. 12 | 7. 33 | 9. 27 |
| 公共课程时间安排 | 10. 38 | 9. 23 | 7. 67 | 3. 97 |

## 6.4 实践教学评价

### 6.4.1 实践教学整体满意度

调研数据显示，2023 届普通高校毕业生对母校实践教学满意度为 84.86%。分学历层次来看，本科毕业生对母校实践教学满意度最低，为 82.38%，博士毕业生对母校实践教学满意度最高，达 92.05%。如图 6-7 所示。分不同类别院校来看，“双一流”建设高校毕业生对母校实践教学满意度最高，为 88.03%，满意度均值为 3.68 分。如表 6-4所示。

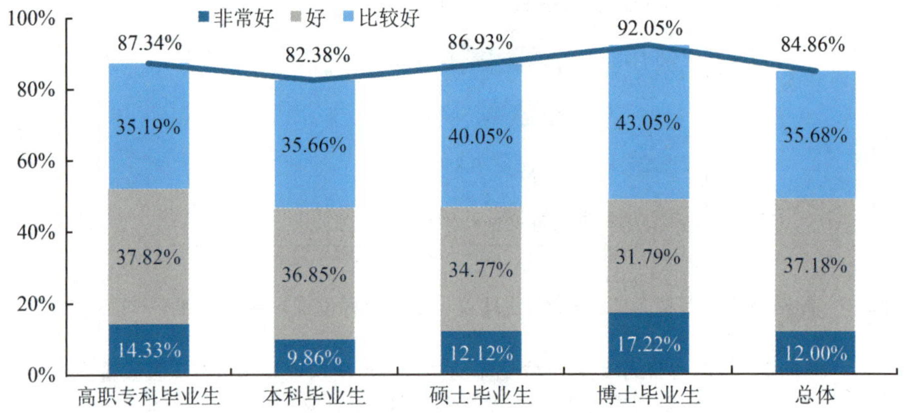


**图 6-7　湖南省普通高校 2023 届毕业生对母校实践教学满意度**

**表 6-4　2023 届不同类别院校毕业生对母校实践教学满意度**

| 院校类型 | 学校实践教学满意度（%） | 均值（5 分制） |
| --- | --- | --- |
| “双一流”建设高校 | 88.03 | 3.68 |
| 一本院校 | 83.04 | 3.53 |
| 二本院校 | 82.47 | 3.50 |
| 三本院校 | 79.43 | 3.45 |
| 职业本科院校 | 78.51 | 3.38 |
| 高职专科院校 | 87.48 | 3.61 |
| 总体 | 84.86 | 3.56 |

### 6.4.2 实践教学最满意环节

调研数据显示，2023 届普通高校毕业生对母校实践教学最满意的环节是“课程的实践性教学”，占比为 49.31%；其次是“专业实习、见习”，占比为 19.78%。如图 6-8 所示。

对于毕业生最满意的“课程的实践性教学”环节，分学历层次来看，满意度与学历层次呈反向分布，即高职专科毕业生满意度最高，博士毕业生满意度最低。如表6-5 所示。

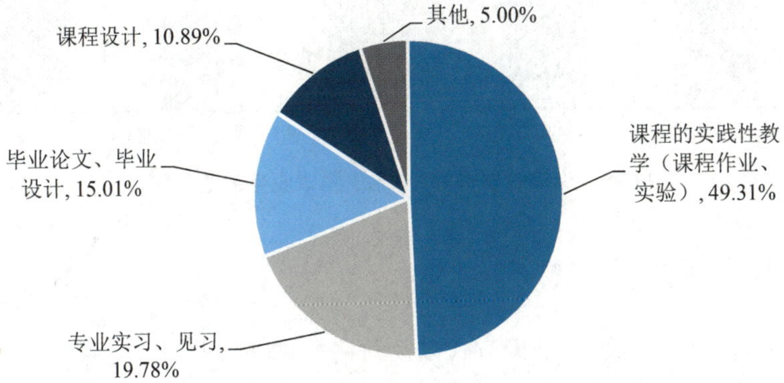


**图 6-8　湖南省普通高校 2023 届毕业生最满意的母校实践教学环节**

**表 6-5　湖南省普通高校 2023 届毕业生分学历层次最满意的母校实践教学环节（单位:%）**

| 实践教学环节 | 高职专科毕业生 | 本科毕业生 | 硕士毕业生 | 博士毕业生 |
|---|---|---|---|---|
| 课程的实践性教学 | 51.56 | 47.31 | 43.53 | 41.87 |
| 专业实习、见习 | 17.28 | 22.97 | 18.80 | 15.13 |
| 毕业论文、毕业设计 | 15.84 | 12.84 | 24.12 | 28.70 |
| 课程设计 | 9.94 | 12.37 | 8.43 | 7.67 |
| 其他 | 5.38 | 4.52 | 5.11 | 6.63 |

## 6.5　创新创业教育评价

### 6.5.1　创业意愿度

调研数据显示，2023 届普通高校毕业生有创业意愿的比例达到 31.27%，可见湖南省高校创新创业（以下简称“双创”）教育环境和氛围建设工作成效显著。从学历层次来看，毕业生有创业意愿的比例与学历层次呈反向分布，即高职专科毕业生有创业意愿的比例最高，为 39.33%，创业意愿度是硕士毕业生的 2 倍有余、博士毕业生的 3 倍有余。如图 6-9 所示。

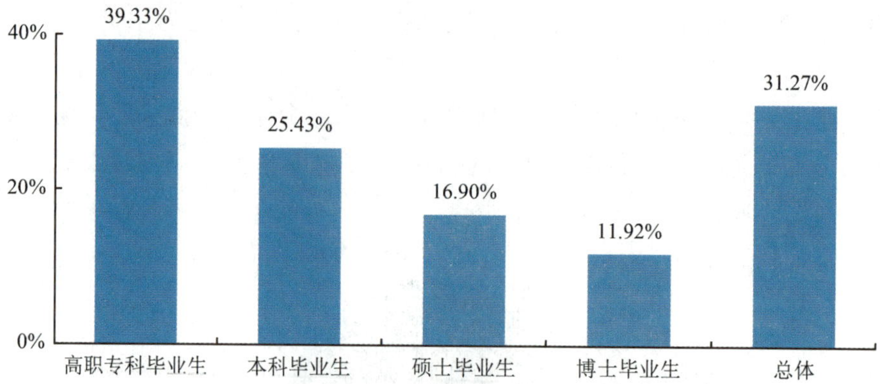


**图 6-9　湖南省普通高校 2023 届毕业生创业意愿度**

## 6.5.2　双创课程开设基本情况

通过毕业生对高校双创课程开设方式以及评估方式进行调研，结果显示，高校双创课程开设的方式主要以“线下课堂讲授”为主，占比为 69.94%。高校双创课程考核评估方式主要是“考试或测验”，占 54.89%；其次是“小组实践作业”“项目策划书或论文”，占比均在 38%以上。如图 6-10 所示。

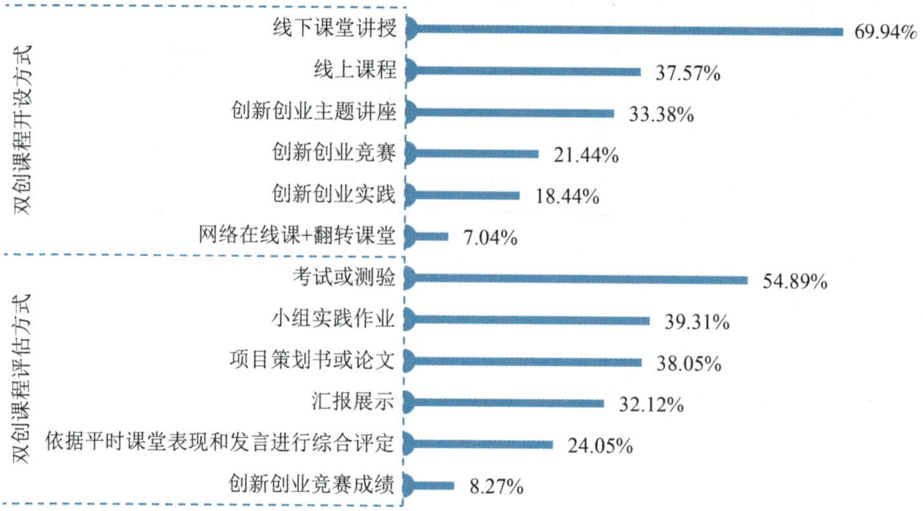


**图 6-10　湖南省普通高校 2023 届毕业生对双创课程开设方式与评估方式反馈（多选题）**

## 6.5.3　双创课程主要内容

调研数据显示，2023 届普通高校毕业生期望学校双创课程包含的内容排名前三位的是：“创新创业政策”（占比为 48.28%），“创新创业案例分析”（占比为 38.90%），“创业心理素质培养”（占比为 33.58%）。如图 6-11 所示。其中，博士毕业生期望创新创业课程包含“专利申请与保护”的比例高于其他学历层次毕业生。如表 6-6 所示。

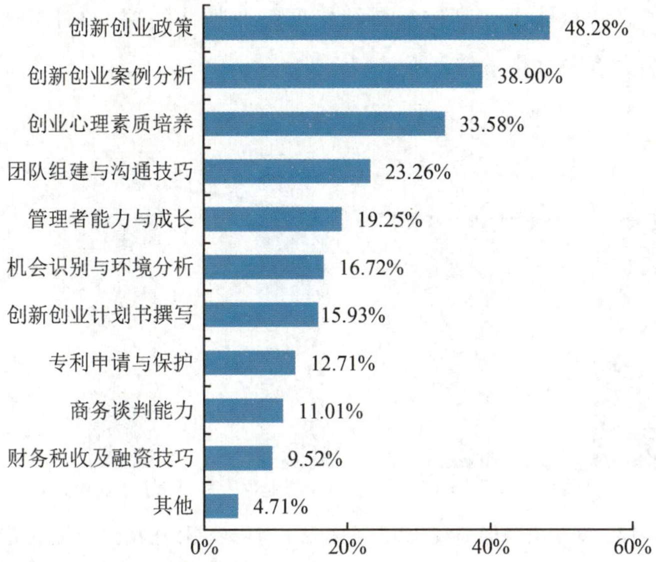


**图 6-11　湖南省普通高校 2023 届毕业生期望双创课程包含的内容（多选题）**

**表 6-6　湖南省普通高校 2023 届毕业生分学历层次期望双创课程包含的内容（多选题）（单位:%）**

| 期望创新创业课程包含的内容 | 高职专科毕业生 | 本科毕业生 | 硕士毕业生 | 博士毕业生 |
|---|---|---|---|---|
| 创新创业政策 | 49. 43 | 46. 90 | 47. 94 | 49. 43 |
| 创新创业案例分析 | 38. 46 | 39. 25 | 40. 43 | 41. 45 |
| 创业心理素质培养 | 36. 83 | 30. 40 | 27. 36 | 27. 05 |
| 团队组建与沟通技巧 | 23. 50 | 22. 88 | 24. 14 | 19. 07 |
| 管理者能力与成长 | 19. 66 | 19. 03 | 17. 07 | 15. 13 |
| 机会识别与环境分析 | 15. 79 | 17. 69 | 18. 12 | 13. 89 |
| 创新创业计划书撰写 | 15. 02 | 17. 02 | 16. 20 | 14. 92 |
| 专利申请与保护 | 12. 15 | 13. 20 | 14. 02 | 18. 55 |
| 商务谈判能力 | 11. 36 | 10. 82 | 9. 32 | 5. 70 |
| 财务税收及融资技巧 | 8. 52 | 10. 66 | 10. 35 | 7. 88 |
| 其他 | 5. 35 | 3. 89 | 4. 77 | 8. 29 |

## 6. 6　就业创业服务工作评价

### 6. 6. 1　就业帮扶力度

调研数据显示，2023 届普通高校毕业生认为高校开展的就业帮扶力度大（包含“非常大”“大”“比较大”）的比例为 70.07%。学历层次越高，毕业生表示高校开展就业帮扶力度大的比例越高。总体上，高校应持续拓展就业帮扶的深度与广度，提升就业帮扶对毕业生就业的影响力度。如图 6-12 所示。

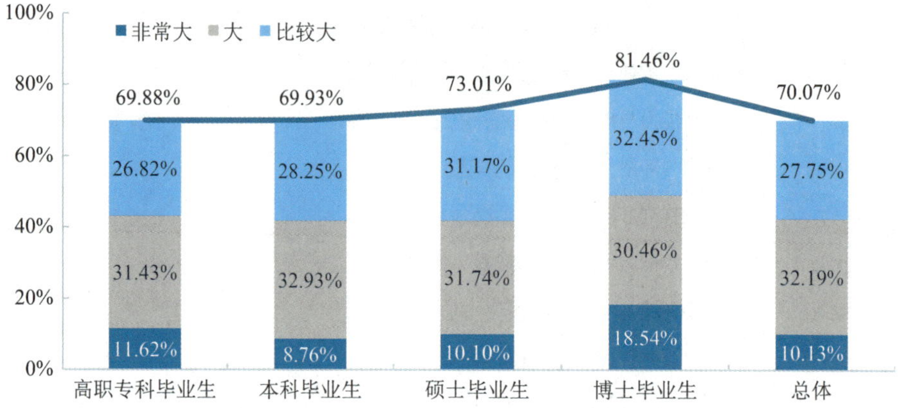


**图 6-12　湖南省普通高校 2023 届毕业生对母校组织的就业帮扶力度评价**

## 6.6.2　就业创业指导与服务满意度

调研数据显示，2023 届普通高校毕业生对高校就业创业指导与服务满意度为 95.41%，其中“非常满意”占比为 38.10%，“满意”占比为 36.75%，“比较满意”占比为 20.57%。分学历层次来看，博士毕业生对高校就业创业指导与服务满意度最高，达到 97.10%。如图 6-13 所示。分不同类别院校来看，“双一流”建设高校毕业生对高校就业创业指导与服务满意度最高，为 96.96%，均值为 4.26 分。如表 6-7 所示。

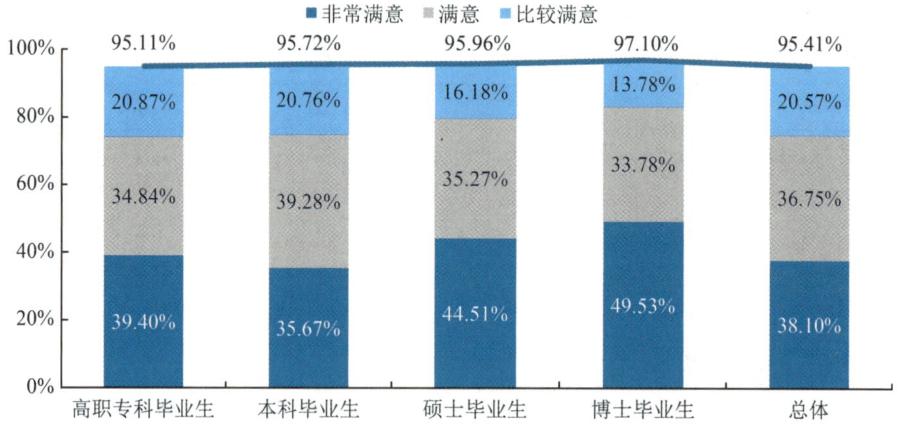


**图 6-13　湖南省普通高校 2023 届毕业生对高校就业创业指导与服务满意度**

**表 6-7　2023 届不同类别院校毕业生对高校就业创业指导与服务满意度**

| 院校类型 | 就业创业指导与服务总体评价（%） | 均值（5 分制） |
|---|---|---|
| “双一流”建设高校 | 96.96 | 4.26 |
| 一本院校 | 96.12 | 4.08 |
| 二本院校 | 94.73 | 3.97 |
| 三本院校 | 95.03 | 3.99 |
| 职业本科院校 | 94.20 | 3.85 |
| 高职专科院校 | 95.13 | 4.08 |
| 总体 | 95.41 | 4.07 |

### 6.6.3　就业创业服务相关工作评价

调研数据显示，2023 届普通高校毕业生对 6 项就业创业服务重点工作的满意度均在 94.00%以上，其中满意度排名居于前三位的就业创业服务工作是“就业信息提供与发布”（95.56%）、“就业/创业指导课”（95.27%）、“就业政策宣传与讲解”（95.15%）。高校需要进一步提升的是“就业困难群体帮扶”工作的服务水平，满意度（94.68%）排名靠后。从学历层次来看，各学历层次毕业生对高校就业创业服务重点工作的满意度评价相差不大。如表 6-8、图 6-14 所示。

**表 6-8　湖南省普通高校 2023 届毕业生分学历层次对母校就业创业服务工作的满意度（单位:%）**

| 就业重点服务工作 | 高职专科毕业生 | 本科毕业生 | 硕士毕业生 | 博士毕业生 | 总体 |
|---|---|---|---|---|---|
| 就业信息提供与发布 | 94.94 | 96.16 | 96.65 | 97.82 | 95.56 |
| 就业/创业指导课 | 95.22 | 95.35 | 95.04 | 96.27 | 95.27 |
| 就业政策宣传与讲解 | 94.77 | 95.53 | 95.69 | 97.72 | 95.15 |
| 就业手续办理 | 94.50 | 95.74 | 96.48 | 97.72 | 95.14 |
| 创业咨询与实践指导 | 94.54 | 95.23 | 95.25 | 97.10 | 94.88 |
| 就业困难群体帮扶 | 94.24 | 95.10 | 95.56 | 97.20 | 94.68 |

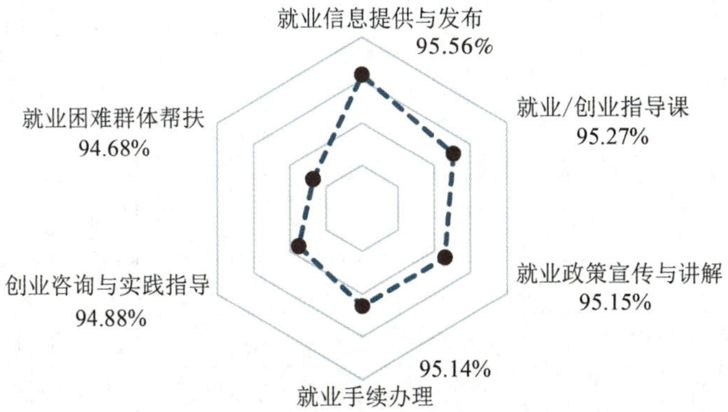


**图 6-14　湖南省普通高校 2023 届毕业生对母校就业创业服务工作的满意度**

### 6.6.4 就业创业服务工作需加强的方面

通过列举 11 项内容定向调查数据，毕业生认为母校就业创业服务需重点加强的方面位居前两位的是“提供就业信息”“校园招聘活动”，所占比例均超五成；其次是“就业指导课程”“劳动法律法规和求职陷阱”，所占比例均超二成。其中毕业生对就业信息的提供需求最大，为 59.33%。如图 6-15 所示。从学历层次来看，高职专科毕业生认为母校就业创业指导服务应重点加强“创业指导和培训”的比例明显高于其他毕业生。如表 6-9 所示。

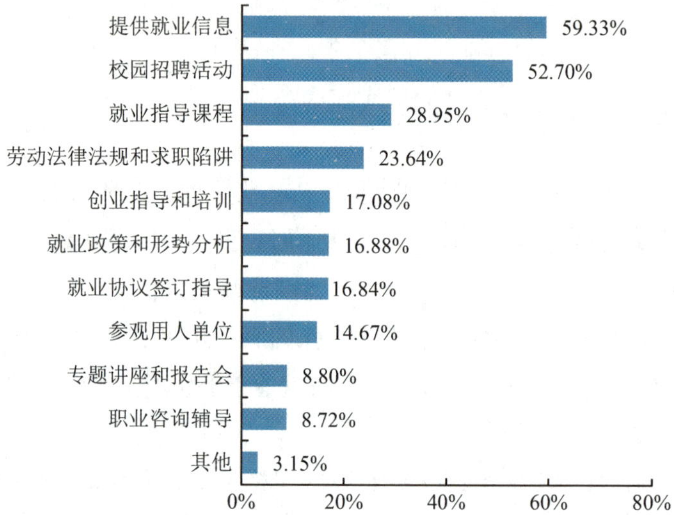


**图 6-15 湖南省普通高校 2023 届毕业生认为就业创业指导服务需加强方面（多选题）**

**表 6-9 湖南省普通高校 2023 届不同学历毕业生认为就业创业指导服务需加强方面（多选题）（单位:%）**

| 就业创业指导服务需加强方面 | 高职专科毕业生 | 本科毕业生 | 硕士毕业生 | 博士毕业生 |
|---|---|---|---|---|
| 提供就业信息 | 60. 26 | 57. 90 | 61. 47 | 64. 66 |
| 校园招聘活动 | 51. 24 | 53. 78 | 58. 47 | 53. 58 |
| 就业指导课程 | 29. 39 | 28. 58 | 27. 80 | 22. 69 |
| 劳动法律法规和求职陷阱 | 23. 06 | 24. 53 | 22. 28 | 22. 07 |
| 创业指导和培训 | 19. 07 | 15. 23 | 12. 42 | 12. 44 |
| 就业政策和形势分析 | 16. 09 | 17. 38 | 20. 57 | 21. 97 |
| 就业协议签订指导 | 15. 00 | 18. 76 | 19. 42 | 18. 03 |
| 参观用人单位 | 15. 69 | 13. 93 | 10. 63 | 11. 19 |
| 专题讲座和报告会 | 9. 29 | 8. 21 | 8. 71 | 9. 84 |
| 职业咨询辅导 | 8. 36 | 9. 24 | 8. 25 | 5. 91 |
| 其他 | 3. 87 | 2. 42 | 1. 88 | 3. 01 |

# 6.7　高校影响力

## 6.7.1　母校推荐度

调研数据显示，2023 届普通高校毕业生对母校综合推荐度为 79.96%，其中“非常愿意”推荐占比为 17.46%，“愿意”推荐占比为 39.63%，“比较愿意”推荐占比为 22.87%。分学历层次来看，博士毕业生对母校综合印象最好，母校推荐度达 96.03%。如图 6-16 所示。分不同类别院校来看，“双一流”建设高校毕业生对母校综合推荐度最高，为 93.89%，均值为 4.02 分。如表 6-10 所示。

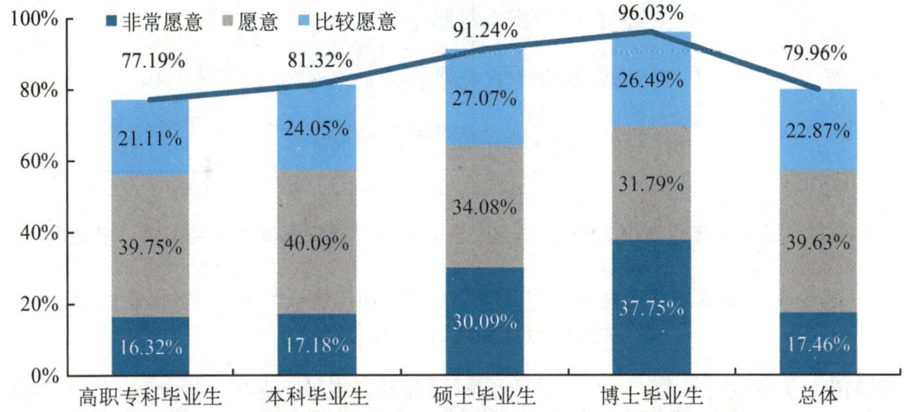


**图 6-16　湖南省普通高校 2023 届毕业生对母校推荐度**

**表 6-10　2023 届不同类别院校毕业生对母校推荐度**

| 院校类型 | 母校推荐度（%） | 均值（5 分制） |
|---|---|---|
| “双一流”建设高校 | 93.89 | 4.02 |
| 一本院校 | 85.88 | 3.59 |
| 二本院校 | 74.81 | 3.34 |
| 三本院校 | 78.04 | 3.39 |
| 职业本科院校 | 65.25 | 3.10 |
| 高职专科院校 | 77.47 | 3.42 |
| 总体 | 79.96 | 3.47 |

## 6.7.2　对母校满意度影响因素

调研数据显示，2023 届普通高校毕业生认为影响母校满意度的主要因素排名前 3 位的分别是“所学知识/能力满足工作实际需求的情况”（58.90%）、“校风学风”（48.71%）、

“师生课外交流”（41.73%）。如图 6-17 所示。可见，以上方面是高校加强社会影响力和形象建设的重点突破口。如表 6-11 所示。

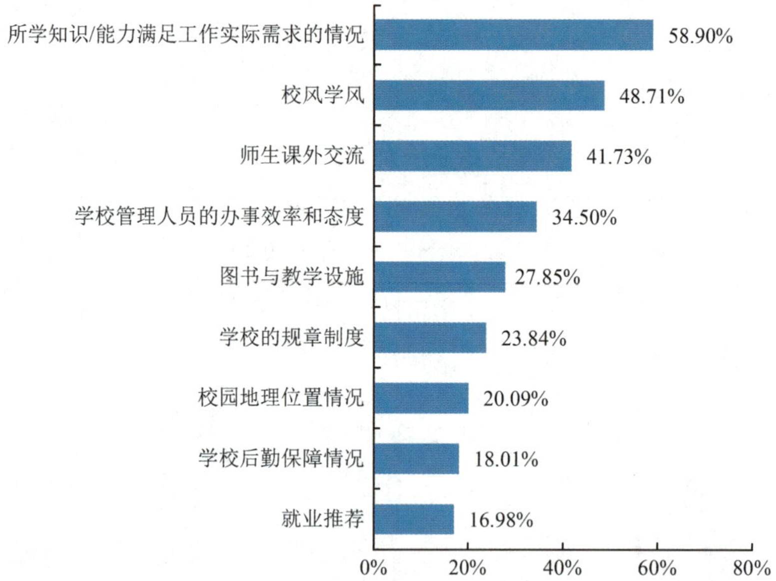


**图 6-17　湖南省普通高校 2023 届毕业生认为影响母校满意度的主要因素（多选题）**

**表 6-11　湖南省普通高校 2023 届毕业生分学历层次认为影响母校满意度的主要因素（多选题）（单位:%）**

| 影响母校满意度的因素 | 高职专科毕业生 | 本科毕业生 | 硕士毕业生 | 博士毕业生 |
|---|---|---|---|---|
| 所学知识/能力满足工作实际需求的情况 | 58. 90 | 58. 17 | 64. 50 | 70. 88 |
| 校风学风 | 46. 44 | 50. 51 | 56. 24 | 60. 52 |
| 师生课外交流 | 42. 68 | 40. 56 | 41. 73 | 43. 01 |
| 学校管理人员的办事效率和态度 | 34. 69 | 33. 99 | 36. 53 | 38. 76 |
| 图书与教学设施 | 24. 76 | 31. 99 | 25. 16 | 19. 79 |
| 学校的规章制度 | 26. 29 | 21. 74 | 16. 91 | 15. 85 |
| 校园地理位置情况 | 19. 38 | 21. 02 | 19. 79 | 15. 85 |
| 学校后勤保障情况 | 17. 13 | 19. 16 | 17. 53 | 16. 27 |
| 就业推荐 | 18. 36 | 15. 37 | 16. 59 | 13. 16 |

# 第7章

# 用人单位对湖南省普通高校2023届毕业生与高校评价

## 7.1 用人单位结构分布

调研数据显示，与高校合作的用人单位中，千人以上规模单位占比为29.75%，民（私）营企业除外的单位占比为52.83%，湖南省内单位占比为57.99%，行业为“制造业”“教育”“信息传输、软件和信息技术服务业”的累计占比为46.13%。如表7-1所示。

**表7-1 高校合作的用人单位结构分布**

| 类型 | 比例（%） | 类型 | 比例（%） |
|---|---|---|---|
| 单位规模 | | | |
| 1—99人 | 33.22 | 5000—9999人 | 4.77 |
| 100—499人 | 26.75 | 10000—49999人 | 4.90 |
| 500—999人 | 10.30 | 50000—99999人 | 0.65 |
| 1000—4999人 | 16.99 | 100000人或以上 | 2.44 |
| 单位性质 | | | |
| 民（私）营企业 | 47.17 | 中初教育单位 | 4.77 |
| 国有企业 | 12.42 | 外（合）资企业 | 3.83 |
| 其他 | 10.94 | 医疗卫生单位 | 3.62 |
| 股份制企业 | 6.97 | 高等教育单位 | 2.68 |
| 其他事业单位 | 5.16 | 党政机关（包括部队单位） | 2.44 |
| 单位所在地 | | | |
| 长沙市内 | 31.22 | 中部省份（湖南省除外） | 3.81 |

续表

| 类型 | 比例（%） | 类型 | 比例（%） |
|---|---|---|---|
| 湖南省内（长沙市除外） | 26.77 | 西部省份 | 1.79 |
| 珠三角区域 | 18.21 | 京津冀地区 | 1.55 |
| 长三角区域 | 7.87 | 东北三省 | 0.35 |
| 其他区域 | 8.43 | – | – |
| 单位所属行业 | | | |
| 制造业 | 19.11 | 电力、热力、燃气及水生产和供应业 | 2.61 |
| 教育 | 16.45 | 租赁和商务服务业 | 2.42 |
| 信息传输、软件和信息技术服务业 | 10.57 | 科学研究和技术服务业 | 2.01 |
| 批发和零售业 | 9.50 | 居民服务、修理和其他服务业 | 1.96 |
| 建筑业 | 6.80 | 公共管理、社会保障和社会组织 | 1.92 |
| 卫生和社会工作 | 5.14 | 房地产业 | 1.83 |
| 文化、体育和娱乐业 | 4.66 | 水利、环境和公共设施管理业 | 0.92 |
| 金融业 | 3.84 | 采矿业 | 0.35 |
| 住宿和餐饮业 | 3.40 | 军队 | 0.17 |
| 农、林、牧、渔业 | 3.33 | 国际组织 | 0.09 |
| 交通运输、仓储和邮政业 | 2.90 | – | – |

## 7.2 招聘毕业生需求与优势

### 7.2.1 用人单位招聘渠道

调研数据显示，高校合作用人单位通过“校园双选会”及“校园宣讲会”招聘人才的比例均接近五成，可见，这两条途径是高校合作单位吸纳应届毕业生的主要途径。如图 7-1 所示。

从不同类别院校推荐的用人单位情况来看，“双一流”建设高校合作的用人单位通过“校园双选会”及“校园宣讲会”招聘人才的比例明显偏高，均超过 70.00%。如表 7-2 所示。

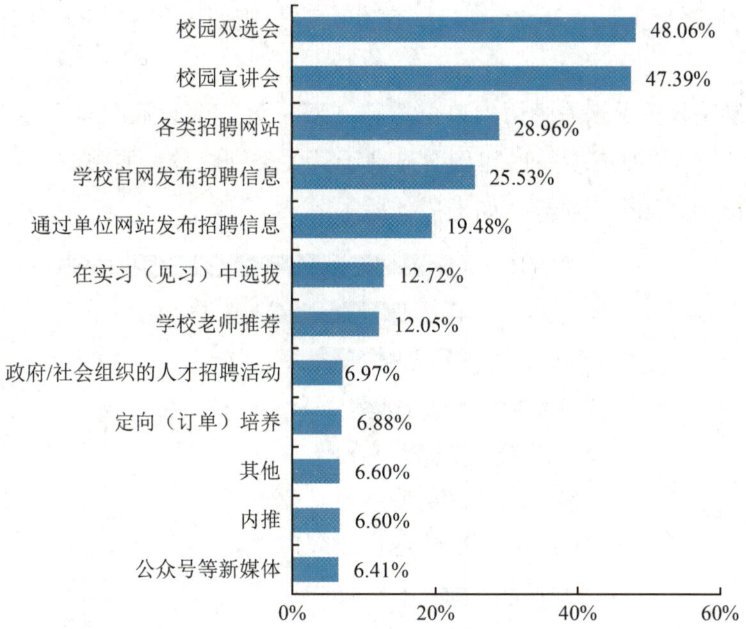


**图 7-1　用人单位招聘渠道分布（多选题）**

**表 7-2　不同类别院校推荐的用人单位招聘渠道分布（多选题）（单位:%）**

| 招聘渠道 | 高职专科院校 | 职业本科院校 | "双一流"建设高校 | 一本院校 | 二本院校 | 三本院校 |
|---|---|---|---|---|---|---|
| 校园双选会 | 44. 69 | 65. 91 | 70. 27 | 59. 18 | 32. 99 | 56. 30 |
| 校园宣讲会 | 45. 47 | 43. 18 | 77. 03 | 58. 62 | 30. 65 | 53. 35 |
| 各类招聘网站 | 26. 89 | 30. 68 | 18. 92 | 29. 10 | 34. 86 | 27. 88 |
| 学校官网发布招聘信息 | 21. 02 | 21. 59 | 52. 03 | 33. 29 | 17. 20 | 37. 80 |
| 通过单位网站发布招聘信息 | 17. 19 | 17. 05 | 25. 68 | 20. 52 | 21. 96 | 20. 64 |
| 在实习（见习）中选拔 | 15. 88 | 17. 05 | 4. 05 | 9. 77 | 12. 80 | 6. 70 |
| 学校老师推荐 | 13. 84 | 15. 91 | 8. 11 | 12. 70 | 7. 94 | 10. 99 |
| 政府/社会组织的人才招聘活动 | 5. 05 | 5. 68 | 3. 38 | 9. 42 | 7. 85 | 8. 58 |
| 定向（订单）培养 | 10. 70 | 7. 95 | 2. 70 | 4. 12 | 4. 30 | 2. 68 |
| 内推 | 6. 83 | 5. 68 | 5. 41 | 4. 75 | 9. 53 | 4. 56 |
| 其他 | 8. 01 | 5. 68 | 0. 00 | 1. 74 | 12. 15 | 3. 49 |
| 公众号等新媒体 | 4. 96 | 2. 27 | 8. 11 | 7. 96 | 7. 57 | 6. 43 |

### 7. 2. 2　关注因素

调研数据显示，高校合作用人单位在招聘应届毕业生时重点关注的因素排名前五的是"综合素质"（77. 56%）、"人品素质、忠诚度、责任心"（56. 03%）、"社会适应能力"

(43.20%)、“所学专业”（26.88%）、“工作/实习/兼职经历”（15.88%）。如图7-2所示。

从不同类别院校情况来看，用人单位招聘“双一流”建设高校毕业生关注“综合素质”“毕业院校”“学习成绩”的比例明显高于其他类别院校，而关注“社会适应能力”的比例则明显低于其他类别院校。如表7-3所示。

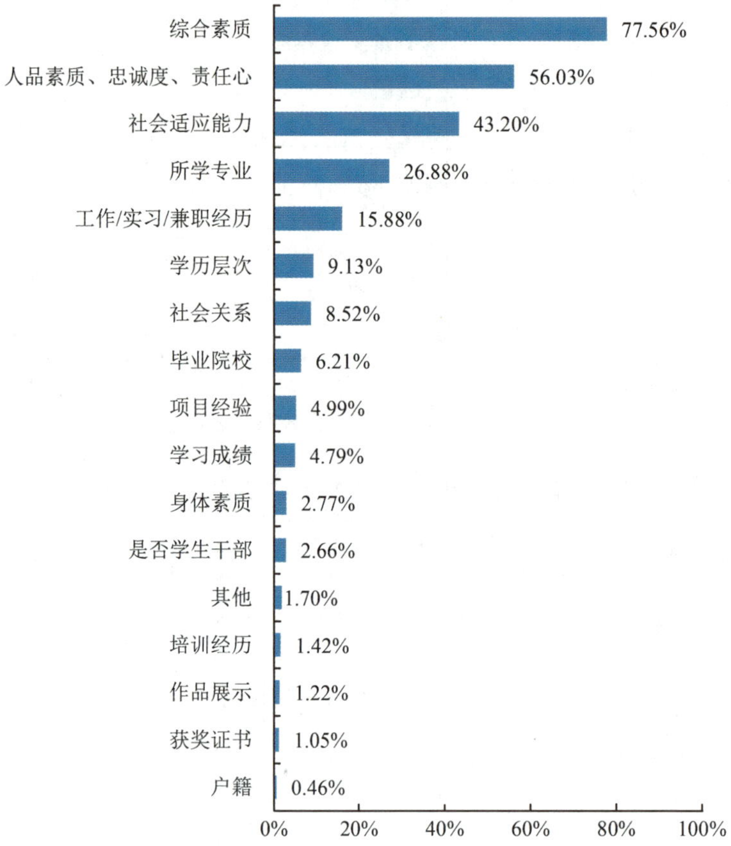


**图7-2　用人单位录用毕业生时关注因素分布（多选题）**

**表7-3　不同类别院校推荐的用人单位录用毕业生时关注因素分布（多选题）（单位:%）**

| 关注因素 | 高职专科院校 | 职业本科院校 | “双一流”建设高校 | 一本院校 | 二本院校 | 三本院校 |
|---|---|---|---|---|---|---|
| 综合素质 | 76.50 | 76.14 | 92.57 | 81.93 | 71.31 | 79.62 |
| 人品素质、忠诚度、责任心 | 58.36 | 60.23 | 54.73 | 58.20 | 48.97 | 53.08 |
| 社会适应能力 | 46.78 | 51.14 | 25.00 | 38.45 | 41.87 | 48.53 |
| 所学专业 | 24.59 | 25.00 | 36.49 | 32.24 | 24.21 | 24.66 |
| 工作/实习/兼职经历 | 16.84 | 11.36 | 17.57 | 15.98 | 14.21 | 14.75 |
| 学历层次 | 6.70 | 4.55 | 15.54 | 10.89 | 11.59 | 8.85 |

续表

| 关注因素 | 高职专科院校 | 职业本科院校 | “双一流”建设高校 | 一本院校 | 二本院校 | 三本院校 |
|---|---|---|---|---|---|---|
| 社会关系 | 7. 79 | 11. 36 | 2. 70 | 6. 91 | 11. 50 | 12. 33 |
| 毕业院校 | 4. 13 | 6. 82 | 14. 19 | 8. 30 | 7. 01 | 5. 36 |
| 项目经验 | 3. 74 | 5. 68 | 7. 43 | 6. 70 | 4. 77 | 5. 63 |
| 学习成绩 | 3. 83 | 4. 55 | 11. 49 | 6. 91 | 3. 18 | 4. 56 |
| 身体素质 | 4. 35 | 3. 41 | 0. 68 | 1. 47 | 1. 78 | 1. 61 |
| 是否学生干部 | 2. 26 | 3. 41 | 2. 03 | 3. 56 | 1. 68 | 4. 56 |
| 其他 | 2. 31 | 1. 14 | 0. 00 | 0. 35 | 2. 62 | 1. 34 |
| 培训经历 | 1. 48 | 0. 00 | 0. 00 | 1. 40 | 1. 68 | 1. 34 |
| 作品展示 | 1. 57 | 3. 41 | 0. 68 | 1. 05 | 0. 65 | 1. 07 |
| 获奖证书 | 1. 26 | 0. 00 | 0. 68 | 0. 77 | 1. 03 | 1. 34 |
| 户籍 | 0. 35 | 1. 14 | 0. 00 | 0. 49 | 0. 65 | 0. 54 |

具体来看，用人单位对毕业生专业对口的关注度为 88. 93%。其中用人单位对“双一流”建设高校毕业生专业对口的关注度最高，达到 95. 27%。如图 7-3 所示。

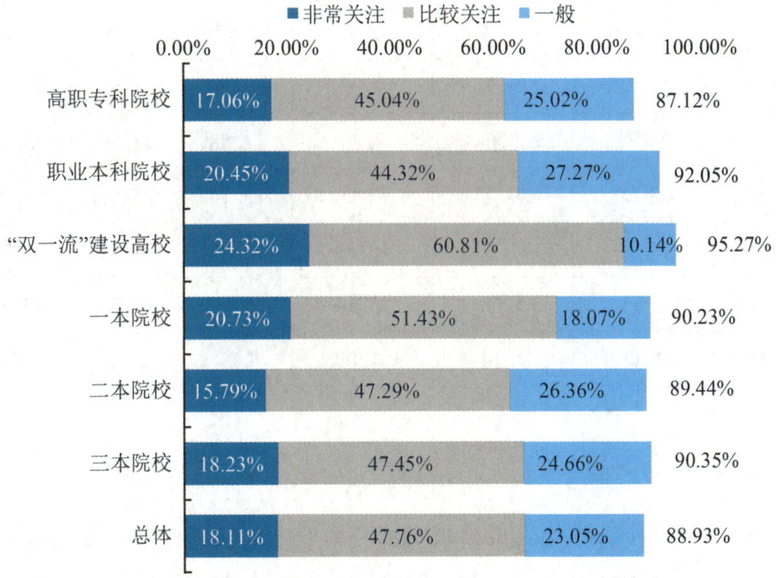


**图 7-3　用人单位招聘毕业生时对专业对口的关注度**

### 7. 2. 3　薪酬待遇

调研数据显示，用人单位为高校应届毕业生提供的月薪在 5000 元以上的比例为

41. 11%。分不同类别院校来看，用人单位为“双一流”建设高校应届毕业生提供的月薪在 5000 元以上的比例最高，达 83. 11%；其次为一本院校，达 65. 11%，明显高于其他类型高校应届毕业生。如图 7-4、表 7-4 所示。

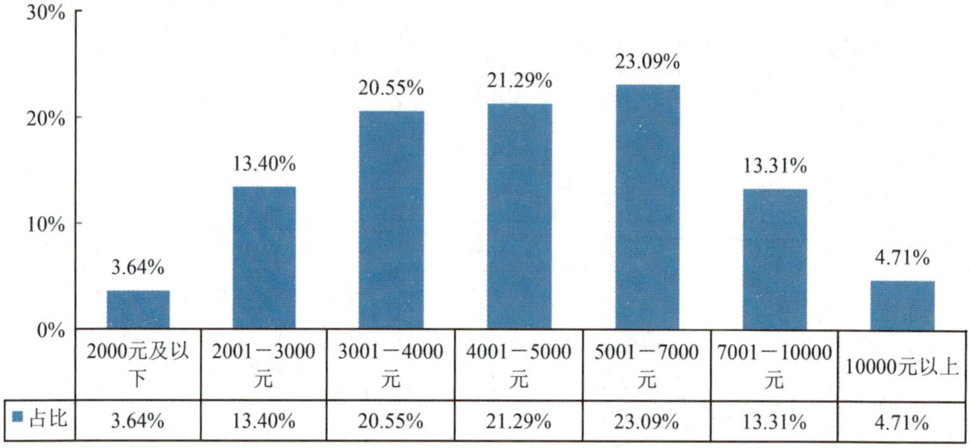


**图 7-4 用人单位对应届毕业生提供的月薪分布（单位：元）**

**表 7-4 用人单位对不同类别院校应届毕业生提供的月薪分布（单位:%）**

| 月薪分布 | 高职专科院校 | 职业本科院校 | “双一流”建设高校 | 一本院校 | 二本院校 | 三本院校 | 总体 |
| --- | --- | --- | --- | --- | --- | --- | --- |
| 2000 元及以下 | 5. 83 | 4. 55 | 0. 00 | 1. 12 | 3. 18 | 2. 41 | 3. 64 |
| 2001—3000 元 | 19. 28 | 15. 91 | 2. 03 | 7. 05 | 11. 50 | 10. 99 | 13. 40 |
| 3001—4000 元 | 26. 37 | 30. 68 | 7. 43 | 11. 58 | 22. 99 | 15. 01 | 20. 55 |
| 4001—5000 元 | 23. 89 | 20. 45 | 7. 43 | 15. 14 | 25. 61 | 22. 25 | 21. 29 |
| 5001—7000 元 | 17. 10 | 21. 59 | 16. 89 | 30. 98 | 24. 02 | 29. 76 | 23. 09 |
| 7001—10000 元 | 5. 35 | 5. 68 | 35. 14 | 25. 89 | 10. 28 | 15. 82 | 13. 31 |
| 10000 元以上 | 2. 18 | 1. 14 | 31. 08 | 8. 24 | 2. 43 | 3. 76 | 4. 71 |

### 7. 2. 4 用人单位招聘优势

调研数据显示，高校合作用人单位吸引高校毕业生的招聘优势主要表现在“社会保障与福利”（43. 84%）、“薪酬水平”（43. 68%）、“个人发展空间”（42. 53%）、“工作稳定度”（40. 04%）。如图 7-5 所示。这四个方面是用人单位吸引不同类别院校毕业生共同的招聘优势。如表 7-5 所示。

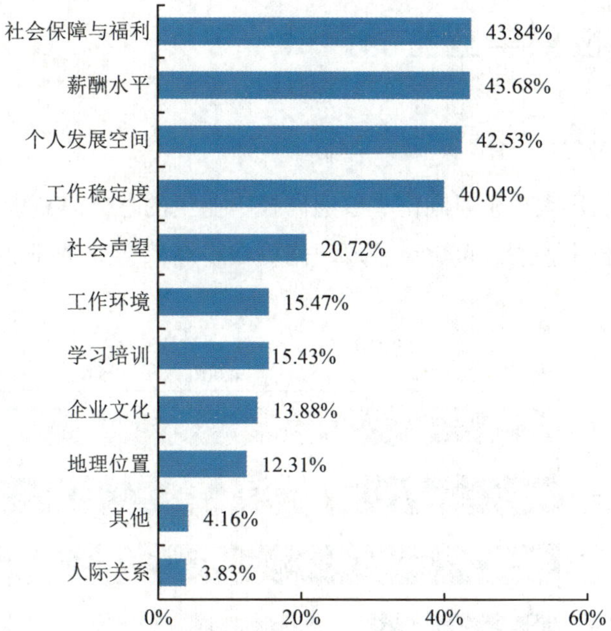


**图 7-5　吸引高校毕业生的用人单位竞争优势（多选题）**

**表 7-5　不同类别院校毕业生注重的用人单位竞争优势（多选题）（单位:%）**

| 竞争优势 | 高职专科院校 | 职业本科院校 | “双一流”建设高校 | 一本院校 | 二本院校 | 三本院校 |
|---|---|---|---|---|---|---|
| 社会保障与福利 | 39. 16 | 26. 14 | 56. 08 | 51. 29 | 41. 87 | 49. 06 |
| 薪酬水平 | 41. 34 | 48. 86 | 60. 14 | 47. 38 | 40. 75 | 44. 50 |
| 个人发展空间 | 41. 69 | 56. 82 | 54. 73 | 48. 08 | 34. 02 | 42. 63 |
| 工作稳定度 | 40. 17 | 47. 73 | 43. 24 | 39. 50 | 39. 63 | 39. 41 |
| 社会声望 | 18. 76 | 17. 05 | 24. 32 | 25. 61 | 17. 66 | 22. 25 |
| 工作环境 | 16. 88 | 15. 91 | 8. 78 | 14. 24 | 16. 07 | 12. 33 |
| 学习培训 | 17. 67 | 22. 73 | 9. 46 | 14. 17 | 12. 52 | 15. 55 |
| 企业文化 | 14. 71 | 9. 09 | 13. 51 | 14. 45 | 11. 96 | 13. 40 |
| 地理位置 | 11. 75 | 12. 50 | 15. 54 | 12. 84 | 11. 12 | 15. 82 |
| 其他 | 5. 44 | 2. 27 | 0. 00 | 1. 54 | 6. 45 | 1. 88 |
| 人际关系 | 4. 61 | 1. 14 | 0. 68 | 2. 65 | 4. 67 | 2. 95 |

## 7.3　用人单位对毕业生的评价

### 7.3.1　总体满意度

调研数据显示，用人单位对湖南省普通高校毕业生的总体满意度为 98.48%，满意度非常高。各类别院校中，用人单位对“双一流”建设高校毕业生综合满意度达 100.00%。如图 7-6 所示。

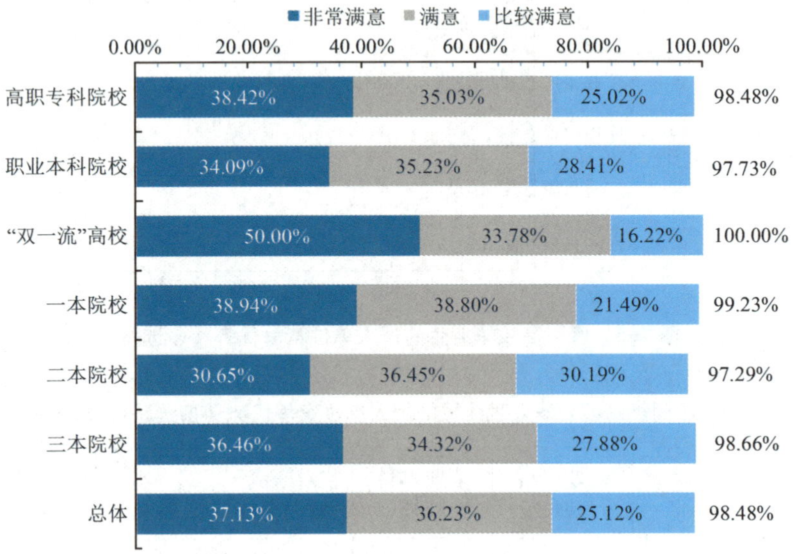


图 7-6　用人单位对毕业生总体满意度分布

### 7.3.2　岗位适应时间评价

调研数据显示，87.59%的用人单位认为湖南省普通高校毕业生能在半年内适应岗位工作，如图 7-7 所示。进一步来看，其中“双一流”建设高校合作的用人单位认为毕业

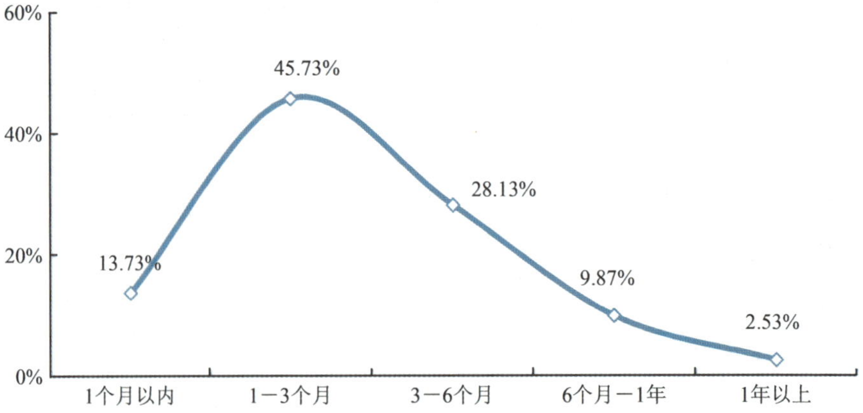


图 7-7　用人单位对毕业生岗位适应时间评价

生半年内能适应岗位的比例最低，可能是该院校层次毕业生从事工作复杂程度相对更高所致。

表 7-6　用人单位对不同类别院校毕业生岗位适应时间评价（单位:%）

| 岗位适应时间 | 高职专科院校 | 职业本科院校 | “双一流”建设高校 | 一本院校 | 二本院校 | 三本院校 |
|---|---|---|---|---|---|---|
| 1 个月以内 | 17. 62 | 20. 45 | 2. 7 | 8. 65 | 14. 58 | 9. 65 |
| 1—3 个月 | 46. 52 | 47. 73 | 34. 46 | 42. 64 | 50. 09 | 44. 24 |
| 3—6 个月 | 24. 11 | 20. 45 | 41. 22 | 35. 03 | 23. 55 | 36. 19 |
| 6 个月—1 年 | 9. 01 | 7. 95 | 16. 89 | 11. 65 | 9. 07 | 8. 31 |
| 1 年以上 | 2. 74 | 3. 41 | 4. 73 | 2. 02 | 2. 71 | 1. 61 |
| 半年内能适应的比例 | 88. 25 | 88. 63 | 78. 38 | 86. 32 | 88. 22 | 90. 08 |

## 7. 3. 3　八大通用能力评价

调研数据显示，用人单位对 2023 届毕业生八大通用能力的评价中，“双一流”建设高校毕业生各项能力所获评价较高，其中有 4 项为 100. 00%；用人单位对“双一流”建设高校毕业生八大通用能力的评价均值都是最高的。如表 7-7 所示。

表 7-7　用人单位对不同类别院校毕业生八大通用能力评价

| 院校类别 | 个人基本素养 | | 听说读写算能力 | | 科学思维能力 | | 人际合作能力 | |
|---|---|---|---|---|---|---|---|---|
| | 满意度（%） | 均值（分） | 满意度（%） | 均值（分） | 满意度（%） | 均值（分） | 满意度（%） | 均值（分） |
| 高职专科院校 | 99. 04 | 4. 35 | 98. 83 | 4. 25 | 98. 35 | 4. 21 | 98. 74 | 4. 32 |
| 职业本科院校 | 100. 00 | 4. 32 | 100. 00 | 4. 24 | 97. 73 | 4. 16 | 100. 00 | 4. 31 |
| “双一流”建设高校 | 100. 00 | 4. 55 | 100. 00 | 4. 49 | 98. 65 | 4. 43 | 100. 00 | 4. 52 |
| 一本院校 | 99. 79 | 4. 41 | 99. 72 | 4. 30 | 99. 37 | 4. 28 | 99. 65 | 4. 36 |
| 二本院校 | 98. 60 | 4. 36 | 98. 97 | 4. 26 | 98. 22 | 4. 23 | 98. 69 | 4. 33 |
| 三本院校 | 100. 00 | 4. 35 | 99. 46 | 4. 20 | 98. 93 | 4. 20 | 99. 46 | 4. 28 |
| 总体 | 99. 26 | 4. 37 | 99. 19 | 4. 27 | 98. 63 | 4. 24 | 99. 08 | 4. 34 |

| 院校类别 | 资源统筹能力 | | 科技应用能力 | | 信息获取及使用能力 | | 系统思维及运作能力 | |
|---|---|---|---|---|---|---|---|---|
| | 满意度（%） | 均值（分） | 满意度（%） | 均值（分） | 满意度（%） | 均值（分） | 满意度（%） | 均值（分） |
| 高职专科院校 | 97. 91 | 4. 21 | 97. 95 | 4. 25 | 98. 35 | 4. 30 | 98. 09 | 4. 28 |
| 职业本科院校 | 98. 86 | 4. 16 | 98. 86 | 4. 24 | 100. 00 | 4. 20 | 97. 73 | 4. 19 |

续表

| 院校类别 | 资源统筹能力 | | 科技应用能力 | | 信息获取及使用能力 | | 系统思维及运作能力 | |
|---|---|---|---|---|---|---|---|---|
| | 满意度（%） | 均值（分） | 满意度（%） | 均值（分） | 满意度（%） | 均值（分） | 满意度（%） | 均值（分） |
| “双一流”建设高校 | 98. 65 | 4. 45 | 98. 65 | 4. 50 | 100. 00 | 4. 54 | 98. 65 | 4. 51 |
| 一本院校 | 99. 16 | 4. 24 | 99. 23 | 4. 27 | 99. 51 | 4. 36 | 99. 09 | 4. 30 |
| 二本院校 | 98. 32 | 4. 20 | 98. 32 | 4. 23 | 98. 50 | 4. 29 | 98. 22 | 4. 27 |
| 三本院校 | 99. 20 | 4. 20 | 99. 20 | 4. 23 | 99. 20 | 4. 27 | 99. 20 | 4. 25 |
| 总体 | 98. 45 | 4. 22 | 98. 48 | 4. 26 | 98. 82 | 4. 32 | 98. 47 | 4. 29 |

调研数据显示，用人单位对招聘的湖南省普通高校毕业生工作中政治思想觉悟与职业素养表现、工作态度表现、专业水平表现、职业能力表现进行评价，分不同类别院校来看，对职业本科院校、“双一流”建设高校毕业生的工作态度表现、专业水平表现、职业能力表现的满意度均达100. 00%，对其他类别院校毕业生四方面的满意度也达到98. 00%以上。如表7-8所示。可见，用人单位对湖南省普通高校毕业生各项工作表现评价较高。

**表7-8 用人单位对毕业生岗位表现评价**

| 院校类别 | 政治思想觉悟与职业素养 | | 工作态度 | | 专业水平 | | 职业能力 | |
|---|---|---|---|---|---|---|---|---|
| | 满意度（%） | 均值（分） | 满意度（%） | 均值（分） | 满意度（%） | 均值（分） | 满意度（%） | 均值（分） |
| 高职专科院校 | 98. 35 | 3. 98 | 98. 96 | 3. 99 | 98. 52 | 3. 95 | 98. 96 | 3. 95 |
| 职业本科院校 | 98. 86 | 3. 91 | 100. 00 | 4. 00 | 100. 00 | 3. 92 | 100. 00 | 3. 98 |
| “双一流”建设高校 | 98. 65 | 4. 09 | 100. 00 | 4. 11 | 100. 00 | 4. 14 | 100. 00 | 4. 08 |
| 一本院校 | 99. 30 | 3. 98 | 99. 51 | 4. 02 | 99. 37 | 3. 93 | 99. 23 | 3. 91 |
| 二本院校 | 98. 60 | 3. 90 | 98. 69 | 3. 96 | 98. 32 | 3. 86 | 98. 60 | 3. 89 |
| 三本院校 | 99. 46 | 4. 00 | 99. 20 | 3. 99 | 99. 20 | 3. 94 | 98. 66 | 3. 91 |
| 总体 | 98. 74 | 3. 97 | 99. 11 | 4. 00 | 98. 82 | 3. 93 | 98. 98 | 3. 93 |

#### 7. 3. 3. 1 工作态度表现评价

调研数据显示，用人单位对高校毕业生工作态度最认可的3个方面是“责任心和勇于担当的精神”（33. 49%）、“对工作的忠诚度和认同感”（32. 80%）和“积极主动、进取心”（28. 38%）。如图7-8所示。其中，“双一流”建设高校毕业生在“积极主动、进取心”方面受到用人单位的认可度高于其他类别院校。如表7-9所示。

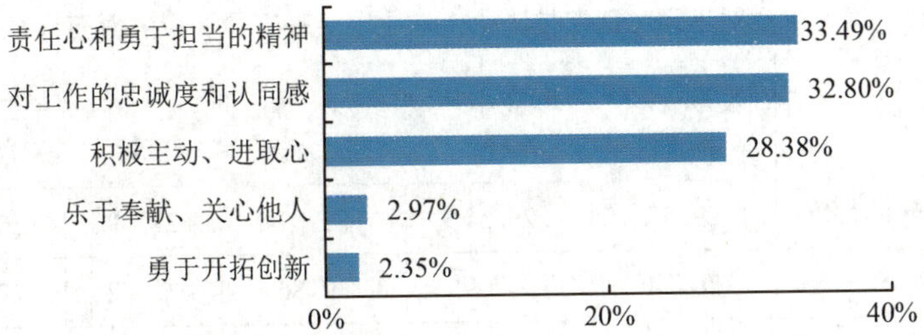


**图 7-8　用人单位对高校毕业生工作态度表现最满意的方面**

**表 7-9　用人单位对不同类别院校毕业生工作态度表现最满意的方面（单位:%）**

| 工作态度表现 | 高职专科院校 | 职业本科院校 | “双一流”建设高校 | 一本院校 | 二本院校 | 三本院校 |
|---|---|---|---|---|---|---|
| 责任心和勇于担当的精神 | 30. 83 | 39. 77 | 38. 51 | 36. 75 | 32. 86 | 35. 68 |
| 对工作的忠诚度和认同感 | 34. 39 | 31. 82 | 26. 35 | 29. 59 | 34. 85 | 32. 43 |
| 积极主动、进取心 | 29. 02 | 21. 59 | 31. 08 | 28. 61 | 27. 56 | 26. 49 |
| 乐于奉献、关心他人 | 3. 39 | 3. 41 | 2. 70 | 2. 31 | 2. 75 | 3. 51 |
| 勇于开拓创新 | 2. 37 | 3. 41 | 1. 35 | 2. 73 | 1. 99 | 1. 89 |

#### 7.3.3.2　专业水平表现评价

调研数据显示，用人单位对高校毕业生专业水平最认可的 3 个方面是“知识技能适应时代的程度”（29. 06%）、“专业知识”（28. 80%）和“专业技能”（24. 36%）。如图 7-9 所示。其中，“双一流”建设高校毕业生在“专业知识”方面更受用人单位认可。如表 7-10 所示。

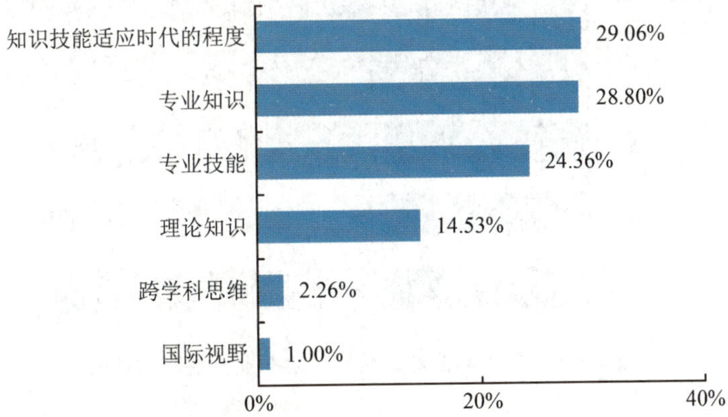


**图 7-9　用人单位对高校毕业生专业水平表现最满意的方面**

表 7-10 用人单位对不同类别院校毕业生专业水平表现最满意的方面（单位:%）

| 专业水平表现 | 高职专科院校 | 职业本科院校 | “双一流”建设高校 | 一本院校 | 二本院校 | 三本院校 |
|---|---|---|---|---|---|---|
| 知识技能适应时代的程度 | 29. 37 | 29. 55 | 22. 97 | 27. 49 | 30. 84 | 30. 29 |
| 专业知识 | 26. 54 | 34. 09 | 39. 86 | 32. 52 | 27. 29 | 27. 08 |
| 专业技能 | 27. 42 | 20. 45 | 20. 95 | 19. 89 | 22. 90 | 29. 22 |
| 理论知识 | 13. 71 | 13. 64 | 13. 51 | 16. 82 | 14. 58 | 11. 26 |
| 跨学科思维 | 2. 09 | 2. 27 | 1. 35 | 2. 65 | 2. 52 | 1. 34 |
| 国际视野 | 0. 87 | 0. 00 | 1. 35 | 0. 63 | 1. 87 | 0. 80 |

## 7. 3. 4 职业发展评价

调研数据显示，99. 37%的用人单位认为湖南省普通高校毕业生具有职业发展潜力，其中认为毕业生“非常有潜力”占比为 42. 14%，“比较有潜力”占比为 49. 21%，“潜力一般”占比为 8. 02%。具体来看，用人单位对“双一流”建设高校毕业生和职业本科院校毕业生职业发展潜力认可度达 100. 00%。如图 7-10 所示。

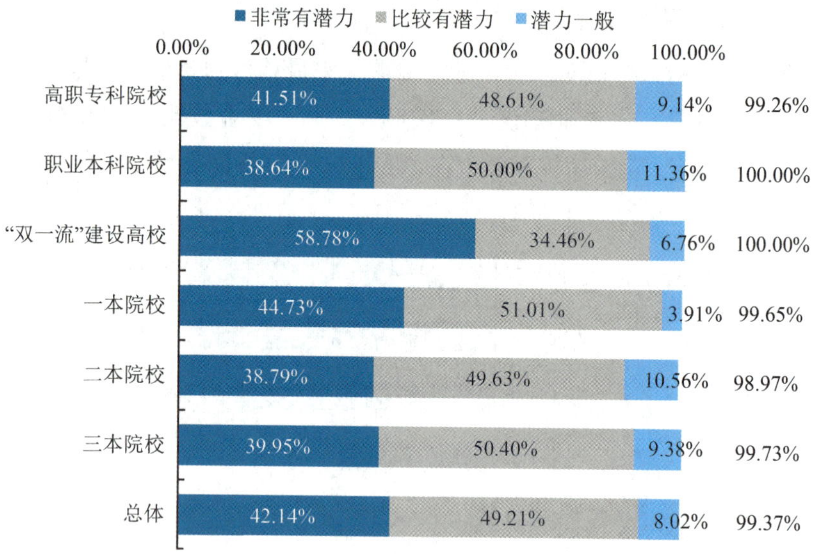


图 7-10 用人单位对高校毕业生职业发展潜力评价

进一步调研了解到，87. 33%的用人单位表示湖南省普通高校毕业生能够在 5 年内成长为单位的中层骨干，其中有 42. 68%的用人单位认为高校毕业生能在“1—3 年”成长为单位中层骨干，可见，湖南省普通高校毕业生晋升空间广阔。如图 7-11 所示。

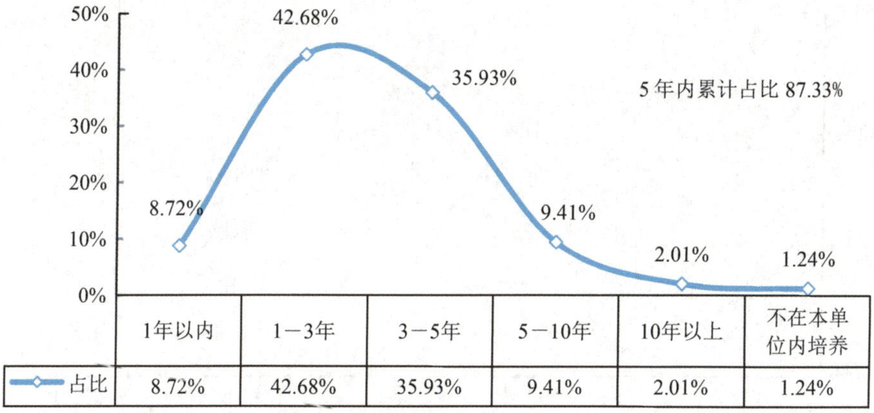


**图 7-11　用人单位对毕业生职业生涯成长时间评价**

分不同类别院校来看，职业本科院校毕业生在“1—3 年”晋升为骨干比例明显高于其他类别院校，“双一流”建设高校毕业生在“3—5 年”晋升为骨干比例明显高于其他类别院校。如表 7-11 所示。

**表 7-11　用人单位对不同类别院校毕业生职业生涯成长时间评价（单位:%）**

| 职业生涯成长时间 | 高职专科院校 | 职业本科院校 | “双一流”建设高校 | 一本院校 | 二本院校 | 三本院校 |
|---|---|---|---|---|---|---|
| 1 年以内 | 12. 14 | 9. 09 | 2. 03 | 5. 23 | 8. 04 | 5. 63 |
| 1—3 年 | 46. 69 | 62. 50 | 27. 03 | 37. 61 | 41. 21 | 43. 16 |
| 3—5 年 | 30. 90 | 22. 73 | 56. 76 | 42. 92 | 34. 39 | 39. 41 |
| 5—10 年 | 7. 09 | 4. 55 | 12. 16 | 11. 79 | 11. 40 | 8. 85 |
| 10 年以上 | 1. 52 | 1. 14 | 2. 03 | 2. 09 | 2. 80 | 2. 68 |
| 不在本单位内培养 | 1. 65 | 0. 00 | 0. 00 | 0. 35 | 2. 15 | 0. 27 |
| 5 年内晋升为骨干比例 | 89. 73 | 94. 32 | 85. 82 | 85. 76 | 83. 64 | 88. 20 |

## 7. 3. 5　工作离职情况

调研数据显示，23. 49%的用人单位认为湖南省普通高校毕业生一年内离职概率大（含“非常大”“比较大”）。如图 7-12 所示。从不同类别院校来看，“双一流”建设高校合作单位的稳岗率最高，一年内离职概率大的比例仅为 10. 14%，职业本科院校毕业生一年内离职概率大的比例最高，为 30. 68%。如表 7-12 所示。

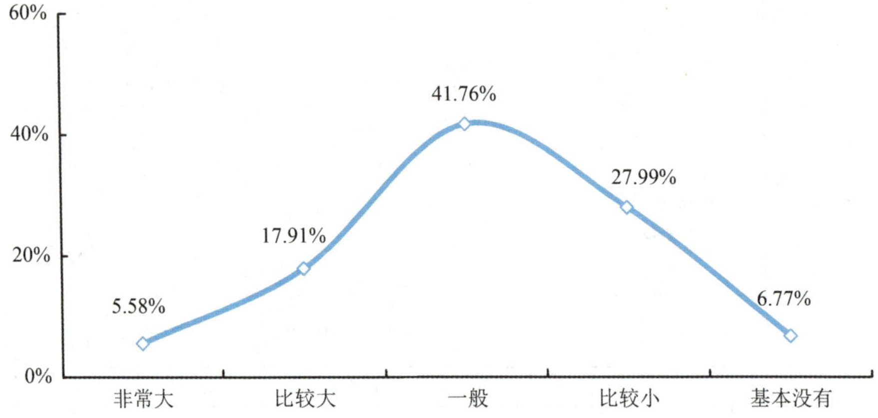


**图 7-12　用人单位对高校毕业生离职评价**

**表 7-12　用人单位对不同类别院校毕业生离职评价（单位:%）**

| 离职评价 | 高职专科院校 | 职业本科院校 | “双一流”建设高校 | 一本院校 | 二本院校 | 三本院校 |
|---|---|---|---|---|---|---|
| 非常大 | 6. 74 | 5. 68 | 3. 38 | 3. 77 | 5. 42 | 6. 70 |
| 比较大 | 21. 32 | 25. 00 | 6. 76 | 13. 47 | 18. 50 | 15. 01 |
| 一般 | 43. 30 | 43. 18 | 32. 43 | 38. 17 | 44. 49 | 41. 55 |
| 比较小 | 23. 11 | 22. 73 | 49. 32 | 34. 68 | 25. 70 | 31. 64 |
| 基本没有 | 5. 53 | 3. 41 | 8. 11 | 9. 91 | 5. 89 | 5. 09 |

调研数据显示，有 73. 07%的用人单位表示毕业生离职是主动离职。如图 7-13 所示。其中反馈为“毕业生主动离职”比例最高的是“双一流”建设高校合作单位。如表 7-13 所示。

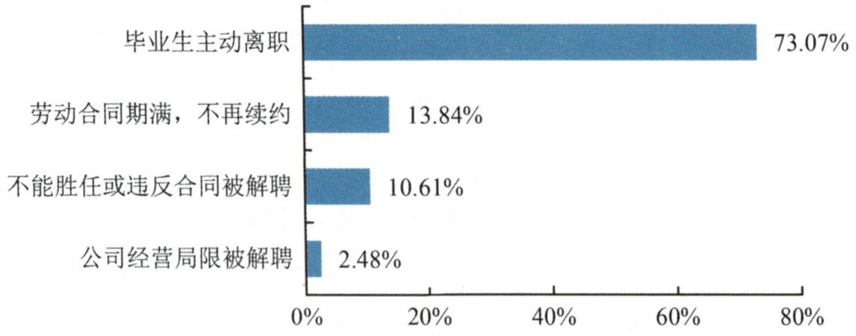


**图 7-13　单位对毕业生离职原因反馈**

表 7-13　用人单位对不同类别院校毕业生离职原因反馈（单位:%）

| 院校类别 | 毕业生主动离职 | 劳动合同期满，不再续约 | 不能胜任或违反合同被解聘 | 公司经营局限被解聘 |
|---|---|---|---|---|
| 高职专科院校 | 71. 19 | 16. 54 | 10. 31 | 1. 96 |
| 职业本科院校 | 80. 68 | 11. 36 | 4. 55 | 3. 41 |
| “双一流”建设高校 | 85. 14 | 10. 14 | 4. 05 | 0. 68 |
| 一本院校 | 79. 06 | 9. 56 | 10. 12 | 1. 26 |
| 二本院校 | 68. 13 | 13. 64 | 13. 64 | 4. 58 |
| 三本院校 | 69. 17 | 16. 35 | 9. 65 | 4. 83 |

## 7. 4　用人单位对高校的评价

### 7. 4. 1　对就业服务工作的评价

调研数据显示，用人单位对高校招聘和服务工作满意度为 98. 80%，其中表示“非常满意”占比为 46. 65%，“满意”占比为 35. 01%，“比较满意”占比为 17. 13%。“双一流”建设高校合作用人单位的满意度为 100%。如图 7-14 所示。

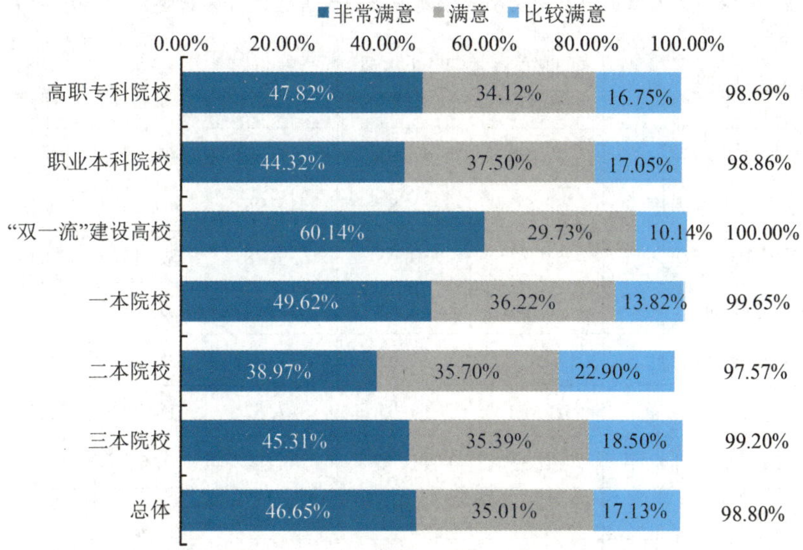


图 7-14　用人单位对高校招聘和服务满意度评价

用人单位认为高校就业服务工作最需要改进的前四项是“加强毕业生就业指导”、“加大对毕业生的推荐力度”、“增加校园招聘会场次”和“加强校企沟通”，比例均超三成。如图 7-15 所示。

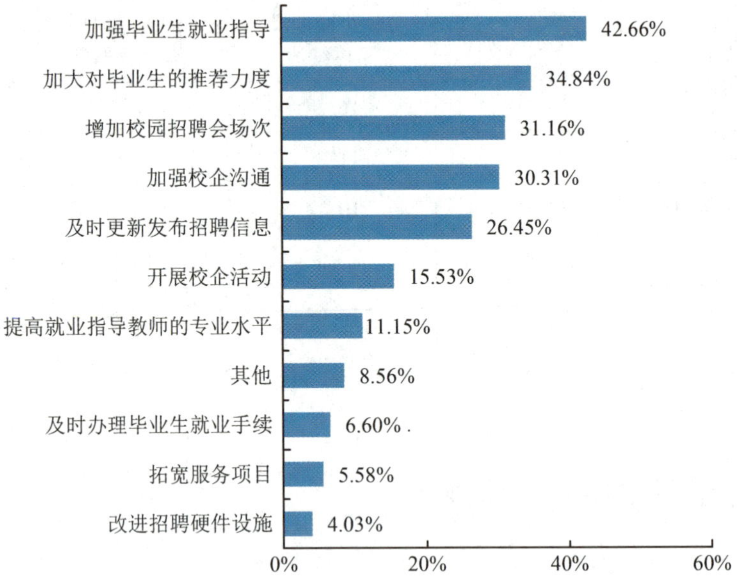


**图 7-15　用人单位对学校就业服务改进建议（多选题）**

分不同类别院校来看，“双一流”建设高校合作单位对“加大对毕业生的推荐力度”“及时更新发布招聘信息”的建议度明显高于其他类别院校，二本院校合作单位对“提高就业指导教师的专业水平”建议度高于其他类别院校。如表 7-14 所示。

**表 7-14　用人单位对不同类别院校就业服务改进建议（多选题）（单位:%）**

| 就业服务改进建议 | 高职专科院校 | 职业本科院校 | “双一流”建设高校 | 一本院校 | 二本院校 | 三本院校 |
|---|---|---|---|---|---|---|
| 加强毕业生就业指导 | 42.56 | 42.05 | 41.89 | 44.17 | 40.00 | 45.58 |
| 加大对毕业生的推荐力度 | 32.20 | 31.82 | 45.95 | 40.13 | 31.31 | 37.27 |
| 增加校园招聘会场次 | 31.72 | 30.68 | 33.78 | 32.45 | 28.69 | 28.95 |
| 加强校企沟通 | 31.98 | 32.95 | 35.14 | 32.80 | 23.55 | 27.35 |
| 及时更新发布招聘信息 | 24.37 | 29.55 | 35.81 | 28.26 | 25.98 | 29.22 |
| 开展校企活动 | 15.10 | 15.91 | 17.57 | 18.28 | 12.34 | 15.82 |
| 提高就业指导教师的专业水平 | 11.53 | 11.36 | 6.08 | 7.54 | 15.98 | 10.72 |
| 其他 | 10.01 | 7.95 | 6.08 | 6.21 | 9.07 | 8.31 |
| 及时办理毕业生就业手续 | 7.22 | 7.95 | 2.03 | 4.54 | 8.13 | 7.77 |
| 拓宽服务项目 | 6.18 | 5.68 | 4.05 | 4.95 | 5.42 | 5.36 |
| 改进招聘硬件设施 | 3.83 | 4.55 | 4.05 | 4.54 | 3.74 | 4.02 |

## 7.4.2　对人才培养的评价

调研数据显示，用人单位对高校人才培养的满意度为 98.85%，其中表示“非常满意”占比为 42.72%，“满意”占比为 38.06%，“比较满意”占比为 18.08%。具体来看，单位对职业本科院校的人才培养百分之百满意，对其他类别院校的人才培养满意度也均在 97.00%以上。如图 7-16 所示。

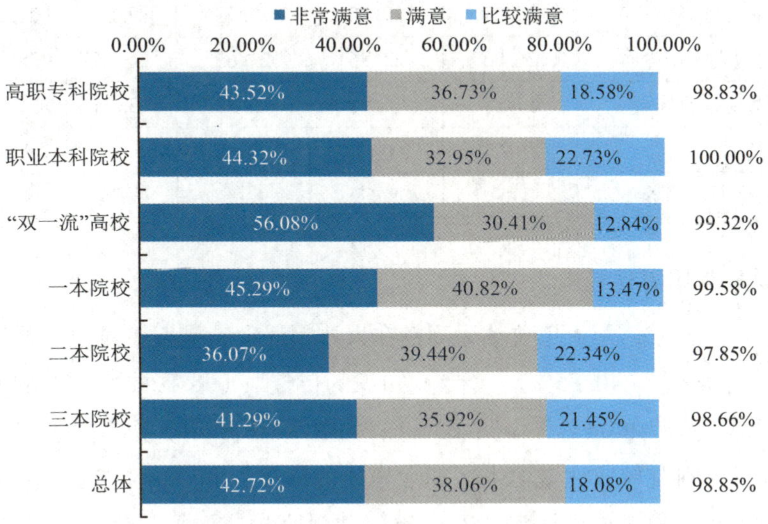


**图 7-16　用人单位对高校人才培养总体评价**

### 7.4.2.1　对人才培养改进建议

调研数据显示，用人单位对高校人才培养的建议位居前三位的是“加强校企合作”、“注重技能型人才培养”和“注重创新能力培养”，占比均超过三成。如图 7-17 所示。分不同类别院校来看，用人单位认为职业本科院校人才培养更应该“加强校企合作”。如表 7-15 所示。

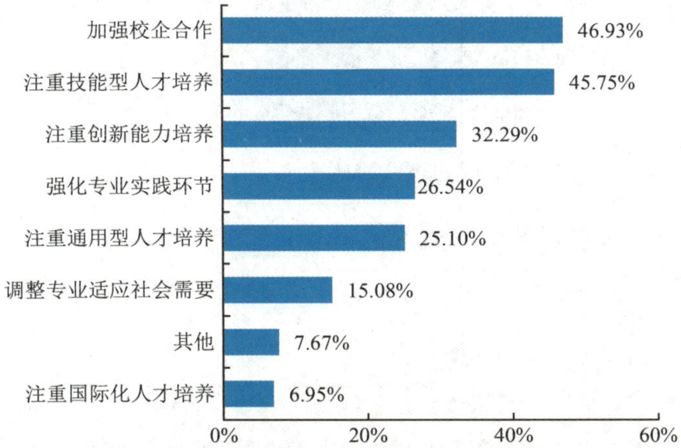


**图 7-17　用人单位关于高校对人才培养改进建议（多选题）**

表 7-15 用人单位关于不同类别院校对人才培养改进建议（多选题）（单位:%）

| 人才培养建议 | 高职专科院校 | 职业本科院校 | “双一流”建设高校 | 一本院校 | 二本院校 | 三本院校 |
|---|---|---|---|---|---|---|
| 加强校企合作 | 46.52 | 60.23 | 55.41 | 51.99 | 39.81 | 43.97 |
| 注重技能型人才培养 | 45.95 | 43.18 | 43.24 | 46.62 | 44.86 | 45.31 |
| 注重创新能力培养 | 29.37 | 27.27 | 33.11 | 34.68 | 34.30 | 36.19 |
| 强化专业实践环节 | 26.37 | 29.55 | 29.73 | 29.87 | 21.78 | 26.54 |
| 注重通用型人才培养 | 24.93 | 23.86 | 23.65 | 24.35 | 26.36 | 26.27 |
| 调整专业适应社会需要 | 17.19 | 15.91 | 16.22 | 13.96 | 11.40 | 16.35 |
| 其他 | 9.27 | 3.41 | 3.38 | 5.37 | 9.07 | 5.36 |
| 注重国际化人才培养 | 5.57 | 5.68 | 4.05 | 7.05 | 9.44 | 9.38 |

### 7.4.2.2 对学生培养建议

结合社会人才需求，用人单位认为高校在人才培养上应重点加强的方面位居前四位的是“职业素质的培养”（40.85%）、“专业知识的传授”（38.72%）、“实践能力的锻炼”（28.67%）、“表达能力的培养”（28.63%）。如图 7-18 所示。分不同类别院校来看，用人单位认为职业本科院校应注意学生“职业素质的培养”和“专业知识的传授”，其比例高于其他类别院校；用人单位认为“双一流”建设高校应注意学生“实践能力的锻炼”、“表达能力的培养”和“创新能力的培养”，其比例高于其他类别院校。如表 7-16 所示。

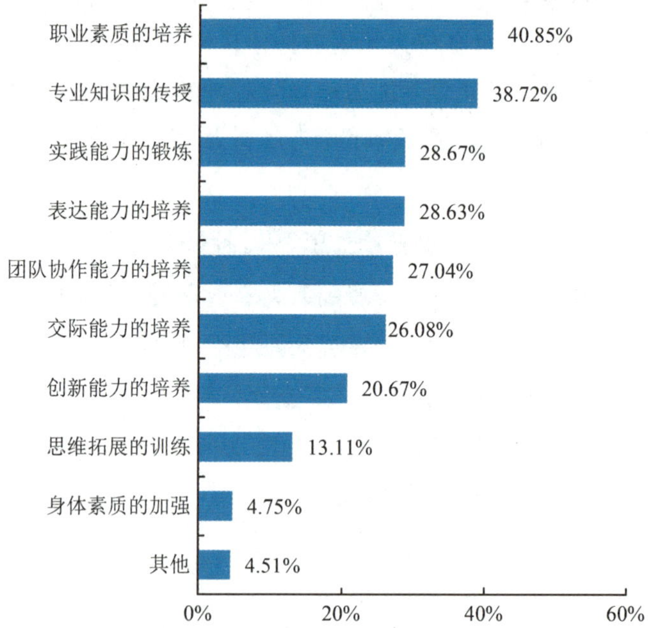


图 7-18 用人单位对高校学生培养方面改进建议（多选题）

表 7-16　用人单位对不同类别院校学生培养方面改进建议（多选题）（单位:%）

| 人才培养方面的改进建议 | 高职专科院校 | 职业本科院校 | “双一流”建设高校 | 一本院校 | 二本院校 | 三本院校 |
|---|---|---|---|---|---|---|
| 职业素质的培养 | 42. 65 | 46. 59 | 41. 89 | 40. 75 | 36. 45 | 41. 02 |
| 专业知识的传授 | 37. 82 | 45. 45 | 35. 14 | 39. 92 | 40. 00 | 35. 92 |
| 实践能力的锻炼 | 28. 98 | 28. 41 | 36. 49 | 33. 15 | 21. 12 | 28. 15 |
| 表达能力的培养 | 29. 37 | 29. 55 | 31. 08 | 28. 40 | 27. 66 | 26. 54 |
| 团队协作能力的培养 | 28. 72 | 27. 27 | 27. 70 | 27. 36 | 21. 50 | 31. 10 |
| 交际能力的培养 | 27. 33 | 26. 14 | 23. 65 | 22. 82 | 28. 50 | 24. 93 |
| 创新能力的培养 | 18. 41 | 13. 64 | 27. 03 | 23. 87 | 21. 03 | 20. 38 |
| 思维拓展的训练 | 11. 58 | 15. 91 | 14. 19 | 15. 00 | 12. 62 | 15. 55 |
| 身体素质的加强 | 5. 13 | 2. 27 | 6. 08 | 5. 02 | 3. 74 | 4. 29 |
| 其他 | 4. 87 | 3. 41 | 5. 41 | 3. 07 | 5. 70 | 4. 29 |

### 7.4.3　毕业生求职应聘建议

调研数据显示，用人单位认为毕业生在求职应聘过程中有待提高的方面主要有“表达沟通”（41.05%）、“对应聘单位的了解准备”（34.77%）、“职业素养”（34.14%）与“临场反应”（30.52%）。如图 7-19 所示。分不同类别院校来看，用人单位认为“双一流”建设高校毕业生求职应聘时应加强“对应聘单位的了解准备”的比例明显高于其他类别院校。如表 7-17 所示。

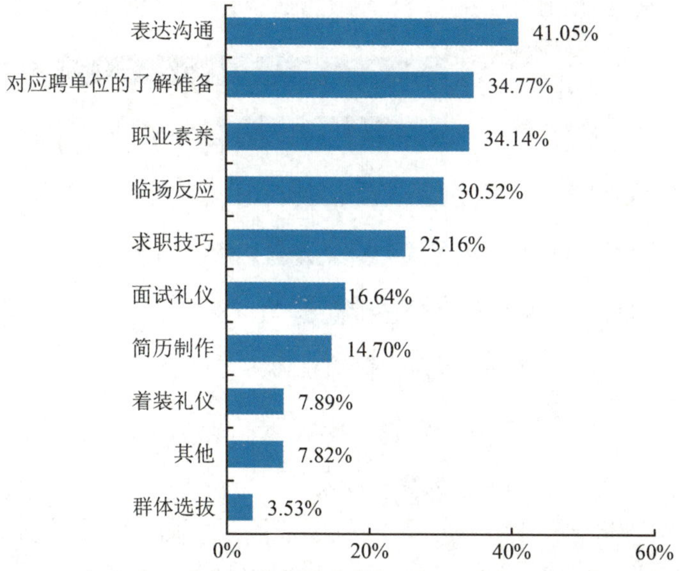


图 7-19　用人单位对高校毕业生求职应聘方面改进建议（多选题）

表 7-17　用人单位对不同类别院校毕业生求职应聘方面改进建议（多选题）（单位:%）

| 求职应聘建议 | 高职专科院校 | 职业本科院校 | “双一流”建设高校 | 一本院校 | 二本院校 | 三本院校 |
|---|---|---|---|---|---|---|
| 表达沟通 | 43. 08 | 39. 77 | 41. 89 | 43. 41 | 35. 79 | 34. 58 |
| 对应聘单位的了解准备 | 30. 50 | 32. 95 | 51. 35 | 43. 06 | 29. 72 | 37. 53 |
| 职业素养 | 35. 47 | 39. 77 | 31. 76 | 34. 05 | 32. 52 | 30. 56 |
| 临场反应 | 30. 46 | 36. 36 | 31. 76 | 27. 42 | 32. 99 | 33. 78 |
| 求职技巧 | 24. 67 | 18. 18 | 23. 65 | 24. 84 | 26. 17 | 28. 69 |
| 面试礼仪 | 17. 36 | 17. 05 | 14. 19 | 14. 72 | 16. 07 | 21. 98 |
| 简历制作 | 14. 27 | 9. 09 | 14. 86 | 15. 07 | 14. 67 | 17. 16 |
| 着装礼仪 | 7. 88 | 9. 09 | 7. 43 | 8. 16 | 7. 01 | 9. 38 |
| 其他 | 8. 62 | 6. 82 | 3. 38 | 6. 35 | 8. 79 | 7. 77 |
| 群体选拔 | 2. 83 | 1. 14 | 3. 38 | 3. 56 | 4. 49 | 5. 63 |

### 7.4.4　来校招聘原因

调研数据显示，吸引用人单位来高校招聘的原因主要有“学生综合素质高”(54. 75%)、“跟学校有过合作”(35. 55%)以及“业务与学校的重点专业相关”(30. 67%)。如图 7-20 所示。分不同类别院校来看，用人单位来“双一流”建设高校招聘的原因中，“学生综合素质高”“业务与学校的重点专业相关”以及“学校的声誉和水平”比例高于其他类别院校。如表 7-18 所示。

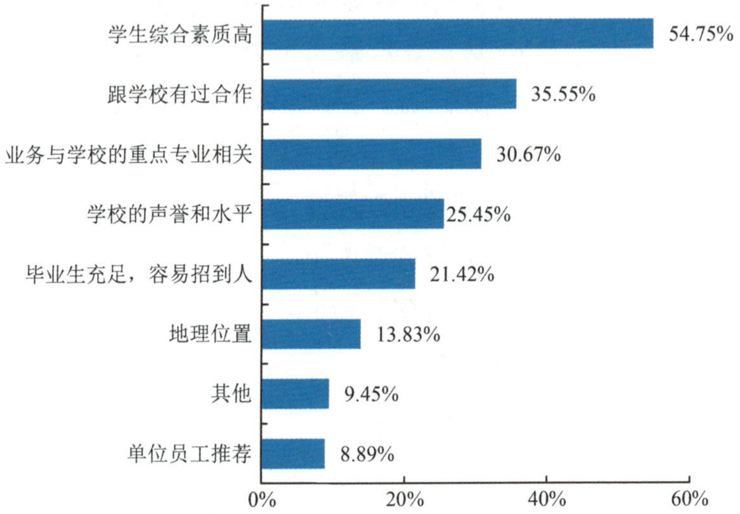


图 7-20　用人单位来高校招聘的原因分析（多选题）

表 7-18　用人单位来不同类别院校招聘的原因（多选题）（单位:%）

| 招聘原因 | 高职专科院校 | 职业本科院校 | “双一流”建设高校 | 一本院校 | 二本院校 | 三本院校 |
|---|---|---|---|---|---|---|
| 学生综合素质高 | 52. 31 | 61. 36 | 77. 70 | 61. 06 | 46. 92 | 57. 37 |
| 跟学校有过合作 | 41. 25 | 31. 82 | 32. 43 | 35. 17 | 25. 33 | 33. 24 |
| 业务与学校的重点专业相关 | 31. 72 | 30. 68 | 45. 27 | 33. 85 | 23. 64 | 26. 27 |
| 学校的声誉和水平 | 26. 02 | 30. 68 | 45. 95 | 28. 75 | 15. 05 | 29. 76 |
| 毕业生充足，容易招到人 | 21. 63 | 21. 59 | 13. 51 | 20. 73 | 23. 64 | 19. 57 |
| 地理位置 | 11. 79 | 15. 91 | 10. 14 | 16. 05 | 14. 30 | 17. 43 |
| 其他 | 9. 18 | 4. 55 | 2. 03 | 7. 12 | 15. 14 | 7. 77 |
| 单位员工推荐 | 8. 27 | 12. 50 | 8. 78 | 9. 00 | 9. 72 | 9. 12 |

# 第8章

# 湖南省普通高校2023届毕业生留湘就业专项分析

## 8.1 毕业生留湘就业总体情况分析①

### 8.1.1 各学历毕业生留湘就业分布

统计数据显示，湖南省普通高校2023届毕业生留湘就业人数200618人，留湘就业占比（本章简称“留湘率”）为57.29%，较上届（57.92%）略有所下降。其中，高职专科毕业生留湘就业人数为120943人，留湘率为61.47%；本科毕业生留湘就业人数为68255人，留湘率为52.93%；毕业研究生留湘就业人数为11420人，留湘率为46.60%。如图8-1所示。

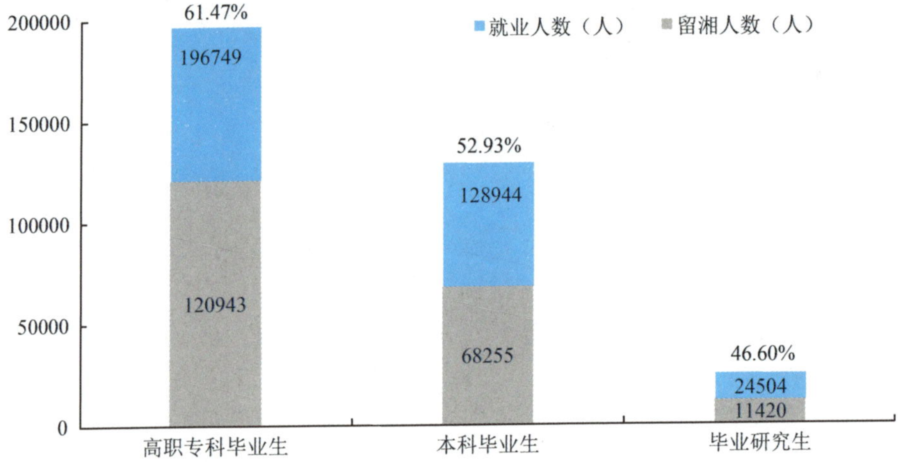


**图8-1 2023届普通高校各学历毕业生留湘就业分布**

① 留湘就业仅分析毕业去向为签就业协议形式就业、签劳动合同形式就业和其他录用形式就业三类情况。

从性别来看，2023 届男性毕业生留湘率为 52. 39%，女性为 61. 85%，其中女性留湘率高出男性 9. 46 个百分点。如图 8-2 所示。

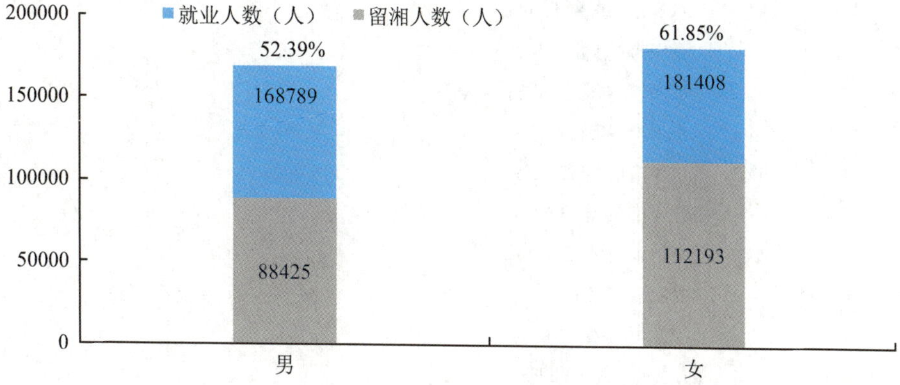


图 8-2　湖南省普通高校 2023 届毕业生分性别留湘就业分布

## 8. 1. 2　不同类别院校毕业生留湘就业分布

统计数据显示，高职专科院校留湘就业人数为 116303 人，留湘率为 61. 30%；本科院校留湘就业人数为 74334 人，留湘率为 51. 80%；独立学院留湘就业人数为 9944 人，留湘率为 58. 83%；科研院所留湘就业人数为 37 人，留湘率为 72. 55%。留湘率最高的是科研院所，留湘率最低的是本科院校。如表 8-1 所示。

表 8-1　2023 届普通高校不同类别院校毕业生留湘就业分布

| 院校类型 | 就业人数 | 留湘人数 | 留湘率（%） |
|---|---|---|---|
| 高职专科 | 189741 | 116303 | 61. 30 |
| 本科院校 | 143503 | 74334 | 51. 80 |
| 独立学院 | 16902 | 9944 | 58. 83 |
| 科研院所 | 51 | 37 | 72. 55 |
| 总体 | 350197 | 200618 | 57. 29 |

## 8. 1. 3　毕业生留湘就业去向分布

总体上看，湖南省普通高校 2023 届毕业生留湘就业城市主要分布在长沙市，占比高达 51. 21%；其次是衡阳市和株洲市，占比分别为 5. 73%、5. 06%。在张家界市就业的毕业生人数最少，占比仅为 1. 36%。如图 8-3 所示。

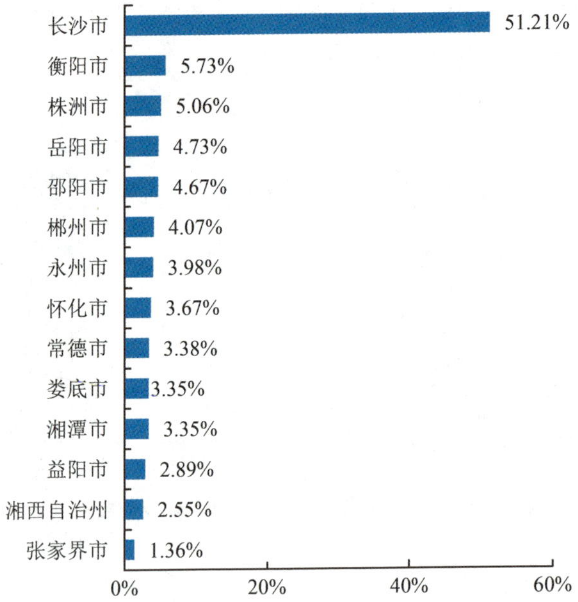


**图 8-3　湖南省普通高校 2023 届毕业生留湘就业总体城市分布**

从不同类别院校来看，职业院校中，高职专科院校与职业本科院校毕业生留湘就业的市（州）人数最高的均为长沙市，占比分别为 50.91%、58.88%，排名第 2 的高职专科院校毕业生留湘就业城市是衡阳市（5.37%），职业本科院校则是湘潭市（13.81%）。如表 8-2 所示。

**表 8-2　2023 届不同层次职业院校毕业生留湘就业城市分布**

| 就业市（州） | 高职专科院校 | | 职业本科院校 | |
|---|---|---|---|---|
| | 人数（人） | 比例（%） | 人数（人） | 比例（%） |
| 长沙市 | 59209 | 50.91 | 1134 | 58.88 |
| 衡阳市 | 6243 | 5.37 | 59 | 3.06 |
| 邵阳市 | 6001 | 5.16 | 53 | 2.75 |
| 岳阳市 | 5647 | 4.86 | 50 | 2.60 |
| 株洲市 | 5453 | 4.69 | 27 | 1.40 |
| 永州市 | 5349 | 4.60 | 44 | 2.28 |
| 郴州市 | 4802 | 4.13 | 59 | 3.06 |
| 怀化市 | 4510 | 3.88 | 36 | 1.87 |
| 娄底市 | 4116 | 3.54 | 32 | 1.66 |
| 湘潭市 | 3480 | 2.99 | 266 | 13.81 |
| 常德市 | 3428 | 2.95 | 24 | 1.25 |
| 益阳市 | 3227 | 2.77 | 53 | 2.75 |

续表

| 就业市（州） | 高职专科院校 | | 职业本科院校 | |
|---|---|---|---|---|
| | 人数（人） | 比例（%） | 人数（人） | 比例（%） |
| 湘西土家族苗族自治州 | 3177 | 2.73 | 63 | 3.27 |
| 张家界市 | 1661 | 1.43 | 26 | 1.35 |
| 总体 | 116303 | 100.00 | 1926 | 100.00 |

本科院校中，各类别院校毕业生留湘就业人数最大的市（州）依然均为长沙市，其中“双一流”建设高校毕业生留湘在长沙市就业占比为 50.56%，一本院校占比为 53.56%，二本院校占比为 47.12%，三本院校占比为 46.65%。就业人数排名第 2 的城市中，“双一流”建设高校是湘潭市（8.49%），一本院校、二本院校、三本院校均为衡阳市，占比分别为 6.98%、5.94%、7.69%。如表 8-3 所示。

**表 8-3　2023 届不同类型本科院校毕业生留湘就业分布**

| 就业市（州） | “双一流”建设高校 | | 一本院校 | | 二本院校 | | 三本院校 | |
|---|---|---|---|---|---|---|---|---|
| | 人数（人） | 比例（%） | 人数（人） | 比例（%） | 人数（人） | 比例（%） | 人数（人） | 比例（%） |
| 长沙市 | 2536 | 50.56 | 17928 | 53.56 | 13978 | 47.12 | 4639 | 46.65 |
| 湘潭市 | 426 | 8.49 | 1309 | 3.91 | 701 | 2.36 | 449 | 4.52 |
| 株洲市 | 344 | 6.86 | 2317 | 6.92 | 1171 | 3.95 | 518 | 5.21 |
| 岳阳市 | 270 | 5.38 | 1612 | 4.82 | 1199 | 4.04 | 612 | 6.15 |
| 郴州市 | 242 | 4.82 | 829 | 2.48 | 1734 | 5.85 | 446 | 4.49 |
| 衡阳市 | 235 | 4.69 | 2337 | 6.98 | 1762 | 5.94 | 765 | 7.69 |
| 常德市 | 176 | 3.51 | 1413 | 4.22 | 1163 | 3.92 | 504 | 5.07 |
| 邵阳市 | 150 | 2.99 | 900 | 2.69 | 1762 | 5.94 | 464 | 4.67 |
| 永州市 | 147 | 2.93 | 739 | 2.21 | 1343 | 4.53 | 319 | 3.21 |
| 怀化市 | 136 | 2.71 | 690 | 2.06 | 1711 | 5.77 | 249 | 2.50 |
| 益阳市 | 134 | 2.67 | 1163 | 3.47 | 936 | 3.16 | 230 | 2.31 |
| 娄底市 | 102 | 2.03 | 750 | 2.24 | 1362 | 4.59 | 324 | 3.26 |
| 张家界市 | 68 | 1.36 | 324 | 0.97 | 359 | 1.21 | 274 | 2.76 |
| 湘西土家族苗族自治州 | 50 | 1.00 | 1162 | 3.47 | 482 | 1.62 | 151 | 1.52 |
| 总人数 | 5016 | 100.00 | 33473 | 100.00 | 29663 | 100.00 | 9944 | 100.00 |

### 8.1.4　省内各市（州）毕业生输入情况

高校毕业生留省内某市（州）就业人数与当年该市（州）高校毕业生户籍数的比值

（简称人才转化比）在一定程度上能反映各市（州）人才培养输入与输出情况。其中人才转化比越大，说明该城市毕业生人才输入情况越好；若人才转化比大于 100.00%，则表示该地区的人才输入大于供给。

据统计，各城市中仅有省会城市长沙市的人才转化比大于 100.00%，比值达 220.15%，人才吸纳能力强劲；人才转化比位列第 2、第 3 的市（州）是株洲市与湘潭市，转化比分别为 51.99%、45.04%。全省 14 个地市（州）中，邵阳市人才转化比靠后，仅为 18.95%，该地区人才吸引能力有待进一步增强。如图 8-4 所示。

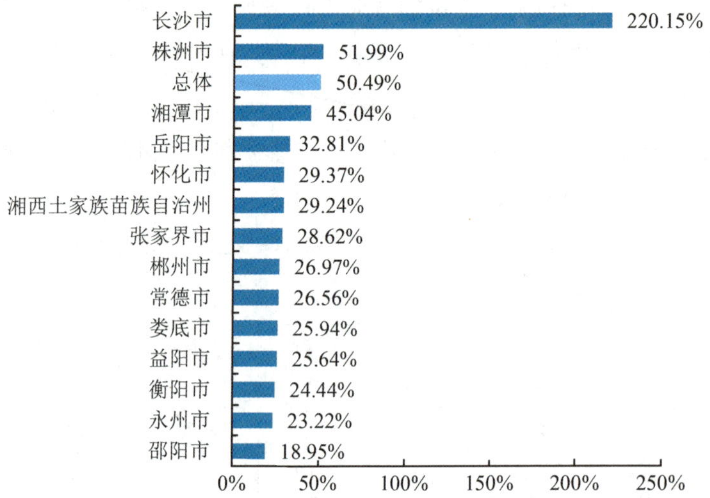


**图 8-4　湖南省普通高校 2023 届毕业生省内生源地人才输出与输入比**

具体来看，人才转化比最高的长沙市，对高职专科毕业生的转化比为 246.82%，对本科毕业生的转化比为 187.47%，对毕业研究生的转化比为 200.80%；人才转化比最低的邵阳市，对高职专科毕业生的转化比为 19.35%，对本科毕业生的转化比为 18.26%，对毕业研究生的转化比为 18.07%。如表 8-4 所示。

**表 8-4　2023 届各学历毕业生省内生源地人才输出与输入比（单位:%）**

| 就业市（州） | 高职专科毕业生 | 本科毕业生 | 毕业研究生 | 总体 |
| --- | --- | --- | --- | --- |
| 长沙市 | 246.82 | 187.47 | 200.80 | 220.15 |
| 株洲市 | 54.79 | 43.67 | 94.82 | 51.99 |
| 湘潭市 | 48.20 | 36.67 | 77.46 | 45.04 |
| 岳阳市 | 36.41 | 26.90 | 42.52 | 32.81 |
| 怀化市 | 28.01 | 31.90 | 34.03 | 29.37 |
| 湘西土家族苗族自治州 | 29.28 | 27.97 | 42.33 | 29.24 |
| 张家界市 | 30.50 | 25.45 | 32.25 | 28.62 |

续表

| 就业市（州） | 高职专科毕业生 | 本科毕业生 | 毕业研究生 | 总体 |
| --- | --- | --- | --- | --- |
| 郴州市 | 24.67 | 30.60 | 45.63 | 26.97 |
| 常德市 | 28.38 | 24.38 | 28.36 | 26.56 |
| 娄底市 | 27.48 | 24.25 | 19.42 | 25.94 |
| 益阳市 | 25.84 | 25.05 | 28.40 | 25.64 |
| 衡阳市 | 22.68 | 26.23 | 37.28 | 24.44 |
| 永州市 | 24.34 | 20.81 | 25.47 | 23.22 |
| 邵阳市 | 19.35 | 18.26 | 18.07 | 18.95 |

## 8.2　分学科门类的毕业生留湘就业专项分析

### 8.2.1　按学历层次划分

高职专科专业大类中，留湘率位列第一的是公安与司法大类，为 82.62%；第二为水利大类（81.91%）；第三为教育与体育大类（79.41%）。排名后 3 位的专业大类分别是轻工纺织大类、生物与化工大类、交通运输大类，留湘率均不足 45.00%。如表 8-5 所示。

**表 8-5　高职专科各专业大类毕业生留湘就业分布**

| 专业大类 | 就业人数（人） | 留湘人数（人） | 留湘率（%） |
| --- | --- | --- | --- |
| 农、林、牧、渔大类 | 4120 | 2821 | 68.47 |
| 资源环境与安全大类 | 2914 | 1783 | 61.19 |
| 能源动力与材料大类 | 2256 | 1424 | 63.12 |
| 土木建筑大类 | 12707 | 7801 | 61.39 |
| 水利大类 | 829 | 679 | 81.91 |
| 装备制造大类 | 25863 | 12210 | 47.21 |
| 生物与化工大类 | 2574 | 1072 | 41.65 |
| 轻工纺织大类 | 263 | 114 | 43.35 |
| 食品药品与粮食大类 | 2662 | 1840 | 69.12 |
| 交通运输大类 | 16044 | 6483 | 40.41 |
| 电子信息大类 | 27455 | 15387 | 56.04 |
| 医药卫生大类 | 26907 | 19656 | 73.05 |

续表

| 专业大类 | 就业人数（人） | 留湘人数（人） | 留湘率（%） |
|---|---|---|---|
| 财经商贸大类 | 29546 | 18078 | 61. 19 |
| 旅游大类 | 4256 | 2926 | 68. 75 |
| 文化艺术大类 | 10006 | 6716 | 67. 12 |
| 新闻传播大类 | 1629 | 1179 | 72. 38 |
| 教育与体育大类 | 21749 | 17271 | 79. 41 |
| 公安与司法大类 | 892 | 737 | 82. 62 |
| 公共管理与服务大类 | 4077 | 2766 | 67. 84 |
| 合计 | 196749 | 120943 | 61. 47 |

本科学科门类中，留湘率位列第一的学科门类是历史学，为75. 92%；第二为教育学（71. 57%）；第三为法学（71. 46%）。工学留湘率最低，仅为42. 43%。

研究生学科门类中，留湘率位列第一的学科门类依然是医学，为60. 75%；第二为管理学（57. 96%）；第三为教育学（57. 22%）。历史学留湘率最低，仅为31. 39%。如表8-6所示。

**表8-6　本科和研究生各学科门类毕业生留湘就业分布**

| 学科大类 | 本科毕业生 | | | 毕业研究生 | | |
|---|---|---|---|---|---|---|
| | 就业人数（人） | 留湘人数（人） | 留湘率（%） | 就业人数（人） | 留湘人数（人） | 留湘率（%） |
| 哲学 | 16 | 8 | 50. 00 | 148 | 75 | 50. 68 |
| 经济学 | 6187 | 3141 | 50. 77 | 1270 | 498 | 39. 21 |
| 法学 | 4548 | 3250 | 71. 46 | 1515 | 776 | 51. 22 |
| 教育学 | 4565 | 3267 | 71. 57 | 1961 | 1122 | 57. 22 |
| 文学 | 13911 | 7805 | 56. 11 | 1254 | 536 | 42. 74 |
| 历史学 | 353 | 268 | 75. 92 | 137 | 43 | 31. 39 |
| 理学 | 6983 | 4326 | 61. 95 | 1858 | 734 | 39. 50 |
| 工学 | 42883 | 18194 | 42. 43 | 8608 | 3206 | 37. 24 |
| 农学 | 1220 | 740 | 60. 66 | 892 | 458 | 51. 35 |
| 医学 | 12160 | 8032 | 66. 05 | 3215 | 1953 | 60. 75 |
| 管理学 | 22158 | 12128 | 54. 73 | 2795 | 1620 | 57. 96 |
| 艺术学 | 13960 | 7096 | 50. 83 | 851 | 399 | 46. 89 |
| 合计 | 128944 | 68255 | 52. 93 | 24504 | 11420 | 46. 60 |

### 8.2.2　按性别划分

从性别来看，高职专科专业大类中，男性留湘率高于女性的有公安与司法大类、农、林、牧、渔大类、新闻传播大类、教育与体育大类、文化艺术大类、医药卫生大类 6 个专业大类；本科学科门类中，男性留湘率高于女性的有哲学、经济学、法学、教育学、农学、医学 6 个学科；研究生学科门类中，男性留湘率高于女性的有历史学、文学、经济学、医学、管理学、工学、农学、法学、教育学、理学 10 个学科。如表 8-7 所示。

**表 8-7　各科类毕业生分性别留湘就业情况分布**

| 学历 | 学科门类 | 男 | | 女 | | 男女留湘率差值 |
|---|---|---|---|---|---|---|
| | | 留湘人数（人） | 留湘率（%） | 留湘人数（人） | 留湘率（%） | |
| 高职专科毕业生 | 农、林、牧、渔大类 | 1399 | 72.98 | 1422 | 64.55 | 8.43 |
| | 资源环境与安全大类 | 1202 | 60.04 | 581 | 63.71 | -3.67 |
| | 能源动力与材料大类 | 984 | 60.15 | 440 | 70.97 | -10.82 |
| | 土木建筑大类 | 5629 | 58.31 | 2172 | 71.14 | -12.83 |
| | 水利大类 | 467 | 77.96 | 212 | 92.17 | -14.21 |
| | 装备制造大类 | 11489 | 47.04 | 721 | 50.17 | -3.13 |
| | 生物与化工大类 | 688 | 37.84 | 384 | 50.79 | -12.95 |
| | 轻工纺织大类 | 33 | 36.67 | 81 | 46.82 | -10.15 |
| | 食品药品与粮食大类 | 490 | 68.06 | 1350 | 69.52 | -1.46 |
| | 交通运输大类 | 4432 | 37.59 | 2051 | 48.22 | -10.63 |
| | 电子信息大类 | 11201 | 54.89 | 4186 | 59.38 | -4.49 |
| | 医药卫生大类 | 4243 | 73.54 | 15413 | 72.92 | 0.62 |
| | 财经商贸大类 | 4913 | 60.68 | 13165 | 61.38 | -0.7 |
| | 旅游大类 | 737 | 65.45 | 2189 | 69.94 | -4.49 |
| | 文化艺术大类 | 2252 | 69.55 | 4464 | 65.96 | 3.59 |
| | 新闻传播大类 | 313 | 76.34 | 866 | 71.04 | 5.3 |
| | 教育与体育大类 | 3090 | 83.4 | 14181 | 78.59 | 4.81 |
| | 公安与司法大类 | 445 | 87.08 | 292 | 76.64 | 10.44 |
| | 公共管理与服务大类 | 389 | 54.1 | 2377 | 70.79 | -16.69 |
| 本科毕业生 | 哲学 | 5 | 55.56 | 3 | 42.86 | 12.7 |
| | 经济学 | 1200 | 54.52 | 1941 | 48.70 | 5.82 |
| | 法学 | 1124 | 75.13 | 2126 | 69.66 | 5.47 |
| | 教育学 | 1601 | 73.31 | 1666 | 69.97 | 3.34 |
| | 文学 | 857 | 52.48 | 6948 | 56.59 | -4.11 |

续表

| 学历 | 学科门类 | 男 | | 女 | | 男女留湘率差值 |
|---|---|---|---|---|---|---|
| | | 留湘人数（人） | 留湘率（%） | 留湘人数（人） | 留湘率（%） | |
| 本科毕业生 | 历史学 | 52 | 73. 24 | 216 | 76. 60 | -3. 36 |
| | 理学 | 1768 | 57. 65 | 2558 | 65. 32 | -7. 67 |
| | 工学 | 13933 | 42. 02 | 4261 | 43. 82 | -1. 8 |
| | 农学 | 334 | 62. 78 | 406 | 59. 01 | 3. 77 |
| | 医学 | 2811 | 69. 42 | 5221 | 64. 37 | 5. 05 |
| | 管理学 | 3292 | 50. 83 | 8836 | 56. 35 | -5. 52 |
| | 艺术学 | 2130 | 48. 30 | 4966 | 52. 00 | -3. 7 |
| 毕业研究生 | 哲学 | 25 | 45. 45 | 50 | 53. 76 | -8. 31 |
| | 经济学 | 188 | 43. 02 | 310 | 37. 21 | 5. 81 |
| | 法学 | 237 | 53. 26 | 539 | 50. 37 | 2. 89 |
| | 教育学 | 204 | 58. 79 | 918 | 56. 88 | 1. 91 |
| | 文学 | 82 | 48. 81 | 454 | 41. 80 | 7. 01 |
| | 历史学 | 16 | 36. 36 | 27 | 29. 03 | 7. 33 |
| | 理学 | 268 | 40. 48 | 466 | 38. 96 | 1. 52 |
| | 工学 | 2320 | 38. 33 | 886 | 34. 66 | 3. 67 |
| | 农学 | 218 | 53. 30 | 240 | 49. 69 | 3. 61 |
| | 医学 | 718 | 63. 94 | 1235 | 59. 03 | 4. 91 |
| | 管理学 | 547 | 60. 91 | 1073 | 56. 56 | 4. 35 |
| | 艺术学 | 99 | 43. 61 | 300 | 48. 08 | -4. 47 |

### 8. 2. 3　按不同类别院校划分

从不同类别院校来看，高职专科专业大类中，高职专科院校毕业生留湘率排在前三的专业大类是公安与司法大类（82. 62%）、水利大类（81. 91%）、教育与体育大类（79. 50%）；职业本科院校的专业大类是公共管理与服务大类（93. 51%）、文化艺术大类（68. 12%）、财经商贸大类（66. 30%）；一本院校的专业大类是教育与体育大类（84. 46%）、文化艺术大类（75. 00%）、能源动力与材料大类（54. 55%）；二本院校的专业大类是新闻传播大类（81. 82%）、医药卫生大类（80. 89%）、食品药品与粮食大类（73. 33%）。如表 8-8 所示。

表 8-8 高职专科各专业大类毕业生分院校类型留湘就业分布

| 专业大类 | 高职专科院校 | | 职业本科院校 | | 一本院校 | | 二本院校 | |
|---|---|---|---|---|---|---|---|---|
| | 人数（人） | 留湘率（%） | 人数（人） | 留湘率（%） | 人数（人） | 留湘率（%） | 人数（人） | 留湘率（%） |
| 农、林、牧、渔大类 | 2814 | 68.67 | – | – | – | – | 7 | 58.33 |
| 资源环境与安全大类 | 1775 | 61.21 | 8 | 57.14 | – | – | – | – |
| 能源动力与材料大类 | 1418 | 63.16 | – | – | 6 | 54.55 | – | – |
| 土木建筑大类 | 7596 | 61.49 | 182 | 61.28 | – | – | 23 | 41.07 |
| 水利大类 | 679 | 81.91 | – | – | – | – | – | – |
| 装备制造大类 | 12098 | 47.23 | 27 | 56.25 | – | – | 85 | 42.93 |
| 生物与化工大类 | 1072 | 41.65 | – | – | – | – | – | – |
| 轻工纺织大类 | 114 | 43.35 | – | – | – | – | – | – |
| 食品药品与粮食大类 | 1829 | 69.10 | – | – | – | – | 11 | 73.33 |
| 交通运输大类 | 6388 | 40.32 | – | – | – | – | 95 | 47.74 |
| 电子与信息大类 | 14094 | 55.94 | 908 | 56.64 | – | – | 385 | 58.51 |
| 医药卫生大类 | 18860 | 72.75 | – | – | – | – | 796 | 80.89 |
| 财经商贸大类 | 17392 | 61.04 | 242 | 66.30 | 7 | 15.91 | 437 | 67.75 |
| 旅游大类 | 2878 | 68.70 | – | – | – | – | 48 | 71.64 |
| 文化艺术大类 | 6325 | 66.99 | 282 | 68.12 | 6 | 75.00 | 103 | 72.54 |
| 新闻传播大类 | 1170 | 72.31 | – | – | – | – | 9 | 81.82 |
| 教育与体育大类 | 16563 | 79.50 | 32 | 65.31 | 576 | 84.46 | 100 | 54.35 |
| 公安与司法大类 | 737 | 82.62 | – | – | – | – | – | – |
| 公共管理与服务大类 | 2501 | 66.08 | 245 | 93.51 | – | – | 20 | 66.67 |

本科学科门类中，“双一流”建设高校毕业生留湘率前三的学科门类是历史学（67.39%）、医学（56.41%）、哲学（50.00%）；一本院校是历史学（78.86%）、教育学（75.47%）、法学（70.98%）；二本院校是法学（77.24%）、教育学（70.87%）、理学（70.78%）；三本院校是历史学（92.31%）、理学（80.63%）、教育学（80.12%）。如表 8-9 所示。

表 8-9 本科各学科毕业生留湘就业分布

| 学科门类 | “双一流”建设高校 | | 一本院校 | | 二本院校 | | 三本院校 | |
|---|---|---|---|---|---|---|---|---|
| | 人数（人） | 留湘率（%） | 人数（人） | 留湘率（%） | 人数（人） | 留湘率（%） | 人数（人） | 留湘率（%） |
| 哲学 | 8 | 50.00 | – | – | – | – | – | – |
| 经济学 | 94 | 26.48 | 1623 | 51.20 | 827 | 51.95 | 597 | 55.79 |
| 法学 | 238 | 45.77 | 1074 | 70.98 | 1598 | 77.24 | 340 | 76.23 |

续表

| 学科门类 | “双一流”建设高校 | | 一本院校 | | 二本院校 | | 三本院校 | |
|---|---|---|---|---|---|---|---|---|
| | 人数（人） | 留湘率（%） | 人数（人） | 留湘率（%） | 人数（人） | 留湘率（%） | 人数（人） | 留湘率（%） |
| 教育学 | 123 | 42.12 | 1403 | 75.47 | 1479 | 70.87 | 262 | 80.12 |
| 文学 | 336 | 33.27 | 2668 | 52.81 | 3094 | 58.34 | 1707 | 67.05 |
| 历史学 | 93 | 67.39 | 97 | 78.86 | 18 | 66.67 | 60 | 92.31 |
| 理学 | 602 | 49.55 | 2021 | 58.43 | 1141 | 70.78 | 562 | 80.63 |
| 工学 | 1158 | 27.13 | 8816 | 40.98 | 5879 | 48.83 | 2341 | 46.23 |
| 农学 | – | – | 460 | 61.74 | 238 | 58.33 | 42 | 62.69 |
| 医学 | 88 | 56.41 | 1899 | 69.00 | 5030 | 64.88 | 1015 | 67.71 |
| 管理学 | 321 | 30.57 | 5191 | 52.09 | 4757 | 60.25 | 1859 | 57.25 |
| 艺术学 | 232 | 45.58 | 2257 | 43.21 | 3448 | 54.27 | 1159 | 61.85 |
| 总计 | 3293 | 34.55 | 27509 | 49.68 | 27509 | 58.36 | 9944 | 58.83 |

研究生学科门类中，“双一流”建设高校毕业生留湘率前三的学科门类是管理学（57.13%）、医学（55.15%）、教育学（51.96%）；一本院校是医学（65.80%）、教育学（64.62%）、管理学（59.06%）。如表 8-10 所示。

**表 8-10　研究生各学科留湘就业分布**

| 学科门类 | “双一流”建设高校 | | 一本院校 | | 二本院校 | | 三本院校 | |
|---|---|---|---|---|---|---|---|---|
| | 人数（人） | 留湘率（%） | 人数（人） | 留湘率（%） | 人数（人） | 留湘率（%） | 人数（人） | 留湘率（%） |
| 哲学 | 48 | 47.06 | 27 | 58.70 | – | – | – | – |
| 经济学 | 302 | 35.78 | 196 | 46.01 | – | – | – | – |
| 法学 | 516 | 48.82 | 254 | 57.60 | – | – | 6 | 35.29 |
| 教育学 | 596 | 51.96 | 526 | 64.62 | – | – | – | – |
| 文学 | 316 | 38.26 | 220 | 51.40 | – | – | – | – |
| 历史学 | 35 | 29.91 | 8 | 40.00 | – | – | – | – |
| 理学 | 470 | 36.18 | 263 | 47.22 | – | – | 1 | 50.00 |
| 工学 | 1701 | 32.27 | 1460 | 44.72 | 24 | 48.00 | 21 | 95.45 |
| 农学 | 3 | 37.50 | 444 | 51.09 | 11 | 73.33 | – | – |
| 医学 | 841 | 55.15 | 1112 | 65.80 | – | – | – | – |
| 管理学 | 1005 | 57.13 | 606 | 59.06 | – | – | 9 | 90.00 |
| 艺术学 | 146 | 39.25 | 253 | 52.82 | – | – | – | – |
| 总计 | 5979 | 41.73 | 5369 | 53.36 | 35 | 53.85 | 37 | 72.55 |

# 8.3　分性别的毕业生留湘就业专项分析

## 8.3.1　按就业类型划分

从就业类型上看，以其他录用形式就业毕业生留湘率为 63.18%，以签订劳动合同形式就业的毕业生留湘率为 56.69%，签订就业协议形式就业的毕业生留湘率为 55.84%。细化到性别上，各就业类型的男性毕业生留湘率均低于女性，其中差距最明显的是以签订就业协议形式就业的毕业生，男女留湘率相差 10 个百分点以上。如表 8-11 所示。

**表 8-11　各就业类型的毕业生分性别留湘就业分布**

| 就业类型 | 男 | | 女 | | 总体 | |
|---|---|---|---|---|---|---|
| | 留湘人数（人） | 留湘率（%） | 留湘人数（人） | 留湘率（%） | 留湘人数（人） | 留湘率（%） |
| 其他录用形式就业 | 14236 | 59.77 | 22604 | 65.54 | 36840 | 63.18 |
| 签劳动合同形式就业 | 21783 | 51.95 | 31017 | 60.57 | 52800 | 56.69 |
| 签就业协议形式就业 | 52406 | 50.86 | 58572 | 61.20 | 110978 | 55.84 |
| 总计 | 88425 | 52.39 | 112193 | 61.85 | 200618 | 57.29 |

## 8.3.2　按就业行业划分

从就业单位行业来看，毕业生留湘率在 70.00%以上的行业有 6 个，分别是“教育”“文化、体育和娱乐业”“卫生和社会工作”“水利、环境和公共设施管理业”“住宿和餐饮业”“农、林、牧、渔业”。细化到性别来看，男性毕业生留湘率高于女性的行业有 10 个，分别是“国际组织”“军队”“公共管理、社会保障和社会组织”“文化、体育和娱乐业”“制造业”“农、林、牧、渔业”“金融业”“教育”“卫生和社会工作”“居民服务、修理和其他服务业”。如表 8-12 所示。

**表 8-12　各就业单位行业的毕业生分性别留湘就业分布**

| 单位行业 | 男 | | 女 | | 总体 | |
|---|---|---|---|---|---|---|
| | 留湘人数（人） | 留湘率（%） | 留湘人数（人） | 留湘率（%） | 留湘人数（人） | 留湘率（%） |
| 教育 | 8066 | 79.99 | 25888 | 78.09 | 33954 | 78.53 |
| 文化、体育和娱乐业 | 4977 | 74.34 | 7075 | 70.91 | 12052 | 72.29 |
| 卫生和社会工作 | 5990 | 72.21 | 14661 | 71.53 | 20651 | 71.72 |
| 水利、环境和公共设施管理业 | 1299 | 70.60 | 1102 | 70.60 | 2401 | 70.60 |

续表

| 单位行业 | 男 | | 女 | | 总体 | |
|---|---|---|---|---|---|---|
| | 留湘人数（人） | 留湘率（%） | 留湘人数（人） | 留湘率（%） | 留湘人数（人） | 留湘率（%） |
| 住宿和餐饮业 | 2380 | 67. 63 | 4809 | 72. 15 | 7189 | 70. 59 |
| 农、林、牧、渔业 | 1968 | 71. 54 | 2115 | 69. 10 | 4083 | 70. 25 |
| 公共管理、社会保障和社会组织 | 3084 | 73. 43 | 3037 | 65. 76 | 6121 | 69. 41 |
| 国际组织 | 4 | 80. 00 | 2 | 50. 00 | 6 | 66. 67 |
| 居民服务、修理和其他服务业 | 3616 | 64. 02 | 4545 | 63. 38 | 8161 | 63. 66 |
| 房地产业 | 955 | 60. 67 | 1179 | 62. 78 | 2134 | 61. 82 |
| 金融业 | 2079 | 61. 97 | 3269 | 59. 73 | 5348 | 60. 58 |
| 租赁和商务服务业 | 3741 | 56. 81 | 6506 | 59. 81 | 10247 | 58. 68 |
| 军队 | 1746 | 58. 03 | 16 | 32. 65 | 1762 | 57. 62 |
| 批发和零售业 | 6003 | 56. 76 | 10924 | 56. 96 | 16927 | 56. 89 |
| 建筑业 | 9766 | 47. 78 | 6333 | 61. 85 | 16099 | 52. 48 |
| 信息传输、软件和信息技术服务业 | 11036 | 49. 92 | 8339 | 53. 08 | 19375 | 51. 23 |
| 科学研究和技术服务业 | 3443 | 46. 84 | 3227 | 51. 49 | 6670 | 48. 98 |
| 电力、热力、燃气及水生产和供应业 | 2450 | 46. 59 | 1221 | 54. 46 | 3671 | 48. 94 |
| 采矿业 | 373 | 43. 63 | 150 | 45. 05 | 523 | 44. 02 |
| 制造业 | 13748 | 37. 01 | 6241 | 33. 83 | 19989 | 35. 96 |
| 交通运输、仓储和邮政业 | 1701 | 22. 69 | 1554 | 38. 77 | 3255 | 28. 29 |
| 总计 | 88425 | 52. 39 | 112193 | 61. 85 | 200618 | 57. 29 |

### 8. 3. 3　按就业单位划分

从就业单位性质来看，毕业生留湘率在 70. 00%以上的单位类型有 5 个，分别是农村建制村、城镇社区、其他教学单位、其他事业单位、医疗卫生单位。细化到性别来看，男性毕业生留湘率高于女性的单位类型有 7 个，分别是部队、机关、农村建制村、城镇社区、高等学校、其他教学单位、医疗卫生单位。如表 8-13 所示。

**表 8-13　各就业单位类型的毕业生分性别留湘就业分布**

| 单位性质 | 男 | | 女 | | 总体 | |
|---|---|---|---|---|---|---|
| | 留湘人数（人） | 留湘率（%） | 留湘人数（人） | 留湘率（%） | 留湘人数（人） | 留湘率（%） |
| 农村建制村 | 189 | 92. 20 | 188 | 84. 68 | 377 | 88. 29 |
| 城镇社区 | 211 | 80. 84 | 299 | 75. 13 | 510 | 77. 39 |

续表

| 单位性质 | 男 | | 女 | | 总体 | |
|---|---|---|---|---|---|---|
| | 留湘人数（人） | 留湘率（%） | 留湘人数（人） | 留湘率（%） | 留湘人数（人） | 留湘率（%） |
| 其他教学单位 | 2219 | 80.69 | 7768 | 76.32 | 9987 | 77.25 |
| 其他事业单位 | 3241 | 75.14 | 6642 | 76.50 | 9883 | 76.09 |
| 医疗卫生单位 | 3312 | 74.44 | 7615 | 71.91 | 10927 | 72.66 |
| 机关 | 2403 | 74.74 | 2289 | 64.84 | 4692 | 69.56 |
| 高等学校 | 753 | 69.15 | 966 | 63.72 | 1719 | 65.99 |
| 部队 | 1732 | 57.75 | 24 | 28.92 | 1756 | 56.98 |
| 其他企业 | 58973 | 53.04 | 73438 | 59.65 | 132411 | 56.51 |
| 国有企业 | 9178 | 37.09 | 4527 | 49.12 | 13705 | 40.36 |
| 三资企业 | 3130 | 36.77 | 2108 | 44.38 | 5238 | 39.50 |
| 科研设计单位 | 93 | 32.86 | 72 | 48.65 | 165 | 38.28 |

### 8.3.4　按工作职位划分

从就业工作职位类别来看，毕业生留湘率在 70.00%以上的职位类别有 3 个，分别是体育工作人员、教学人员、卫生专业技术人员。细化到性别来看，男性毕业生留湘率高于女性的职位类别有 11 个，分别是军人、公务员、农、林、牧、渔业技术人员、文学艺术工作人员、金融业务人员、经济业务人员、办事人员和有关人员、教学人员、卫生专业技术人员、商业和服务业人员、科学研究人员。如表 8-14 所示。

**表 8-14　各就业工作职位类别的毕业生分性别留湘就业分布**

| 工作职位类别 | 男 | | 女 | | 总体 | |
|---|---|---|---|---|---|---|
| | 留湘人数（人） | 留湘率（%） | 留湘人数（人） | 留湘率（%） | 留湘人数（人） | 留湘率（%） |
| 体育工作人员 | 1200 | 78.33 | 531 | 81.32 | 1731 | 79.22 |
| 教学人员 | 6300 | 79.34 | 22658 | 77.83 | 28958 | 78.16 |
| 卫生专业技术人员 | 4918 | 71.70 | 12183 | 70.51 | 17101 | 70.85 |
| 农、林、牧、渔业技术人员 | 1082 | 72.09 | 869 | 67.47 | 1951 | 69.95 |
| 法律专业人员 | 483 | 68.32 | 1059 | 70.13 | 1542 | 69.55 |
| 文学艺术工作人员 | 696 | 69.39 | 1389 | 66.30 | 2085 | 67.30 |
| 公务员 | 1525 | 72.38 | 1130 | 60.04 | 2655 | 66.56 |

续表

| 工作职位类别 | 男 | | 女 | | 总体 | |
|---|---|---|---|---|---|---|
| | 留湘人数（人） | 留湘率（%） | 留湘人数（人） | 留湘率（%） | 留湘人数（人） | 留湘率（%） |
| 新闻出版和文化工作人员 | 287 | 63. 50 | 774 | 63. 65 | 1061 | 63. 61 |
| 商业和服务业人员 | 6364 | 62. 46 | 11066 | 61. 95 | 17430 | 62. 14 |
| 金融业务人员 | 1727 | 62. 85 | 2986 | 60. 51 | 4713 | 61. 34 |
| 军人 | 1713 | 58. 05 | 6 | 24. 00 | 1719 | 57. 76 |
| 其他人员 | 21758 | 55. 08 | 31013 | 59. 64 | 52771 | 57. 67 |
| 办事人员和有关人员 | 6935 | 58. 40 | 9854 | 56. 80 | 16789 | 57. 45 |
| 经济业务人员 | 1537 | 54. 08 | 3769 | 51. 88 | 5306 | 52. 50 |
| 其他专业技术人员 | 12658 | 48. 43 | 7980 | 51. 87 | 20638 | 49. 70 |
| 科学研究人员 | 787 | 46. 38 | 525 | 46. 34 | 1312 | 46. 36 |
| 工程技术人员 | 15420 | 40. 73 | 3835 | 44. 55 | 19255 | 41. 43 |
| 生产和运输设备操作人员 | 3035 | 27. 90 | 566 | 31. 18 | 3601 | 28. 37 |
| 总计 | 88425 | 52. 39 | 112193 | 61. 85 | 200618 | 57. 29 |

# 8. 4　分学历的毕业生留湘就业专项分析

## 8. 4. 1　按就业类型划分

从毕业生就业类型来看，高职专科毕业生、本科毕业生、毕业研究生留湘率最高的均为其他录用形式就业。如表 8-15 所示。

**表 8-15　各就业类型的毕业生分学历留湘就业分布**

| 就业类型 | 高职专科毕业生 | | 本科毕业生 | | 毕业研究生 | |
|---|---|---|---|---|---|---|
| | 留湘人数（人） | 留湘率（%） | 留湘人数（人） | 留湘率（%） | 留湘人数（人） | 留湘率（%） |
| 其他录用形式就业 | 20182 | 64. 62 | 15755 | 61. 33 | 903 | 65. 15 |
| 签劳动合同形式就业 | 29706 | 56. 83 | 20780 | 56. 17 | 2314 | 59. 87 |
| 签就业协议形式就业 | 71055 | 62. 75 | 31720 | 47. 87 | 8203 | 42. 61 |
| 总计 | 120943 | 61. 47 | 68255 | 52. 93 | 11420 | 46. 60 |

### 8.4.2　按就业行业划分

从就业单位行业来看，高职专科毕业生留湘率在 70.00%以上的单位行业有 8 个，分别是“教育”“公共管理、社会保障和社会组织”“卫生和社会工作”“文化、体育和娱乐业”“水利、环境和公共设施管理业”“农、林、牧、渔业”“住宿和餐饮业”“国际组织”；本科毕业生留湘率在 60.00%以上的单位行业有 7 个，分别是“教育”“公共管理、社会保障和社会组织”“卫生和社会工作”“文化、体育和娱乐业”“水利、环境和公共设施管理业”“农、林、牧、渔业”“住宿和餐饮业”；毕业研究生留湘率在 60.00%以上的单位行业有 1 个，是“卫生和社会工作”。如表 8-16 所示。

**表 8-16　各就业单位行业的毕业生分学历留湘就业分布**

| 单位行业 | 高职专科毕业生 | | 本科毕业生 | | 毕业研究生 | |
|---|---|---|---|---|---|---|
| | 留湘人数（人） | 留湘率（%） | 留湘人数（人） | 留湘率（%） | 留湘人数（人） | 留湘率（%） |
| 教育 | 17994 | 88.45 | 13055 | 74.82 | 2905 | 53.37 |
| 公共管理、社会保障和社会组织 | 2081 | 77.82 | 3086 | 71.75 | 954 | 51.76 |
| 卫生和社会工作 | 12215 | 77.54 | 6623 | 66.09 | 1813 | 60.09 |
| 文化、体育和娱乐业 | 7295 | 75.97 | 4525 | 67.74 | 232 | 59.64 |
| 水利、环境和公共设施管理业 | 1656 | 75.69 | 616 | 63.05 | 129 | 54.66 |
| 农、林、牧、渔业 | 2860 | 74.38 | 996 | 63.44 | 227 | 57.18 |
| 住宿和餐饮业 | 6026 | 72.40 | 1146 | 62.66 | 17 | 53.12 |
| 国际组织 | 5 | 71.43 | 1 | 50.00 | – | – |
| 房地产业 | 1489 | 66.47 | 589 | 53.64 | 56 | 49.12 |
| 居民服务、修理和其他服务业 | 6191 | 64.84 | 1832 | 61.03 | 138 | 51.30 |
| 建筑业 | 10425 | 61.69 | 5274 | 41.35 | 400 | 39.02 |
| 批发和零售业 | 12282 | 61.18 | 4503 | 48.20 | 142 | 42.01 |
| 电力、热力、燃气及水生产和供应业 | 2017 | 60.57 | 1317 | 39.53 | 337 | 40.17 |
| 租赁和商务服务业 | 6275 | 60.10 | 3715 | 56.68 | 257 | 55.03 |
| 金融业 | 1737 | 59.67 | 2917 | 63.98 | 694 | 51.10 |
| 军队 | 1723 | 58.39 | 17 | 34.69 | 22 | 37.93 |
| 信息传输、软件和信息技术服务业 | 11336 | 58.25 | 7377 | 45.17 | 662 | 32.69 |
| 采矿业 | 304 | 57.47 | 188 | 34.75 | 31 | 26.27 |
| 科学研究和技术服务业 | 3220 | 52.02 | 2735 | 48.87 | 715 | 39.05 |
| 制造业 | 11529 | 37.94 | 6904 | 33.07 | 1556 | 35.92 |
| 交通运输、仓储和邮政业 | 2283 | 25.22 | 839 | 40.34 | 133 | 35.66 |
| 总计 | 120943 | 61.47 | 68255 | 52.93 | 11420 | 46.60 |

### 8.4.3 按就业单位划分

从就业单位性质来看，高职专科毕业生留湘率在 80.00%以上的单位类型有 7 个，分别是高等学校、其他教学单位、农村建制村、机关、其他事业单位、医疗卫生单位、城镇社区；本科毕业生留湘率在 70.00%以上的单位类型有 4 个，分别是高等学校、农村建制村、其他教学单位、机关；毕业研究生留湘率在 50.00%以上的单位类型有 3 个，分别是医疗卫生单位、高等学校、农村建制村。如表 8-17 所示。

表 8-17　各就业单位类型的毕业生分学历留湘就业分布

| 单位性质 | 高职专科毕业生 | | 本科毕业生 | | 毕业研究生 | |
|---|---|---|---|---|---|---|
| | 留湘人数（人） | 留湘率（%） | 留湘人数（人） | 留湘率（%） | 留湘人数（人） | 留湘率（%） |
| 高等学校 | 121 | 90.30 | 389 | 86.44 | 1209 | 59.82 |
| 其他教学单位 | 4336 | 90.00 | 4874 | 75.41 | 777 | 47.18 |
| 农村建制村 | 311 | 89.11 | 65 | 85.53 | 1 | 50.00 |
| 机关 | 1207 | 88.36 | 2639 | 72.94 | 846 | 48.04 |
| 其他事业单位 | 6891 | 86.15 | 2086 | 65.72 | 906 | 49.92 |
| 医疗卫生单位 | 5796 | 83.58 | 3679 | 64.58 | 1452 | 60.32 |
| 城镇社区 | 380 | 82.61 | 126 | 66.67 | 4 | 40.00 |
| 其他企业 | 83890 | 60.49 | 45513 | 51.77 | 3008 | 39.16 |
| 部队 | 1709 | 58.15 | 23 | 31.51 | 24 | 34.29 |
| 科研设计单位 | 70 | 51.09 | 32 | 41.56 | 63 | 29.03 |
| 三资企业 | 4039 | 45.45 | 946 | 27.06 | 253 | 28.75 |
| 国有企业 | 4888 | 36.43 | 6365 | 41.78 | 2452 | 46.19 |
| 总计 | 113638 | 61.05 | 66737 | 52.77 | 10995 | 46.16 |

### 8.4.4 按工作职位划分

从就业职位类别来看，高职专科毕业生留湘率在 70.00%以上的职位类别有 8 个，分别是教学人员、公务员、体育工作人员、卫生专业技术人员、法律专业人员、农、林、牧、渔业技术人员、文学艺术工作人员、新闻出版和文化工作人员；本科毕业生留湘率在 70.00%以上的职位类别有 4 个，分别是体育工作人员、教学人员、法律专业人员、公务员；毕业研究生留湘率在 60.00%以上的职位类别有 3 个，分别是文学艺术工作人员、体育工作人员、卫生专业技术人员。如表 8-18 所示。

表 8–18　各就业工作职位类别的毕业生分学历留湘就业分布

| 工作职位类别 | 高职专科毕业生 | | 本科毕业生 | | 毕业研究生 | |
|---|---|---|---|---|---|---|
| | 留湘人数（人） | 留湘率（%） | 留湘人数（人） | 留湘率（%） | 留湘人数（人） | 留湘率（%） |
| 教学人员 | 15142 | 89.06 | 11292 | 74.28 | 2524 | 52.06 |
| 公务员 | 246 | 84.54 | 1740 | 71.69 | 669 | 52.64 |
| 体育工作人员 | 827 | 78.61 | 869 | 80.39 | 35 | 67.31 |
| 卫生专业技术人员 | 9857 | 77.30 | 5611 | 64.64 | 1633 | 60.37 |
| 法律专业人员 | 67 | 75.28 | 1175 | 74.09 | 300 | 55.35 |
| 农、林、牧、渔业技术人员 | 1490 | 74.54 | 343 | 59.97 | 118 | 54.13 |
| 文学艺术工作人员 | 1221 | 73.55 | 800 | 59.44 | 64 | 69.57 |
| 新闻出版和文化工作人员 | 506 | 73.12 | 490 | 57.51 | 65 | 52.42 |
| 商业和服务业人员 | 13905 | 65.98 | 3383 | 50.64 | 142 | 48.14 |
| 金融业务人员 | 1860 | 63.37 | 2293 | 62.99 | 560 | 50.54 |
| 其他人员 | 39379 | 61.41 | 12385 | 50.17 | 1007 | 37.37 |
| 办事人员和有关人员 | 6984 | 60.85 | 9272 | 55.52 | 533 | 50.86 |
| 科学研究人员 | 171 | 58.76 | 581 | 48.82 | 560 | 41.51 |
| 军人 | 1702 | 58.25 | 10 | 41.67 | 7 | 23.33 |
| 经济业务人员 | 2675 | 57.07 | 2455 | 48.60 | 176 | 47.70 |
| 其他专业技术人员 | 12617 | 54.38 | 6819 | 44.12 | 1202 | 41.93 |
| 工程技术人员 | 9059 | 48.33 | 8412 | 36.70 | 1784 | 37.10 |
| 生产和运输设备操作人员 | 3235 | 27.52 | 325 | 38.06 | 41 | 49.40 |
| 总计 | 120943 | 61.47 | 68255 | 52.93 | 11420 | 46.60 |

## 8.5　分毕业院校的毕业生留湘就业专项分析

### 8.5.1　按就业行业划分

从就业单位行业来看各院校毕业生留湘就业分布，高职专科院校毕业生在“教育”的留湘率高于 80.00%；职业本科院校毕业生在“教育”“公共管理、社会保障和社会组织”“农、林、牧、渔业”的留湘率高于 80.00%；“双一流”建设高校毕业生在“水利、环境和公共设施管理业”“文化、体育和娱乐业”的留湘率高于 60.00%；一本院校毕业生在“教育”的留湘率高于 70.00%；二本院校毕业生在“国际组织”“公共管理、社会保障和社会组织”留湘率高于 80.00%；三本院校毕业生在“军队”“教育”的留湘率高于

80.00%。如表8-19、表8-20所示。

**表8-19　各就业单位行业的职业院校毕业生留湘就业分布**

| 单位行业 | 高职专科院校 | | 职业本科院校 | |
|---|---|---|---|---|
| | 留湘人数(人) | 留湘率（%） | 留湘人数(人) | 留湘率（%） |
| 教育 | 17139 | 88.26 | 273 | 94.79 |
| 公共管理、社会保障和社会组织 | 2029 | 77.83 | 11 | 84.62 |
| 卫生和社会工作 | 11609 | 77.23 | 7 | 77.78 |
| 文化、体育和娱乐业 | 6954 | 75.86 | 194 | 78.54 |
| 水利、环境和公共设施管理业 | 1636 | 75.71 | 2 | 66.67 |
| 农、林、牧、渔业 | 2825 | 74.22 | 11 | 91.67 |
| 住宿和餐饮业 | 5854 | 72.31 | 50 | 75.76 |
| 国际组织 | 5 | 71.43 | – | – |
| 房地产业 | 1423 | 66.90 | 37 | 53.62 |
| 居民服务、修理和其他服务业 | 6055 | 64.80 | 38 | 63.33 |
| 建筑业 | 10101 | 61.61 | 204 | 67.11 |
| 批发和零售业 | 11958 | 61.37 | 134 | 54.69 |
| 电力、热力、燃气及水生产和供应业 | 1985 | 60.50 | 15 | 57.69 |
| 租赁和商务服务业 | 5964 | 59.82 | 159 | 64.63 |
| 金融业 | 1695 | 59.64 | 15 | 65.22 |
| 军队 | 1723 | 58.41 | – | – |
| 信息传输、软件和信息技术服务业 | 10609 | 57.96 | 450 | 64.66 |
| 采矿业 | 295 | 57.39 | – | – |
| 科学研究和技术服务业 | 2972 | 51.61 | 182 | 60.26 |
| 制造业 | 11247 | 38.05 | 120 | 30.93 |
| 交通运输、仓储和邮政业 | 2225 | 24.93 | 24 | 47.06 |
| 总计 | 116303 | 61.30 | 1926 | 63.11 |

**表8-20　各就业单位行业的本科院校毕业生留湘就业分布**

| 单位行业 | "双一流"建设高校 | | 一本院校 | | 二本院校 | | 三本院校 | |
|---|---|---|---|---|---|---|---|---|
| | 留湘人数（人） | 留湘率（%） | 留湘人数（人） | 留湘率（%） | 留湘人数（人） | 留湘率（%） | 留湘人数（人） | 留湘率（%） |
| 教育 | 2785 | 51.89 | 6409 | 73.06 | 5255 | 76.08 | 2092 | 84.46 |
| 公共管理、社会保障和社会组织 | 714 | 45.45 | 1367 | 62.79 | 1689 | 82.59 | 299 | 77.26 |
| 卫生和社会工作 | 898 | 55.43 | 2654 | 67.91 | 4683 | 66.72 | 800 | 66.39 |

续表

| 单位行业 | “双一流”建设高校 | | 一本院校 | | 二本院校 | | 三本院校 | |
|---|---|---|---|---|---|---|---|---|
| | 留湘人数（人） | 留湘率（%） | 留湘人数（人） | 留湘率（%） | 留湘人数（人） | 留湘率（%） | 留湘人数（人） | 留湘率（%） |
| 文化、体育和娱乐业 | 280 | 60.09 | 1877 | 65.84 | 2085 | 69.52 | 661 | 70.24 |
| 水利、环境和公共设施管理业 | 130 | 69.89 | 332 | 57.24 | 189 | 62.17 | 112 | 67.07 |
| 农、林、牧、渔业 | 51 | 52.04 | 703 | 59.58 | 365 | 67.10 | 128 | 74.42 |
| 住宿和餐饮业 | 36 | 51.43 | 354 | 56.37 | 717 | 67.77 | 178 | 66.92 |
| 国际组织 | – | – | – | – | 1 | 100.00 | – | – |
| 房地产业 | 39 | 43.82 | 310 | 50.82 | 235 | 57.46 | 90 | 60.81 |
| 居民服务、修理和其他服务业 | 116 | 57.43 | 739 | 56.54 | 853 | 64.87 | 359 | 60.85 |
| 建筑业 | 357 | 26.02 | 3080 | 38.86 | 1673 | 49.96 | 683 | 51.31 |
| 批发和零售业 | 177 | 36.12 | 1769 | 47.25 | 2118 | 48.60 | 771 | 53.77 |
| 电力、热力、燃气及水生产和供应业 | 200 | 26.95 | 852 | 38.71 | 455 | 50.11 | 164 | 47.95 |
| 租赁和商务服务业 | 242 | 49.59 | 1644 | 55.63 | 1485 | 57.80 | 753 | 61.02 |
| 金融业 | 509 | 41.79 | 1515 | 59.69 | 1067 | 72.29 | 547 | 74.83 |
| 军队 | 19 | 29.69 | 12 | 48.00 | 5 | 33.33 | 3 | 100.00 |
| 信息传输、软件和信息技术服务业 | 605 | 24.61 | 3548 | 46.19 | 3178 | 49.35 | 985 | 44.01 |
| 采矿业 | 12 | 9.09 | 108 | 30.34 | 87 | 61.27 | 16 | 44.44 |
| 科学研究和技术服务业 | 574 | 37.49 | 1615 | 48.37 | 1037 | 49.40 | 277 | 48.17 |
| 制造业 | 1418 | 26.68 | 4244 | 34.17 | 2082 | 37.31 | 875 | 37.55 |
| 交通运输、仓储和邮政业 | 110 | 29.02 | 341 | 34.51 | 404 | 46.49 | 151 | 51.19 |
| 总计 | 9272 | 38.86 | 33473 | 50.57 | 29663 | 58.85 | 9944 | 58.83 |

### 8.5.2　按就业单位划分

从就业单位性质来看各院校毕业生留湘就业分布，高职专科院校毕业生留湘率高于 80.00%的就业单位有 7 个，分别为“高等学校”“其他教学单位”“农村建制村”“机关”“其他事业单位”“医疗卫生单位”“城镇社区”；职业本科院校毕业生在“农村建制村”“科研设计单位”“其他教学单位”“机关”“其他事业单位”的留湘率高于 80.00%；“双一流”建设高校毕业生在“高等学校”的留湘率高于 60.00%；一本院校毕业生在“农村建制村”“其他教学单位”的留湘率高于 70.00%；二本院校毕业生在“农村建制村”“机关”“高等学校”的留湘率高于 80.00%；三本院校毕业生在“农村建制村”“高等学校”“其他事业单位”“其他教学单位”的留湘率高于 80.00%。如表 8-21、表 8-22 所示。

**表8-21　各就业单位类型的职业院校毕业生留湘就业分布**

| 单位行业 | 高职专科院校 | | 职业本科院校 | |
|---|---|---|---|---|
| | 留湘人数(人) | 留湘率（%） | 留湘人数(人) | 留湘率（%） |
| 高等学校 | 121 | 90.30 | – | – |
| 其他教学单位 | 4226 | 90.03 | 11 | 91.67 |
| 农村建制村 | 300 | 89.55 | 3 | 100.00 |
| 机关 | 1192 | 88.36 | 7 | 87.50 |
| 其他事业单位 | 6570 | 85.88 | 58 | 82.86 |
| 医疗卫生单位 | 5491 | 83.37 | 3 | 60.00 |
| 城镇社区 | 373 | 82.52 | – | – |
| 其他企业 | 80401 | 60.39 | 1615 | 61.85 |
| 部队 | 1709 | 58.17 | – | – |
| 科研设计单位 | 69 | 51.88 | 1 | 100.00 |
| 三资企业 | 3990 | 45.68 | 24 | 32.00 |
| 国有企业 | 4857 | 36.34 | 7 | 38.89 |
| 总计 | 109299 | 60.89 | 1729 | 61.66 |

**表8-22　各就业单位类型的本科院校毕业生留湘就业分布**

| 单位行业 | “双一流”建设高校 | | 一本院校 | | 二本院校 | | 三本院校 | |
|---|---|---|---|---|---|---|---|---|
| | 留湘人数（人） | 留湘率（%） | 留湘人数（人） | 留湘率（%） | 留湘人数（人） | 留湘率（%） | 留湘人数（人） | 留湘率（%） |
| 高等学校 | 836 | 60.93 | 617 | 66.70 | 125 | 82.24 | 20 | 95.24 |
| 其他教学单位 | 914 | 48.82 | 2534 | 74.03 | 1643 | 76.35 | 659 | 85.03 |
| 农村建制村 | 0 | 0.00 | 16 | 76.19 | 49 | 84.48 | 9 | 100.00 |
| 机关 | 966 | 51.08 | 1021 | 60.38 | 1321 | 84.25 | 176 | 77.88 |
| 其他事业单位 | 576 | 39.53 | 1409 | 66.27 | 805 | 70.93 | 460 | 85.34 |
| 医疗卫生单位 | 728 | 54.29 | 1662 | 69.92 | 2613 | 64.63 | 430 | 62.59 |
| 城镇社区 | 1 | 14.29 | 46 | 63.01 | 71 | 73.96 | 19 | 61.29 |
| 其他企业 | 2725 | 32.16 | 20461 | 49.34 | 20082 | 56.07 | 7124 | 55.74 |
| 部队 | 19 | 26.03 | 17 | 51.52 | 8 | 24.24 | 3 | 75.00 |
| 科研设计单位 | 32 | 20.92 | 37 | 35.92 | 14 | 48.28 | – | – |
| 三资企业 | 270 | 22.43 | 459 | 24.60 | 312 | 32.67 | 183 | 42.76 |
| 国有企业 | 1853 | 33.96 | 4544 | 41.32 | 1695 | 59.06 | 741 | 59.66 |
| 总计 | 8920 | 38.28 | 32823 | 50.42 | 28738 | 58.76 | 9824 | 58.68 |

### 8.5.3 按工作职位划分

从就业职位类别来看各院校毕业生留湘就业分布，高职专科毕业生留湘率在 80.00%以上的职位有“教学人员”“公务员”；职业本科院校毕业生留湘率在 80.00%以上的职位有“农、林、牧、渔业技术人员”“公务员”“教学人员”“体育工作人员”；“双一流”建设高校毕业生就业在“体育工作人员”的留湘率在 60.00%以上，一本院校毕业生在“教学人员”“法律专业人员”“体育工作人员”的留湘率在 70.00%以上，二本院校毕业生在“公务员”“法律专业人员”“体育工作人员”“教学人员”“金融业务人员”的留湘率在 70.00%以上，三本院校毕业生在“军人”“体育工作人员”“教学人员”的留湘率在 80.00%以上。如表 8-23、表 8-24 所示。

**表 8-23 各工作职位类别的职业院校毕业生留湘就业分布**

| 工作职位类别 | 高职专科院校 | | 职业本科院校 | |
|---|---|---|---|---|
| | 留湘人数(人) | 留湘率（%） | 留湘人数(人) | 留湘率（%） |
| 教学人员 | 14426 | 88.87 | 214 | 94.69 |
| 公务员 | 239 | 84.15 | 5 | 100.00 |
| 体育工作人员 | 812 | 78.53 | 8 | 80.00 |
| 卫生专业技术人员 | 9293 | 76.94 | - | - |
| 法律专业人员 | 67 | 75.28 | - | - |
| 农、林、牧、渔业技术人员 | 1484 | 74.54 | 5 | 100.00 |
| 新闻出版和文化工作人员 | 494 | 73.40 | 10 | 66.67 |
| 文学艺术工作人员 | 1138 | 73.14 | 69 | 81.18 |
| 商业和服务业人员 | 13489 | 65.91 | 226 | 71.52 |
| 金融业务人员 | 1809 | 63.70 | 27 | 55.10 |
| 其他人员 | 37965 | 61.35 | 725 | 63.10 |
| 办事人员和有关人员 | 6526 | 60.84 | 66 | 63.46 |
| 科学研究人员 | 163 | 58.63 | 5 | 50.00 |
| 军人 | 1702 | 58.27 | - | - |
| 经济业务人员 | 2546 | 57.07 | 40 | 51.28 |
| 其他专业技术人员 | 12183 | 54.33 | 284 | 57.03 |
| 工程技术人员 | 8786 | 48.38 | 215 | 50.23 |
| 生产和运输设备操作人员 | 3181 | 27.32 | 27 | 36.99 |
| 总计 | 116303 | 61.30 | 1926 | 63.11 |

表 8-24　各工作职位类别的本科院校毕业生留湘就业分布

| 工作职位类别 | “双一流”建设高校 | | 一本院校 | | 二本院校 | | 三本院校 | |
|---|---|---|---|---|---|---|---|---|
| | 留湘人数（人） | 留湘率（%） | 留湘人数（人） | 留湘率（%） | 留湘人数（人） | 留湘率（%） | 留湘人数（人） | 留湘率（%） |
| 教学人员 | 2383 | 48. 97 | 5677 | 73. 56 | 4561 | 75. 83 | 1696 | 85. 18 |
| 公务员 | 508 | 46. 52 | 784 | 60. 40 | 1007 | 86. 29 | 100 | 78. 12 |
| 体育工作人员 | 39 | 60. 94 | 484 | 83. 59 | 316 | 75. 96 | 72 | 87. 80 |
| 卫生专业技术人员 | 761 | 54. 75 | 2294 | 68. 60 | 4123 | 65. 23 | 630 | 62. 75 |
| 法律专业人员 | 318 | 55. 99 | 696 | 71. 83 | 359 | 79. 42 | 102 | 73. 91 |
| 农、林、牧、渔业技术人员 | 9 | 37. 50 | 347 | 57. 64 | 82 | 61. 65 | 24 | 70. 59 |
| 新闻出版和文化工作人员 | 83 | 58. 45 | 230 | 56. 93 | 210 | 53. 85 | 34 | 79. 07 |
| 文学艺术工作人员 | 52 | 57. 14 | 361 | 59. 67 | 384 | 63. 68 | 81 | 51. 27 |
| 商业和服务业人员 | 161 | 34. 11 | 1319 | 48. 21 | 1713 | 54. 12 | 521 | 58. 15 |
| 金融业务人员 | 397 | 41. 35 | 1299 | 59. 37 | 844 | 70. 69 | 337 | 74. 56 |
| 其他人员 | 1083 | 33. 21 | 5250 | 46. 13 | 6192 | 56. 02 | 1554 | 56. 14 |
| 办事人员和有关人员 | 416 | 42. 23 | 3027 | 49. 82 | 3937 | 59. 26 | 2817 | 60. 06 |
| 科学研究人员 | 444 | 39. 78 | 544 | 46. 42 | 100 | 54. 35 | 36 | 73. 47 |
| 军人 | 7 | 20. 59 | 5 | 50. 00 | 3 | 37. 50 | 2 | 100. 00 |
| 经济业务人员 | 109 | 35. 50 | 1250 | 45. 26 | 1055 | 55. 18 | 306 | 52. 13 |
| 其他专业技术人员 | 1014 | 33. 53 | 3723 | 43. 19 | 2724 | 51. 44 | 710 | 42. 77 |
| 工程技术人员 | 1460 | 27. 45 | 5996 | 39. 22 | 1899 | 37. 10 | 898 | 41. 65 |
| 生产和运输设备操作人员 | 28 | 19. 58 | 187 | 42. 89 | 154 | 45. 83 | 24 | 37. 50 |
| 总计 | 9272 | 38. 86 | 33473 | 50. 57 | 29663 | 58. 85 | 9944 | 58. 83 |

## 8. 6　毕业生留湘就业质量相关调查分析

### 8. 6. 1　毕业生留湘就业质量总体情况

#### 8. 6. 1. 1　就业适配度

调研数据显示，与流向省外就业的毕业生相比，2023 届留湘就业毕业生就业适配度更高。具体来看，2023 届留湘就业毕业生工作与专业相关度为 72. 77%，工作与理想职业匹配度为 75.68%，且毕业生就业适配度与学历层次明显成正比。如表 8-25 所示。

**表 8-25　湖南省普通高校 2023 届毕业生省内外就业适配度对比（单位:%）**

| 就业类型 | 学历 | 专业相关度 | 理想职业匹配度 |
|---|---|---|---|
| 留湘就业 | 高职专科毕业生 | 68.33 | 73.29 |
| | 本科毕业生 | 76.87 | 77.53 |
| | 毕业研究生 | 80.46 | 82.53 |
| | 小计 | 72.77 | 75.68 |
| 省外就业 | 高职专科毕业生 | 60.13 | 68.51 |
| | 本科毕业生 | 69.74 | 73.24 |
| | 毕业研究生 | 77.71 | 81.68 |
| | 小计 | 66.01 | 71.74 |
| 总计 | 总计 | 69.74 | 73.91 |

从专业大类来看，留湘就业的高职专科毕业生中，能源动力与材料大类、水利大类的毕业生专业相关度较突出；能源动力与材料大类、水利大类的毕业生工作与理想职业匹配度较高。如表 8-26 所示。

**表 8-26　2023 届高校留湘就业高职专科毕业生就业适配度（单位:%）**

| 学科大类 | 专业相关度 | 理想职业匹配度 |
|---|---|---|
| 能源动力与材料大类 | 91.27 | 91.69 |
| 水利大类 | 89.38 | 90.62 |
| 教育与体育大类 | 85.90 | 79.64 |
| 医药卫生大类 | 83.54 | 75.37 |
| 新闻传播大类 | 77.95 | 77.95 |
| 农、林、牧、渔大类 | 77.01 | 83.58 |
| 生物与化工大类 | 75.93 | 85.48 |
| 资源环境与安全大类 | 68.20 | 76.96 |
| 公安与司法大类 | 64.79 | 71.30 |
| 土木建筑大类 | 63.01 | 69.40 |
| 公共管理与服务大类 | 62.22 | 73.19 |
| 文化艺术大类 | 62.14 | 68.67 |
| 食品药品与粮食大类 | 59.32 | 68.24 |
| 装备制造大类 | 56.44 | 69.29 |

续表

| 学科大类 | 专业相关度 | 理想职业匹配度 |
| --- | --- | --- |
| 财经商贸大类 | 54. 97 | 67. 66 |
| 旅游大类 | 54. 41 | 68. 96 |
| 交通运输大类 | 49. 92 | 68. 03 |
| 电子信息大类 | 46. 78 | 64. 99 |
| 轻工纺织大类 | 24. 24 | 66. 67 |

留湘就业的本科各学科毕业生中，历史学、理学、医学专业相关度高于 90. 00%；历史学毕业生工作与理想职业匹配度最高，为 88. 89%。留湘就业的毕业研究生各学科中，医学、教育学、历史学、法学专业相关度高于 85. 00%；哲学毕业生工作与理想职业匹配度最高，为 96. 15%。如表 8-27 所示。

**表 8-27　2023 届高校留湘就业本科毕业生、毕业研究生就业适配度（单位:%）**

| 学科门类 | 本科毕业生 | | 毕业研究生 | |
| --- | --- | --- | --- | --- |
| | 专业相关度 | 理想职业匹配度 | 专业相关度 | 理想职业匹配度 |
| 历史学 | 96. 76 | 88. 89 | 87. 50 | 81. 25 |
| 理学 | 91. 17 | 84. 57 | 73. 86 | 75. 57 |
| 医学 | 91. 09 | 80. 63 | 95. 73 | 83. 67 |
| 法学 | 86. 42 | 85. 23 | 85. 38 | 83. 02 |
| 教育学 | 85. 88 | 78. 70 | 90. 65 | 83. 18 |
| 文学 | 81. 81 | 77. 10 | 78. 00 | 83. 33 |
| 艺术学 | 69. 98 | 76. 14 | 70. 19 | 84. 62 |
| 工学 | 69. 81 | 75. 14 | 74. 28 | 81. 92 |
| 管理学 | 63. 36 | 72. 73 | 77. 00 | 84. 67 |
| 农学 | 62. 02 | 70. 73 | 71. 11 | 81. 78 |
| 经济学 | 59. 13 | 74. 83 | 77. 67 | 80. 58 |
| 哲学 | – | – | 80. 77 | 96. 15 |

#### 8. 6. 1. 2　就业待遇

调研数据显示，2023 届留湘就业毕业生工作待遇略低于省外就业毕业生。具体来看，留湘就业毕业生对当前就业的月薪满意度为 49. 94%，毕业生学历层次越高，对就业的薪酬满意度越高。另外，81. 17%的留湘就业毕业生所在单位为其缴纳了社保，其中毕业研究生所在单位的社保缴纳比例达到 97. 53%。如表 8-28 所示。

表 8-28　2023 届高校留湘与省外就业不同学历层次毕业生待遇（单位:%）

| 就业类型 | 学历 | 月薪满意度 | 社保提供比例 |
|---|---|---|---|
| 留湘就业 | 高职专科毕业生 | 49.18 | 73.25 |
| | 本科毕业生 | 49.96 | 88.15 |
| | 毕业研究生 | 56.55 | 97.53 |
| | 小计 | 49.94 | 81.17 |
| 省外就业 | 高职专科毕业生 | 55.27 | 83.78 |
| | 本科毕业生 | 53.94 | 93.85 |
| | 毕业研究生 | 61.56 | 98.99 |
| | 小计 | 55.10 | 89.71 |
| 总计 | 总计 | 52.26 | 85.01 |

高职专科各专业大类毕业生中，水利大类、农、林、牧、渔大类、生物与化工大类、能源动力与材料大类毕业生当前月薪满意度在 60.00%以上；同时，能源动力与材料大类、水利大类、生物与化工大类毕业生所在单位社保缴纳比例也处于前列，为 90.00%以上，上述 3 个专业大类的毕业生就业待遇优势较为明显。如表 8-29 所示。

表 8-29　2023 届高校留湘就业高职专科各专业大类毕业生就业待遇（单位:%）

| 学科大类 | 月薪满意度 | 社保提供比例 |
|---|---|---|
| 水利大类 | 67.50 | 95.00 |
| 农、林、牧、渔大类 | 64.48 | 85.89 |
| 生物与化工大类 | 64.32 | 93.78 |
| 能源动力与材料大类 | 64.27 | 98.48 |
| 交通运输大类 | 57.92 | 84.25 |
| 公安与司法大类 | 55.33 | 87.87 |
| 资源环境与安全大类 | 54.84 | 80.18 |
| 装备制造大类 | 54.66 | 85.00 |
| 轻工纺织大类 | 54.55 | 75.76 |
| 财经商贸大类 | 53.64 | 69.98 |
| 旅游大类 | 53.61 | 68.84 |
| 新闻传播大类 | 51.79 | 78.97 |
| 电子信息大类 | 50.17 | 78.16 |
| 土木建筑大类 | 48.78 | 64.90 |

续表

| 学科大类 | 月薪满意度 | 社保提供比例 |
|---|---|---|
| 公共管理与服务大类 | 46.25 | 61.81 |
| 文化艺术大类 | 45.31 | 58.16 |
| 食品药品与粮食大类 | 44.88 | 80.84 |
| 教育与体育大类 | 42.16 | 71.35 |
| 医药卫生大类 | 41.50 | 62.23 |

本科各学科毕业生中，法学毕业生当前月薪满意度最高，为 57.72%，社保提供比例为 87.35%。毕业研究生中，农学薪资满意度最高，为 62.22%；除艺术学外，其余学科门类社保提供比例均高于 93.00%。如表 8-30 所示。

**表 8-30　2023 届高校留湘就业本科毕业生、毕业研究生各学科就业待遇（单位:%）**

| 学科门类 | 本科毕业生 | | 毕业研究生 | |
|---|---|---|---|---|
| | 月薪满意度 | 社保提供比例 | 月薪满意度 | 社保提供比例 |
| 农学 | 45.99 | 88.15 | 62.22 | 98.67 |
| 医学 | 42.68 | 85.60 | 54.36 | 97.96 |
| 历史学 | 43.52 | 94.44 | 37.50 | 93.75 |
| 哲学 | - | - | 61.54 | 96.15 |
| 工学 | 53.40 | 94.72 | 58.34 | 98.88 |
| 教育学 | 45.87 | 82.06 | 49.84 | 96.88 |
| 文学 | 47.51 | 83.02 | 60.67 | 95.33 |
| 法学 | 57.72 | 87.35 | 53.30 | 94.81 |
| 理学 | 50.21 | 93.20 | 51.70 | 97.16 |
| 管理学 | 52.51 | 88.63 | 60.33 | 99.33 |
| 经济学 | 56.56 | 91.61 | 57.28 | 98.06 |
| 艺术学 | 44.66 | 76.48 | 56.73 | 85.58 |

#### 8.6.1.3　就业单位综合质量①

调研数据显示，2023 届留湘毕业生对所在单位综合质量满意度高于省外就业毕业生。具体来看，留湘就业的毕业生中，32.30%的毕业生能够适应所从事的工作岗位，认为当前工作岗位压力较小；学历越高，毕业生工作压力越大。另外，留湘就业毕业生对就业所

① 单位综合质量计算公式为：（所在单位社会美誉度＊15+所在工作环境满意度＊7.5+所在单位晋升空间满意度＊20+所在单位培训机会满意度＊7.5+所在单位综合满意度＊50）/100

在单位综合质量满意度为 80.25%；毕业研究生对就业所在单位综合质量满意度高于本科和高职专科毕业生；留湘就业毕业生对就业所在单位综合质量满意度高于省外就业的毕业生。如表 8-31 所示。

**表 8-31　2023 届高校留湘就业毕业生就业所在单位质量（单位:%）**

| 就业类型 | 学历 | 工作压力较小比例 | 所在单位综合质量评估值 |
| --- | --- | --- | --- |
| 留湘就业 | 高职专科毕业生 | 36.38 | 80.27 |
| | 本科毕业生 | 28.50 | 79.71 |
| | 毕业研究生 | 25.52 | 84.15 |
| | 小计 | 32.30 | 80.25 |
| 省外就业 | 高职专科毕业生 | 35.95 | 77.36 |
| | 本科毕业生 | 30.16 | 77.29 |
| | 毕业研究生 | 25.90 | 83.05 |
| | 小计 | 32.45 | 77.74 |
| 总计 | 总计 | 32.37 | 52.69 |

高职专科各专业大类中，轻工纺织大类毕业生就业后工作压力感受较小的比例较高，为 60.61%，工作适应相对较好。另外，能源动力与材料大类的毕业生对所在单位综合质量满意度最高，为 65.78%。如表 8-32 所示。

**表 8-32　2023 届高校留湘就业高职专科毕业生就业所在单位质量（单位:%）**

| 学科大类 | 工作压力较小比例 | 所在单位综合质量评估值 |
| --- | --- | --- |
| 轻工纺织大类 | 60.61 | 46.14 |
| 旅游大类 | 47.19 | 50.17 |
| 财经商贸大类 | 43.94 | 48.47 |
| 文化艺术大类 | 43.06 | 48.34 |
| 电子信息大类 | 42.90 | 49.70 |
| 公共管理与服务大类 | 41.53 | 48.64 |
| 交通运输大类 | 41.46 | 54.62 |
| 土木建筑大类 | 40.23 | 50.55 |
| 资源环境与安全大类 | 40.09 | 48.28 |
| 食品药品与粮食大类 | 37.80 | 46.27 |
| 医药卫生大类 | 37.58 | 46.94 |
| 装备制造大类 | 36.72 | 54.97 |

续表

| 学科大类 | 工作压力较小比例 | 所在单位综合质量评估值 |
|---|---|---|
| 农、林、牧、渔大类 | 35.77 | 62.92 |
| 新闻传播大类 | 33.85 | 57.62 |
| 水利大类 | 33.75 | 63.16 |
| 生物与化工大类 | 31.95 | 58.37 |
| 公安与司法大类 | 30.47 | 58.00 |
| 教育与体育大类 | 25.34 | 49.77 |
| 能源动力与材料大类 | 23.96 | 65.78 |

本科各学科毕业生中，农学毕业生就业后的岗位工作压力相对较小，比例为 39.37%；对所在单位综合质量评估值最高的是法学毕业生，为 58.89%。毕业研究生中，艺术学工作压力较小的比例最高，为 37.50%；历史学毕业生对就业所在单位综合质量满意度较高，为 67.81%。如表 8-33 所示。

**表 8-33　2023 届高校留湘就业本科毕业生、毕业研究生就业所在单位质量（单位：%）**

| 学科门类 | 本科毕业生 | | 毕业研究生 | |
|---|---|---|---|---|
| | 工作压力较小比例 | 所在单位综合质量评估值 | 工作压力较小比例 | 所在单位综合质量评估值 |
| 农学 | 39.37 | 49.52 | 24.44 | 58.80 |
| 艺术学 | 36.86 | 51.26 | 37.50 | 52.91 |
| 管理学 | 33.43 | 54.87 | 27.67 | 62.02 |
| 工学 | 31.74 | 54.96 | 28.05 | 58.34 |
| 经济学 | 30.72 | 55.83 | 31.07 | 62.69 |
| 医学 | 29.60 | 48.61 | 18.92 | 54.94 |
| 教育学 | 24.21 | 51.98 | 20.25 | 55.05 |
| 文学 | 24.03 | 52.59 | 25.33 | 65.60 |
| 法学 | 22.58 | 58.89 | 28.30 | 64.15 |
| 理学 | 19.76 | 53.50 | 22.73 | 53.38 |
| 历史学 | 17.59 | 51.35 | 25.00 | 67.81 |
| 哲学 | – | – | 34.62 | 57.98 |

#### 8.6.1.4　就业稳定性

调研数据显示，2023 届留湘毕业生就业稳定性与在省外就业毕业生基本持平。从毕业生工作稳定性来看，81.45%的省内就业毕业生认为所在工作单位就业稳定性较高；其中学历越高，毕业生认为所在工作单位的稳定性越高。从毕业生职业发展进程来看，留湘就业毕业生就业半年内的离职率为 27.77%；其中学历越高的毕业生离职率越低，职业发展相对稳定。如表 8-34 所示。

**表 8-34 2023 届高校留湘就业毕业生就业稳定性（单位:%）**

| 就业类型 | 学历 | 所在单位稳定性 | 离职率 |
| --- | --- | --- | --- |
| 留湘就业 | 高职专科毕业生 | 79.95 | 39.57 |
| | 本科毕业生 | 82.17 | 16.15 |
| | 毕业研究生 | 89.09 | 12.82 |
| | 小计 | 81.45 | 27.77 |
| 省外就业 | 高职专科毕业生 | 80.83 | 43.88 |
| | 本科毕业生 | 80.68 | 18.31 |
| | 毕业研究生 | 87.71 | 9.31 |
| | 小计 | 81.26 | 29.11 |
| 总计 | 总计 | 81.37 | 28.37 |

高职专科各专业大类中，水利大类毕业生所在单位的工作稳定性最高，为 97.50%；从毕业生职业发展稳定性来看，轻工纺织大类、文化艺术大类毕业生就业半年内的离职率较高，均高于 60%，应引起关注。如表 8-35 所示。

**表 8-35 2023 届高校留湘就业高职专科毕业生就业稳定性（单位:%）**

| 学科大类 | 所在单位稳定性 | 离职率 |
| --- | --- | --- |
| 水利大类 | 97.50 | 5.62 |
| 能源动力与材料大类 | 97.09 | 9.83 |
| 农、林、牧、渔大类 | 91.24 | 23.60 |
| 生物与化工大类 | 90.46 | 31.95 |
| 交通运输大类 | 84.40 | 39.66 |
| 公安与司法大类 | 83.14 | 21.30 |
| 装备制造大类 | 81.97 | 50.60 |
| 轻工纺织大类 | 81.82 | 72.73 |
| 教育与体育大类 | 80.37 | 23.84 |
| 旅游大类 | 79.84 | 48.68 |
| 资源环境与安全大类 | 79.72 | 48.85 |
| 电子信息大类 | 79.25 | 56.14 |
| 财经商贸大类 | 78.77 | 56.15 |

续表

| 学科大类 | 所在单位稳定性 | 离职率 |
|---|---|---|
| 食品药品与粮食大类 | 78.22 | 52.23 |
| 土木建筑大类 | 78.04 | 49.59 |
| 公共管理与服务大类 | 76.81 | 50.56 |
| 新闻传播大类 | 74.87 | 56.92 |
| 医药卫生大类 | 73.93 | 25.90 |
| 文化艺术大类 | 73.67 | 60.82 |

本科各学科门类中，历史学毕业生所在单位的工作稳定性相对较高，为89.35%；从毕业生职业发展稳定性来看，艺术学、管理学、经济学毕业生职业发展稳定性需要进一步提升。毕业研究生各学科门类中，历史学毕业生所在单位的工作稳定性相对较高，为93.75%；管理学、哲学毕业生职业发展稳定性有待提升。如表8-36所示。

**表8-36　2023届高校留湘就业本科毕业生、毕业研究生就业稳定性（单位:%）**

| 学科门类 | 本科毕业生 | | 毕业研究生 | |
|---|---|---|---|---|
| | 所在单位稳定性 | 离职率 | 所在单位稳定性 | 离职率 |
| 历史学 | 89.35 | 4.63 | 93.75 | 18.75 |
| 理学 | 88.18 | 6.39 | 86.36 | 14.77 |
| 法学 | 87.35 | 7.98 | 90.57 | 9.43 |
| 工学 | 84.44 | 15.40 | 87.33 | 9.04 |
| 经济学 | 83.76 | 21.52 | 85.44 | 8.74 |
| 农学 | 83.62 | 19.51 | 89.78 | 16.00 |
| 医学 | 81.19 | 9.99 | 92.21 | 8.72 |
| 管理学 | 80.92 | 24.44 | 92.67 | 27.00 |
| 教育学 | 80.17 | 15.14 | 89.10 | 16.82 |
| 文学 | 77.21 | 16.45 | 89.33 | 13.33 |
| 艺术学 | 76.48 | 28.09 | 83.65 | 16.35 |
| 哲学 | - | - | 88.46 | 23.08 |

## 8.6.2　毕业生留湘就业特征分析

### 8.6.2.1　获得工作机会数

调研数据显示，2023届留湘就业的高校毕业生求职过程中，获得的工作机会数为1个的占比最多，为 33. 77%。其中，高职专科毕业生、本科毕业生获得的工作机会数为 1 个的占比最多，硕士毕业生获得的工作机会数为 2 个的占比最多，博士毕业生获得的工作机会数为 3 个的占比最多。如表 8-37 所示。

**表 8-37　2023 届留湘就业毕业生获得工作机会数（单位:%）**

| 获得工作机会 | 高职专科毕业生 | 本科毕业生 | 硕士毕业生 | 博士毕业生 | 总体 |
|---|---|---|---|---|---|
| 1 个 | 33. 08 | 35. 74 | 24. 92 | 21. 84 | 33. 77 |
| 2 个 | 26. 97 | 26. 08 | 27. 61 | 29. 89 | 26. 62 |
| 3 个 | 22. 29 | 22. 80 | 26. 19 | 32. 18 | 22. 75 |
| 4 个 | 4. 48 | 5. 10 | 7. 19 | 5. 75 | 4. 91 |
| 5 个及以上 | 13. 19 | 10. 27 | 14. 09 | 10. 34 | 11. 96 |

### 8. 6. 2. 2　平均就业花费

调研数据显示，2023 届留湘就业的高校毕业生从求职准备到成功就业的求职花费在 500 元以下的占 39. 27%，花费 501—2000 元的共占 31. 18%，花费 2000 元以上的共占 29. 56%。

分学历来看，2023 届留湘就业的本科毕业生和高职专科毕业生成功求职花费在 2000 元以内的占比更大，分别占 71. 20%和 70. 96%；硕士毕业生成功求职花费在 2000 元以内的占比最大，占 59. 85%。如表 8-38 所示。

**表 8-38　2023 届留湘就业毕业生求职花费情况（单位:%）**

| 求职花费 | 高职专科毕业生 | 本科毕业生 | 硕士毕业生 | 博士毕业生 | 总体 |
|---|---|---|---|---|---|
| 500 元以下 | 38. 65 | 41. 03 | 31. 03 | 36. 78 | 39. 27 |
| 501—1000 元 | 17. 27 | 16. 64 | 14. 79 | 13. 79 | 16. 85 |
| 1001—2000 元 | 15. 04 | 13. 53 | 14. 03 | 17. 24 | 14. 33 |
| 2001—3000 元 | 11. 09 | 9. 96 | 10. 54 | 13. 79 | 10. 57 |
| 3001—5000 元 | 7. 40 | 6. 60 | 10. 07 | 5. 75 | 7. 20 |
| 5000 元以上 | 10. 54 | 12. 23 | 19. 54 | 12. 64 | 11. 79 |

### 8. 6. 2. 3　国家战略性新兴产业就业

调研数据显示，2023 届留湘就业的高校毕业生在国家战略性新兴产业就业比例为 44. 40%。其中高职专科毕业生比例为 45. 79%，本科毕业生为 42. 49%，硕士毕业生为 46. 93%，博士毕业生为 43. 68%。如表 8-39 至表 8-41 所示。

**表8-39　2023届留湘就业的毕业生分学历层次在国家战略性新兴产业就业分析（单位:%）**

| 学历层次 | 国家新兴战略产业就业 |
|---|---|
| 高职专科毕业生 | 45.79 |
| 本科毕业生 | 42.49 |
| 硕士毕业生 | 46.93 |
| 博士毕业生 | 43.68 |
| 总体 | 44.40 |

**表8-40　2023届留湘就业高职专科毕业生在国家战略性新兴产业就业分析（单位:%）**

| 专业大类 | 国家战略性新兴产业 | 专业大类 | 国家战略性新兴产业 |
|---|---|---|---|
| 装备制造大类 | 66.14 | 资源环境与安全大类 | 47.93 |
| 生物与化工大类 | 64.32 | 农、林、牧、渔大类 | 43.80 |
| 食品药品与粮食大类 | 63.78 | 新闻传播大类 | 41.03 |
| 电子信息大类 | 61.97 | 文化艺术大类 | 40.10 |
| 轻工纺织大类 | 57.58 | 公共管理与服务大类 | 35.83 |
| 医药卫生大类 | 51.13 | 土木建筑大类 | 31.68 |
| 交通运输大类 | 50.86 | 公安与司法大类 | 31.07 |
| 财经商贸大类 | 50.83 | 教育与体育大类 | 27.99 |
| 能源动力与材料大类 | 49.86 | 水利大类 | 22.50 |
| 旅游大类 | 49.83 | - | - |

**表8-41　2023届留湘就业本科毕业生、毕业研究生在国家战略性新兴产业就业分析（单位:%）**

| 学科门类 | 本科毕业生 | 毕业研究生 |
|---|---|---|
| 工学 | 62.00 | 67.38 |
| 医学 | 54.69 | 58.81 |
| 经济学 | 49.26 | 50.49 |
| 管理学 | 47.16 | 30.33 |
| 农学 | 45.99 | 40.89 |
| 艺术学 | 34.37 | 24.04 |
| 理学 | 28.38 | 42.61 |
| 文学 | 28.37 | 24.00 |
| 教育学 | 27.27 | 16.20 |
| 法学 | 26.57 | 25.47 |
| 历史学 | 18.06 | 6.25 |
| 哲学 | 0.00 | 7.69 |

#### 8.6.2.4　机关/事业单位就业

调研数据显示，2023 届留湘就业的高校毕业生去往机关/事业单位就业的比例为 34.79%，且毕业生在机关/事业单位就业的比例与学历层次呈明显正相关。如图 8-5 所示。

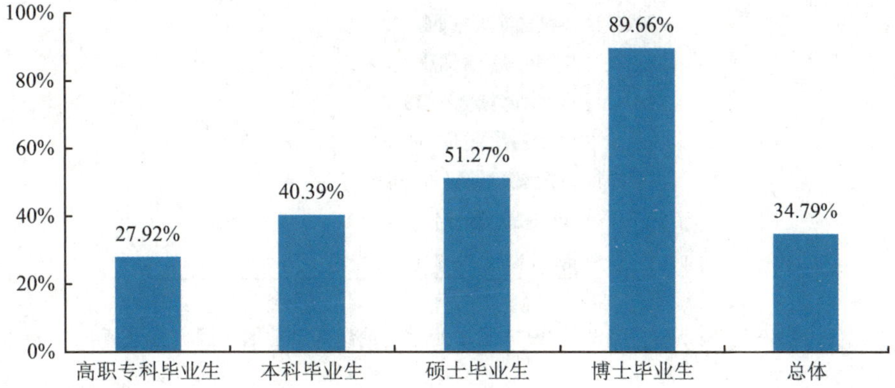


**图 8-5　2023 届高校留湘就业毕业生在机关/事业单位就业分析**

### 8.6.3　毕业生留湘就业意愿与原因分析

#### 8.6.3.1　毕业生留湘就业意愿度

调研数据显示，2023 届普通高校毕业生优先留湘就业意愿度为 83.57%。分学历来看，意愿度最高的是高职专科毕业生，为 89.60%；其次是本科毕业生，为 79.53%；再次是博士毕业生，为 76.56%；硕士毕业生相对最低，为 71.22%。如图 8-6 所示。

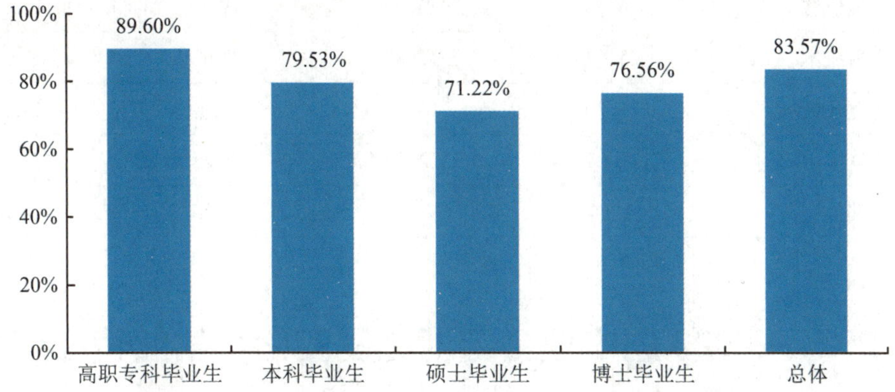


**图 8-6　湖南省普通高校 2023 届毕业生优先留湘就业意愿度**

#### 8.6.3.2　毕业生优选湖南就业原因

调研数据显示，2023 届普通高校毕业生优选湖南就业的原因主要是“离家距离”（50.14%）、“经济社会发展前景”（33.00%）。如图 8-7 所示。

分学历来看，高职专科毕业生、本科毕业生、硕士毕业生和博士毕业生均主要是因为“离家距离”优选在湖南就业。如表8-42所示。

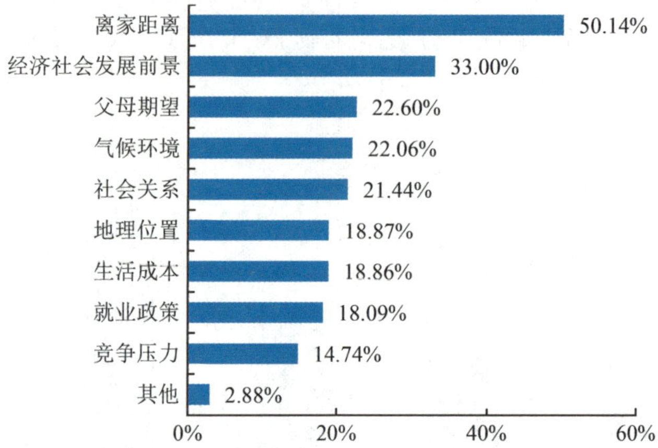


**图8-7　湖南省普通高校2023届毕业生优选湖南就业的原因（多选题）**

**表8-42　湖南省普通高校2023届分学历毕业生优选湖南就业的原因（多选题）（单位:%）**

| 优选湖南就业原因 | 高职专科毕业生 | 本科毕业生 | 硕士毕业生 | 博士毕业生 |
|---|---|---|---|---|
| 离家距离 | 38.83 | 51.82 | 67.82 | 68.75 |
| 经济社会发展前景 | 37.46 | 33.96 | 19.19 | 14.06 |
| 父母期望 | 20.80 | 23.20 | 24.03 | 22.66 |
| 气候环境 | 15.10 | 24.02 | 28.78 | 30.47 |
| 社会关系 | 17.31 | 21.78 | 29.58 | 21.88 |
| 地理位置 | 16.50 | 20.06 | 19.33 | 12.50 |
| 生活成本 | 25.53 | 17.87 | 8.62 | 3.91 |
| 就业政策 | 21.26 | 18.03 | 11.18 | 13.28 |
| 竞争压力 | 22.37 | 12.13 | 9.27 | 9.38 |
| 其他 | 4.14 | 2.42 | 1.96 | 3.91 |

## 8.7　2021—2023届毕业生留湘比例变化与就业特征变化

### 8.7.1　近三届毕业生留湘就业比例变化

#### 8.7.1.1　按院校类型的比例变化

统计数据显示，2021—2023届毕业生留湘就业的比例保持在58.00%左右。具体从院校类型来看，一本院校毕业生留湘就业比例整体呈上升趋势，二本院校、三本院校、职业本科院校毕业生留湘就业比例整体呈略微下降趋势；科研院所毕业生留湘就业比例整体保持在 72.00%以上。如表 8-43 所示。

**表 8-43　2021—2023 届毕业生分院校类型的留湘就业变化**

| 院校类型 | 2021 届 | | 2022 届 | | 2023 届 | |
|---|---|---|---|---|---|---|
| | 留湘人数（人） | 留湘率（%） | 留湘人数（人） | 留湘率（%） | 留湘人数（人） | 留湘率（%） |
| “双一流”建设高校 | 7611 | 40.95 | 8685 | 38.57 | 9272 | 38.86 |
| 一本院校 | 33290 | 50.37 | 32440 | 50.53 | 33473 | 50.57 |
| 二本院校 | 28372 | 62.04 | 28590 | 59.28 | 29663 | 58.85 |
| 三本院校 | 10079 | 65.38 | 10343 | 61.97 | 9944 | 58.83 |
| 科研院所 | 29 | 74.36 | 52 | 91.23 | 37 | 72.55 |
| 高职专科院校 | 100576 | 63.81 | 114469 | 62.04 | 116303 | 61.30 |
| 职业本科院校 | – | – | 1455 | 64.07 | 1926 | 63.11 |
| 总计 | 179957 | 59.30 | 196034 | 57.92 | 200618 | 57.29 |

### 8.7.1.2　按学历层次的比例变化

2021—2023 届各学历层次毕业生留湘就业的比例均呈现出缓慢的下降趋势。高职专科毕业生留湘就业比例保持在 61.00%以上；本科毕业生留湘就业比例保持在 52.00%以上；毕业研究生留湘就业比例保持在 46.00%以上。如图 8-8 所示。

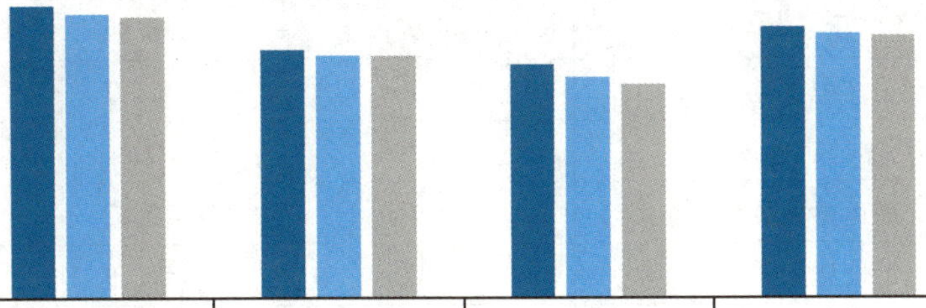

| | 高职专科毕业生 | 本科毕业生 | 毕业研究生 | 总计 |
|---|---|---|---|---|
| ■2021届 | 64.00% | 54.34% | 51.10% | 59.29% |
| ■2022届 | 62.16% | 53.15% | 48.26% | 57.92% |
| ■2023届 | 61.47% | 52.93% | 46.60% | 57.29% |

**图 8-8　近三年毕业生留湘就业总体变化**

### 8.7.1.3　按性别的比例变化

2021—2023 届毕业生分性别留湘就业的比例变化中，男性毕业生留湘就业比例保持在 52.00%以上，女性毕业生留湘就业比例保持在 61.00%以上。如图 8-9 所示。

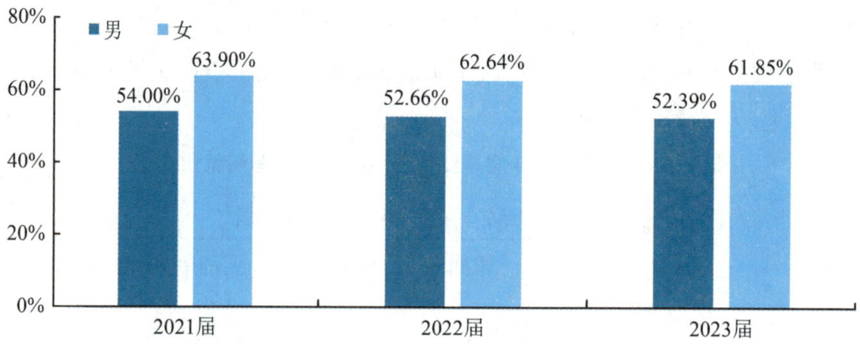


**图 8-9　2021—2023 届毕业生分性别的留湘就业变化**

### 8.7.1.4　按学科门类的毕业生就业变化

高职专科各专业大类中，公安与司法大类、水利大类、教育与体育大类三个大类的毕业生近三年留湘就业比例均呈逐年上升趋势。如表 8-44 所示。

**表 8-44　高职专科各专业大类毕业生近三年留湘就业变化（单位:%）**

| 高职专科专业大类 | 2021 届 | 2022 届 | 2023 届 |
|---|---|---|---|
| 农、林、牧、渔大类 | 62. 33 | 61. 73 | 68. 47 |
| 资源环境与安全大类 | 65. 96 | 64. 67 | 61. 19 |
| 能源动力与材料大类 | 60. 56 | 63. 68 | 63. 12 |
| 土木建筑大类 | 61. 13 | 63. 33 | 61. 39 |
| 水利大类 | 65. 53 | 70. 69 | 81. 91 |
| 装备制造大类 | 53. 63 | 49. 49 | 47. 21 |
| 生物与化工大类 | 46. 98 | 38. 92 | 41. 65 |
| 轻工纺织大类 | 46. 19 | 42. 97 | 43. 35 |
| 食品药品与粮食大类 | 74. 39 | 69. 31 | 69. 12 |
| 交通运输大类 | 42. 15 | 39. 62 | 40. 41 |
| 电子信息大类 | 61. 42 | 57. 59 | 56. 04 |
| 医药卫生大类 | 75. 44 | 74. 29 | 73. 05 |
| 财经商贸大类 | 67. 51 | 64. 37 | 61. 19 |
| 旅游大类 | 71. 19 | 68. 97 | 68. 75 |
| 文化艺术大类 | 72. 43 | 69. 53 | 67. 12 |
| 新闻传播大类 | 77. 81 | 74. 83 | 72. 38 |
| 教育与体育大类 | 75. 89 | 77. 31 | 79. 41 |
| 公安与司法大类 | 71. 14 | 78. 01 | 82. 62 |
| 公共管理与服务大类 | 66. 16 | 69. 24 | 67. 84 |

本科各学科中，法学、艺术学的毕业生近三年留湘就业比例均呈逐年上升趋势。如表 8-45 所示。

**表 8-45　本科各学科毕业生近三年留湘就业变化（单位:%）**

| 本科学科门类 | 2021 届 | 2022 届 | 2023 届 |
|---|---|---|---|
| 哲学 | 35. 29 | 25. 00 | 50. 00 |
| 经济学 | 55. 49 | 51. 83 | 50. 77 |
| 法学 | 70. 40 | 70. 55 | 71. 46 |
| 教育学 | 74. 15 | 76. 38 | 71. 57 |
| 文学 | 60. 08 | 58. 13 | 56. 11 |
| 历史学 | 70. 89 | 62. 70 | 75. 92 |
| 理学 | 62. 71 | 61. 34 | 61. 95 |
| 工学 | 44. 13 | 41. 88 | 42. 43 |
| 农学 | 59. 08 | 56. 82 | 60. 66 |
| 医学 | 65. 62 | 68. 13 | 66. 05 |
| 管理学 | 58. 35 | 55. 35 | 54. 73 |
| 艺术学 | 47. 08 | 49. 42 | 50. 83 |

研究生各学科中，医学、工学的 2023 届毕业生留湘就业比例相比 2022 届有所增加。如表 8-46 所示。

**表 8-46　研究生各学科毕业生近三年留湘就业变化（单位:%）**

| 研究生学科门类 | 2021 届 | 2022 届 | 2023 届 |
|---|---|---|---|
| 哲学 | 65. 91 | 52. 63 | 50. 68 |
| 经济学 | 45. 25 | 42. 37 | 39. 21 |
| 法学 | 59. 64 | 60. 50 | 51. 22 |
| 教育学 | 62. 67 | 61. 60 | 57. 22 |
| 文学 | 53. 01 | 44. 37 | 42. 74 |
| 历史学 | 44. 26 | 34. 82 | 31. 39 |
| 理学 | 44. 47 | 42. 39 | 39. 50 |
| 工学 | 38. 51 | 36. 27 | 37. 24 |
| 农学 | 61. 13 | 56. 24 | 51. 35 |
| 医学 | 64. 90 | 59. 98 | 60. 75 |
| 管理学 | 58. 28 | 60. 26 | 57. 96 |
| 艺术学 | 61. 23 | 55. 21 | 46. 89 |

## 8.7.2 近三年毕业生留湘就业特征变化

### 8.7.2.1 按单位性质的就业变化

2021—2023 届毕业生留湘就业单位性质分布中，就业在其他企业、机关的比例呈逐年上升趋势；就业在其他事业单位的比例呈短暂下降后回升趋势；就业在医疗卫生单位、其他教学单位、部队、高等学校的比例呈逐年下降趋势。如表 8-47 所示。

表 8-47 2021—2023 届毕业生分单位性质的留湘就业变化

| 单位性质 | 2021 届 | | 2022 届 | | 2023 届 | |
|---|---|---|---|---|---|---|
| | 留湘人数（人） | 留湘率（%） | 留湘人数（人） | 留湘率（%） | 留湘人数（人） | 留湘率（%） |
| 其他企业 | 111310 | 61. 85 | 129521 | 66. 07 | 132411 | 66. 00 |
| 国有企业 | 12513 | 6. 95 | 14947 | 7. 62 | 13705 | 6. 83 |
| 医疗卫生单位 | 14874 | 8. 27 | 12766 | 6. 51 | 10927 | 5. 45 |
| 其他教学单位 | 14848 | 8. 25 | 12163 | 6. 20 | 9987 | 4. 98 |
| 其他事业单位 | 6410 | 3. 56 | 5483 | 2. 80 | 9883 | 4. 93 |
| 三资企业 | 5030 | 2. 80 | 6021 | 3. 07 | 5238 | 2. 61 |
| 机关 | 3018 | 1. 68 | 4002 | 2. 04 | 4692 | 2. 34 |
| 部队 | 2379 | 1. 32 | 2437 | 1. 24 | 1756 | 0. 88 |
| 高等学校 | 2089 | 1. 16 | 2216 | 1. 13 | 1719 | 0. 86 |
| 城镇社区 | 315 | 0. 18 | 542 | 0. 28 | 510 | 0. 25 |
| 农村建制村 | 111 | 0. 06 | 421 | 0. 21 | 377 | 0. 19 |
| 科研设计单位 | 490 | 0. 27 | 180 | 0. 09 | 165 | 0. 08 |
| 其他 | 6570 | 3. 65 | 5335 | 2. 72 | 9248 | 4. 61 |
| 总计 | 179957 | 100. 00 | 196034 | 100. 00 | 200618 | 100. 00 |

### 8.7.2.2 按单位行业的就业变化

2021—2023 届毕业生留湘就业单位行业分布中，就业在制造业、文化、体育和娱乐业、居民服务、修理和其他服务业、住宿和餐饮业、公共管理、社会保障和社会组织、水利、环境和公共设施管理业的比例呈逐年上升趋势；就业在建筑业、金融业、房地产业、军队、卫生和社会工作的比例呈逐年下降趋势。如表 8-48 所示。

表 8-48　2021—2023 届毕业生分单位行业的留湘就业变化

| 就业行业 | 2021 届 | | 2022 届 | | 2023 届 | |
|---|---|---|---|---|---|---|
| | 留湘人数（人） | 留湘率（%） | 留湘人数（人） | 留湘率（%） | 留湘人数（人） | 留湘率（%） |
| 教育 | 30425 | 16.91 | 29006 | 14.8 | 33954 | 16.92 |
| 卫生和社会工作 | 20214 | 11.23 | 21989 | 11.22 | 20651 | 10.29 |
| 制造业 | 15100 | 8.39 | 17256 | 8.8 | 19989 | 9.96 |
| 信息传输、软件和信息技术服务业 | 17785 | 9.88 | 18145 | 9.26 | 19375 | 9.66 |
| 批发和零售业 | 14626 | 8.13 | 18850 | 9.62 | 16927 | 8.44 |
| 建筑业 | 15578 | 8.66 | 15961 | 8.14 | 16099 | 8.02 |
| 文化、体育和娱乐业 | 9462 | 5.26 | 10647 | 5.43 | 12052 | 6.01 |
| 租赁和商务服务业 | 11242 | 6.25 | 13718 | 7 | 10247 | 5.11 |
| 居民服务、修理和其他服务业 | 6953 | 3.86 | 7635 | 3.89 | 8161 | 4.07 |
| 住宿和餐饮业 | 5158 | 2.87 | 5935 | 3.03 | 7189 | 3.58 |
| 科学研究和技术服务业 | 7449 | 4.14 | 8384 | 4.28 | 6670 | 3.32 |
| 公共管理、社会保障和社会组织 | 4237 | 2.35 | 5563 | 2.84 | 6121 | 3.05 |
| 金融业 | 4974 | 2.76 | 5278 | 2.69 | 5348 | 2.67 |
| 农、林、牧、渔业 | 2619 | 1.46 | 2810 | 1.43 | 4083 | 2.04 |
| 电力、热力、燃气及水生产和供应业 | 2976 | 1.65 | 3646 | 1.86 | 3671 | 1.83 |
| 交通运输、仓储和邮政业 | 3366 | 1.87 | 3815 | 1.95 | 3255 | 1.62 |
| 水利、环境和公共设施管理业 | 1571 | 0.87 | 2051 | 1.05 | 2401 | 1.20 |
| 房地产业 | 3510 | 1.95 | 2560 | 1.31 | 2134 | 1.06 |
| 军队 | 2375 | 1.32 | 2427 | 1.24 | 1762 | 0.88 |
| 采矿业 | 335 | 0.19 | 355 | 0.18 | 523 | 0.26 |
| 国际组织 | 2 | 0.00 | 3 | 0.00 | 6 | 0.00 |
| 总体 | 179957 | 100.00 | 196034 | 100.00 | 200618 | 100.00 |

#### 8.7.2.3　按工作职位类别的就业变化

2021—2023 届毕业生留湘就业的工作职位类别分布中，职位类别为金融业务人员、公务员、体育工作人员、法律专业人员的比例呈逐年上升趋势；职位类别为工程技术人员、卫生专业技术人员、经济业务人员比例呈逐年下降趋势。如表 8-49 所示。

表 8-49　2021—2023 届毕业生分工作职位类别的留湘就业变化

| 就业行业 | 2021 届 | | 2022 届 | | 2023 届 | |
|---|---|---|---|---|---|---|
| | 留湘人数（人） | 留湘率（%） | 留湘人数（人） | 留湘率（%） | 留湘人数（人） | 留湘率（%） |
| 其他人员 | 45045 | 25.03 | 52723 | 26.89 | 52771 | 26.30 |
| 教学人员 | 26015 | 14.46 | 24781 | 12.64 | 28958 | 14.43 |
| 其他专业技术人员 | 16931 | 9.41 | 20386 | 10.40 | 20638 | 10.29 |
| 工程技术人员 | 20429 | 11.35 | 19014 | 9.70 | 19255 | 9.60 |
| 商业和服务业人员 | 13139 | 7.30 | 14301 | 7.30 | 17430 | 8.69 |
| 卫生专业技术人员 | 17558 | 9.76 | 18205 | 9.29 | 17101 | 8.52 |
| 办事人员和有关人员 | 18110 | 10.06 | 20512 | 10.46 | 16789 | 8.37 |
| 经济业务人员 | 6106 | 3.39 | 6109 | 3.12 | 5306 | 2.64 |
| 金融业务人员 | 3976 | 2.21 | 4467 | 2.28 | 4713 | 2.35 |
| 生产和运输设备操作人员 | 2734 | 1.52 | 2967 | 1.51 | 3601 | 1.79 |
| 公务员 | 1768 | 0.98 | 1938 | 0.99 | 2655 | 1.32 |
| 文学艺术工作人员 | 1601 | 0.89 | 1744 | 0.89 | 2085 | 1.04 |
| 农、林、牧、渔业技术人员 | 1232 | 0.68 | 1164 | 0.59 | 1951 | 0.97 |
| 体育工作人员 | 1206 | 0.67 | 1618 | 0.83 | 1731 | 0.86 |
| 军人 | 845 | 0.47 | 2419 | 1.23 | 1719 | 0.86 |
| 法律专业人员 | 1239 | 0.69 | 1366 | 0.70 | 1542 | 0.77 |
| 科学研究人员 | 1145 | 0.64 | 1275 | 0.65 | 1312 | 0.65 |
| 新闻出版和文化工作人员 | 878 | 0.49 | 1045 | 0.53 | 1061 | 0.53 |
| 总计 | 179957 | 100.00 | 196034 | 100.00 | 200618 | 100.00 |

# 第9章

# 湖南省普通高校2023届毕业生服务“三高四新”战略定位和使命任务专项分析

2020年9月，习近平总书记亲临湖南考察，嘱托湖南着力打造国家重要先进制造业、具有核心竞争力的科技创新、内陆地区改革开放的高地，在推动高质量发展上闯出新路子，在构建新发展格局中展现新作为，在推动中部地区崛起和长江经济带发展中彰显新担当，奋力谱写新时代坚持和发展中国特色社会主义的湖南新篇章。“三高四新”战略定位和使命任务，是习近平总书记从战略和全局高度对湖南发展做出的科学指引。如何落实习近平总书记为湖南擘画的宏伟蓝图，将打造“三个高地”与建设人才高地相结合，不断开创“惟楚有材，于斯为盛”的生动局面，奋力建设社会主义现代化新湖南，成为新时代湖南的历史使命。

湖南省深入贯彻落实习近平总书记对湖南工作的重要讲话和重要指示批示精神，以“三高四新”战略定位和使命任务引领省内各高校牢牢把握湖南对高素质人才的新期盼，牢记“国之大者”“省之大计”，扎根湖湘大地办教育，面向区域经济社会发展的重大需求，牢牢抓住培养社会主义建设者和接班人这个根本任务，为现代化新湖南建设提供有力人才支撑和智力支持。

## 9.1 服务装备制造业发展分析

### 9.1.1 总体人才培养量分析

湖南省2023届普通高校装备制造业类毕业生共计44285人，其中高职专科毕业生共32947人，本科毕业生共9703人，毕业研究生共1635人。从性别划分来看，男性毕业生总量达40845人，是女性毕业生总量的11倍之余。从高校类型划分来看，高职院校是培养装备制造类人才的主阵地，培养的2023届装备制造业类毕业生数共计32518人，占全省2023届制造类人才总量的73.43%。如表9-1所示。

**表 9-1　2023 届普通高校装备制造类毕业生构成**

| 分类标准 | 类别一级 | 类别二级 | 毕业人数（人） | 比例（%） |
|---|---|---|---|---|
| 按学历划分 | 总体 | | 44285 | 100.00 |
| | 高职专科毕业生 | | 32947 | 74.40 |
| | 本科毕业生 | | 9703 | 21.91 |
| | 毕业研究生 | | 1635 | 3.69 |
| 按性别划分 | 总体 | 男 | 40845 | 92.23 |
| | | 女 | 3440 | 7.77 |
| | 高职专科毕业生 | 男 | 31172 | 94.61 |
| | | 女 | 1775 | 5.39 |
| | 本科毕业生 | 男 | 8461 | 87.20 |
| | | 女 | 1242 | 12.80 |
| | 毕业研究生 | 男 | 1212 | 74.13 |
| | | 女 | 423 | 25.87 |
| 按高校类型划分 | 高职院校 | 高职专科院校 | 32518 | 73.43 |
| | | 职业本科院校 | 66 | 0.15 |
| | | 小计 | 32584 | 73.58 |
| | 本科院校 | “双一流”建设高校 | 2703 | 6.10 |
| | | 一本院校 | 5017 | 11.33 |
| | | 二本院校 | 2989 | 6.75 |
| | | 三本院校 | 988 | 2.23 |
| | | 小计 | 11697 | 26.41 |
| | 科研院所 | 科研院所 | 4 | 0.01 |

从全省 2023 届装备制造业类毕业生初次就业情况来看，毕业生初次毕业去向落实率高达 91.88%，超出全省平均值（88.62%）3.26 个百分点。分学历来看，各学历层次装备制造业类毕业生的毕业去向落实率均保持在 89.00%以上的较高水平，其中装备制造业类的毕业研究生落实率高达 94.37%。从 2023 届全省装备制造业类毕业生留湘就业情况来看，毕业生服务湖南发展的共有 15306 人，其中高职专科毕业生 12210 人，本科毕业生 2618 人，毕业研究生 478 人。如表 9-2 所示。

**表 9-2　全省装备制造业类毕业生毕业去向落实率与留湘就业情况**

| 学历 | 总体就业情况 | | | 留湘就业学历构成 | |
|---|---|---|---|---|---|
| | 毕业人数(人) | 落实人数（人） | 落实率（%） | 人数（人） | 学历构成比例(%) |
| 高职专科毕业生 | 32947 | 30471 | 92. 48 | 12210 | 79. 77 |
| 本科毕业生 | 9703 | 8676 | 89. 42 | 2618 | 17. 10 |
| 毕业研究生 | 1635 | 1543 | 94. 37 | 478 | 3. 12 |
| 总体 | 44285 | 40690 | 91. 88 | 15306 | 100. 00 |

## 9. 1. 2　人才服务地区分析

从 2023 届装备制造业类毕业生服务区域发展情况来看，毕业生服务湖南建设发展的共有 15306 人，其中长沙市、株洲市、湘潭市是吸纳装备制造人才的主要基地，吸纳人才量分别为 8230 人、1539 人、977 人。毕业生服务省外制造业发展的共有 18169 人，其中广东省、浙江省、江苏省吸纳装备制造人才总量累计达 12478 人。如表 9-3 所示。

**表 9-3　全省装备制造业类毕业生就业单位分布情况（单位：人）**

| 类型 | 就业地区 | 高职专科毕业生 | 本科毕业生 | 毕业研究生 | 总体 |
|---|---|---|---|---|---|
| 省内就业分布 | | | | | |
| 省内 | 长沙市 | 6766 | 1194 | 270 | 8230 |
| | 株洲市 | 1129 | 308 | 102 | 1539 |
| | 湘潭市 | 811 | 127 | 39 | 977 |
| | 衡阳市 | 491 | 287 | 21 | 799 |
| | 岳阳市 | 539 | 143 | 10 | 692 |
| | 邵阳市 | 410 | 62 | 8 | 480 |
| | 益阳市 | 300 | 107 | 8 | 415 |
| | 娄底市 | 309 | 75 | 6 | 390 |
| | 常德市 | 237 | 113 | 7 | 357 |
| | 郴州市 | 284 | 64 | 3 | 351 |
| | 永州市 | 285 | 42 | 2 | 329 |
| | 湘西土家族苗族自治州 | 277 | 32 | 1 | 310 |
| | 怀化市 | 220 | 47 | 1 | 268 |
| | 张家界市 | 152 | 17 | – | 169 |
| | 省内小计 | 12210 | 2618 | 478 | 15306 |

| 类型 | 就业地区 | 高职专科毕业生 | 本科毕业生 | 毕业研究生 | 总体 |
|---|---|---|---|---|---|
| 省外就业分布 | | | | | |
| 省外 | 广东省 | 5849 | 1997 | 323 | 8169 |
| | 浙江省 | 1885 | 487 | 56 | 2428 |
| | 江苏省 | 1519 | 307 | 55 | 1881 |
| | 湖北省 | 563 | 73 | 39 | 675 |
| | 福建省 | 527 | 69 | 31 | 627 |
| | 上海市 | 395 | 112 | 40 | 547 |
| | 安徽省 | 364 | 69 | 22 | 455 |
| | 贵州省 | 361 | 37 | 25 | 423 |
| | 江西省 | 318 | 66 | 25 | 409 |
| | 辽宁省 | 387 | 8 | 1 | 396 |
| | 四川省 | 213 | 44 | 17 | 274 |
| | 山东省 | 141 | 46 | 22 | 209 |
| | 北京市 | 121 | 59 | 29 | 209 |
| | 吉林省 | 181 | 7 | 5 | 193 |
| | 河北省 | 150 | 23 | 10 | 183 |
| | 河南省 | 132 | 25 | 23 | 180 |
| | 广西壮族自治区 | 84 | 62 | 22 | 168 |
| | 重庆市 | 67 | 45 | 17 | 129 |
| | 陕西省 | 56 | 39 | 17 | 112 |
| | 海南省 | 83 | 11 | 4 | 98 |
| | 云南省 | 70 | 15 | 5 | 90 |
| | 天津市 | 40 | 34 | 8 | 82 |
| | 山西省 | 23 | 11 | 13 | 47 |
| | 新疆维吾尔自治区 | 27 | 16 | 3 | 46 |
| | 内蒙古自治区 | 30 | 11 | 2 | 43 |
| | 甘肃省 | 20 | 5 | 2 | 27 |
| | 青海省 | 13 | 1 | 3 | 17 |
| | 西藏自治区 | 15 | 1 | 1 | 17 |
| | 黑龙江省 | 11 | 3 | 2 | 16 |
| | 宁夏回族自治区 | 6 | 8 | 2 | 16 |
| | 国外 | 2 | – | – | 2 |
| | 香港特别行政区 | – | – | 1 | 1 |
| | 省外小计 | 13653 | 3691 | 825 | 18169 |
| | 总计 | 25863 | 6309 | 1303 | 33475 |

### 9.1.3 人才服务单位类型分析

从 2023 届装备制造类毕业生服务的单位类型来看，毕业生主要服务于以民营企业为主的其他企业，服务总量为 22690 人，其中服务于湖南其他企业的占比近半。除其他企业外，毕业生服务于国有企业、三资企业、部队的人数也较多，其中在湖南国有企业、三资企业、部队服务的毕业生数量均较多，累计人数为 3944 人。如表 9-4 所示。

**表 9-4 全省装备制造业类毕业生服务单位类型分布（单位：人）**

| 单位行业 | 高职专科毕业生 | | 本科毕业生 | | 毕业研究生 | | 总体 | |
|---|---|---|---|---|---|---|---|---|
| | 人数 | 留湘数 | 人数 | 留湘数 | 人数 | 留湘数 | 人数 | 留湘数 |
| 其他企业 | 17502 | 8367 | 4658 | 1845 | 530 | 136 | 22690 | 10348 |
| 国有企业 | 2849 | 1248 | 940 | 420 | 480 | 228 | 4269 | 1896 |
| 三资企业 | 2413 | 722 | 450 | 159 | 95 | 21 | 2958 | 902 |
| 部队 | 1947 | 1143 | 4 | 1 | 4 | 2 | 1955 | 1146 |
| 其他事业单位 | 241 | 166 | 26 | 16 | 20 | 3 | 287 | 185 |
| 高等学校 | 10 | 10 | 20 | 20 | 127 | 76 | 157 | 106 |
| 其他教学单位 | 29 | 23 | 107 | 102 | 5 | 3 | 141 | 128 |
| 机关 | 96 | 83 | 25 | 13 | 12 | 3 | 133 | 99 |
| 科研设计单位 | 25 | 10 | 2 | – | 25 | 3 | 52 | 13 |
| 城镇社区 | 30 | 22 | 2 | 2 | – | – | 32 | 24 |
| 农村建制村 | 16 | 15 | 1 | 1 | – | – | 17 | 16 |
| 医疗卫生单位 | 13 | 9 | – | – | 4 | 3 | 17 | 12 |
| 总计 | 25171 | 11818 | 6235 | 2579 | 1302 | 478 | 32708 | 14875 |

### 9.1.4 人才服务行业分析

从 2023 届装备制造业类毕业生服务的行业类型来看，毕业生集中服务到九大行业，分别是“制造业”“军队”“信息传输、软件和信息技术服务业”“批发和零售业”“居民服务、修理和其他服务业”“科学研究和技术服务业”“建筑业”“电力、热力、燃气及水生产和供应业”“租赁和商务服务业”，列举的行业接纳应届毕业生总量均超千人。制造业接纳 2023 届装备制造业类毕业生总量高达 17769 人，其中湖南制造业接纳人数为 6724 人。如表 9-5 所示。

表 9-5　全省装备制造业类毕业生服务单位行业分布（单位：人）

| 单位行业 | 高职专科毕业生 | | 本科毕业生 | | 毕业研究生 | | 总体 | |
|---|---|---|---|---|---|---|---|---|
| | 人数 | 留湘数 | 人数 | 留湘数 | 人数 | 留湘数 | 人数 | 留湘数 |
| 制造业 | 12898 | 4879 | 4194 | 1601 | 677 | 244 | 17769 | 6724 |
| 军队 | 1950 | 1145 | 2 | – | 3 | 2 | 1955 | 1147 |
| 信息传输、软件和信息技术服务业 | 1388 | 743 | 322 | 121 | 144 | 31 | 1854 | 895 |
| 批发和零售业 | 1482 | 827 | 225 | 110 | 2 | – | 1709 | 937 |
| 居民服务、修理和其他服务业 | 1614 | 1070 | 63 | 30 | 2 | – | 1679 | 1100 |
| 科学研究和技术服务业 | 1271 | 474 | 244 | 106 | 107 | 33 | 1622 | 613 |
| 建筑业 | 882 | 486 | 422 | 160 | 16 | 4 | 1320 | 650 |
| 电力、热力、燃气及水生产和供应业 | 712 | 322 | 161 | 52 | 174 | 64 | 1047 | 438 |
| 租赁和商务服务业 | 885 | 491 | 114 | 54 | 4 | 4 | 1003 | 549 |
| 交通运输、仓储和邮政业 | 624 | 237 | 61 | 34 | 9 | 5 | 694 | 276 |
| 教育 | 302 | 256 | 190 | 171 | 137 | 79 | 629 | 506 |
| 文化、体育和娱乐业 | 490 | 350 | 67 | 50 | – | – | 557 | 400 |
| 住宿和餐饮业 | 455 | 324 | 22 | 14 | 1 | 1 | 478 | 339 |
| 公共管理、社会保障和社会组织 | 211 | 159 | 38 | 22 | 13 | 3 | 262 | 184 |
| 金融业 | 122 | 76 | 63 | 38 | 5 | 2 | 190 | 116 |
| 农、林、牧、渔业 | 173 | 121 | 13 | 6 | – | – | 186 | 127 |
| 房地产业 | 170 | 115 | 11 | 5 | – | – | 181 | 120 |
| 采矿业 | 54 | 28 | 71 | 23 | 4 | 2 | 129 | 53 |
| 卫生和社会工作 | 94 | 54 | 14 | 12 | 5 | 4 | 113 | 70 |
| 水利、环境和公共设施管理业 | 85 | 52 | 12 | 9 | – | – | 97 | 61 |
| 国际组织 | 1 | 1 | – | – | – | – | 1 | 1 |
| 总人数 | 25863 | 12210 | 6309 | 2618 | 1303 | 478 | 33475 | 15306 |

### 9.1.5　就业质量调查分析

从 2023 届装备制造业类毕业生就业核心指标调查结果来看，全省 2023 届装备制造业类毕业生就业幸福感整体较高。具体来看，2023 届装备制造业类毕业生就业现状满意度为 71.67%（全省平均值为 69.60%），毕业生工作与专业相关度为 71.16%（全省平均值为 69.74%），毕业生就业与理想职业匹配度为 76.26%（全省平均值为 73.91%）。如表 9-6 所示。

表 9-6　全省装备制造业类毕业生就业质量相关调查（单位:%）

| 学历 | 就业现状满意度 | 工作与专业相关度 | 就业与理想职业匹配度 |
|---|---|---|---|
| 高职专科毕业生 | 72. 74 | 66. 37 | 74. 22 |
| 本科毕业生 | 69. 82 | 76. 18 | 77. 09 |
| 毕业研究生 | 73. 65 | 74. 32 | 82. 43 |
| 总体 | 71. 67 | 71. 16 | 76. 26 |

## 9. 2　服务中部地区①发展分析

### 9. 2. 1　总体人才输送量分析

全省 2023 届高校毕业生就业流向中部地区总量为 238678 人，占就业人数总量的 53. 79%。其中高职专科毕业生共 137224 人，本科毕业生共 86602 人，毕业研究生共 14852 人。

从各类毕业生流向中部地区人才量来看，高职专科毕业生以医药卫生大类、财经商贸大类、教育与体育大类、电子信息大类、装备制造大类为主，流向人才量均在万人以上；本科毕业生以工学、管理学、文学为主，流向人才量也均在万人以上；毕业研究生主要以工学、医学为主，流向人才量均在两千人以上，其中工学人数最高，为 4304 人。如表 9-7 所示。

表 9-7　湖南省普通高校 2023 届毕业生流向中部地区总体情况（单位：人）

| 学历 | 科类名称 | 人数 | 科类名称 | 人数 |
|---|---|---|---|---|
| 高职专科毕业生 | 农、林、牧、渔大类 | 3879 | 电子信息大类 | 16825 |
| | 资源环境与安全大类 | 1963 | 医药卫生大类 | 21025 |
| | 能源动力与材料大类 | 1548 | 财经商贸大类 | 20053 |
| | 土木建筑大类 | 8586 | 旅游大类 | 3152 |
| | 水利大类 | 737 | 文化艺术大类 | 7127 |
| | 装备制造大类 | 14011 | 新闻传播大类 | 1304 |
| | 生物与化工大类 | 1367 | 教育与体育大类 | 18780 |
| | 轻工纺织大类 | 136 | 公安与司法大类 | 963 |
| | 食品药品与粮食大类 | 1949 | 公共管理与服务大类 | 5378 |
| | 交通运输大类 | 8441 | 小计 | 137224 |

① 中部地区选取标准：在毕业去向为签就业形式就业、签劳动合同形式就业、其他录用形式的毕业生中，选取就业省份为湖南省、湖北省、江西省、安徽省、河南省、山西省 6 个省份的毕业生。

续表

| 学历 | 科类名称 | 人数 | 科类名称 | 人数 |
|---|---|---|---|---|
| 本科毕业生 | 哲学 | 34 | 工学 | 22648 |
| | 经济学 | 3718 | 农学 | 916 |
| | 法学 | 3782 | 医学 | 8726 |
| | 教育学 | 4518 | 管理学 | 14241 |
| | 文学 | 10365 | 艺术学 | 9594 |
| | 历史学 | 475 | 小计 | 86602 |
| | 理学 | 7585 | | |
| 毕业研究生 | 哲学 | 104 | 工学 | 4304 |
| | 经济学 | 708 | 农学 | 616 |
| | 法学 | 1057 | 医学 | 2283 |
| | 教育学 | 1325 | 管理学 | 1953 |
| | 文学 | 760 | 艺术学 | 605 |
| | 历史学 | 80 | 小计 | 14852 |
| | 理学 | 1057 | | |
| 总计 | 238678 | | | |

### 9.2.2 6 个省份人才输送分布

从 2023 届毕业生流向中部地区的 6 个省份人才量分布来看，湖南本省除外，流向湖北省就业的人才量为 5358 人，流向江西省就业的人才量为 4814 人，流向安徽省就业的人才量为 2701 人，流向河南省就业的人才量为 2346 人，流向山西省就业的人才量为 1019 人。如表 9-8 所示。

**表 9-8　湖南省普通高校 2023 届毕业生各学历中部各地区人才输送情况**

| 省份 | 高职专科毕业生（人） | 本科毕业生（人） | 毕业研究生（人） | 总体 | |
|---|---|---|---|---|---|
| | | | | 人数（人） | 比例（%） |
| 湖南省 | 120943 | 68255 | 11420 | 200618 | 92.51 |
| 湖北省 | 2337 | 2256 | 765 | 5358 | 2.47 |
| 江西省 | 2723 | 1505 | 586 | 4814 | 2.22 |
| 安徽省 | 1320 | 1065 | 316 | 2701 | 1.25 |
| 河南省 | 838 | 891 | 617 | 2346 | 1.08 |
| 山西省 | 268 | 621 | 130 | 1019 | 0.47 |
| 总计 | 128429 | 74593 | 13834 | 216856 | 100.00 |

### 9.2.3　服务地区行业分布

流向中部地区就业的2023届毕业生主要服务于“教育”“制造业”“卫生和社会工作”“信息传输、软件和信息技术服务业”“建筑业”“批发和零售业”“文化、体育和娱乐业”“租赁和商务服务业”领域，所列举行业吸纳人才量为万人以上。各学历层次中，服务于“教育”行业的人数均最多，分别为 18168 人、13653 人、3530 人。如表 9-9 所示。

**表 9-9　湖南省普通高校 2023 届毕业生中部地区重点行业输送情况（单位：人）**

| 单位行业 | 高职专科毕业生 | 本科毕业生 | 毕业研究生 | 总体 |
|---|---|---|---|---|
| 教育 | 18168 | 13653 | 3530 | 35351 |
| 制造业 | 13173 | 7730 | 1832 | 22735 |
| 卫生和社会工作 | 12448 | 6880 | 2066 | 21394 |
| 信息传输、软件和信息技术服务业 | 11998 | 7937 | 792 | 20727 |
| 建筑业 | 11120 | 6814 | 538 | 18472 |
| 批发和零售业 | 12800 | 4939 | 177 | 17916 |
| 文化、体育和娱乐业 | 7551 | 4841 | 261 | 12653 |
| 租赁和商务服务业 | 6601 | 4043 | 299 | 10943 |
| 居民服务、修理和其他服务业 | 6434 | 1989 | 161 | 8584 |
| 住宿和餐饮业 | 6214 | 1228 | 20 | 7462 |
| 科学研究和技术服务业 | 3537 | 2949 | 920 | 7406 |
| 公共管理、社会保障和社会组织 | 2146 | 3274 | 1168 | 6588 |
| 金融业 | 1806 | 3049 | 824 | 5679 |
| 交通运输、仓储和邮政业 | 3749 | 968 | 211 | 4928 |
| 农、林、牧、渔业 | 2975 | 1139 | 277 | 4391 |
| 电力、热力、燃气及水生产和供应业 | 2129 | 1578 | 453 | 4160 |
| 水利、环境和公共设施管理业 | 1713 | 666 | 149 | 2528 |
| 房地产业 | 1539 | 633 | 66 | 2238 |
| 军队 | 1957 | 21 | 28 | 2006 |
| 采矿业 | 366 | 261 | 62 | 689 |
| 国际组织 | 5 | 1 | - | 6 |
| 总计 | 128429 | 74593 | 13834 | 216856 |

### 9.2.4 服务地区职位分布

流向中部地区的2023届毕业生从事的岗位类别（其他人员除外）以“教学人员”“工程技术人员”“其他专业技术人员”为主，各岗位从事量为2万人以上。各学历层次中，从事“教学人员”的均为最多，分别为15254人、11802人、3083人。如表9-10所示。

**表9-10 湖南省普通高校2023届毕业生中部各地区重点职位输送情况（单位：人）**

| 工作职位类别 | 高职专科毕业生 | 本科毕业生 | 毕业研究生 | 总体 |
|---|---|---|---|---|
| 其他人员 | 41471 | 13538 | 1249 | 56258 |
| 教学人员 | 15254 | 11802 | 3083 | 30139 |
| 工程技术人员 | 10121 | 10192 | 2286 | 22599 |
| 其他专业技术人员 | 13523 | 7607 | 1400 | 22530 |
| 商业和服务业人员 | 14469 | 3659 | 152 | 18280 |
| 办事人员和有关人员 | 7291 | 10066 | 660 | 18017 |
| 卫生专业技术人员 | 10042 | 5828 | 1858 | 17728 |
| 经济业务人员 | 2790 | 2662 | 214 | 5666 |
| 生产和运输设备操作人员 | 4886 | 380 | 50 | 5316 |
| 金融业务人员 | 1938 | 2398 | 667 | 5003 |
| 公务员 | 248 | 1840 | 828 | 2916 |
| 文学艺术工作人员 | 1270 | 899 | 70 | 2239 |
| 农、林、牧、渔业技术人员 | 1547 | 393 | 144 | 2084 |
| 军人 | 1935 | 12 | 11 | 1958 |
| 体育工作人员 | 855 | 896 | 37 | 1788 |
| 法律专业人员 | 68 | 1237 | 347 | 1652 |
| 科学研究人员 | 185 | 643 | 697 | 1525 |
| 新闻出版和文化工作人员 | 536 | 541 | 81 | 1158 |
| 总计 | 128429 | 74593 | 13834 | 216856 |

# 9.3　服务长江经济带[①]发展分析

## 9.3.1　总体人才输送量分布

全省 2023 届高校毕业生就业流向长江经济带地区的总量为 274497 人，其中高职专科毕业生共 156006 人，本科毕业生共 100731 人，毕业研究生共 17760 人。

从各类毕业生流向长江经济带地区的人才量来看，高职专科毕业生以医药卫生大类、财经商贸大类、电子信息大类、教育与体育大类、装备制造大类、交通运输大类为主，流向人数均为万人以上；本科毕业生以工学、管理学、文学、艺术学为主，流向人数均为万人以上；毕业研究生主要以工学、医学、管理学为主，流向人数分别为 5622 人、2593 人、2194 人。如表 9-11 所示。

**表 9-11　湖南省普通高校 2023 届毕业生长江经济带输送情况（单位：人）**

| 学历 | 科类名称 | 人数 | 科类名称 | 人数 |
|---|---|---|---|---|
| 高职专科毕业生 | 农、林、牧、渔大类 | 4120 | 电子信息大类 | 19894 |
| | 资源环境与安全大类 | 2230 | 医药卫生大类 | 23137 |
| | 能源动力与材料大类 | 1842 | 财经商贸大类 | 22357 |
| | 土木建筑大类 | 9591 | 旅游大类 | 3551 |
| | 水利大类 | 767 | 文化艺术大类 | 7938 |
| | 装备制造大类 | 18389 | 新闻传播大类 | 1377 |
| | 生物与化工大类 | 1824 | 教育与体育大类 | 19698 |
| | 轻工纺织大类 | 188 | 公安与司法大类 | 1019 |
| | 食品药品与粮食大类 | 2181 | 公共管理与服务大类 | 5749 |
| | 交通运输大类 | 10154 | 小计 | 156006 |
| 本科毕业生 | 哲学 | 36 | 工学 | 28903 |
| | 经济学 | 4423 | 农学 | 1024 |
| | 法学 | 4016 | 医学 | 9678 |
| | 教育学 | 4789 | 管理学 | 16497 |
| | 文学 | 11680 | 艺术学 | 10950 |
| | 历史学 | 491 | 小计 | 100731 |
| | 理学 | 8244 | | |

① 长江经济带选取标准：在毕业去向为签就业形式就业、签劳动合同形式就业、其他录用形式的毕业生中，选取就业省份为湖南省、浙江省、江苏省、上海市、湖北省、江西省、四川省、贵州省、安徽省、云南省、重庆市 11 个省份的毕业生。

续表

| 学历 | 科类名称 | 人数 | 科类名称 | 人数 |
|---|---|---|---|---|
| 毕业研究生 | 哲学 | 114 | 工学 | 5622 |
| | 经济学 | 871 | 农学 | 716 |
| | 法学 | 1196 | 医学 | 2593 |
| | 教育学 | 1452 | 管理学 | 2194 |
| | 文学 | 885 | 艺术学 | 702 |
| | 历史学 | 97 | 小计 | 17760 |
| | 理学 | 1318 | | |
| 总计 | 274497 | | | |

### 9.3.2 人才输送地区分布

从 2023 届毕业生流向长江经济带地区的 11 个省份（含直辖市）人才量分布来看，湖南本省除外，流向毕业生量排名靠前的省份（含直辖市）为浙江省、江苏省、上海市、湖北省，人才量均为 5000 人以上，其中浙江省高达 14038 人。如表 9-12 所示。

**表 9-12　湖南省普通高校 2023 届毕业生长江经济带各地输送情况**

| 省份（含直辖市） | 高职专科毕业生（人） | 本科毕业生（人） | 毕业研究生（人） | 总体 | |
|---|---|---|---|---|---|
| | | | | 人数（人） | 比例（%） |
| 湖南省 | 120943 | 68255 | 11420 | 200618 | 79.65 |
| 浙江省 | 7770 | 5371 | 897 | 14038 | 5.57 |
| 江苏省 | 3967 | 3617 | 744 | 8328 | 3.31 |
| 上海市 | 2820 | 2906 | 596 | 6322 | 2.51 |
| 湖北省 | 2337 | 2256 | 765 | 5358 | 2.13 |
| 江西省 | 2723 | 1505 | 586 | 4814 | 1.91 |
| 四川省 | 1585 | 1262 | 509 | 3356 | 1.33 |
| 贵州省 | 1882 | 834 | 362 | 3078 | 1.22 |
| 安徽省 | 1320 | 1065 | 316 | 2701 | 1.07 |
| 云南省 | 945 | 606 | 143 | 1694 | 0.67 |
| 重庆市 | 653 | 641 | 275 | 1569 | 0.62 |
| 总计 | 146945 | 88318 | 16613 | 251876 | 100.00 |

### 9.3.3 服务地区行业分布

流向长江经济带的 2023 届毕业生服务的行业主要为“教育”“制造业”“信息传输、

软件和信息技术服务业”，服务人数分别为 36687 人、32623 人、25417 人。如表 9-13 所示。

**表 9-13　湖南省普通高校 2023 届毕业生长江经济带重点行业输送情况（单位：人）**

| 单位行业 | 高职专科毕业生 | 本科毕业生 | 毕业研究生 | 总体 |
|---|---|---|---|---|
| 教育 | 18517 | 14335 | 3835 | 36687 |
| 制造业 | 18960 | 11125 | 2538 | 32623 |
| 信息传输、软件和信息技术服务业 | 14100 | 10166 | 1151 | 25417 |
| 卫生和社会工作 | 13415 | 7574 | 2331 | 23320 |
| 建筑业 | 12393 | 8303 | 665 | 21361 |
| 批发和零售业 | 14728 | 6041 | 219 | 20988 |
| 文化、体育和娱乐业 | 8178 | 5402 | 285 | 13865 |
| 租赁和商务服务业 | 7523 | 4684 | 343 | 12550 |
| 居民服务、修理和其他服务业 | 7233 | 2250 | 201 | 9684 |
| 科学研究和技术服务业 | 4321 | 3840 | 1242 | 9403 |
| 住宿和餐饮业 | 6908 | 1352 | 25 | 8285 |
| 公共管理、社会保障和社会组织 | 2293 | 3474 | 1306 | 7073 |
| 金融业 | 1976 | 3457 | 1013 | 6446 |
| 交通运输、仓储和邮政业 | 4831 | 1269 | 250 | 6350 |
| 电力、热力、燃气及水生产和供应业 | 2457 | 1988 | 559 | 5004 |
| 农、林、牧、渔业 | 3201 | 1202 | 290 | 4693 |
| 水利、环境和公共设施管理业 | 1831 | 737 | 187 | 2755 |
| 房地产业 | 1671 | 773 | 78 | 2522 |
| 军队 | 2013 | 25 | 33 | 2071 |
| 采矿业 | 391 | 320 | 62 | 773 |
| 国际组织 | 5 | 1 |  | 6 |
| 总计 | 146945 | 88318 | 16613 | 251876 |

### 9.3.4　服务地区职位分布

流向长江经济带的 2023 届毕业生服务的职位类别（其他人员除外）主要有“教学人员”“工程技术人员”“其他专业技术人员”。分学历层次来看，除去不便于分析的“其他人员”外，高职专科毕业生服务“其他专业技术人员”最多，为 16674 人；本科毕业生服务于“工程技术人员”最多，为 13625 人；毕业研究生服务于“教学人员”最多，为 3334 人。如表 9-14 所示。

**表 9-14 湖南省普通高校 2023 届毕业生长江经济带重点职位输送情况（单位：人）**

| 工作职位类别 | 高职专科毕业生 | 本科毕业生 | 毕业研究生 | 总体 |
| --- | --- | --- | --- | --- |
| 其他人员 | 47303 | 16426 | 1617 | 65346 |
| 教学人员 | 15513 | 12415 | 3334 | 31262 |
| 工程技术人员 | 12727 | 13625 | 3045 | 29397 |
| 其他专业技术人员 | 16674 | 9806 | 1787 | 28267 |
| 商业和服务业人员 | 16274 | 4439 | 194 | 20907 |
| 办事人员和有关人员 | 8437 | 11623 | 778 | 20838 |
| 卫生专业技术人员 | 10781 | 6433 | 2099 | 19313 |
| 生产和运输设备操作人员 | 6861 | 508 | 60 | 7429 |
| 经济业务人员 | 3154 | 3196 | 256 | 6606 |
| 金融业务人员 | 2136 | 2723 | 824 | 5683 |
| 公务员 | 254 | 1943 | 911 | 3108 |
| 文学艺术工作人员 | 1370 | 1019 | 76 | 2465 |
| 农、林、牧、渔业技术人员 | 1667 | 428 | 158 | 2253 |
| 军人 | 1988 | 11 | 18 | 2017 |
| 科学研究人员 | 217 | 853 | 919 | 1989 |
| 体育工作人员 | 932 | 953 | 42 | 1927 |
| 法律专业人员 | 72 | 1316 | 409 | 1797 |
| 新闻出版和文化工作人员 | 585 | 601 | 86 | 1272 |
| 总计 | 146945 | 88318 | 16613 | 251876 |

## 9.4 服务科学研究和技术服务业分析

### 9.4.1 学历层次分布

我省 2023 届毕业生共有 13618 人在科学研究和技术服务业就业服务，其中高职专科毕业生有 6190 人，服务人数最多，占比为 45.45%；本科毕业生有 5597 人，占比为 41.10%；毕业研究生有 1831 人，占比为 13.45%。如图 9-1 所示。

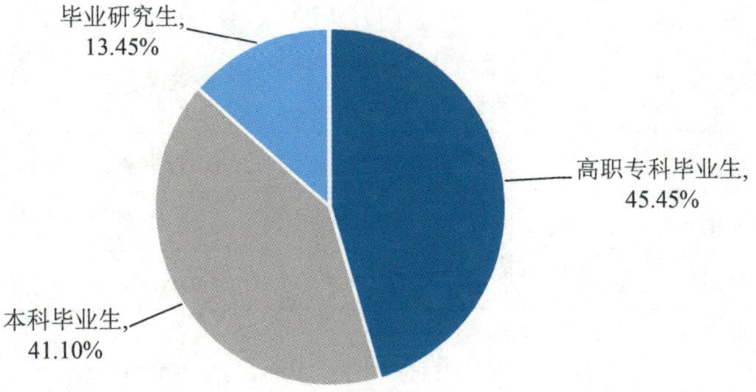


**图 9-1　湖南省普通高校 2023 届毕业生科学研究和技术服务业就业学历层次分布**

## 9.4.2　学科大类就业分布

从学科与专业大类上看，不同专业大类的高职专科毕业生在科学研究和技术服务业就业中，装备制造大类人数最多，共 1271 人，占比为 20.53%；其次是电子信息大类，共 1269 人，占比为 20.50%。

不同学科的本科毕业生在科学研究和技术服务业就业中，工学毕业生在科学研究和技术服务业就业人数最多，共 2308 人，占比为 41.24%；毕业研究生在科学研究和技术服务业就业中工学人数最多，共 1010 人，占比为 55.16%。如表 9-15 所示。

**表 9-15　湖南省普通高校 2023 届毕业生科学研究和技术服务业就业分布**

| 学历 | 科类名称 | 人数（人） | 比例（%） | 科类名称 | 人数（人） | 比例（%） |
|---|---|---|---|---|---|---|
| 高职专科毕业生 | 农、林、牧、渔大类 | 122 | 1.97 | 电子信息大类 | 1269 | 20.50 |
| | 资源环境与安全大类 | 254 | 4.10 | 医药卫生大类 | 584 | 9.43 |
| | 能源动力与材料大类 | 58 | 0.94 | 财经商贸大类 | 875 | 14.14 |
| | 土木建筑大类 | 305 | 4.93 | 旅游大类 | 78 | 1.26 |
| | 水利大类 | 0 | 0.00 | 文化艺术大类 | 282 | 4.56 |
| | 装备制造大类 | 1271 | 20.53 | 新闻传播大类 | 84 | 1.36 |
| | 生物与化工大类 | 131 | 2.12 | 教育与体育大类 | 234 | 3.78 |
| | 轻工纺织大类 | 11 | 0.18 | 公安与司法大类 | 22 | 0.36 |
| | 食品药品与粮食大类 | 227 | 3.67 | 公共管理与服务大类 | 68 | 1.10 |
| | 交通运输大类 | 315 | 5.09 | 小计 | 6190 | 100.00 |
| 本科毕业生 | 哲学 | 0 | 0.00 | 工学 | 2308 | 41.24 |
| | 经济学 | 216 | 3.86 | 农学 | 76 | 1.36 |
| | 法学 | 143 | 2.55 | 医学 | 667 | 11.92 |

续表

| 学历 | 科类名称 | 人数（人） | 比例（%） | 科类名称 | 人数（人） | 比例（%） |
|---|---|---|---|---|---|---|
| 本科毕业生 | 教育学 | 33 | 0.59 | 管理学 | 794 | 14.19 |
| | 文学 | 406 | 7.25 | 艺术学 | 541 | 9.67 |
| | 历史学 | 5 | 0.09 | 小计 | 5597 | 100.00 |
| | 理学 | 408 | 7.29 | | | |
| 毕业研究生 | 哲学 | 5 | 0.27 | 工学 | 1010 | 55.16 |
| | 经济学 | 33 | 1.80 | 农学 | 110 | 6.01 |
| | 法学 | 90 | 4.92 | 医学 | 114 | 6.23 |
| | 教育学 | 12 | 0.66 | 管理学 | 87 | 4.75 |
| | 文学 | 20 | 1.09 | 艺术学 | 35 | 1.91 |
| | 历史学 | 2 | 0.11 | 小计 | 1831 | 100.00 |
| | 理学 | 313 | 17.09 | | | |

### 9.4.3 就业地域分布

从就业地域上看，2023 届毕业生在湘内科学研究和技术服务业就业人数共 6670 人，占比为 48.98%；从学历层次上看，高职专科毕业生在湘内科学研究和技术服务业就业人数最多，共 3220 人。如表 9-16 所示。

**表 9-16 湖南省普通高校 2023 届毕业生科学研究和技术服务业就业地域分布**

| 学历 | 湘内就业 | | 湘外就业 | | 总体（人） |
|---|---|---|---|---|---|
| | 人数（人） | 比例（%） | 人数（人） | 比例（%） | |
| 高职专科毕业生 | 3220 | 52.02% | 2970 | 47.98% | 6190 |
| 本科毕业生 | 2735 | 48.87% | 2862 | 51.13% | 5597 |
| 毕业研究生 | 715 | 39.05% | 1116 | 60.95% | 1831 |
| 总体 | 6670 | 48.98% | 6948 | 51.02% | 13618 |

具体到各地市（州），留在长沙市从事科学研究和技术服务业的毕业生人数最多，共 5117 人，占比为 76.72%；其次是株洲市，共 228 人，占比为 3.42%。如图 9-2 所示。

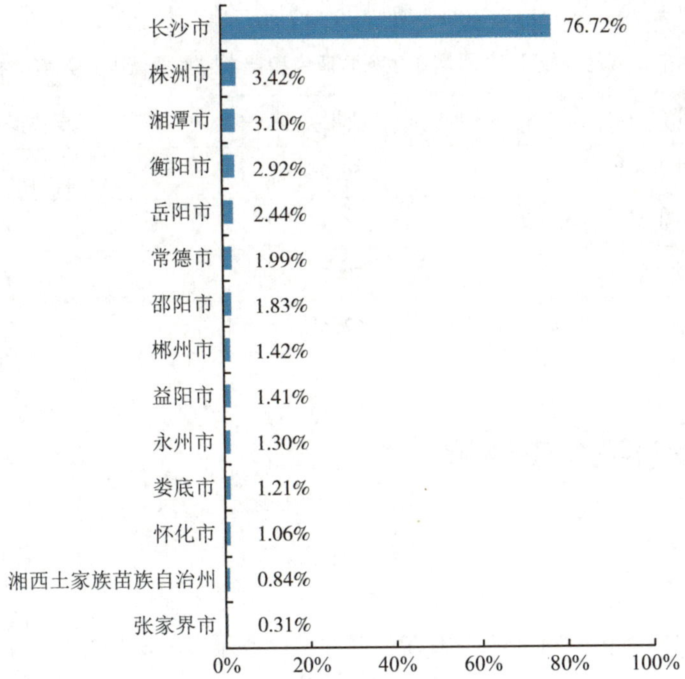


**图 9-2　湖南省普通高校 2023 届毕业生科学研究和技术服务业湘内就业分布**

## 9.4.4　行业就业满意度分析

调研数据显示，在科学研究和技术服务业就业毕业生的就业满意度为 65.94%。从学历层次上看，高职专科毕业生就业满意度最高，为 69.18%；毕业研究生就业满意度为 63.98%；本科毕业生就业满意度为 63.82%。如图 9-3 所示。

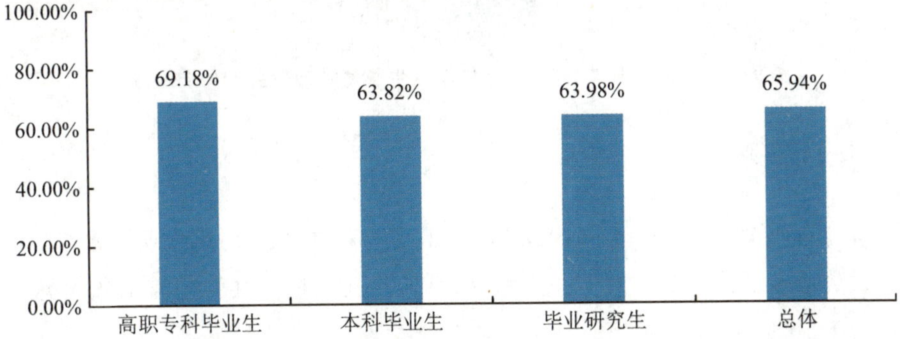


**图 9-3　湖南省普通高校 2023 届毕业生科学研究和技术服务业就业满意度分析**

## 9.4.5　就业适配度分析

调研数据显示，在科学研究和技术服务业就业毕业生的专业相关度为 67.55%，理想职业匹配度为 72.19%。从学历层次上看，毕业研究生就业专业相关度、理想职业匹配度均为最高，分别为 79. 73%、77. 70%。如表 9-17 所示。

**表 9-17　湖南省普通高校 2023 届毕业生科学研究和技术服务业就业适配度分析（单位:%）**

| 学历 | 专业相关度 | 理想职业匹配度 |
|---|---|---|
| 高职专科毕业生 | 56. 26 | 66. 64 |
| 本科毕业生 | 74. 17 | 75. 56 |
| 毕业研究生 | 79. 73 | 77. 70 |
| 总体 | 67. 55 | 72. 19 |

## 9. 5　服务教育领域分析

### 9. 5. 1　学历层次分布

我省 2023 届毕业生共有 43235 人在教育领域就业服务，其中高职专科毕业生有 20344 人，占比为 47. 05%；本科毕业生有 17448 人，占比为 40. 36%；毕业研究生有 5443 人，占比为 12. 59%。如图 9-4 所示。

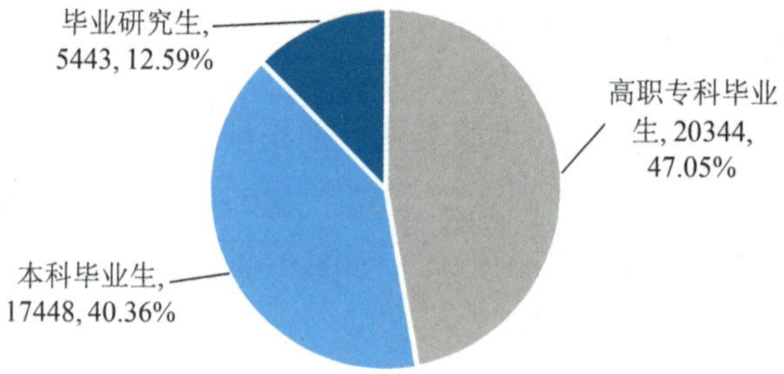


**图 9-4　湖南省普通高校 2023 届毕业生教育领域就业学历层次分布**

### 9. 5. 2　学科大类就业分布

从学科与专业大类上看，不同专业大类的高职专科毕业生在教育领域就业中，教育与体育大类人数最多，共 14098 人，占比为 69. 30%；其次是公共管理与服务大类，共 1538 人，占比为 7. 56%。

不同学科的本科毕业生在教育领域就业中，文学毕业生在教育领域就业人数最多，共 4607 人，占比为 26. 40%；毕业研究生在教育领域就业中教育学人数最多，共 1608 人，占比为 29. 54%。如表 9-18 所示。

**表 9-18　2023 届毕业生教育领域就业分布**

| 学历 | 科类名称 | 人数（人） | 比例（%） | 科类名称 | 人数（人） | 比例（%） |
|---|---|---|---|---|---|---|
| 高职专科毕业生 | 农、林、牧、渔大类 | 69 | 0.34 | 电子信息大类 | 1081 | 5.31 |
| | 资源环境与安全大类 | 42 | 0.21 | 医药卫生大类 | 521 | 2.56 |
| | 能源动力与材料大类 | 24 | 0.12 | 财经商贸大类 | 1029 | 5.06 |
| | 土木建筑大类 | 204 | 1.00 | 旅游大类 | 121 | 0.59 |
| | 水利大类 | 7 | 0.03 | 文化艺术大类 | 839 | 4.12 |
| | 装备制造大类 | 302 | 1.48 | 新闻传播大类 | 87 | 0.43 |
| | 生物与化工大类 | 21 | 0.10 | 教育与体育大类 | 14098 | 69.30 |
| | 轻工纺织大类 | 4 | 0.02 | 公安与司法大类 | 78 | 0.38 |
| | 食品药品与粮食大类 | 47 | 0.23 | 公共管理与服务大类 | 1538 | 7.56 |
| | 交通运输大类 | 232 | 1.14 | 小计 | 20344 | 100.00 |
| 本科毕业生 | 哲学 | 7 | 0.04 | 工学 | 1242 | 7.12 |
| | 经济学 | 281 | 1.61 | 农学 | 67 | 0.38 |
| | 法学 | 742 | 4.25 | 医学 | 324 | 1.86 |
| | 教育学 | 2280 | 13.07 | 管理学 | 906 | 5.19 |
| | 文学 | 4607 | 26.40 | 艺术学 | 3076 | 17.63 |
| | 历史学 | 304 | 1.74 | 小计 | 17448 | 100.00 |
| | 理学 | 3612 | 20.70 | | | |
| 毕业研究生 | 哲学 | 96 | 1.76 | 工学 | 668 | 12.27 |
| | 经济学 | 113 | 2.08 | 农学 | 137 | 2.52 |
| | 法学 | 395 | 7.26 | 医学 | 213 | 3.91 |
| | 教育学 | 1608 | 29.54 | 管理学 | 342 | 6.28 |
| | 文学 | 602 | 11.06 | 艺术学 | 350 | 6.43 |
| | 历史学 | 109 | 2.00 | 小计 | 5443 | 100.00 |
| | 理学 | 810 | 14.88 | | | |

## 9.5.3　就业地域分布

从就业地域上看，2023 届毕业生在湘内教育领域就业人数共 33954 人，占比为 78.53%；从学历层次上看，高职专科毕业生在湘内教育领域就业人数最多，共 17994 人。

如表 9-19 所示。

**表 9-19　湖南省普通高校 2023 届毕业生教育领域就业地域分布**

| 学历 | 湘内就业 | | 湘外就业 | | 总体（人） |
|---|---|---|---|---|---|
| | 人数（人） | 比例（%） | 人数（人） | 比例（%） | |
| 高职专科毕业生 | 17994 | 88. 45 | 2350 | 11. 55 | 20344 |
| 本科毕业生 | 13055 | 74. 82 | 4393 | 25. 18 | 17448 |
| 毕业研究生 | 2905 | 53. 37 | 2538 | 46. 63 | 5443 |
| 总体 | 33954 | 78. 53 | 9281 | 21. 47 | 43235 |

具体到各地市（州），留在长沙市从事教育服务的毕业生人数最多，共 11964 人，占比为 35. 24%；其次是衡阳市，共 2655 人，占比为 7. 82%。如图 9-5 所示。

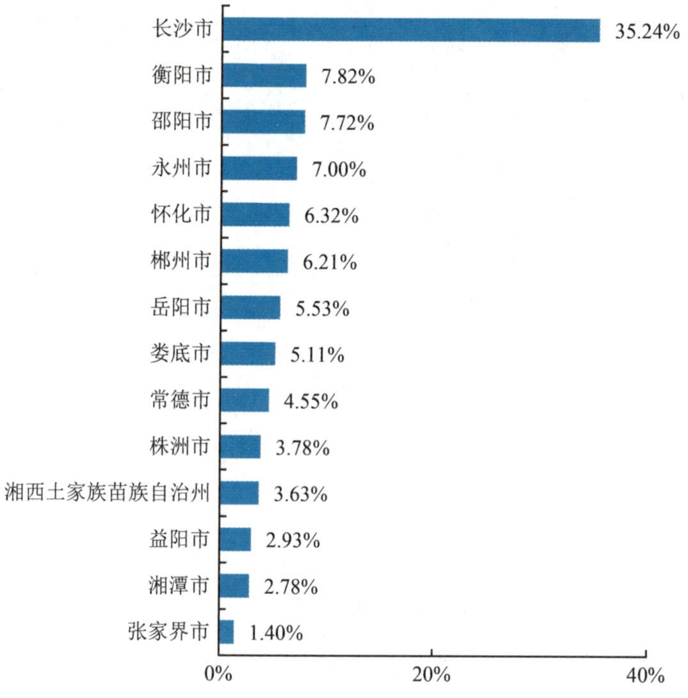


**图 9-5　湖南省普通高校 2023 届毕业生教育领域湘内就业分布**

### 9. 5. 4　行业就业满意度分析

调研数据显示，在教育领域就业毕业生的就业满意度为 72. 58%。从学历层次上看，毕业研究生就业满意度最高，为 78. 80%；本科毕业生就业满意度为 71. 14%；高职专科毕业生就业满意度为 72. 88%。如图 9-6 所示。

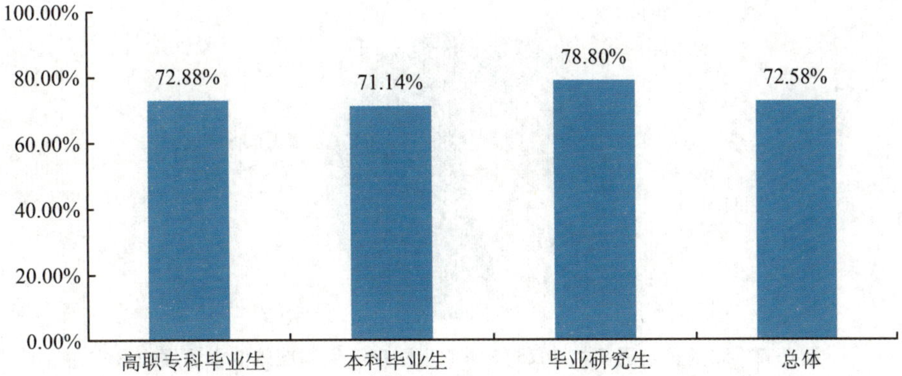


**图 9-6　湖南省普通高校 2023 届毕业生教育领域就业满意度分析**

### 9.5.5　就业适配度分析

调研数据显示，在教育领域就业毕业生的专业相关度为 85.22%，理想职业匹配度为 81.15%。从学历层次上看，毕业研究生就业专业相关度、理想职业匹配度均为最高，分别为 86.99%、86.41%。如表 9-20 所示。

**表 9-20　湖南省普通高校 2023 届毕业生教育领域就业适配度分析（单位:%）**

| 学历 | 专业相关度 | 理想职业匹配度 |
|---|---|---|
| 高职专科毕业生 | 83.70 | 78.71 |
| 本科毕业生 | 86.36 | 82.47 |
| 毕业研究生 | 86.99 | 86.41 |
| 总体 | 85.22 | 81.15 |

## 9.6　服务医疗卫生领域分析

### 9.6.1　学历层次分布

我省 2023 届毕业生共有 28792 人在医疗卫生领域就业，其中高职专科毕业生人数最多，共 15754 人，占比为 54.72%；本科毕业生共 10021 人，占比为 34.80%；毕业研究生共 3017 人，占比为 10.48%。如图 9-7 所示。

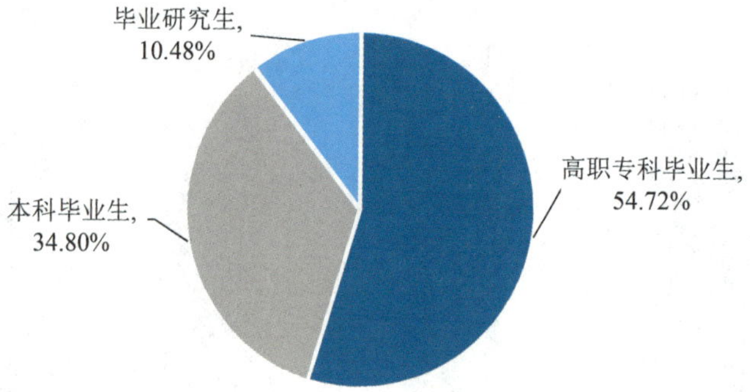


图9-7 湖南省普通高校2023届毕业生医疗卫生领域就业学历层次分布

## 9.6.2 学科大类就业分布

从在医疗卫生领域就业的高职专科毕业生专业大类分布来看，医药卫生大类人数最多，共14009人，占比为88.92%；其次是食品药品与粮食大类，共432人，占比为2.74%。

不同学科的本科毕业生、毕业研究生在医疗卫生领域就业分布中，均是医学学科毕业生人数最多，其中医学学科本科毕业生共8938人，占比为89.19%；医学学科毕业研究生共2741人，占比为90.85%。如表9-21所示。

表9-21 2023届本科毕业生、毕业研究生各学科医疗卫生领域就业分布

| 学历 | 科类名称 | 人数（人） | 比例（%） | 科类名称 | 人数（人） | 比例（%） |
|---|---|---|---|---|---|---|
| 高职专科毕业生 | 农、林、牧、渔大类 | 107 | 0.68 | 电子信息大类 | 173 | 1.10 |
| | 资源环境与安全大类 | 50 | 0.32 | 医药卫生大类 | 14009 | 88.92 |
| | 能源动力与材料大类 | 1 | 0.01 | 财经商贸大类 | 300 | 1.90 |
| | 土木建筑大类 | 35 | 0.22 | 旅游大类 | 28 | 0.18 |
| | 水利大类 | 2 | 0.01 | 文化艺术大类 | 58 | 0.37 |
| | 装备制造大类 | 94 | 0.60 | 新闻传播大类 | 11 | 0.07 |
| | 生物与化工大类 | 19 | 0.12 | 教育与体育大类 | 104 | 0.66 |
| | 轻工纺织大类 | 0 | 0.00 | 公安与司法大类 | 14 | 0.09 |
| | 食品药品与粮食大类 | 432 | 2.74 | 公共管理与服务大类 | 242 | 1.54 |
| | 交通运输大类 | 75 | 0.48 | 小计 | 15754 | 100.00 |
| 本科毕业生 | 哲学 | 0 | 0.00 | 工学 | 199 | 1.99 |
| | 经济学 | 51 | 0.51 | 农学 | 12 | 0.12 |
| | 法学 | 161 | 1.61 | 医学 | 8938 | 89.19 |

续表

| 学历 | 科类名称 | 人数（人） | 比例（%） | 科类名称 | 人数（人） | 比例（%） |
|---|---|---|---|---|---|---|
| 本科毕业生 | 教育学 | 77 | 0. 77 | 管理学 | 246 | 2. 45 |
| | 文学 | 137 | 1. 37 | 艺术学 | 138 | 1. 38 |
| | 历史学 | 1 | 0. 01 | 小计 | 10021 | 100. 00 |
| | 理学 | 61 | 0. 61 | | | |
| 毕业研究生 | 哲学 | 1 | 0. 03 | 工学 | 37 | 1. 23 |
| | 经济学 | 5 | 0. 17 | 农学 | 11 | 0. 36 |
| | 法学 | 30 | 0. 99 | 医学 | 2741 | 90. 85 |
| | 教育学 | 18 | 0. 60 | 管理学 | 65 | 2. 15 |
| | 文学 | 30 | 0. 99 | 艺术学 | 6 | 0. 20 |
| | 历史学 | 0 | 0. 00 | 小计 | 3017 | 100. 00 |
| | 理学 | 73 | 2. 42 | | | |

## 9. 6. 3　就业地域分布

2023 届毕业生湘内医疗卫生领域就业人数共 20651 人，占比为 71. 72%；从学历层次上看，高职专科毕业生湘内医疗卫生领域就业人数最多，共 12215 人，占比为 77. 54%。如表 9-22 所示。

**表 9-22　湖南省普通高校 2023 届毕业生医疗卫生领域就业地域分布**

| 学历 | 湘内就业 | | 湘外就业 | | 总体（人） |
|---|---|---|---|---|---|
| | 人数（人） | 比例（%） | 人数（人） | 比例（%） | |
| 高职专科毕业生 | 12215 | 77. 54 | 3539 | 22. 46 | 15754 |
| 本科毕业生 | 6623 | 66. 09 | 3398 | 33. 91 | 10021 |
| 毕业研究生 | 1813 | 60. 09 | 1204 | 39. 91 | 3017 |
| 总体 | 20651 | 71. 72 | 8141 | 28. 28 | 28792 |

具体到各地市（州），留在长沙市的毕业生人数最多，共 6612 人，占比为 32. 02%；其次是岳阳市，共 1495 人，占比为 7. 24%。如图 9-8 所示。

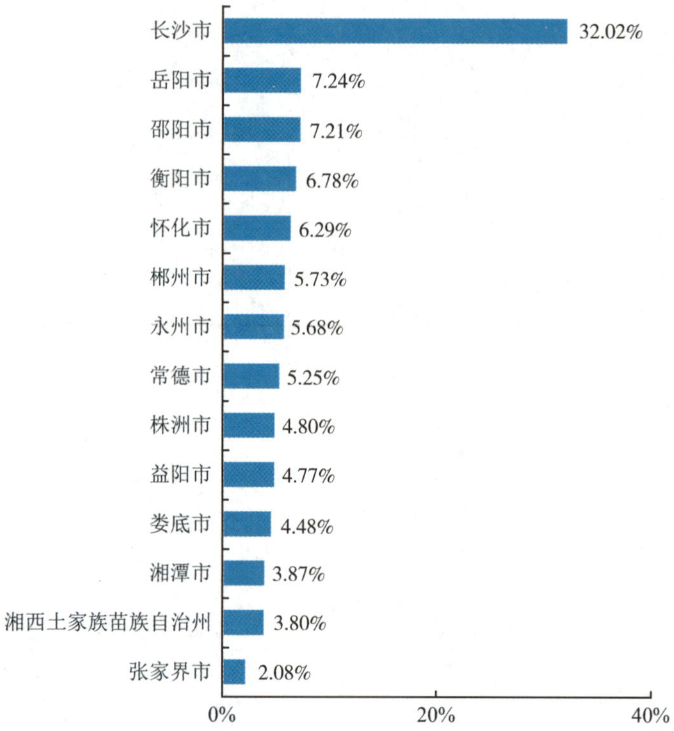


**图 9-8　湖南省普通高校 2023 届毕业生医疗卫生领域湘内就业分布**

### 9.6.4　行业就业满意度分析

调研数据显示，2023 届医疗卫生领域就业毕业生的就业满意度为 68.99%。从学历层次上看，毕业研究生就业满意度最高，为 74.84%；高职专科毕业生就业满意度为 69.40%，本科毕业生就业满意度为 67.40%。如图 9-9 所示。

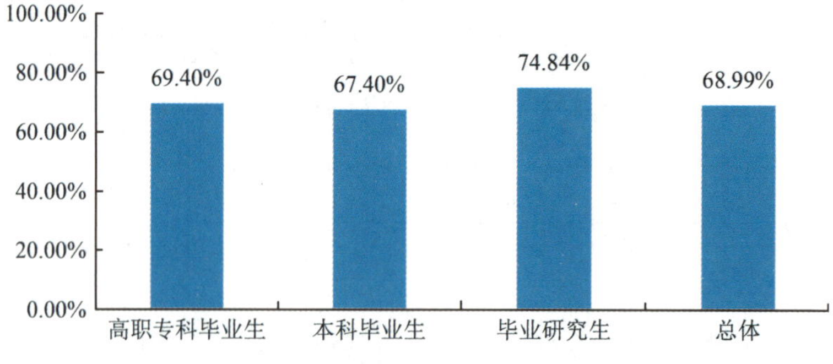


**图 9-9　湖南省普通高校 2023 届毕业生医疗卫生领域行业就业满意度分析**

### 9.6.5　就业适配度分析

调研数据显示，在医疗卫生领域就业毕业生的专业相关度为 91.21%，理想职业匹配度为 80.49%。从学历层次上看，毕业研究生就业专业相关度、理想职业匹配度均为最高，分别为 96.08%、84.97%。如表 9-23 所示。

**表 9-23　湖南省普通高校 2023 届毕业生医疗卫生领域就业适配度分析（单位:%）**

| 学历 | 专业相关度 | 理想职业匹配度 |
|---|---|---|
| 高职专科毕业生 | 89.06 | 78.90 |
| 本科毕业生 | 92.37 | 81.13 |
| 毕业研究生 | 96.08 | 84.97 |
| 总体 | 91.21 | 80.49 |

# 9.7　服务农、林、牧、渔领域分析

## 9.7.1　学历层次分布

我省 2023 届毕业生共有 5812 人在农、林、牧、渔领域就业，其中高职专科毕业生人数最多，共 3845 人，占比为 66.16%；本科毕业生共 1570 人，占比为 27.01%；毕业研究生共 397 人，占比为 6.83%。如图 9-10 所示。

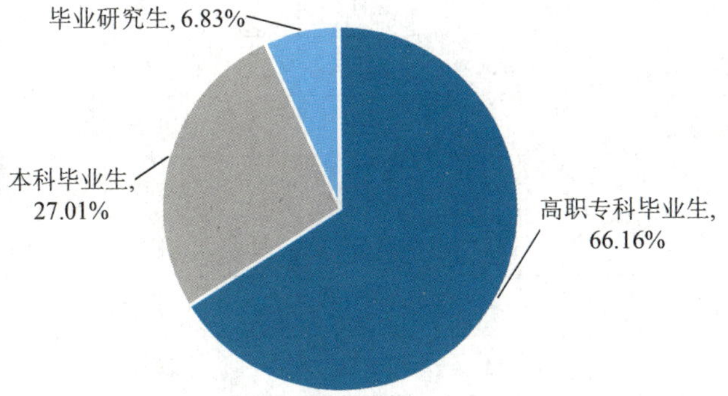


**图 9-10　湖南省普通高校 2023 届毕业生农、林、牧、渔领域就业学历层次分布**

## 9.7.2　学科大类就业分布

从在农、林、牧、渔领域就业的高职专科毕业生专业大类分布来看，农、林、牧、渔大类人数最多，共 2093 人，占比为 54.43%；其次是财经商贸大类，共 487 人，占比为 12.67%。

不同学科的本科毕业生、毕业研究生在农、林、牧、渔领域就业分布中，均为农学学科毕业生人数最多，其中农学学科本科毕业生共 450 人，占比为 28.66%；农学学科毕业研究生共 232 人，比例为 58.44%。如表 9-24 所示。

表 9-24　2023届本科毕业生、毕业研究生各学科农、林、牧、渔领域就业总体分布

| 学历 | 科类名称 | 人数（人） | 比例（%） | 科类名称 | 人数（人） | 比例（%） |
|---|---|---|---|---|---|---|
| 高职专科毕业生 | 农、林、牧、渔大类 | 2093 | 54.43 | 电子信息大类 | 255 | 6.63 |
| | 资源环境与安全大类 | 53 | 1.38 | 医药卫生大类 | 190 | 4.94 |
| | 能源动力与材料大类 | 5 | 0.13 | 财经商贸大类 | 487 | 12.67 |
| | 土木建筑大类 | 101 | 2.63 | 旅游大类 | 41 | 1.07 |
| | 水利大类 | 4 | 0.10 | 文化艺术大类 | 61 | 1.59 |
| | 装备制造大类 | 173 | 4.50 | 新闻传播大类 | 19 | 0.49 |
| | 生物与化工大类 | 33 | 0.86 | 教育与体育大类 | 134 | 3.49 |
| | 轻工纺织大类 | 2 | 0.05 | 公安与司法大类 | 14 | 0.36 |
| | 食品药品与粮食大类 | 60 | 1.56 | 公共管理与服务大类 | 32 | 0.83 |
| | 交通运输大类 | 88 | 2.29 | 小计 | 3845 | 100.00 |
| 本科毕业生 | 哲学 | 0 | 0.00 | 工学 | 311 | 19.81 |
| | 经济学 | 64 | 4.08 | 农学 | 450 | 28.66 |
| | 法学 | 33 | 2.10 | 医学 | 38 | 2.42 |
| | 教育学 | 38 | 2.42 | 管理学 | 330 | 21.02 |
| | 文学 | 102 | 6.50 | 艺术学 | 135 | 8.60 |
| | 历史学 | 1 | 0.06 | 小计 | 1570 | 100.00 |
| | 理学 | 68 | 4.33 | | | |
| 毕业研究生 | 哲学 | 0 | 0.00 | 工学 | 43 | 10.83 |
| | 经济学 | 7 | 1.76 | 农学 | 232 | 58.44 |
| | 法学 | 11 | 2.77 | 医学 | 3 | 0.76 |
| | 教育学 | 10 | 2.52 | 管理学 | 35 | 8.82 |
| | 文学 | 8 | 2.02 | 艺术学 | 5 | 1.26 |
| | 历史学 | 0 | 0.00 | 小计 | 397 | 100.00 |
| | 理学 | 43 | 10.83 | | | |

### 9.7.3　就业地域分布

2023届毕业生湘内农、林、牧、渔领域就业人数共4083人，占比为70.25%；从学历层次上看，高职专科毕业生湘内农、林、牧、渔领域就业人数最多，共2860人，占比为

74.38%。如表 9-25 所示。

**表 9-25　湖南省普通高校 2023 届毕业生农、林、牧、渔领域就业地域分布**

| 学历 | 湘内就业 | | 湘外就业 | | 总体（人） |
|---|---|---|---|---|---|
| | 人数（人） | 比例（%） | 人数（人） | 比例（%） | |
| 高职专科毕业生 | 2860 | 74.38 | 985 | 25.62 | 3845 |
| 本科毕业生 | 996 | 63.44 | 574 | 36.56 | 1570 |
| 毕业研究生 | 227 | 57.18 | 170 | 42.82 | 397 |
| 总体 | 4083 | 70.25 | 1729 | 29.75 | 5812 |

具体到各地市（州），留在长沙市的毕业生人数最多，共 1193 人，占比为 29.22%；其次是永州市，共 362 人，占比为 8.87%。如图 9-11 所示。

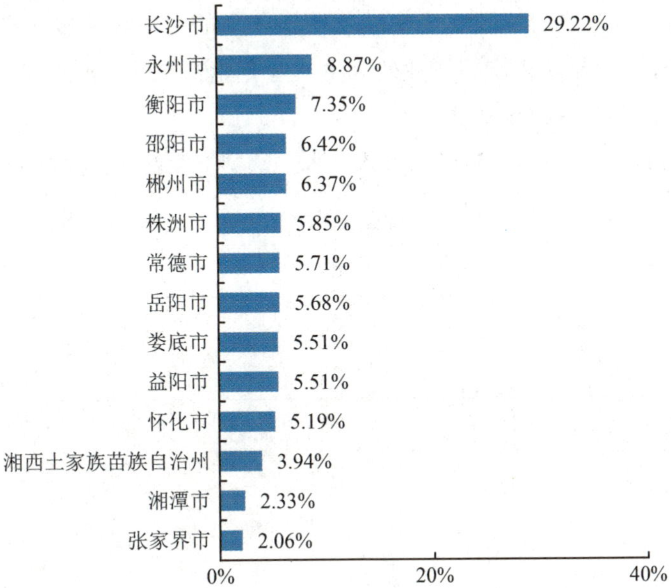


**图 9-11　湖南省普通高校 2023 届毕业生农、林、牧、渔领域湘内就业分布**

### 9.7.4　行业就业满意度分析

调研数据显示，2023 届农、林、牧、渔领域就业毕业生的就业满意度为 70.20%。从学历层次上看，高职专科毕业生就业满意度最高，为 75.60%；本科毕业生就业满意度为 61.85%，毕业研究生就业满意度为 73.10%。如图 9-12 所示。

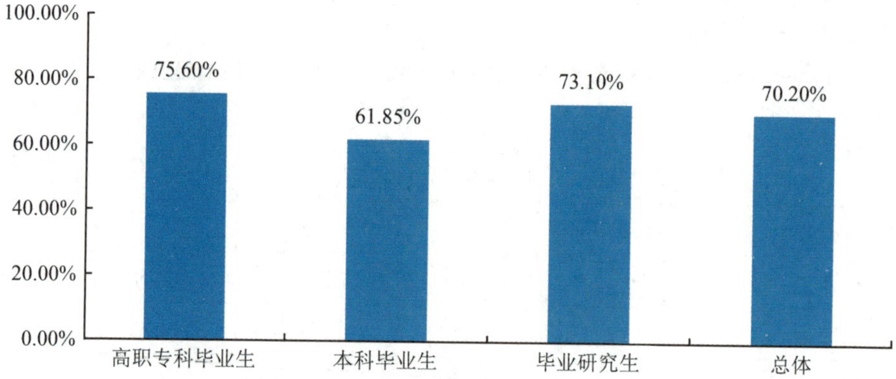


**图 9-12　湖南省普通高校 2023 届毕业生农、林、牧、渔领域就业满意度分析**

## 9.7.5　就业适配度分析

调研数据显示，在农、林、牧、渔领域就业毕业生的专业相关度为 71.10%，理想职业匹配度为 75.19%。分学历来看，毕业研究生就业专业相关度、理想职业匹配度均最高，分别为 84.21%、82.46%。如表 9-26 所示。

**表 9-26　湖南省普通高校 2023 届毕业生农、林、牧、渔行业就业适配度分析　单位:%**

| 学历 | 专业相关度 | 理想职业匹配度 |
|---|---|---|
| 高职专科毕业生 | 70.84 | 76.72 |
| 本科毕业生 | 67.00 | 70.22 |
| 毕业研究生 | 84.21 | 82.46 |
| 总体 | 71.10 | 75.19 |

# 第10章

# 湖南省普通高校2023届毕业生就业工作开展情况及特点

习近平总书记强调："就业是最大的民生工程、民心工程、根基工程。"在教育部和湖南省委省政府正确领导下，省教育厅及全省各高校同题共答、同向发力，扎实推进高校毕业生就业各项工作，全力促进高校毕业生高质量充分就业。湖南省普通高校2023届毕业生去向落实人数和落实率均同比实现"双增长"，毕业去向落实率高于全国平均水平。截至2023年8月31日，湖南省高校2023届毕业生毕业去向落实率为88.62%，其中全省四类困难群体毕业生3.25万人，毕业去向落实率为93.29%，高出全省平均水平4.65个百分点。截至2023年12月31日，湖南省高校2023届有就业意愿的四类困难群体毕业生百分之百实现就业。毕业生留湘就业比例达到57.29%，在湘就业人数增加了0.9万人。2023年8月，教育部副部长翁铁慧同志来湘调研时对我省就业工作给予充分肯定。中央教育工作领导小组秘书组《湖南用心用力提升高校毕业生就业指导服务实效》（教育工作情况第26期）、教育部简报《湖南省强化"四实"举措积极推进高校毕业生就业工作》（教育部简报〔2023〕第12期）分别对我省高校毕业生就业工作做了专题推介。

## 10.1 坚持高位推动，将就业工作摆在更加突出位置

一是高站位强化统筹部署。湖南省委省政府深入学习贯彻习近平总书记关于做好高校毕业生就业工作的系列重要讲话重要指示批示精神，站在全省经济社会稳定发展的全局，站在"稳就业""保就业"决策部署和保障改善民生福祉的高度，将做好高校毕业生就业工作摆在更加突出的位置，对高校毕业生就业工作进行常态化统筹部署和调度推进。省委、省政府主要负责同志多次作出专门指示批示，省委副书记、分管副省长多次组织召开联席会议安排部署和督办落实。湖南省制定出台了推进以创新为支撑的高校师生创业就业三年行动方案（2023—2025）、贯彻促发展惠民生要求落实优化调整稳就业政策若干措施、2023届高校毕业生就业创业工作"一揽子"举措、促进2023届高校毕业生就业工作12条措施、2023年高校毕业生等青年就业创业推进计划实施方案、春季促就业攻坚行动方

案、2023届高校毕业生就业“百日冲刺”行动方案等一系列政策文件，全力推进和保障高校毕业生高质量充分就业。

二是全过程强化责任落实。加强评价考核，将毕业生就业工作及成效纳入《省属本科高校年度绩效考核具体指标说明和计分方法》，进一步压紧压实工作责任。省教育厅主要负责同志专门致信全省高校党委书记和校长，督促高校坚决扛稳毕业生就业工作主体责任、督促主要负责同志切实履行就业工作“一把手”工程责任。认真组织召开2023届高校毕业生就业工作动员会、调度会、座谈会，常态化推行就业工作进展情况定期通报制度，强化责任传导，巩固拓展合力，形成了一级抓一级、层层抓落实的毕业生就业工作责任机制。

三是严要求强化组织保障。通过加强政策传达、业务指导、经费支持、调研督导等多种方式，督促全省高校进一步落实就业工作机构、人员、场地、经费“四到位”要求，指导推动完善“校领导—职能部门—学院领导—专职就业人员和辅导员—班主任和导师—学生”的“六级联动”就业工作机制；积极争取财政专项资金，为全省25个普通高等学校毕业生就业区域性行业性常设市场安排40万元/个的专门建设经费；印发《湖南省普通高校就业创业工作“一把手工程”督查评分细则》，优化考评指标体系和督查方式方法，为进一步健全完善高校毕业生就业工作领导机制体制提供更加科学的导向指引和更加有力的组织保障。

四是树典型强化示范引领。深入落实党中央、国务院关于引导和鼓励高校毕业生到基层就业的决策部署，开展“全国高校毕业生基层就业卓越奖”推荐和“湖南省普通高校毕业生基层就业卓越奖”评审工作，评选出2023年“湖南省普通高校毕业生基层就业卓越奖”毕业生30名、教师7名；14名毕业生荣获“全国高校毕业生基层就业卓越奖”，3人获评“全国高校毕业生基层就业卓越奖”优秀指导教师。经专家评审、省教育厅审核，评选推荐11所普通高等学校、2个用人单位、1个省级就业创业工作部门、1个社会服务机构，参评2022—2023年度全国高校毕业生就业创业工作示范单位。每年评选一批省级优秀毕业生和创新创业优秀毕业生，2023年分别评选省级优秀毕业生13966名和创新创业优秀毕业生1207名。联合湖南日报、湖南教育电视台等新闻媒体对“互联网+”大学生创新大赛优秀典型开展专题宣传。汇编出版第二辑《青春正当时三湘追梦人——湖南省高校大学生就业创业优秀典型人物事迹选编》，引导毕业生树立正确的择业观、就业观。

## 10.2 坚持多措并举，千方百计巩固拓展就业资源

一是常态化开展访企拓岗专项行动。组织全省高校分批次开展省内外重点用人单位访企拓岗。湖南省高校党委书记、校长，及院系两级领导班子成员，认真对照访企拓岗“两个100”要求，坚持“走出去”“请进来”相结合，坚持线上线下相结合，2023学年，累计走访用人单位20920家，为全省高校毕业生争取就业岗位27.0053万个。湖南大学建立

访企拓岗专项行动“电子台账”，并将访企拓岗情况纳入有关基层单位年度考核指标体系。湖南工学院校院两级领导班子成员带队走访调研用人单位 506 家。

二是充分挖掘各行各类优质就业资源。省教育厅、省人社厅、省卫健委、团省委等相关省直部门密切协同联动，积极扩大“三支一扶”“大学生乡村医生”“西部计划”等招聘人数，引导高校毕业生到基层就业创业；全年集中走访 30 余家中央在湘单位和省直部门，协调开发党政机关、事业单位、国有企业等各类政策性岗位 15 万个，同比增加 5.1%。加大高校毕业生应征入伍相关政策宣传，深度挖掘教师、社区服务、科研助理等基层政策性岗位。同时，做好研究生招生、专升本、第二学士学位等继续深造等工作，2023 年全省研究生招生单位共录取硕士研究生 31000 人，博士研究生 4635 人，专升本录取 25633 人。

三是推动就业与“校友回湘”同频共振。结合“校友回湘”工作要求，全省各高校积极探索与校友企业联合建设校企合作人才培养班、创新创业基地、孵化基地和实习实训基地等，邀请校友企业回母校招聘录用毕业生，聘请优秀校友企业家担任就业创业实务导师，打造“校友+”特色品牌。湘潭大学坚持将毕业生就业工作与校友工作深度融合，年均邀请 200 余家校友企业回校选才，同时充分发挥校友在职业生涯规划、就业指导等方面的作用，积极打造“校友+招聘”“校友+生涯规划”“校友+就业指导”等特色品牌。湖南工业大学与校友企业建立紧密战略合作关系，深化校友企业、学院和学生的联动沟通，创办了“华锐精英班”“亚辉龙实验班”“汇川班”“合兴创新实验班”等多个产教融合特色班。

## 10.3 坚持持续改进，不断提升管理服务工作效能

一是持续优化就业服务体系。对接省政府政务一体化、湘易办等平台，实现企业招聘、就业登记、培训申报等事项“一件事一次办”。依托地图定位和大数据，向高校毕业生等各类求职者推送就业政策、招聘信息、服务机构等。全面推广使用大学生就业服务平台，建成湖南站点的湖南大学生就业服务平台，完成全省高校的就业数据对接。开发学职咨询小程序，搭建学业和职业融合一体的咨询平台，助力学生的学业和职业发展。继续组织开展“书记校长话就业”访谈活动，在湖南教育电视台公众号播放，产生热烈反响。举办全省高校毕业生“就业促进月”“就业促进周”“春季攻坚”“百日冲刺”等系列促就业活动，落实“万企进校园计划”，全年累计举办线上线下专场招聘会 2.21 万余场，参会企业 12 万余家，提供岗位 279 万余个。开展“企业家进校园讲好就业创业故事”省级活动 16 场，校级活动 650 余场，参与学生 85 万人次。推动创业带动毕业生就业，升级湖南省大学生创新创业孵化基地场地，招投标采购第三方服务机构，遴选 33 个大学生项目入驻省级孵化基地；开发“湖南省大学生创新创业孵化一体化服务平台”；承办“建行杯”

第九届湖南省“互联网+”大学生创新创业大赛，组织全省168所学校、36.93万多个项目、137.78万人次报名参赛，参赛项目和参赛人数再创新高，并在国赛中取得了13金22银100铜的历史最好成绩。

二是认真做好日常管理服务。坚持有温度、精细化做好“一站式”窗口服务。湖南省大中专学校学生信息咨询与就业指导中心服务窗口接待来访群众1.2万人次，受理线上及来电咨询服务2.9万人次，受理学历认证1.63万人次，办理毕业生档案转出4752份、转入31802份。加强学籍学历学位管理服务，2023年完成新生学籍注册95.15万人、在校生学年注册129.16万人、毕业生学历注册78.66万人、学历学位省级审核1000余人次。协助做好3.5万名农村教师特岗招聘工作和336名2023届教育部直属师范大学公费师范毕业生的就业对接服务及生源地安置工作，完成12088名湖南省定向公费师范生信息核对等工作。组织全省143所高校400余人参加2023年湖南省高等学校学籍学历管理人员培训班，着力解决学籍学历注册等实际工作中的重点、难点问题。

三是创新举措优化指导服务。分类分层次举办就业系统人员培训、创新创业师资培训、教育部“宏志助航计划”师资培训等，全年开展高校就业指导师资培训班、高校职业规划与就业指导师资培训班、高校创新创业教育师资培训班等13期，参训人员2000余人次，全省就业创业工作队伍的素质能力和业务水平实现显著提升。长沙理工大学实施“文科专业就业提升工程”“主干学院就业带动工程”等就业行动，进一步优化就业服务模式。湖南农业大学搭建“用人单位+毕业生+指导教师”大数据平台，创新探索“智能匹配+精准订阅”推送就业职位模式、“校内导师+企业猎头”指导推荐优秀毕业生模式等，加强就业信息高效服务，助力毕业生与基层岗位“双向奔赴”。湖南科技大学深化科教结合、产学融合、校企合作、校地协同，推进教育链、专业链、人才链与产业链、创新链深度融合发展，新建就业基地37个。南华大学为每名离校未就业毕业生配备就业帮扶指导老师，开展“一对一”就业指导咨询服务，通过教育部“24365”网络招聘服务平台等为每人推送至少5个岗位，工作举措及成效得到中央电视台《朝闻天下》栏目推介报道。中南林业科技大学创新开展“绿色人才扎根计划”，积极推进“入学有编、毕业有岗”的湖南林业特岗计划改革试点，构建了“育种—育苗—育林”全过程的“木林森”就业和双创能力培养新格局。湖南文理学院联合常德市7所高校，制定“湖南省普通高校毕业生就业区域性行业性常设市场（常德片区）建设公约”，定期召开联席会议，形成了“岗位信息资源共享、用人单位资源共享、就业教育资源共享和本地高校毕业生就业市场共建”的工作格局。

## 10.4 坚持精准精细，切实加强重点群体指导帮扶

一是压紧压实兜底工作责任。印发《关于进一步做好湖南省2023届普通高校困难毕

业生群体帮扶的通知》，开发湖南省普通高校困难毕业生群体帮扶台账系统。发布《湖南促进青年就业创业政策电子书》，面向就业困难毕业生帮扶建立完善“省—校—院系—班级”动态数据库，建立四大类就业困难毕业生台账，按照“一人一档”“一生一策”制订具体帮扶举措。截至 2023 年 12 月 31 日，全省 2023 届困难毕业生群体共 4.3 万余人，去向落实率 97.71%，超过全省毕业去向落实率 9 个百分点，实现有就业意愿的困难毕业生实现百分之百就业。

二是千方百计扩大资源供给。设立大学生创业投资基金，提供担保贷款、资金补贴、税费减免等支持，鼓励自主创新创业。实施中小微企业吸纳毕业生就业政策落实行动，开展“直补快办”“打包办”等便企利民行动，兑现求职创业、吸纳就业、就业见习等高校毕业生政策补贴 1.5 亿元。认真做好困难毕业生求职创业补贴的政策宣传、申报指导、审核把关等工作，共计为全省困难毕业生申领和发放求职创业补贴资金 8706 万元。全年在省级层面共计举办高校困难毕业生群体线上线下招聘会 15 场，提供岗位 11.78 万余个。湖南第一师范学院依托校招主渠道、社招辅渠道、网招新渠道，持续保持就业招聘的热度和学生参与度，促进毕业生和岗位精准有效对接，面向 2023 届毕业生的线下专场招聘场次较上年度提高 15%。湘潭医卫职业技术学院党委书记、校长带头在招聘会上当“红娘”，帮助就业困难毕业生找“婆家”，工作举措和成效得到中国教育电视台“全国教育新闻联播”栏目专题报道。

三是真招实招做好排忧解难。中南大学创新性地成立了全国首家职业选择能力训练实验中心，将学生求职过程细分为 10 个核心环节、36 个标准步骤，结合学生兴趣、共性发展问题及个性化需求，为学生顺利就业提供定制化套餐。湖南大学“提升精准帮扶效果——全力护航就业重点群体”得到《中国教育报》专题报道。湖南师范大学为就业困难毕业生提供“爱心、耐心、细心、诚心、恒心”“五心级”服务，及时跟进毕业生的职业需求、求职进展和具体困难，有针对性地开展指导。长沙理工大学着力打造 16 个“一院一品”就业育人品牌项目创建，各学院开展直播探企访企、“真材实料”朋辈分享团体辅导、“砼 up”素质提升训练营等就业特色品牌活动，为毕业生顺利就业提供多维度帮助。湖南中医药大学明确提出“就业信息随时收、就业手续随时办、就业问题随时答、就业困难随时帮”，实现就业工作的全过程赋能。邵阳学院将四大类就业困难毕业生纳入重点心理帮扶对象，开设心理援助专线，组建“就业帮帮团”，掌握重点群体毕业生就业进展和心理情况，精准发力、暖心帮扶，帮助提振求职就业信心。

## 10.5　坚持赋能护航，构建完善就业创业指导体系

一是加强教育引导技能培训。多形式开展“就业育人”主题教育系列活动，引导学生树立正确的职业观、择业观、就业观，进一步激发和调动起学生就业创业的主体性和积极

性。启动湖南省首届大学生职业规划大赛，吸引了省内134所高校和64.62万名大学生报名参与；精心组织部署，针对赛事指导，组织开展重点师资培训，邀请教育部和企业相关专家进行指导，共计3万人参加线上培训；组织开展全省高校辅导员就业指导暨职业生涯规划大赛专题辅导培训，进一步提升了各指导老师辅导学生参赛的方法和技巧。

二是加强就业创业载体建设。经各高校申报、专家评审，评选出中南大学等5个首批“湖南省大学生就业创业大平台”建设高校，推动信息服务、教育改革、精准指导、技术培训、机动实习、实践课题、联合研发、成果转化、产品推介、企业孵化等“十上平台”。湖南工商大学充分利用“互联网+就业”模式，构建起“2门课程+2大赛事+3项公益讲座+N种途径”的多维度就业指导体系。湖南城市学院在就业平台微信公众号推出“AI简历优化实验室”，从简历版面设计、简历结构、内容填写、信息筛选、行文方式、内容精炼度及核心内容等方面，对学生制作的求职简历进行智能AI算法优化，助推毕业生更快更好就业，目前该平台已有20余万人次使用。

三是推进就业分类指导服务。湘潭大学积极探索分学院建立就业、升学出国（境）、考公考编等名册台账，编印学科类毕业生求职就业和面试指导手册，进一步提升了分类管理、精细指导的针对性和实效性。邵阳职业技术学院联合邵阳市退役军人事务局定期召开工作研讨会，针对全校退役复学大学生开展精准就业指导与帮扶，不漏一人做好征兵工作的思想发动、政策宣讲、答疑解惑，学生投身国防建设热情高涨，2023年共有85人参军入伍。湖南国防工业职业技术学院积极加强订单式培养，与军队及多家企业开展订单人才培养，通过分类指导、技能培训、心理咨询等方式为毕业生量身定制求职方案。

## 10.6 坚持系统推进，加快招生培养就业协同联动

一是调整优化学科专业布局。全面服务湖南“三高四新”美好蓝图，全省普通本科院校新增专业50个、撤销专业22个，涉及新增专业点69个、撤销专业点24个，共设置专业351个、专业点2642个。全省普通高职专科院校新增专业17个、撤销专业15个，新增专业点132个、撤销专业点77个，共设置专业477个、专业点2012个。省教育厅将招生、培养、就业联动情况纳入“一把手工程”督查评分细则，将“招生—培养—就业”联动机制、基于毕业生就业跟踪反馈判断培养目标达成情况、调整学科专业，优化人才培养目标和方案等情况列入现场督查内容。吉首大学近年来主动撤销了无机非金属材料、市场营销、经济统计学等8个本科专业，新增酿酒工程、人工智能、数字经济等一批经济社会发展急需本科专业，重点建设了服务武陵山片区发展的教师教育类、文化创意与传播类、民族文化与艺术体育类等7大学科专业群。湖南科技学院主动将毕业生就业工作融入地方产业链，促进学校人力资源优势与地方经济社会需求无缝对接，新增智能制造、人工智能、跨境电子商务等专业，以学校人力资源优势之能服务湖南经济社会发展之需。湖南安全技

术职业学院出台《专业设置与动态调整管理办法》，明确规定“就业率连续 2 年低于 60%、对口就业率连续 2 年低于 50%的专业，及时撤销”。

二是扩大人才供需精准匹配。出台《湖南省普通高等学校毕业生就业区域性行业性常设市场管理办法（试行）》，引导常设市场主动对接行业地域发展，加强区域性行业人才匹配，以就业实现“育人链”和“产业链”精准对接。湖南工程学院启动“百名博士进园区、入企业、下车间”，五年内遴选 100 名博士为湘潭高新园区企业进行技术指导、科技服务、项目对接等工作，在科学研究、成果转化、教育教学、人员培训等校企产学研方面开展全面合作。湖南理工职业技术学院创新提出构建专业“1+N”校企合作生态圈新理念，与千亿级企业阿里巴巴共建阿里巴巴数字贸易产业学院、与全球 500 强企业远东智慧能源共建远东智慧能源产业学院。长沙商贸旅游职业技术学院，深度对接现代服务业办专业，成立湖南湘菜产业学院，与世界 500 强企业京东集团合作成立京东·湘商学院，与华为技术有限公司共建华为云大数据产业学院，建设成立中国（长沙）跨境电商综试区人才孵化基地。

三是主动服务乡村振兴战略。加快推动《湖南省教育厅加快建设高质量乡村教育体系推进教育服务乡村振兴工作实施方案》落实落地，指导各高校充分调动和发挥人才、智力、资源、平台等优势，科学帮扶，因地制宜，全面提升高校服务乡村振兴组织力、行动力和支撑力。湖南女子学院以专业技能赋能乡村留守女性、助力乡村振兴，先后被“新华社”“焦点访谈”“中国妇女报”等主流媒体报道。湘南学院依托南岭走廊乡村振兴研究院、乡村振兴工作队、红色文化研究院等，与桂东县在战略决策咨询、科技创新与成果转化、医疗卫生和文化、人才交流与培训等领域进行深度合作，积极探索创建技术推广与创新研发基地、文化示范基地。益阳职业技术学院与合作企业共建全省首个大学生农特产品直播基地“农播汇”，与桃江吉祥天生物有限公司等合作开发生物肥料、研究楠竹与竹荪套作生产等项目，实现产量和效益“双丰收”。

## 10.7 坚持党建引领，不断打造擦亮特色品牌活动

一是推动党建+就业深度融合。省教育厅成立工作专班，制定“一揽子”举措，先后开展就业促进月活动、“春季促就业攻坚行动”等，会同相关部门千方百计拓展就业渠道，加强就业创业服务指导；联合省人社厅印发《湖南省 2023 年高校毕业生等青年就业创业推进计划实施方案》，部署开展中小微企业吸纳毕业生就业政策落实行动、公共部门稳岗扩岗行动、高校毕业生等青年创业服务支持行动、“职引未来”系列招聘行动等推动高校毕业生就业十项行动计划。怀化学院通过建设领航服务平台，打造了“书记有约”“校长助理团”“晓礼讲理”三大就业创业平台，打通党委书记、校长、分管校领导与毕业生深入交流“最后一公里”。湖南医药学院党政主要负责同志落实就业观念教育引导、访企拓

岗、结对帮扶等“五个带头”，做好示范表率。湖南工程职业技术学院建立“约谈提醒”制度，书记、校长、副校长定期抓落实，对就业工作落实不到位的学院和部门进行约谈和提醒。

二是创新靠前就业服务模式。会同省人社厅、省财政厅等，筹措专项资金建设 800 多个“人社驿站”“校聘小屋”“青年驿站”等，将招聘求职、政策咨询、职业指导、创业辅导等服务，搬到“家门口”、搬进“学校内”，主动靠前服务，促进高校毕业生就业。湖南师范大学新设立学生职业发展中心，实现了“一站式”就业服务，积极打造“校内人才市场”，充分发挥校园招聘主渠道作用。长沙师范学院联手长沙市人社局，共建“职引未来筑梦青春”校聘小屋，与中国教育在线深度合作上线“就业桥”，充分利用“互联网+就业指导”等各类资源，提升就业指导的质量和时效。

三是推动三类教育同频共振。强化价值引领，坚持将就业观教育引导作为“三全育人”的重要内容，指导各高校将就业教育与思政教育、专业教育深度融合，不断提升就业育人工作成效。长沙民政职业技术学院积极探索职业素养培育机制，引导乐龄文化进校园、爱心文化进企业，实施健康养老服务职业素养工程，开展“夕阳之春”等学生社团志愿服务，构建了“五老三心”养老服务职业素养培育体系。湖南汽车工程职业学院成立职业指导大师工作室，定期举办职业指导大师进校园、“智造名城·育智新青年”就业训练营等活动。湖南交通职业技术学院注重将企业文化注入人才培养全过程，将具有企业特色的校园文化建设落实到人才培养方案中，形成了好品德、好技能、好使用、好形象的“四好”特色校园文化。

## 10.8 坚持落实落细，完善就业监测评价考核机制

一是加强就业定期调度监测。省教育厅负责同志多次赴各市（州）开展专题调研，研究解决问题，落实工作责任，传导工作压力。常态化指导和督促各高校加强就业安全教育和诚信教育，及时发布求职就业预警信息，防范虚假招聘、售卖协议、“黑职介”“培训贷”等就业风险隐患和就业“陷阱”。严格落实教育部关于就业工作“四不准”“三不得”纪律要求，组织开展就业统计监测培训，强化就业数据报送的规范化和准确性。对数据更新不及时、去向落实率长期排名靠后的高校，在适当范围内进行通报、约谈。

二是扎实开展专项统计核查。严格按照教育部就业统计工作要求，督促各高校建立完善毕业去向登记制度，准确把握就业核查指标内涵，确保数据真实准确。实施湖南省 2023 届高校毕业生就业统计专项核查行动，通过网络核查（反馈信息 12 余万条）、电话核查（抽查 8000 多人次）、入校督查（实地走访 25 所高校），进一步压紧压实高校主体责任。

三是精心组织专项工作调研。定期开展就业形势研判分析，督促和指导各高校健全完善就业风险防范化解机制。做好 2023 届毕业生微信实名认证及就业创新指导服务评价问

卷调研相关工作，47 万名毕业生完成微信实名认证，占总毕业生人数的 96.44%；开展湖南省普通高校 2023 届毕业生就业质量问卷调查，收集信息 17.9513 万条；开展湖南省普通高校 2023 年重点用人单位满意度问卷调研，获取 5398 家用人单位的问卷反馈数据，形成《湖南省普通高校 2023 届毕业生就业质量微报告》《湖南省普通高等学校 2023 届毕业生微信实名认证及就业创业指导服务评价调研微报告》，并通过省教育厅“湘微教育”微信公众号正式对外发布，接受社会监督。

# 第11章

# 湖南省普通高校2020—2022届毕业生就业状况追踪调查专项分析

## 11.1 2020—2022届毕业生就业质量

### 11.1.1 毕业生就业状态分布

调研数据显示，2020—2022届普通高校专科毕业生、本科毕业生在接受该问卷调查时，有超过86%的就业状态为“已工作”；本科毕业生就业状态为“确定或已升学”的比例明显高于专科毕业生。如表11-1所示。

表11-1 2020—2022届普通高校毕业生就业状态分布（单位:%）

| 就业状态 | 专科毕业生 | 本科毕业生 | 总体 |
| --- | --- | --- | --- |
| 已工作 | 87.74 | 86.92 | 87.25 |
| 已创业 | 1.65 | 0.55 | 0.99 |
| 确定或已升学 | 0.63 | 5.55 | 3.57 |
| 确定或已出国 | 0.23 | 0.31 | 0.28 |
| 暂不就业 | 3.23 | 2.54 | 2.82 |
| 求职中 | 6.52 | 4.13 | 5.09 |

### 11.1.2 毕业生个人现状的整体满意度

调研数据显示，2020—2022届普通高校专科毕业生和本科毕业生总体关于个人现状满意程度选择“非常满意”“满意”的占比之和为48.67%，选择“一般”的占比为41.40%。分学历来看，专科毕业生对个人现状满意度（含“非常满意”“满意”）为44.51%，本科毕业生为51.48%。如图11-1所示。

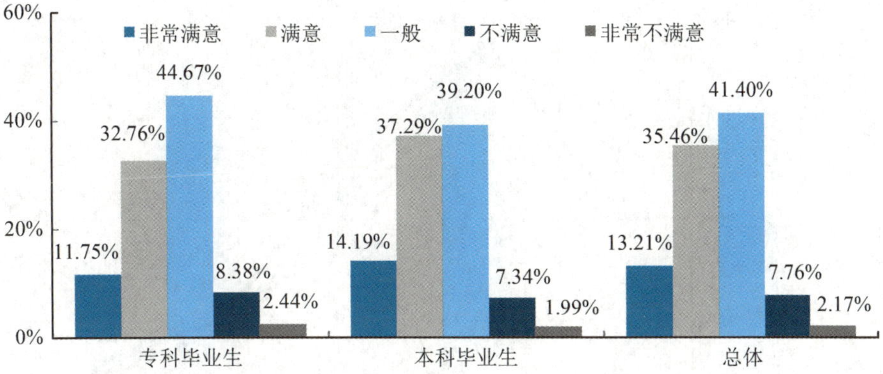


**图 11-1 2020—2022 届普通高校毕业生个人现状的整体满意度**

## 11.1.3 毕业生就业专业相关度

调研数据显示，2020—2022 届普通高校毕业生总体最后学历所学专业与当前工作岗位的相关度（选择“非常符合”“符合”的占比之和为 62.42%），略高于之前所学专业与当前工作岗位的相关度（选择“非常符合”“符合”的占比之和为 60.52%）。如图 11-2 所示。

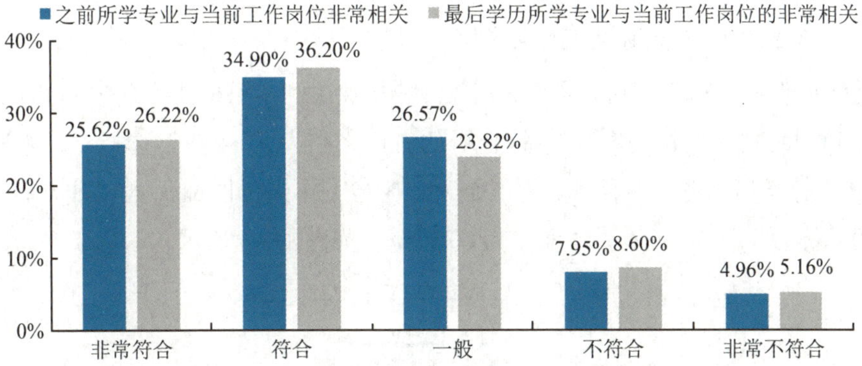


**图 11-2 2020—2022 届普通高校毕业生之前所学专业及最后学历专业与当前工作岗位的相关度**

分学历来看，本科毕业生最后学历所学专业与当前工作岗位的相关度（选择“非常符合”“符合”的占比之和为 65.91%）高于专科毕业生。如图 11-3 所示。

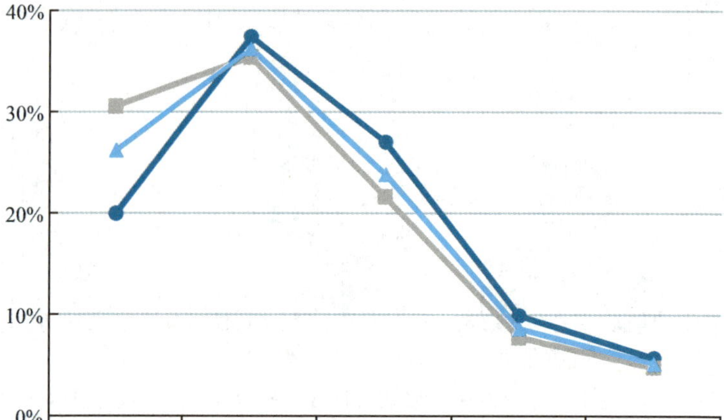


| | 非常符合 | 符合 | 一般 | 不符合 | 非常不符合 |
|---|---|---|---|---|---|
| 专科毕业生 | 19.97% | 37.41% | 27.03% | 9.90% | 5.70% |
| 本科毕业生 | 30.54% | 35.37% | 21.61% | 7.70% | 4.78% |
| 总体 | 26.22% | 36.20% | 23.82% | 8.60% | 5.16% |

**图 11-3　2020—2022 届普通高校毕业生最后学历所学专业与岗位的相关度**

## 11. 1. 4　毕业生的岗位匹配度

### 11. 1. 4. 1　毕业生个人志趣与岗位匹配度

调研数据显示，2020—2022 届普通高校专科毕业生和本科毕业生总体关于个人志趣与岗位要求匹配度选择“非常符合”“符合”的占比之和为 57. 49%，选择“一般”的占比为 34. 80%。分学历来看，专科毕业生的个人志趣与工作岗位匹配（含“非常符合”“符合”）的比例为 53. 14%，本科毕业生为 60. 49%。如图 11-4 所示。

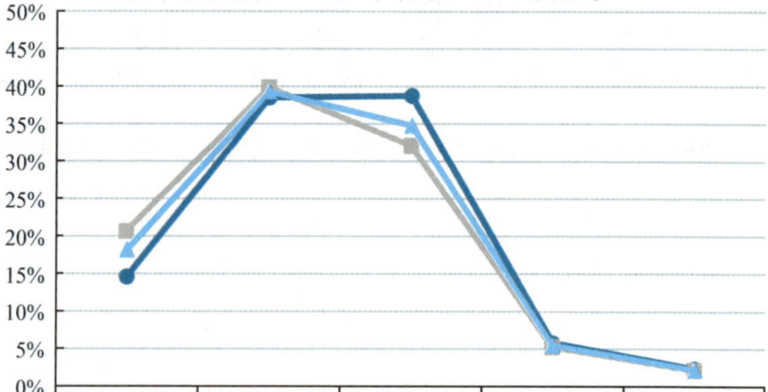


| | 非常符合 | 符合 | 一般 | 不符合 | 非常不符合 |
|---|---|---|---|---|---|
| 专科毕业生 | 14.63% | 38.51% | 38.74% | 5.79% | 2.33% |
| 本科毕业生 | 20.66% | 39.83% | 32.08% | 5.27% | 2.15% |
| 总体 | 18.20% | 39.29% | 34.80% | 5.48% | 2.23% |

**图 11-4　2020—2022 届普通高校毕业生个人志趣与岗位匹配度**

### 11. 1. 4. 2　毕业生学历与岗位匹配度

调研数据显示，2020—2022 届普通高校专科毕业生和本科毕业生总体关于个人学历层次满足工作岗位要求的情况选择“非常符合”“符合”的占比之和为 78. 49%，选择“一般”的占比为 19. 14%。分学历来看，专科毕业生认为学历满足工作岗位要求（含“非常符合”“符合”）的比例为 67. 34%，本科毕业生为 86. 17%。如图 11-5 所示。

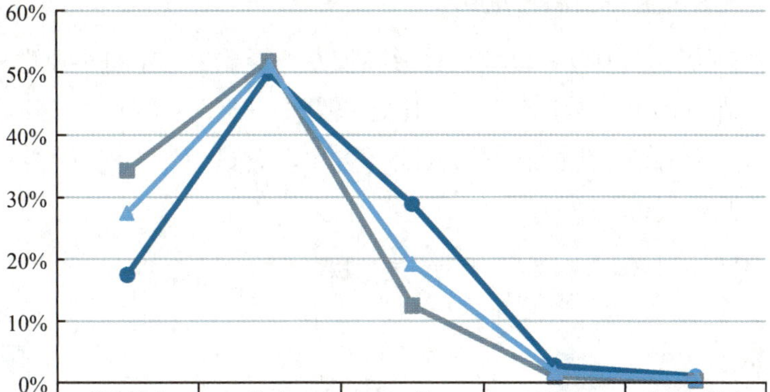


| | 非常符合 | 符合 | 一般 | 不符合 | 非常不符合 |
|---|---|---|---|---|---|
| 专科毕业生 | 17.41% | 49.93% | 28.84% | 2.75% | 1.07% |
| 本科毕业生 | 34.27% | 51.90% | 12.46% | 1.01% | 0.36% |
| 总体 | 27.39% | 51.10% | 19.14% | 1.72% | 0.65% |

**图 11-5　2020—2022 届普通高校毕业生学历与岗位匹配度**

### 11. 1. 4. 3　毕业生个人能力与岗位匹配度

调研数据显示，2020—2022 届普通高校专科毕业生和本科毕业生总体关于个人能力满

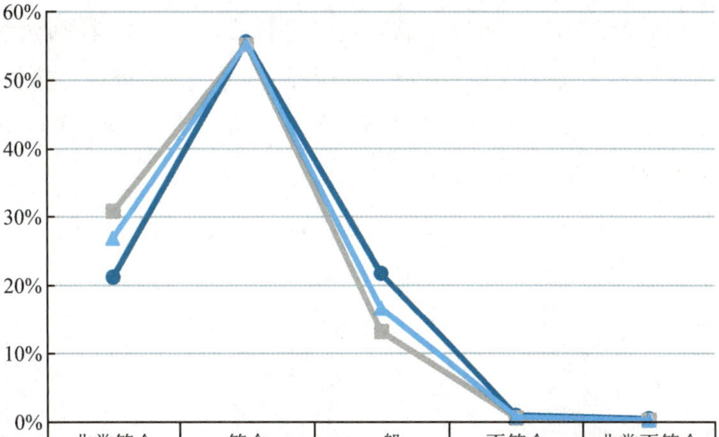


| | 非常符合 | 符合 | 一般 | 不符合 | 非常不符合 |
|---|---|---|---|---|---|
| 专科毕业生 | 21.19% | 55.63% | 21.74% | 0.97% | 0.47% |
| 本科毕业生 | 30.82% | 55.17% | 13.17% | 0.58% | 0.25% |
| 总体 | 26.89% | 55.36% | 16.67% | 0.74% | 0.34% |

**图 11-6　2020—2022 届普通高校毕业生个人能力与岗位匹配度**

足工作岗位要求的情况选择“非常符合”“符合”的占比之和为 82.25%，选择“一般”的占比为 16.67%。分学历来看，专科毕业生认为个人能力满足工作岗位要求（含“非常符合”“符合”）的比例为 76.82%，本科毕业生为 85.99%。如图 11-6 所示。

### 11.1.5 毕业生就业满意度

#### 11.1.5.1 毕业生薪酬满意度

调研数据显示，2020—2022 届普通高校专科毕业生和本科毕业生总体关于薪酬的满意程度选择“非常满意”“满意”的占比之和为 41.06%，选择“一般”的占比为 45.35%。分学历来看，专科毕业生的薪酬满意度（含“非常满意”“满意”）为 37.51%，本科毕业生为 43.49%。如图 11-7 所示。

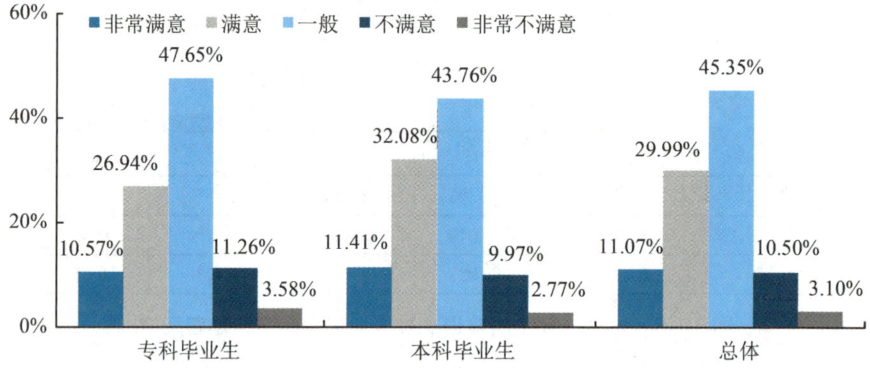


**图 11-7　2020—2022 届普通高校毕业生薪酬满意度**

#### 11.1.5.2 毕业生职业发展满意度

调研数据显示，2020—2022 届普通高校专科毕业生和本科毕业生总体关于职业发展的满意程度选择“非常满意”“满意”的占比之和为 47.98%，选择“一般”的占比为 42.49%。分学历来看，专科毕业生职业发展满意度（含“非常满意”“满意”）为 44.72%，本科毕业生为 50.22%。如图 11-8 所示。

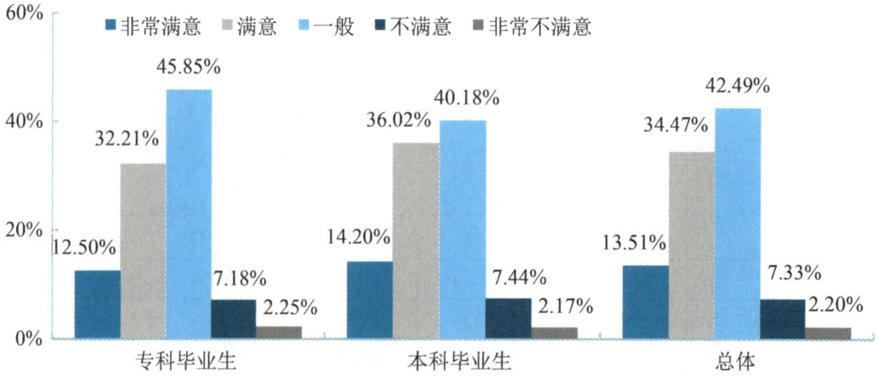


**图 11-8　2020—2022 届普通高校毕业生职业发展满意度**

### 11.1.6　毕业生就业稳定性

调研数据显示，2020—2022 届普通高校专科毕业生和本科毕业生总体有 62.31%的人毕业后工作至今未发生过离职，即就业稳定率为 62.31%；有 37.69%的人毕业后工作至今发生过离职，即离职率为 37.69%。分学历来看，本科毕业生的稳定率为 71.87%，明显高于专科毕业生（48.45%）。2020—2022 届本科毕业生的离职率为 28.13%，明显低于专科毕业生（51.55%）。如图 11-9、表 11-2 所示。

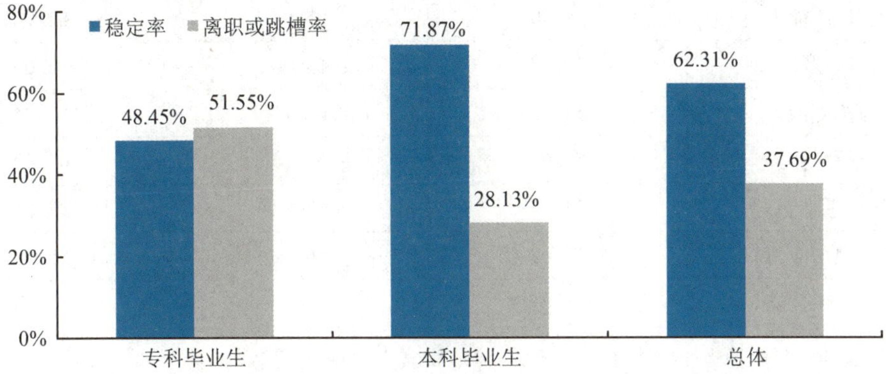


**图 11-9　2020—2022 届普通高校毕业生就业稳定性**

**表 11-2　2020—2022 届普通高校毕业生离职或跳槽次数（单位:%）**

| 离职或跳槽次数 | 专科毕业生 | 本科毕业生 | 总体 |
| --- | --- | --- | --- |
| 1 次 | 26.20 | 19.67 | 22.33 |
| 2 次 | 15.51 | 5.96 | 9.86 |
| 3 次 | 7.08 | 1.94 | 4.04 |
| 4 次 | 1.61 | 0.33 | 0.85 |
| 5 次及以上 | 1.16 | 0.23 | 0.61 |
| 没有离职或跳槽 | 48.45 | 71.87 | 62.31 |

## 11.2　2020—2022 届毕业生能力自评

调研数据显示，2020—2022 届普通高校专科毕业生和本科毕业生总体能力自评排名居于前三位的能力是“个人基本素养”（74.72%）、“人际合作能力”（68.70%）和“信息获取及使用能力”（67.62%）。本科毕业生对各项能力的评价均高于专科毕业生。如表 11-3所示。

表 11-3　2020—2022 届普通高校毕业生各项能力自评（单位:%）

| 能力素质 | 专科毕业生 | 本科毕业生 | 总体 |
|---|---|---|---|
| 个人基本素养 | 71. 93 | 76. 60 | 74. 72 |
| 人际合作能力 | 65. 60 | 70. 79 | 68. 70 |
| 信息获取及使用能力 | 62. 97 | 70. 76 | 67. 62 |
| 听说读写算能力 | 59. 62 | 69. 13 | 65. 30 |
| 系统思维及运作能力 | 60. 05 | 67. 41 | 64. 45 |
| 科学思维能力 | 58. 49 | 65. 98 | 62. 96 |
| 科技应用能力 | 59. 64 | 64. 70 | 62. 66 |
| 资源统筹能力 | 57. 98 | 62. 77 | 60. 84 |
| 可迁移能力 | 55. 67 | 63. 74 | 60. 49 |
| 跨学科思维能力 | 52. 35 | 62. 82 | 58. 61 |
| 职业规划能力 | 55. 02 | 56. 52 | 55. 91 |
| 专业知识技能 | 51. 81 | 55. 75 | 54. 16 |

注：上表的百分比是毕业生选择“非常高”和“较高”的占比之和。

## 11. 3　2020—2022 届毕业生对母校教育教学的反馈

### 11. 3. 1　毕业生对母校总体满意度评价

调研数据显示，2020—2022 届普通高校专科毕业生和本科毕业生总体关于母校总体满意度选择“非常满意”“满意”的占比之和为 83. 45%，选择“一般”的占比为 12. 24%。分学历来看，专科毕业生对母校总体满意度（含“非常满意”“满意”）为 78. 45%，本科毕业生为 86. 82%。如图 11-10 所示。

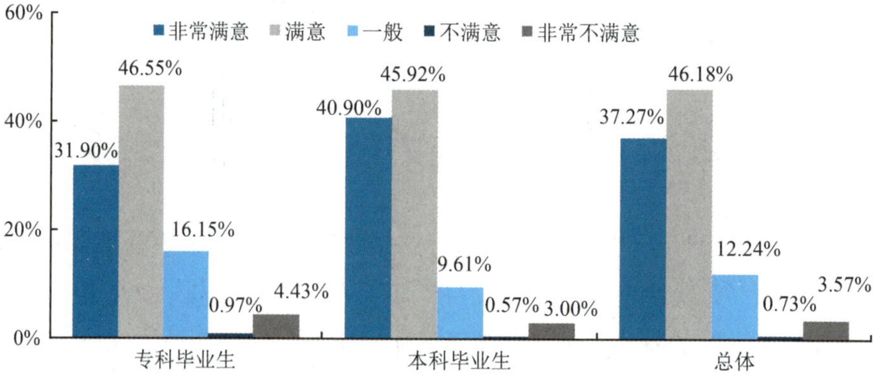


图 11-10　2020—2022 届普通高校毕业生对母校总体满意度

## 11. 3. 2　毕业生对母校人才培养与社会需要符合度评价

调研数据显示，2020—2022 届普通高校专科毕业生和本科毕业生总体关于母校人才培养与社会经济发展需要的符合度选择“非常符合”“符合”的占比之和为 78. 28%，选择“一般”的占比为 17. 73%。分学历来看，专科毕业生对母校人才培养与社会需要符合度（含“非常符合”“符合”）为 76. 30%，本科毕业生为 79. 61%。如图 11-11 所示。

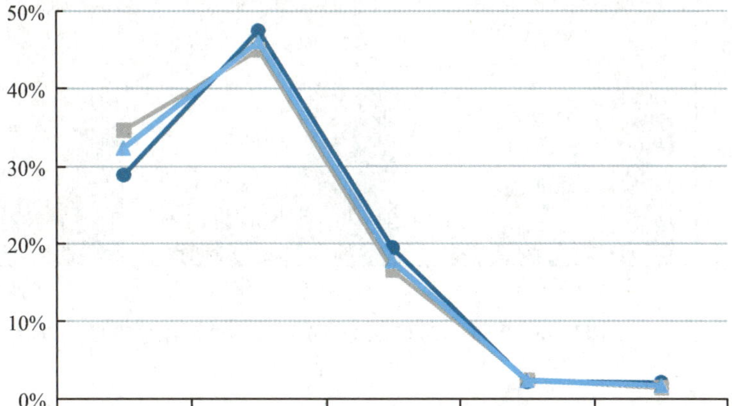


| | 非常符合 | 符合 | 一般 | 不符合 | 非常不符合 |
|---|---|---|---|---|---|
| 专科毕业生 | 28.86% | 47.44% | 19.44% | 2.22% | 2.04% |
| 本科毕业生 | 34.63% | 44.98% | 16.58% | 2.39% | 1.42% |
| 总体 | 32.31% | 45.97% | 17.73% | 2.33% | 1.67% |

**图 11-11　2020—2022 届普通高校毕业生对母校人才培养与社会需要符合度**

## 11. 3. 3　毕业生对母校及所学专业的推荐度

调研数据显示，2020—2022 届普通高校专科毕业生和本科毕业生总体“非常愿意”“愿意”推荐他人报考母校的比例为 79. 39%。分学历来看，专科毕业生对母校的推荐度（含“非常愿意”“愿意”）为 73. 37%，本科毕业生为 83. 45%。如图 11-12 所示。

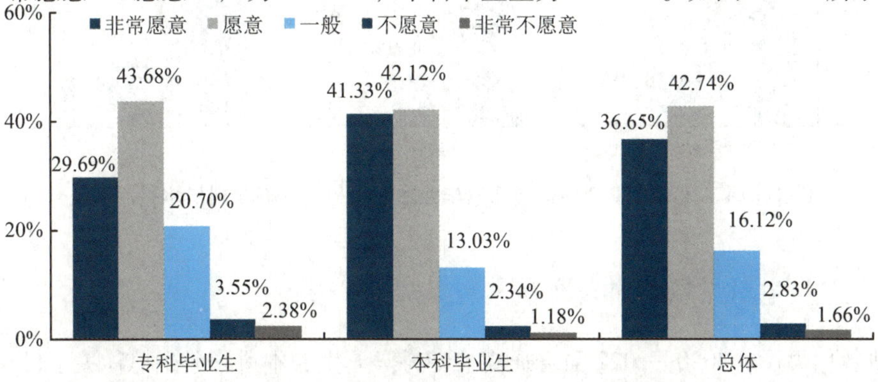


**图 11-12　2020—2022 届普通高校毕业生对母校推荐度**

调研数据显示，2020—2022届普通高校专科毕业生和本科毕业生总体“非常愿意”“愿意”推荐他人报考本人所学专业的比例为67.78%。分学历来看，专科毕业生对所学专业的推荐度（含“非常愿意”“愿意”）为66.46%，本科毕业生为68.67%。如图11-13所示。

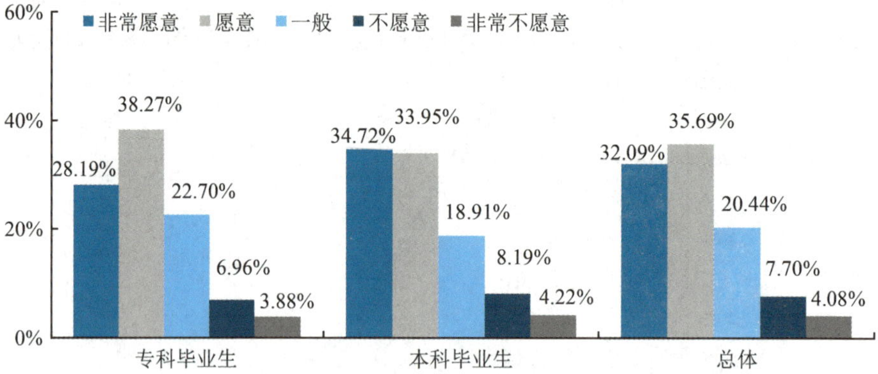


**图11-13　2020—2022届普通高校毕业生对所学专业的推荐度**

## 11.3.4　毕业生对母校教师教学科研水平评价

调研数据显示，2020—2022届普通高校专科毕业生和本科毕业生总体关于母校教师教学科研水平的满意度选择“非常满意”“满意”的占比之和为86.88%，选择“一般”的占比为11.51%。分学历来看，专科毕业生对母校教师教学科研水平满意度（含“非常满意”“满意”）为83.80%，本科毕业生为88.95%。如图11-14所示。

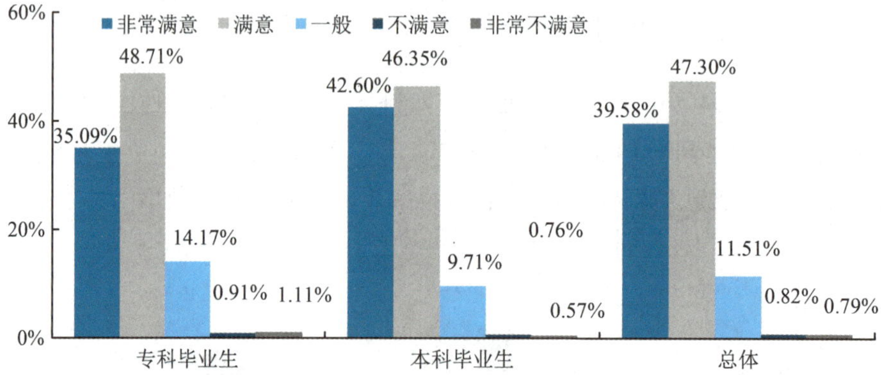


**图11-14　2020—2022届普通高校毕业生对母校教师教学科研水平满意度**

## 11.3.5　毕业生对母校教师师德师风建设水平评价

调研数据显示，2020—2022届普通高校专科毕业生和本科毕业生总体关于母校教师师德师风建设水平的满意度选择“非常满意”“满意”的占比之和为89.66%，选择“一般”

的占比为 8.93%。分学历来看，专科毕业生对母校教师师德师风建设水平满意度（含“非常满意”“满意”）为 86.51%，本科毕业生为 91.79%。如图 11-15 所示。

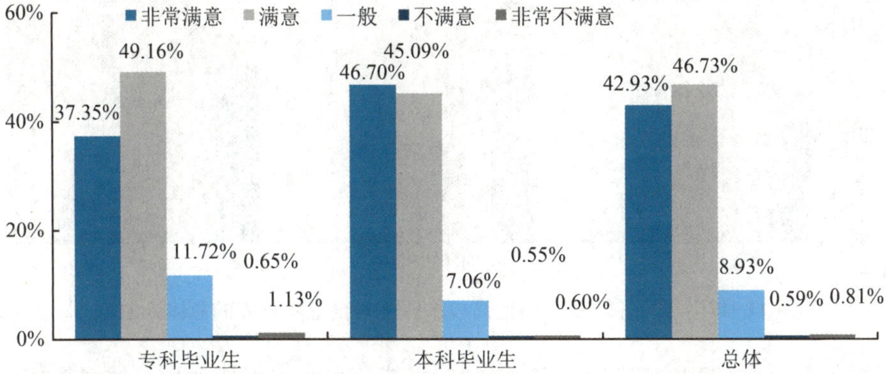


**图 11-15　2020—2022 届普通高校毕业生对母校教师师德师风建设水平满意度**

## 11.3.6　毕业生对母校管理服务水平评价

调研数据显示，2020—2022 届普通高校专科毕业生和本科毕业生总体关于母校管理服务水平满意度选择“非常满意”“满意”的占比之和为 80.62%，选择“一般”的占比为 16.27%。分学历来看，专科毕业生对母校管理服务水平满意度（含“非常满意”“满意”）为 76.98%，本科毕业生为 83.07%。如图 11-16 所示。

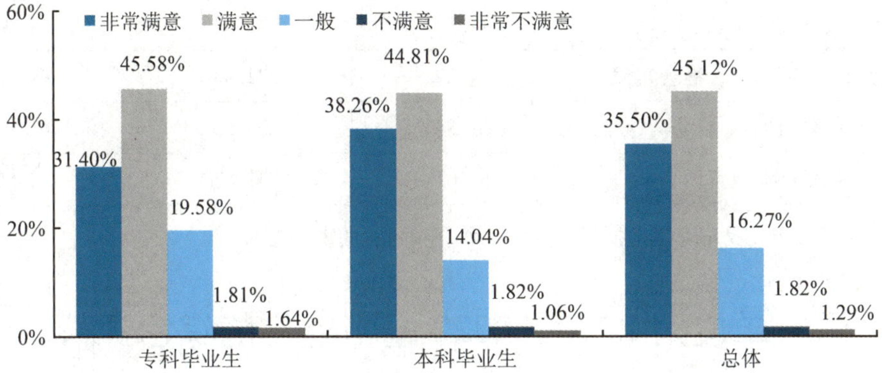


**图 11-16　2020—2022 届普通高校毕业生对母校管理服务水平满意度**

## 11.3.7　毕业生对母校各类培养的受益度

调研数据显示，2020—2022 届普通高校专科毕业生和本科毕业生总体关于母校全过程培养的总体受益度选择“非常高”“较高”的占比之和为 75.72%，选择“一般”的占比为 20.77%。分学历来看，专科毕业生认为母校全过程培养的总体受益度高（含“非常高”“较高”）的比例为 71.06%，本科毕业生为 78.86%。如图 11-17 所示。

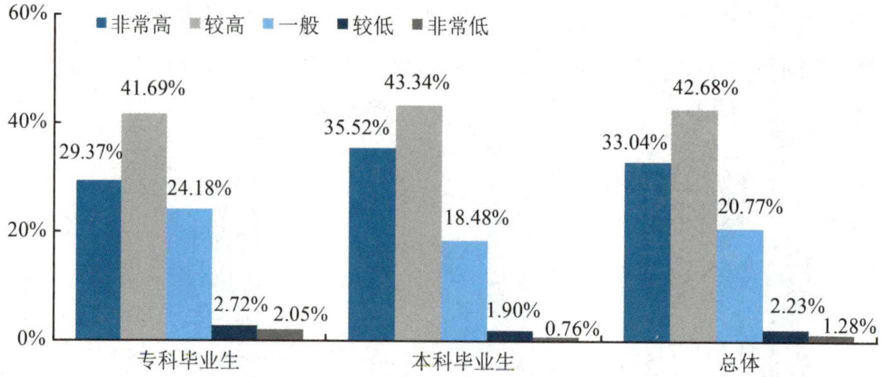


**图 11-17　2020—2022 届普通高校毕业生对全过程培养的总体受益度**

调研数据显示，2020—2022 届普通高校专科毕业生和本科毕业生总体对母校各类人才培养受益度评价高居前三位的是“课程教学”（74.03%）、“实习实践实训”（71.99%）和“社团活动、志愿服务、社会实践”（69.13%）。分学历来看，本科毕业生对“课程教学”“社团活动、志愿服务、社会实践”的受益度评价明显高于专科毕业生。如表 11-4 所示。

**表 11-4　2020—2022 届普通高校毕业生对母校各类培养的受益度（单位：%）**

| 各类培养 | 专科毕业生 | 本科毕业生 | 总体 |
| --- | --- | --- | --- |
| 课程教学 | 70.24 | 76.58 | 74.03 |
| 实习实践实训 | 71.96 | 72.02 | 71.99 |
| 社团活动、志愿服务、社会实践 | 64.22 | 72.43 | 69.13 |
| 科研训练 | 61.86 | 63.66 | 62.93 |
| 创新创业教育 | 61.01 | 61.87 | 61.52 |

注：上表的百分比是毕业生选择“非常高”和“较高”的占比之和。

# 11.4　用人单位对 2020—2022 届毕业生的综合评价

## 11.4.1　用人单位对毕业生的整体满意度评价

调研数据显示，用人单位对 2020—2022 届普通高校毕业生的整体满意度选择“非常高”“较高”的占比之和为 97.75%。分学历来看，用人单位对专科毕业生的整体满意度高（含“非常高”“较高”）的比例为 97.08%，对本科毕业生的整体满意度高（含“非常高”“较高”）的比例为 98.06%。如图 11-18 所示。

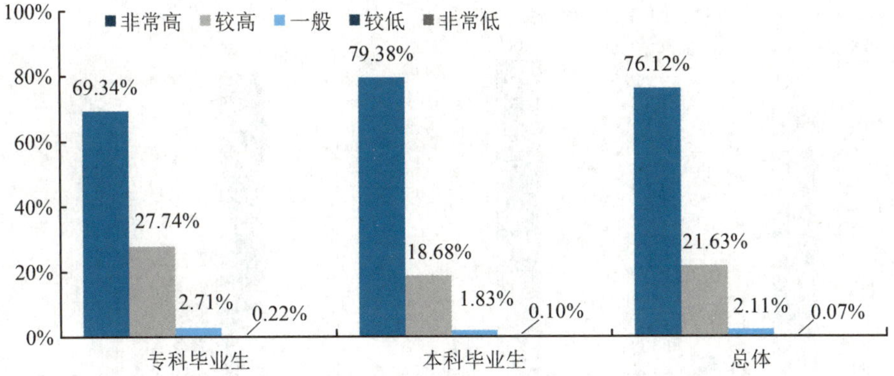


**图 11-18　用人单位对 2020—2022 届普通高校毕业生整体满意度**

## 11.4.2　用人单位对毕业生实际工作中发挥作用情况评价

调研数据显示，用人单位关于 2020—2022 届普通高校毕业生在实际工作中发挥作用评价选择“非常高”“较高”的占比之和为 96.58%。分学历来看，用人单位认为专科毕业生在实际工作中发挥作用高（含“非常高”“较高”）的比例为 94.90%，认为本科毕业生在实际工作中发挥作用高（含“非常高”“较高”）的比例为 97.39%。如图 11-19 所示。

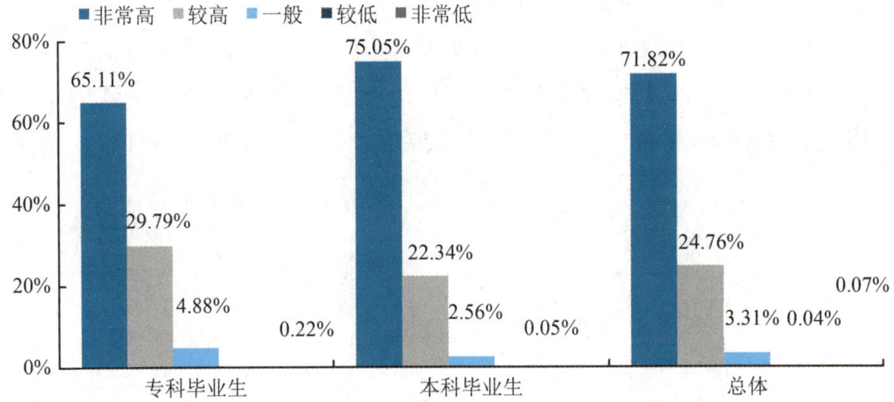


**图 11-19　用人单位对 2020—2022 届普通高校毕业生实际工作中作用发挥情况评价**

## 11.4.3　用人单位对毕业生职业发展潜力评价

调研数据显示，用人单位关于 2020—2022 届普通高校毕业生的职业发展潜力评价选择“非常高”“较高”的占比之和为 96.58%。分学历来看，用人单位认为专科毕业生的职业发展潜力高（含“非常高”“较高”）的比例为 94.69%，认为本科毕业生的职业发展潜力高（含“非常高”“较高”）的比例为 97.49%。如图 11-20 所示。

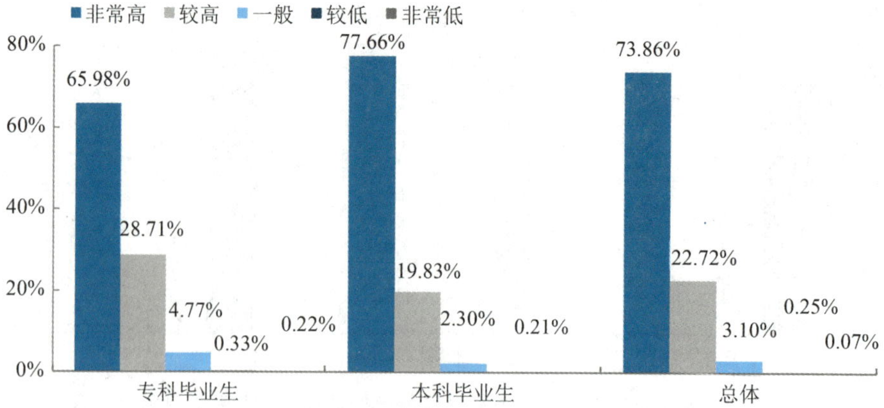


**图 11-20　用人单位对 2020—2022 届普通高校毕业生职业发展潜力评价**

# 11.5　用人单位对 2020—2022 届毕业生工作岗位匹配度评价

## 11.5.1　用人单位对毕业生学历与岗位匹配度评价

调研数据显示，用人单位认为 2020—2022 届普通高校毕业生学历与岗位匹配度“非常高”“较高”的占比之和为 94.58%。分学历来看，用人单位认为专科毕业生的学历与岗位匹配度高（含“非常高”“较高”）的比例为 90.15%，认为本科毕业生的学历与岗位匹配度高（含“非常高”“较高”）的比例为 96.71%。如图 11-21 所示。

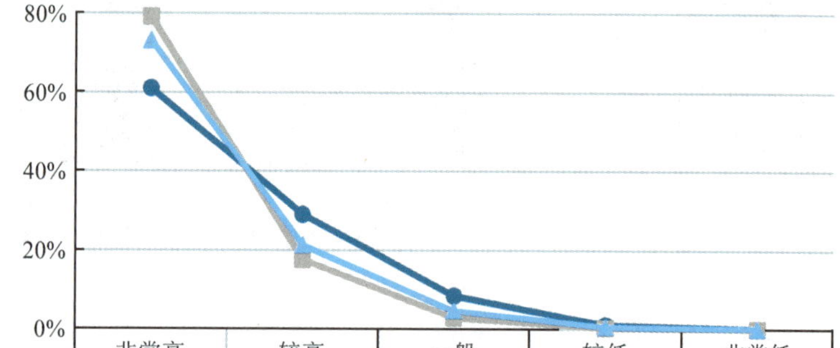


| | 非常高 | 较高 | 一般 | 较低 | 非常低 |
|---|---|---|---|---|---|
| 专科毕业生 | 61.11% | 29.04% | 8.56% | 1.08% | 0.22% |
| 本科毕业生 | 79.12% | 17.59% | 2.87% | 0.31% | 0.10% |
| 总体 | 73.27% | 21.31% | 4.72% | 0.56% | 0.14% |

**图 11-21　用人单位对 2020—2022 届普通高校毕业生学历与岗位匹配度评价**

### 11.5.2　用人单位对毕业生学科专业与岗位匹配度评价

调研数据显示，用人单位认为 2020—2022 届普通高校毕业生学科专业与岗位匹配度“非常高”“较高”的占比之和为 91.61%。分学历来看，用人单位认为专科毕业生的学科专业与岗位的匹配度高（含“非常高”“较高”）的比例为 87.76%，认为本科毕业生的学科专业与岗位的匹配度高（含“非常高”“较高”）的比例为 93.47%。如图 11-22 所示。

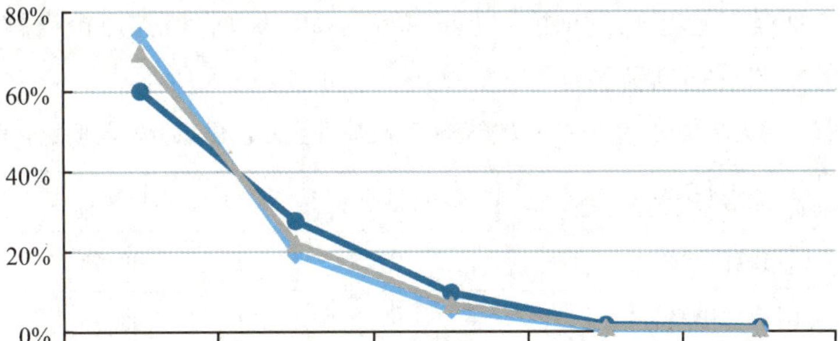


| | 非常高 | 较高 | 一般 | 较低 | 非常低 |
|---|---|---|---|---|---|
| 专科毕业生 | 60.13% | 27.63% | 9.64% | 1.63% | 0.98% |
| 本科毕业生 | 74.16% | 19.31% | 5.38% | 0.68% | 0.47% |
| 总体 | 69.60% | 22.01% | 6.76% | 0.99% | 0.63% |

**图 11-22　用人单位对 2020—2022 届普通高校毕业生学科专业与岗位匹配度评价**

### 11.5.3　用人单位对毕业生能力与岗位匹配度评价

调研数据显示，用人单位认为 2020—2022 届普通高校毕业生能力与岗位匹配度“非常高”“较高”的占比之和为 96.02%。分学历来看，用人单位认为专科毕业生能力与岗位匹配度高（含“非常高”“较高”）的比例为 94.25%，认为本科毕业生能力与岗位匹配度高（含“非常高”“较高”）的比例为 96.87%。如图 11-23 所示。

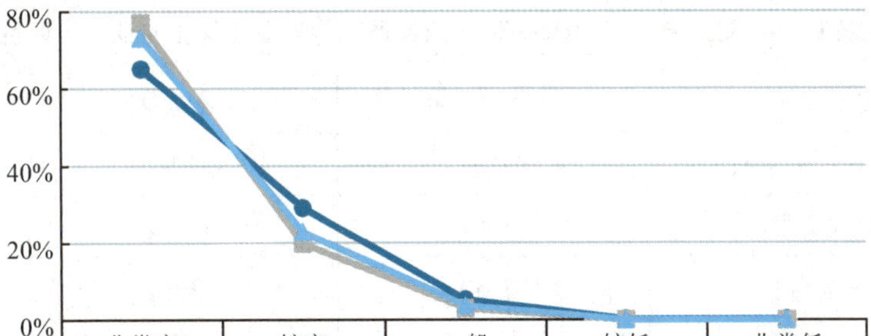


| | 非常高 | 较高 | 一般 | 较低 | 非常低 |
|---|---|---|---|---|---|
| 专科毕业生 | 65.11% | 29.14% | 5.31% | 0.22% | 0.22% |
| 本科毕业生 | 77.04% | 19.83% | 3.08% | 0.05% | 0.00% |
| 总体 | 73.16% | 22.86% | 3.80% | 0.11% | 0.07% |

**图 11-23　用人单位对 2020—2022 届普通高校毕业生能力与岗位匹配度评价**

## 11.6 用人单位对 2020—2022 届毕业生能力素质的评价

### 11.6.1 用人单位评价毕业生政治思想觉悟与职业素养

调研数据显示，用人单位对 2020—2022 届高校毕业生政治思想觉悟与职业素养最认可的两个方面是“思想政治觉悟”（98.45%）和“敬业精神与担当意识”（98.23%），认可度最低的是“开拓创新精神”（93.23%）。如表 11-5 所示。

表 11-5 用人单位对 2020—2022 届普通高校毕业生政治思想觉悟与职业素养评价（单位:%）

| 政治思想觉悟与职业素养 | 专科毕业生 | 本科毕业生 | 总体 |
|---|---|---|---|
| 思想政治觉悟 | 97.39 | 98.95 | 98.45 |
| 敬业精神与担当意识 | 97.07 | 98.79 | 98.23 |
| 主动性和进取精神 | 95.44 | 97.49 | 96.82 |
| 抗压能力 | 93.39 | 96.76 | 95.66 |
| 开拓创新精神 | 90.46 | 94.57 | 93.23 |

注：上表的百分比是用人单位对毕业生政治思想觉悟与职业素养评价为“非常高”和“较高”的占比之和。

### 11.6.2 用人单位评价毕业生岗位专业水平

调研数据显示，用人单位对 2020—2022 届高校毕业生岗位专业水平最认可的两方面是“专业知识、专业技能”（94.85%）和“适应时代需求的能力”（94.75%）。认可度最低的是“国际视野能力”（86.43%）。如表 11-6 所示。

表 11-6 用人单位对 2020—2022 届普通高校毕业生岗位专业水平评价（单位:%）

| 专业水平 | 专科毕业生 | 本科毕业生 | 总体 |
|---|---|---|---|
| 专业知识、专业技能 | 92.63 | 95.92 | 94.85 |
| 适应时代需求能力 | 91.54 | 96.29 | 94.75 |
| 跨学科思维能力 | 88.40 | 93.89 | 92.10 |
| 国际视野能力 | 82.77 | 88.20 | 86.43 |

注：上表的百分比是用人单位对毕业生岗位专业水平评价为“非常高”和“较高”的占比之和。

### 11.6.3 用人单位评价毕业生职业能力水平

调研数据显示，用人单位对 2020—2022 届专科毕业生职业能力水平最认可的三方面是“个人基本素养”（96.74%）、“人际合作能力”（94.69%）、“信息获取及使用能力”（92.30%），认可度最低的是“科技应用能力”（88.73%）。

调研数据显示，用人单位对 2020—2022 届本科毕业生职业能力水平最认可的三方面是“个人基本素养”（98.69%）、“听说读写算能力”（97.12%）、“信息获取及使用能力”（96.86%），认可度最低的是“资源统筹能力”（93.21%）。如表 11-7 所示。

**表 11-7　用人单位对 2020—2022 届普通高校毕业生职业能力水平评价（单位:%）**

| 职业能力 | 专科毕业生 | 本科毕业生 | 总体 |
| --- | --- | --- | --- |
| 个人基本素养 | 96.74 | 98.69 | 98.06 |
| 听说读写算能力 | 92.09 | 97.12 | 95.49 |
| 科学思维能力 | 91.00 | 96.34 | 94.61 |
| 人际合作能力 | 94.69 | 96.81 | 96.12 |
| 资源统筹能力 | 89.38 | 93.21 | 91.96 |
| 科技应用能力 | 88.73 | 93.99 | 92.28 |
| 信息获取及使用能力 | 92.30 | 96.86 | 95.38 |
| 系统思维及运作能力 | 90.79 | 94.88 | 93.55 |

注：上表的百分比是用人单位对毕业生职业能力评价为“非常高”和“较高”的占比之和。

# 第12章

# 反 馈 与 建 议

## 12.1 对经济社会发展和人才工作的反馈与建议

### 12.1.1 强化就业优先政策，提振发展信心

党的二十大明确指出，人才是第一资源，实施就业优先战略，强化就业优先政策，健全就业促进机制，促进高质量充分就业。高校毕业生是国家宝贵的人才资源，是促进就业的重要群体。湖南省教育厅出台《湖南省2023届高校毕业生就业创业工作“一揽子”举措实施方案》，指出：高校要把毕业生就业摆在更加突出的位置，列入领导班子重要议事日程，继续实施高校“书记校长访岗拓岗”活动，落实就业“一把手”工程，加强对毕业生就业工作保障。湖南省普通高校毕业生就业局势比较稳定，近三届毕业生毕业去向落实率均保持在88.00%以上，较好实现了“稳就业”“保就业”目标。

解决就业问题根本要靠经济发展。坚持就业在经济社会发展中的优先地位，是我们党坚持以人民为中心的发展思想的具体体现。落实这一要求，需要构建经济增长和促进就业的良性循环，在保持经济总量稳定增长、经济结构不断升级的同时，努力实现就业规模扩大、就业结构优化、就业质量提升。2023年以来，湖南坚持经济发展就业导向，制定了《关于打好经济增长主动仗实现经济运行整体好转的若干政策措施》（简称《稳增长二十条》）。《稳增长二十条》是为打好经济增长主动仗提供有力的政策保障，是湖南省促进经济运行整体好转系列部署的重要举措，是切实改善社会心理预期，提振发展信心的重大举措。调研数据显示，2023届普通高校毕业生对所学专业就业前景预判持肯定态度的比例为80.27%，相比2022届提高了23.78个百分点。可见新冠疫情全面解封后，湖南省出台的《稳增长二十条》极大提高了毕业生对于专业就业前景的预期。

高校毕业生是实现地方经济社会发展、产业转型升级的重要人力资源。《湖南省2023届高校毕业生就业创业工作“一揽子”举措实施方案》推出八个方面30条政策措施，积

极营造毕业生留湘就业的良好环境。湖南省内长沙市宁乡市、湘潭市韶山市、衡阳市等市（州）也相继出台了相关人才政策吸引毕业生留湘就业。同时，湖南省内各高校加强毕业生宣传引导，主动为毕业生留湘就业做好政策宣传咨询、争取优惠政策等服务，鼓励更多毕业生在本地就业创业。调研数据显示，湖南省普通高校 2023 届毕业生留湘意愿度为 83.57%，相比 2022 届毕业生提高了 2.64 个百分点。进一步调研了解到，“离家距离”“经济社会发展前景”“父母期望”是 2023 届普通高校毕业生优选留湘就业的主要原因。湖南省普通高校 2021—2023 届毕业生留湘就业比例均在 57.00%以上，其中 2023 届毕业生留湘就业人数 200618 人，比 2022 届毕业生留湘就业人数（196034 人）增加了 4584 人。2023 届普通高校毕业生留湘就业占比为 57.29%，相比 2022 届毕业生（57.92%）略有下降。分学历来看，高职专科毕业生留湘率为 61.47%，本科毕业生留湘率为 52.93%，毕业研究生留湘率为 46.60%，高校毕业生留湘率随学历层次的提升而降低。为了促进社会经济发展，湖南省需要提升对高学历层次人才的吸引力。湖南应从市场需求侧发力，以市场主体“活”，保社会就业“稳”，促经济发展“进”，持续释放政策红利，促进岗位供给量稳步攀升。要健全就业需求调查和失业预警监测机制，推进就业信息化建设，动态观察和研判就业走势，为宏观决策和制定政策措施提供有力支持。努力构建新时代就业优先政策体系，推动就业事业行稳致远。

### 12.1.2 聚焦经济发展需求，加大产教融合力度

做好人才自主培养，要从根本上解决人才培养与社会需求相脱节的结构性矛盾。这就需要牢牢把握科技进步大方向、产业革命大趋势，加大产教融合力度。

2020—2022 届普通高校专科毕业生和本科毕业生总体关于母校人才培养与社会经济发展需要的符合度选择“非常符合”“符合”的占比之和为 78.28%，选择“一般”的占比为 17.73%。2023 届普通高校毕业生对高校专业设置与课程安排的合理性评价为 85.69%。分学历来看，本科毕业生对专业设置与课程安排合理的评价最低，为 84.12%；博士毕业生对专业设置与课程安排合理的评价最高，为 96.03%。总体来说，高校专业课程设置与实际岗位需求间的契合度待提升，特别是高职专科毕业生及本科毕业生专业课程与工作需求差距较为明显，高校的课程设置仍存在较大提升空间。2020—2022 届普通高校专科毕业生和本科毕业生总体反馈，课程教学受益度“非常高”“较高”的占比之和为 70.24%、实习实践实训受益度“非常高”“较高”的占比之和为 71.96%。可见，高校在专业课程设置、课程教学、实习实践实训等方面有待进一步增加与社会需求、岗位需求的契合度。

用人单位调查数据显示，高校合作用人单位在招聘应届毕业生时重点关注的因素排名前五的是“综合素质”（77.56%）、“人品素质、忠诚度、责任心”（56.03%）、“社会适应能力”（43.20%）、“所学专业”（26.88%）、“工作/实习/兼职经历”（15.88%）。用人单位对高校人才培养的建议位居前三位的是“加强校企合作”、“注重技能型人才培养”

和“注重创新能力培养”，占比均超过三成。面对新业态的出现和需求方对人才需求的新变化，高等教育应按照“联合企业、调整专业、振兴产业、引领行业”的模式，促进教育链、人才链与产业链、创新链有机衔接，提升人才培养质量。

## 12.2 对教育教学工作的反馈与建议

### 12.2.1 适应产业需求，优化专业布局

湖南省普通高校 2023 届毕业生总规模为 500681 人，较上届增加了 2.08 万人，可见湖南省生源充分。其中高职专科毕业生 262979 人，占毕业生总数的 52.52%；本科毕业生 207166 人，占毕业生总数的 41.38%；毕业研究生 30536 人，占毕业生总数的 6.10%。截至 2023 年 8 月 31 日，湖南省普通高校 2023 届毕业生已落实毕业去向的共有 443712 人，总体毕业去向落实率为 88.62%。其中高职专科毕业生毕业去向落实率为 90.39%，本科毕业生毕业去向落实率为 85.76%，毕业研究生毕业去向落实率为 92.81%。

调研数据显示，2023 届普通高校毕业生总体就业现状满意度为 69.60%。分学历来看，高职专科毕业生就业现状满意度为 71.95%，本科毕业生为 67.12%，硕士毕业生为 72.64%，博士毕业生为 87.42%。总体来看，本科毕业生就业现状满意度不高，需要引起高校注意，未来应着力提升本科毕业生就业相关服务，帮助本科毕业生高质量就业。2023 届普通高校毕业生总体专业相关度为 69.74%。分学历来看，毕业生专业相关度与学历呈正相关，高职专科毕业生专业相关度为 64.89%，本科毕业生为 73.51%，硕士毕业生为 78.64%，博士毕业生为 97.92%。2023 届普通高校毕业生总体职业期待匹配度为 73.91%。分学历来看，毕业生职业期待匹配度与学历呈正相关，其中高职专科毕业生职业期待匹配度为 71.28%，本科毕业生为 75.51%，硕士毕业生为 81.82%，博士毕业生为 94.44%。

数据显示，当前毕业生人数持续增加，毕业去向落实率比较稳定，但就业现状满意度还存在一定提升空间，从专业相关度、职业期待匹配度的调查结果来看，高职专科毕业生相比其他学历明显偏低，这反映出当前高校在教育教学及专业布局上还需进一步提升相关工作的质量。

首先，应持续扎实推进专业结构调整优化，进一步深化教育教学改革，优化人才培养结构，不断提高人才培养质量。立足科技和学术前沿，超前谋划未来相关专业；实施新兴专业扩面引导计划。同时，大力发展面向区域经济产业相关的专业群，推动人才链与产业链、创新链深度融合，增强专业与区域产业契合度，有力促进优势特色学科专业的培养与专业体系建设。根据重点产业相关专业毕业生就业情况及人才需求预测和专业质量动态评价等综合指标，参考调整优化、限制新增专业目录清单，结合学校近年专业的第一志愿报考率、毕业生毕业去向落实率等有关指标，对于社会需求支撑度低、建设质量低的专业制

订停招撤销计划。

其次，高校还应不断凸显特色，打造优势特色专业。完善人才培养方案，优化课程体系，强化师资引育，锻长板扬优势，强化优势专业，适应行业发展新形势新业态需求，保持优势专业的优先发展地位。积极优化专业结构，合理配置教学资源，聚焦战略性新兴产业转型升级以及新兴服务业新体系需要，对接经济社会发展和行业产业需求，依托特色行业学科建设，修订人才培养方案、优化课程体系，补短板强弱项，积极推动相关专业的重构知识、技能和素养结构，全面适应引领新技术、新产业、新业态、新模式。

下一步，各高校还需主动融入大局，明确调整目标，健全专业动态调整长效机制。按照总体谋划、统筹推进、分步实施的思路，稳妥审慎研究制订分年度专业调整计划，明确专业结构调整优化方案。下决心停招撤销低质专业，前瞻布局新兴未来专业，重塑升级传统专业，努力构建定位准确、布局合理、结构优化、特色鲜明、质量显著的专业格局。

### 12. 2. 2　优化课程设置及安排，深化实践教学改革

调研数据显示，2023 届普通高校毕业生对专业设置与课程安排合理性的评价为 85. 69%。分学历来看，本科毕业生对专业设置与课程安排合理的评价最低，为 84. 12%；博士毕业生对专业设置与课程安排合理的评价最高，为 96. 03%。毕业生建议母校在课程设置方面重点加强“专业课内容的实用性”（46. 94%），其次是“实践课程安排次数”（31. 75%）、“专业课程与时俱进”（27. 83%）、“专业课开设的先后顺序”（19. 55%）。不同学历层次毕业生建议加强的内容总体一致，但本科毕业生对“专业课开设的先后顺序”的建议强度明显高于其他学历毕业生。由数据可知，目前毕业生对学校专业课程设置的合理性评价待大力提升，从毕业生对母校课程设置的建议中可以看出，专业课内容的实用性、实践课程安排次数、专业课程与时俱进需重点提升。

调研数据显示，湖南省 2023 届普通高校毕业生对母校实践教学满意度为 84. 86%，相比 2022 届毕业生下降了 10. 36 个百分点。分学历层次来看，本科毕业生对母校实践教学满意度最低，为 82. 38%，博士毕业生对母校实践教学满意度最高，达 92. 05%。毕业生建议母校在教学方面重点加强“实践教学”“专业课的内容及安排”“教学方法和手段”，所占比例均超过 30. 00%。其中本科毕业生希望加强“专业课的内容和安排”的比例明显高于其他学历层次毕业生，达 40. 10%；硕士毕业生建议母校加强“实践教学”的比例明显高于其他学历毕业生，达 52. 09%；博士毕业生希望加强“考核方法与教学评价”的比例明显高于其他学历。有 42. 75%的 2023 届普通高校毕业生反馈在求职过程中面临“缺乏符合岗位要求的职业能力，缺乏工作经验”的困难，2023 届待就业毕业生中有 42. 37%的人反馈求职过程中遇到的主要困难是“缺乏实践经验”。用人单位认为高校在学生培养上应重点加强的方面位居前四位的是“职业素质的培养”（40. 85%）、“专业知识的传授”（38. 72%）、“实践能力的锻炼”（28. 67%）、“表达能力的培养”（28. 63%）。从毕业生及

用人单位的反馈来看，高校非常有必要加强实习实训等实践教学，丰富学生的实践经验，提升学生的实践动手能力。

各高校应大力加强实验、实践教学改革，推进高校实验教学内容、方法、手段、队伍、管理及实验教学模式的改革与创新。加强实践教学团队建设，重点建设教学质量高、结构合理的教学团队，建立有效的团队合作机制，推动教学内容和方法改革与研究，促进教学研讨和教学经验交流，开发教学资源。鼓励和支持聘请高水平专业人才承担教学任务和开设讲座，推动实践教学建设，探索有效的教学方法和模式，切实提高大学生的专业能力。开展基于企业的大学生实践基地建设试点，拓宽学生的校外实践渠道。实施大学生创新性实验计划，推进高等学校在教学内容、课程体系、实践环节等方面进行人才培养模式的综合改革，以倡导启发式教学和研究性学习为核心，探索教学理念、培养模式和管理机制的全方位创新。

## 12.3　对就业创业工作的反馈与建议

### 12.3.1　全面加强就业指导，建设高质量就业指导服务体系

调研数据显示，2023 届普通高校毕业生对高校就业创业指导与服务满意度为 95.41%，对高校 6 项就业重点服务工作的满意度均在 94.00%以上。其中满意度位列前三的就业服务工作是“就业信息提供与发布”（95.56%）、“就业/创业指导课”（95.27%）、“就业政策宣传与讲解”（95.15%）。分学历来看，各学历层次毕业生对高校就业创业服务重点工作的满意度评价比较接近。毕业生认为母校就业创业服务需重点加强的方面位居前两位的是“提供就业信息”“校园招聘活动”，所占比例均超五成；其次是“就业指导课程”“劳动法律法规和求职陷阱”，所占比例均超二成。分学历来看，高职专科毕业生认为母校就业创业指导服务应重点加强“创业指导和培训”的比例明显高于其他毕业生。有 12.06%的待就业 2023 届毕业生反馈在求职过程中“存在就业歧视”。

调研数据显示，用人单位对高校招聘和服务工作满意度为 98.80%，其中表示“非常满意”占比为 46.65%，“满意”占比为 35.01%，“比较满意”占比为 17.13%。用人单位认为高校就业服务工作最需要改进的前四项是“加强毕业生就业指导”、“加大对毕业生的推荐力度”、“增加校园招聘会场次”和“加强校企沟通”，比例均超三成。

依据数据反馈，高校毕业生及用人单位对高校所提供的就业指导工作总体评价较高，从毕业生及用人单位对高校的建议来看，高校主要在“提供就业信息”“校园招聘活动”“增加校园招聘会场次”“加大对毕业生的推荐力度”，“就业指导课程”“加强毕业生就业指导”“劳动法律法规和求职陷阱”等方面存在提升空间。高校可以通过完善校园招聘机制、发挥省级常设市场作用、挖掘校友资源、开拓省外就业市场、实施智慧就业平台等帮

助高校毕业生提供更多的就业机会及信息，促进用人单位招聘和毕业生求职更好地对接。

高校应建立完善就业创业指导优质师资库，打造一批就业创业教育特色示范课程，组织高校就业创业指导课程教学创新大赛；开展就业创业指导名师工作室建设，培育壮大一批就业创业指导专业团队；推进全省创业孵化服务平台建设，建立全省大学生创新创业孵化基地“一体化”服务平台；实施毕业生就业创业素质提升工程，加强毕业生就业观念引导和就业基本技能、实践技能提升。

此外，各高校要积极营造平等就业环境，在各类校园招聘活动中，不得设置违反国家规定的有关歧视性条款和限制性条件。配合有关部门畅通投诉举报渠道，对于存在就业歧视、招聘欺诈、“培训贷”等问题的用人单位，要纳入招聘“黑名单”并及时向高校毕业生发布警示提醒。加强就业安全教育，督促用人单位与高校毕业生签订劳动（聘用）合同或就业协议书，帮助和支持毕业生防范求职风险，维护就业权益。

### 12. 3. 2 继续拓宽基层就业，充分发挥政策性岗位吸纳作用

2023 届待就业毕业生中有 45. 72%的人反馈求职过程中遇到的主要困难是“适合自己专业和学历的岗位不多”，在高职专科毕业生和硕士毕业生中较为凸显，这说明当前还存在相当一部分毕业生由于就业面狭窄无法就业。

高校应积极将毕业生困难问题视作就业工作开展的重心，继续优化政策性岗位招录安排。同时，教育部门要与相关部门配合，统筹好政策性岗位招录时间安排，尽早安排高校升学考试、公务员和事业单位、国企等政策性岗位招考及各类职业资格考试。充分发挥政策性岗位“稳就业”作用，稳定招录高校毕业生规模。发挥国有企业示范作用，办好“国聘行动”。高校要配合有关部门挖掘基层医疗卫生、养老服务、社会工作、司法辅助、科研助理等就业机会，组织实施基层就业项目，拓展“城乡社区专项计划”，鼓励扩大地方基层项目规模，引导更多毕业生到湖南省基层一线就业创业。

各高校还要密切军地协同，加大征兵宣传进校园工作力度，畅通入伍绿色通道，配合兵役机关做好兵员预征预储、高校毕业生征集等工作。各地教育部门要研究制定细化方案和实施办法，落实好退役普通高职（专科）士兵免试参加普通专升本招生、退役大学生士兵专项硕士研究生招生计划等优惠政策。

### 12. 3. 3 完善就业帮扶机制及举措，精准开展重点就业难群体帮扶

就业管理系统数据显示，2023 届普通高校毕业生中的重点帮扶群体（包含脱贫家庭、低保家庭、零就业家庭、残疾毕业生 4 类）的毕业去向落实率为 92. 90%，高于 2023 届毕业生总体的毕业去向落实率（88. 62%）。分学历来看，各学历重点帮扶群体的毕业去向落实率均高于同学历毕业生总体的毕业去向落实率。当前困难生毕业去向落实率比同学历毕业生总体要高，这反映出高校对困难生高度重视，出台的一系列针对困难生就业的相关措

施和服务取得了良好成效，总体上保障了困难生的顺利就业。

调研数据显示，2023届普通高校毕业生对高校6项就业重点服务工作的满意度评价中，“就业困难群体帮扶”满意度最低。分学历来看，高职专科毕业生对“就业困难群体帮扶”满意度的评价低于其他学历毕业生。2023届普通高校毕业生认为高校开展的就业帮扶力度大（包含“非常大”“大”“比较大”）的比例为70.07%，本科和高职专科毕业生认为高校开展的就业帮扶力度大的比例均低于70%。在就业服务评价中，毕业生认为高校还需进一步提升对困难生的帮扶工作，因此，高校下一步应继续重点关注脱贫家庭、低保家庭、零就业家庭、残疾等困难高校毕业生，建立帮扶工作台账，按照“一人一档”“一人一策”精准开展就业帮扶工作。健全“一对一”帮扶责任制，高校和院系领导班子成员、就业指导教师、班主任、专任教师、辅导员等要与困难学生开展结对帮扶，确保每一个困难学生都得到有效帮助。做好离校未就业毕业生不断线服务。深入实施宏志助航计划。继续组织实施“中央专项彩票公益金宏志助航计划——全国高校毕业生就业能力培训项目”，开展线上线下就业能力培训，提升毕业生就业竞争力。

### 12.3.4 健全完善就业反馈机制，完善就业与招生培养联动机制

就业管理系统数据显示，湖南省2021—2023届普通高校毕业生规模呈逐年上升趋势，2023届普通高校毕业生达到50万以上，相比2022届增加了2万多毕业生。可见，湖南省普通高校近年来生源充足，毕业生规模持续扩大。2021—2023届毕业生的毕业去向落实率比较稳定，均达到88%以上，2023届毕业生的毕业去向落实为88.62%，相比2022届提升了0.58个百分点。整体来看，较好实现了“稳就业”“保就业”的目标，毕业生就业大局比较稳定。

为进一步保障好高校毕业生高质量就业，未来，各高校应做好就业动态监测，健全完善就业反馈机制。各高校要建立完善就业与招生、培养联动的有效机制，把高校毕业生就业状况作为高等教育结构调整的重要内容。加强毕业生就业状况的跟踪调查与反馈，以反馈结果推动学校招生和人才培养改革。要通过网络调查、实地调研等方式建立顺畅的反馈渠道，充分发挥互联网、大数据在反馈过程中的重要作用。把高校毕业生就业状况作为建设成效评价、学科专业设置和评估、招生计划安排等工作的重要依据。深入开展高校毕业生就业状况跟踪调查，调查结果作为衡量高校人才培养质量的重要参考。探索实施高校毕业生就业工作合格评价，建立部、省两级就业工作合格评价机制，促进高校就业工作制度化、规范化。加强全国就业工作优秀经验宣传推广，推动高校毕业生就业工作能力和服务水平不断提升。

# 附件一

# 调　查　问　卷

## 一、就业创业指导服务问卷

**湖南省普通高等学校2023届毕业生就业创业指导服务评价调研问卷**

| | |
|---|---|
| Q1. 请问，你目前的就业状况是？（条件题） | 1. 已经确定就业单位且已签约；（答Q11）<br>2. 已经确定就业单位暂未签约；（答Q11）<br>3. 拟升学（含硕士、博士，专升本等）；（答Q11）<br>4. 拟出国/出境就业（或升学）；（答Q11）<br>5. 已注册（或合伙注册）公司选择自主创业；（答Q12）<br>6. 拟预征入伍或准备预征入伍；（答Q11）<br>7. 自由职业；（答Q11）<br>8. 有就业意向暂未签约（待就业）；（答Q2）<br>9. 暂不就业拟继续参加公考；（答Q10）<br>10. 其他暂不就业情况。（答Q10） |
| Q2. 你期望的工作地点是？（多选题，限选2项） | 湖南省内；长沙市内；北京、上海、广州、深圳；其他一线城市；中、小城市；城镇乡村地区；港澳台等地区；国外；其他________。 |
| Q3. 你是不是愿意回生源省就业？ | 愿意；不愿意。 |
| Q4. 你是不是愿意优先在湖南省内就业？（条件题） | 愿意（答Q6）；不愿意（答Q5）。 |
| Q5. 你认为影响你不愿意选择在湖南省内就业的主要因素有哪些？（多选题，限选3项） | 就业政策；气候环境；经济社会发展前景；竞争压力；生活成本；社会关系；离家距离；父母期望；地理位置；其他。 |
| Q6. 你最希望到什么类型的单位就业？ | 党政机关；事业单位；国有企业；三资企业；民营企业；部队；国家、地方基层项目单位；其他。 |
| Q7. 你对签约工作的期望月薪为？ | 4000元及以下；4001—6000元；6001—8000元；8001—10000元；10001—15000元；15000元以上。 |

| | |
|---|---|
| Q8. 你在求职中主要关注的因素是？（多选题，限选 3 项） | 薪酬水平；社会保障；工作稳定度；就业地理位置；单位的社会声望；工作环境；单位培训；发展空间；父母期望；人际关系；个人兴趣爱好；其他。 |
| Q9. 你参加过几家单位的面试？ | 0 家；1—3 家；4—6 家；7—9 家；10 家及以上。 |
| Q10. 你认为影响自身暂未就业的因素是？（多选题，最多选 3 题） | 职业生涯规划不清晰；本人就业意愿不强；职业技能不多；没有遇到心仪的岗位，想等待更好的机会；家庭支持暂缓就业，寻找更稳定就业机会；继续深造提高自身学历；竞争太激烈，找不到满意工作。 |
| Q11. 疫情防控常态化对你就业是否有影响？（条件题，答 Q13） | 有影响；无影响。 |
| Q12. 疫情防控常态化对你创业是否有影响？ | 有影响；无影响。 |
| Q13. 疫情防控常态化下对学校就业管理机构及时响应提供的服务是否满意？（5 分制，5 分代表你非常认可或者非常满意，1 分代表非常不认可或者非常不满意，下同。） | 5；4；3；2；1。 |
| Q14. 工业互联网发展推动了一批传统产业的转型升级、推动了一批新业态和新模式的快速发展，你愿意从事以下哪些相关产业？（多选题，最多选 3 项） | 新基建及相关产业（5G、物联网、区块链等）；生命科学；互联网医疗；智能制造；人工智能；新材料产业；新能源汽车；数字经济；文化创意；大健康产业；信息及智能产业（大数据、云计算等）；电商行业；数字媒体；其他。 |
| Q15. 你的综合成绩排名位于本专业的： | 前 30%；前 30%—70%；后 30%。 |
| Q16. 你在校期间参加过什么类型的社团？ | 没参加过；学术型；文艺型；体育型；科技型；服务型；实践型；联谊型；职业型；创业型；其他。 |
| Q17. 你担任过什么类型的学生干部（选择担任过职级最高的一项）？ | 校团委、学生会干部；院系党团、学生会干部；班级、团支部干部；没担任过。 |
| Q18. 你认为家庭对你找工作/创业/深造提供的帮助大吗？ | 非常大；比较大；一般；帮助不大；基本没帮助。 |
| Q19. 你了解国家促进高校毕业生就业或扶持创业的相关政策吗？ | 非常了解；了解；比较了解；不怎么了解；一点都不了解。 |

| | |
|---|---|
| Q20. 你所在高校就业课程开设方式是：（多选题，最多选3项） | 线下课堂讲授；线上课程；就业主题讲座；互动沟通，经验分享；模拟招聘；心理测验；面对面咨询；就业实践；网络在线课+翻转课堂。 |
| Q21. 你所在高校就业课程的评估方式主要是：（多选题，最多选3项） | 考试或测验；论文形式；汇报展示；小组实践作业；简历制作大赛；依据平时课堂表现和发言进行综合评定。 |
| Q22. 你所在高校创新创业课程开设方式是：（多选题，最多选3项） | 线下课堂讲授；线上课程；创新创业主题讲座；创新创业竞赛；创新创业实践；网络在线课+翻转课堂。 |
| Q23. 你所在高校创新创业课程的评估方式主要是：（多选题，最多选3项） | 考试或测验；项目策划书或论文；汇报展示；小组实践作业；依据平时课堂表现和发言进行综合评定；创新创业竞赛成绩。 |
| Q24. 你更希望学校开设的创新创业课程包括哪些内容？（多选题，最多选3项） | 创新创业政策；创新创业案例分析；创业心理素质培养；专利申请与保护；创新创业计划书撰写；管理者能力与成长；团队组建与沟通技巧；财务税收及融资技巧；机会识别与环境分析；商务谈判能力；其他。 |
| Q25. 请你评价学校的人才培养服务： | 母校总体评价：5；4；3；2；1。<br>学校老师的专业素养：5；4；3；2；1。<br>学校的实践教学（含实习、实践、见习等）：5；4；3；2；1。<br>学校的专业设置与课程安排的合理性：5；4；3；2；1。 |
| Q26. 请你评价学校的就业创业服务： | 就业创业指导与服务总体评价：5；4；3；2；1。<br>就业/创业指导课：5；4；3；2；1。<br>就业信息提供与发布：5；4；3；2；1。<br>就业手续办理：5；4；3；2；1。<br>就业困难群体帮扶：5；4；3；2；1。<br>就业政策宣传与讲解：5；4；3；2；1。<br>创业咨询与实践指导：5；4；3；2；1。 |
| Q27. 你希望学校加强哪些就业创业指导与服务？（多选题，最多选3项） | 提供就业信息；校园招聘活动；就业指导课程；创业指导和培训；专题讲座和报告会；就业政策和形势分析；就业协议签订指导；劳动法律法规和求职陷阱；职业咨询辅导；参观用人单位；其他。 |
| Q28. 你认为，在学习过程中你最满意的实践性教学环节是： | 课程的实践性教学（课程作业、实验）；课程设计；毕业论文、毕业设计；专业实习、见习；其他。 |
| Q29. 你认为影响你对学校满意度的前三项因素是（多选题，选3项） | 所学知识/能力满足工作实际需求的情况；校风学风；师生课外交流；学校管理人员的办事效率和态度；学校的规章制度；图书与教学设施；学校后勤保障情况；校园地理位置情况；就业推荐；其他。 |

| | |
|---|---|
| Q30. 你愿意向其他人推荐你所在的高校吗？ | 5；4；3；2；1。 |
| Q31. 你为就业做了哪些准备工作？(多选题，最多选 3 项) | 努力学好专业知识；积极参加校内、外各种活动；经常与老师或与已工作的往届生探讨；通过兼职或实习获取工作经验；学习就业指导课程；学习并掌握工作需要的技能；学习应聘技巧；制定人生目标及职业生涯规划；参加职业资格培训；考取专业资格证书；充分了解自己的个性、兴趣和能力；其他。 |
| Q32. 你认为以下哪些因素提升了自身对就业形势的信心？(多选题，最多 3 项) | 政府就业帮扶政策；新就业形式的及时补位；学校提供的就业指导、岗位推荐等服务；社会给予大学生有效的就业指导；家人朋友的建议与支持；单位用工成本的承受力；新兴产业的快速发展；疫情常态化对国家经济形势的总体影响程度；区域经济格局调整对劳动力需求；其他。 |
| Q33. 你认为影响成功求职的因素有哪些？（多选题，最多选 3 项） | 学校就业指导不够；就业信息量少；岗位专业知识不够；自身专业技能不强；所学专业不对口；缺乏社会实践能力；自身优势难以发挥；求职方法技巧不够；对社会的了解不够；对招聘流程和基本要求不了解；求职定位迷茫；人脉资源不够；学历层次不够；其他。 |
| Q34. 你觉得当前就业面临的主要困难有哪些？（多选题，最多选 3 项） | 自身定位不清晰；学历层次不够；就业心理压力过大；缺乏符合岗位要求的职业能力，缺乏工作经验；招聘岗位与自己的需求不匹配；缺少就业信息渠道；学校知名度不够；学校没有提供对就业和职业发展的有效帮助；用人单位需求量减少；等待考研结果，处于观望态度；等待公务员、事业单位考试，处于观望态度；其他。 |
| Q35. 你认为自身哪些方面的素质需要加强？（多选题，最多选 3 项） | 综合素质；思想品德修养；专业能力；就业政策熟知情况；创新创业理论水平；创新创业实践能力；人际交往与沟通能力；心理素质，抗压能力；其他。 |
| Q36. 你认为最有效获取就业信息的途径是什么？ | 学校或学院的就业信息网站；校内宣传栏或 LED 屏；辅导员或导师推荐；学校就业服务微信平台；专业招聘网站（前程无忧、智联招聘、BOSS 直聘等）；各地区人才市场网站；师兄师姐或亲戚朋友推荐；参加各类招聘会。 |
| Q37. 你觉得疫情对就业的主要影响有哪些？（多选题，最多选 3 项） | 不确定性增加，造成心理压力；就业机会减少；交通管制出行不便；自身职业生涯规划和职业选择改变；在实习企业的录用机会减少；推迟返校，实习进度受到影响；不适应线上招聘。 |
| Q38. 你对学校的就业创业指导与服务工作有什么建议？(填空题) | |

## 二、学生就业状况调查问卷

### 湖南省普通高校 2023 届毕业生就业质量调查问卷

亲爱的同学：

您好！为全面真实地了解我省 2023 届普通高校毕业生就业情况，现面向毕业生本人开展就业质量调查。

请您根据本人实际情况认真填写，您的答题对进一步做好我省高校毕业生就业质量分析、就业创业指导和服务工作具有至关重要的意义。所有答题仅用于统计分析与相关研究，我们将严格保密。

谢谢您的支持！

湖南省教育厅毕业生就业办公室

湖南省大中专学校学生信息咨询与就业指导中心

2023 年 9 月

**注：**进入正式答题前，我们将收集答题者以下几个信息以便后台实名认证记录有效问题样本，系统将根据毕业学校、学历、专业、身份证号来判断毕业生身份，并将相关统计归入与其身份相符的学校（二级院系）中。所有蓝字部分内容仅供网页设计人员使用，不出现在调查对象看到的界面。

| 序号 | 测试题目 | 测试选项 |
|---|---|---|
| | 前置基础题 | |
| QA | 您目前的就业（创业）心态如何？ | 1. 非常乐观；2. 乐观；3. 比较乐观；4. 不太乐观；5. 非常不乐观。 |
| QB | 您对所学专业的了解程度如何？ | 1. 完全了解；2. 了解；3. 一知半解；4. 不了解；5. 完全不了解。 |
| QC | 您认为本专业的就业前景如何？ | 1. 非常好；2. 比较好；3. 一般；4. 有点严峻；5. 非常严峻。 |
| QD | 您是否有自主创业的意愿？（选 2 没有时，回答 QE） | 1. 有；2. 没有；3. 正在创业。 |
| QE | 您最希望到什么类型的单位就业？ | 1. 党政机关；<br>2. 事业单位；<br>3. 国有企业；<br>4. 大型民营企业；<br>5. 三资企业（中外合资经营企业、中外合作经营企业、外商独资）；<br>6. 中小企业；<br>7. 部队；<br>8. 国家、地方基层项目单位；<br>9. 其他。 |

| 序号 | 测试题目 | 测试选项 |
|---|---|---|
| QF | 您的生活成长背景符合以下哪些情况？［多选，必选 3 项（1—2 选一项，3—5 选一项，6—7 选一项）］ | 1. 父母最高文化程度为大学及以上学历；<br>2. 父母最高文化程度为高中及高中以下；<br>3. 家庭生活水平在居住地处于比较富裕或非常富裕；<br>4. 家庭生活水平在居住地处于中等或小康；<br>5. 家庭生活水平在居住地处于比较贫困或特别贫困；<br>6. 家庭人际关系对我的就业给予较大帮助；<br>7. 家庭人际关系对我的就业基本没有帮助。 |
| QG | 您目前的就业状况是？ | 1. 签就业协议形式就业（包括签三方协议、机关事业单位招录、定向委培生、医学规培、部队士官或文职人员、国际组织或出国/境）（Q1，Q3—Q31）Q67—Q83；<br>2. 签劳动合同形式就业（Q3—Q31）Q67—Q83；<br>3. 基层项目就业（Q2，Q3—Q31）Q67—Q83；<br>4. 应征入伍 Q67—Q83；<br>5. 科研助理、管理助理或博士后入站（Q3—Q31）Q67—Q83；<br>6. 其他录用形式就业（Q3—Q31）Q67—Q83；<br>7. 自主创业（Q32—Q41）Q67—Q83；<br>8. 国内升学（研究生、第二学士学位和专科升普通本科）（Q42—Q43）Q67—Q83；<br>9. 出国（境）升学（Q44—Q45）Q67—Q83；<br>10. 自由职业（Q46—Q50）Q67—Q83；<br>11. 灵活就业（Q51—Q53）Q67—Q83；<br>12. 有就业意愿未就业（Q54—Q61）Q67—Q83；<br>13. 暂不就业拟升学（Q62—Q65）Q67—Q83；<br>14. 暂不就业拟继续参加公考 Q67—Q83；<br>15. 其他不想就业情况（无就业意愿）（Q66）Q67—Q83。 |
| 以下是根据毕业生就业状况选项中已经落实毕业去向选项分别具体跳转 | | |
| Q1 | 您已签约就业协议的形式就业类型是？ | 1. 签订三方协议；<br>2. 用人单位录用通知书/录取接收函；<br>3. 定向、委托培养毕业生回原定向、委托培养单位就业；<br>4. 部队招收的士官或文职人员；<br>5. 医学规培生；<br>6. 国际组织任职；<br>7. 出国或出境工作公文（函）。 |
| Q2 | 您基层就业类型是？ | 1. 特岗教师；<br>2. 西部计划；<br>3. 三支一扶；<br>4. 选调生；<br>5. 农技特岗；<br>6. 大学生村官；<br>7. 乡村医生；<br>8. 乡村教师；<br>9. 其他。 |

| 序号 | 测试题目 | 测试选项 |
|---|---|---|
| Q3 | 您就业的单位名称是? | (请填写完整单位名称) |
| Q4 | 您就业的职位名称是? | (请填写完整职位名称) |
| Q5 | 您是否在湖南省就业? | 1. 是；2. 否。 |
| Q6 | 您选择在湖南省就业的主要原因是?(多选，限选3项)(当Q5回答选项为1.时，回答此题) | 1. 就业政策；<br>2. 本地企业类型；<br>3. 职业发展前景；<br>4. 经济社会发展前景；<br>5. 工作待遇；<br>6. 竞争压力；<br>7. 生活成本；<br>8. 气候环境；<br>9. 地理位置；<br>10. 当地人文气息；<br>11. 社会关系；<br>12. 父母期望；<br>13. 伴侣原因；<br>14. 其他。 |
| Q7 | 您获得当前工作的途径是? | 1. 校园招聘会（双选会/宣讲会）；<br>2. 学校官网或公众号发布的招聘信息；<br>3. 老师推荐；<br>4. 政府/社会组织的招聘会；<br>5. 各类招聘网站；<br>6. 用人单位内部招聘渠道；<br>7. 新媒体平台发布的信息；<br>8. 家庭亲友推荐；<br>9. 专业实习后与单位签订正式就业协议；<br>10. 其他。 |
| Q8 | 您从求职准备到成功就业用了多长时间? | 1. 1个月以内；<br>2. 1—3个月；<br>3. 4—6个月；<br>4. 7—9个月；<br>5. 10—12个月；<br>6. 12个月以上。 |
| Q9 | 您获得当前工作的时间是? | 1. 秋季校招期间（2022年9月—2023年1月）；<br>2. 春季校招时间（2023年2月—5月）；<br>3. 毕业季（2023年6月—7月）；<br>4. 其他。 |
| Q10 | 求职过程中，您共获得过多少个工作机会? | 1. 1个；<br>2. 2个；<br>3. 3个；<br>4. 4个；<br>5. 5个及以上。 |

| 序号 | 测试题目 | 测试选项 |
|---|---|---|
| Q11 | 您从求职准备到就业成功的花费是多少? | 1. 500 元以下;<br>2. 501—1000 元;<br>3. 1001—2000 元;<br>4. 2001—3000 元;<br>5. 3001—5000 元;<br>6. 5000 元以上。 |
| Q12 | 您认为所学的专业课程能满足就业岗位的技能要求吗? | 1. 非常满足; 2. 比较满足; 3. 满足; 4. 不太满足; 5. 不满足; 6. 不太清楚，需进一步实践。 |
| Q13 | 在求职就业过程中，您发现哪些方面是自己的短板?(多选，限选 3 项)(当 Q1 选项为 3、5，不答此题) | 1. 专业知识和技能;<br>2. 沟通协调能力;<br>3. 承受压力和克服困难的能力;<br>4. 解决基本问题能力;<br>5. 求职技巧;<br>6. 对社会的了解;<br>7. 对企业岗位专业知识的了解;<br>8. 其他。 |
| Q14 | 您就业的产业类型为? | 1. 节能环保产业（高效节能技术装备及产品);<br>2. 新一代信息技术产业（下一代通信网络、物联网、三网融合、新型平板显示、高性能集成电路和高端软件);<br>3. 生物产业（生物医药、生物农业、生物制造);<br>4. 高端装备制造产业（航空航天、海洋工程装备和高端智能装备);<br>5. 新能源产业（核能、太阳能、风能、生物质能);<br>6. 新材料产业（特种功能和高性能复合材料);<br>7. 新能源汽车产业;<br>8. 数字创意产业;<br>9. 相关服务业（研发服务、气象服务、检验检测认证服务、知识产权服务、创业创新服务、金融服务等，基本是为前面制造业提供各种便利的产业);<br>10. 其他非制造业产业。 |
| Q15 | 您所在的用人单位属于以下哪类?(多选，限选 3 项) | 1：上市企业；2：国企；3：中小微企业；4：国家高新技术企业(科技部火炬中心认定查询网址：http：//www. innocom. gov. cn/gqrdw/index. shtml)；5：外资、合资企业；6. 人力公司劳务派遣性质；7. 机关/事业单位，教育或医疗机构；8：其他。 |
| Q16 | 您从事专业不相关工作的主要原因是？（当 Q15 回答选项为 4—5 时，回答此题) | 1. 对本专业工作无兴趣;<br>2. 专业工作环境差;<br>3. 专业工作收入水平较低;<br>4. 专业工作与自身理想不符;<br>5. 专业工作岗位招聘少;<br>6. 迫于现实先就业再择业;<br>7. 达不到专业相关工作的要求;<br>8. 社会对母校专业认可度不高;<br>9. 其他。 |

| 序号 | 测试题目 | 测试选项 |
| --- | --- | --- |
| Q17 | 您从事的工作与您的职业期望总体匹配情况？ | 1. 非常匹配；2. 比较匹配；3. 匹配；4. 不太匹配；5. 不匹配。 |
| Q18 | 您从事的工作与您所期望从事工作的实际匹配情评价？（5 分制，1 分为非常不匹配，2 分为不太匹配，3 分为比较匹配，4 分为匹配，5 分为非常匹配） | 1. 行业匹配程度（5；4；3；2；1）<br>2. 职业匹配程度（5；4；3；2；1）<br>3. 工作地点匹配程度（5；4；3；2；1）<br>4. 工作薪酬期待匹配程度（5；4；3；2；1）<br>5. 社会地位匹配程度（5；4；3；2；1）<br>6. 职业发展空间匹配程度（5；4；3；2；1） |
| Q19 | 您与用人单位签约就业时，用人单位承诺为您提供的月薪（实发到手工资）在以下哪个区间？ | 1. 3000 元以下；2. 3001—4000 元；3. 4001—5000 元；4. 5001—6000 元；5. 6001—7000 元；6. 7001—8000 元；7. 8001—9000 元；8. 9001—10000 元；9. 10001—15000 元；10. 15000 元以上。 |
| Q20 | 您对目前的薪资水平满意吗？ | 1. 非常满意；2. 比较满意；3. 满意；4. 不太满意；5. 不满意。 |
| Q21 | 您签约的单位承诺为您提供了下列哪种社会保障？ | 1. 提供五险一金外，还提供其他保障和补贴（如企业年金、商业保险）；<br>2. 五险一金（“五险”指工伤、失业、医疗、养老、生育，有些地区也合称“四险”，“一金”指住房公积金）；<br>3. 仅五险；<br>4. 不提供社保和公积金。 |
| Q22 | 您认为目前所在单位的工作稳定性如何？ | 1. 非常稳定；2. 比较稳定；3. 稳定；4. 不太稳定；5. 不稳定。 |
| Q23 | 您目前所在岗位的工作压力如何？ | 1. 非常大；2. 比较大；3. 大；4. 比较小；5. 非常小。 |
| Q24 | 您对用人单位在业界的知名度和社会认可度满意吗？ | 1. 非常满意；2. 比较满意；3. 满意；4. 不太满意；5. 不满意。 |
| Q25 | 您对自己的就业岗位在工作时间、工作处理方式等方面的自主性满意吗？ | 1. 非常满意；2. 比较满意；3. 满意；4. 不太满意；5. 不满意。 |
| Q26 | 您对用人单位的工作环境满意（包含物理环境与人文环境）吗？ | 1. 非常满意；2. 比较满意；3. 满意；4. 不太满意；5. 不满意。 |
| Q27 | 您感觉在用人单位的晋升空间如何？ | 1. 非常满意；2. 比较满意；3. 满意；4. 不太满意；5. 不满意。 |

| 序号 | 测试题目 | 测试选项 |
| --- | --- | --- |
| Q28 | 您对用人单位提供的培训机会满意度如何？ | 1. 非常满意；2. 比较满意；3. 满意；4. 不太满意；5. 不满意。 |
| Q29 | 您对用人单位的综合满意度如何？（包括社会声望、单位性质、工作环境、办公自由度、晋升与培训、单位文化等方面） | 1. 非常满意；2. 比较满意；3. 满意；4. 不太满意；5. 不满意。 |
| Q30 | 从第一次入职至今，您的离职次数为？ | 1. 0 次；（跳转到 Q67）<br>2. 1 次；<br>3. 2 次；<br>4. 3 次及以上。 |
| Q31 | 您更换单位的主要原因是什么？（多选，限选 3 项） | 1. 发展空间不大；<br>2. 薪资福利差；<br>3. 工作压力大；<br>4. 工作环境不好；<br>5. 家庭原因；<br>6. 人际关系因素；<br>7. 工作地域问题；<br>8. 想改变职业或行业；<br>9. 入职后发现与面试时描述不符；<br>10. 工作内容不喜欢；<br>11. 对单位管理制度和文化不适应；<br>12. 被单位裁员或解聘；<br>13. 工作单位倒闭；<br>14. 其他。 |
| | | 以下是“自主创业”的跳转题 |
| Q32 | 您选择自主创业的原因是？（多选，限选 3 项） | 1. 实现个人理想及价值；<br>2. 有好的创业项目；<br>3. 受他人邀请创业；<br>4. 未找到合适的工作；<br>5. 预期可能有更高的收入；<br>6. 家人期望；<br>7. 其他。 |
| Q33 | 您创业的领域与所学专业相关吗？ | 1. 非常相关；2. 比较相关；3. 相关；4. 不太相关；5. 不相关。 |
| Q34 | 您自主创业的方式是？ | 1. 个人独立创业；<br>2. 带领团队创业（创业主要负责人）；<br>3. 与人合伙创业（参与项目团队创业）；<br>4. 家族创业；<br>5. 其他。 |

| 序号 | 测试题目 | 测试选项 |
| --- | --- | --- |
| Q35 | 您创业的类型属于? | 1. 在独立的场地创立公司（含个体工商户）;<br>2. 在孵化机构中创业，含暂未注册或正在注册中;<br>3. 电子商务创业，利用互联网平台从事经营活动，如开设网店等;<br>4. 加盟创业，如餐饮加盟等;<br>5. 其他。 |
| Q36 | 您在创业过程中遇到的困难主要有哪些?(多选，限选3项) | 1. 创业团队组建;<br>2. 资金筹备;<br>3. 企业创办手续审批;<br>4. 创业项目的选取;<br>5. 办公场所、设备等软硬件环境的准备;<br>6. 产品、服务的定位与开发;<br>7. 产品、服务的变现;<br>8. 市场推广;<br>9. 社会关系缺乏;<br>10. 创业相关知识、技能的缺乏;<br>11. 政策环境不利;<br>12. 其他。 |
| Q37 | 您的创业资金主要来源? | 1. 父母资助；2. 大学生创业贷款；3. 创业扶持基金；4. 风险投资；5. 个人积累；6. 其他。 |
| Q38 | 您家人对您选择自主创业的态度是? | 1. 非常支持；2. 比较支持；3. 中立，不反对；4. 比较反对；5. 非常反对 |
| Q39 | 您为自主创业做过哪些准备?（多选，限选3项） | 1. 向成功创业者学习;<br>2. 研读创业书籍;<br>3. 在社会实践中积累经验;<br>4. 学习创业课程;<br>5. 多和朋友沟通，整合身边资源;<br>6. 上网浏览信息，寻找创业机会;<br>7. 其他。 |
| Q40 | 您认为自主创业要求大学生具备哪些关键能力?（多选，限选3项） | 1. 专业基础知识;<br>2. 管理领导能力;<br>3. 持续学习能力;<br>4. 把握机会能力;<br>5. 沟通协调与处理社会关系能力;<br>6. 熟悉创业政策与环境;<br>7. 承受与规避风险能力;<br>8. 获取资源的能力;<br>9. 自我调节能力;<br>10. 其他。 |

| 序号 | 测试题目 | 测试选项 |
|---|---|---|
| Q41 | 您最希望学校加强哪项创业相关服务工作？（多选，限选3项） | 1. 创业相关课程；<br>2. 创业讲座或论坛；<br>3. 创业协会或俱乐部；<br>4. 创新创业大赛；<br>5. 创业实训与模拟（如仿真实训、沙盘）；<br>6. 创业项目孵化（如创业基地、孵化园等）；<br>7. 在线创业课资源；<br>8. 提供资金与平台；<br>9. 创业师资队伍建设；<br>10. 其他。 |
| | | 以下是“国内升学”的跳转题 |
| Q42 | 您选择境内升学的原因是？ | 1. 对专业感兴趣，愿深入学习；<br>2. 提升学历层次；<br>3. 提升综合能力；<br>4. 增加择业资本，提升就业竞争力；<br>5. 延缓面对择业的困难；<br>6. 家人期望；<br>7. 受身边同学升学的影响；<br>8. 其他。 |
| Q43 | 您继续深造前后所学的专业一致吗？ | 1. 非常一致；2. 比较一致；3. 一致；4. 不太一致；5. 不一致。 |
| | | 以下是“出国（境）升学”的跳转题 |
| Q44 | 您选择出国（境）留学的主要原因是？（多选，限选3项） | 1. 教学、科研水平先进；<br>2. 教育条件及教育方式好；<br>3. 增长见识，了解不同地域习俗与文化；<br>4. 提升综合竞争力，学成建设祖国；<br>5. 获得国（境）外发展的机会；<br>6. 熟悉环境，为移民做准备；<br>7. 家人安排。 |
| Q45 | 您出国（境）留学的国家或地区是： | 1. 美国；2. 英国；3. 法国；4. 德国；5. 日本；6. 韩国；7. 澳大利亚；8. 加拿大；9. 俄罗斯；10. 我国港澳台地区；11. 其他国家或地区。 |
| | | 以下是“自由职业”的跳转题 |
| Q46 | 您自由职业的类型是？ | 1. 作家；<br>2. 自由撰稿人；<br>3. 翻译工作者；<br>4. 中介服务工作者；<br>5. 艺术工作者；<br>6. 互联网营销工作者（含直播带货等）；<br>7. 全媒体运营工作者（如各类平台博主）；<br>8. 电子竞技工作者；<br>9. 其他。 |

| 序号 | 测试题目 | 测试选项 |
|---|---|---|
| Q47 | 您的职业与专业相关度怎样？ | 1. 非常相关；2. 比较相关；3. 相关；4. 不太相关；5. 不相关。 |
| Q48 | 您的职业与理想职业一致性怎样？ | 1. 非常一致；2. 比较一致；3. 一致；4. 不太一致；5. 不一致。 |
| Q49 | 您的职业平均月收入是(实发到手工资)？ | 1. 3000 元以下；2. 3001—4000 元；3. 4001—5000 元；<br>4. 5001—6000 元；5. 6001—7000 元；6. 7001—8000 元；<br>7. 8001—9000 元；8. 9001—10000 元；9. 10001—15000 元；<br>10. 15000 元以上。 |
| Q50 | 据您了解，您从事的岗位一年后平均月收入（实发到手工资）相比刚入职平均月收入增加的额度是？ | 1. 100 元以下（没有什么增长空间）；2. 100—500 元；<br>3. 501—1000 元；4. 1001—2000 元；5. 2001—3000 元；<br>6. 3001—5000 元；7. 5001—10000 元；8. 10000 元以上。 |
| 以下是“灵活就业”的跳转题 | | |
| Q51 | 请问您每周平均工作天数为？ | 1. 1 天；2. 2 天；3. 3 天；4. 4 天；5. 5 天；6. 6 天；7. 7 天。 |
| Q52 | 请问您工作日平均工作时长为？ | 1. 2 小时及以内；2. 2—4 小时；3. 4—6 小时；4. 6—8 小时；5. 8—10 小时；6. 10—12 小时；7. 12 小时及以上。 |
| Q53 | 请问您未来有何打算？ | 1. 短期灵活就业，并持续关注其他单位就业的机会；<br>2. 短期灵活就业，并持续为考公做准备；<br>3. 短期灵活就业，并持续为升学做准备；<br>4. 长期灵活就业，在专业领域内深耕。 |
| 以下是“有就业意愿未就业”的跳转题 | | |
| Q54 | 您目前尚未就业的类型是？（当回答选项 1—2 时，回答 Q56—Q61，其余不答） | 1. 求职中；<br>2. 签约中：已确定就业意向，准备正式签订协议或合同；<br>3. 拟参加公招考试：准备参加公务员、事业单位公开招录考试；<br>4. 拟创业：准备创业，尚未在工商行政管理部门注册登记，拟创立的实体尚未开始实际运营；<br>5. 拟应征入伍：准备应征入伍，尚未被批准。 |
| Q55 | 您认为暂未成功就业的主要原因是？ | 1. 有工作意向，还在观望；<br>2. 缺乏相关实习、实践经验；<br>3. 没有足够的岗位信息可选择；<br>4. 招聘信息获取渠道较少；<br>5. 对未来的职业规划思考不足；<br>6. 专业不对口，就业面窄；<br>7. 沟通能力、面试技巧不足；<br>8. 没有满足自我要求的工作；<br>9. 专业知识与就业市场需求脱节；<br>10. 求职信心不足；<br>11. 其他。 |

| 序号 | 测试题目 | 测试选项 |
|---|---|---|
| Q56 | 您在求职中主要关注的因素是？（多选，限选 3 项） | 1. 行业知名度；<br>2. 岗位发展前景；<br>3. 工作稳定性；<br>4. 工作轻松度；<br>5. 工作自主性；<br>6. 工作地点；<br>7. 工作环境；<br>8. 晋升空间；<br>9. 培训机会；<br>10. 企业文化；<br>11. 父母期望；<br>12. 工作氛围（同事关系）；<br>13. 薪酬水平；<br>14. 社会保障；<br>15. 其他。 |
| Q57 | 您参加过几家单位的面试？ | 1. 0 家；2. 1—3 家；3. 4—6 家；4. 7—9 家；5. 10 家及以上。 |
| Q58 | 您在求职过程中遇到的主要问题是？（多选，限选 3 项）<br>（当此题回答选项中包含 6：存在就业歧视时，需回答 Q59） | 1. 没有什么困难（互斥）；<br>2. 获取招聘信息的渠道太少；<br>3. 适合自己专业和学历的岗位不多；<br>4. 用人单位待遇和条件不符合预期；<br>5. 用人单位虚假宣传或隐瞒实情；<br>6. 存在就业歧视；<br>7. 实践经验缺乏；<br>8. 社会关系缺乏；<br>9. 就业能力不足；<br>10. 与父母意愿相悖；<br>11. 其他。 |
| Q59 | 您在求职过程中是否遇到过就业歧视或遇到过哪些就业歧视（多选，限选 3 项） | 1. 性别；<br>2. 实践/工作经验；<br>3. 毕业院校；<br>4. 专业；<br>5. 学历层次；<br>6. 地域；<br>7. 身体条件（健康、相貌、身高等）；<br>7. 年龄；<br>8. 户籍。 |
| Q60 | 您对月薪的最低要求是（实发到手工资）？ | 1. 3000 元以下；2. 3001—4000 元；3. 4001—5000 元；<br>4. 5001—6000 元；5. 6001—7000 元；6. 7001—8000 元；<br>7. 8001—9000 元；8. 9001—10000 元；9. 10001—15000 元；<br>10. 15000 元以上。 |

| 序号 | 测试题目 | 测试选项 |
| --- | --- | --- |
| Q61 | 您最希望从学校获得哪些就业方面的帮助和指导？（多选，限选 3 项） | 1. 求职技巧培训；<br>2. 增加职位信息发布；<br>3. 行业/岗位发展前景等分析；<br>4. 邀请企业、专家专题就业宣讲；<br>5. 求职心理辅导；<br>6. 就业政策讲解与指导；<br>7. 求职补贴；<br>8. 面试/着装礼仪；<br>9. 就业问题答疑（线上、线下）；<br>10. 岗位推荐；<br>11. 其他。 |
| 以下是“暂不就业拟升学”的跳转题 | | |
| Q62 | 请问您打算升学的类型是？ | 1. 国内升学；2. 出国（境）升学。 |
| Q63 | 请问您未来在备考过程中有何打算？ | 1. 边工作边备考；<br>2. 短期内不工作全心备考；<br>3. 长期不工作全心备考，直至录取。 |
| Q64 | 您最希望从学校获得哪些升学方面的帮助和指导？（Q62 选择 1：国内升学） | 1. 升学专题讲座；<br>2. 升学技巧指导；<br>3. 升学朋辈分享；<br>4. 升学资讯；<br>5. 升学试题分析；<br>6. 升学模考；<br>7. 报考院校指导。 |
| Q65 | 您最希望从学校获得哪些留学方面的帮助和指导？[Q62 选择 2：出国（境）升学] | 1. 留学专题讲座；<br>2. 留学申请技巧指导；<br>3. 留学朋辈分享；<br>4. 留学资讯；<br>5. 留学试题分析；<br>6. 留学院校推荐。 |
| 以下是“其他不想就业情况（无就业意愿）”的跳转题 | | |
| Q66 | 下面与您目前状态较为符合的是？ | 1. 家庭条件较好，不急于就业；<br>2. 没有做好就业准备；<br>3. 想先放松一下自己再就业。 |
| 以下是所有调查对象都要回答的题 | | |
| Q67 | 您对当前的就业状况（含就业、自主创业、升学等）满意吗？ | 1. 非常满意；2. 比较满意；3. 满意；4. 不太满意；5. 不满意。 |

| 序号 | 测试题目 | 测试选项 |
|---|---|---|
| Q68 | 您认为以下什么样的答题行为是正确的？ | 1. 填空题胡乱答写；<br>2. 所有多选题都全部选择或答案都选择为前面 3 个选项；<br>3. 认真阅读题目后再答题（此题为校检题，答第 3 题才算）。 |
| Q69 | 您在校期间有过以下哪些经历？（多选，限选 4 项）（1—2、3—4、5—6、7—8、9—10、11—13 项各只能选择一项） | 1. 担任过学生干部；<br>2. 没有担任过学生干部；<br>3. 参加过社团活动；<br>4. 没有参加过社团活动；<br>5. 综合成绩排名位于本专业前 20%；<br>6. 综合成绩排名未进入本专业前 20%；<br>7. 获得过职业资格证书；<br>8. 没有获得过职业资格证书；<br>9. 获得过竞赛奖项；<br>10. 没有获得过竞赛奖项；<br>11. 有过实习经历，在 3 月以内；<br>12. 有过实习经历，在半年以上；<br>13. 没有实习经历。 |
| Q70 | 您对自身的能力及素质评价如何？ | 1. 个人基本素养（有毅力，有专注力，有自信心，有社交能力，自律能力，诚实守信）5 分　4 分　3 分　2 分　1 分；<br>2. 听说读写算能力（阅读理解能力，写作能力，数学思维能力，倾听能力，口头表达能力）5 分　4 分　3 分　2 分　1 分；<br>3. 科学思维能力（创造性思维能力，决策力，想象力，执行力，学习能力，推理能力）5 分　4 分　3 分　2 分　1 分；<br>4. 人际合作能力（团队精神，服务意识，在团队中有领导能力、谈判能力和协作能力）5 分　4 分　3 分　2 分　1 分；<br>5. 资源统筹能力（对人力、物力、财力、时间等统筹分配能力）5 分　4 分　3 分　2 分　1 分；<br>6. 科技应用能力［选择合理科学技术手段（设备、软件、方法等）有效解决实际问题的能力］5 分　4 分　3 分　2 分　1 分；<br>7. 信息获取及使用能力（及时有效获取并利用信息解决问题的能力）5 分　4 分　3 分　2 分　1 分；<br>8. 系统思维及运作能力（准确认知、把握复杂问题，综合运用各种知识、技能、资源解决问题，并在过程中积累经验加以改进的能力）5 分　4 分　3 分　2 分　1 分。 |
| Q71 | 您认为学校老师们的整体授课水平如何？ | 1. 非常高；2. 高；3. 一般；4. 差；5. 非常差。 |

| 序号 | 测试题目 | 测试选项 |
|---|---|---|
| Q72 | 您认为学校在教学方面最需要改进的地方是？（多选，限选 3 项） | 1. 师资水平；<br>2. 教学方法和手段；<br>3. 专业课的内容及安排；<br>4. 公共课的内容及安排；<br>5. 实践教学；<br>6. 考核方法与教学评价；<br>7. 教学设施；<br>8. 其他。 |
| Q73 | 您认为学校的课程安排合理性如何？ | 1. 非常合理；2. 比较合理；3. 合理；4. 不太合理；5. 不合理。 |
| Q74 | 您认为学校在课程设置方面最需要改进的地方是？（多选，限选 3 项） | 1. 专业课开设的先后顺序；<br>2. 专业课内容的实用性；<br>3. 各学期开设专业课门数；<br>4. 实践课程安排次数；<br>5. 每周上课时间安排；<br>6. 公共课程时间安排；<br>7. 专业课程与时俱进；<br>8. 专业课程难易程度；<br>9. 其他。 |
| Q75 | 您认为学校的实践教学（课程实践、实习实训、科研训练、学科竞赛等）水平如何？ | 1. 非常好；2. 比较好；3. 好；4. 不太好；5. 不好。 |
| Q76 | 您认为您学校开展的就业帮扶力度是？ | 1. 非常大；2. 比较大；3. 大；4. 比较小；5. 非常小。 |
| Q77 | 如请您对学校就业创业工作作出评价，您的评价是（5 分为最高分，1 分为最低 1 分）？ | 1. 就业指导类课程　5 分　4 分　3 分　2 分　1 分；<br>2. 创新创业类课程　5 分　4 分　3 分　2 分　1 分；<br>3. 政策宣讲、职业辅导和就业创业讲座等活动　5 分　4 分　3 分　2 分　1 分；<br>4. 就业创业个体咨询　5 分　4 分　3 分　2 分　1 分；<br>5. 校园招聘与宣讲　5 分　4 分　3 分　2 分　1 分；<br>6. 实习实训　5 分　4 分　3 分　2 分　1 分；<br>7. 就业困难群体帮扶　5 分　4 分　3 分　2 分　1 分。 |

| 序号 | 测试题目 | 测试选项 |
|---|---|---|
| Q78 | 您认为学校哪些就业创业指导服务工作最需要加强？（多选，限选3项） | 1. 就业创业政策讲解；<br>2. 就业信息提供与发布；<br>3. 职业选择咨询/辅导；<br>4. 职业生涯规划指导；<br>5. 就业/创业技能培训；<br>6. 求职心理调适；<br>7. 面试指导与训练；<br>8. 入职前适应性培训；<br>9. 升学指导；<br>10. 留学指导；<br>11. 创业课程内容优化；<br>12. 各类公招指导培训。 |
| Q79 | 学校提供的就业创业指导服务方式主要为？（多选） | 1. 电话指导服务；<br>2. 线上指导服务；<br>3. 线下服务；<br>4. 不清楚或不了解；（互斥）<br>5. 暂停指导服务；（互斥）<br>6. 其他。 |
| Q80 | 您所在学校开设创新创业指导课程的方式是？ | 1. 线下教师讲授；<br>2. 以实践和模拟分析为主的创新创业课程；<br>3. 举办创新创业主题讲座；<br>4. 网络在线课程；<br>5. 网络在线课+翻转课堂；<br>6. 没有开设。（互斥） |
| Q81 | 您对母校的人才培养整体情况是否满意？ | 1. 非常满意；2. 比较满意；3. 满意；4. 不太满意；5. 不满意。 |
| Q82 | 您愿意向亲友推荐您的母校吗？ | 1. 非常愿意；2. 比较愿意；3. 愿意；4. 不太愿意；5. 不愿意。 |
| Q83 | 您对母校整体满意度如何？ | 1. 非常满意；2. 比较满意；3. 满意；4. 不太满意；5. 不满意。 |
| Q84 | 亲爱的同学，感谢您对母校工作的支持，最后诚挚邀请您对母校的未来发展提出意见建议，祝各位毕业生前程似锦未来可期！ | （诚邀各位校友对母校提出意见或建议） |

本次访问到此结束，非常感谢您对我们工作的支持与配合，祝您生活愉快，事业有成！

## 三、用人单位满意度调查问卷

### 湖南省普通高校 2023 年重点用人单位满意度问卷

尊敬的用人单位：

您好！这是一份关于贵单位招聘我省普通高校 2023 届毕业生就业情况的调查问卷，请根据贵单位真实情况答题，您答题的真实性对于我们研究的准确性具有非常重要的意义。您的答题仅用于高校毕业生就业情况统计分析与相关研究，回答均无对错之分，我们将严格保密。感谢贵单位的大力支持与合作！

湖南省教育厅毕业生就业办公室

湖南省大中专学校学生信息咨询与就业指导中心

2023 年 9 月

您所评价的高校是：下拉选择：

| 第一部分　贵单位用人基本情况 | | |
|---|---|---|
| Q1 | 贵单位所在地域： | （省份+城市的下拉框） |
| Q2 | 贵单位职工总人数： | 1. 1—99 人；2. 100—499 人；3. 500—999 人；4. 1000—4999 人；5. 5000—9999 人；6. 10000—49999 人；7. 50000—99999 人；8. 100000 人或以上。 |
| Q3 | 贵单位属于： | 1. 党政机关（包括部队单位）；<br>2. 高等教育单位；<br>3. 中初教育单位；<br>4. 医疗卫生单位；<br>5. 其他事业单位；<br>6. 国有企业；<br>7. 外（合）资企业；<br>8. 民（私）营企业；<br>9. 股份制企业；<br>10. 其他。 |
| Q4 | 贵单位所属行业： | 1. 农、林、牧、渔业；<br>2. 采矿业；<br>3. 制造业；<br>4. 电力、热力、燃气及水生产和供应业；<br>5. 建筑业；<br>6. 批发和零售业；<br>7. 交通运输、仓储和邮政业；<br>8. 住宿和餐饮业；<br>9. 信息传输、软件和信息技术服务业；<br>10. 金融业；<br>11. 房地产业；<br>12. 租赁和商务服务业； |

| | | |
|---|---|---|
| Q4 | 贵单位所属行业： | 13. 科学研究和技术服务业；<br>14. 水利、环境和公共设施管理业；<br>15. 居民服务、修理和其他服务业；<br>16. 教育；<br>17. 卫生和社会工作；<br>18. 文化、体育和娱乐业；<br>19. 公共管理、社会保障和社会组织；<br>20. 国际组织；<br>21. 军队。 |
| Q5 | 贵单位预计未来三年对应届毕业生招聘需求量？ | 1. 大幅减少；2. 小幅减少；3. 与往年持平；4. 小幅增加；4. 大幅增加。 |
| Q6 | 贵单位主要通过何种渠道招聘应届高校毕业生？ | 1. 校园宣讲会；<br>2. 校园双选会；<br>3. 学校官网发布招聘信息；<br>4. 通过单位网站发布招聘信息；<br>5. 各类招聘网站；<br>6. 公众号等新媒体；<br>7. 政府/社会组织的人才招聘活动；<br>8. 在实习（见习）中选拔；<br>9. 定向（订单）培养；<br>10. 内推；<br>11. 学校老师推荐；<br>12. 其他。 |
| Q7 | 贵单位在招聘该校应届毕业生的过程中遇到了哪些困难？（多选，限选3项） | 1. 没有什么困难（互斥）；<br>2. 毕业生求职意愿低；<br>3. 符合岗位要求的应聘者少；<br>4. 求职人员面试的到约率低；<br>5. 谈好的候选人拒绝入职；<br>6. 求职人员期望薪资与能力不符；<br>7. 招聘成本增加 |
| Q8 | 贵单位招聘应届高校毕业生的薪酬待遇（税前）是？ | 1. 2000元及以下；2. 2001—3000元；3. 3001—4000元；4. 4001—5000元；5. 5001—7000元；6. 7001—10000元；7. 10001—15000元；8. 15001—20000元；9. 20001元—30000元；10. 30000元以上。 |
| Q9 | 贵单位招聘高校毕业生时关注专业对口问题吗？ | 1. 一点也不关注；2. 不太关注；3. 一般；4. 比较关注；5. 非常关注。 |
| Q10 | 贵单位来我校招聘时，需求量最靠前的专业类是？（填空题） | |
| Q11 | 贵单位认为应届高校毕业生平均需要多长时间来适应当前工作岗位？ | 1. 1个月以内；2. 1—3个月；3. 3—6个月；4. 6个月—1年；5. 1年以上。 |

| | | |
|---|---|---|
| Q12 | 贵单位录用的应届高校毕业生从入职到成长为中层骨干人员大约需要多长时间？ | 1. 1年以内；2. 1—3年；3. 3—5年；4. 5—10年；5. 10年以上；6. 不在本单位内培养。 |
| Q13 | 贵单位录用的应届高校毕业生在一年内离职的概率有多大？ | 1. 非常大；2. 比较大；3. 一般；4. 比较小；5. 基本没有。 |
| Q14 | 毕业生离职的原因主要是？ | 1. 不能胜任或违反合同被解聘；<br>2. 公司经营局限被解聘；<br>3. 劳动合同期满，不再续约；<br>4. 毕业生主动离职。 |
| Q15 | 贵单位吸引高校毕业生的主要因素是？（多选，限选3项） | 1. 社会声望；2. 薪酬水平；3. 社会保障与福利；4. 工作稳定度；5. 个人发展空间；6. 地理位置；7. 工作环境；8. 学习培训；9. 企业文化；10. 人际关系；11. 其他。 |
| 第二部分　贵单位用人标准及对毕业生的评价 | | |
| Q16 | 贵单位录用毕业生时哪些因素最为看重?（多选，限选3项） | 1. 综合素质；2. 社会适应能力；3. 社会关系；4. 人品素质、忠诚度、责任心；5. 毕业院校；6. 学历层次；7. 所学专业；8. 学习成绩；9. 是否学生干部；10. 获奖证书；11. 工作/实习/兼职经历；12. 项目经验；13. 作品展示；14. 培训经历；15. 户籍；16. 身体素质；17. 其他。 |
| Q17 | 贵单位认为该校毕业生在求职应聘中哪些方面还有待提高?（多选，限选3项） | 1. 求职技巧；2. 面试礼仪；3. 简历制作；4. 着装礼仪；5. 临场反应；6. 职业素养；7. 对应聘单位的了解准备；8. 表达沟通；9. 群体选拔；10. 其他。 |
| Q18 | 贵单位对该校毕业生的整体满意度如何？ | 1. 非常满意；2. 满意；3. 比较满意；4. 不太满意；5. 不满意。 |
| Q19 | 贵单位对该校毕业生的政治思想觉悟与职业素养满意度是?（选择4或5直接跳到Q21） | 1. 非常满意；2. 满意；3. 比较满意；4. 不太满意；5. 不满意。 |
| Q20 | 贵单位认为该校毕业生在政治思想觉悟与职业素养方面最值得肯定的地方是？ | 1. 政治思想觉悟与表现（爱国奉献、爱岗敬业、诚信友善）；<br>2. 责任心和担当精神；<br>3. 主动性和进取精神；<br>4. 开拓创新精神；<br>5. 应对压力挫折表现。 |
| Q21 | 贵单位对该校毕业生的工作态度表现评价如何?（选择4或5直接跳到Q23） | 1. 非常满意；2. 满意；3. 比较满意；4. 不太满意；5. 不满意。 |

| | | |
|---|---|---|
| Q22 | 贵单位认为该校毕业生在工作态度方面最值得肯定的地方是? | 1. 对工作的忠诚度和认同感;<br>2. 责任心和勇于担当的精神;<br>3. 积极主动、进取心;<br>4. 乐于奉献、关心他人;<br>5. 勇于开拓创新。 |
| Q23 | 贵单位对该校毕业生的专业水平评价如何? | 1. 非常满意;2. 满意;3. 比较满意;4. 不太满意;5. 不满意。 |
| Q24 | 贵单位认为该校毕业生在专业水平方面最值得肯定的地方是? | 1. 理论知识;2 专业知识;3 专业技能;4 知识技能适应时代的程度;5 跨学科思维;6 国际视野。 |
| Q25 | 贵单位对该校毕业生的职业能力评价如何? | 1. 非常满意;2. 满意;3. 比较满意;4. 不太满意;5. 不满意。 |
| Q26 | 贵单位对该校毕业生八项职业能力水平表现打分如何?(5 分非常高,4 分较高,3 分一般,2 分较低,1 分非常低) | 1. 个人基本素养(有毅力,有专注力,有自信心,有社交能力,自律能力,诚实守信)5 分 4 分 3 分 2 分 1 分;<br>2. 听说读写算能力(阅读理解能力,写作能力,数学思维能力,倾听能力,口头表达能力)5 分 4 分 3 分 2 分 1 分;<br>3. 科学思维能力(创造性思维能力,决策力,想象力,执行力,学习能力,推理能力)5 分 4 分 3 分 2 分 1 分;<br>4. 人际合作能力(团队精神,服务意识,在团队中有领导能力、谈判能力和协作能力)5 分 4 分 3 分 2 分 1 分;<br>5. 资源统筹能力(对人力、物力、财力、时间等统筹分配能力)5 分 4 分 3 分 2 分 1 分;<br>6. 科技应用能力[选择合理科学技术手段(设备、软件、方法等)有效解决实际问题的能力]5 分 4 分 3 分 2 分 1 分;<br>7. 信息获取及使用能力(及时有效获取并利用信息解决问题的能力)5 分 4 分 3 分 2 分 1 分;<br>8. 系统思维及运作能力(准确认知、把握复杂问题,综合运用各种知识、技能、资源解决问题,并在过程中积累经验加以改进的能力)5 分 4 分 3 分 2 分 1 分。 |
| Q27 | 贵单位对该校毕业生的职业发展潜力评价如何? | 1. 非常有潜力;2. 比较有潜力;3. 潜力一般;4. 潜力较弱;5. 没有潜力。 |
| 第三部分　贵单位对毕业院校人才培养与就业服务的满意度 | | |
| Q28 | 贵单位决定今年在该校进行招聘的主要原因是?(多选,限选 3 项) | 1. 毕业生充足,容易招到人;<br>2. 学生综合素质高;<br>3. 地理位置;<br>4. 跟学校有过合作;<br>5. 学校的声誉和水平;<br>6. 业务与学校的重点专业相关;<br>7. 单位员工推荐;<br>8. 其他。 |
| Q29 | 贵单位对该校人才培养工作的满意度如何? | 1. 非常满意;2. 满意;3. 比较满意;4. 不太满意;5. 不满意。 |

| | | |
|---|---|---|
| Q30 | 贵单位认为该校应重点在哪方面加强对学生的培养？（多选，限选 3 项） | 1. 专业知识的传授；<br>2. 职业素质的培养；<br>3. 交际能力的培养；<br>4. 表达能力的培养；<br>5. 团队协作能力的培养；<br>6. 创新能力的培养；<br>7. 思维拓展的训练；<br>8. 实践能力的锻炼；<br>9. 身体素质的加强；<br>10. 其他。 |
| Q31 | 贵单位对该校招聘服务和就业指导服务的整体满意度如何？ | 1. 非常满意；2. 满意；3. 比较满意；4. 不太满意；5. 不满意 |
| Q32 | 贵单位对该校以下就业服务作的评价如何？ | 1. 招聘会统筹组织 5 分　4 分　3 分　2 分　1 分；<br>2. 就业网站建设及信息服务 5 分　4 分　3 分　2 分　1 分；<br>3. 档案管理及转递 5 分　4 分　3 分　2 分　1 分；<br>4. 招聘场地安排对接 5 分　4 分　3 分　2 分　1 分；<br>5. 组织毕业生参加招聘响应程度 5 分　4 分　3 分　2 分　1 分；<br>6. 个性化服务 5 分　4 分　3 分　2 分　1 分。 |
| Q33 | 贵单位认为该校在就业服务方面亟须改进的是？（多选，限选 3 项） | 1. 增加校园招聘会场次；<br>2. 及时更新发布招聘信息；<br>3. 加强毕业生就业指导；<br>4. 加大对毕业生的推荐力度；<br>5. 提高就业指导教师的专业水平；<br>6. 及时办理毕业生就业手续；<br>7. 加强校企沟通；<br>8. 开展校企活动；<br>9. 拓宽服务项目；<br>10. 改进招聘硬件设施；<br>11. 其他。 |
| Q34 | 用人单位对学校人才培养的改进建议是？（多选，限选 3 项） | 1. 加强校企合作；<br>2. 注重创新能力培养；<br>3. 注重技能型人才培养；<br>4. 注重通用型人才培养；<br>5. 注重国际化人才培养；<br>6. 强化专业实践环节；<br>7. 调整专业适应社会需要；<br>8. 其他。 |
| Q35 | 贵单位未来聘用该校毕业生的意愿？ | 1. 非常愿意；2. 愿意；3. 比较愿意；4. 不太愿意；5. 不愿意。 |
| Q36 | 贵单位对该校的其他建议？（填空，非必填） | |

本调查问卷到此结束，非常感谢您的支持与配合，祝您工作顺利，贵单位事业蒸蒸日上！

# 附件二

# 专业大类就业基本情况

## 一、高职高专专业大类

| 学科大类 | 专业大类 | 毕业人数（人） | 就业人数（人） | 毕业去向落实率（%） | 国内升学率（%） | 创业率（%） |
|---|---|---|---|---|---|---|
| 农、林、牧、渔大类 | 渔业类 | 138 | 137 | 99. 28 | 0. 72 | 0. 72 |
| | 农业类 | 1832 | 1689 | 92. 19 | 4. 64 | 0. 87 |
| | 畜牧业类 | 3185 | 2627 | 82. 48 | 5. 27 | 1. 00 |
| | 林业类 | 1605 | 1238 | 77. 13 | 12. 52 | 0. 75 |
| 资源环境与安全大类 | 测绘地理信息类 | 802 | 747 | 93. 14 | 9. 23 | 0. 25 |
| | 石油与天然气类 | 77 | 71 | 92. 21 | 0. 00 | 0. 00 |
| | 安全类 | 846 | 778 | 91. 96 | 5. 91 | 0. 12 |
| | 环境保护类 | 1460 | 1325 | 90. 75 | 9. 59 | 1. 16 |
| | 资源勘查类 | 150 | 135 | 90. 00 | 8. 67 | 0. 00 |
| | 煤炭类 | 8 | 7 | 87. 50 | 12. 50 | 0. 00 |
| | 地质类 | 287 | 238 | 82. 93 | 8. 71 | 2. 09 |
| 能源动力与材料大类 | 新能源发电工程类 | 316 | 301 | 95. 25 | 12. 03 | 0. 00 |
| | 热能与发电工程类 | 113 | 107 | 94. 69 | 4. 42 | 0. 00 |
| | 非金属材料类 | 354 | 333 | 94. 07 | 19. 49 | 0. 28 |
| | 电力技术类 | 1583 | 1481 | 93. 56 | 4. 61 | 0. 38 |
| | 建筑材料类 | 96 | 89 | 92. 71 | 26. 04 | 1. 04 |
| | 有色金属材料类 | 285 | 258 | 90. 53 | 5. 96 | 0. 35 |

| 学科大类 | 专业大类 | 毕业人数（人） | 就业人数（人） | 毕业去向落实率（%） | 国内升学率（%） | 创业率（%） |
|---|---|---|---|---|---|---|
| 土木建筑大类 | 城乡规划与管理类 | 60 | 58 | 96.67 | 15.00 | 0.00 |
| | 建筑设备类 | 1031 | 976 | 94.67 | 7.27 | 1.26 |
| | 市政工程类 | 377 | 355 | 94.16 | 12.73 | 0.53 |
| | 房地产类 | 158 | 148 | 93.67 | 12.03 | 0.00 |
| | 土建施工类 | 5519 | 4946 | 89.62 | 8.55 | 0.94 |
| | 建筑设计类 | 4064 | 3601 | 88.61 | 8.37 | 0.39 |
| | 建设工程管理类 | 5825 | 5125 | 87.98 | 10.52 | 0.52 |
| 水利大类 | 水利工程与管理类 | 1113 | 1043 | 93.71 | 10.42 | 0.27 |
| 装备制造大类 | 航空装备类 | 2706 | 2584 | 95.49 | 3.44 | 0.15 |
| | 铁道装备类 | 205 | 191 | 93.17 | 3.90 | 1.46 |
| | 机械设计制造类 | 8521 | 7928 | 93.04 | 6.79 | 0.60 |
| | 自动化类 | 14275 | 13169 | 92.25 | 6.56 | 0.49 |
| | 汽车制造类 | 6644 | 6070 | 91.36 | 4.09 | 0.48 |
| | 机电设备类 | 465 | 423 | 90.97 | 6.88 | 0.43 |
| | 船舶与海洋工程装备类 | 131 | 106 | 80.92 | 5.34 | 0.00 |
| 生物与化工大类 | 化工技术类 | 2657 | 2515 | 94.66 | 2.15 | 0.11 |
| | 生物技术类 | 255 | 229 | 89.80 | 6.27 | 0.00 |
| 轻工纺织大类 | 纺织服装类 | 20 | 20 | 100.00 | 0.00 | 0.00 |
| | 包装类 | 44 | 42 | 95.45 | 29.55 | 0.00 |
| | 印刷类 | 78 | 69 | 88.46 | 7.69 | 2.56 |
| | 轻化工类 | 194 | 170 | 87.63 | 3.61 | 0.00 |
| 食品药品与粮食大类 | 食品工业类 | 607 | 555 | 91.43 | 8.24 | 0.33 |
| | 药品制造类 | 1396 | 1276 | 91.40 | 6.66 | 0.36 |
| | 食品药品管理类 | 1225 | 1106 | 90.29 | 5.39 | 0.24 |
| | 粮食工业类 | 9 | 8 | 88.89 | 0.00 | 0.00 |
| | 粮食储检类 | 21 | 17 | 80.95 | 0.00 | 0.00 |
| 交通运输大类 | 铁道运输类 | 8346 | 7843 | 93.97 | 3.65 | 0.17 |
| | 航空运输类 | 3818 | 3579 | 93.74 | 5.58 | 0.24 |
| | 城市轨道交通类 | 2825 | 2623 | 92.85 | 5.13 | 0.50 |
| | 邮政类 | 119 | 110 | 92.44 | 5.04 | 0.00 |
| | 道路运输类 | 3680 | 3327 | 90.41 | 6.30 | 0.54 |
| | 水上运输类 | 380 | 340 | 89.47 | 8.16 | 2.37 |

| 学科大类 | 专业大类 | 毕业人数（人） | 就业人数（人） | 毕业去向落实率（%） | 国内升学率（%） | 创业率（%） |
|---|---|---|---|---|---|---|
| 电子信息大类 | 通信类 | 1480 | 1372 | 92. 70 | 9. 46 | 0. 95 |
| | 计算机类 | 29179 | 26253 | 89. 97 | 8. 91 | 0. 75 |
| | 电子信息类 | 5908 | 5306 | 89. 81 | 9. 68 | 0. 51 |
| 医药卫生大类 | 健康管理与促进类 | 1255 | 1137 | 90. 60 | 5. 58 | 0. 32 |
| | 医学技术类 | 4145 | 3746 | 90. 37 | 12. 14 | 0. 48 |
| | 药学类 | 6021 | 5394 | 89. 59 | 7. 41 | 0. 20 |
| | 康复治疗类 | 1828 | 1625 | 88. 89 | 14. 39 | 0. 55 |
| | 临床医学类 | 7051 | 6215 | 88. 14 | 6. 11 | 0. 24 |
| | 护理类 | 16280 | 14244 | 87. 49 | 16. 04 | 0. 29 |
| | 公共卫生与卫生管理类 | 468 | 409 | 87. 39 | 7. 05 | 0. 00 |
| 财经商贸大类 | 财政税务类 | 52 | 52 | 100. 00 | 11. 54 | 0. 00 |
| | 工商管理类 | 1491 | 1385 | 92. 89 | 8. 45 | 0. 80 |
| | 电子商务类 | 10607 | 9716 | 91. 60 | 7. 13 | 1. 29 |
| | 市场营销类 | 3573 | 3266 | 91. 41 | 7. 14 | 0. 98 |
| | 金融类 | 2148 | 1941 | 90. 36 | 15. 41 | 0. 79 |
| | 经济贸易类 | 1852 | 1673 | 90. 33 | 13. 82 | 1. 78 |
| | 财务会计类 | 17058 | 15274 | 89. 54 | 12. 58 | 0. 29 |
| | 物流类 | 2575 | 2292 | 89. 01 | 7. 38 | 0. 35 |
| | 统计类 | 91 | 79 | 86. 81 | 16. 48 | 0. 00 |
| 旅游大类 | 会展类 | 193 | 183 | 94. 82 | 8. 81 | 0. 52 |
| | 餐饮类 | 680 | 620 | 91. 18 | 4. 41 | 0. 00 |
| | 旅游类 | 4538 | 4105 | 90. 46 | 8. 20 | 0. 35 |
| 文化艺术大类 | 民族文化类 | 35 | 34 | 97. 14 | 0. 00 | 0. 00 |
| | 表演艺术类 | 1597 | 1461 | 91. 48 | 28. 37 | 0. 25 |
| | 艺术设计类 | 11285 | 10287 | 91. 16 | 10. 41 | 0. 66 |
| | 文化服务类 | 314 | 266 | 84. 71 | 8. 28 | 0. 96 |
| 新闻传播大类 | 新闻出版类 | 166 | 156 | 93. 98 | 10. 24 | 0. 60 |
| | 广播影视类 | 2062 | 1867 | 90. 54 | 14. 79 | 0. 68 |
| 教育与体育大类 | 体育类 | 1467 | 1343 | 91. 55 | 11. 59 | 0. 68 |
| | 语言类 | 6470 | 5789 | 89. 47 | 17. 37 | 0. 54 |
| | 教育类 | 21643 | 19274 | 89. 05 | 7. 93 | 0. 36 |
| | 文秘类 | 368 | 323 | 87. 77 | 8. 15 | 0. 00 |

| 学科大类 | 专业大类 | 毕业人数（人） | 就业人数（人） | 毕业去向落实率（%） | 国内升学率（%） | 创业率（%） |
|---|---|---|---|---|---|---|
| 公安与司法大类 | 法律实务类 | 601 | 581 | 96.67 | 19.13 | 0.50 |
| | 司法技术类 | 336 | 309 | 91.96 | 8.93 | 1.49 |
| | 法律执行类 | 576 | 503 | 87.33 | 13.89 | 0.69 |
| 公共管理与服务大类 | 公共管理类 | 4118 | 3973 | 96.48 | 5.12 | 0.24 |
| | 公共事业类 | 555 | 494 | 89.01 | 16.40 | 0.18 |
| | 公共服务类 | 2943 | 2592 | 88.07 | 4.11 | 0.37 |

## 二、本科学科门类

| 学科门类 | 专业大类 | 毕业人数（人） | 就业人数（人） | 毕业去向落实率（%） | 国内升学率（%） | 创业率（%） |
|---|---|---|---|---|---|---|
| 哲学 | 哲学类 | 106 | 87 | 82.08 | 33.02 | 0.00 |
| 经济学 | 财政学类 | 268 | 256 | 95.52 | 17.54 | 0.75 |
| | 经济与贸易类 | 3539 | 2957 | 83.55 | 8.11 | 0.37 |
| | 金融学类 | 4737 | 3913 | 82.61 | 12.18 | 0.53 |
| | 经济学类 | 1205 | 981 | 81.41 | 14.11 | 0.17 |
| 法学 | 公安学类 | 400 | 395 | 98.75 | 0.50 | 0.00 |
| | 政治学类 | 62 | 57 | 91.94 | 33.87 | 0.00 |
| | 社会学类 | 632 | 576 | 91.14 | 12.97 | 1.11 |
| | 马克思主义理论类 | 1303 | 1156 | 88.72 | 17.65 | 0.23 |
| | 法学类 | 4770 | 3793 | 79.52 | 11.40 | 0.23 |
| 教育学 | 教育学类 | 3165 | 2799 | 88.44 | 8.28 | 0.32 |
| | 体育学类 | 4355 | 3838 | 88.13 | 8.77 | 1.08 |
| 文学 | 中国语言文学类 | 7294 | 6160 | 84.45 | 9.28 | 0.16 |
| | 外国语言文学类 | 12284 | 10233 | 83.30 | 9.33 | 0.30 |
| | 新闻传播学类 | 3010 | 2498 | 82.99 | 12.16 | 0.50 |
| 历史学 | 历史学类 | 771 | 678 | 87.94 | 16.08 | 0.00 |
| 理学 | 地球物理学类 | 69 | 63 | 91.30 | 56.52 | 0.00 |
| | 化学类 | 2818 | 2555 | 90.67 | 29.21 | 0.18 |
| | 物理学类 | 1829 | 1655 | 90.49 | 23.46 | 0.22 |
| | 地理科学类 | 1345 | 1216 | 90.41 | 14.57 | 0.00 |
| | 生物科学类 | 2315 | 2056 | 88.81 | 28.55 | 0.09 |
| | 数学类 | 5235 | 4612 | 88.10 | 11.81 | 0.17 |

| 学科门类 | 专业大类 | 毕业人数（人） | 就业人数（人） | 毕业去向落实率（%） | 国内升学率（%） | 创业率（%） |
|---|---|---|---|---|---|---|
| 理学 | 心理学类 | 757 | 651 | 86.00 | 10.70 | 0.13 |
| | 统计学类 | 602 | 495 | 82.23 | 23.92 | 0.33 |
| 工学 | 公安技术类 | 395 | 384 | 97.22 | 5.57 | 0.00 |
| | 纺织类 | 200 | 192 | 96.00 | 19.50 | 0.50 |
| | 轻工类 | 505 | 467 | 92.48 | 24.36 | 0.20 |
| | 海洋工程类 | 26 | 24 | 92.31 | 23.08 | 0.00 |
| | 水利类 | 478 | 441 | 92.26 | 30.96 | 0.00 |
| | 核工程类 | 395 | 363 | 91.90 | 25.06 | 0.00 |
| | 仪器类 | 347 | 317 | 91.35 | 30.26 | 0.00 |
| | 电气类 | 3986 | 3627 | 90.99 | 14.17 | 0.20 |
| | 矿业类 | 356 | 323 | 90.73 | 33.15 | 0.56 |
| | 材料类 | 3718 | 3363 | 90.45 | 36.82 | 0.24 |
| | 生物工程类 | 818 | 738 | 90.22 | 34.47 | 0.37 |
| | 能源动力类 | 1153 | 1035 | 89.77 | 27.93 | 0.17 |
| | 土木类 | 8139 | 7281 | 89.46 | 19.62 | 0.32 |
| | 机械类 | 9703 | 8676 | 89.42 | 17.89 | 0.23 |
| | 化工与制药类 | 2074 | 1847 | 89.05 | 29.56 | 0.14 |
| | 安全科学与工程类 | 766 | 679 | 88.64 | 21.80 | 0.52 |
| | 力学类 | 244 | 215 | 88.11 | 35.66 | 0.00 |
| | 自动化类 | 2606 | 2282 | 87.57 | 21.72 | 0.12 |
| | 环境科学与工程类 | 1609 | 1403 | 87.20 | 34.74 | 0.25 |
| | 农业工程类 | 52 | 45 | 86.54 | 34.62 | 0.00 |
| | 电子信息类 | 8774 | 7586 | 86.46 | 18.30 | 0.31 |
| | 地质类 | 255 | 218 | 85.49 | 36.86 | 0.78 |
| | 交通运输类 | 664 | 567 | 85.39 | 33.28 | 0.15 |
| | 食品科学与工程类 | 1194 | 1019 | 85.34 | 33.92 | 0.34 |
| | 计算机类 | 16782 | 14199 | 84.61 | 10.17 | 0.68 |
| | 测绘类 | 537 | 452 | 84.17 | 26.63 | 0.74 |
| | 建筑类 | 2459 | 2053 | 83.49 | 20.58 | 0.12 |
| | 航空航天类 | 78 | 65 | 83.33 | 82.05 | 0.00 |
| | 林业工程类 | 219 | 182 | 83.11 | 28.31 | 0.91 |
| | 生物医学工程类 | 127 | 102 | 80.31 | 37.80 | 0.00 |
| | 兵器类 | 34 | 24 | 70.59 | 44.12 | 2.94 |

| 学科门类 | 专业大类 | 毕业人数（人） | 就业人数（人） | 毕业去向落实率（%） | 国内升学率（%） | 创业率（%） |
|---|---|---|---|---|---|---|
| 农学 | 草学类 | 24 | 23 | 95. 83 | 45. 83 | 0. 00 |
| | 动物生产类 | 262 | 236 | 90. 08 | 42. 75 | 0. 00 |
| | 植物生产类 | 1096 | 956 | 87. 23 | 39. 60 | 0. 82 |
| | 林学类 | 835 | 725 | 86. 83 | 35. 45 | 0. 00 |
| | 水产类 | 207 | 177 | 85. 51 | 34. 78 | 0. 97 |
| | 动物医学类 | 367 | 310 | 84. 47 | 34. 88 | 0. 00 |
| | 自然保护与环境生态类 | 107 | 88 | 82. 24 | 60. 75 | 0. 00 |
| 医学 | 基础医学类 | 22 | 21 | 95. 45 | 81. 82 | 0. 00 |
| | 中药学类 | 540 | 494 | 91. 48 | 27. 04 | 0. 00 |
| | 公共卫生与预防医学类 | 466 | 419 | 89. 91 | 41. 85 | 0. 21 |
| | 口腔医学类 | 1056 | 945 | 89. 49 | 11. 55 | 0. 19 |
| | 法医学类 | 17 | 15 | 88. 24 | 70. 59 | 0. 00 |
| | 中医学类 | 2064 | 1808 | 87. 60 | 32. 80 | 0. 05 |
| | 药学类 | 1889 | 1635 | 86. 55 | 22. 50 | 0. 00 |
| | 临床医学类 | 6793 | 5714 | 84. 12 | 30. 74 | 0. 12 |
| | 中西医结合类 | 367 | 306 | 83. 38 | 32. 43 | 0. 00 |
| | 医学技术类 | 2619 | 2177 | 83. 12 | 12. 03 | 0. 11 |
| | 护理学类 | 4170 | 3426 | 82. 16 | 4. 82 | 0. 02 |
| 管理学 | 管理科学与工程类 | 3202 | 2873 | 89. 73 | 12. 40 | 0. 47 |
| | 工业工程类 | 274 | 243 | 88. 69 | 15. 33 | 0. 00 |
| | 物流管理与工程类 | 1518 | 1339 | 88. 21 | 8. 43 | 0. 46 |
| | 图书情报与档案管理类 | 88 | 77 | 87. 50 | 32. 95 | 0. 00 |
| | 农业经济管理类 | 264 | 228 | 86. 36 | 18. 94 | 0. 38 |
| | 电子商务类 | 2208 | 1893 | 85. 73 | 6. 25 | 2. 54 |
| | 公共管理类 | 2176 | 1836 | 84. 38 | 16. 04 | 0. 14 |
| | 旅游管理类 | 3358 | 2796 | 83. 26 | 7. 12 | 0. 42 |
| | 工商管理类 | 19247 | 15818 | 82. 18 | 7. 16 | 0. 58 |
| 艺术学 | 设计学类 | 10818 | 9209 | 85. 13 | 4. 88 | 0. 68 |
| | 音乐与舞蹈学类 | 5883 | 4975 | 84. 57 | 4. 56 | 1. 12 |
| | 戏剧与影视学类 | 1686 | 1409 | 83. 57 | 7. 18 | 1. 07 |
| | 美术学类 | 1979 | 1638 | 82. 77 | 5. 91 | 0. 66 |

## 三、研究生学科门类

| 学科门类 | 专业 | 毕业人数（人） | 就业人数（人） | 毕业去向落实率（%） | 国内升学率（%） | 创业率（%） |
|---|---|---|---|---|---|---|
| 哲学 | 哲学 | 239 | 200 | 83.68 | 15.06 | 0.42 |
| 经济学 | 统计学 | 12 | 12 | 100.00 | 16.67 | 0.00 |
| | 国际商务 | 131 | 130 | 99.24 | 3.05 | 0.76 |
| | 税务 | 52 | 51 | 98.08 | 5.77 | 0.00 |
| | 金融 | 466 | 450 | 96.57 | 3.00 | 0.00 |
| | 保险 | 24 | 23 | 95.83 | 4.17 | 0.00 |
| | 应用统计 | 220 | 210 | 95.45 | 4.55 | 0.00 |
| | 理论经济学 | 91 | 86 | 94.51 | 9.89 | 0.00 |
| | 审计 | 34 | 32 | 94.12 | 0.00 | 0.00 |
| | 应用经济学 | 474 | 439 | 92.62 | 8.44 | 0.00 |
| 法学 | 法律 | 824 | 767 | 93.08 | 2.67 | 0.12 |
| | 社会学 | 41 | 38 | 92.68 | 12.20 | 0.00 |
| | 法学 | 352 | 326 | 92.61 | 6.25 | 0.28 |
| | 社会工作学 | 148 | 133 | 89.86 | 4.05 | 0.00 |
| | 马克思主义理论 | 440 | 390 | 88.64 | 5.45 | 0.23 |
| | 民族学 | 33 | 29 | 87.88 | 9.09 | 3.03 |
| | 政治学 | 96 | 77 | 80.21 | 9.38 | 0.00 |
| 教育学 | 教育经济与管理 | 1 | 1 | 100.00 | 0.00 | 0.00 |
| | 汉语国际教育 | 58 | 57 | 98.28 | 1.72 | 0.00 |
| | 体育 | 239 | 233 | 97.49 | 0.42 | 1.67 |
| | 体育学 | 125 | 120 | 96.00 | 7.20 | 0.00 |
| | 教育 | 1523 | 1416 | 92.97 | 0.13 | 0.13 |
| | 教育学 | 208 | 178 | 85.58 | 5.29 | 0.00 |
| | 心理学 | 39 | 32 | 82.05 | 12.82 | 0.00 |
| | 应用心理 | 41 | 29 | 70.73 | 4.88 | 0.00 |
| 文学 | 新闻传播学 | 116 | 111 | 95.69 | 2.59 | 0.86 |
| | 出版 | 22 | 21 | 95.45 | 0.00 | 0.00 |
| | 新闻与传播 | 382 | 359 | 93.98 | 2.09 | 0.52 |
| | 翻译 | 356 | 326 | 91.57 | 0.84 | 0.28 |
| | 外国语言文学 | 275 | 247 | 89.82 | 5.09 | 0.00 |
| | 中国语言文学 | 423 | 375 | 88.65 | 6.15 | 0.00 |

| 学科门类 | 专业 | 毕业人数（人） | 就业人数（人） | 毕业去向落实率（%） | 国内升学率（%） | 创业率（%） |
|---|---|---|---|---|---|---|
| 历史学 | 文物与博物馆 | 9 | 9 | 100. 00 | 0. 00 | 0. 00 |
| | 中国史 | 153 | 133 | 86. 93 | 9. 15 | 0. 00 |
| | 世界史 | 24 | 19 | 79. 17 | 4. 17 | 0. 00 |
| 理学 | 生物医学工程 | 34 | 34 | 100. 00 | 8. 82 | 0. 00 |
| | 材料科学与工程 | 16 | 16 | 100. 00 | 12. 50 | 0. 00 |
| | 教育技术学 | 8 | 8 | 100. 00 | 0. 00 | 0. 00 |
| | 天文学 | 3 | 3 | 100. 00 | 33. 33 | 0. 00 |
| | 力学 | 1 | 1 | 100. 00 | 0. 00 | 0. 00 |
| | 计算机科学与技术 | 32 | 31 | 96. 88 | 6. 25 | 0. 00 |
| | 统计学 | 83 | 78 | 93. 98 | 14. 46 | 0. 00 |
| | 化学 | 669 | 628 | 93. 87 | 9. 27 | 0. 00 |
| | 数学 | 418 | 386 | 92. 34 | 9. 57 | 0. 00 |
| | 生物学 | 599 | 551 | 91. 99 | 10. 52 | 0. 17 |
| | 电子科学与技术 | 37 | 34 | 91. 89 | 2. 70 | 0. 00 |
| | 物理学 | 275 | 252 | 91. 64 | 13. 45 | 0. 36 |
| | 生态学 | 99 | 87 | 87. 88 | 8. 08 | 1. 01 |
| | 环境科学与工程 | 30 | 26 | 86. 67 | 26. 67 | 0. 00 |
| | 地质学 | 20 | 17 | 85. 00 | 20. 00 | 0. 00 |
| | 地理学 | 162 | 132 | 81. 48 | 8. 02 | 1. 23 |
| | 心理学 | 48 | 29 | 60. 42 | 6. 25 | 0. 00 |
| | 系统科学 | 5 | 3 | 60. 00 | 0. 00 | 0. 00 |
| | 大气科学 | 5 | 0 | 0. 00 | 0. 00 | 0. 00 |
| | 海洋科学 | 5 | 0 | 0. 00 | 0. 00 | 0. 00 |
| 工学 | 电气工程 | 227 | 227 | 100. 00 | 5. 73 | 0. 00 |
| | 城市规划 | 42 | 42 | 100. 00 | 2. 38 | 0. 00 |
| | 设计学 | 11 | 11 | 100. 00 | 9. 09 | 0. 00 |
| | 生物工程 | 5 | 5 | 100. 00 | 0. 00 | 0. 00 |
| | 交通运输工程 | 229 | 225 | 98. 25 | 10. 92 | 0. 00 |
| | 能源动力 | 609 | 598 | 98. 19 | 5. 42 | 0. 00 |
| | 机械 | 859 | 839 | 97. 67 | 7. 80 | 0. 00 |
| | 水利工程 | 41 | 40 | 97. 56 | 14. 63 | 0. 00 |
| | 交通运输 | 211 | 205 | 97. 16 | 6. 16 | 0. 00 |
| | 材料与化工 | 873 | 846 | 96. 91 | 10. 31 | 0. 23 |

| 学科门类 | 专业 | 毕业人数（人） | 就业人数（人） | 毕业去向落实率（%） | 国内升学率（%） | 创业率（%） |
|---|---|---|---|---|---|---|
| 工学 | 建筑学 | 126 | 122 | 96.83 | 3.17 | 0.00 |
| | 化学工程与技术 | 250 | 242 | 96.80 | 6.40 | 0.00 |
| | 风景园林学 | 30 | 29 | 96.67 | 0.00 | 0.00 |
| | 动力工程及工程热物理 | 83 | 80 | 96.39 | 9.64 | 0.00 |
| | 冶金工程 | 103 | 99 | 96.12 | 17.48 | 0.00 |
| | 土木水利 | 898 | 862 | 95.99 | 5.23 | 0.00 |
| | 机械工程 | 446 | 426 | 95.52 | 8.52 | 0.00 |
| | 农业工程 | 22 | 21 | 95.45 | 22.73 | 0.00 |
| | 土木工程 | 606 | 578 | 95.38 | 10.07 | 0.00 |
| | 环境科学与工程 | 173 | 165 | 95.38 | 12.72 | 0.00 |
| | 安全科学与工程 | 63 | 60 | 95.24 | 9.52 | 0.00 |
| | 资源与环境 | 512 | 487 | 95.12 | 12.50 | 0.00 |
| | 地质资源与地质工程 | 76 | 72 | 94.74 | 18.42 | 0.00 |
| | 矿业工程 | 133 | 125 | 93.98 | 15.79 | 0.75 |
| | 电子科学与技术 | 161 | 151 | 93.79 | 6.21 | 0.00 |
| | 材料科学与工程 | 512 | 478 | 93.36 | 11.33 | 0.00 |
| | 电子信息 | 1638 | 1518 | 92.67 | 5.37 | 0.00 |
| | 测绘科学与技术 | 88 | 81 | 92.05 | 7.95 | 0.00 |
| | 核科学与技术 | 25 | 23 | 92.00 | 20.00 | 0.00 |
| | 工程 | 110 | 101 | 91.82 | 1.82 | 1.82 |
| | 软件工程 | 103 | 93 | 90.29 | 5.83 | 0.00 |
| | 城乡规划学 | 30 | 27 | 90.00 | 3.33 | 0.00 |
| | 计算机科学与技术 | 327 | 294 | 89.91 | 7.65 | 0.31 |
| | 生物与医药 | 246 | 221 | 89.84 | 8.94 | 0.41 |
| | 力学 | 73 | 65 | 89.04 | 16.44 | 0.00 |
| | 林业工程 | 54 | 48 | 88.89 | 9.26 | 0.00 |
| | 控制科学与工程 | 245 | 216 | 88.16 | 8.16 | 0.00 |
| | 食品科学与工程 | 75 | 66 | 88.00 | 10.67 | 1.33 |
| | 信息与通信工程 | 163 | 142 | 87.12 | 9.20 | 0.00 |
| | 仪器科学与技术 | 16 | 13 | 81.25 | 6.25 | 0.00 |

| 学科门类 | 专业 | 毕业人数（人） | 就业人数（人） | 毕业去向落实率（%） | 国内升学率（%） | 创业率（%） |
|---|---|---|---|---|---|---|
| 工学 | 网络空间安全 | 12 | 9 | 75.00 | 16.67 | 0.00 |
| | 管理科学与工程 | 63 | 46 | 73.02 | 11.11 | 0.00 |
| | 航空宇航科学与技术 | 47 | 29 | 61.70 | 10.64 | 0.00 |
| | 光学工程 | 14 | 4 | 28.57 | 0.00 | 0.00 |
| 农学 | 兽医 | 3 | 3 | 100.00 | 0.00 | 0.00 |
| | 兽医学 | 48 | 46 | 95.83 | 12.50 | 0.00 |
| | 农业推广 | 430 | 402 | 93.49 | 1.40 | 1.63 |
| | 风景园林 | 115 | 107 | 93.04 | 0.00 | 0.87 |
| | 园艺学 | 89 | 80 | 89.89 | 12.36 | 1.12 |
| | 作物学 | 114 | 99 | 86.84 | 5.26 | 0.00 |
| | 林学 | 117 | 101 | 86.32 | 6.84 | 0.00 |
| | 林业 | 61 | 52 | 85.25 | 3.28 | 1.64 |
| | 水产 | 13 | 11 | 84.62 | 15.38 | 0.00 |
| | 畜牧学 | 63 | 52 | 82.54 | 4.76 | 0.00 |
| | 农业资源与环境 | 26 | 21 | 80.77 | 3.85 | 3.85 |
| | 植物保护 | 56 | 45 | 80.36 | 5.36 | 0.00 |
| | 风景园林学 | 9 | 7 | 77.78 | 0.00 | 0.00 |
| | 环境科学与工程 | 13 | 10 | 76.92 | 0.00 | 0.00 |
| | 食品科学与工程 | 2 | 1 | 50.00 | 0.00 | 0.00 |
| 医学 | 特种医学 | 2 | 2 | 100.00 | 50.00 | 0.00 |
| | 社会医学与卫生事业管理 | 1 | 1 | 100.00 | 0.00 | 0.00 |
| | 护理 | 230 | 222 | 96.52 | 2.17 | 0.00 |
| | 中药学 | 79 | 75 | 94.94 | 7.59 | 0.00 |
| | 基础医学 | 226 | 214 | 94.69 | 11.95 | 0.00 |
| | 中医学 | 147 | 139 | 94.56 | 12.24 | 0.00 |
| | 护理学 | 77 | 72 | 93.51 | 0.00 | 0.00 |
| | 药学 | 261 | 240 | 91.95 | 11.88 | 0.38 |
| | 中西医结合 | 82 | 75 | 91.46 | 12.20 | 0.00 |
| | 中医 | 582 | 532 | 91.41 | 8.42 | 0.17 |
| | 口腔医学 | 53 | 48 | 90.57 | 15.09 | 0.00 |
| | 临床医学 | 2297 | 2072 | 90.20 | 14.58 | 0.04 |
| | 公共卫生 | 104 | 90 | 86.54 | 1.92 | 0.00 |
| | 公共卫生与预防医学 | 107 | 87 | 81.31 | 3.74 | 0.00 |

| 学科门类 | 专业 | 毕业人数（人） | 就业人数（人） | 毕业去向落实率（%） | 国内升学率（%） | 创业率（%） |
|---|---|---|---|---|---|---|
| 管理学 | 农林经济管理 | 7 | 7 | 100. 00 | 0. 00 | 0. 00 |
| | 工商管理 | 1169 | 1132 | 96. 83 | 2. 57 | 0. 43 |
| | 工程管理 | 90 | 87 | 96. 67 | 3. 33 | 0. 00 |
| | 会计 | 747 | 711 | 95. 18 | 0. 27 | 0. 13 |
| | 公共管理 | 732 | 689 | 94. 13 | 2. 46 | 0. 27 |
| | 图书情报 | 147 | 136 | 92. 52 | 1. 36 | 0. 68 |
| | 管理科学与工程 | 195 | 176 | 90. 26 | 7. 18 | 0. 00 |
| | 旅游管理 | 25 | 22 | 88. 00 | 0. 00 | 4. 00 |
| | 图书情报与档案管理 | 45 | 39 | 86. 67 | 8. 89 | 2. 22 |
| 艺术学 | 艺术学理论 | 18 | 18 | 100. 00 | 0. 00 | 0. 00 |
| | 艺术 | 800 | 739 | 92. 38 | 0. 63 | 1. 00 |
| | 设计学 | 190 | 173 | 91. 05 | 2. 63 | 0. 53 |
| | 音乐与舞蹈学 | 50 | 44 | 88. 00 | 4. 00 | 0. 00 |
| | 戏剧与影视学 | 16 | 14 | 87. 50 | 6. 25 | 0. 00 |
| | 美术学 | 48 | 40 | 83. 33 | 0. 00 | 2. 08 |

# 附件三

# 就业评估指标明细

由于参评较多，受纸张排版所限，我们对明细表中各指标进行简称，简称及对应单位如附表 3-1 所示。

附表 3-1　参评指标的单位与简称

| 参评指标 | 单位 | 简称 | 参评指标 | 单位 | 简称 |
|---|---|---|---|---|---|
| 毕业去向落实率 | % | 落实率 | 工作自主性满意度 | % | 工作自主性 |
| 协议签约比例 | % | 协议率 | 薪资满意度 | % | 薪资满意度 |
| 专业相关度 | % | 相关度 | 基层就业比例 | % | 基层比 |
| 理想职业匹配度 | % | 匹配度 | 战略产业就业比例 | % | 产业比 |
| 社保提供比例 | % | 社保比 | 重点单位就业比例 | % | 重点单位比 |
| 职业发展稳定性 | % | 职业稳定性 | 高校所在地就业比例 | % | 高校就业比 |
| 所在单位稳定性 | % | 工作稳定性 | 创业比例 | % | 创业比 |
| 就业单位质量满意性 | % | 单位质量 | 升学比例 | % | 升学比 |
| 工作压力较小比例 | % | 工作压力 | 单位对毕业生的评价 | 5 分制 | 单位满意度 |

## 一、总体评估

### （一）总体评估

附表 3-2　湖南省普通高校 2023 届毕业生总体就业质量评估指标明细表

| 院校性质 | 落实率 | 协议率 | 相关度 | 匹配度 | 社保比 | 职业稳定性 | 工作稳定性 | 单位质量 |
|---|---|---|---|---|---|---|---|---|
| “双一流”高校 | 88. 82 | 55. 35 | 78. 85 | 81. 12 | 97. 78 | 93. 84 | 88. 36 | 81. 41 |
| 一本院校 | 88. 90 | 56. 49 | 74. 45 | 76. 05 | 94. 33 | 86. 91 | 83. 54 | 78. 91 |
| 二本院校 | 85. 27 | 61. 41 | 74. 90 | 76. 74 | 86. 74 | 76. 97 | 80. 74 | 80. 18 |

续表

| 院校性质 | 落实率 | 协议率 | 相关度 | 匹配度 | 社保比 | 职业稳定性 | 工作稳定性 | 单位质量 |
|---|---|---|---|---|---|---|---|---|
| 三本院校 | 78. 81 | 52. 31 | 65. 27 | 70. 55 | 88. 56 | 78. 54 | 76. 98 | 73. 94 |
| 职业本科院校 | 91. 81 | 78. 95 | 58. 47 | 68. 06 | 70. 14 | 49. 03 | 75. 00 | 76. 72 |
| 高职专科院校 | 90. 37 | 67. 01 | 64. 36 | 71. 05 | 77. 72 | 58. 23 | 80. 24 | 79. 00 |
| 总计 | 88. 62 | 62. 33 | 69. 74 | 73. 91 | 85. 01 | 71. 63 | 81. 37 | 79. 12 |

**附表 3-3　湖南省普通高校 2023 届毕业生总体就业质量评估指标明细表**

| 院校性质 | 工作自主性 | 薪资满意度 | 基层比 | 产业比 | 重点单位比 | 高校就业比 | 创业比 | 升学比 |
|---|---|---|---|---|---|---|---|---|
| “双一流”高校 | 77. 48 | 59. 14 | 1. 98 | 45. 62 | 39. 03 | 38. 11 | 0. 13 | 24. 04 |
| 一本院校 | 77. 01 | 53. 25 | 2. 61 | 46. 93 | 36. 87 | 52. 33 | 0. 37 | 15. 86 |
| 二本院校 | 79. 83 | 51. 45 | 3. 28 | 46. 64 | 23. 50 | 59. 41 | 0. 56 | 9. 49 |
| 三本院校 | 74. 07 | 46. 48 | 2. 97 | 47. 83 | 30. 23 | 54. 96 | 0. 41 | 5. 82 |
| 职业本科院校 | 77. 50 | 46. 53 | 4. 39 | 50. 97 | 16. 81 | 61. 73 | 0. 46 | 10. 03 |
| 高职专科院校 | 80. 58 | 51. 98 | 5. 83 | 48. 77 | 27. 07 | 58. 44 | 0. 54 | 8. 15 |
| 总计 | 79. 12 | 52. 26 | 4. 19 | 47. 70 | 29. 32 | 55. 74 | 0. 46 | 11. 25 |

## （二）学历评估

**附表 3-4　湖南省普通高校 2023 届毕业生分学历就业质量评估指标明细表**

| 学历层次 | 落实率 | 协议率 | 相关度 | 匹配度 | 社保比 | 职业稳定性 | 工作稳定性 | 单位质量 |
|---|---|---|---|---|---|---|---|---|
| 专科生毕业 | 90. 39 | 66. 51 | 64. 89 | 71. 28 | 77. 67 | 58. 62 | 80. 32 | 79. 05 |
| 本科生毕业 | 85. 76 | 54. 57 | 73. 51 | 75. 51 | 90. 83 | 82. 83 | 81. 47 | 78. 57 |
| 研究生毕业 | 92. 81 | 79. 03 | 79. 06 | 82. 10 | 98. 27 | 88. 96 | 88. 39 | 83. 59 |

**附表 3-5　湖南省普通高校 2023 届毕业生分学历就业质量评估指标明细表**

| 学历层次 | 工作压力 | 工作自主性 | 薪资满意度 | 基层比 | 产业比 | 重点单位比 | 高校就业比 | 创业比 | 升学比 |
|---|---|---|---|---|---|---|---|---|---|
| 专科生毕业 | 36. 20 | 80. 57 | 51. 74 | 5. 77 | 48. 55 | 26. 39 | 58. 84 | 0. 53 | 9. 01 |
| 本科生毕业 | 29. 28 | 77. 14 | 51. 84 | 2. 96 | 46. 71 | 31. 24 | 53. 08 | 0. 41 | 14. 76 |
| 研究生毕业 | 25. 71 | 82. 34 | 59. 10 | 1. 29 | 48. 41 | 37. 52 | 45. 76 | 0. 21 | 6. 78 |

## 二、科类评估

### （一）高职专科专业大类评估

附表 3-6　湖南省普通高校 2023 届毕业生高职专科专业大类就业质量评估指标明细表

| 专业大类 | 落实率 | 协议率 | 相关度 | 匹配度 | 社保比 | 职业稳定性 | 工作稳定性 | 单位质量 |
|---|---|---|---|---|---|---|---|---|
| 农、林、牧、渔大类 | 84.19 | 56.88 | 71.62 | 79.56 | 83.73 | 70.48 | 88.17 | 82.83 |
| 资源环境与安全大类 | 91.04 | 72.75 | 64.38 | 75.34 | 84.70 | 54.57 | 80.82 | 76.75 |
| 能源动力与材料大类 | 93.52 | 83.18 | 87.78 | 88.65 | 98.27 | 87.89 | 95.68 | 93.90 |
| 土木建筑大类 | 89.29 | 66.94 | 61.74 | 68.55 | 70.81 | 50.94 | 77.96 | 71.36 |
| 水利大类 | 93.71 | 82.93 | 88.89 | 88.30 | 94.74 | 92.40 | 96.49 | 94.08 |
| 装备制造大类 | 92.48 | 75.22 | 59.42 | 69.53 | 88.28 | 54.49 | 83.42 | 77.58 |
| 生物与化工大类 | 94.23 | 85.78 | 77.62 | 83.05 | 95.60 | 70.89 | 90.56 | 87.59 |
| 轻工纺织大类 | 89.58 | 67.56 | 47.56 | 70.73 | 82.93 | 50.00 | 79.27 | 72.41 |
| 食品药品与粮食大类 | 90.91 | 67.93 | 59.08 | 66.40 | 83.28 | 49.20 | 78.18 | 73.28 |
| 交通运输大类 | 92.98 | 75.24 | 64.07 | 73.88 | 90.04 | 72.47 | 87.16 | 82.17 |
| 电子信息大类 | 90.06 | 68.85 | 43.47 | 61.86 | 80.97 | 44.94 | 79.04 | 70.24 |
| 医药卫生大类 | 88.45 | 50.54 | 80.47 | 74.26 | 67.84 | 72.26 | 74.64 | 73.95 |
| 财经商贸大类 | 90.45 | 66.10 | 55.85 | 66.55 | 73.35 | 43.94 | 78.57 | 70.62 |
| 旅游大类 | 90.70 | 74.94 | 52.83 | 68.82 | 71.80 | 50.94 | 81.47 | 72.00 |
| 文化艺术大类 | 91.06 | 70.23 | 60.26 | 66.76 | 63.51 | 39.22 | 73.74 | 66.56 |
| 新闻传播大类 | 90.80 | 73.56 | 75.44 | 75.44 | 80.43 | 41.64 | 75.09 | 73.73 |
| 教育与体育大类 | 89.25 | 67.83 | 81.95 | 77.73 | 72.46 | 72.02 | 79.08 | 77.56 |
| 公安与司法大类 | 92.07 | 38.20 | 60.60 | 68.08 | 85.79 | 75.31 | 81.55 | 77.78 |
| 公共管理与服务大类 | 92.69 | 49.54 | 60.14 | 73.43 | 70.50 | 50.13 | 80.16 | 72.47 |

附表 3-7　湖南省普通高校 2023 届毕业生高职专科专业大类就业质量评估指标明细表

| 专业大类 | 工作压力 | 工作自主性 | 薪资满意度 | 基层比 | 产业比 | 重点单位比 | 高校就业比 | 创业比 | 升学比 |
|---|---|---|---|---|---|---|---|---|---|
| 农、林、牧、渔大类 | 35.67 | 86.28 | 62.06 | 7.46 | 44.75 | 18.64 | 71.26 | 0.90 | 6.73 |
| 资源环境与安全大类 | 37.67 | 82.42 | 56.39 | 6.49 | 47.49 | 31.74 | 59.67 | 0.70 | 8.55 |

续表

| 专业大类 | 工作压力 | 工作自主性 | 薪资满意度 | 基层比 | 产业比 | 重点单位比 | 高校就业比 | 创业比 | 升学比 |
|---|---|---|---|---|---|---|---|---|---|
| 能源动力与材料大类 | 26. 27 | 90. 59 | 63. 78 | 1. 85 | 55. 68 | 80. 00 | 61. 05 | 0. 33 | 8. 26 |
| 土木建筑大类 | 38. 89 | 80. 99 | 50. 74 | 7. 76 | 32. 07 | 25. 92 | 57. 40 | 0. 66 | 9. 25 |
| 水利大类 | 32. 75 | 93. 57 | 66. 67 | 4. 14 | 23. 39 | 9. 36 | 77. 79 | 0. 27 | 10. 42 |
| 装备制造大类 | 33. 77 | 80. 04 | 57. 40 | 12. 84 | 65. 96 | 47. 48 | 42. 99 | 0. 49 | 5. 85 |
| 生物与化工大类 | 27. 43 | 85. 38 | 69. 21 | 3. 02 | 68. 95 | 65. 07 | 40. 59 | 0. 10 | 2. 51 |
| 轻工纺织大类 | 48. 78 | 70. 73 | 53. 66 | 0. 00 | 65. 85 | 41. 46 | 41. 41 | 0. 60 | 7. 74 |
| 食品药品与粮食大类 | 37. 74 | 77. 39 | 47. 45 | 2. 63 | 64. 49 | 35. 03 | 67. 01 | 0. 31 | 6. 41 |
| 交通运输大类 | 32. 23 | 82. 15 | 62. 26 | 5. 97 | 44. 61 | 64. 12 | 36. 04 | 0. 34 | 4. 86 |
| 电子信息大类 | 40. 76 | 78. 95 | 51. 44 | 6. 69 | 61. 89 | 24. 43 | 53. 51 | 0. 72 | 9. 06 |
| 医药卫生大类 | 36. 57 | 79. 29 | 43. 49 | 5. 26 | 51. 36 | 14. 55 | 71. 53 | 0. 30 | 11. 76 |
| 财经商贸大类 | 43. 39 | 80. 53 | 52. 97 | 3. 60 | 50. 32 | 16. 31 | 59. 91 | 0. 74 | 10. 35 |
| 旅游大类 | 46. 88 | 83. 87 | 55. 31 | 4. 85 | 50. 29 | 24. 35 | 68. 66 | 0. 31 | 7. 74 |
| 文化艺术大类 | 43. 00 | 77. 28 | 46. 43 | 4. 26 | 40. 56 | 13. 89 | 65. 36 | 0. 61 | 12. 50 |
| 新闻传播大类 | 36. 65 | 79. 00 | 53. 02 | 3. 47 | 41. 99 | 10. 32 | 71. 69 | 0. 67 | 14. 45 |
| 教育与体育大类 | 27. 06 | 79. 88 | 43. 34 | 2. 42 | 29. 95 | 8. 79 | 78. 69 | 0. 41 | 10. 15 |
| 公安与司法大类 | 35. 66 | 81. 30 | 56. 36 | 8. 53 | 32. 17 | 11. 47 | 78. 55 | 0. 79 | 14. 87 |
| 公共管理与服务大类 | 42. 43 | 81. 31 | 50. 40 | 2. 92 | 40. 21 | 13. 99 | 66. 58 | 0. 29 | 5. 55 |

## （二）本科学科评估

**附表3-8　湖南省普通高校2023届毕业生本科学科就业质量评估指标明细表**

| 学科门类 | 落实率 | 协议率 | 相关度 | 匹配度 | 社保比 | 职业稳定性 | 工作稳定性 | 单位质量 |
|---|---|---|---|---|---|---|---|---|
| 哲学 | 82. 08 | 27. 36 | 0. 00 | 66. 67 | 66. 67 | 66. 67 | 100. 00 | 73. 33 |
| 经济学 | 83. 16 | 53. 65 | 58. 02 | 72. 10 | 93. 02 | 77. 41 | 81. 54 | 79. 29 |
| 法学 | 83. 40 | 50. 76 | 81. 87 | 82. 84 | 87. 74 | 91. 06 | 86. 71 | 86. 23 |
| 教育学 | 88. 26 | 57. 47 | 84. 87 | 78. 86 | 83. 15 | 84. 53 | 80. 35 | 81. 79 |
| 文学 | 83. 63 | 54. 98 | 77. 75 | 75. 43 | 86. 25 | 80. 14 | 76. 75 | 78. 96 |
| 历史学 | 87. 94 | 66. 02 | 94. 42 | 87. 36 | 95. 17 | 95. 54 | 87. 73 | 90. 78 |

续表

| 学科门类 | 落实率 | 协议率 | 相关度 | 匹配度 | 社保比 | 职业稳定性 | 工作稳定性 | 单位质量 |
|---|---|---|---|---|---|---|---|---|
| 理学 | 88.86 | 56.89 | 85.00 | 81.88 | 93.67 | 91.96 | 86.38 | 87.71 |
| 工学 | 87.59 | 56.79 | 70.19 | 73.38 | 96.50 | 85.50 | 83.02 | 83.25 |
| 农学 | 86.78 | 35.20 | 58.82 | 69.45 | 89.94 | 78.94 | 81.02 | 78.45 |
| 医学 | 84.79 | 44.59 | 90.98 | 81.22 | 89.10 | 89.42 | 82.24 | 85.39 |
| 管理学 | 83.82 | 58.06 | 63.77 | 71.94 | 91.73 | 76.42 | 80.42 | 79.25 |
| 艺术学 | 84.61 | 52.37 | 66.12 | 74.73 | 79.62 | 71.71 | 77.54 | 75.60 |

**附表 3-9　湖南省普通高校 2023 届毕业生本科学科就业质量评估指标明细表**

| 学科门类 | 工作压力 | 工作自主性 | 薪资满意度 | 基层比 | 产业比 | 重点单位比 | 高校就业比 | 创业比 | 升学比 |
|---|---|---|---|---|---|---|---|---|---|
| 哲学 | 33.33 | 66.67 | 0.00 | 33.33 | 0.00 | 33.33 | 68.97 | 0.00 | 33.02 |
| 经济学 | 29.81 | 78.09 | 55.12 | 3.60 | 53.27 | 39.88 | 50.44 | 0.43 | 11.09 |
| 法学 | 25.97 | 82.07 | 58.19 | 3.83 | 29.85 | 11.30 | 72.07 | 0.29 | 12.26 |
| 教育学 | 24.58 | 77.89 | 49.42 | 4.58 | 26.30 | 7.25 | 72.12 | 0.76 | 8.56 |
| 文学 | 25.73 | 73.93 | 49.70 | 2.55 | 32.26 | 13.92 | 59.91 | 0.28 | 9.69 |
| 历史学 | 17.84 | 72.86 | 47.58 | 3.91 | 16.73 | 2.23 | 84.87 | 0.00 | 16.08 |
| 理学 | 22.31 | 76.61 | 52.85 | 2.52 | 34.83 | 13.92 | 72.86 | 0.15 | 19.98 |
| 工学 | 29.74 | 76.42 | 54.40 | 2.53 | 61.89 | 54.13 | 40.41 | 0.36 | 19.52 |
| 农学 | 40.61 | 79.32 | 50.09 | 4.28 | 46.49 | 27.13 | 59.90 | 0.38 | 38.58 |
| 医学 | 27.72 | 79.92 | 44.91 | 2.56 | 53.42 | 12.11 | 62.19 | 0.08 | 21.59 |
| 管理学 | 33.00 | 77.50 | 52.34 | 2.78 | 48.68 | 39.19 | 53.09 | 0.64 | 8.51 |
| 艺术学 | 37.68 | 78.95 | 48.40 | 4.43 | 35.10 | 17.08 | 52.96 | 0.84 | 5.08 |

## （二）研究生学科评估

**附表 3-10　湖南省普通高校 2023 届毕业生研究生学科就业质量评估指标明细表**

| 学科门类 | 落实率 | 协议率 | 相关度 | 匹配度 | 社保比 | 职业稳定性 | 工作稳定性 | 单位质量 |
|---|---|---|---|---|---|---|---|---|
| 哲学 | 83.68 | 61.51 | 80.00 | 94.00 | 96.00 | 82.00 | 94.00 | 91.40 |
| 经济学 | 95.28 | 88.03 | 73.48 | 79.57 | 99.28 | 93.91 | 88.17 | 87.97 |

续表

| 学科门类 | 落实率 | 协议率 | 相关度 | 匹配度 | 社保比 | 职业稳定性 | 工作稳定性 | 单位质量 |
|---|---|---|---|---|---|---|---|---|
| 法学 | 91.00 | 76.94 | 82.99 | 81.74 | 96.06 | 92.95 | 90.46 | 89.99 |
| 教育学 | 92.48 | 80.08 | 91.26 | 86.06 | 97.58 | 83.64 | 90.52 | 91.19 |
| 文学 | 91.42 | 77.64 | 76.07 | 83.13 | 96.93 | 88.04 | 90.49 | 88.88 |
| 历史学 | 86.56 | 72.04 | 86.89 | 83.61 | 98.36 | 90.16 | 93.44 | 92.46 |
| 理学 | 90.86 | 74.85 | 77.64 | 78.37 | 98.08 | 89.42 | 83.17 | 85.43 |
| 工学 | 94.37 | 82.62 | 74.30 | 80.68 | 99.29 | 92.74 | 86.11 | 87.06 |
| 农学 | 89.47 | 69.46 | 68.17 | 79.91 | 98.19 | 81.94 | 88.94 | 86.47 |
| 医学 | 91.08 | 72.03 | 94.87 | 82.85 | 98.13 | 91.25 | 91.72 | 92.77 |
| 管理学 | 95.00 | 87.77 | 74.86 | 86.14 | 99.45 | 74.68 | 92.61 | 89.49 |
| 艺术学 | 91.62 | 62.57 | 74.76 | 85.92 | 92.72 | 87.86 | 83.01 | 84.30 |

**附表 3-11　湖南省普通高校 2023 届毕业生研究生学科就业质量评估指标明细表**

| 学科门类 | 工作压力 | 工作自主性 | 薪资满意度 | 基层比 | 产业比 | 重点单位比 | 高校就业比 | 创业比 | 升学比 |
|---|---|---|---|---|---|---|---|---|---|
| 哲学 | 26.00 | 78.00 | 68.00 | 2.04 | 6.00 | 6.00 | 51.02 | 0.42 | 15.06 |
| 经济学 | 29.39 | 84.59 | 61.65 | 2.52 | 51.97 | 49.82 | 39.58 | 0.07 | 5.52 |
| 法学 | 25.93 | 83.20 | 57.47 | 0.87 | 28.01 | 21.16 | 50.07 | 0.21 | 4.71 |
| 教育学 | 21.19 | 80.86 | 55.95 | 1.34 | 15.06 | 4.65 | 56.46 | 0.27 | 1.39 |
| 文学 | 27.30 | 79.45 | 62.58 | 2.24 | 25.15 | 21.47 | 42.72 | 0.25 | 3.43 |
| 历史学 | 11.48 | 78.69 | 60.66 | 0.00 | 3.28 | 3.28 | 30.60 | 0.00 | 8.06 |
| 理学 | 25.24 | 78.13 | 55.05 | 1.72 | 47.36 | 22.36 | 39.26 | 0.20 | 10.16 |
| 工学 | 27.41 | 82.69 | 60.28 | 1.18 | 65.79 | 67.83 | 36.93 | 0.08 | 8.20 |
| 农学 | 24.15 | 86.46 | 60.50 | 1.93 | 44.92 | 25.73 | 51.18 | 0.95 | 4.14 |
| 医学 | 20.42 | 80.05 | 54.14 | 0.12 | 59.39 | 5.83 | 59.28 | 0.07 | 11.68 |
| 管理学 | 27.17 | 84.66 | 62.11 | 2.12 | 36.78 | 37.89 | 57.99 | 0.35 | 2.31 |
| 艺术学 | 36.41 | 86.89 | 63.59 | 1.00 | 31.07 | 22.33 | 42.74 | 0.89 | 1.16 |

## 三、专业评估

### （一）专科专业

附表 3-12 湖南省普通高校 2023 届专科毕业生分专业就业质量评估指标明细表

| 专业代码 | 专业 | 落实率 | 协议率 | 相关度 | 匹配度 | 社保比 | 职业稳定性 | 单位质量 | 工作稳定性 | 工作压力 | 工作自主性 | 薪资满意度 | 基层比 | 产业比 | 重点单位比 | 高校就业比 | 创业比 | 升学比 |
|---|---|---|---|---|---|---|---|---|---|---|---|---|---|---|---|---|---|---|
| 620803 | 中医养生保健 | 95.00 | 73.18 | 100.00 | 100.00 | 100.00 | 50.00 | 100.00 | 90.00 | 50.00 | 100.00 | 100.00 | 0.00 | 0.00 | 0.00 | 66.46 | 0.00 | 4.55 |
| 100501 | 中医学 | 89.75 | 58.50 | 87.13 | 79.78 | 66.18 | 80.15 | 82.35 | 78.63 | 33.09 | 80.88 | 44.85 | 9.35 | 52.94 | 9.93 | 85.57 | 0.12 | 10.62 |
| 620503 | 中医康复技术 | 85.71 | 36.07 | 63.77 | 71.01 | 57.97 | 66.67 | 75.36 | 84.17 | 49.28 | 85.51 | 50.72 | 3.70 | 46.38 | 13.04 | 67.33 | 0.71 | 9.29 |
| 620104 | 中医骨伤 | 90.09 | 63.96 | 90.00 | 75.00 | 52.50 | 75.00 | 62.50 | 69.31 | 32.50 | 72.50 | 40.00 | 5.88 | 45.00 | 2.50 | 71.83 | 0.00 | 9.91 |
| 630607 | 中小企业创业与经营 | 79.07 | 65.12 | 50.00 | 68.18 | 68.18 | 50.00 | 81.82 | 88.41 | 40.91 | 90.91 | 72.73 | 5.00 | 45.45 | 22.73 | 50.00 | 0.00 | 6.98 |
| 100801 | 中药学 | 88.49 | 61.88 | 71.76 | 64.35 | 85.19 | 55.56 | 75.93 | 74.70 | 35.19 | 78.70 | 38.89 | 4.84 | 65.74 | 36.57 | 72.80 | 0.06 | 6.12 |
| 640204 | 中西面点工艺 | 91.25 | 88.75 | 53.13 | 75.00 | 46.88 | 50.00 | 87.50 | 88.44 | 62.50 | 93.75 | 71.88 | 3.33 | 21.88 | 31.25 | 47.89 | 0.00 | 1.25 |
| 100201 | 临床医学 | 87.23 | 59.76 | 91.40 | 81.65 | 56.31 | 85.55 | 79.59 | 81.17 | 25.92 | 80.73 | 43.46 | 8.83 | 49.43 | 10.55 | 76.77 | 0.32 | 4.17 |
| 610213 | 云计算技术与应用 | 91.65 | 74.27 | 41.03 | 56.41 | 66.67 | 48.72 | 69.23 | 71.80 | 43.59 | 69.23 | 48.72 | 8.82 | 51.28 | 15.38 | 56.23 | 0.00 | 6.77 |
| 020309 | 互联网金融 | 86.00 | 70.00 | 25.71 | 48.57 | 77.14 | 34.29 | 74.29 | 73.36 | 48.57 | 68.57 | 51.43 | 9.09 | 42.86 | 31.43 | 66.67 | 0.00 | 7.33 |
| 600207 | 交通运营管理 | 91.49 | 58.51 | 7.14 | 42.86 | 78.57 | 57.14 | 78.57 | 56.96 | 42.86 | 85.71 | 28.57 | 0.00 | 42.86 | 7.14 | 72.73 | 0.00 | 6.38 |
| 650105 | 产品艺术设计 | 95.24 | 68.40 | 35.00 | 52.50 | 70.00 | 40.00 | 65.00 | 63.00 | 40.00 | 62.50 | 35.00 | 2.63 | 52.50 | 15.00 | 58.23 | 0.43 | 20.78 |
| 120206 | 人力资源管理 | 91.23 | 73.60 | 48.21 | 64.10 | 72.82 | 38.97 | 74.87 | 72.33 | 52.31 | 78.46 | 50.77 | 2.81 | 45.64 | 18.97 | 67.81 | 0.72 | 8.86 |
| 610217 | 人工智能技术服务 | 88.37 | 65.12 | 17.11 | 47.37 | 81.58 | 50.00 | 77.63 | 72.93 | 39.47 | 72.37 | 55.26 | 14.29 | 53.95 | 26.32 | 66.79 | 1.16 | 10.47 |
| 650122 | 人物形象设计 | 93.65 | 85.19 | 33.33 | 57.14 | 61.90 | 47.62 | 66.67 | 81.43 | 28.57 | 71.43 | 47.62 | 10.53 | 42.86 | 19.05 | 82.61 | 0.00 | 8.47 |
| 510105 | 休闲农业 | 85.29 | 23.53 | 75.00 | 75.00 | 100.00 | 50.00 | 100.00 | 100.00 | 50.00 | 100.00 | 100.00 | 0.00 | 50.00 | 50.00 | 50.00 | 0.00 | 17.65 |
| 640106 | 休闲服务与管理 | 92.75 | 86.96 | 51.56 | 65.63 | 68.75 | 57.81 | 82.81 | 80.08 | 45.31 | 84.38 | 60.94 | 4.76 | 56.25 | 15.63 | 65.56 | 0.00 | 5.31 |

续表

| 专业代码 | 专业 | 落实率 | 协议率 | 相关度 | 匹配度 | 社保比 | 职业稳定性 | 单位质量 | 工作稳定性 | 工作压力 | 工作自主性 | 薪资满意度 | 基层比 | 产业比 | 重点单位比 | 高校就业比 | 创业比 | 升学比 |
|---|---|---|---|---|---|---|---|---|---|---|---|---|---|---|---|---|---|---|
| 640301 | 会展策划与管理 | 94. 82 | 84. 46 | 33. 33 | 62. 22 | 71. 11 | 28. 89 | 77. 78 | 73. 45 | 37. 78 | 82. 22 | 40. 00 | 4. 55 | 68. 89 | 13. 33 | 70. 55 | 0. 52 | 8. 81 |
| 630302 | 会计 | 89. 43 | 64. 48 | 56. 99 | 65. 09 | 70. 92 | 48. 00 | 78. 49 | 76. 36 | 46. 20 | 79. 50 | 50. 29 | 2. 48 | 50. 49 | 12. 90 | 59. 78 | 0. 31 | 12. 20 |
| 630304 | 会计信息管理 | 92. 33 | 79. 87 | 59. 84 | 65. 35 | 72. 44 | 51. 97 | 80. 31 | 73. 62 | 55. 91 | 77. 95 | 37. 80 | 1. 65 | 61. 42 | 8. 66 | 44. 40 | 0. 00 | 11. 18 |
| 660214 | 传播与策划 | 96. 56 | 83. 85 | 73. 53 | 64. 71 | 86. 76 | 39. 71 | 75. 00 | 70. 22 | 29. 41 | 76. 47 | 48. 53 | 1. 56 | 38. 24 | 10. 29 | 68. 44 | 0. 69 | 11. 34 |
| 670409 | 体育保健与康复 | 91. 67 | 82. 14 | 76. 47 | 94. 12 | 47. 06 | 52. 94 | 82. 35 | 93. 68 | 41. 18 | 100. 00 | 52. 94 | 0. 00 | 47. 06 | 17. 65 | 68. 12 | 0. 00 | 9. 52 |
| 040201 | 体育教育 | 80. 49 | 55. 02 | 79. 55 | 82. 95 | 53. 41 | 55. 68 | 76. 14 | 82. 21 | 32. 95 | 86. 36 | 47. 73 | 5. 81 | 25. 00 | 4. 55 | 72. 75 | 0. 15 | 19. 51 |
| 670408 | 体育运营与管理 | 90. 11 | 69. 23 | 50. 00 | 66. 67 | 61. 11 | 61. 11 | 72. 22 | 88. 33 | 50. 00 | 77. 78 | 50. 00 | 0. 00 | 27. 78 | 11. 11 | 71. 43 | 1. 10 | 18. 68 |
| 540402 | 供热通风与空调工程技术 | 97. 64 | 88. 19 | 68. 42 | 78. 95 | 84. 21 | 47. 37 | 89. 47 | 88. 42 | 36. 84 | 94. 74 | 94. 74 | 11. 76 | 63. 16 | 42. 11 | 59. 82 | 0. 79 | 3. 94 |
| 530102 | 供用电技术 | 95. 31 | 91. 88 | 94. 04 | 91. 28 | 99. 08 | 90. 83 | 96. 33 | 91. 65 | 22. 94 | 90. 37 | 67. 43 | 0. 47 | 49. 54 | 85. 32 | 86. 73 | 0. 31 | 3. 13 |
| 025500 | 保险 | 91. 87 | 41. 13 | 83. 05 | 79. 66 | 91. 53 | 74. 58 | 93. 22 | 90. 89 | 23. 73 | 89. 83 | 57. 63 | 2. 00 | 55. 93 | 55. 93 | 37. 13 | 0. 49 | 16. 50 |
| 610211 | 信息安全与管理 | 92. 93 | 78. 53 | 31. 82 | 51. 14 | 78. 41 | 45. 45 | 71. 59 | 72. 64 | 46. 59 | 72. 73 | 44. 32 | 6. 98 | 60. 23 | 28. 41 | 65. 40 | 1. 36 | 6. 25 |
| 620801 | 健康管理 | 78. 99 | 53. 31 | 35. 29 | 44. 12 | 67. 65 | 50. 00 | 69. 12 | 69. 34 | 36. 76 | 82. 35 | 42. 65 | 6. 90 | 47. 06 | 25. 00 | 43. 80 | 0. 39 | 1. 56 |
| 670410 | 健身指导与管理 | 85. 06 | 75. 86 | 65. 71 | 80. 00 | 71. 43 | 45. 71 | 74. 29 | 81. 36 | 28. 57 | 85. 71 | 60. 00 | 3. 13 | 31. 43 | 17. 14 | 67. 42 | 1. 15 | 6. 90 |
| 530505 | 储能材料技术 | 91. 67 | 88. 64 | 100. 00 | 80. 00 | 80. 00 | 80. 00 | 100. 00 | 96. 00 | 40. 00 | 100. 00 | 100. 00 | 0. 00 | 100. 00 | 80. 00 | 24. 79 | 0. 00 | 3. 03 |
| 530304 | 光伏发电技术与应用 | 98. 53 | 78. 68 | 63. 64 | 50. 00 | 100. 00 | 68. 18 | 77. 27 | 69. 21 | 31. 82 | 77. 27 | 50. 00 | 8. 70 | 86. 36 | 59. 09 | 26. 17 | 0. 00 | 16. 91 |
| 530605 | 光伏材料制备技术 | 93. 62 | 70. 74 | 50. 00 | 100. 00 | 83. 33 | 16. 67 | 100. 00 | 97. 50 | 66. 67 | 66. 67 | 83. 33 | 0. 00 | 100. 00 | 33. 33 | 51. 13 | 0. 53 | 15. 96 |
| 610306 | 光通信技术 | 93. 28 | 78. 36 | 66. 67 | 94. 44 | 97. 22 | 41. 67 | 97. 22 | 94. 09 | 33. 33 | 94. 44 | 72. 22 | 5. 41 | 83. 33 | 55. 56 | 80. 00 | 1. 49 | 11. 94 |
| 690205 | 公共事务管理 | 84. 78 | 36. 96 | 33. 33 | 45. 83 | 70. 83 | 58. 33 | 75. 00 | 69. 58 | 45. 83 | 83. 33 | 54. 17 | 0. 00 | 41. 67 | 16. 67 | 47. 06 | 0. 00 | 22. 83 |
| 560116 | 内燃机制造与维修 | 97. 83 | 73. 91 | 44. 44 | 50. 00 | 94. 44 | 55. 56 | 77. 78 | 75. 28 | 11. 11 | 72. 22 | 55. 56 | 0. 00 | 72. 22 | 66. 67 | 38. 24 | 0. 00 | 6. 52 |
| 510117 | 农业装备应用技术 | 96. 71 | 90. 13 | 74. 07 | 88. 89 | 96. 30 | 74. 07 | 92. 59 | 86. 48 | 31. 48 | 88. 89 | 68. 52 | 9. 62 | 46. 30 | 14. 81 | 89. 78 | 0. 66 | 1. 97 |

续表

| 专业代码 | 专业 | 落实率 | 协议率 | 相关度 | 匹配度 | 社保比 | 职业稳定性 | 单位质量 | 工作稳定性 | 工作压力 | 工作自主性 | 薪资满意度 | 基层比 | 产业比 | 重点单位比 | 高校就业比 | 创业比 | 升学比 |
|---|---|---|---|---|---|---|---|---|---|---|---|---|---|---|---|---|---|---|
| 510119 | 农村经营管理 | 92. 79 | 73. 67 | 81. 82 | 75. 00 | 20. 45 | 79. 55 | 72. 73 | 80. 23 | 18. 18 | 79. 55 | 20. 45 | 2. 33 | 22. 73 | 6. 82 | 96. 60 | 2. 82 | 0. 63 |
| 630906 | 冷链物流技术与管理 | 87. 32 | 70. 42 | 43. 75 | 65. 63 | 87. 50 | 65. 63 | 75. 00 | 74. 14 | 28. 13 | 78. 13 | 62. 50 | 3. 33 | 40. 63 | 28. 13 | 52. 00 | 0. 00 | 5. 63 |
| 530112 | 分布式发电与微电网技术 | 95. 65 | 80. 43 | 92. 11 | 81. 58 | 100. 00 | 94. 74 | 97. 37 | 89. 61 | 23. 68 | 89. 47 | 60. 53 | 2. 56 | 57. 89 | 86. 84 | 55. 41 | 0. 00 | 14. 13 |
| 680701 | 刑事侦查技术 | 97. 96 | 76. 53 | 83. 93 | 91. 07 | 94. 64 | 96. 43 | 94. 64 | 90. 71 | 19. 64 | 85. 71 | 71. 43 | 3. 70 | 26. 79 | 8. 93 | 93. 33 | 0. 00 | 4. 08 |
| 680601 | 刑事执行 | 97. 01 | 73. 13 | 78. 82 | 80. 00 | 97. 65 | 89. 41 | 91. 76 | 84. 83 | 18. 82 | 83. 53 | 60. 00 | 7. 41 | 18. 82 | 7. 06 | 96. 94 | 0. 00 | 1. 49 |
| 560205 | 制冷与空调技术 | 88. 73 | 78. 87 | 47. 62 | 66. 67 | 90. 48 | 61. 90 | 80. 95 | 76. 67 | 14. 29 | 76. 19 | 42. 86 | 9. 52 | 57. 14 | 80. 95 | 35. 71 | 0. 00 | 5. 63 |
| 650116 | 刺绣设计与工艺 | 95. 65 | 93. 48 | 33. 33 | 66. 67 | 100. 00 | 66. 67 | 100. 00 | 100. 00 | 66. 67 | 100. 00 | 100. 00 | 33. 33 | 33. 33 | 0. 00 | 61. 63 | 0. 00 | 2. 17 |
| 610207 | 动漫制作技术 | 86. 42 | 70. 97 | 59. 81 | 62. 62 | 65. 42 | 32. 71 | 76. 64 | 77. 55 | 43. 93 | 77. 57 | 49. 53 | 6. 00 | 53. 27 | 16. 82 | 74. 05 | 0. 27 | 6. 59 |
| 650120 | 动漫设计 | 91. 16 | 79. 60 | 62. 86 | 68. 57 | 77. 14 | 45. 71 | 82. 86 | 72. 43 | 40. 00 | 74. 29 | 40. 00 | 6. 06 | 80. 00 | 22. 86 | 59. 86 | 0. 00 | 5. 96 |
| 090401 | 动物医学 | 85. 47 | 48. 90 | 73. 20 | 72. 68 | 79. 90 | 49. 48 | 81. 96 | 78. 09 | 35. 57 | 76. 80 | 60. 31 | 4. 49 | 57. 22 | 29. 38 | 71. 72 | 1. 50 | 6. 11 |
| 090402 | 动物药学 | 90. 30 | 64. 18 | 50. 00 | 100. 00 | 50. 00 | 100. 00 | 50. 00 | 100. 00 | 50. 00 | 100. 00 | 50. 00 | 0. 00 | 50. 00 | 0. 00 | 61. 63 | 1. 49 | 15. 67 |
| 510304 | 动物防疫与检疫 | 72. 15 | 48. 10 | 12. 50 | 37. 50 | 75. 00 | 62. 50 | 62. 50 | 65. 31 | 12. 50 | 87. 50 | 37. 50 | 20. 00 | 50. 00 | 37. 50 | 84. 21 | 0. 00 | 11. 39 |
| 600113 | 动车组检修技术 | 94. 25 | 76. 69 | 60. 00 | 66. 94 | 99. 59 | 82. 04 | 91. 02 | 81. 59 | 33. 06 | 80. 41 | 56. 33 | 2. 93 | 44. 90 | 82. 04 | 31. 32 | 0. 30 | 3. 53 |
| 620202 | 助产 | 91. 40 | 37. 90 | 71. 98 | 63. 74 | 65. 38 | 70. 88 | 57. 14 | 71. 58 | 35. 16 | 68. 68 | 39. 01 | 2. 86 | 46. 70 | 15. 93 | 75. 71 | 0. 47 | 14. 25 |
| 120403 | 劳动与社会保障 | 92. 52 | 67. 29 | 50. 00 | 75. 00 | 85. 71 | 17. 86 | 82. 14 | 85. 81 | 39. 29 | 85. 71 | 57. 14 | 3. 85 | 25. 00 | 14. 29 | 75. 00 | 0. 93 | 11. 21 |
| 580202 | 包装策划与设计 | 100. 00 | 57. 14 | 25. 00 | 50. 00 | 75. 00 | 0. 00 | 25. 00 | 75. 00 | 50. 00 | 75. 00 | 50. 00 | 0. 00 | 50. 00 | 0. 00 | 68. 75 | 0. 00 | 42. 86 |
| 580106 | 化妆品技术 | 88. 02 | 64. 06 | 50. 00 | 72. 97 | 82. 43 | 51. 35 | 81. 08 | 69. 73 | 50. 00 | 70. 27 | 54. 05 | 0. 00 | 66. 22 | 43. 24 | 28. 46 | 0. 00 | 3. 65 |
| 590304 | 化妆品经营与管理 | 78. 90 | 56. 88 | 51. 02 | 60. 20 | 68. 37 | 41. 84 | 72. 45 | 78. 65 | 39. 80 | 80. 61 | 45. 92 | 2. 30 | 52. 04 | 14. 29 | 54. 03 | 0. 00 | 5. 96 |
| 570208 | 化工装备技术 | 96. 87 | 85. 39 | 44. 23 | 58. 65 | 90. 38 | 45. 19 | 82. 69 | 77. 48 | 40. 38 | 74. 04 | 56. 73 | 2. 04 | 65. 38 | 47. 12 | 19. 07 | 0. 42 | 0. 84 |
| 101003 | 医学影像技术 | 91. 01 | 41. 43 | 76. 99 | 70. 80 | 68. 14 | 74. 34 | 69. 91 | 68. 72 | 49. 56 | 76. 99 | 49. 56 | 5. 10 | 35. 40 | 7. 08 | 66. 57 | 0. 24 | 21. 02 |

续表

| 专业代码 | 专业 | 落实率 | 协议率 | 相关度 | 匹配度 | 社保比 | 职业稳定性 | 单位质量 | 工作稳定性 | 工作压力 | 工作自主性 | 薪资满意度 | 基层比 | 产业比 | 重点单位比 | 高校就业比 | 创业比 | 升学比 |
|---|---|---|---|---|---|---|---|---|---|---|---|---|---|---|---|---|---|---|
| 101001 | 医学检验技术 | 88.51 | 51.23 | 79.08 | 77.55 | 73.98 | 85.71 | 80.61 | 82.38 | 52.04 | 87.24 | 45.41 | 5.56 | 47.45 | 10.20 | 75.81 | 0.64 | 14.21 |
| 620404 | 医学美容技术 | 92.94 | 67.78 | 68.42 | 75.26 | 73.68 | 41.05 | 73.68 | 81.47 | 35.26 | 77.89 | 47.37 | 4.60 | 42.63 | 7.37 | 52.46 | 0.39 | 2.18 |
| 580304 | 印刷媒体技术 | 88.00 | 76.00 | 0.00 | 100.00 | 100.00 | 0.00 | 100.00 | 42.50 | 0.00 | 100.00 | 100.00 | 0.00 | 100.00 | 100.00 | 43.86 | 2.67 | 6.67 |
| 530101 | 发电厂及电力系统 | 90.51 | 84.18 | 84.09 | 87.50 | 98.86 | 84.09 | 93.18 | 88.98 | 25.00 | 93.18 | 73.86 | 1.14 | 56.82 | 80.68 | 57.14 | 0.00 | 6.33 |
| 100301 | 口腔医学 | 88.40 | 45.31 | 98.19 | 85.92 | 51.99 | 66.06 | 75.09 | 75.36 | 35.74 | 76.53 | 51.26 | 3.62 | 52.71 | 5.78 | 71.94 | 0.17 | 5.48 |
| 620405 | 口腔医学技术 | 90.63 | 71.56 | 85.71 | 82.14 | 92.86 | 78.57 | 92.86 | 83.66 | 32.14 | 75.00 | 46.43 | 0.00 | 64.29 | 25.00 | 53.71 | 0.00 | 3.75 |
| 680705 | 司法信息安全 | 87.65 | 62.96 | 46.67 | 64.44 | 88.89 | 80.00 | 82.22 | 77.94 | 20.00 | 80.00 | 57.78 | 4.76 | 37.78 | 8.89 | 92.16 | 0.00 | 3.70 |
| 680604 | 司法警务 | 85.04 | 39.42 | 59.72 | 56.94 | 83.33 | 70.83 | 76.39 | 77.19 | 56.94 | 77.78 | 44.44 | 9.86 | 30.56 | 11.11 | 59.26 | 0.00 | 18.98 |
| 680704 | 司法鉴定技术 | 90.45 | 49.04 | 32.14 | 64.29 | 82.14 | 53.57 | 82.14 | 89.73 | 64.29 | 92.86 | 64.29 | 18.18 | 57.14 | 14.29 | 74.03 | 3.18 | 14.65 |
| 630804 | 商务数据分析与应用 | 95.65 | 81.52 | 48.15 | 55.56 | 74.07 | 55.56 | 74.07 | 68.70 | 37.04 | 74.07 | 51.85 | 4.17 | 59.26 | 18.52 | 60.00 | 1.09 | 10.87 |
| 670205 | 商务日语 | 96.93 | 74.23 | 78.95 | 81.58 | 84.21 | 50.00 | 86.84 | 77.50 | 44.74 | 86.84 | 57.89 | 2.70 | 55.26 | 10.53 | 45.45 | 7.98 | 13.50 |
| 630602 | 商务管理 | 92.90 | 76.13 | 39.13 | 59.42 | 86.96 | 42.03 | 81.16 | 74.67 | 43.48 | 81.16 | 46.38 | 5.63 | 66.67 | 18.84 | 63.98 | 1.29 | 6.77 |
| 050262 | 商务英语 | 90.36 | 61.05 | 60.64 | 71.58 | 78.83 | 44.23 | 77.05 | 79.13 | 36.98 | 81.09 | 47.92 | 1.07 | 46.37 | 15.46 | 56.67 | 0.31 | 20.34 |
| 540106 | 园林工程技术 | 77.30 | 55.67 | 35.71 | 35.71 | 78.57 | 50.00 | 71.43 | 70.18 | 42.86 | 78.57 | 35.71 | 13.33 | 42.86 | 28.57 | 61.15 | 0.35 | 10.64 |
| 510202 | 园林技术 | 79.86 | 48.59 | 42.20 | 57.80 | 66.06 | 40.37 | 75.23 | 73.90 | 46.79 | 73.39 | 53.21 | 6.38 | 44.04 | 22.02 | 51.65 | 0.76 | 13.20 |
| 510107 | 园艺技术 | 88.56 | 70.26 | 68.29 | 75.61 | 92.68 | 87.80 | 87.80 | 87.62 | 31.71 | 90.24 | 53.66 | 10.00 | 39.02 | 9.76 | 81.86 | 1.63 | 8.50 |
| 520311 | 国土测绘与规划 | 91.95 | 75.84 | 78.95 | 92.11 | 78.95 | 57.89 | 84.21 | 90.73 | 28.95 | 94.74 | 55.26 | 11.43 | 39.47 | 18.42 | 81.42 | 1.34 | 11.41 |
| 120205 | 国际商务 | 92.52 | 65.05 | 57.14 | 75.24 | 68.57 | 39.05 | 87.62 | 82.79 | 44.76 | 89.52 | 63.81 | 3.16 | 48.57 | 13.33 | 47.41 | 1.31 | 10.65 |
| 650208 | 国际标准舞 | 91.41 | 84.05 | 75.76 | 84.85 | 45.45 | 39.39 | 66.67 | 82.58 | 60.61 | 84.85 | 42.42 | 6.67 | 12.12 | 3.03 | 86.13 | 0.00 | 6.75 |
| 020401 | 国际经济与贸易 | 90.73 | 64.64 | 49.21 | 72.22 | 83.33 | 38.89 | 76.19 | 83.00 | 38.89 | 84.92 | 60.32 | 7.32 | 46.83 | 19.84 | 52.87 | 1.19 | 18.81 |

续表

| 专业代码 | 专业 | 落实率 | 协议率 | 相关度 | 匹配度 | 社保比 | 职业稳定性 | 单位质量 | 工作稳定性 | 工作压力 | 工作自主性 | 薪资满意度 | 基层比 | 产业比 | 重点单位比 | 高校就业比 | 创业比 | 升学比 |
|---|---|---|---|---|---|---|---|---|---|---|---|---|---|---|---|---|---|---|
| 630501 | 国际贸易实务 | 86.11 | 52.78 | 45.16 | 54.84 | 67.74 | 35.48 | 70.97 | 73.47 | 58.06 | 74.19 | 38.71 | 0.00 | 67.74 | 9.68 | 52.63 | 0.93 | 12.04 |
| 540303 | 土木工程检测技术 | 92.91 | 76.38 | 57.14 | 57.14 | 85.71 | 42.86 | 85.71 | 65.72 | 42.86 | 100.00 | 35.71 | 17.65 | 50.00 | 7.14 | 73.20 | 0.00 | 7.87 |
| 540302 | 地下与隧道工程技术 | 90.91 | 82.95 | 74.51 | 80.39 | 90.20 | 76.47 | 88.24 | 91.23 | 31.37 | 92.16 | 64.71 | 5.88 | 19.61 | 68.63 | 34.25 | 0.00 | 4.55 |
| 520102 | 地质调查与矿产普查 | 87.50 | 77.50 | 68.75 | 68.75 | 81.25 | 56.25 | 100.00 | 78.28 | 18.75 | 75.00 | 62.50 | 6.25 | 31.25 | 12.50 | 66.13 | 0.00 | 10.00 |
| 600604 | 城市轨道交通供配电技术 | 91.92 | 84.85 | 68.75 | 65.63 | 93.75 | 75.00 | 75.00 | 81.02 | 34.38 | 81.25 | 50.00 | 0.00 | 56.25 | 71.88 | 36.90 | 1.01 | 6.06 |
| 600605 | 城市轨道交通工程技术 | 95.71 | 71.78 | 84.44 | 80.00 | 75.56 | 62.22 | 82.22 | 74.95 | 31.11 | 75.56 | 62.22 | 2.56 | 22.22 | 62.22 | 27.35 | 0.31 | 8.59 |
| 600602 | 城市轨道交通机电技术 | 89.96 | 71.65 | 51.02 | 60.20 | 90.82 | 79.59 | 82.65 | 75.74 | 27.55 | 76.53 | 50.00 | 5.10 | 55.10 | 71.43 | 38.01 | 0.45 | 5.80 |
| 600601 | 城市轨道交通车辆技术 | 91.61 | 76.17 | 68.94 | 74.89 | 97.87 | 89.36 | 93.62 | 82.33 | 26.81 | 82.98 | 60.85 | 3.02 | 42.13 | 80.00 | 25.99 | 1.34 | 3.69 |
| 600606 | 城市轨道交通运营管理 | 93.07 | 79.90 | 63.24 | 74.05 | 89.19 | 75.68 | 84.86 | 83.52 | 33.51 | 81.62 | 57.30 | 2.30 | 45.95 | 59.46 | 42.26 | 0.20 | 4.55 |
| 600603 | 城市轨道交通通信信号技术 | 95.66 | 73.12 | 83.12 | 80.52 | 97.40 | 89.61 | 96.10 | 88.18 | 32.47 | 83.12 | 63.64 | 2.53 | 33.77 | 90.91 | 14.62 | 0.00 | 4.91 |
| 530603 | 复合材料工程技术 | 98.51 | 76.12 | 57.14 | 71.43 | 100.00 | 88.10 | 88.10 | 86.31 | 30.95 | 88.10 | 42.86 | 7.14 | 92.86 | 83.33 | 21.57 | 0.00 | 13.43 |
| 610215 | 大数据技术与应用 | 90.06 | 66.62 | 30.63 | 53.67 | 76.71 | 38.99 | 75.95 | 72.29 | 38.99 | 77.22 | 45.57 | 6.15 | 60.76 | 19.24 | 55.45 | 0.63 | 8.65 |
| 690303 | 婚庆服务与管理 | 97.52 | 81.99 | 57.14 | 82.14 | 82.14 | 28.57 | 85.71 | 82.54 | 37.50 | 91.07 | 64.29 | 1.96 | 57.14 | 16.07 | 30.30 | 0.62 | 13.66 |
| 040106 | 学前教育 | 91.45 | 70.79 | 83.10 | 76.72 | 68.31 | 65.74 | 78.25 | 79.17 | 29.73 | 77.43 | 38.79 | 1.69 | 25.31 | 7.38 | 84.19 | 0.60 | 5.67 |
| 520901 | 安全健康与环保 | 90.97 | 75.00 | 100.00 | 100.00 | 100.00 | 50.00 | 50.00 | 100.00 | 50.00 | 100.00 | 100.00 | 0.00 | 100.00 | 0.00 | 73.15 | 0.00 | 6.25 |
| 520904 | 安全技术与管理 | 95.15 | 81.55 | 90.91 | 81.82 | 90.91 | 72.73 | 81.82 | 78.64 | 27.27 | 81.82 | 54.55 | 0.00 | 27.27 | 54.55 | 57.62 | 0.19 | 5.83 |
| 520105 | 宝玉石鉴定与加工 | 92.75 | 86.96 | 60.00 | 72.00 | 92.00 | 40.00 | 76.00 | 75.60 | 48.00 | 84.00 | 48.00 | 12.50 | 52.00 | 40.00 | 53.33 | 0.00 | 5.80 |
| 510315 | 宠物临床诊疗技术 | 84.79 | 73.73 | 80.00 | 70.00 | 90.00 | 60.00 | 90.00 | 71.75 | 40.00 | 60.00 | 60.00 | 10.00 | 70.00 | 10.00 | 46.25 | 0.00 | 2.76 |
| 510306 | 宠物养护与驯导 | 75.79 | 54.76 | 61.36 | 63.64 | 52.27 | 45.45 | 77.27 | 77.84 | 59.09 | 79.55 | 45.45 | 7.69 | 47.73 | 13.64 | 66.67 | 0.40 | 3.17 |
| 025700 | 审计 | 91.10 | 75.77 | 60.00 | 75.38 | 76.15 | 50.77 | 83.85 | 80.96 | 43.08 | 86.15 | 51.54 | 2.50 | 53.85 | 15.38 | 66.40 | 0.00 | 10.43 |

续表

| 专业代码 | 专业 | 落实率 | 协议率 | 相关度 | 匹配度 | 社保比 | 职业稳定性 | 单位质量 | 工作稳定性 | 工作压力 | 工作自主性 | 薪资满意度 | 基层比 | 产业比 | 重点单位比 | 高校就业比 | 创业比 | 升学比 |
|---|---|---|---|---|---|---|---|---|---|---|---|---|---|---|---|---|---|---|
| 650109 | 室内艺术设计 | 91.89 | 69.77 | 58.67 | 66.67 | 49.33 | 31.11 | 74.22 | 76.51 | 35.56 | 72.89 | 38.67 | 5.73 | 36.44 | 24.00 | 69.42 | 1.54 | 9.45 |
| 690302 | 家政服务与管理 | 98.98 | 83.67 | 55.17 | 72.41 | 82.76 | 37.93 | 86.21 | 82.93 | 48.28 | 79.31 | 51.72 | 3.57 | 48.28 | 10.34 | 70.73 | 1.02 | 14.29 |
| 560611 | 导弹维修 | 99.12 | 95.31 | 84.21 | 96.49 | 100.00 | 98.25 | 100.00 | 97.98 | 33.33 | 94.74 | 85.96 | 51.72 | 33.33 | 24.56 | 89.54 | 0.29 | 0.29 |
| 640102 | 导游 | 86.05 | 75.58 | 46.15 | 60.44 | 61.54 | 49.45 | 80.22 | 87.50 | 51.65 | 84.62 | 52.75 | 3.57 | 42.86 | 23.08 | 79.49 | 0.78 | 5.43 |
| 040107 | 小学教育 | 91.23 | 81.54 | 93.58 | 83.30 | 83.23 | 90.75 | 85.69 | 82.60 | 17.77 | 82.01 | 44.45 | 2.12 | 28.78 | 7.83 | 92.66 | 0.23 | 4.09 |
| 650110 | 展示艺术设计 | 96.77 | 80.65 | 0.00 | 0.00 | 100.00 | 0.00 | 100.00 | 100.00 | 0.00 | 100.00 | 100.00 | 0.00 | 0.00 | 0.00 | 36.00 | 0.00 | 16.13 |
| 520208 | 岩土工程技术 | 86.96 | 76.81 | 76.19 | 76.19 | 76.19 | 33.33 | 80.95 | 82.74 | 23.81 | 80.95 | 52.38 | 19.05 | 52.38 | 38.10 | 67.92 | 1.45 | 7.25 |
| 610208 | 嵌入式技术与应用 | 92.52 | 64.49 | 100.00 | 66.67 | 100.00 | 33.33 | 66.67 | 33.33 | 33.33 | 33.33 | 33.33 | 0.00 | 100.00 | 0.00 | 68.12 | 0.00 | 14.95 |
| 570207 | 工业分析技术 | 95.89 | 86.36 | 80.69 | 81.38 | 97.24 | 66.90 | 91.03 | 82.04 | 35.17 | 81.38 | 61.38 | 0.00 | 72.41 | 51.03 | 38.10 | 0.00 | 2.60 |
| 560119 | 工业工程技术 | 93.51 | 64.29 | 52.17 | 43.48 | 82.61 | 47.83 | 73.91 | 71.09 | 43.48 | 73.91 | 65.22 | 5.56 | 65.22 | 34.78 | 56.57 | 0.65 | 12.99 |
| 560309 | 工业机器人技术 | 91.97 | 72.51 | 51.62 | 59.83 | 89.74 | 43.76 | 78.46 | 71.32 | 35.21 | 75.21 | 51.62 | 6.85 | 67.52 | 42.05 | 36.81 | 0.55 | 7.08 |
| 080205 | 工业设计 | 90.45 | 66.58 | 43.27 | 61.54 | 78.85 | 33.65 | 78.85 | 73.08 | 48.08 | 83.65 | 56.73 | 2.15 | 63.46 | 18.27 | 41.89 | 0.25 | 12.81 |
| 560303 | 工业过程自动化技术 | 89.86 | 80.12 | 76.25 | 82.50 | 95.00 | 52.50 | 92.50 | 84.72 | 37.50 | 86.25 | 66.25 | 5.95 | 78.75 | 53.75 | 35.73 | 0.99 | 0.60 |
| 630601 | 工商企业管理 | 93.49 | 46.53 | 40.48 | 66.67 | 64.29 | 52.38 | 80.95 | 86.19 | 30.95 | 83.33 | 47.62 | 5.41 | 52.38 | 26.19 | 55.28 | 0.64 | 9.71 |
| 520201 | 工程地质勘查 | 94.12 | 84.31 | 100.00 | 100.00 | 100.00 | 100.00 | 100.00 | 100.00 | 0.00 | 100.00 | 100.00 | 0.00 | 100.00 | 100.00 | 58.14 | 5.88 | 3.92 |
| 600206 | 工程机械运用技术 | 95.36 | 80.82 | 53.50 | 69.60 | 87.23 | 52.28 | 79.64 | 80.21 | 30.40 | 82.67 | 58.97 | 3.73 | 60.49 | 52.28 | 44.33 | 0.84 | 2.63 |
| 520301 | 工程测量技术 | 94.19 | 78.39 | 62.03 | 81.01 | 74.68 | 44.30 | 79.75 | 72.82 | 39.24 | 87.34 | 55.70 | 11.39 | 41.77 | 24.05 | 64.61 | 0.00 | 8.71 |
| 630905 | 工程物流管理 | 93.55 | 79.35 | 38.00 | 74.00 | 78.00 | 42.00 | 90.00 | 84.75 | 46.00 | 86.00 | 58.00 | 4.55 | 38.00 | 20.00 | 51.22 | 0.00 | 9.03 |
| 120105 | 工程造价 | 88.74 | 65.28 | 65.62 | 68.21 | 73.94 | 56.56 | 76.52 | 75.60 | 37.89 | 82.26 | 49.54 | 6.28 | 29.57 | 22.74 | 58.66 | 0.40 | 11.87 |
| 120202 | 市场营销 | 91.63 | 72.37 | 61.33 | 70.10 | 76.19 | 39.05 | 79.81 | 81.34 | 38.29 | 81.14 | 57.90 | 3.29 | 55.81 | 22.86 | 63.20 | 0.89 | 8.00 |

续表

| 专业代码 | 专业 | 落实率 | 协议率 | 相关度 | 匹配度 | 社保比 | 职业稳定性 | 单位质量 | 工作稳定性 | 工作压力 | 工作自主性 | 薪资满意度 | 基层比 | 产业比 | 重点单位比 | 高校就业比 | 创业比 | 升学比 |
|---|---|---|---|---|---|---|---|---|---|---|---|---|---|---|---|---|---|---|
| 540601 | 市政工程技术 | 90.91 | 72.73 | 68.42 | 73.68 | 84.21 | 78.95 | 78.95 | 76.84 | 31.58 | 84.21 | 57.89 | 20.00 | 31.58 | 52.63 | 42.31 | 0.70 | 16.08 |
| 690306 | 幼儿发展与健康管理 | 87.53 | 77.41 | 71.62 | 76.64 | 55.90 | 50.87 | 76.42 | 83.75 | 37.77 | 80.13 | 43.67 | 0.75 | 31.00 | 8.95 | 84.91 | 0.00 | 2.24 |
| 650103 | 广告设计与制作 | 89.34 | 73.18 | 58.11 | 63.96 | 60.81 | 30.63 | 71.62 | 70.49 | 55.41 | 76.13 | 43.69 | 3.59 | 43.24 | 8.11 | 61.68 | 0.36 | 8.44 |
| 660203 | 广播影视节目制作 | 91.63 | 74.64 | 80.85 | 82.98 | 87.23 | 31.91 | 72.34 | 77.07 | 36.17 | 82.98 | 53.19 | 4.44 | 44.68 | 19.15 | 68.91 | 0.96 | 11.00 |
| 660204 | 广播电视技术 | 95.92 | 87.76 | 100.00 | 88.89 | 100.00 | 44.44 | 88.89 | 74.72 | 22.22 | 77.78 | 44.44 | 0.00 | 44.44 | 11.11 | 69.77 | 0.00 | 8.16 |
| 570201 | 应用化工技术 | 97.06 | 90.69 | 86.73 | 89.80 | 97.96 | 82.14 | 91.84 | 88.99 | 16.33 | 89.29 | 73.98 | 6.86 | 72.45 | 76.53 | 52.34 | 0.00 | 3.77 |
| 670216 | 应用外语 | 93.62 | 70.21 | 0.00 | 0.00 | 100.00 | 0.00 | 100.00 | 72.50 | 0.00 | 100.00 | 0.00 | 0.00 | 100.00 | 0.00 | 39.39 | 0.00 | 6.38 |
| 670211 | 应用德语 | 93.75 | 84.38 | 83.33 | 100.00 | 100.00 | 50.00 | 83.33 | 94.17 | 50.00 | 100.00 | 83.33 | 0.00 | 50.00 | 0.00 | 40.74 | 0.00 | 6.25 |
| 670206 | 应用日语 | 88.58 | 52.95 | 23.81 | 57.14 | 85.71 | 40.48 | 80.95 | 77.56 | 50.00 | 78.57 | 40.48 | 2.56 | 45.24 | 28.57 | 53.90 | 0.79 | 12.40 |
| 670210 | 应用法语 | 86.57 | 69.91 | 60.00 | 66.67 | 100.00 | 46.67 | 93.33 | 83.67 | 20.00 | 93.33 | 46.67 | 0.00 | 26.67 | 13.33 | 43.05 | 0.93 | 4.63 |
| 610102 | 应用电子技术 | 90.49 | 71.61 | 51.54 | 68.85 | 92.69 | 65.77 | 88.85 | 81.17 | 33.08 | 80.77 | 62.31 | 15.92 | 63.46 | 47.69 | 32.96 | 0.37 | 6.64 |
| 670203 | 应用英语 | 85.12 | 68.56 | 62.88 | 73.48 | 53.03 | 53.79 | 73.48 | 84.59 | 41.67 | 84.09 | 53.79 | 4.31 | 35.61 | 9.85 | 73.21 | 0.39 | 11.77 |
| 670212 | 应用西班牙语 | 94.09 | 80.65 | 100.00 | 100.00 | 100.00 | 100.00 | 100.00 | 92.50 | 100.00 | 100.00 | 0.00 | 0.00 | 100.00 | 100.00 | 44.00 | 0.00 | 11.83 |
| 670215 | 应用阿拉伯语 | 90.00 | 70.00 | 33.33 | 100.00 | 66.67 | 100.00 | 100.00 | 100.00 | 33.33 | 100.00 | 66.67 | 0.00 | 0.00 | 33.33 | 71.43 | 0.00 | 0.00 |
| 670208 | 应用韩语 | 82.31 | 49.66 | 25.00 | 50.00 | 100.00 | 75.00 | 75.00 | 82.50 | 0.00 | 75.00 | 75.00 | 0.00 | 25.00 | 75.00 | 71.23 | 0.00 | 16.33 |
| 620501 | 康复治疗技术 | 90.11 | 50.34 | 76.40 | 69.66 | 64.61 | 67.42 | 70.22 | 73.41 | 45.51 | 82.02 | 38.76 | 2.82 | 44.94 | 8.43 | 68.82 | 0.60 | 17.13 |
| 540107 | 建筑动画与模型制作 | 90.91 | 76.97 | 40.00 | 50.00 | 50.00 | 30.00 | 70.00 | 86.75 | 50.00 | 90.00 | 20.00 | 12.50 | 40.00 | 30.00 | 62.99 | 0.00 | 9.09 |
| 540104 | 建筑室内设计 | 90.98 | 65.16 | 56.52 | 61.87 | 56.52 | 36.12 | 71.91 | 74.30 | 40.80 | 72.91 | 36.79 | 7.27 | 33.11 | 17.39 | 71.63 | 0.10 | 6.19 |
| 540301 | 建筑工程技术 | 89.49 | 65.78 | 64.76 | 71.41 | 72.49 | 52.09 | 79.91 | 78.06 | 38.18 | 81.30 | 57.34 | 9.55 | 30.91 | 30.29 | 52.23 | 1.00 | 8.70 |
| 540404 | 建筑智能化工程技术 | 94.94 | 73.60 | 26.67 | 44.44 | 66.67 | 28.89 | 71.11 | 66.89 | 28.89 | 68.89 | 42.22 | 5.26 | 62.22 | 28.89 | 56.49 | 2.81 | 7.30 |

续表

| 专业代码 | 专业 | 落实率 | 协议率 | 相关度 | 匹配度 | 社保比 | 职业稳定性 | 单位质量 | 工作稳定性 | 工作压力 | 工作自主性 | 薪资满意度 | 基层比 | 产业比 | 重点单位比 | 高校就业比 | 创业比 | 升学比 |
|---|---|---|---|---|---|---|---|---|---|---|---|---|---|---|---|---|---|---|
| 540403 | 建筑电气工程技术 | 92.86 | 82.14 | 0.00 | 100.00 | 100.00 | 0.00 | 100.00 | 92.50 | 0.00 | 100.00 | 0.00 | 0.00 | 100.00 | 100.00 | 63.04 | 0.00 | 10.71 |
| 540503 | 建筑经济管理 | 77.98 | 51.38 | 63.64 | 59.09 | 72.73 | 36.36 | 68.18 | 72.05 | 45.45 | 90.91 | 50.00 | 11.11 | 22.73 | 9.09 | 67.86 | 2.29 | 8.26 |
| 540102 | 建筑装饰工程技术 | 87.41 | 64.57 | 59.84 | 70.87 | 58.27 | 36.22 | 76.38 | 76.61 | 38.58 | 81.10 | 44.09 | 6.96 | 35.43 | 18.11 | 70.44 | 1.02 | 7.61 |
| 540401 | 建筑设备工程技术 | 97.86 | 79.14 | 75.00 | 100.00 | 100.00 | 75.00 | 100.00 | 100.00 | 25.00 | 100.00 | 100.00 | 0.00 | 50.00 | 50.00 | 47.97 | 1.07 | 16.58 |
| 540101 | 建筑设计 | 86.62 | 67.88 | 100.00 | 100.00 | 100.00 | 100.00 | 100.00 | 90.83 | 66.67 | 100.00 | 66.67 | 0.00 | 0.00 | 100.00 | 56.27 | 0.49 | 15.82 |
| 540505 | 建设工程监理 | 85.58 | 72.12 | 50.00 | 50.00 | 100.00 | 0.00 | 100.00 | 90.00 | 50.00 | 100.00 | 100.00 | 0.00 | 100.00 | 50.00 | 30.67 | 0.48 | 5.29 |
| 540501 | 建设工程管理 | 87.79 | 70.16 | 61.24 | 70.22 | 73.03 | 60.67 | 80.34 | 76.60 | 38.76 | 80.34 | 50.00 | 4.38 | 29.78 | 20.22 | 44.90 | 0.55 | 7.16 |
| 540504 | 建设项目信息化管理 | 82.14 | 66.07 | 54.55 | 90.91 | 72.73 | 36.36 | 81.82 | 86.37 | 36.36 | 81.82 | 63.64 | 0.00 | 36.36 | 45.45 | 51.35 | 1.79 | 1.79 |
| 660209 | 影视动画 | 90.32 | 74.19 | 71.43 | 85.71 | 57.14 | 71.43 | 85.71 | 76.07 | 42.86 | 71.43 | 71.43 | 16.67 | 71.43 | 0.00 | 73.04 | 0.00 | 15.48 |
| 660208 | 影视多媒体技术 | 94.83 | 79.31 | 100.00 | 33.33 | 66.67 | 0.00 | 100.00 | 60.00 | 0.00 | 66.67 | 33.33 | 0.00 | 100.00 | 33.33 | 60.87 | 1.72 | 12.07 |
| 660210 | 影视照明技术与艺术 | 100.00 | 92.86 | 100.00 | 100.00 | 100.00 | 0.00 | 100.00 | 100.00 | 0.00 | 100.00 | 100.00 | 0.00 | 100.00 | 0.00 | 100.00 | 0.00 | 7.14 |
| 660206 | 影视编导 | 86.28 | 62.09 | 73.53 | 82.35 | 67.65 | 29.41 | 85.29 | 90.44 | 47.06 | 82.35 | 52.94 | 0.00 | 26.47 | 5.88 | 76.16 | 0.72 | 20.22 |
| 045116 | 心理健康教育 | 97.06 | 85.29 | 63.64 | 81.82 | 63.64 | 90.91 | 81.82 | 88.41 | 27.27 | 72.73 | 36.36 | 0.00 | 45.45 | 9.09 | 68.97 | 0.00 | 11.76 |
| 620804 | 心理咨询 | 95.45 | 64.09 | 59.62 | 65.38 | 71.15 | 65.38 | 84.62 | 82.45 | 46.15 | 69.23 | 48.08 | 8.33 | 46.15 | 11.54 | 48.23 | 1.36 | 16.82 |
| 600702 | 快递运营管理 | 92.44 | 79.83 | 36.11 | 52.78 | 72.22 | 52.78 | 72.22 | 63.13 | 47.22 | 63.89 | 44.44 | 0.00 | 27.78 | 22.22 | 71.58 | 0.00 | 5.04 |
| 650202 | 戏剧影视表演 | 84.30 | 70.25 | 33.33 | 50.00 | 66.67 | 50.00 | 50.00 | 72.92 | 50.00 | 66.67 | 50.00 | 0.00 | 50.00 | 33.33 | 84.71 | 0.00 | 13.22 |
| 650204 | 戏曲表演 | 88.33 | 71.67 | 28.57 | 42.86 | 85.71 | 57.14 | 71.43 | 80.71 | 42.86 | 71.43 | 42.86 | 16.67 | 14.29 | 14.29 | 86.05 | 0.00 | 5.00 |
| 540701 | 房地产经营与管理 | 92.31 | 82.69 | 25.00 | 81.25 | 75.00 | 31.25 | 87.50 | 83.13 | 62.50 | 87.50 | 68.75 | 0.00 | 31.25 | 37.50 | 63.95 | 0.00 | 9.62 |
| 630206 | 投资与理财 | 86.10 | 67.57 | 20.37 | 50.00 | 72.22 | 38.89 | 70.37 | 75.05 | 48.15 | 77.78 | 48.15 | 3.85 | 55.56 | 16.67 | 66.29 | 1.16 | 10.42 |
| 620201 | 护理 | 87.10 | 42.50 | 80.65 | 71.99 | 66.76 | 74.30 | 69.52 | 76.32 | 38.25 | 78.63 | 41.68 | 3.98 | 50.51 | 12.04 | 71.75 | 0.27 | 16.22 |

续表

| 专业代码 | 专业 | 落实率 | 协议率 | 相关度 | 匹配度 | 社保比 | 职业稳定性 | 单位质量 | 工作稳定性 | 工作压力 | 工作自主性 | 薪资满意度 | 基层比 | 产业比 | 重点单位比 | 高校就业比 | 创业比 | 升学比 |
|---|---|---|---|---|---|---|---|---|---|---|---|---|---|---|---|---|---|---|
| 660213 | 摄影摄像技术 | 81. 48 | 66. 67 | 84. 62 | 92. 31 | 61. 54 | 69. 23 | 92. 31 | 86. 35 | 53. 85 | 92. 31 | 61. 54 | 14. 29 | 46. 15 | 0. 00 | 86. 67 | 1. 48 | 10. 37 |
| 660202 | 播音与主持 | 88. 27 | 65. 07 | 72. 00 | 80. 00 | 72. 00 | 40. 00 | 68. 00 | 73. 90 | 36. 00 | 72. 00 | 52. 00 | 10. 71 | 32. 00 | 12. 00 | 77. 05 | 0. 27 | 20. 80 |
| 050307 | 数字出版 | 92. 68 | 81. 71 | 64. 29 | 64. 29 | 85. 71 | 28. 57 | 78. 57 | 79. 64 | 57. 14 | 64. 29 | 50. 00 | 0. 00 | 64. 29 | 0. 00 | 55. 22 | 0. 00 | 10. 98 |
| 610210 | 数字媒体应用技术 | 90. 86 | 66. 42 | 68. 13 | 70. 60 | 77. 75 | 32. 69 | 79. 67 | 75. 53 | 45. 88 | 81. 59 | 50. 27 | 4. 11 | 54. 95 | 11. 54 | 60. 93 | 0. 42 | 6. 74 |
| 650104 | 数字媒体艺术设计 | 89. 26 | 67. 18 | 64. 59 | 68. 42 | 74. 64 | 35. 41 | 72. 25 | 73. 51 | 41. 15 | 78. 47 | 45. 93 | 1. 05 | 59. 81 | 13. 40 | 62. 10 | 0. 38 | 8. 51 |
| 670105 | 数学教育 | 84. 94 | 34. 75 | 74. 88 | 71. 92 | 50. 74 | 74. 38 | 67. 00 | 75. 54 | 28. 57 | 73. 89 | 38. 92 | 6. 41 | 32. 02 | 6. 40 | 77. 78 | 0. 19 | 9. 27 |
| 560103 | 数控技术 | 91. 78 | 76. 38 | 63. 16 | 70. 79 | 89. 74 | 56. 58 | 82. 89 | 72. 91 | 36. 84 | 72. 37 | 51. 58 | 7. 65 | 74. 47 | 54. 21 | 43. 50 | 0. 85 | 5. 66 |
| 560204 | 数控设备应用与维护 | 90. 32 | 64. 52 | 36. 36 | 40. 91 | 86. 36 | 40. 91 | 81. 82 | 64. 55 | 40. 91 | 72. 73 | 40. 91 | 16. 67 | 68. 18 | 22. 73 | 45. 00 | 0. 81 | 6. 45 |
| 650401 | 文化创意与策划 | 81. 50 | 64. 74 | 56. 52 | 78. 26 | 78. 26 | 39. 13 | 82. 61 | 88. 91 | 43. 48 | 91. 30 | 52. 17 | 0. 00 | 43. 48 | 4. 35 | 72. 32 | 1. 73 | 9. 25 |
| 670301 | 文秘 | 87. 77 | 66. 58 | 56. 90 | 67. 24 | 75. 86 | 48. 28 | 74. 14 | 78. 34 | 42. 24 | 73. 28 | 46. 55 | 6. 67 | 44. 83 | 12. 93 | 67. 76 | 0. 00 | 8. 15 |
| 530705 | 新型建筑材料技术 | 90. 00 | 80. 00 | 25. 00 | 75. 00 | 91. 67 | 16. 67 | 83. 33 | 84. 38 | 33. 33 | 91. 67 | 41. 67 | 0. 00 | 75. 00 | 41. 67 | 58. 33 | 3. 33 | 6. 67 |
| 560707 | 新能源汽车技术 | 91. 29 | 75. 21 | 44. 58 | 63. 75 | 80. 83 | 41. 04 | 78. 75 | 78. 79 | 34. 79 | 79. 58 | 56. 25 | 8. 23 | 68. 13 | 41. 88 | 48. 02 | 0. 48 | 5. 38 |
| 560207 | 新能源装备技术 | 90. 32 | 80. 65 | 46. 15 | 61. 54 | 84. 62 | 61. 54 | 84. 62 | 56. 73 | 38. 46 | 53. 85 | 53. 85 | 7. 69 | 53. 85 | 46. 15 | 64. 00 | 0. 00 | 1. 61 |
| 660201 | 新闻采编与制作 | 91. 67 | 75. 72 | 73. 17 | 75. 61 | 80. 49 | 53. 66 | 65. 85 | 75. 61 | 34. 15 | 80. 49 | 51. 22 | 0. 00 | 41. 46 | 12. 20 | 65. 07 | 0. 72 | 14. 86 |
| 120901 | 旅游管理 | 91. 47 | 70. 36 | 45. 69 | 64. 66 | 72. 41 | 51. 90 | 78. 10 | 79. 22 | 43. 45 | 82. 76 | 55. 86 | 4. 05 | 47. 76 | 17. 41 | 68. 27 | 0. 37 | 9. 38 |
| 670204 | 旅游英语 | 83. 09 | 62. 50 | 44. 44 | 66. 67 | 88. 89 | 55. 56 | 88. 89 | 81. 95 | 22. 22 | 77. 78 | 55. 56 | 0. 00 | 44. 44 | 11. 11 | 74. 12 | 0. 00 | 19. 12 |
| 560610 | 无人机应用技术 | 91. 91 | 67. 05 | 48. 98 | 57. 14 | 90. 82 | 68. 37 | 86. 73 | 74. 72 | 34. 69 | 81. 63 | 58. 16 | 19. 13 | 72. 45 | 46. 94 | 50. 57 | 0. 39 | 5. 97 |
| 670101 | 早期教育 | 85. 42 | 64. 38 | 78. 87 | 77. 32 | 59. 79 | 54. 12 | 68. 56 | 79. 83 | 29. 38 | 78. 35 | 40. 72 | 1. 13 | 24. 74 | 6. 70 | 88. 03 | 0. 00 | 6. 67 |
| 640104 | 景区开发与管理 | 100. 00 | 87. 80 | 25. 00 | 40. 00 | 80. 00 | 45. 00 | 65. 00 | 59. 50 | 40. 00 | 60. 00 | 35. 00 | 10. 00 | 65. 00 | 20. 00 | 72. 22 | 2. 44 | 9. 76 |
| 600201 | 智能交通技术运用 | 87. 37 | 46. 97 | 25. 53 | 61. 70 | 72. 34 | 53. 19 | 89. 36 | 70. 64 | 36. 17 | 82. 98 | 36. 17 | 6. 67 | 55. 32 | 34. 04 | 51. 61 | 0. 00 | 7. 07 |

续表

| 专业代码 | 专业 | 落实率 | 协议率 | 相关度 | 匹配度 | 社保比 | 职业稳定性 | 单位质量 | 工作稳定性 | 工作压力 | 工作自主性 | 薪资满意度 | 基层比 | 产业比 | 重点单位比 | 高校就业比 | 创业比 | 升学比 |
|---|---|---|---|---|---|---|---|---|---|---|---|---|---|---|---|---|---|---|
| 560304 | 智能控制技术 | 92.74 | 77.32 | 56.80 | 65.68 | 87.57 | 51.48 | 80.47 | 79.11 | 34.32 | 81.07 | 57.99 | 3.18 | 66.86 | 47.34 | 43.93 | 0.56 | 7.15 |
| 610106 | 智能监控技术应用 | 73.97 | 32.88 | 22.22 | 66.67 | 88.89 | 44.44 | 55.56 | 73.89 | 44.44 | 77.78 | 22.22 | 0.00 | 66.67 | 55.56 | 50.00 | 1.37 | 15.07 |
| 530501 | 有色冶金技术 | 89.54 | 80.39 | 100.00 | 66.67 | 100.00 | 33.33 | 100.00 | 86.67 | 66.67 | 100.00 | 66.67 | 0.00 | 33.33 | 100.00 | 43.09 | 0.65 | 8.50 |
| 130505 | 服装与服饰设计 | 88.52 | 76.73 | 64.52 | 65.48 | 67.74 | 52.26 | 75.81 | 77.29 | 42.58 | 80.00 | 50.00 | 2.86 | 31.61 | 10.97 | 36.54 | 0.45 | 5.97 |
| 580410 | 服装设计与工艺 | 100.00 | 75.00 | 33.33 | 33.33 | 100.00 | 100.00 | 100.00 | 90.83 | 33.33 | 66.67 | 33.33 | 0.00 | 66.67 | 33.33 | 80.00 | 0.00 | 0.00 |
| 600408 | 机场运行 | 93.33 | 75.93 | 59.76 | 81.71 | 85.37 | 53.66 | 87.80 | 82.98 | 39.02 | 81.71 | 54.88 | 0.00 | 51.22 | 48.78 | 36.10 | 0.37 | 7.78 |
| 560111 | 机械产品检测检验技术 | 95.59 | 55.07 | 35.71 | 59.52 | 83.33 | 42.86 | 71.43 | 74.11 | 30.95 | 78.57 | 40.48 | 3.03 | 66.67 | 38.10 | 55.20 | 0.00 | 7.93 |
| 560102 | 机械制造与自动化 | 93.08 | 65.10 | 60.49 | 67.65 | 84.94 | 42.22 | 82.47 | 74.70 | 35.80 | 80.00 | 56.30 | 7.42 | 63.95 | 43.46 | 42.11 | 0.56 | 8.22 |
| 560101 | 机械设计与制造 | 94.89 | 81.80 | 65.97 | 76.96 | 93.19 | 64.92 | 90.58 | 81.11 | 32.46 | 81.68 | 57.07 | 9.28 | 75.39 | 63.87 | 31.36 | 0.43 | 7.02 |
| 560301 | 机电一体化技术 | 92.62 | 76.20 | 64.42 | 71.07 | 89.74 | 52.82 | 83.01 | 78.41 | 33.56 | 80.91 | 58.70 | 8.64 | 69.47 | 50.55 | 42.47 | 0.49 | 5.42 |
| 560203 | 机电设备维修与管理 | 92.66 | 65.54 | 65.71 | 77.14 | 100.00 | 60.00 | 94.29 | 78.14 | 37.14 | 88.57 | 45.71 | 5.71 | 71.43 | 71.43 | 39.66 | 0.56 | 9.60 |
| 530601 | 材料工程技术 | 97.44 | 17.95 | 33.33 | 83.33 | 83.33 | 83.33 | 83.33 | 98.75 | 33.33 | 83.33 | 66.67 | 0.00 | 66.67 | 33.33 | 57.14 | 0.00 | 66.67 |
| 510201 | 林业技术 | 70.30 | 37.62 | 0.00 | 100.00 | 100.00 | 100.00 | 100.00 | 100.00 | 0.00 | 100.00 | 100.00 | 0.00 | 100.00 | 100.00 | 36.84 | 0.99 | 12.87 |
| 510203 | 森林资源保护 | 60.61 | 21.21 | 100.00 | 100.00 | 0.00 | 100.00 | 0.00 | 0.00 | 0.00 | 0.00 | 0.00 | – | 0.00 | 0.00 | 71.43 | 0.00 | 15.15 |
| 510108 | 植物保护与检疫技术 | 84.38 | 31.25 | 57.14 | 92.86 | 85.71 | 64.29 | 92.86 | 93.04 | 57.14 | 100.00 | 78.57 | 0.00 | 71.43 | 21.43 | 60.00 | 0.00 | 28.13 |
| 560113 | 模具设计与制造 | 91.77 | 72.18 | 46.71 | 61.18 | 80.92 | 43.42 | 79.61 | 73.06 | 35.53 | 78.29 | 51.32 | 15.44 | 56.58 | 29.61 | 29.44 | 0.78 | 5.09 |
| 690201 | 民政管理 | 92.13 | 69.44 | 32.73 | 63.64 | 85.45 | 60.00 | 83.64 | 82.05 | 49.09 | 87.27 | 49.09 | 7.69 | 43.64 | 18.18 | 46.67 | 0.00 | 19.91 |
| 670406 | 民族传统体育 | 93.25 | 76.69 | 58.33 | 79.17 | 70.83 | 58.33 | 66.67 | 76.87 | 50.00 | 87.50 | 45.83 | 8.70 | 45.83 | 16.67 | 70.40 | 0.61 | 14.11 |
| 600406 | 民航安全技术管理 | 92.54 | 70.15 | 55.56 | 61.11 | 83.33 | 55.56 | 94.44 | 73.61 | 22.22 | 66.67 | 55.56 | 0.00 | 38.89 | 61.11 | 34.75 | 0.50 | 3.48 |
| 600401 | 民航运输 | 93.20 | 69.80 | 44.44 | 75.40 | 79.37 | 42.86 | 88.89 | 87.26 | 49.21 | 84.92 | 57.94 | 3.45 | 48.41 | 38.89 | 53.58 | 0.20 | 3.60 |

续表

| 专业代码 | 专业 | 落实率 | 协议率 | 相关度 | 匹配度 | 社保比 | 职业稳定性 | 单位质量 | 工作稳定性 | 工作压力 | 工作自主性 | 薪资满意度 | 基层比 | 产业比 | 重点单位比 | 高校就业比 | 创业比 | 升学比 |
|---|---|---|---|---|---|---|---|---|---|---|---|---|---|---|---|---|---|---|
| 600402 | 民航通信技术 | 100.00 | 74.42 | 68.00 | 80.00 | 96.00 | 76.00 | 92.00 | 86.80 | 28.00 | 88.00 | 52.00 | 4.00 | 72.00 | 76.00 | 25.00 | 0.00 | 11.63 |
| 510401 | 水产养殖技术 | 99.28 | 94.93 | 70.00 | 96.00 | 100.00 | 92.00 | 100.00 | 97.45 | 34.00 | 94.00 | 80.00 | 8.00 | 28.00 | 10.00 | 89.31 | 0.72 | 0.72 |
| 550201 | 水利工程 | 94.19 | 82.78 | 85.23 | 88.64 | 97.73 | 96.59 | 98.86 | 93.92 | 26.14 | 92.05 | 72.73 | 3.41 | 17.05 | 3.41 | 79.45 | 0.21 | 11.00 |
| 550202 | 水利水电工程技术 | 97.08 | 87.59 | 89.47 | 78.95 | 73.68 | 63.16 | 73.68 | 76.18 | 36.84 | 94.74 | 57.89 | 5.26 | 36.84 | 21.05 | 72.50 | 0.00 | 9.49 |
| 550203 | 水利水电工程管理 | 96.76 | 89.88 | 93.22 | 93.22 | 96.61 | 96.61 | 100.00 | 91.95 | 42.37 | 94.92 | 62.71 | 5.26 | 27.12 | 8.47 | 94.14 | 0.40 | 6.48 |
| 550204 | 水利水电建筑工程 | 87.85 | 73.68 | 100.00 | 60.00 | 100.00 | 80.00 | 100.00 | 76.00 | 20.00 | 100.00 | 40.00 | 0.00 | 40.00 | 80.00 | 57.69 | 0.40 | 13.77 |
| 530109 | 水电站与电力网 | 93.68 | 91.58 | 82.50 | 85.00 | 95.00 | 87.50 | 95.00 | 88.44 | 47.50 | 85.00 | 60.00 | 2.56 | 45.00 | 32.50 | 80.46 | 0.00 | 2.11 |
| 530106 | 水电站机电设备与自动化 | 100.00 | 100.00 | 100.00 | 100.00 | 0.00 | 100.00 | 100.00 | 100.00 | 100.00 | 100.00 | 100.00 | 0.00 | 100.00 | 100.00 | 100.00 | 0.00 | 0.00 |
| 520809 | 污染修复与生态工程技术 | 96.00 | 89.00 | 100.00 | 80.00 | 100.00 | 60.00 | 80.00 | 81.50 | 60.00 | 80.00 | 60.00 | 0.00 | 80.00 | 20.00 | 57.30 | 0.00 | 7.00 |
| 560701 | 汽车制造与装配技术 | 88.46 | 71.86 | 33.80 | 60.56 | 84.51 | 32.39 | 71.83 | 72.82 | 38.03 | 78.87 | 53.52 | 14.67 | 59.15 | 47.89 | 38.31 | 0.00 | 5.67 |
| 560706 | 汽车改装技术 | 91.78 | 58.90 | 57.89 | 73.68 | 63.16 | 42.11 | 89.47 | 84.87 | 42.11 | 78.95 | 42.11 | 25.00 | 78.95 | 31.58 | 60.47 | 4.11 | 1.37 |
| 610107 | 汽车智能技术 | 89.51 | 75.12 | 30.70 | 61.40 | 85.96 | 42.98 | 78.07 | 71.14 | 21.93 | 75.44 | 42.98 | 5.26 | 68.42 | 39.47 | 41.23 | 0.49 | 6.34 |
| 560702 | 汽车检测与维修技术 | 91.74 | 75.84 | 55.87 | 70.24 | 77.33 | 48.79 | 83.60 | 82.34 | 40.28 | 82.19 | 63.56 | 19.66 | 58.10 | 33.40 | 41.94 | 0.50 | 2.71 |
| 560703 | 汽车电子技术 | 92.48 | 79.27 | 36.08 | 55.67 | 78.35 | 44.33 | 73.20 | 75.67 | 35.05 | 80.41 | 57.73 | 6.45 | 69.07 | 39.18 | 56.02 | 0.37 | 2.75 |
| 630702 | 汽车营销与服务 | 90.23 | 69.02 | 48.84 | 70.54 | 83.72 | 37.21 | 76.74 | 87.01 | 39.53 | 85.27 | 60.47 | 5.79 | 64.34 | 36.43 | 75.05 | 1.03 | 4.24 |
| 600210 | 汽车车身维修技术 | 94.47 | 72.36 | 41.67 | 69.44 | 75.00 | 25.00 | 86.11 | 80.48 | 44.44 | 72.22 | 61.11 | 3.03 | 55.56 | 50.00 | 54.17 | 0.00 | 1.01 |
| 600209 | 汽车运用与维修技术 | 90.18 | 68.15 | 48.04 | 66.18 | 76.47 | 41.67 | 82.35 | 77.24 | 41.18 | 78.92 | 60.29 | 11.82 | 56.37 | 34.80 | 55.02 | 0.60 | 3.08 |
| 520403 | 油气储运技术 | 92.21 | 88.31 | 64.29 | 83.33 | 100.00 | 80.95 | 92.86 | 89.47 | 35.71 | 88.10 | 78.57 | 2.38 | 61.90 | 73.81 | 20.59 | 0.00 | 0.00 |
| 680503 | 法律事务 | 97.80 | 14.97 | 49.35 | 58.44 | 74.03 | 57.14 | 70.13 | 77.82 | 38.96 | 77.92 | 51.95 | 10.00 | 44.16 | 23.38 | 72.00 | 0.60 | 17.37 |
| 680502 | 法律文秘 | 91.00 | 43.00 | 35.29 | 47.06 | 76.47 | 52.94 | 64.71 | 68.82 | 70.59 | 88.24 | 35.29 | 6.25 | 23.53 | 5.88 | 81.40 | 0.00 | 28.00 |

续表

| 专业代码 | 专业 | 落实率 | 协议率 | 相关度 | 匹配度 | 社保比 | 职业稳定性 | 单位质量 | 工作稳定性 | 工作压力 | 工作自主性 | 薪资满意度 | 基层比 | 产业比 | 重点单位比 | 高校就业比 | 创业比 | 升学比 |
|---|---|---|---|---|---|---|---|---|---|---|---|---|---|---|---|---|---|---|
| 520307 | 测绘与地质工程技术 | 93.49 | 82.25 | 100.00 | 100.00 | 100.00 | 100.00 | 100.00 | 100.00 | 0.00 | 100.00 | 100.00 | – | 0.00 | 0.00 | 65.47 | 0.00 | 8.28 |
| 520304 | 测绘地理信息技术 | 91.84 | 74.15 | 66.67 | 78.79 | 87.88 | 36.36 | 78.79 | 85.30 | 45.45 | 81.82 | 45.45 | 0.00 | 42.42 | 15.15 | 53.21 | 0.00 | 10.20 |
| 520303 | 测绘工程技术 | 92.59 | 44.44 | 53.33 | 80.00 | 100.00 | 66.67 | 60.00 | 65.33 | 26.67 | 73.33 | 53.33 | 0.00 | 26.67 | 60.00 | 8.33 | 0.00 | 3.70 |
| 540406 | 消防工程技术 | 92.08 | 66.97 | 30.77 | 61.54 | 92.31 | 46.15 | 84.62 | 81.54 | 76.92 | 92.31 | 38.46 | 21.88 | 50.00 | 11.54 | 56.42 | 0.90 | 3.62 |
| 600307 | 港口与航道工程技术 | 67.50 | 17.50 | 100.00 | 0.00 | 0.00 | 100.00 | 0.00 | 0.00 | 0.00 | 0.00 | 0.00 | 100.00 | 0.00 | 100.00 | 42.86 | 0.00 | 27.50 |
| 600309 | 港口物流管理 | 92.51 | 56.55 | 46.67 | 73.33 | 73.33 | 20.00 | 76.67 | 85.25 | 50.00 | 83.33 | 66.67 | 0.00 | 40.00 | 26.67 | 49.01 | 1.50 | 5.62 |
| 650121 | 游戏设计 | 89.23 | 83.08 | 100.00 | 50.00 | 100.00 | 0.00 | 100.00 | 57.50 | 50.00 | 100.00 | 50.00 | 0.00 | 100.00 | 50.00 | 59.26 | 1.54 | 4.62 |
| 530204 | 火电厂集控运行 | 97.44 | 89.74 | 89.47 | 89.47 | 100.00 | 100.00 | 94.74 | 78.82 | 31.58 | 78.95 | 57.89 | 0.00 | 73.68 | 94.74 | 54.29 | 0.00 | 5.13 |
| 570211 | 烟花爆竹技术与管理 | 92.71 | 85.42 | 0.00 | 100.00 | 100.00 | 0.00 | 100.00 | 100.00 | 100.00 | 100.00 | 100.00 | 0.00 | 0.00 | 0.00 | 64.63 | 1.04 | 1.04 |
| 640202 | 烹调工艺与营养 | 90.55 | 88.27 | 72.14 | 80.00 | 67.86 | 48.57 | 86.43 | 81.57 | 51.43 | 87.86 | 60.00 | 7.69 | 50.71 | 25.00 | 67.90 | 0.00 | 1.95 |
| 560110 | 焊接技术与自动化 | 94.97 | 78.27 | 72.58 | 74.19 | 93.55 | 64.52 | 79.03 | 80.89 | 25.81 | 87.10 | 51.61 | 6.35 | 83.87 | 83.87 | 58.61 | 0.20 | 2.01 |
| 630902 | 物流信息技术 | 95.87 | 83.47 | 50.00 | 66.67 | 87.50 | 33.33 | 79.17 | 77.50 | 33.33 | 83.33 | 54.17 | 0.00 | 50.00 | 25.00 | 41.58 | 0.83 | 1.65 |
| 630901 | 物流工程技术 | 85.48 | 77.42 | 52.83 | 79.25 | 90.57 | 60.38 | 86.79 | 86.60 | 37.74 | 88.68 | 69.81 | 7.41 | 43.40 | 26.42 | 56.25 | 0.00 | 4.03 |
| 120601 | 物流管理 | 88.50 | 69.24 | 44.64 | 60.89 | 74.64 | 41.96 | 78.39 | 78.61 | 42.86 | 80.00 | 55.54 | 3.05 | 45.00 | 25.54 | 59.26 | 0.39 | 7.81 |
| 630904 | 物流金融管理 | 86.96 | 73.91 | 53.85 | 61.54 | 92.31 | 61.54 | 92.31 | 90.77 | 69.23 | 92.31 | 76.92 | 0.00 | 38.46 | 30.77 | 70.59 | 0.00 | 13.04 |
| 610307 | 物联网工程技术 | 96.43 | 90.18 | 43.90 | 71.95 | 85.37 | 45.12 | 86.59 | 83.39 | 41.46 | 89.02 | 63.41 | 7.69 | 68.29 | 30.49 | 39.11 | 0.00 | 2.68 |
| 610119 | 物联网应用技术 | 89.22 | 67.78 | 31.67 | 56.56 | 81.45 | 49.32 | 81.45 | 75.07 | 44.80 | 78.73 | 52.94 | 4.43 | 62.90 | 29.86 | 48.88 | 0.30 | 7.75 |
| 040108 | 特殊教育 | 88.46 | 84.62 | 93.75 | 81.25 | 87.50 | 77.08 | 79.17 | 82.34 | 18.75 | 79.17 | 54.17 | 0.00 | 20.83 | 0.00 | 83.22 | 0.00 | 2.66 |
| 520805 | 环境信息技术 | 90.32 | 77.42 | 50.00 | 50.00 | 75.00 | 25.00 | 100.00 | 95.00 | 50.00 | 75.00 | 50.00 | 0.00 | 100.00 | 25.00 | 60.42 | 0.00 | 6.45 |
| 520207 | 环境地质工程 | 71.67 | 57.50 | 33.33 | 56.25 | 75.00 | 47.92 | 79.17 | 78.70 | 52.08 | 77.08 | 54.17 | 8.51 | 50.00 | 22.92 | 76.81 | 1.67 | 10.83 |
| 520804 | 环境工程技术 | 89.55 | 64.85 | 46.15 | 38.46 | 69.23 | 84.62 | 46.15 | 55.19 | 7.69 | 69.23 | 53.85 | 0.00 | 61.54 | 30.77 | 59.34 | 0.48 | 10.69 |

续表

| 专业代码 | 专业 | 落实率 | 协议率 | 相关度 | 匹配度 | 社保比 | 职业稳定性 | 单位质量 | 工作稳定性 | 工作压力 | 工作自主性 | 薪资满意度 | 基层比 | 产业比 | 重点单位比 | 高校就业比 | 创业比 | 升学比 |
|---|---|---|---|---|---|---|---|---|---|---|---|---|---|---|---|---|---|---|
| 520801 | 环境监测与控制技术 | 86.92 | 62.93 | 72.09 | 74.42 | 90.70 | 62.79 | 76.74 | 72.67 | 48.84 | 79.07 | 55.81 | 0.00 | 53.49 | 27.91 | 57.43 | 0.00 | 11.84 |
| 650111 | 环境艺术设计 | 92.17 | 65.09 | 45.38 | 66.15 | 51.54 | 37.69 | 69.23 | 77.23 | 37.69 | 77.69 | 47.69 | 4.72 | 39.23 | 13.85 | 76.27 | 0.79 | 16.02 |
| 520807 | 环境规划与管理 | 91.84 | 50.20 | 65.00 | 65.00 | 90.00 | 55.00 | 80.00 | 61.75 | 25.00 | 65.00 | 40.00 | 0.00 | 60.00 | 25.00 | 68.29 | 4.49 | 8.98 |
| 520808 | 环境评价与咨询服务 | 90.85 | 66.67 | 50.00 | 100.00 | 100.00 | 50.00 | 100.00 | 100.00 | 50.00 | 100.00 | 100.00 | 0.00 | 0.00 | 0.00 | 55.88 | 1.96 | 11.11 |
| 510104 | 现代农业技术 | 96.45 | 89.34 | 88.36 | 93.84 | 99.32 | 97.95 | 99.32 | 97.47 | 33.56 | 98.63 | 69.18 | 6.16 | 35.62 | 5.48 | 94.60 | 0.00 | 1.78 |
| 045114 | 现代教育技术 | 69.28 | 44.12 | 55.29 | 56.47 | 40.00 | 71.76 | 54.12 | 67.38 | 29.41 | 77.65 | 36.47 | 1.54 | 36.47 | 9.41 | 80.00 | 0.65 | 6.86 |
| 690305 | 现代殡葬技术与管理 | 93.71 | 81.13 | 89.55 | 89.55 | 92.54 | 77.61 | 85.07 | 81.12 | 59.70 | 77.61 | 73.13 | 1.54 | 53.73 | 28.36 | 15.12 | 0.00 | 5.03 |
| 650211 | 现代流行音乐 | 89.29 | 80.36 | 31.25 | 43.75 | 37.50 | 37.50 | 56.25 | 79.69 | 37.50 | 68.75 | 50.00 | 8.33 | 12.50 | 6.25 | 88.89 | 0.00 | 7.14 |
| 560112 | 理化测试与质检技术 | 94.66 | 76.26 | 80.25 | 79.01 | 97.53 | 69.14 | 87.65 | 78.24 | 38.27 | 77.78 | 62.96 | 2.47 | 71.60 | 56.79 | 30.35 | 1.19 | 5.93 |
| 510106 | 生态农业技术 | 66.67 | 61.46 | 68.75 | 77.08 | 95.83 | 93.75 | 93.75 | 92.24 | 39.58 | 95.83 | 68.75 | 33.33 | 35.42 | 8.33 | 79.66 | 1.04 | 0.00 |
| 610305 | 电信服务与管理 | 94.74 | 87.37 | 41.67 | 64.58 | 83.33 | 62.50 | 81.25 | 78.39 | 54.17 | 91.67 | 50.00 | 0.00 | 50.00 | 25.00 | 87.95 | 0.00 | 6.32 |
| 530103 | 电力系统自动化技术 | 91.03 | 83.85 | 89.02 | 89.63 | 98.17 | 86.59 | 98.78 | 94.57 | 31.10 | 93.90 | 71.95 | 3.11 | 45.73 | 78.66 | 60.51 | 0.82 | 6.04 |
| 530201 | 电厂热能动力装置 | 93.24 | 89.19 | 88.89 | 97.22 | 97.22 | 91.67 | 94.44 | 88.41 | 25.00 | 88.89 | 72.22 | 5.56 | 63.89 | 94.44 | 56.06 | 0.00 | 4.05 |
| 610101 | 电子信息工程技术 | 91.85 | 63.63 | 48.68 | 68.42 | 90.13 | 53.29 | 84.87 | 80.66 | 36.18 | 85.53 | 61.84 | 5.33 | 71.05 | 41.45 | 46.65 | 0.68 | 17.26 |
| 120801 | 电子商务 | 91.56 | 67.68 | 61.57 | 69.65 | 72.45 | 38.37 | 76.87 | 78.13 | 40.05 | 80.72 | 54.48 | 5.18 | 48.69 | 14.37 | 59.52 | 1.31 | 7.13 |
| 610214 | 电子商务技术 | 92.11 | 75.10 | 52.56 | 66.05 | 76.74 | 31.63 | 77.21 | 77.94 | 47.44 | 86.51 | 53.95 | 3.38 | 50.70 | 15.81 | 63.03 | 2.25 | 5.23 |
| 670411 | 电子竞技运动与管理 | 92.00 | 81.33 | 36.36 | 81.82 | 90.91 | 27.27 | 100.00 | 79.32 | 54.55 | 90.91 | 54.55 | 0.00 | 54.55 | 27.27 | 57.38 | 1.33 | 6.67 |
| 560114 | 电机与电器技术 | 97.50 | 85.00 | 60.00 | 80.00 | 95.00 | 55.00 | 95.00 | 83.00 | 15.00 | 80.00 | 60.00 | 4.76 | 65.00 | 70.00 | 43.14 | 0.00 | 5.83 |
| 560308 | 电梯工程技术 | 89.91 | 80.18 | 58.39 | 72.26 | 84.67 | 42.34 | 78.83 | 72.04 | 34.31 | 78.10 | 43.07 | 10.79 | 54.74 | 47.45 | 48.31 | 0.18 | 3.96 |
| 560302 | 电气自动化技术 | 92.38 | 73.03 | 63.24 | 73.07 | 93.15 | 65.33 | 85.27 | 78.23 | 32.59 | 79.46 | 57.74 | 11.96 | 60.27 | 56.40 | 38.82 | 0.35 | 10.08 |
| 510301 | 畜牧兽医 | 81.13 | 62.19 | 76.81 | 85.87 | 91.67 | 76.09 | 92.75 | 89.42 | 32.25 | 90.22 | 67.39 | 6.42 | 46.74 | 23.91 | 69.23 | 0.93 | 4.19 |

续表

| 专业代码 | 专业 | 落实率 | 协议率 | 相关度 | 匹配度 | 社保比 | 职业稳定性 | 单位质量 | 工作稳定性 | 工作压力 | 工作自主性 | 薪资满意度 | 基层比 | 产业比 | 重点单位比 | 高校就业比 | 创业比 | 升学比 |
|---|---|---|---|---|---|---|---|---|---|---|---|---|---|---|---|---|---|---|
| 650107 | 皮具艺术设计 | 95. 10 | 77. 62 | 100. 00 | 100. 00 | 100. 00 | 100. 00 | 100. 00 | 72. 50 | 100. 00 | 100. 00 | 0. 00 | 0. 00 | 0. 00 | 0. 00 | 66. 67 | 0. 00 | 4. 20 |
| 620407 | 眼视光技术 | 92. 88 | 64. 10 | 100. 00 | 85. 37 | 90. 24 | 63. 41 | 85. 37 | 91. 04 | 43. 90 | 78. 05 | 58. 54 | 2. 56 | 48. 78 | 36. 59 | 71. 11 | 0. 85 | 9. 97 |
| 570203 | 石油化工技术 | 89. 77 | 85. 44 | 85. 46 | 91. 63 | 99. 12 | 73. 57 | 94. 27 | 88. 94 | 21. 59 | 91. 63 | 79. 74 | 2. 22 | 67. 40 | 73. 57 | 33. 06 | 0. 00 | 0. 69 |
| 570202 | 石油炼制技术 | 82. 86 | 77. 14 | 85. 71 | 78. 57 | 92. 86 | 85. 71 | 85. 71 | 85. 71 | 14. 29 | 78. 57 | 78. 57 | 0. 00 | 78. 57 | 78. 57 | 18. 52 | 0. 00 | 0. 00 |
| 520602 | 矿物加工技术 | 96. 00 | 80. 00 | 100. 00 | 100. 00 | 100. 00 | 100. 00 | 100. 00 | 85. 00 | 0. 00 | 0. 00 | 100. 00 | 0. 00 | 0. 00 | 100. 00 | 10. 00 | 0. 00 | 16. 00 |
| 670403 | 社会体育 | 91. 49 | 63. 83 | 72. 73 | 77. 27 | 81. 82 | 72. 73 | 95. 45 | 88. 41 | 36. 36 | 95. 45 | 68. 18 | 0. 00 | 27. 27 | 13. 64 | 60. 00 | 0. 00 | 26. 60 |
| 030302 | 社会工作 | 88. 86 | 58. 06 | 46. 94 | 70. 41 | 83. 67 | 54. 08 | 85. 71 | 82. 78 | 38. 78 | 87. 76 | 52. 04 | 10. 87 | 38. 78 | 10. 20 | 60. 10 | 0. 29 | 19. 65 |
| 680605 | 社区矫正 | 81. 48 | 23. 70 | 25. 00 | 37. 50 | 62. 50 | 50. 00 | 50. 00 | 56. 56 | 25. 00 | 50. 00 | 25. 00 | 0. 00 | 37. 50 | 0. 00 | 56. 25 | 2. 96 | 19. 26 |
| 690104 | 社区管理与服务 | 89. 25 | 73. 36 | 35. 14 | 78. 38 | 81. 08 | 54. 05 | 83. 78 | 89. 46 | 32. 43 | 78. 38 | 59. 46 | 0. 00 | 54. 05 | 16. 22 | 70. 06 | 0. 00 | 11. 21 |
| 510102 | 种子生产与经营 | 86. 72 | 59. 38 | 55. 56 | 66. 67 | 77. 78 | 33. 33 | 88. 89 | 77. 78 | 33. 33 | 66. 67 | 55. 56 | 0. 00 | 44. 44 | 22. 22 | 64. 47 | 0. 00 | 12. 50 |
| 040102 | 科学教育 | 70. 52 | 32. 67 | 82. 89 | 72. 37 | 50. 00 | 77. 63 | 52. 63 | 77. 90 | 27. 63 | 80. 26 | 40. 79 | 5. 00 | 30. 26 | 10. 53 | 74. 39 | 0. 00 | 9. 96 |
| 610115 | 移动互联应用技术 | 89. 31 | 72. 52 | 40. 00 | 57. 33 | 79. 56 | 45. 78 | 83. 56 | 80. 64 | 44. 89 | 80. 44 | 44. 89 | 3. 30 | 61. 33 | 23. 56 | 57. 58 | 0. 76 | 10. 15 |
| 630802 | 移动商务 | 91. 69 | 72. 92 | 69. 23 | 70. 51 | 84. 62 | 39. 74 | 83. 33 | 78. 08 | 44. 87 | 75. 64 | 62. 82 | 3. 95 | 56. 41 | 16. 67 | 60. 26 | 2. 14 | 9. 26 |
| 610212 | 移动应用开发 | 90. 06 | 64. 55 | 21. 09 | 53. 91 | 79. 69 | 38. 28 | 71. 09 | 70. 12 | 41. 41 | 76. 56 | 42. 19 | 6. 56 | 53. 91 | 20. 31 | 47. 79 | 1. 10 | 7. 89 |
| 610302 | 移动通信技术 | 93. 41 | 78. 80 | 61. 67 | 70. 83 | 87. 50 | 59. 17 | 85. 83 | 82. 31 | 33. 33 | 82. 50 | 57. 50 | 1. 75 | 70. 00 | 31. 67 | 72. 00 | 1. 43 | 12. 32 |
| 600405 | 空中乘务 | 92. 17 | 75. 79 | 51. 85 | 71. 11 | 81. 48 | 54. 07 | 86. 67 | 82. 95 | 42. 22 | 86. 67 | 60. 00 | 3. 70 | 58. 52 | 37. 78 | 56. 55 | 0. 30 | 7. 29 |
| 570205 | 精细化工技术 | 94. 23 | 88. 46 | 80. 33 | 85. 25 | 90. 16 | 80. 33 | 95. 08 | 84. 18 | 29. 51 | 80. 33 | 59. 02 | 1. 67 | 68. 85 | 75. 41 | 38. 41 | 0. 00 | 2. 56 |
| 630505 | 经济信息管理 | 87. 33 | 61. 43 | 36. 11 | 69. 44 | 70. 83 | 58. 33 | 79. 17 | 77. 95 | 40. 28 | 80. 56 | 52. 78 | 5. 56 | 40. 28 | 8. 33 | 54. 71 | 4. 13 | 8. 54 |
| 540603 | 给排水工程技术 | 96. 15 | 79. 91 | 92. 31 | 88. 46 | 88. 46 | 96. 15 | 92. 31 | 93. 65 | 26. 92 | 88. 46 | 73. 08 | 0. 00 | 15. 38 | 42. 31 | 58. 29 | 0. 43 | 10. 68 |
| 630402 | 统计与会计核算 | 86. 81 | 56. 04 | 59. 38 | 62. 50 | 75. 00 | 43. 75 | 62. 50 | 67. 58 | 62. 50 | 81. 25 | 40. 63 | 0. 00 | 59. 38 | 12. 50 | 64. 71 | 0. 00 | 16. 48 |
| 510114 | 绿色食品生产与检验 | 83. 33 | 33. 33 | 100. 00 | 100. 00 | 100. 00 | 50. 00 | 100. 00 | 100. 00 | 0. 00 | 100. 00 | 100. 00 | 0. 00 | 50. 00 | 0. 00 | 92. 86 | 0. 00 | 38. 10 |

续表

| 专业代码 | 专业 | 落实率 | 协议率 | 相关度 | 匹配度 | 社保比 | 职业稳定性 | 单位质量 | 工作稳定性 | 工作压力 | 工作自主性 | 薪资满意度 | 基层比 | 产业比 | 重点单位比 | 高校就业比 | 创业比 | 升学比 |
|---|---|---|---|---|---|---|---|---|---|---|---|---|---|---|---|---|---|---|
| 660102 | 网络新闻与传播 | 95.24 | 84.52 | 68.42 | 68.42 | 84.21 | 57.89 | 63.16 | 67.50 | 36.84 | 84.21 | 68.42 | 5.00 | 47.37 | 5.26 | 77.46 | 1.19 | 9.52 |
| 630803 | 网络营销 | 87.50 | 72.92 | 44.23 | 65.38 | 61.54 | 25.00 | 80.77 | 75.68 | 50.00 | 82.69 | 51.92 | 2.08 | 42.31 | 19.23 | 68.57 | 0.83 | 3.96 |
| 670113 | 美术教育 | 82.85 | 59.72 | 73.58 | 69.81 | 48.11 | 55.66 | 67.92 | 75.19 | 37.74 | 73.58 | 42.45 | 6.59 | 29.25 | 5.66 | 88.21 | 0.00 | 9.80 |
| 620811 | 老年保健与管理 | 91.07 | 65.71 | 54.55 | 63.64 | 77.27 | 63.64 | 90.91 | 86.02 | 45.45 | 95.45 | 63.64 | 4.76 | 59.09 | 27.27 | 50.00 | 0.00 | 2.86 |
| 690301 | 老年服务与管理 | 80.62 | 63.25 | 71.74 | 80.43 | 84.78 | 71.74 | 93.48 | 77.18 | 32.61 | 78.26 | 50.00 | 2.33 | 47.83 | 23.91 | 47.18 | 2.00 | 5.79 |
| 520907 | 职业卫生技术与管理 | 84.51 | 74.65 | 100.00 | 0.00 | 100.00 | 0.00 | 100.00 | 80.00 | 0.00 | 100.00 | 0.00 | 0.00 | 100.00 | 0.00 | 67.92 | 0.00 | 5.63 |
| 650218 | 舞台艺术设计与制作 | 100.00 | 90.00 | 66.67 | 66.67 | 100.00 | 50.00 | 83.33 | 69.17 | 50.00 | 83.33 | 50.00 | 0.00 | 50.00 | 0.00 | 88.89 | 0.00 | 10.00 |
| 670116 | 舞蹈教育 | 85.95 | 31.40 | 82.35 | 82.35 | 47.06 | 58.82 | 76.47 | 75.74 | 35.29 | 70.59 | 35.29 | 0.00 | 29.41 | 0.00 | 84.21 | 0.00 | 28.10 |
| 130204 | 舞蹈表演 | 95.70 | 58.06 | 85.19 | 88.89 | 62.96 | 42.59 | 85.19 | 83.52 | 35.19 | 87.04 | 62.96 | 4.08 | 27.78 | 14.81 | 79.63 | 0.72 | 36.92 |
| 560603 | 航空发动机制造技术 | 94.31 | 80.49 | 57.41 | 72.22 | 94.44 | 64.81 | 92.59 | 73.47 | 31.48 | 77.78 | 37.04 | 5.45 | 83.33 | 66.67 | 22.22 | 0.00 | 10.57 |
| 560605 | 航空发动机维修技术 | 99.65 | 93.06 | 87.64 | 92.13 | 100.00 | 93.26 | 98.88 | 92.92 | 14.61 | 92.13 | 76.40 | 36.03 | 62.92 | 46.07 | 75.00 | 0.35 | 2.43 |
| 560604 | 航空发动机装试技术 | 91.71 | 83.17 | 64.21 | 78.95 | 95.79 | 76.84 | 91.58 | 85.87 | 26.32 | 89.47 | 65.26 | 39.07 | 60.00 | 46.32 | 8.16 | 0.00 | 2.51 |
| 600415 | 航空物流 | 93.90 | 86.59 | 9.09 | 72.73 | 72.73 | 72.73 | 81.82 | 78.18 | 63.64 | 90.91 | 63.64 | 11.11 | 18.18 | 18.18 | 54.93 | 0.00 | 2.44 |
| 560608 | 航空电子电气技术 | 100.00 | 92.00 | 62.50 | 87.50 | 87.50 | 62.50 | 100.00 | 91.25 | 25.00 | 87.50 | 62.50 | 11.11 | 62.50 | 75.00 | 43.48 | 0.00 | 8.00 |
| 670117 | 艺术教育 | 94.53 | 86.72 | 100.00 | 83.33 | 66.67 | 66.67 | 66.67 | 83.33 | 0.00 | 66.67 | 16.67 | 0.00 | 33.33 | 0.00 | 85.59 | 0.00 | 7.81 |
| 135108 | 艺术设计 | 93.86 | 74.74 | 65.71 | 70.29 | 66.86 | 31.43 | 77.71 | 74.40 | 45.71 | 80.57 | 47.43 | 7.05 | 49.71 | 16.00 | 69.72 | 0.48 | 12.27 |
| 670106 | 英语教育 | 81.37 | 32.15 | 75.00 | 68.75 | 56.25 | 63.54 | 65.63 | 79.14 | 32.29 | 84.38 | 46.88 | 1.25 | 38.54 | 9.38 | 71.72 | 0.22 | 32.37 |
| 630704 | 茶艺与茶叶营销 | 94.74 | 42.11 | 44.44 | 80.56 | 61.11 | 38.89 | 86.11 | 78.68 | 50.00 | 75.00 | 63.89 | 3.13 | 52.78 | 25.00 | 75.00 | 3.16 | 6.32 |
| 590302 | 药品服务与管理 | 91.95 | 40.80 | 72.22 | 72.22 | 72.22 | 33.33 | 72.22 | 79.17 | 50.00 | 88.89 | 61.11 | 5.88 | 72.22 | 50.00 | 77.46 | 0.57 | 6.90 |
| 590202 | 药品生产技术 | 92.82 | 72.09 | 60.30 | 69.35 | 87.44 | 53.27 | 81.41 | 75.98 | 38.19 | 74.87 | 47.24 | 1.65 | 75.38 | 40.20 | 54.65 | 0.64 | 5.90 |

续表

| 专业代码 | 专业 | 落实率 | 协议率 | 相关度 | 匹配度 | 社保比 | 职业稳定性 | 单位质量 | 工作稳定性 | 工作压力 | 工作自主性 | 薪资满意度 | 基层比 | 产业比 | 重点单位比 | 高校就业比 | 创业比 | 升学比 |
|---|---|---|---|---|---|---|---|---|---|---|---|---|---|---|---|---|---|---|
| 570103 | 药品生物技术 | 95.29 | 82.35 | 66.67 | 50.00 | 83.33 | 50.00 | 83.33 | 76.25 | 66.67 | 66.67 | 66.67 | 0.00 | 66.67 | 16.67 | 62.86 | 0.00 | 12.94 |
| 590301 | 药品经营与管理 | 94.77 | 74.14 | 59.52 | 66.19 | 85.71 | 46.67 | 75.71 | 80.27 | 37.14 | 75.71 | 43.33 | 3.08 | 63.33 | 38.57 | 62.30 | 0.30 | 4.78 |
| 590204 | 药品质量与安全 | 91.87 | 66.67 | 54.76 | 57.14 | 92.86 | 47.62 | 83.33 | 76.60 | 35.71 | 78.57 | 45.24 | 0.00 | 64.29 | 38.10 | 72.87 | 0.00 | 6.91 |
| 100701 | 药学 | 90.03 | 58.75 | 70.49 | 70.28 | 84.93 | 55.20 | 79.41 | 76.25 | 38.64 | 78.77 | 42.04 | 3.04 | 69.43 | 37.79 | 70.81 | 0.26 | 7.93 |
| 640203 | 营养配餐 | 89.55 | 73.13 | 28.57 | 61.90 | 52.38 | 42.86 | 71.43 | 73.69 | 57.14 | 80.95 | 57.14 | 21.43 | 57.14 | 33.33 | 83.67 | 0.00 | 14.93 |
| 610216 | 虚拟现实应用技术 | 87.41 | 70.50 | 29.55 | 50.00 | 75.00 | 31.82 | 70.45 | 73.01 | 27.27 | 75.00 | 50.00 | 10.87 | 68.18 | 22.73 | 57.14 | 0.00 | 4.68 |
| 680603 | 行政执行 | 90.91 | 57.58 | 76.92 | 76.92 | 76.92 | 100.00 | 92.31 | 84.23 | 30.77 | 76.92 | 84.62 | 14.29 | 15.38 | 0.00 | 73.68 | 0.00 | 0.00 |
| 120402 | 行政管理 | 99.65 | 4.16 | 47.22 | 66.67 | 75.00 | 55.56 | 94.44 | 85.21 | 41.67 | 80.56 | 50.00 | 8.11 | 55.56 | 11.11 | 55.56 | 0.04 | 1.42 |
| 650201 | 表演艺术 | 88.82 | 46.05 | 88.24 | 82.35 | 35.29 | 52.94 | 76.47 | 79.41 | 70.59 | 76.47 | 58.82 | 0.00 | 29.41 | 5.88 | 88.57 | 0.00 | 28.95 |
| 640205 | 西餐工艺 | 85.94 | 81.25 | 68.57 | 80.00 | 71.43 | 45.71 | 74.29 | 79.93 | 54.29 | 85.71 | 40.00 | 6.06 | 51.43 | 28.57 | 84.62 | 0.00 | 4.69 |
| 650102 | 视觉传播设计与制作 | 91.36 | 67.52 | 58.56 | 54.95 | 72.97 | 40.54 | 71.17 | 68.38 | 40.54 | 66.67 | 42.34 | 1.94 | 29.73 | 9.01 | 69.55 | 0.73 | 15.94 |
| 620502 | 言语听觉康复技术 | 85.65 | 56.05 | 81.48 | 81.48 | 74.07 | 85.19 | 74.07 | 70.19 | 25.93 | 77.78 | 29.63 | 3.70 | 33.33 | 11.11 | 65.60 | 0.00 | 4.48 |
| 610203 | 计算机信息管理 | 81.50 | 68.28 | 28.81 | 47.46 | 83.05 | 37.29 | 72.88 | 65.55 | 42.37 | 72.88 | 44.07 | 0.00 | 62.71 | 23.73 | 61.94 | 0.44 | 3.96 |
| 610201 | 计算机应用技术 | 87.23 | 68.78 | 41.11 | 60.24 | 76.93 | 40.03 | 78.43 | 75.89 | 41.79 | 78.70 | 53.46 | 7.95 | 59.02 | 21.71 | 51.23 | 0.73 | 6.68 |
| 610202 | 计算机网络技术 | 90.24 | 69.65 | 45.66 | 61.35 | 82.65 | 44.90 | 78.70 | 76.82 | 42.09 | 79.72 | 51.66 | 9.78 | 65.94 | 24.11 | 55.69 | 0.69 | 8.49 |
| 670104 | 语文教育 | 83.30 | 30.24 | 71.06 | 69.79 | 45.11 | 71.91 | 61.28 | 76.15 | 28.94 | 76.17 | 46.81 | 3.39 | 24.68 | 7.23 | 76.53 | 0.33 | 25.00 |
| 120204 | 财务管理 | 89.61 | 64.75 | 56.46 | 66.27 | 73.21 | 46.89 | 77.99 | 76.73 | 44.74 | 81.34 | 49.76 | 3.79 | 47.61 | 12.44 | 59.79 | 0.24 | 15.80 |
| 630103 | 资产评估与管理 | 100.00 | 88.46 | 50.00 | 60.00 | 80.00 | 80.00 | 100.00 | 90.75 | 30.00 | 60.00 | 60.00 | 12.50 | 60.00 | 20.00 | 60.87 | 0.00 | 11.54 |
| 630805 | 跨境电子商务 | 94.04 | 74.02 | 67.67 | 73.68 | 79.70 | 33.83 | 86.47 | 81.12 | 40.60 | 87.97 | 63.16 | 2.46 | 41.35 | 11.28 | 54.79 | 0.89 | 7.48 |
| 600310 | 轮机工程技术 | 90.41 | 64.38 | 44.44 | 70.37 | 81.48 | 62.96 | 81.48 | 90.56 | 48.15 | 88.89 | 59.26 | 7.41 | 37.04 | 33.33 | 59.57 | 6.85 | 6.85 |

续表

| 专业代码 | 专业 | 落实率 | 协议率 | 相关度 | 匹配度 | 社保比 | 职业稳定性 | 单位质量 | 工作稳定性 | 工作压力 | 工作自主性 | 薪资满意度 | 基层比 | 产业比 | 重点单位比 | 高校就业比 | 创业比 | 升学比 |
|---|---|---|---|---|---|---|---|---|---|---|---|---|---|---|---|---|---|---|
| 610206 | 软件与信息服务 | 90. 34 | 63. 77 | 28. 57 | 42. 86 | 71. 43 | 57. 14 | 85. 71 | 81. 78 | 57. 14 | 57. 14 | 28. 57 | 14. 29 | 57. 14 | 28. 57 | 47. 73 | 2. 90 | 7. 73 |
| 610205 | 软件技术 | 91. 37 | 67. 08 | 39. 64 | 61. 58 | 81. 65 | 47. 63 | 77. 41 | 75. 30 | 39. 48 | 75. 77 | 50. 16 | 5. 19 | 62. 97 | 20. 80 | 51. 15 | 0. 73 | 11. 97 |
| 040202 | 运动训练 | 95. 62 | 82. 17 | 77. 97 | 84. 75 | 69. 49 | 55. 93 | 83. 05 | 86. 83 | 47. 46 | 88. 14 | 59. 32 | 27. 14 | 27. 12 | 20. 34 | 33. 53 | 0. 65 | 11. 51 |
| 630604 | 连锁经营管理 | 93. 03 | 79. 60 | 44. 64 | 62. 50 | 80. 36 | 32. 14 | 76. 79 | 72. 37 | 37. 50 | 76. 79 | 39. 29 | 8. 51 | 51. 79 | 17. 86 | 78. 13 | 1. 00 | 5. 47 |
| 610304 | 通信工程设计与监理 | 92. 55 | 79. 79 | 72. 41 | 68. 97 | 86. 21 | 51. 72 | 72. 41 | 78. 02 | 44. 83 | 82. 76 | 58. 62 | 3. 85 | 75. 86 | 34. 48 | 60. 00 | 0. 00 | 12. 77 |
| 610301 | 通信技术 | 90. 41 | 76. 20 | 60. 00 | 74. 00 | 82. 67 | 58. 00 | 82. 67 | 81. 75 | 42. 67 | 83. 33 | 51. 33 | 4. 17 | 64. 67 | 34. 67 | 55. 28 | 1. 20 | 9. 76 |
| 600416 | 通用航空器维修 | 97. 14 | 89. 29 | 69. 39 | 81. 63 | 97. 96 | 93. 88 | 95. 92 | 83. 37 | 28. 57 | 81. 63 | 61. 22 | 26. 15 | 55. 10 | 46. 94 | 76. 00 | 0. 00 | 2. 14 |
| 600417 | 通用航空航务技术 | 100. 00 | 65. 79 | 20. 00 | 80. 00 | 80. 00 | 80. 00 | 80. 00 | 89. 00 | 80. 00 | 80. 00 | 80. 00 | 0. 00 | 100. 00 | 40. 00 | 12. 00 | 0. 00 | 10. 53 |
| 600204 | 道路养护与管理 | 86. 96 | 21. 74 | 92. 31 | 84. 62 | 92. 31 | 69. 23 | 84. 62 | 85. 19 | 23. 08 | 84. 62 | 69. 23 | 0. 00 | 15. 38 | 69. 23 | 26. 67 | 0. 00 | 13. 04 |
| 600202 | 道路桥梁工程技术 | 86. 50 | 58. 30 | 81. 33 | 78. 67 | 72. 67 | 60. 00 | 80. 00 | 79. 15 | 26. 00 | 80. 67 | 60. 67 | 4. 23 | 24. 67 | 48. 67 | 37. 76 | 0. 52 | 12. 47 |
| 120902 | 酒店管理 | 88. 58 | 74. 71 | 60. 98 | 71. 97 | 79. 17 | 58. 33 | 87. 88 | 80. 35 | 50. 38 | 83. 71 | 49. 62 | 5. 83 | 53. 79 | 43. 18 | 65. 95 | 0. 23 | 6. 70 |
| 630907 | 采购与供应管理 | 91. 30 | 84. 78 | 33. 33 | 33. 33 | 66. 67 | 33. 33 | 100. 00 | 88. 33 | 66. 67 | 100. 00 | 33. 33 | 0. 00 | 33. 33 | 0. 00 | 56. 41 | 0. 00 | 6. 52 |
| 520601 | 金属与非金属矿开采技术 | 97. 50 | 72. 50 | 100. 00 | 100. 00 | 50. 00 | 0. 00 | 50. 00 | 75. 00 | 100. 00 | 100. 00 | 50. 00 | 0. 00 | 0. 00 | 50. 00 | 31. 03 | 0. 00 | 22. 50 |
| 560107 | 金属材料与热处理技术 | 92. 96 | 85. 92 | 66. 67 | 66. 67 | 100. 00 | 66. 67 | 33. 33 | 62. 50 | 0. 00 | 66. 67 | 66. 67 | 0. 00 | 66. 67 | 66. 67 | 59. 02 | 0. 00 | 5. 63 |
| 630201 | 金融管理 | 91. 76 | 55. 37 | 43. 37 | 55. 42 | 72. 29 | 36. 55 | 72. 69 | 75. 15 | 42. 57 | 76. 31 | 52. 21 | 4. 07 | 53. 82 | 19. 28 | 66. 57 | 0. 94 | 17. 25 |
| 620105 | 针灸推拿 | 93. 10 | 58. 91 | 86. 61 | 84. 25 | 72. 44 | 77. 17 | 84. 25 | 80. 39 | 33. 07 | 85. 04 | 48. 82 | 6. 90 | 51. 97 | 10. 24 | 78. 05 | 0. 00 | 19. 83 |
| 650215 | 钢琴调律 | 90. 91 | 81. 82 | 0. 00 | 100. 00 | 0. 00 | 100. 00 | 100. 00 | 100. 00 | 100. 00 | 100. 00 | 100. 00 | 0. 00 | 0. 00 | 0. 00 | 77. 78 | 0. 00 | 9. 09 |
| 520203 | 钻探技术 | 93. 48 | 82. 61 | 80. 00 | 80. 00 | 100. 00 | 73. 33 | 100. 00 | 81. 50 | 33. 33 | 86. 67 | 60. 00 | 7. 14 | 33. 33 | 33. 33 | 71. 05 | 0. 00 | 8. 70 |
| 600110 | 铁路桥梁与隧道工程技术 | 100. 00 | 95. 00 | 90. 00 | 80. 00 | 100. 00 | 90. 00 | 80. 00 | 94. 50 | 10. 00 | 90. 00 | 80. 00 | 0. 00 | 30. 00 | 90. 00 | 18. 42 | 0. 00 | 0. 83 |

续表

| 专业代码 | 专业 | 落实率 | 协议率 | 相关度 | 匹配度 | 社保比 | 职业稳定性 | 单位质量 | 工作稳定性 | 工作压力 | 工作自主性 | 薪资满意度 | 基层比 | 产业比 | 重点单位比 | 高校就业比 | 创业比 | 升学比 |
|---|---|---|---|---|---|---|---|---|---|---|---|---|---|---|---|---|---|---|
| 600109 | 铁路物流管理 | 93.48 | 60.43 | 33.93 | 51.79 | 94.64 | 69.64 | 78.57 | 79.42 | 46.43 | 75.00 | 48.21 | 0.00 | 48.21 | 51.79 | 27.34 | 0.43 | 9.13 |
| 600108 | 铁道交通运营管理 | 94.90 | 80.87 | 77.25 | 80.42 | 92.59 | 87.83 | 87.83 | 84.63 | 29.10 | 84.66 | 69.31 | 2.82 | 37.57 | 76.19 | 17.61 | 0.00 | 3.08 |
| 600103 | 铁道供电技术 | 93.73 | 84.13 | 76.99 | 76.99 | 97.35 | 87.61 | 93.81 | 84.00 | 33.63 | 87.61 | 69.03 | 3.57 | 28.32 | 79.65 | 19.74 | 0.00 | 2.58 |
| 600106 | 铁道信号自动控制 | 93.46 | 79.18 | 86.21 | 84.48 | 99.14 | 93.10 | 93.10 | 89.67 | 24.14 | 89.66 | 74.14 | 0.88 | 30.17 | 85.34 | 19.88 | 0.00 | 2.42 |
| 600104 | 铁道工程技术 | 97.56 | 86.80 | 87.57 | 89.19 | 95.14 | 95.68 | 93.51 | 88.17 | 31.89 | 84.86 | 79.46 | 0.55 | 24.32 | 88.11 | 10.70 | 0.12 | 2.32 |
| 600101 | 铁道机车 | 92.33 | 78.68 | 74.93 | 76.40 | 97.35 | 89.09 | 86.43 | 80.41 | 21.53 | 79.94 | 65.49 | 1.82 | 33.92 | 85.55 | 19.20 | 0.40 | 2.58 |
| 560401 | 铁道机车车辆制造与维护 | 93.17 | 72.20 | 49.37 | 56.96 | 91.14 | 70.89 | 81.01 | 77.63 | 27.85 | 74.68 | 54.43 | 2.82 | 59.49 | 62.03 | 31.76 | 1.46 | 3.90 |
| 600102 | 铁道车辆 | 95.03 | 77.12 | 69.50 | 79.43 | 96.45 | 84.40 | 92.91 | 83.18 | 34.75 | 83.69 | 70.21 | 3.62 | 40.43 | 80.14 | 32.37 | 0.00 | 3.40 |
| 600107 | 铁道通信与信息化技术 | 96.34 | 78.03 | 76.47 | 86.27 | 99.02 | 93.14 | 91.18 | 89.54 | 27.45 | 89.22 | 75.49 | 0.98 | 47.06 | 81.37 | 19.49 | 0.00 | 1.97 |
| 650115 | 陶瓷设计与工艺 | 92.86 | 63.10 | 0.00 | 50.00 | 50.00 | 0.00 | 0.00 | 50.00 | 50.00 | 50.00 | 0.00 | 100.00 | 50.00 | 0.00 | 68.87 | 0.60 | 20.83 |
| 610120 | 集成电路技术应用 | 87.69 | 78.46 | 61.90 | 57.14 | 90.48 | 61.90 | 80.95 | 79.88 | 23.81 | 66.67 | 52.38 | 5.26 | 85.71 | 57.14 | 56.86 | 0.00 | 7.69 |
| 650220 | 音乐传播 | 90.21 | 56.64 | 63.64 | 72.73 | 45.45 | 36.36 | 81.82 | 90.91 | 45.45 | 100.00 | 63.64 | 10.00 | 36.36 | 9.09 | 81.48 | 0.00 | 28.67 |
| 650206 | 音乐剧表演 | 93.44 | 77.05 | 60.00 | 50.00 | 60.00 | 60.00 | 70.00 | 80.00 | 40.00 | 80.00 | 50.00 | 11.11 | 30.00 | 60.00 | 76.60 | 0.00 | 16.39 |
| 670112 | 音乐教育 | 81.45 | 47.70 | 63.78 | 67.72 | 42.52 | 67.72 | 68.50 | 75.26 | 44.88 | 75.59 | 46.46 | 6.42 | 22.05 | 7.09 | 84.07 | 0.00 | 27.92 |
| 130201 | 音乐表演 | 92.64 | 44.33 | 60.00 | 80.00 | 68.00 | 52.00 | 74.00 | 87.65 | 36.00 | 82.00 | 58.00 | 8.70 | 28.00 | 16.00 | 81.17 | 0.20 | 42.15 |
| 100401 | 预防医学 | 87.62 | 63.55 | 71.05 | 73.68 | 86.84 | 87.72 | 85.96 | 84.03 | 39.47 | 81.58 | 44.74 | 7.77 | 35.96 | 6.14 | 83.09 | 0.00 | 7.71 |
| 530301 | 风力发电工程技术 | 94.12 | 83.82 | 81.25 | 68.75 | 93.75 | 62.50 | 87.50 | 62.81 | 50.00 | 75.00 | 50.00 | 0.00 | 81.25 | 43.75 | 45.61 | 0.00 | 2.94 |
| 540105 | 风景园林设计 | 88.67 | 67.00 | 25.00 | 62.50 | 50.00 | 50.00 | 75.00 | 77.50 | 50.00 | 75.00 | 50.00 | 0.00 | 25.00 | 25.00 | 67.65 | 0.49 | 14.78 |
| 530302 | 风电系统运行与维护 | 91.49 | 70.21 | 66.67 | 83.33 | 83.33 | 50.00 | 66.67 | 55.00 | 16.67 | 83.33 | 50.00 | 0.00 | 83.33 | 33.33 | 48.48 | 0.00 | 6.38 |

续表

| 专业代码 | 专业 | 落实率 | 协议率 | 相关度 | 匹配度 | 社保比 | 职业稳定性 | 单位质量 | 工作稳定性 | 工作压力 | 工作自主性 | 薪资满意度 | 基层比 | 产业比 | 重点单位比 | 高校就业比 | 创业比 | 升学比 |
|---|---|---|---|---|---|---|---|---|---|---|---|---|---|---|---|---|---|---|
| 600409 | 飞机机电设备维修 | 93.59 | 75.00 | 70.19 | 76.92 | 93.27 | 65.38 | 89.42 | 83.97 | 21.15 | 79.81 | 60.58 | 26.36 | 82.69 | 53.85 | 9.40 | 0.00 | 5.77 |
| 600410 | 飞机电子设备维修 | 98.09 | 90.45 | 77.42 | 83.87 | 96.77 | 91.94 | 98.39 | 88.43 | 17.74 | 90.32 | 75.81 | 51.67 | 66.13 | 50.00 | 58.05 | 0.24 | 2.39 |
| 560601 | 飞行器制造技术 | 92.56 | 81.14 | 76.19 | 78.10 | 96.19 | 80.95 | 93.33 | 82.17 | 24.76 | 81.90 | 56.19 | 27.34 | 75.24 | 61.90 | 29.97 | 0.00 | 4.22 |
| 560602 | 飞行器维修技术 | 99.01 | 91.13 | 89.21 | 92.81 | 98.56 | 97.12 | 98.56 | 93.88 | 11.51 | 89.21 | 81.29 | 35.51 | 54.68 | 40.29 | 74.77 | 0.00 | 1.97 |
| 590101 | 食品加工技术 | 90.23 | 75.94 | 100.00 | 100.00 | 100.00 | 0.00 | 100.00 | 30.00 | 100.00 | 100.00 | 100.00 | 0.00 | 0.00 | 0.00 | 82.18 | 1.50 | 3.76 |
| 590105 | 食品检测技术 | 93.68 | 80.00 | 77.78 | 83.33 | 83.33 | 61.11 | 94.44 | 85.83 | 50.00 | 83.33 | 61.11 | 12.50 | 55.56 | 33.33 | 97.37 | 0.00 | 11.58 |
| 570101 | 食品生物技术 | 87.06 | 64.12 | 44.44 | 66.67 | 66.67 | 61.11 | 66.67 | 82.08 | 72.22 | 94.44 | 50.00 | 6.67 | 38.89 | 22.22 | 56.88 | 0.00 | 2.94 |
| 590107 | 食品营养与检测 | 93.18 | 67.61 | 55.56 | 55.56 | 88.89 | 55.56 | 83.33 | 81.25 | 38.89 | 77.78 | 61.11 | 0.00 | 50.00 | 38.89 | 75.63 | 0.00 | 6.25 |
| 082702 | 食品质量与安全 | 89.50 | 68.00 | 62.50 | 75.00 | 75.00 | 70.83 | 75.00 | 80.42 | 12.50 | 83.33 | 62.50 | 4.35 | 50.00 | 29.17 | 76.47 | 0.00 | 11.50 |
| 640201 | 餐饮管理 | 95.06 | 88.89 | 69.05 | 85.71 | 77.38 | 39.29 | 85.71 | 90.12 | 42.86 | 86.90 | 72.62 | 0.00 | 54.76 | 20.24 | 79.17 | 0.00 | 6.17 |
| 570204 | 高分子合成技术 | 33.33 | 33.33 | 0.00 | 0.00 | 100.00 | 100.00 | 0.00 | 0.00 | 0.00 | 0.00 | 0.00 | 0.00 | 100.00 | 100.00 | 100.00 | 0.00 | 0.00 |
| 530602 | 高分子材料工程技术 | 88.33 | 76.67 | 87.50 | 87.50 | 100.00 | 100.00 | 100.00 | 100.00 | 12.50 | 100.00 | 75.00 | 0.00 | 100.00 | 75.00 | 34.78 | 0.00 | 6.67 |
| 530104 | 高压输配电线路施工运行与维护 | 97.70 | 97.04 | 97.95 | 96.92 | 100.00 | 96.92 | 99.49 | 92.61 | 16.41 | 93.33 | 55.38 | 0.51 | 48.72 | 90.26 | 95.59 | 0.00 | 0.33 |
| 670405 | 高尔夫球运动与管理 | 82.25 | 72.78 | 72.73 | 72.73 | 72.73 | 27.27 | 100.00 | 94.55 | 27.27 | 90.91 | 72.73 | 0.00 | 36.36 | 36.36 | 21.95 | 0.59 | 5.33 |
| 600112 | 高速铁路客运乘务 | 90.96 | 81.44 | 32.41 | 51.03 | 84.14 | 43.45 | 77.93 | 75.93 | 46.21 | 81.38 | 53.79 | 5.76 | 53.10 | 35.17 | 48.43 | 0.24 | 3.60 |
| 600111 | 高速铁道工程技术 | 93.48 | 56.14 | 72.00 | 84.00 | 72.00 | 84.00 | 88.00 | 80.20 | 36.00 | 84.00 | 64.00 | 0.00 | 12.00 | 64.00 | 17.41 | 0.25 | 16.04 |
| 600114 | 高铁综合维修技术 | 94.01 | 79.58 | 75.68 | 79.73 | 95.95 | 89.19 | 93.24 | 83.07 | 21.62 | 71.62 | 74.32 | 2.74 | 36.49 | 86.49 | 14.60 | 0.00 | 0.70 |

## （二）本科专业

**附表 3-13　湖南省普通高校 2023 届本科毕业生分专业就业质量评估指标明细表**

| 专业代码 | 专业 | 落实率 | 协议率 | 相关度 | 匹配度 | 社保比 | 职业稳定性 | 单位质量 | 工作稳定性 | 工作压力 | 工作自主性 | 薪资满意度 | 基层比 | 产业比 | 重点单位比 | 高校就业比 | 创业比 | 升学比 |
|---|---|---|---|---|---|---|---|---|---|---|---|---|---|---|---|---|---|---|
| 100501 | 中医学 | 89.11 | 18.56 | 94.78 | 85.07 | 83.58 | 87.31 | 84.33 | 78.36 | 26.87 | 78.36 | 43.28 | 5.00 | 45.52 | 7.46 | 75.51 | 0.00 | 39.58 |
| 100801 | 中药学 | 91.13 | 51.22 | 84.72 | 70.83 | 87.50 | 75.00 | 80.56 | 77.95 | 37.50 | 84.72 | 52.78 | 3.13 | 70.83 | 22.22 | 66.67 | 0.00 | 24.61 |
| 100802 | 中药资源与开发 | 93.26 | 37.08 | 77.78 | 100.00 | 100.00 | 88.89 | 77.78 | 67.78 | 33.33 | 66.67 | 55.56 | 0.00 | 88.89 | 22.22 | 57.58 | 0.00 | 39.33 |
| 100601 | 中西医临床医学 | 83.38 | 17.44 | 97.37 | 92.11 | 92.11 | 86.84 | 84.21 | 88.03 | 34.21 | 81.58 | 47.37 | 2.94 | 57.89 | 7.89 | 70.31 | 0.00 | 32.43 |
| 100201 | 临床医学 | 83.82 | 38.65 | 95.11 | 86.81 | 87.13 | 95.44 | 87.95 | 83.95 | 23.45 | 79.80 | 47.72 | 3.67 | 53.26 | 7.98 | 77.68 | 0.12 | 31.54 |
| 130405 | 书法学 | 83.62 | 61.58 | 83.87 | 80.65 | 74.19 | 74.19 | 87.10 | 89.68 | 41.94 | 83.87 | 54.84 | 6.67 | 19.35 | 12.90 | 49.54 | 1.13 | 5.65 |
| 020309 | 互联网金融 | 80.49 | 70.73 | 71.43 | 80.95 | 100.00 | 61.90 | 71.43 | 90.00 | 19.05 | 80.95 | 52.38 | 4.55 | 57.14 | 61.90 | 65.52 | 0.00 | 7.32 |
| 081802 | 交通工程 | 90.00 | 53.08 | 44.83 | 65.52 | 100.00 | 86.21 | 75.86 | 65.78 | 17.24 | 68.97 | 48.28 | 3.45 | 24.14 | 86.21 | 21.74 | 0.77 | 35.38 |
| 081806 | 交通设备与控制工程 | 89.74 | 41.54 | 83.33 | 66.67 | 100.00 | 83.33 | 66.67 | 54.17 | 22.22 | 50.00 | 44.44 | 5.56 | 88.89 | 72.22 | 37.04 | 0.00 | 46.15 |
| 081801 | 交通运输 | 81.12 | 48.38 | 22.03 | 59.32 | 98.31 | 91.53 | 77.97 | 72.59 | 25.42 | 79.66 | 71.19 | 7.55 | 37.29 | 50.85 | 16.46 | 0.00 | 25.07 |
| 130504 | 产品设计 | 86.13 | 46.99 | 56.52 | 75.36 | 92.27 | 74.40 | 80.68 | 76.29 | 42.51 | 78.26 | 52.66 | 7.89 | 53.62 | 23.67 | 31.35 | 1.08 | 6.45 |
| 120206 | 人力资源管理 | 85.28 | 63.59 | 64.53 | 75.62 | 95.07 | 77.09 | 80.54 | 75.62 | 32.51 | 77.34 | 53.69 | 2.89 | 52.71 | 43.60 | 46.97 | 0.67 | 5.86 |
| 080717 | 人工智能 | 76.92 | 56.73 | 42.86 | 71.43 | 100.00 | 71.43 | 100.00 | 96.78 | 42.86 | 85.71 | 42.86 | 0.00 | 100.00 | 14.29 | 49.15 | 0.00 | 20.19 |
| 070503 | 人文地理与城乡规划 | 85.82 | 32.84 | 50.00 | 62.50 | 100.00 | 87.50 | 100.00 | 76.88 | 37.50 | 50.00 | 100.00 | 0.00 | 37.50 | 62.50 | 61.36 | 0.00 | 27.61 |
| 040103 | 人文教育 | 90.24 | 80.49 | 92.31 | 76.92 | 92.31 | 84.62 | 69.23 | 97.31 | 15.38 | 92.31 | 84.62 | 7.69 | 7.69 | 7.69 | 96.97 | 0.00 | 4.88 |
| 040207 | 休闲体育 | 90.18 | 73.01 | 73.91 | 78.26 | 56.52 | 52.17 | 78.26 | 77.50 | 30.43 | 95.65 | 43.48 | 4.55 | 34.78 | 13.04 | 87.39 | 2.45 | 11.04 |
| 120903 | 会展经济与管理 | 88.74 | 58.28 | 33.90 | 59.32 | 91.53 | 72.88 | 89.83 | 81.61 | 28.81 | 72.88 | 59.32 | 0.00 | 54.24 | 33.90 | 51.14 | 0.00 | 19.21 |
| 120203 | 会计学 | 78.76 | 53.44 | 73.59 | 74.52 | 89.99 | 77.15 | 82.29 | 79.68 | 36.96 | 79.06 | 52.98 | 1.73 | 49.64 | 36.52 | 59.21 | 0.48 | 7.80 |
| 040201 | 体育教育 | 89.47 | 53.98 | 86.20 | 81.68 | 76.56 | 82.54 | 78.39 | 81.51 | 28.94 | 83.76 | 48.35 | 7.12 | 25.89 | 6.84 | 68.11 | 0.97 | 7.97 |

续表

| 专业代码 | 专业 | 落实率 | 协议率 | 相关度 | 匹配度 | 社保比 | 职业稳定性 | 单位质量 | 工作稳定性 | 工作压力 | 工作自主性 | 薪资满意度 | 基层比 | 产业比 | 重点单位比 | 高校就业比 | 创业比 | 升学比 |
|---|---|---|---|---|---|---|---|---|---|---|---|---|---|---|---|---|---|---|
| 030602 | 侦查学 | 97.97 | 96.62 | 96.61 | 98.31 | 100.00 | 97.46 | 100.00 | 96.38 | 14.41 | 94.07 | 83.05 | 0.00 | 18.64 | 6.78 | 94.41 | 0.00 | 1.35 |
| 050202 | 俄语 | 89.58 | 43.75 | 56.25 | 68.75 | 100.00 | 81.25 | 81.25 | 71.25 | 50.00 | 81.25 | 50.00 | 6.67 | 75.00 | 43.75 | 23.81 | 0.00 | 29.17 |
| 020303 | 保险学 | 80.00 | 40.00 | 58.62 | 58.62 | 100.00 | 96.55 | 82.76 | 81.73 | 24.14 | 75.86 | 58.62 | 3.70 | 58.62 | 58.62 | 41.18 | 0.00 | 22.35 |
| 070102 | 信息与计算科学 | 83.41 | 47.00 | 56.16 | 70.89 | 94.86 | 82.53 | 81.16 | 77.82 | 32.19 | 77.05 | 54.11 | 4.63 | 64.73 | 35.96 | 37.80 | 0.29 | 15.12 |
| 080904 | 信息安全 | 85.93 | 55.28 | 66.67 | 79.76 | 94.05 | 78.57 | 82.14 | 85.15 | 30.95 | 85.71 | 58.33 | 2.67 | 67.86 | 32.14 | 44.55 | 0.25 | 18.59 |
| 080706 | 信息工程 | 87.94 | 63.83 | 72.34 | 80.85 | 100.00 | 93.62 | 97.87 | 82.23 | 36.17 | 89.36 | 63.83 | 0.00 | 89.36 | 51.06 | 34.44 | 0.00 | 22.70 |
| 120102 | 信息管理与信息系统 | 88.41 | 52.17 | 54.44 | 70.00 | 98.89 | 91.11 | 82.22 | 82.25 | 34.44 | 78.89 | 60.00 | 2.44 | 65.56 | 60.00 | 41.67 | 0.81 | 18.20 |
| 030104 | 信用风险管理与法律防控 | 82.86 | 28.57 | 50.00 | 100.00 | 50.00 | 100.00 | 100.00 | 100.00 | 0.00 | 100.00 | 50.00 | 0.00 | 0.00 | 100.00 | 45.00 | 0.00 | 25.71 |
| 120410 | 健康服务与管理 | 86.61 | 37.50 | 41.18 | 52.94 | 76.47 | 82.35 | 58.82 | 63.39 | 29.41 | 64.71 | 17.65 | 0.00 | 35.29 | 11.76 | 57.14 | 0.00 | 10.71 |
| 100207 | 儿科学 | 92.42 | 19.70 | 100.00 | 0.00 | 0.00 | 100.00 | 0.00 | 80.00 | 0.00 | 0.00 | 0.00 | 0.00 | 100.00 | 0.00 | 92.31 | 0.00 | 54.55 |
| 080705 | 光电信息科学与工程 | 89.35 | 53.91 | 65.38 | 75.00 | 98.08 | 78.85 | 79.81 | 81.63 | 31.73 | 79.81 | 64.42 | 1.01 | 83.65 | 53.85 | 36.69 | 0.00 | 21.96 |
| 120401 | 公共事业管理 | 87.86 | 49.87 | 41.82 | 65.45 | 87.27 | 80.91 | 78.18 | 75.77 | 30.91 | 70.91 | 60.91 | 8.00 | 47.27 | 29.09 | 49.74 | 0.00 | 13.95 |
| 082302 | 农业机械化及其自动化 | 86.54 | 51.92 | 66.67 | 60.00 | 86.67 | 93.33 | 53.33 | 82.00 | 26.67 | 80.00 | 40.00 | 6.67 | 80.00 | 66.67 | 51.85 | 0.00 | 34.62 |
| 090201 | 农业资源与环境 | 81.58 | 10.53 | 100.00 | 0.00 | 66.67 | 100.00 | 33.33 | 66.67 | 33.33 | 66.67 | 33.33 | 0.00 | 0.00 | 33.33 | 100.00 | 0.00 | 67.11 |
| 090101 | 农学 | 89.44 | 41.94 | 65.93 | 72.53 | 95.60 | 82.42 | 84.62 | 78.63 | 32.97 | 78.02 | 43.96 | 7.32 | 47.25 | 25.27 | 75.52 | 0.88 | 33.43 |
| 120302 | 农村区域发展 | 91.49 | 19.15 | 33.33 | 66.67 | 77.78 | 88.89 | 77.78 | 70.84 | 55.56 | 55.56 | 44.44 | 0.00 | 44.44 | 44.44 | 66.67 | 0.00 | 17.02 |
| 120301 | 农林经济管理 | 85.25 | 31.80 | 39.13 | 63.04 | 100.00 | 93.48 | 86.96 | 72.12 | 15.22 | 69.57 | 52.17 | 9.09 | 54.35 | 39.13 | 42.03 | 0.46 | 19.35 |
| 080404 | 冶金工程 | 91.22 | 45.37 | 81.25 | 81.25 | 100.00 | 93.75 | 87.50 | 78.76 | 34.38 | 78.13 | 75.00 | 0.00 | 81.25 | 87.50 | 33.33 | 0.00 | 38.54 |
| 083101 | 刑事科学技术 | 97.33 | 97.33 | 92.31 | 95.60 | 100.00 | 98.90 | 98.90 | 96.01 | 10.99 | 94.51 | 75.82 | 1.27 | 21.98 | 4.40 | 89.73 | 0.00 | 0.00 |
| 081302 | 制药工程 | 91.17 | 45.06 | 76.60 | 65.25 | 97.87 | 82.98 | 72.34 | 73.12 | 27.66 | 72.34 | 51.06 | 3.60 | 78.72 | 52.48 | 39.48 | 0.00 | 29.35 |

续表

| 专业代码 | 专业 | 落实率 | 协议率 | 相关度 | 匹配度 | 社保比 | 职业稳定性 | 单位质量 | 工作稳定性 | 工作压力 | 工作自主性 | 薪资满意度 | 基层比 | 产业比 | 重点单位比 | 高校就业比 | 创业比 | 升学比 |
|---|---|---|---|---|---|---|---|---|---|---|---|---|---|---|---|---|---|---|
| 080412 | 功能材料 | 88. 41 | 33. 33 | 84. 21 | 94. 74 | 100. 00 | 100. 00 | 84. 21 | 92. 63 | 31. 58 | 100. 00 | 78. 95 | 5. 88 | 84. 21 | 47. 37 | 69. 57 | 0. 00 | 40. 58 |
| 090403 | 动植物检疫 | 80. 26 | 21. 05 | 50. 00 | 83. 33 | 100. 00 | 83. 33 | 83. 33 | 96. 67 | 50. 00 | 100. 00 | 83. 33 | 40. 00 | 16. 67 | 33. 33 | 43. 75 | 0. 00 | 35. 53 |
| 090401 | 动物医学 | 86. 59 | 36. 02 | 72. 73 | 75. 00 | 84. 09 | 75. 00 | 86. 36 | 79. 72 | 36. 36 | 79. 55 | 50. 00 | 0. 00 | 54. 55 | 22. 73 | 52. 13 | 0. 00 | 34. 10 |
| 090301 | 动物科学 | 90. 08 | 41. 22 | 77. 78 | 79. 63 | 90. 74 | 79. 63 | 83. 33 | 79. 45 | 40. 74 | 75. 93 | 53. 70 | 3. 70 | 51. 85 | 38. 89 | 72. 22 | 0. 00 | 42. 75 |
| 090402 | 动物药学 | 76. 67 | 26. 67 | 60. 00 | 60. 00 | 100. 00 | 60. 00 | 60. 00 | 83. 00 | 60. 00 | 60. 00 | 60. 00 | 0. 00 | 80. 00 | 0. 00 | 62. 50 | 0. 00 | 40. 00 |
| 130310 | 动画 | 83. 64 | 44. 98 | 62. 71 | 71. 19 | 79. 66 | 67. 80 | 69. 49 | 66. 10 | 40. 68 | 69. 49 | 37. 29 | 2. 00 | 57. 63 | 8. 47 | 49. 59 | 0. 74 | 3. 72 |
| 101102 | 助产学 | 84. 00 | 63. 00 | 94. 87 | 64. 10 | 94. 87 | 92. 31 | 92. 31 | 78. 27 | 20. 51 | 64. 10 | 35. 90 | 0. 00 | 48. 72 | 5. 13 | 33. 33 | 0. 00 | 11. 00 |
| 120403 | 劳动与社会保障 | 89. 62 | 64. 15 | 44. 44 | 66. 67 | 88. 89 | 72. 22 | 72. 22 | 67. 92 | 22. 22 | 77. 78 | 33. 33 | 11. 76 | 38. 89 | 44. 44 | 61. 03 | 0. 47 | 14. 15 |
| 081402 | 勘查技术与工程 | 79. 22 | 28. 57 | 76. 92 | 46. 15 | 92. 31 | 92. 31 | 76. 92 | 62. 88 | 30. 77 | 61. 54 | 46. 15 | 0. 00 | 23. 08 | 76. 92 | 9. 09 | 1. 30 | 35. 06 |
| 081702 | 包装工程 | 92. 52 | 68. 03 | 63. 49 | 72. 22 | 99. 21 | 79. 37 | 73. 02 | 69. 82 | 26. 19 | 69. 05 | 49. 21 | 1. 59 | 56. 35 | 46. 83 | 28. 50 | 0. 34 | 21. 09 |
| 130512 | 包装设计 | 89. 46 | 32. 91 | 65. 59 | 76. 34 | 88. 17 | 77. 42 | 82. 80 | 76. 53 | 37. 63 | 78. 49 | 59. 14 | 1. 23 | 43. 01 | 24. 73 | 16. 50 | 0. 96 | 6. 71 |
| 070301 | 化学 | 90. 96 | 54. 74 | 88. 67 | 81. 48 | 92. 59 | 93. 46 | 85. 62 | 78. 51 | 20. 70 | 75. 38 | 54. 03 | 3. 18 | 30. 94 | 10. 46 | 76. 29 | 0. 25 | 26. 51 |
| 081301 | 化学工程与工艺 | 88. 36 | 47. 43 | 71. 65 | 72. 05 | 96. 46 | 86. 22 | 78. 74 | 75. 66 | 37. 01 | 76. 77 | 54. 72 | 2. 48 | 74. 02 | 53. 94 | 33. 33 | 0. 24 | 29. 86 |
| 070303 | 化学生物学 | 80. 00 | 40. 00 | 100. 00 | 50. 00 | 100. 00 | 50. 00 | 100. 00 | 82. 50 | 50. 00 | 100. 00 | 50. 00 | 50. 00 | 50. 00 | 50. 00 | 37. 50 | 0. 00 | 32. 50 |
| 080711 | 医学信息工程 | 85. 00 | 51. 43 | 47. 62 | 76. 19 | 95. 24 | 100. 00 | 80. 95 | 83. 10 | 19. 05 | 66. 67 | 47. 62 | 0. 00 | 57. 14 | 28. 57 | 40. 28 | 0. 00 | 13. 57 |
| 100203 | 医学影像学 | 88. 18 | 47. 27 | 94. 63 | 85. 91 | 88. 59 | 95. 97 | 86. 58 | 85. 80 | 28. 86 | 88. 59 | 50. 34 | 5. 11 | 46. 98 | 6. 71 | 67. 81 | 0. 15 | 20. 68 |
| 101003 | 医学影像技术 | 81. 28 | 50. 98 | 86. 38 | 73. 24 | 87. 32 | 93. 43 | 78. 40 | 74. 82 | 38. 97 | 79. 81 | 41. 31 | 1. 57 | 48. 83 | 7. 51 | 43. 01 | 0. 18 | 3. 92 |
| 101001 | 医学检验技术 | 80. 84 | 39. 02 | 79. 08 | 71. 90 | 83. 01 | 87. 25 | 71. 57 | 74. 41 | 43. 14 | 80. 72 | 37. 58 | 3. 32 | 66. 99 | 14. 38 | 68. 24 | 0. 09 | 16. 78 |
| 101007 | 卫生检验与检疫 | 86. 55 | 50. 84 | 82. 81 | 73. 44 | 93. 75 | 78. 13 | 78. 13 | 74. 92 | 45. 31 | 76. 56 | 42. 19 | 3. 17 | 60. 94 | 14. 06 | 55. 37 | 0. 00 | 23. 11 |
| 081703 | 印刷工程 | 91. 35 | 73. 08 | 80. 49 | 78. 05 | 100. 00 | 87. 80 | 75. 61 | 86. 03 | 46. 34 | 85. 37 | 56. 10 | 0. 00 | 58. 54 | 39. 02 | 14. 47 | 0. 00 | 18. 27 |

续表

| 专业代码 | 专业 | 落实率 | 协议率 | 相关度 | 匹配度 | 社保比 | 职业稳定性 | 单位质量 | 工作稳定性 | 工作压力 | 工作自主性 | 薪资满意度 | 基层比 | 产业比 | 重点单位比 | 高校就业比 | 创业比 | 升学比 |
|---|---|---|---|---|---|---|---|---|---|---|---|---|---|---|---|---|---|---|
| 060101 | 历史学 | 87.94 | 66.02 | 94.42 | 87.36 | 95.17 | 95.54 | 87.73 | 76.78 | 17.84 | 72.86 | 47.58 | 3.91 | 16.73 | 2.23 | 84.87 | 0.00 | 16.08 |
| 082804 | 历史建筑保护工程 | 74.36 | 58.97 | 50.00 | 30.00 | 50.00 | 70.00 | 40.00 | 65.00 | 40.00 | 60.00 | 30.00 | 12.50 | 30.00 | 20.00 | 13.04 | 0.00 | 2.56 |
| 100301 | 口腔医学 | 89.49 | 68.84 | 98.07 | 91.51 | 84.94 | 85.33 | 80.31 | 82.69 | 30.50 | 82.24 | 52.12 | 2.62 | 40.15 | 10.81 | 54.88 | 0.19 | 11.55 |
| 010101 | 哲学 | 82.08 | 27.36 | 0.00 | 66.67 | 66.67 | 66.67 | 100.00 | 80.84 | 33.33 | 66.67 | 0.00 | 33.33 | 0.00 | 33.33 | 68.97 | 0.00 | 33.02 |
| 020105 | 商务经济学 | 88.61 | 65.82 | 0.00 | 100.00 | 100.00 | 100.00 | 100.00 | 100.00 | 100.00 | 100.00 | 0.00 | 0.00 | 0.00 | 0.00 | 63.46 | 1.27 | 7.59 |
| 050262 | 商务英语 | 83.77 | 64.57 | 76.49 | 78.07 | 88.11 | 60.11 | 74.77 | 80.32 | 29.33 | 78.20 | 48.88 | 2.46 | 44.91 | 19.15 | 38.63 | 0.37 | 5.96 |
| 090502 | 园林 | 88.89 | 43.66 | 44.33 | 64.95 | 82.47 | 71.13 | 78.35 | 81.01 | 49.48 | 81.44 | 55.67 | 6.25 | 26.80 | 18.56 | 54.91 | 0.00 | 26.51 |
| 090102 | 园艺 | 85.00 | 37.62 | 34.21 | 63.16 | 88.16 | 82.89 | 73.68 | 78.78 | 39.47 | 76.32 | 47.37 | 1.56 | 48.68 | 22.37 | 56.33 | 0.71 | 36.90 |
| 120205 | 国际商务 | 85.56 | 56.67 | 37.04 | 59.26 | 100.00 | 77.78 | 77.78 | 76.67 | 37.04 | 70.37 | 44.44 | 3.85 | 66.67 | 40.74 | 50.98 | 0.56 | 17.78 |
| 020401 | 国际经济与贸易 | 83.51 | 58.08 | 59.13 | 72.34 | 94.14 | 71.53 | 80.52 | 79.51 | 29.70 | 79.43 | 52.86 | 3.19 | 48.50 | 31.88 | 40.24 | 0.32 | 8.16 |
| 120404 | 土地资源管理 | 84.25 | 26.01 | 54.35 | 78.26 | 93.48 | 76.09 | 80.43 | 78.26 | 41.30 | 76.09 | 56.52 | 15.00 | 50.00 | 17.39 | 64.79 | 0.37 | 30.04 |
| 081001 | 土木工程 | 88.83 | 62.54 | 82.83 | 72.61 | 97.08 | 93.06 | 84.22 | 73.47 | 20.96 | 66.98 | 49.09 | 2.18 | 17.82 | 78.89 | 34.47 | 0.39 | 17.13 |
| 070801 | 地球物理学 | 91.30 | 28.99 | 50.00 | 33.33 | 100.00 | 100.00 | 83.33 | 59.17 | 33.33 | 50.00 | 16.67 | 0.00 | 16.67 | 100.00 | 10.00 | 0.00 | 56.52 |
| 070504 | 地理信息科学 | 85.76 | 35.44 | 60.42 | 70.83 | 89.58 | 79.17 | 83.33 | 82.55 | 33.33 | 87.50 | 58.33 | 2.44 | 58.33 | 33.33 | 28.57 | 0.00 | 25.00 |
| 070501 | 地理科学 | 93.54 | 80.28 | 95.65 | 89.57 | 96.54 | 96.10 | 89.18 | 76.44 | 17.75 | 71.43 | 49.57 | 2.73 | 23.48 | 4.35 | 86.99 | 0.00 | 8.92 |
| 081401 | 地质工程 | 89.13 | 41.30 | 50.00 | 100.00 | 100.00 | 100.00 | 100.00 | 90.00 | 50.00 | 100.00 | 100.00 | 0.00 | 0.00 | 50.00 | 10.53 | 0.00 | 41.30 |
| 082802 | 城乡规划 | 84.77 | 36.55 | 66.09 | 63.48 | 94.78 | 84.35 | 79.13 | 78.04 | 33.04 | 74.78 | 46.09 | 3.70 | 32.17 | 33.91 | 39.81 | 0.17 | 20.30 |
| 081005 | 城市地下空间工程 | 88.56 | 51.23 | 81.36 | 52.54 | 96.61 | 91.53 | 77.97 | 68.01 | 13.56 | 57.63 | 47.46 | 3.51 | 20.34 | 83.05 | 16.49 | 0.00 | 22.07 |
| 120405 | 城市管理 | 72.31 | 24.62 | 50.00 | 50.00 | 100.00 | 0.00 | 50.00 | 50.00 | 50.00 | 50.00 | 50.00 | 50.00 | 50.00 | 0.00 | 62.50 | 0.00 | 7.69 |
| 100100 | 基础医学 | 95.45 | 4.55 | 100.00 | 100.00 | 100.00 | 100.00 | 100.00 | 100.00 | 0.00 | 100.00 | 100.00 | 0.00 | 0.00 | 0.00 | 100.00 | 0.00 | 81.82 |

续表

| 专业代码 | 专业 | 落实率 | 协议率 | 相关度 | 匹配度 | 社保比 | 职业稳定性 | 单位质量 | 工作稳定性 | 工作压力 | 工作自主性 | 薪资满意度 | 基层比 | 产业比 | 重点单位比 | 高校就业比 | 创业比 | 升学比 |
|---|---|---|---|---|---|---|---|---|---|---|---|---|---|---|---|---|---|---|
| 080408 | 复合材料与工程 | 89.52 | 44.76 | 50.00 | 58.33 | 95.83 | 83.33 | 83.33 | 65.00 | 45.83 | 75.00 | 54.17 | 0.00 | 62.50 | 58.33 | 42.55 | 0.00 | 27.62 |
| 030304 | 女性学 | 92.11 | 50.00 | 40.00 | 80.00 | 80.00 | 80.00 | 80.00 | 73.50 | 20.00 | 100.00 | 40.00 | 0.00 | 20.00 | 0.00 | 100.00 | 2.63 | 5.26 |
| 100403 | 妇幼保健医学 | 91.43 | 62.86 | 85.71 | 50.00 | 78.57 | 100.00 | 64.29 | 63.93 | 50.00 | 71.43 | 28.57 | 0.00 | 57.14 | 0.00 | 40.91 | 0.00 | 17.14 |
| 040106 | 学前教育 | 86.45 | 61.64 | 84.09 | 76.14 | 87.99 | 85.28 | 79.53 | 75.81 | 22.50 | 70.05 | 49.07 | 1.64 | 22.17 | 4.74 | 64.94 | 0.35 | 6.39 |
| 082901 | 安全工程 | 88.64 | 58.88 | 90.17 | 77.46 | 98.84 | 94.22 | 84.39 | 81.03 | 20.81 | 71.10 | 56.65 | 0.60 | 27.75 | 82.66 | 23.50 | 0.52 | 21.80 |
| 120207 | 审计学 | 93.21 | 68.33 | 87.50 | 87.50 | 87.50 | 75.00 | 100.00 | 80.94 | 37.50 | 87.50 | 75.00 | 12.50 | 37.50 | 37.50 | 78.15 | 0.00 | 14.48 |
| 030305 | 家政学 | 97.80 | 76.92 | 64.29 | 85.71 | 85.71 | 100.00 | 85.71 | 83.57 | 50.00 | 78.57 | 57.14 | 0.00 | 50.00 | 28.57 | 55.71 | 1.10 | 5.49 |
| 040107 | 小学教育 | 91.45 | 69.44 | 91.99 | 77.49 | 84.63 | 93.51 | 83.33 | 78.54 | 17.32 | 74.03 | 46.32 | 1.43 | 25.76 | 6.06 | 85.83 | 0.23 | 6.56 |
| 120701 | 工业工程 | 88.69 | 67.88 | 72.84 | 66.67 | 100.00 | 91.36 | 77.78 | 71.02 | 28.40 | 74.07 | 55.56 | 1.23 | 85.19 | 83.95 | 15.05 | 0.00 | 15.33 |
| 080205 | 工业设计 | 84.50 | 43.86 | 59.43 | 70.75 | 94.34 | 74.53 | 69.81 | 69.05 | 29.25 | 74.53 | 48.11 | 4.90 | 50.94 | 31.13 | 28.45 | 0.00 | 20.04 |
| 120201 | 工商管理 | 82.41 | 52.12 | 52.77 | 67.71 | 92.07 | 77.12 | 77.86 | 76.28 | 29.70 | 75.83 | 52.77 | 3.00 | 54.98 | 42.07 | 46.49 | 1.18 | 8.18 |
| 080102 | 工程力学 | 88.11 | 40.98 | 66.67 | 63.64 | 93.94 | 90.91 | 72.73 | 64.17 | 12.12 | 66.67 | 54.55 | 9.38 | 18.18 | 72.73 | 23.00 | 0.00 | 35.66 |
| 120103 | 工程管理 | 89.48 | 63.60 | 80.56 | 71.91 | 96.91 | 92.28 | 78.70 | 78.54 | 24.07 | 73.77 | 50.31 | 2.91 | 19.14 | 75.93 | 38.50 | 0.49 | 14.95 |
| 120105 | 工程造价 | 92.50 | 69.62 | 83.01 | 81.07 | 94.17 | 84.95 | 85.44 | 80.80 | 31.07 | 78.64 | 55.83 | 0.50 | 20.87 | 53.88 | 54.83 | 0.00 | 7.79 |
| 130507 | 工艺美术 | 76.78 | 64.09 | 43.33 | 63.33 | 86.67 | 63.33 | 66.67 | 76.50 | 30.00 | 60.00 | 50.00 | 6.90 | 33.33 | 33.33 | 53.62 | 0.00 | 5.57 |
| 120202 | 市场营销 | 88.37 | 67.04 | 64.27 | 72.41 | 93.46 | 70.81 | 77.35 | 79.42 | 29.82 | 80.54 | 55.02 | 3.37 | 51.67 | 40.19 | 47.83 | 0.63 | 5.50 |
| 050303 | 广告学 | 83.54 | 51.63 | 62.42 | 69.13 | 94.63 | 75.17 | 70.47 | 69.44 | 24.16 | 67.79 | 45.64 | 0.72 | 36.24 | 26.85 | 41.12 | 0.38 | 9.55 |
| 050302 | 广播电视学 | 76.73 | 51.57 | 68.75 | 81.25 | 81.25 | 56.25 | 75.00 | 72.97 | 56.25 | 93.75 | 62.50 | 0.00 | 37.50 | 25.00 | 43.90 | 0.00 | 13.84 |
| 130305 | 广播电视编导 | 81.66 | 43.92 | 55.71 | 62.86 | 92.86 | 72.86 | 80.00 | 73.00 | 28.57 | 68.57 | 58.57 | 6.45 | 31.43 | 21.43 | 56.31 | 0.21 | 9.38 |
| 070302 | 应用化学 | 90.63 | 49.22 | 77.69 | 78.10 | 95.04 | 90.91 | 81.40 | 77.05 | 29.34 | 76.03 | 59.50 | 1.75 | 61.57 | 37.60 | 43.92 | 0.09 | 32.90 |

续表

| 专业代码 | 专业 | 落实率 | 协议率 | 相关度 | 匹配度 | 社保比 | 职业稳定性 | 单位质量 | 工作稳定性 | 工作压力 | 工作自主性 | 薪资满意度 | 基层比 | 产业比 | 重点单位比 | 高校就业比 | 创业比 | 升学比 |
|---|---|---|---|---|---|---|---|---|---|---|---|---|---|---|---|---|---|---|
| 071102 | 应用心理学 | 85.77 | 51.41 | 64.13 | 70.40 | 88.79 | 78.03 | 75.34 | 71.38 | 34.98 | 71.75 | 42.60 | 2.44 | 35.43 | 9.87 | 75.62 | 0.14 | 10.28 |
| 070202 | 应用物理学 | 87.93 | 48.61 | 80.49 | 87.80 | 93.90 | 90.24 | 87.80 | 90.06 | 28.05 | 91.46 | 74.39 | 7.59 | 41.46 | 31.71 | 61.78 | 0.00 | 33.44 |
| 080716 | 应用电子技术教育 | 100.00 | 91.78 | 88.57 | 71.43 | 100.00 | 100.00 | 94.29 | 71.22 | 25.71 | 65.71 | 40.00 | 0.00 | 31.43 | 20.00 | 77.61 | 1.37 | 2.74 |
| 071202 | 应用统计学 | 87.68 | 53.55 | 55.36 | 66.07 | 100.00 | 89.29 | 83.93 | 84.51 | 32.14 | 69.64 | 55.36 | 5.45 | 58.93 | 51.79 | 30.09 | 0.47 | 21.33 |
| 101005 | 康复治疗学 | 86.93 | 44.89 | 85.07 | 69.68 | 85.07 | 82.35 | 71.49 | 67.08 | 38.91 | 76.02 | 34.84 | 3.09 | 46.61 | 7.69 | 62.69 | 0.17 | 7.87 |
| 082801 | 建筑学 | 81.58 | 41.79 | 70.59 | 69.75 | 94.12 | 91.60 | 80.67 | 72.56 | 26.05 | 65.55 | 40.34 | 1.80 | 20.17 | 63.03 | 36.52 | 0.00 | 17.89 |
| 081002 | 建筑环境与能源应用工程 | 92.90 | 59.15 | 68.57 | 58.10 | 99.05 | 92.38 | 81.90 | 69.69 | 18.10 | 64.76 | 50.48 | 0.97 | 40.95 | 79.05 | 28.23 | 0.00 | 27.35 |
| 081004 | 建筑电气与智能化 | 97.17 | 73.58 | 58.82 | 67.65 | 100.00 | 91.18 | 76.47 | 68.68 | 23.53 | 64.71 | 41.18 | 2.86 | 55.88 | 64.71 | 26.92 | 0.94 | 11.32 |
| 130311 | 影视摄影与制作 | 92.59 | 66.67 | 100.00 | 90.00 | 90.00 | 80.00 | 90.00 | 76.75 | 40.00 | 80.00 | 50.00 | 0.00 | 30.00 | 20.00 | 66.67 | 0.00 | 3.70 |
| 080704 | 微电子科学与工程 | 88.49 | 31.23 | 62.50 | 72.92 | 97.92 | 89.58 | 85.42 | 77.14 | 33.33 | 77.08 | 56.25 | 0.00 | 75.00 | 35.42 | 33.33 | 0.00 | 37.26 |
| 050203 | 德语 | 94.34 | 58.49 | 14.29 | 50.00 | 92.86 | 57.14 | 57.14 | 61.79 | 28.57 | 42.86 | 35.71 | 0.00 | 28.57 | 14.29 | 29.03 | 0.00 | 16.98 |
| 071101 | 心理学 | 89.36 | 53.19 | 90.91 | 81.82 | 81.82 | 90.91 | 77.27 | 78.98 | 9.09 | 77.27 | 50.00 | 0.00 | 13.64 | 4.55 | 68.00 | 0.00 | 17.02 |
| 030503 | 思想政治教育 | 88.45 | 61.23 | 93.53 | 87.89 | 90.63 | 94.79 | 85.00 | 79.82 | 18.75 | 76.88 | 55.53 | 3.56 | 16.91 | 6.68 | 78.68 | 0.24 | 16.53 |
| 130304 | 戏剧影视文学 | 89.74 | 55.56 | 45.00 | 70.00 | 95.00 | 90.00 | 95.00 | 90.50 | 20.00 | 90.00 | 60.00 | 5.26 | 55.00 | 35.00 | 20.00 | 0.85 | 16.24 |
| 120104 | 房地产开发与管理 | 84.35 | 53.06 | 43.75 | 68.75 | 81.25 | 81.25 | 68.75 | 73.44 | 25.00 | 68.75 | 43.75 | 0.00 | 37.50 | 43.75 | 61.54 | 0.68 | 4.08 |
| 020304 | 投资学 | 84.06 | 52.99 | 52.63 | 76.32 | 92.11 | 89.47 | 89.47 | 88.69 | 31.58 | 76.32 | 57.89 | 2.86 | 60.53 | 57.89 | 54.14 | 0.40 | 9.96 |
| 101101 | 护理学 | 82.11 | 60.17 | 94.26 | 83.24 | 95.52 | 92.08 | 88.52 | 82.88 | 13.66 | 79.10 | 44.09 | 1.33 | 49.25 | 9.18 | 51.08 | 0.02 | 4.67 |
| 082103 | 探测制导与控制技术 | 70.59 | 23.53 | 0.00 | 100.00 | 100.00 | 100.00 | 100.00 | 100.00 | 50.00 | 50.00 | 100.00 | 0.00 | 100.00 | 100.00 | 12.50 | 2.94 | 44.12 |
| 130404 | 摄影 | 78.95 | 54.39 | 73.33 | 86.67 | 80.00 | 40.00 | 73.33 | 81.00 | 53.33 | 80.00 | 53.33 | 0.00 | 73.33 | 13.33 | 54.84 | 1.75 | 0.00 |
| 130309 | 播音与主持艺术 | 83.41 | 52.19 | 74.85 | 85.63 | 83.83 | 62.87 | 82.63 | 83.68 | 34.13 | 85.03 | 58.68 | 3.18 | 35.33 | 23.35 | 61.27 | 1.81 | 6.33 |

续表

| 专业代码 | 专业 | 落实率 | 协议率 | 相关度 | 匹配度 | 社保比 | 职业稳定性 | 单位质量 | 工作稳定性 | 工作压力 | 工作自主性 | 薪资满意度 | 基层比 | 产业比 | 重点单位比 | 高校就业比 | 创业比 | 升学比 |
|---|---|---|---|---|---|---|---|---|---|---|---|---|---|---|---|---|---|---|
| 030201 | 政治学与行政学 | 91.80 | 19.67 | 71.43 | 100.00 | 100.00 | 100.00 | 100.00 | 90.00 | 57.14 | 85.71 | 85.71 | 16.67 | 28.57 | 28.57 | 50.00 | 0.00 | 34.43 |
| 040101 | 教育学 | 79.70 | 38.07 | 84.31 | 68.63 | 76.47 | 78.43 | 66.67 | 73.97 | 27.45 | 68.63 | 49.02 | 0.00 | 23.53 | 5.88 | 58.67 | 0.00 | 20.81 |
| 040104 | 教育技术学 | 88.69 | 70.32 | 80.92 | 80.92 | 96.71 | 88.82 | 90.13 | 82.22 | 18.42 | 76.97 | 49.34 | 3.40 | 33.55 | 5.92 | 89.95 | 0.71 | 8.83 |
| 050307 | 数字出版 | 95.52 | 43.28 | 80.00 | 80.00 | 80.00 | 80.00 | 80.00 | 82.50 | 60.00 | 80.00 | 40.00 | 0.00 | 40.00 | 40.00 | 17.24 | 1.49 | 38.81 |
| 080906 | 数字媒体技术 | 89.11 | 69.52 | 54.02 | 60.92 | 93.10 | 54.02 | 70.11 | 66.64 | 52.87 | 70.11 | 42.53 | 0.00 | 64.37 | 18.39 | 54.59 | 1.40 | 4.04 |
| 130508 | 数字媒体艺术 | 86.33 | 60.71 | 73.26 | 72.16 | 84.25 | 58.97 | 69.96 | 72.23 | 35.16 | 73.63 | 45.42 | 2.46 | 65.57 | 15.38 | 51.97 | 0.41 | 3.54 |
| 070101 | 数学与应用数学 | 90.35 | 70.69 | 94.86 | 86.77 | 95.01 | 95.39 | 89.80 | 82.06 | 16.02 | 78.61 | 51.55 | 1.01 | 25.55 | 5.29 | 85.95 | 0.11 | 10.21 |
| 080910 | 数据科学与大数据技术 | 87.61 | 56.31 | 51.38 | 67.89 | 96.33 | 80.73 | 87.16 | 81.90 | 37.61 | 77.06 | 63.30 | 2.80 | 72.48 | 46.79 | 41.14 | 1.61 | 17.55 |
| 120210 | 文化产业管理 | 84.07 | 58.15 | 42.31 | 69.23 | 92.31 | 88.46 | 84.62 | 86.83 | 34.62 | 80.77 | 57.69 | 8.33 | 42.31 | 42.31 | 75.16 | 0.00 | 11.85 |
| 080414 | 新能源材料与器件 | 94.95 | 23.74 | 90.91 | 90.91 | 100.00 | 90.91 | 63.64 | 82.27 | 9.09 | 81.82 | 72.73 | 9.09 | 100.00 | 72.73 | 42.55 | 0.00 | 65.15 |
| 080503 | 新能源科学与工程 | 89.27 | 59.94 | 75.00 | 77.78 | 100.00 | 97.22 | 93.06 | 81.22 | 34.72 | 77.78 | 61.11 | 0.00 | 88.89 | 93.06 | 34.74 | 0.00 | 24.29 |
| 050301 | 新闻学 | 84.50 | 40.55 | 60.08 | 66.53 | 89.52 | 74.60 | 77.02 | 71.99 | 37.50 | 70.56 | 46.77 | 4.13 | 35.89 | 25.00 | 47.55 | 0.47 | 14.46 |
| 120901 | 旅游管理 | 81.57 | 54.66 | 32.23 | 64.96 | 87.44 | 74.05 | 77.19 | 75.29 | 34.21 | 75.54 | 46.94 | 4.40 | 45.95 | 25.45 | 58.09 | 0.55 | 6.99 |
| 080406 | 无机非金属材料工程 | 92.09 | 58.47 | 64.42 | 67.31 | 95.19 | 85.58 | 84.62 | 76.30 | 29.81 | 70.19 | 49.04 | 0.99 | 62.50 | 71.15 | 43.00 | 0.56 | 25.71 |
| 050207 | 日语 | 80.98 | 48.63 | 48.57 | 70.00 | 91.90 | 75.24 | 76.19 | 75.07 | 35.24 | 77.62 | 50.48 | 1.53 | 48.10 | 26.67 | 34.43 | 0.34 | 10.36 |
| 080213 | 智能制造工程 | 81.48 | 61.48 | 50.00 | 68.18 | 100.00 | 95.45 | 90.91 | 79.32 | 36.36 | 72.73 | 59.09 | 0.00 | 63.64 | 59.09 | 33.73 | 0.00 | 14.07 |
| 080907 | 智能科学与技术 | 87.13 | 41.02 | 64.29 | 78.57 | 100.00 | 88.57 | 90.00 | 84.61 | 31.43 | 78.57 | 58.57 | 1.52 | 77.14 | 50.00 | 33.33 | 0.27 | 27.61 |
| 130505 | 服装与服饰设计 | 86.56 | 67.33 | 58.82 | 76.47 | 88.24 | 70.59 | 77.94 | 81.32 | 33.82 | 85.29 | 45.59 | 0.00 | 30.88 | 13.24 | 44.67 | 0.61 | 4.12 |
| 050209 | 朝鲜语 | 89.41 | 47.06 | 29.27 | 51.22 | 92.68 | 85.37 | 85.37 | 70.85 | 43.90 | 65.85 | 56.10 | 0.00 | 48.78 | 46.34 | 37.50 | 1.18 | 20.00 |
| 082402 | 木材科学与工程 | 83.19 | 39.50 | 46.34 | 56.10 | 97.56 | 92.68 | 78.05 | 69.33 | 19.51 | 65.85 | 56.10 | 2.63 | 53.66 | 41.46 | 36.17 | 0.00 | 32.77 |

续表

| 专业代码 | 专业 | 落实率 | 协议率 | 相关度 | 匹配度 | 社保比 | 职业稳定性 | 单位质量 | 工作稳定性 | 工作压力 | 工作自主性 | 薪资满意度 | 基层比 | 产业比 | 重点单位比 | 高校就业比 | 创业比 | 升学比 |
|---|---|---|---|---|---|---|---|---|---|---|---|---|---|---|---|---|---|---|
| 080803 | 机器人工程 | 81.79 | 57.14 | 60.47 | 69.77 | 97.67 | 83.72 | 86.05 | 79.07 | 37.21 | 81.40 | 53.49 | 4.65 | 81.40 | 46.51 | 30.63 | 0.36 | 16.43 |
| 080200 | 机械工程 | 93.28 | 74.79 | 75.76 | 72.73 | 100.00 | 100.00 | 100.00 | 79.55 | 27.27 | 81.82 | 51.52 | 0.00 | 75.76 | 78.79 | 40.45 | 0.00 | 17.65 |
| 080209 | 机械工艺技术 | 100.00 | 90.74 | 88.57 | 88.57 | 100.00 | 94.29 | 97.14 | 76.57 | 25.71 | 80.00 | 54.29 | 2.78 | 51.43 | 34.29 | 67.35 | 0.00 | 5.56 |
| 080204 | 机械电子工程 | 88.74 | 64.02 | 74.30 | 74.70 | 97.59 | 83.13 | 79.52 | 75.54 | 26.51 | 73.09 | 46.59 | 2.44 | 75.90 | 55.42 | 37.68 | 0.10 | 11.96 |
| 080202 | 机械设计制造及其自动化 | 89.38 | 63.24 | 70.21 | 72.76 | 96.98 | 83.08 | 82.29 | 74.99 | 29.94 | 75.14 | 51.31 | 2.75 | 70.21 | 59.89 | 41.03 | 0.30 | 17.42 |
| 080403 | 材料化学 | 88.93 | 45.85 | 75.73 | 66.99 | 95.15 | 83.50 | 79.61 | 72.91 | 36.89 | 70.87 | 57.28 | 2.02 | 81.55 | 42.72 | 39.66 | 0.00 | 33.99 |
| 080203 | 材料成型及控制工程 | 91.39 | 54.98 | 59.62 | 72.60 | 95.67 | 84.62 | 85.10 | 76.61 | 31.25 | 75.48 | 50.00 | 1.92 | 69.71 | 56.73 | 43.77 | 0.00 | 26.14 |
| 080402 | 材料物理 | 90.23 | 59.40 | 63.64 | 45.45 | 95.45 | 77.27 | 68.18 | 67.84 | 31.82 | 77.27 | 50.00 | 4.76 | 81.82 | 50.00 | 29.11 | 0.00 | 30.08 |
| 080401 | 材料科学与工程 | 88.45 | 33.30 | 61.90 | 66.14 | 95.24 | 89.95 | 77.25 | 74.74 | 34.92 | 71.96 | 55.56 | 1.67 | 73.02 | 64.55 | 34.96 | 0.45 | 43.23 |
| 082403 | 林产化工 | 92.50 | 52.50 | 68.75 | 75.00 | 100.00 | 87.50 | 62.50 | 72.34 | 50.00 | 62.50 | 43.75 | 0.00 | 75.00 | 62.50 | 19.05 | 5.00 | 32.50 |
| 090501 | 林学 | 83.45 | 22.30 | 64.58 | 79.17 | 91.67 | 85.42 | 81.25 | 73.80 | 35.42 | 77.08 | 37.50 | 2.17 | 37.50 | 27.08 | 57.58 | 0.00 | 47.64 |
| 082204 | 核化工与核燃料工程 | 96.55 | 62.07 | 50.00 | 50.00 | 100.00 | 100.00 | 50.00 | 3.75 | 50.00 | 50.00 | 0.00 | 0.00 | 50.00 | 100.00 | 11.11 | 0.00 | 17.24 |
| 082201 | 核工程与核技术 | 91.40 | 49.10 | 80.00 | 80.00 | 100.00 | 100.00 | 100.00 | 91.50 | 40.00 | 80.00 | 80.00 | 0.00 | 100.00 | 100.00 | 4.38 | 0.00 | 28.32 |
| 120503 | 档案学 | 90.63 | 46.88 | 100.00 | 100.00 | 100.00 | 100.00 | 100.00 | 100.00 | 0.00 | 100.00 | 100.00 | 0.00 | 100.00 | 0.00 | 60.00 | 0.00 | 31.25 |
| 090503 | 森林保护 | 84.62 | 7.69 | 0.00 | 50.00 | 100.00 | 100.00 | 100.00 | 57.50 | 50.00 | 100.00 | 100.00 | 0.00 | 50.00 | 0.00 | 0.00 | 0.00 | 73.08 |
| 082401 | 森林工程 | 76.67 | 50.00 | 61.54 | 53.85 | 92.31 | 88.46 | 80.77 | 66.44 | 34.62 | 65.38 | 38.46 | 7.69 | 42.31 | 69.23 | 20.00 | 0.00 | 16.67 |
| 090103 | 植物保护 | 85.06 | 22.99 | 56.00 | 76.00 | 88.00 | 80.00 | 76.00 | 79.40 | 60.00 | 88.00 | 68.00 | 0.00 | 60.00 | 40.00 | 60.00 | 1.15 | 44.83 |
| 040204 | 武术与民族传统体育 | 89.41 | 51.76 | 86.36 | 81.82 | 100.00 | 90.91 | 81.82 | 92.27 | 18.18 | 90.91 | 81.82 | 0.00 | 27.27 | 0.00 | 52.27 | 1.18 | 17.65 |
| 090601 | 水产养殖学 | 85.19 | 48.15 | 62.22 | 60.00 | 97.78 | 75.56 | 84.44 | 85.94 | 44.44 | 84.44 | 42.22 | 7.69 | 66.67 | 33.33 | 47.25 | 0.53 | 33.86 |
| 081101 | 水利水电工程 | 90.88 | 54.72 | 78.95 | 80.70 | 96.49 | 92.98 | 91.23 | 85.35 | 24.56 | 78.95 | 45.61 | 1.79 | 29.82 | 77.19 | 42.53 | 0.00 | 29.56 |

续表

| 专业代码 | 专业 | 落实率 | 协议率 | 相关度 | 匹配度 | 社保比 | 职业稳定性 | 单位质量 | 工作稳定性 | 工作压力 | 工作自主性 | 薪资满意度 | 基层比 | 产业比 | 重点单位比 | 高校就业比 | 创业比 | 升学比 |
|---|---|---|---|---|---|---|---|---|---|---|---|---|---|---|---|---|---|---|
| 090203 | 水土保持与荒漠化防治 | 83.87 | 25.81 | 71.43 | 42.86 | 85.71 | 85.71 | 85.71 | 80.00 | 57.14 | 71.43 | 71.43 | 0.00 | 42.86 | 14.29 | 75.00 | 0.00 | 45.16 |
| 081102 | 水文与水资源工程 | 100.00 | 55.17 | 50.00 | 75.00 | 100.00 | 100.00 | 75.00 | 76.88 | 25.00 | 50.00 | 50.00 | 0.00 | 25.00 | 50.00 | 50.00 | 0.00 | 44.83 |
| 090603 | 水族科学与技术 | 88.89 | 33.33 | 66.67 | 33.33 | 100.00 | 66.67 | 100.00 | 97.50 | 33.33 | 100.00 | 66.67 | 0.00 | 100.00 | 66.67 | 50.00 | 5.56 | 44.44 |
| 050103 | 汉语国际教育 | 79.30 | 45.13 | 78.33 | 76.67 | 86.67 | 90.00 | 71.67 | 76.37 | 36.67 | 81.67 | 61.67 | 3.70 | 15.00 | 13.33 | 57.34 | 0.41 | 18.43 |
| 050101 | 汉语言文学 | 84.94 | 58.24 | 89.95 | 80.39 | 87.20 | 88.65 | 81.04 | 78.22 | 20.48 | 74.07 | 51.81 | 2.93 | 21.72 | 7.02 | 76.30 | 0.14 | 8.65 |
| 080208 | 汽车服务工程 | 88.04 | 69.14 | 57.80 | 73.39 | 93.58 | 86.24 | 80.73 | 78.48 | 23.85 | 69.72 | 47.71 | 0.93 | 68.81 | 68.81 | 44.64 | 0.48 | 12.68 |
| 030601 | 治安学 | 99.34 | 99.34 | 97.03 | 97.03 | 100.00 | 98.02 | 99.01 | 95.50 | 15.84 | 91.09 | 82.18 | 2.20 | 17.82 | 0.99 | 94.67 | 0.00 | 0.00 |
| 030101 | 法学 | 79.68 | 44.21 | 74.90 | 75.93 | 81.82 | 86.17 | 83.87 | 82.75 | 32.01 | 81.18 | 51.98 | 4.87 | 39.95 | 13.70 | 68.71 | 0.24 | 10.90 |
| 050204 | 法语 | 92.75 | 50.00 | 48.00 | 80.00 | 96.00 | 88.00 | 84.00 | 70.30 | 40.00 | 60.00 | 72.00 | 0.00 | 44.00 | 40.00 | 30.43 | 0.72 | 15.94 |
| 080301 | 测控技术与仪器 | 91.35 | 49.57 | 72.13 | 75.41 | 98.36 | 91.80 | 86.89 | 77.29 | 36.07 | 72.13 | 59.02 | 1.64 | 86.89 | 77.05 | 31.40 | 0.00 | 30.26 |
| 081201 | 测绘工程 | 83.73 | 48.63 | 71.95 | 71.95 | 95.12 | 91.46 | 75.61 | 67.19 | 25.61 | 65.85 | 46.34 | 2.56 | 25.61 | 71.95 | 30.24 | 0.78 | 25.69 |
| 081103 | 港口航道与海岸工程 | 93.89 | 62.60 | 83.78 | 75.68 | 100.00 | 94.59 | 86.49 | 73.45 | 35.14 | 59.46 | 48.65 | 2.78 | 18.92 | 86.49 | 21.95 | 0.00 | 31.30 |
| 090108 | 烟草 | 77.78 | 11.11 | 66.67 | 83.33 | 83.33 | 100.00 | 100.00 | 75.41 | 16.67 | 100.00 | 50.00 | 0.00 | 100.00 | 50.00 | 0.00 | 0.00 | 59.26 |
| 080411 | 焊接技术与工程 | 86.84 | 50.00 | 100.00 | 100.00 | 100.00 | 0.00 | 0.00 | 15.00 | 0.00 | 0.00 | 100.00 | 0.00 | 100.00 | 0.00 | 26.32 | 0.00 | 31.58 |
| 120209 | 物业管理 | 92.19 | 75.00 | 86.84 | 89.47 | 97.37 | 81.58 | 97.37 | 88.55 | 23.68 | 84.21 | 55.26 | 0.00 | 65.79 | 63.16 | 16.67 | 0.00 | 3.13 |
| 120602 | 物流工程 | 84.03 | 59.42 | 61.79 | 58.54 | 97.56 | 89.43 | 80.49 | 74.86 | 22.76 | 73.17 | 49.59 | 3.31 | 48.78 | 73.17 | 21.15 | 0.26 | 13.09 |
| 120601 | 物流管理 | 89.61 | 67.52 | 59.42 | 72.08 | 94.81 | 76.62 | 80.19 | 76.24 | 29.55 | 74.35 | 56.49 | 2.03 | 51.30 | 50.32 | 43.29 | 0.53 | 6.87 |
| 070201 | 物理学 | 91.10 | 63.93 | 92.49 | 84.72 | 90.93 | 94.04 | 88.34 | 77.60 | 17.10 | 72.80 | 52.07 | 4.34 | 21.24 | 7.51 | 87.27 | 0.28 | 20.69 |
| 080905 | 物联网工程 | 86.80 | 63.93 | 64.97 | 78.91 | 96.94 | 78.23 | 81.29 | 84.60 | 26.87 | 81.63 | 57.14 | 3.50 | 70.41 | 40.14 | 39.00 | 0.40 | 8.16 |
| 040108 | 特殊教育 | 87.50 | 68.75 | 93.75 | 87.50 | 100.00 | 93.75 | 100.00 | 82.81 | 25.00 | 93.75 | 81.25 | 0.00 | 25.00 | 0.00 | 18.18 | 0.00 | 12.50 |

续表

| 专业代码 | 专业 | 落实率 | 协议率 | 相关度 | 匹配度 | 社保比 | 职业稳定性 | 单位质量 | 工作稳定性 | 工作压力 | 工作自主性 | 薪资满意度 | 基层比 | 产业比 | 重点单位比 | 高校就业比 | 创业比 | 升学比 |
|---|---|---|---|---|---|---|---|---|---|---|---|---|---|---|---|---|---|---|
| 082502 | 环境工程 | 86.45 | 40.64 | 54.25 | 65.09 | 96.70 | 87.26 | 81.13 | 77.24 | 36.79 | 71.70 | 53.30 | 2.56 | 50.00 | 47.17 | 46.71 | 0.35 | 34.17 |
| 082504 | 环境生态工程 | 91.57 | 48.31 | 58.33 | 58.33 | 96.67 | 88.33 | 86.67 | 71.71 | 41.67 | 78.33 | 51.67 | 3.57 | 55.00 | 50.00 | 40.70 | 0.00 | 29.21 |
| 082503 | 环境科学 | 87.45 | 32.79 | 59.38 | 75.00 | 96.88 | 87.50 | 87.50 | 74.77 | 43.75 | 84.38 | 43.75 | 3.45 | 56.25 | 25.00 | 59.26 | 0.00 | 38.87 |
| 130503 | 环境设计 | 85.00 | 50.34 | 54.58 | 71.45 | 78.28 | 69.30 | 78.99 | 79.18 | 33.75 | 78.46 | 45.96 | 4.31 | 31.60 | 22.80 | 45.22 | 0.55 | 5.32 |
| 071012 | 生态学 | 90.06 | 22.10 | 48.39 | 70.97 | 93.55 | 90.32 | 83.87 | 87.50 | 58.06 | 83.87 | 51.61 | 6.90 | 38.71 | 41.94 | 40.00 | 0.00 | 43.65 |
| 071003 | 生物信息学 | 80.91 | 28.18 | 71.43 | 85.71 | 100.00 | 100.00 | 57.14 | 53.21 | 14.29 | 85.71 | 28.57 | 0.00 | 100.00 | 0.00 | 32.26 | 0.00 | 43.64 |
| 083002 | 生物制药 | 91.18 | 50.74 | 86.79 | 79.25 | 92.45 | 79.25 | 73.58 | 73.68 | 37.74 | 73.58 | 62.26 | 2.00 | 86.79 | 24.53 | 57.97 | 0.00 | 36.76 |
| 077700 | 生物医学工程 | 80.31 | 36.22 | 45.45 | 81.82 | 100.00 | 90.91 | 90.91 | 92.50 | 18.18 | 81.82 | 54.55 | 8.33 | 72.73 | 63.64 | 43.48 | 0.00 | 37.80 |
| 083001 | 生物工程 | 90.03 | 39.00 | 57.55 | 68.35 | 90.65 | 80.58 | 76.26 | 78.52 | 45.32 | 75.54 | 46.04 | 3.91 | 71.94 | 31.65 | 47.37 | 0.44 | 34.02 |
| 071002 | 生物技术 | 89.01 | 45.21 | 80.67 | 76.67 | 90.67 | 84.67 | 83.33 | 78.68 | 33.33 | 78.67 | 48.00 | 4.35 | 65.33 | 18.67 | 64.58 | 0.16 | 28.89 |
| 071001 | 生物科学 | 89.19 | 57.03 | 90.45 | 83.71 | 93.82 | 96.07 | 88.20 | 80.13 | 22.19 | 76.12 | 56.74 | 1.16 | 29.21 | 8.43 | 84.83 | 0.07 | 25.23 |
| 080701 | 电子信息工程 | 86.67 | 60.81 | 69.42 | 74.62 | 96.10 | 83.59 | 83.35 | 78.81 | 30.34 | 80.17 | 58.56 | 2.21 | 79.81 | 43.33 | 40.58 | 0.50 | 15.24 |
| 080714 | 电子信息科学与技术 | 83.76 | 50.11 | 60.85 | 69.81 | 97.64 | 81.60 | 83.49 | 71.64 | 27.83 | 73.11 | 52.83 | 2.97 | 77.83 | 42.92 | 37.92 | 0.32 | 21.87 |
| 120801 | 电子商务 | 85.73 | 64.41 | 65.33 | 71.65 | 90.23 | 59.96 | 75.48 | 75.72 | 28.93 | 74.90 | 45.59 | 2.24 | 45.21 | 24.33 | 54.89 | 2.61 | 6.44 |
| 120802 | 电子商务及法律 | 85.94 | 50.00 | 60.00 | 80.00 | 90.00 | 75.00 | 85.00 | 87.38 | 15.00 | 75.00 | 40.00 | 12.50 | 35.00 | 5.00 | 46.88 | 0.00 | 0.00 |
| 080702 | 电子科学与技术 | 88.76 | 54.86 | 72.22 | 80.16 | 100.00 | 94.44 | 84.13 | 86.15 | 35.71 | 78.57 | 66.67 | 0.81 | 87.30 | 55.56 | 40.63 | 0.00 | 28.38 |
| 080601 | 电气工程及其自动化 | 90.99 | 69.22 | 81.89 | 80.77 | 98.59 | 91.84 | 89.68 | 83.43 | 29.27 | 80.96 | 59.85 | 1.80 | 60.51 | 79.46 | 46.07 | 0.20 | 14.17 |
| 101004 | 眼视光学 | 89.41 | 89.41 | 97.56 | 90.24 | 95.12 | 90.24 | 75.61 | 78.36 | 19.51 | 82.93 | 48.78 | 4.88 | 46.34 | 46.34 | 65.79 | 0.00 | 0.00 |
| 030102 | 知识产权 | 73.65 | 36.53 | 50.00 | 75.00 | 100.00 | 100.00 | 87.50 | 87.81 | 50.00 | 87.50 | 50.00 | 0.00 | 50.00 | 62.50 | 44.26 | 0.00 | 19.16 |
| 081503 | 矿物加工工程 | 91.79 | 35.82 | 58.33 | 66.67 | 83.33 | 100.00 | 91.67 | 80.41 | 41.67 | 75.00 | 66.67 | 0.00 | 33.33 | 58.33 | 29.17 | 0.75 | 39.55 |

续表

| 专业代码 | 专业 | 落实率 | 协议率 | 相关度 | 匹配度 | 社保比 | 职业稳定性 | 单位质量 | 工作稳定性 | 工作压力 | 工作自主性 | 薪资满意度 | 基层比 | 产业比 | 重点单位比 | 高校就业比 | 创业比 | 升学比 |
|---|---|---|---|---|---|---|---|---|---|---|---|---|---|---|---|---|---|---|
| 081505 | 矿物资源工程 | 87.78 | 58.89 | 62.50 | 62.50 | 100.00 | 100.00 | 75.00 | 63.44 | 25.00 | 75.00 | 62.50 | 0.00 | 25.00 | 75.00 | 37.74 | 0.00 | 25.56 |
| 040203 | 社会体育指导与管理 | 82.99 | 46.76 | 71.25 | 78.33 | 71.25 | 65.83 | 75.42 | 78.11 | 39.17 | 82.50 | 51.25 | 12.61 | 30.00 | 12.50 | 67.61 | 0.99 | 8.23 |
| 030301 | 社会学 | 87.25 | 25.49 | 50.00 | 50.00 | 100.00 | 100.00 | 75.00 | 61.25 | 75.00 | 75.00 | 50.00 | 0.00 | 25.00 | 75.00 | 38.46 | 0.00 | 35.29 |
| 030302 | 社会工作 | 88.39 | 57.42 | 43.21 | 69.14 | 85.19 | 88.89 | 80.25 | 74.38 | 40.74 | 81.48 | 50.62 | 4.23 | 48.15 | 23.46 | 63.48 | 1.29 | 10.97 |
| 030604 | 禁毒学 | 98.00 | 98.00 | 94.44 | 97.22 | 100.00 | 100.00 | 100.00 | 98.89 | 13.89 | 100.00 | 77.78 | 5.88 | 13.89 | 11.11 | 95.92 | 0.00 | 0.00 |
| 090105 | 种子科学与工程 | 89.80 | 12.24 | 0.00 | 100.00 | 100.00 | 0.00 | 100.00 | 100.00 | 0.00 | 100.00 | 0.00 | 0.00 | 100.00 | 100.00 | 66.67 | 0.00 | 59.18 |
| 040102 | 科学教育 | 94.36 | 77.74 | 87.50 | 80.43 | 96.74 | 93.48 | 86.41 | 86.16 | 12.50 | 78.26 | 49.46 | 3.35 | 30.43 | 8.70 | 90.73 | 0.31 | 13.17 |
| 050107 | 秘书学 | 81.28 | 59.36 | 53.85 | 60.00 | 81.54 | 81.54 | 75.38 | 73.89 | 36.92 | 67.69 | 43.08 | 1.67 | 43.08 | 26.15 | 63.08 | 0.46 | 8.22 |
| 020202 | 税收学 | 96.12 | 68.22 | 62.50 | 75.00 | 100.00 | 87.50 | 100.00 | 83.13 | 25.00 | 75.00 | 75.00 | 0.00 | 62.50 | 62.50 | 81.82 | 0.00 | 17.83 |
| 120101 | 管理科学 | 84.18 | 46.33 | 55.00 | 80.00 | 90.00 | 95.00 | 95.00 | 85.25 | 30.00 | 90.00 | 55.00 | 5.56 | 40.00 | 25.00 | 36.59 | 1.69 | 8.47 |
| 080409 | 粉体材料科学与工程 | 90.21 | 22.38 | 85.71 | 85.71 | 85.71 | 100.00 | 100.00 | 85.71 | 28.57 | 85.71 | 57.14 | 0.00 | 71.43 | 57.14 | 25.00 | 0.00 | 63.64 |
| 082703 | 粮食工程 | 92.31 | 35.90 | 66.67 | 66.67 | 100.00 | 83.33 | 91.67 | 84.16 | 16.67 | 75.00 | 75.00 | 0.00 | 50.00 | 58.33 | 14.29 | 0.00 | 41.03 |
| 020101 | 经济学 | 82.32 | 43.16 | 40.94 | 65.10 | 91.28 | 77.85 | 77.85 | 75.57 | 28.19 | 77.18 | 51.68 | 4.58 | 52.35 | 44.30 | 46.10 | 0.00 | 14.74 |
| 020102 | 经济统计学 | 73.30 | 47.16 | 50.00 | 76.67 | 96.67 | 86.67 | 73.33 | 80.59 | 40.00 | 73.33 | 53.33 | 3.57 | 60.00 | 33.33 | 51.81 | 0.57 | 13.64 |
| 130402 | 绘画 | 75.33 | 23.33 | 54.55 | 63.64 | 81.82 | 63.64 | 72.73 | 63.87 | 36.36 | 63.64 | 45.45 | 0.00 | 18.18 | 9.09 | 51.43 | 0.00 | 13.33 |
| 081003 | 给排水科学与工程 | 92.38 | 49.05 | 71.01 | 63.77 | 95.65 | 89.86 | 84.06 | 74.13 | 23.19 | 66.67 | 55.07 | 1.52 | 23.19 | 75.36 | 33.50 | 0.24 | 38.10 |
| 071400 | 统计学 | 79.28 | 31.71 | 54.00 | 74.00 | 92.00 | 90.00 | 88.00 | 87.85 | 28.00 | 80.00 | 54.00 | 2.22 | 50.00 | 44.00 | 33.87 | 0.26 | 25.32 |
| 050305 | 编辑出版学 | 82.61 | 27.54 | 50.00 | 100.00 | 100.00 | 100.00 | 100.00 | 96.25 | 25.00 | 100.00 | 100.00 | 25.00 | 25.00 | 25.00 | 36.84 | 0.00 | 17.39 |
| 050306 | 网络与新媒体 | 80.84 | 51.10 | 69.27 | 73.17 | 90.73 | 64.39 | 73.66 | 78.57 | 30.24 | 76.59 | 45.85 | 2.63 | 44.88 | 23.90 | 61.14 | 0.70 | 8.94 |
| 083108 | 网络安全与执法 | 99.00 | 99.00 | 79.75 | 91.14 | 100.00 | 92.41 | 100.00 | 93.80 | 13.92 | 89.87 | 68.35 | 7.14 | 26.58 | 10.13 | 91.92 | 0.00 | 0.00 |

续表

| 专业代码 | 专业 | 落实率 | 协议率 | 相关度 | 匹配度 | 社保比 | 职业稳定性 | 单位质量 | 工作稳定性 | 工作压力 | 工作自主性 | 薪资满意度 | 基层比 | 产业比 | 重点单位比 | 高校就业比 | 创业比 | 升学比 |
|---|---|---|---|---|---|---|---|---|---|---|---|---|---|---|---|---|---|---|
| 080903 | 网络工程 | 86.75 | 62.63 | 58.72 | 69.40 | 94.31 | 76.51 | 84.34 | 80.97 | 32.74 | 81.85 | 50.53 | 2.79 | 71.89 | 32.38 | 45.98 | 0.44 | 7.60 |
| 130401 | 美术学 | 83.40 | 48.79 | 71.04 | 70.03 | 78.45 | 83.50 | 78.45 | 79.50 | 27.61 | 77.44 | 46.80 | 6.35 | 20.54 | 9.09 | 58.93 | 0.64 | 5.41 |
| 050261 | 翻译 | 86.87 | 53.58 | 58.49 | 62.26 | 85.38 | 74.06 | 71.23 | 72.05 | 32.55 | 72.17 | 45.75 | 2.55 | 45.28 | 23.11 | 36.89 | 0.26 | 17.30 |
| 080501 | 能源与动力工程 | 89.95 | 55.50 | 80.67 | 77.33 | 99.33 | 97.33 | 90.67 | 82.27 | 28.67 | 78.67 | 62.67 | 1.99 | 66.00 | 88.00 | 35.78 | 0.24 | 29.31 |
| 081304 | 能源化学工程 | 75.86 | 50.00 | 56.25 | 43.75 | 100.00 | 87.50 | 62.50 | 72.66 | 12.50 | 75.00 | 50.00 | 5.88 | 81.25 | 68.75 | 31.03 | 0.00 | 25.86 |
| 080801 | 自动化 | 88.51 | 58.39 | 77.16 | 79.58 | 97.58 | 87.89 | 87.72 | 82.77 | 30.97 | 82.53 | 59.52 | 2.28 | 76.47 | 58.30 | 33.46 | 0.05 | 21.84 |
| 070502 | 自然地理与资源环境 | 76.74 | 18.60 | 50.00 | 50.00 | 83.33 | 66.67 | 66.67 | 72.92 | 66.67 | 83.33 | 16.67 | 16.67 | 66.67 | 33.33 | 62.50 | 0.00 | 9.30 |
| 130205 | 舞蹈学 | 89.40 | 59.53 | 83.66 | 83.66 | 63.81 | 75.49 | 73.54 | 79.84 | 40.47 | 84.05 | 51.36 | 5.75 | 23.74 | 10.51 | 53.96 | 0.96 | 2.03 |
| 130206 | 舞蹈编导 | 92.59 | 60.85 | 73.21 | 80.36 | 62.50 | 78.57 | 69.64 | 82.68 | 46.43 | 85.71 | 58.93 | 6.38 | 14.29 | 17.86 | 50.43 | 2.65 | 2.12 |
| 130204 | 舞蹈表演 | 90.36 | 45.43 | 81.75 | 86.13 | 75.18 | 74.45 | 86.86 | 86.95 | 40.88 | 91.24 | 57.66 | 4.88 | 24.82 | 13.14 | 58.66 | 1.02 | 6.09 |
| 081901 | 船舶与海洋工程 | 92.31 | 69.23 | 66.67 | 33.33 | 100.00 | 100.00 | 100.00 | 60.00 | 33.33 | 66.67 | 100.00 | 0.00 | 33.33 | 100.00 | 38.89 | 0.00 | 23.08 |
| 130509 | 艺术与科技 | 81.82 | 69.70 | 100.00 | 100.00 | 75.00 | 50.00 | 100.00 | 68.13 | 50.00 | 75.00 | 50.00 | 0.00 | 50.00 | 25.00 | 57.97 | 2.02 | 3.03 |
| 130501 | 艺术设计学 | 80.75 | 54.17 | 56.00 | 77.00 | 82.00 | 75.00 | 74.00 | 80.65 | 44.00 | 81.00 | 56.00 | 4.82 | 41.00 | 29.00 | 51.28 | 0.40 | 8.13 |
| 050201 | 英语 | 83.04 | 53.79 | 79.15 | 74.77 | 82.58 | 83.25 | 74.96 | 75.64 | 23.99 | 72.87 | 48.93 | 2.34 | 31.32 | 10.90 | 64.04 | 0.27 | 9.17 |
| 090107 | 茶学 | 95.29 | 41.18 | 100.00 | 71.43 | 100.00 | 78.57 | 85.71 | 87.32 | 14.29 | 64.29 | 57.14 | 0.00 | 35.71 | 42.86 | 71.43 | 1.18 | 49.41 |
| 100701 | 药学 | 86.38 | 45.18 | 87.23 | 78.72 | 93.01 | 78.72 | 74.16 | 76.24 | 27.66 | 79.64 | 44.07 | 2.06 | 80.24 | 33.74 | 56.28 | 0.00 | 22.19 |
| 100705 | 药物分析 | 88.46 | 76.92 | 80.00 | 60.00 | 80.00 | 80.00 | 60.00 | 60.50 | 20.00 | 60.00 | 80.00 | 0.00 | 60.00 | 20.00 | 70.00 | 0.00 | 7.69 |
| 100702 | 药物制剂 | 91.67 | 50.00 | 92.31 | 100.00 | 100.00 | 84.62 | 84.62 | 95.19 | 23.08 | 100.00 | 76.92 | 0.00 | 84.62 | 46.15 | 42.86 | 0.00 | 28.57 |
| 120402 | 行政管理 | 82.70 | 49.87 | 52.31 | 71.30 | 91.67 | 81.94 | 81.02 | 82.48 | 34.72 | 76.39 | 56.48 | 5.05 | 41.67 | 34.26 | 56.58 | 0.09 | 14.73 |
| 130301 | 表演 | 83.69 | 60.28 | 50.00 | 73.68 | 89.47 | 57.89 | 84.21 | 78.95 | 52.63 | 89.47 | 63.16 | 2.78 | 47.37 | 13.16 | 44.71 | 1.42 | 3.55 |

续表

| 专业代码 | 专业 | 落实率 | 协议率 | 相关度 | 匹配度 | 社保比 | 职业稳定性 | 单位质量 | 工作稳定性 | 工作压力 | 工作自主性 | 薪资满意度 | 基层比 | 产业比 | 重点单位比 | 高校就业比 | 创业比 | 升学比 |
|---|---|---|---|---|---|---|---|---|---|---|---|---|---|---|---|---|---|---|
| 050205 | 西班牙语 | 64.38 | 40.41 | 61.54 | 61.54 | 92.31 | 84.62 | 84.62 | 79.04 | 30.77 | 76.92 | 38.46 | 0.00 | 61.54 | 30.77 | 35.59 | 0.00 | 10.27 |
| 130502 | 视觉传达设计 | 85.38 | 49.75 | 67.89 | 72.63 | 85.78 | 66.67 | 77.22 | 75.46 | 40.37 | 77.37 | 44.50 | 2.65 | 40.52 | 19.42 | 47.42 | 0.87 | 4.14 |
| 030615 | 警务指挥与战术 | 100.00 | 100.00 | 94.74 | 100.00 | 100.00 | 100.00 | 100.00 | 98.16 | 0.00 | 89.47 | 94.74 | 0.00 | 10.53 | 0.00 | 90.20 | 0.00 | 0.00 |
| 080901 | 计算机科学与技术 | 82.60 | 56.45 | 65.54 | 72.94 | 95.12 | 80.47 | 80.11 | 78.96 | 34.39 | 79.97 | 52.12 | 3.47 | 69.99 | 35.61 | 47.46 | 0.78 | 10.29 |
| 120204 | 财务管理 | 83.73 | 62.72 | 73.54 | 74.65 | 90.75 | 76.41 | 84.37 | 79.82 | 36.91 | 81.04 | 54.58 | 1.70 | 52.17 | 33.30 | 57.52 | 0.48 | 5.47 |
| 020201 | 财政学 | 94.96 | 66.19 | 84.62 | 76.92 | 92.31 | 84.62 | 69.23 | 73.27 | 30.77 | 76.92 | 69.23 | 0.00 | 61.54 | 38.46 | 48.91 | 1.44 | 17.27 |
| 020402 | 贸易经济 | 87.23 | 72.34 | 20.00 | 80.00 | 100.00 | 100.00 | 100.00 | 73.00 | 60.00 | 80.00 | 60.00 | 20.00 | 40.00 | 20.00 | 58.82 | 4.26 | 4.26 |
| 120208 | 资产评估 | 89.80 | 57.14 | 73.91 | 69.57 | 100.00 | 56.52 | 73.91 | 71.74 | 30.43 | 60.87 | 39.13 | 0.00 | 52.17 | 34.78 | 28.57 | 0.00 | 4.08 |
| 081403 | 资源勘查工程 | 87.88 | 42.42 | 83.33 | 100.00 | 100.00 | 100.00 | 100.00 | 100.00 | 16.67 | 83.33 | 83.33 | 0.00 | 16.67 | 66.67 | 30.36 | 0.76 | 36.36 |
| 080207 | 车辆工程 | 92.36 | 68.61 | 75.68 | 76.76 | 98.92 | 89.19 | 88.11 | 82.96 | 25.95 | 81.62 | 64.86 | 1.64 | 75.14 | 61.08 | 48.38 | 0.14 | 20.83 |
| 080802 | 轨道交通信号与控制 | 84.77 | 47.68 | 30.00 | 35.00 | 100.00 | 100.00 | 85.00 | 61.63 | 20.00 | 55.00 | 55.00 | 0.00 | 55.00 | 90.00 | 43.06 | 0.66 | 29.80 |
| 080902 | 软件工程 | 84.90 | 65.77 | 70.19 | 76.75 | 94.62 | 76.94 | 80.86 | 79.73 | 33.91 | 80.86 | 55.06 | 3.15 | 75.66 | 33.18 | 45.15 | 0.48 | 8.65 |
| 081701 | 轻化工程 | 93.46 | 45.79 | 25.00 | 100.00 | 100.00 | 75.00 | 100.00 | 82.50 | 0.00 | 75.00 | 75.00 | 0.00 | 100.00 | 75.00 | 30.61 | 0.00 | 39.25 |
| 082202 | 辐射防护与核安全 | 89.66 | 67.24 | 50.00 | 50.00 | 100.00 | 75.00 | 75.00 | 59.38 | 0.00 | 75.00 | 50.00 | 0.00 | 50.00 | 75.00 | 5.13 | 0.00 | 17.24 |
| 080206 | 过程装备与控制工程 | 90.22 | 56.52 | 80.00 | 80.00 | 100.00 | 100.00 | 100.00 | 89.00 | 0.00 | 80.00 | 60.00 | 0.00 | 60.00 | 80.00 | 40.38 | 1.09 | 26.09 |
| 040205 | 运动人体科学 | 95.83 | 45.83 | 12.50 | 50.00 | 100.00 | 75.00 | 87.50 | 80.63 | 0.00 | 37.50 | 75.00 | 0.00 | 37.50 | 62.50 | 54.55 | 0.00 | 16.67 |
| 040206 | 运动康复 | 97.92 | 64.58 | 76.92 | 64.10 | 76.92 | 74.36 | 64.10 | 72.12 | 33.33 | 69.23 | 43.59 | 8.33 | 53.85 | 23.08 | 87.10 | 1.04 | 6.25 |
| 040202 | 运动训练 | 87.48 | 42.54 | 91.23 | 89.47 | 91.23 | 92.98 | 87.72 | 89.56 | 33.33 | 87.72 | 59.65 | 0.00 | 14.04 | 10.53 | 59.35 | 1.39 | 11.73 |
| 080703 | 通信工程 | 85.96 | 57.88 | 63.22 | 72.46 | 97.60 | 84.66 | 84.84 | 80.01 | 27.17 | 77.82 | 58.04 | 2.86 | 78.37 | 49.35 | 39.17 | 0.21 | 15.97 |
| 081006 | 道路桥梁与渡河工程 | 92.27 | 62.93 | 82.02 | 66.29 | 97.75 | 89.89 | 84.27 | 76.18 | 20.22 | 67.42 | 59.55 | 4.49 | 19.10 | 80.90 | 37.29 | 0.00 | 27.47 |

续表

| 专业代码 | 专业 | 落实率 | 协议率 | 相关度 | 匹配度 | 社保比 | 职业稳定性 | 单位质量 | 工作稳定性 | 工作压力 | 工作自主性 | 薪资满意度 | 基层比 | 产业比 | 重点单位比 | 高校就业比 | 创业比 | 升学比 |
|---|---|---|---|---|---|---|---|---|---|---|---|---|---|---|---|---|---|---|
| 081202 | 遥感科学与技术 | 92.59 | 40.74 | 50.00 | 50.00 | 100.00 | 100.00 | 100.00 | 82.50 | 0.00 | 100.00 | 50.00 | 0.00 | 50.00 | 100.00 | 18.18 | 0.00 | 44.44 |
| 120902 | 酒店管理 | 88.52 | 68.28 | 52.69 | 68.85 | 91.54 | 67.69 | 75.38 | 74.37 | 37.31 | 76.54 | 43.46 | 4.40 | 56.54 | 36.15 | 59.51 | 0.00 | 4.83 |
| 081501 | 采矿工程 | 91.67 | 50.76 | 83.33 | 50.00 | 100.00 | 83.33 | 100.00 | 54.38 | 16.67 | 41.67 | 50.00 | 0.00 | 25.00 | 83.33 | 10.45 | 0.76 | 31.82 |
| 080405 | 金属材料工程 | 94.63 | 63.41 | 67.92 | 56.60 | 100.00 | 96.23 | 88.68 | 64.34 | 18.87 | 66.04 | 60.38 | 1.89 | 77.36 | 73.58 | 45.38 | 0.49 | 26.34 |
| 020301 | 金融学 | 81.84 | 47.91 | 65.09 | 76.73 | 90.55 | 85.09 | 84.36 | 86.37 | 30.91 | 79.64 | 63.27 | 3.95 | 56.73 | 47.64 | 58.21 | 0.60 | 14.24 |
| 020302 | 金融工程 | 82.52 | 57.50 | 56.92 | 68.46 | 91.54 | 80.00 | 83.85 | 82.25 | 29.23 | 71.54 | 51.92 | 4.26 | 59.62 | 46.15 | 57.12 | 0.46 | 6.90 |
| 020305 | 金融数学 | 91.57 | 68.58 | 59.65 | 77.19 | 92.98 | 80.70 | 80.70 | 84.47 | 29.82 | 89.47 | 61.40 | 1.89 | 57.89 | 38.60 | 65.92 | 0.38 | 9.96 |
| 100502 | 针灸推拿学 | 86.01 | 30.46 | 89.39 | 80.81 | 79.80 | 90.91 | 77.27 | 80.00 | 28.79 | 78.79 | 42.93 | 2.35 | 46.46 | 5.56 | 75.57 | 0.10 | 25.69 |
| 081007 | 铁道工程 | 84.34 | 56.63 | 0.00 | 0.00 | 100.00 | 100.00 | 100.00 | 100.00 | 100.00 | 100.00 | 0.00 | 0.00 | 100.00 | 100.00 | 21.28 | 0.00 | 21.08 |
| 130510 | 陶瓷艺术设计 | 85.54 | 54.22 | 44.44 | 88.89 | 100.00 | 88.89 | 88.89 | 100.00 | 33.33 | 100.00 | 66.67 | 0.00 | 55.56 | 55.56 | 57.78 | 0.00 | 1.20 |
| 130403 | 雕塑 | 91.30 | 69.57 | 100.00 | 66.67 | 100.00 | 33.33 | 66.67 | 93.33 | 0.00 | 100.00 | 66.67 | 0.00 | 66.67 | 33.33 | 68.75 | 0.00 | 8.70 |
| 130202 | 音乐学 | 81.91 | 52.37 | 64.47 | 74.07 | 73.50 | 78.08 | 77.65 | 80.43 | 39.54 | 79.23 | 44.84 | 6.01 | 25.64 | 11.46 | 62.83 | 1.16 | 4.81 |
| 130201 | 音乐表演 | 85.15 | 59.10 | 64.85 | 75.15 | 72.12 | 69.09 | 72.73 | 78.51 | 41.21 | 73.94 | 45.45 | 3.42 | 32.12 | 13.94 | 79.20 | 0.88 | 5.90 |
| 100401 | 预防医学 | 91.10 | 29.58 | 95.56 | 91.11 | 95.56 | 97.78 | 96.67 | 88.08 | 52.22 | 87.78 | 61.11 | 1.18 | 34.44 | 12.22 | 43.36 | 0.00 | 48.69 |
| 082803 | 风景园林 | 85.10 | 28.21 | 37.50 | 69.53 | 82.81 | 82.03 | 78.91 | 75.04 | 32.03 | 72.66 | 50.00 | 4.31 | 26.56 | 33.59 | 48.39 | 0.23 | 24.46 |
| 100402 | 食品卫生与营养学 | 79.59 | 46.94 | 50.00 | 55.00 | 75.00 | 75.00 | 75.00 | 72.00 | 65.00 | 70.00 | 50.00 | 0.00 | 45.00 | 20.00 | 65.22 | 2.04 | 6.12 |
| 082701 | 食品科学与工程 | 86.99 | 33.61 | 63.45 | 69.66 | 94.48 | 77.24 | 78.62 | 76.59 | 26.90 | 81.38 | 53.79 | 2.27 | 51.72 | 30.34 | 53.05 | 0.48 | 34.46 |
| 082702 | 食品质量与安全 | 80.31 | 36.62 | 60.00 | 73.75 | 92.50 | 80.00 | 82.50 | 77.03 | 43.75 | 83.75 | 47.50 | 5.26 | 50.00 | 35.00 | 48.74 | 0.00 | 31.69 |
| 080407 | 高分子材料与工程 | 91.90 | 54.13 | 66.67 | 75.83 | 96.67 | 88.33 | 83.33 | 79.02 | 30.00 | 81.67 | 57.50 | 0.00 | 79.17 | 56.67 | 31.36 | 0.15 | 25.23 |
| 100202 | 麻醉学 | 78.47 | 24.88 | 100.00 | 73.33 | 100.00 | 100.00 | 93.33 | 84.00 | 6.67 | 80.00 | 53.33 | 0.00 | 33.33 | 6.67 | 75.00 | 0.00 | 27.27 |

## （三）研究生专业

附表 3-14　湖南省普通高校 2023 届毕业研究生分专业就业质量评估指标明细表

| 专业代码 | 专业 | 落实率 | 协议率 | 相关度 | 匹配度 | 社保比 | 职业稳定性 | 单位质量 | 工作稳定性 | 工作压力 | 工作自主性 | 薪资满意度 | 基层比 | 产业比 | 重点单位比 | 高校就业比 | 创业比 | 升学比 |
|---|---|---|---|---|---|---|---|---|---|---|---|---|---|---|---|---|---|---|
| 060300 | 世界史 | 79.17 | 70.83 | 83.33 | 100.00 | 100.00 | 100.00 | 100.00 | 98.75 | 0.00 | 83.33 | 66.67 | 0.00 | 0.00 | 0.00 | 23.53 | 0.00 | 4.17 |
| 100511 | 中医五官科学 | 100.00 | 76.74 | 66.67 | 33.33 | 100.00 | 100.00 | 100.00 | 100.00 | 0.00 | 66.67 | 33.33 | 0.00 | 33.33 | 0.00 | 57.58 | 0.00 | 20.93 |
| 105701 | 中医内科学 | 90.95 | 75.57 | 100.00 | 66.67 | 100.00 | 96.97 | 78.79 | 68.56 | 21.21 | 63.64 | 48.48 | 0.00 | 63.64 | 3.03 | 46.11 | 0.00 | 9.05 |
| 105702 | 中医外科学 | 93.42 | 77.63 | 95.45 | 77.27 | 100.00 | 95.45 | 100.00 | 79.43 | 31.82 | 86.36 | 45.45 | 0.00 | 27.27 | 0.00 | 55.93 | 1.32 | 10.53 |
| 105704 | 中医妇科学 | 75.68 | 64.86 | 83.33 | 50.00 | 100.00 | 100.00 | 83.33 | 65.42 | 0.00 | 66.67 | 50.00 | 0.00 | 66.67 | 0.00 | 41.67 | 0.00 | 5.41 |
| 105703 | 中医骨伤科学 | 96.34 | 84.15 | 88.89 | 77.78 | 100.00 | 77.78 | 88.89 | 78.89 | 0.00 | 66.67 | 44.44 | 0.00 | 55.56 | 0.00 | 59.42 | 0.00 | 4.88 |
| 050105 | 中国古代文学 | 86.49 | 72.97 | 100.00 | 100.00 | 100.00 | 100.00 | 100.00 | 88.50 | 60.00 | 80.00 | 60.00 | 0.00 | 0.00 | 0.00 | 25.93 | 0.00 | 5.41 |
| 050104 | 中国古典文献学 | 87.50 | 75.00 | 100.00 | 100.00 | 100.00 | 100.00 | 100.00 | 100.00 | 0.00 | 100.00 | 100.00 | 0.00 | 0.00 | 0.00 | 50.00 | 0.00 | 12.50 |
| 060200 | 中国史 | 86.93 | 73.20 | 88.46 | 82.69 | 98.08 | 90.38 | 92.31 | 79.04 | 11.54 | 76.92 | 59.62 | 0.00 | 3.85 | 3.85 | 29.46 | 0.00 | 9.15 |
| 050106 | 中国现当代文学 | 88.46 | 71.15 | 100.00 | 100.00 | 100.00 | 100.00 | 100.00 | 90.83 | 66.67 | 100.00 | 100.00 | 0.00 | 0.00 | 0.00 | 40.54 | 0.00 | 11.54 |
| 050100 | 中国语言文学 | 84.86 | 74.59 | 93.10 | 89.66 | 100.00 | 100.00 | 93.10 | 90.00 | 24.14 | 79.31 | 62.07 | 6.90 | 6.90 | 0.00 | 57.25 | 0.00 | 3.24 |
| 030506 | 中国近现代史基本问题研究 | 100.00 | 100.00 | 100.00 | 100.00 | 100.00 | 100.00 | 100.00 | 85.00 | 0.00 | 100.00 | 100.00 | 0.00 | 100.00 | 100.00 | 0.00 | 0.00 | 0.00 |
| 100801 | 中药学 | 94.94 | 78.48 | 100.00 | 100.00 | 100.00 | 66.67 | 100.00 | 83.34 | 33.33 | 66.67 | 66.67 | 0.00 | 33.33 | 33.33 | 75.81 | 0.00 | 7.59 |
| 100600 | 中西医结合 | 91.67 | 50.00 | 100.00 | 100.00 | 100.00 | 100.00 | 100.00 | 100.00 | 100.00 | 100.00 | 100.00 | 0.00 | 100.00 | 0.00 | 66.67 | 0.00 | 25.00 |
| 100602 | 中西医结合临床 | 92.44 | 78.99 | 100.00 | 71.43 | 100.00 | 92.86 | 92.86 | 74.11 | 28.57 | 71.43 | 42.86 | 0.00 | 28.57 | 0.00 | 60.64 | 0.00 | 5.88 |
| 100601 | 中西医结合基础 | 83.33 | 50.00 | 100.00 | 100.00 | 0.00 | 100.00 | 100.00 | 100.00 | 0.00 | 100.00 | 0.00 | 0.00 | 100.00 | 0.00 | 66.67 | 0.00 | 16.67 |
| 1006Z4 | 中西医结合康复医学 | 100.00 | 85.71 | 100.00 | 100.00 | 100.00 | 100.00 | 100.00 | 80.00 | 0.00 | 100.00 | 0.00 | 0.00 | 100.00 | 0.00 | 83.33 | 0.00 | 14.29 |
| 100201 | 临床医学 | 93.10 | 84.08 | 99.24 | 86.77 | 98.98 | 89.82 | 92.62 | 84.24 | 11.96 | 81.93 | 55.47 | 0.00 | 61.83 | 4.58 | 71.29 | 0.00 | 2.92 |
| 100208 | 临床检验诊断学 | 87.76 | 85.71 | 100.00 | 75.00 | 100.00 | 100.00 | 75.00 | 59.38 | 25.00 | 75.00 | 50.00 | 0.00 | 75.00 | 25.00 | 47.62 | 0.00 | 0.00 |

续表

| 专业代码 | 专业 | 落实率 | 协议率 | 相关度 | 匹配度 | 社保比 | 职业稳定性 | 单位质量 | 工作稳定性 | 工作压力 | 工作自主性 | 薪资满意度 | 基层比 | 产业比 | 重点单位比 | 高校就业比 | 创业比 | 升学比 |
|---|---|---|---|---|---|---|---|---|---|---|---|---|---|---|---|---|---|---|
| 100703 | 临床药学 | 92.59 | 62.96 | 100.00 | 100.00 | 100.00 | 100.00 | 100.00 | 86.25 | 50.00 | 50.00 | 100.00 | 0.00 | 50.00 | 0.00 | 23.53 | 0.00 | 22.22 |
| 081801 | 交通运输 | 97.13 | 87.08 | 76.47 | 76.47 | 100.00 | 94.12 | 86.27 | 80.83 | 41.18 | 80.39 | 52.94 | 0.00 | 33.33 | 74.51 | 29.12 | 0.00 | 6.22 |
| 082300 | 交通运输工程 | 98.22 | 79.29 | 68.00 | 68.00 | 100.00 | 96.00 | 84.00 | 84.80 | 28.00 | 96.00 | 52.00 | 4.17 | 52.00 | 80.00 | 36.57 | 0.00 | 11.24 |
| 100101 | 人体解剖与组织胚胎学 | 100.00 | 53.85 | 100.00 | 100.00 | 100.00 | 100.00 | 0.00 | 100.00 | 0.00 | 100.00 | 0.00 | 0.00 | 100.00 | 0.00 | 85.71 | 0.00 | 23.08 |
| 0872J1 | 人居环境设计学 | 100.00 | 54.55 | 60.00 | 100.00 | 100.00 | 100.00 | 100.00 | 95.50 | 20.00 | 80.00 | 60.00 | 0.00 | 40.00 | 20.00 | 33.33 | 0.00 | 9.09 |
| 080717 | 人工智能 | 100.00 | 90.16 | 83.33 | 83.33 | 100.00 | 100.00 | 83.33 | 92.08 | 66.67 | 100.00 | 66.67 | 0.00 | 83.33 | 100.00 | 18.18 | 0.00 | 4.92 |
| 070502 | 人文地理学 | 96.77 | 93.55 | 87.50 | 87.50 | 100.00 | 100.00 | 100.00 | 92.19 | 37.50 | 75.00 | 50.00 | 0.00 | 25.00 | 12.50 | 20.69 | 0.00 | 3.23 |
| 0101J2 | 人类文化遗产学 | 77.78 | 66.67 | 100.00 | 100.00 | 100.00 | 100.00 | 100.00 | 100.00 | 0.00 | 75.00 | 100.00 | 0.00 | 0.00 | 0.00 | 33.33 | 0.00 | 11.11 |
| 080400 | 仪器科学与技术 | 81.25 | 75.00 | 75.00 | 75.00 | 100.00 | 100.00 | 50.00 | 83.75 | 25.00 | 75.00 | 75.00 | 0.00 | 100.00 | 25.00 | 41.67 | 0.00 | 6.25 |
| 120202 | 企业管理 | 100.00 | 95.83 | 66.67 | 100.00 | 100.00 | 100.00 | 100.00 | 100.00 | 33.33 | 100.00 | 66.67 | 0.00 | 66.67 | 66.67 | 78.26 | 0.00 | 0.00 |
| 630302 | 会计 | 95.18 | 89.69 | 83.93 | 81.25 | 100.00 | 89.29 | 93.75 | 82.34 | 28.57 | 84.82 | 59.82 | 0.00 | 41.07 | 53.57 | 56.12 | 0.13 | 0.27 |
| 120203 | 会计学 | 94.92 | 82.20 | 81.25 | 87.50 | 100.00 | 93.75 | 81.25 | 86.09 | 37.50 | 100.00 | 62.50 | 0.00 | 43.75 | 43.75 | 54.64 | 0.00 | 10.17 |
| 010105 | 伦理学 | 84.62 | 61.54 | 33.33 | 100.00 | 100.00 | 100.00 | 100.00 | 93.33 | 33.33 | 100.00 | 66.67 | 0.00 | 33.33 | 0.00 | 87.50 | 7.69 | 0.00 |
| 045200 | 体育 | 97.60 | 64.00 | 88.71 | 85.48 | 93.55 | 82.26 | 85.48 | 83.71 | 30.65 | 88.71 | 54.84 | 0.00 | 17.74 | 4.84 | 55.00 | 1.60 | 0.80 |
| 040301 | 体育人文社会学 | 100.00 | 95.00 | 50.00 | 50.00 | 100.00 | 100.00 | 50.00 | 50.00 | 50.00 | 100.00 | 0.00 | 0.00 | 0.00 | 50.00 | 84.21 | 0.00 | 5.00 |
| 040300 | 体育学 | 91.30 | 56.52 | 80.00 | 86.67 | 86.67 | 93.33 | 73.33 | 78.50 | 40.00 | 80.00 | 46.67 | 6.67 | 20.00 | 6.67 | 76.92 | 0.00 | 13.04 |
| 045201 | 体育教学 | 95.89 | 64.38 | 90.91 | 100.00 | 100.00 | 100.00 | 90.91 | 88.18 | 18.18 | 81.82 | 18.18 | 0.00 | 9.09 | 9.09 | 82.98 | 0.00 | 0.00 |
| 040303 | 体育教育训练学 | 97.22 | 94.44 | 100.00 | 66.67 | 100.00 | 100.00 | 83.33 | 77.91 | 50.00 | 66.67 | 50.00 | 0.00 | 0.00 | 0.00 | 52.94 | 0.00 | 2.78 |
| 090100 | 作物学 | 87.85 | 57.94 | 77.50 | 85.00 | 97.50 | 92.50 | 92.50 | 78.94 | 30.00 | 87.50 | 60.00 | 0.00 | 52.50 | 40.00 | 62.90 | 0.00 | 5.61 |
| 081404 | 供热、供燃气、通风及空调工程 | 100.00 | 100.00 | 0.00 | 100.00 | 100.00 | 100.00 | 100.00 | 65.00 | 0.00 | 100.00 | 0.00 | 0.00 | 100.00 | 100.00 | 14.29 | 0.00 | 0.00 |

续表

| 专业代码 | 专业 | 落实率 | 协议率 | 相关度 | 匹配度 | 社保比 | 职业稳定性 | 单位质量 | 工作稳定性 | 工作压力 | 工作自主性 | 薪资满意度 | 基层比 | 产业比 | 重点单位比 | 高校就业比 | 创业比 | 升学比 |
|---|---|---|---|---|---|---|---|---|---|---|---|---|---|---|---|---|---|---|
| 025500 | 保险 | 95.83 | 91.67 | 100.00 | 100.00 | 100.00 | 100.00 | 100.00 | 96.25 | 0.00 | 100.00 | 50.00 | 0.00 | 100.00 | 100.00 | 9.09 | 0.00 | 4.17 |
| 081000 | 信息与通信工程 | 86.18 | 76.97 | 70.83 | 81.25 | 97.92 | 93.75 | 85.42 | 86.20 | 33.33 | 75.00 | 60.42 | 0.00 | 87.50 | 54.17 | 41.03 | 0.00 | 9.21 |
| 100207 | 儿科学 | 82.22 | 62.22 | 100.00 | 66.67 | 100.00 | 83.33 | 100.00 | 89.58 | 16.67 | 100.00 | 33.33 | 0.00 | 33.33 | 0.00 | 64.29 | 0.00 | 15.56 |
| 085408 | 光电信息工程 | 100.00 | 100.00 | 0.00 | 100.00 | 100.00 | 100.00 | 100.00 | 100.00 | 100.00 | 100.00 | 100.00 | 0.00 | 0.00 | 0.00 | 50.00 | 0.00 | 0.00 |
| 100102 | 免疫学 | 95.00 | 70.00 | 80.00 | 80.00 | 100.00 | 80.00 | 80.00 | 83.00 | 20.00 | 60.00 | 60.00 | 0.00 | 100.00 | 0.00 | 57.14 | 0.00 | 5.00 |
| 105127 | 全科医学 | 30.77 | 23.08 | 100.00 | 100.00 | 100.00 | 100.00 | 100.00 | 100.00 | 50.00 | 100.00 | 50.00 | 0.00 | 0.00 | 0.00 | 66.67 | 0.00 | 7.69 |
| 105300 | 公共卫生 | 86.54 | 74.04 | 79.25 | 77.36 | 96.23 | 94.34 | 94.34 | 78.30 | 47.17 | 83.02 | 49.06 | 0.00 | 56.60 | 7.55 | 44.16 | 0.00 | 1.92 |
| 100400 | 公共卫生与预防医学 | 76.92 | 64.10 | 78.57 | 64.29 | 100.00 | 100.00 | 89.29 | 78.30 | 57.14 | 82.14 | 53.57 | 3.57 | 64.29 | 7.14 | 58.00 | 0.00 | 5.13 |
| 120400 | 公共管理 | 94.88 | 87.57 | 78.10 | 87.59 | 99.27 | 73.72 | 91.24 | 85.22 | 20.44 | 81.75 | 61.31 | 5.43 | 37.96 | 21.17 | 68.11 | 0.29 | 2.19 |
| 090600 | 兽医学 | 95.74 | 82.98 | 81.48 | 85.19 | 100.00 | 81.48 | 81.48 | 81.21 | 29.63 | 81.48 | 62.96 | 0.00 | 88.89 | 18.52 | 53.85 | 0.00 | 10.64 |
| 100201 | 内科学 | 90.39 | 65.76 | 100.00 | 86.21 | 100.00 | 96.55 | 89.66 | 84.74 | 13.79 | 68.97 | 37.93 | 0.00 | 68.97 | 3.45 | 61.80 | 0.00 | 19.21 |
| 0501Z1 | 写作学 | 100.00 | 77.78 | 100.00 | 100.00 | 100.00 | 100.00 | 100.00 | 100.00 | 66.67 | 100.00 | 33.33 | 0.00 | 33.33 | 33.33 | 28.57 | 0.00 | 11.11 |
| 082800 | 农业工程 | 94.74 | 68.42 | 66.67 | 66.67 | 100.00 | 100.00 | 66.67 | 92.50 | 66.67 | 66.67 | 100.00 | 0.00 | 66.67 | 66.67 | 76.92 | 0.00 | 26.32 |
| 095136 | 农业工程与信息技术 | 94.59 | 94.59 | 81.48 | 96.30 | 100.00 | 77.78 | 100.00 | 91.57 | 7.41 | 88.89 | 77.78 | 0.00 | 48.15 | 29.63 | 60.00 | 0.00 | 0.00 |
| 082802 | 农业水土工程 | 100.00 | 100.00 | 100.00 | 100.00 | 100.00 | 100.00 | 100.00 | 100.00 | 0.00 | 100.00 | 100.00 | 0.00 | 0.00 | 0.00 | 100.00 | 0.00 | 0.00 |
| 0903Z1 | 农业环境保护 | 100.00 | 50.00 | 100.00 | 50.00 | 100.00 | 50.00 | 50.00 | 90.00 | 0.00 | 50.00 | 100.00 | 0.00 | 100.00 | 0.00 | 100.00 | 0.00 | 0.00 |
| 0713Z3 | 农业生态学 | 100.00 | 100.00 | 100.00 | 100.00 | 100.00 | 100.00 | 100.00 | 100.00 | 0.00 | 100.00 | 100.00 | 0.00 | 0.00 | 0.00 | 100.00 | 0.00 | 0.00 |
| 095137 | 农业管理 | 93.51 | 88.96 | 57.14 | 85.71 | 100.00 | 54.29 | 100.00 | 90.57 | 14.29 | 97.14 | 77.14 | 6.67 | 42.86 | 20.00 | 32.85 | 0.65 | 1.30 |
| 120301 | 农业经济管理 | 100.00 | 50.00 | 100.00 | 100.00 | 100.00 | 100.00 | 100.00 | 100.00 | 0.00 | 100.00 | 100.00 | 0.00 | 0.00 | 0.00 | 100.00 | 0.00 | 0.00 |
| 090201 | 农业资源与环境 | 76.19 | 28.57 | 60.00 | 70.00 | 100.00 | 70.00 | 80.00 | 67.50 | 30.00 | 100.00 | 50.00 | 0.00 | 30.00 | 20.00 | 83.33 | 4.76 | 4.76 |

续表

| 专业代码 | 专业 | 落实率 | 协议率 | 相关度 | 匹配度 | 社保比 | 职业稳定性 | 单位质量 | 工作稳定性 | 工作压力 | 工作自主性 | 薪资满意度 | 基层比 | 产业比 | 重点单位比 | 高校就业比 | 创业比 | 升学比 |
|---|---|---|---|---|---|---|---|---|---|---|---|---|---|---|---|---|---|---|
| 097203 | 农产品加工及贮藏工程 | 50.00 | 50.00 | 0.00 | 100.00 | 100.00 | 100.00 | 100.00 | 80.00 | 100.00 | 100.00 | 100.00 | 0.00 | 0.00 | 100.00 | 100.00 | 0.00 | 0.00 |
| 095110 | 农村与区域发展 | 100.00 | 50.00 | 50.00 | 50.00 | 100.00 | 50.00 | 100.00 | 86.25 | 0.00 | 50.00 | 100.00 | 0.00 | 0.00 | 100.00 | 100.00 | 0.00 | 0.00 |
| 095138 | 农村发展 | 93.68 | 85.26 | 58.33 | 81.67 | 96.67 | 66.67 | 86.67 | 84.79 | 13.33 | 86.67 | 66.67 | 1.75 | 38.33 | 31.67 | 49.38 | 0.00 | 1.05 |
| 120301 | 农林经济管理 | 100.00 | 40.00 | 60.00 | 100.00 | 100.00 | 80.00 | 100.00 | 100.00 | 40.00 | 80.00 | 60.00 | 0.00 | 0.00 | 0.00 | 100.00 | 0.00 | 0.00 |
| 095131 | 农艺与种业 | 82.76 | 44.83 | 83.33 | 100.00 | 100.00 | 100.00 | 83.33 | 92.92 | 16.67 | 83.33 | 66.67 | 0.00 | 0.00 | 16.67 | 46.15 | 10.34 | 0.00 |
| 080404 | 冶金工程 | 100.00 | 62.90 | 100.00 | 100.00 | 100.00 | 100.00 | 66.67 | 57.50 | 0.00 | 66.67 | 0.00 | 0.00 | 100.00 | 0.00 | 17.95 | 0.00 | 27.42 |
| 055300 | 出版 | 95.45 | 50.00 | 75.00 | 25.00 | 75.00 | 75.00 | 50.00 | 51.88 | 50.00 | 50.00 | 0.00 | 0.00 | 50.00 | 25.00 | 18.18 | 0.00 | 0.00 |
| 080100 | 力学 | 92.75 | 71.01 | 100.00 | 80.00 | 100.00 | 80.00 | 60.00 | 72.00 | 0.00 | 60.00 | 40.00 | 0.00 | 40.00 | 100.00 | 38.78 | 0.00 | 17.39 |
| 085206 | 动力工程 | 100.00 | 100.00 | 100.00 | 0.00 | 100.00 | 100.00 | 100.00 | 92.50 | 0.00 | 0.00 | 0.00 | 0.00 | 0.00 | 100.00 | 42.86 | 0.00 | 0.00 |
| 080700 | 动力工程及工程热物理 | 96.39 | 85.54 | 66.67 | 79.17 | 100.00 | 95.83 | 91.67 | 80.52 | 16.67 | 83.33 | 66.67 | 4.17 | 83.33 | 83.33 | 45.07 | 0.00 | 9.64 |
| 071002 | 动物学 | 75.00 | 66.67 | 50.00 | 50.00 | 100.00 | 100.00 | 100.00 | 75.00 | 25.00 | 100.00 | 0.00 | 0.00 | 25.00 | 0.00 | 37.50 | 0.00 | 8.33 |
| 090501 | 动物遗传育种与繁殖 | 50.00 | 50.00 | 100.00 | 100.00 | 100.00 | 100.00 | 100.00 | 100.00 | 100.00 | 100.00 | 100.00 | 0.00 | 0.00 | 0.00 | 100.00 | 0.00 | 0.00 |
| 081702 | 包装工程 | 100.00 | 92.86 | 27.27 | 63.64 | 100.00 | 81.82 | 72.73 | 87.73 | 27.27 | 81.82 | 45.45 | 0.00 | 81.82 | 63.64 | 38.46 | 0.00 | 7.14 |
| 070301 | 化学 | 94.00 | 81.86 | 71.64 | 68.66 | 98.51 | 97.01 | 77.61 | 79.10 | 20.90 | 77.61 | 61.19 | 3.03 | 56.72 | 38.81 | 30.77 | 0.00 | 9.30 |
| 081700 | 化学工程与技术 | 96.57 | 88.84 | 75.61 | 82.93 | 100.00 | 82.93 | 85.37 | 85.79 | 21.95 | 90.24 | 70.73 | 0.00 | 65.85 | 48.78 | 36.23 | 0.00 | 6.44 |
| 1007Z1 | 医药经济与管理 | 100.00 | 100.00 | 100.00 | 100.00 | 100.00 | 100.00 | 100.00 | 100.00 | 0.00 | 100.00 | 0.00 | 0.00 | 0.00 | 0.00 | 0.00 | 0.00 | 0.00 |
| 071008 | 发育生物学 | 82.14 | 60.71 | 77.78 | 77.78 | 100.00 | 88.89 | 77.78 | 67.50 | 33.33 | 66.67 | 77.78 | 0.00 | 33.33 | 22.22 | 35.29 | 0.00 | 17.86 |
| 100301 | 口腔医学 | 90.57 | 71.70 | 100.00 | 100.00 | 100.00 | 100.00 | 100.00 | 100.00 | 0.00 | 100.00 | 100.00 | 0.00 | 60.00 | 20.00 | 47.37 | 0.00 | 15.09 |
| 010101 | 哲学 | 84.85 | 62.12 | 81.40 | 93.02 | 95.35 | 79.07 | 93.02 | 82.27 | 27.91 | 76.74 | 65.12 | 2.33 | 4.65 | 6.98 | 47.97 | 0.00 | 16.67 |
| 0902Z3 | 园艺产品采后科学与技术 | 50.00 | 50.00 | 100.00 | 100.00 | 100.00 | 100.00 | 100.00 | 100.00 | 100.00 | 100.00 | 0.00 | 0.00 | 0.00 | 0.00 | 100.00 | 0.00 | 0.00 |

续表

| 专业代码 | 专业 | 落实率 | 协议率 | 相关度 | 匹配度 | 社保比 | 职业稳定性 | 单位质量 | 工作稳定性 | 工作压力 | 工作自主性 | 薪资满意度 | 基层比 | 产业比 | 重点单位比 | 高校就业比 | 创业比 | 升学比 |
|---|---|---|---|---|---|---|---|---|---|---|---|---|---|---|---|---|---|---|
| 090200 | 园艺学 | 91.36 | 41.98 | 72.41 | 82.76 | 100.00 | 93.10 | 93.10 | 92.33 | 31.03 | 82.76 | 62.07 | 0.00 | 55.17 | 31.03 | 50.00 | 1.23 | 13.58 |
| 120205 | 国际商务 | 99.24 | 93.13 | 51.16 | 83.72 | 100.00 | 95.35 | 86.05 | 90.70 | 18.60 | 86.05 | 76.74 | 2.38 | 58.14 | 67.44 | 31.97 | 0.76 | 3.05 |
| 125500 | 图书情报 | 92.52 | 86.39 | 57.89 | 89.47 | 100.00 | 92.11 | 100.00 | 91.52 | 36.84 | 81.58 | 68.42 | 0.00 | 44.74 | 31.58 | 25.98 | 0.68 | 1.36 |
| 120500 | 图书情报与档案管理 | 88.89 | 66.67 | 40.00 | 66.67 | 100.00 | 100.00 | 93.33 | 82.50 | 33.33 | 80.00 | 66.67 | 0.00 | 33.33 | 20.00 | 41.67 | 2.78 | 11.11 |
| 081001 | 土木工程 | 95.66 | 82.56 | 82.04 | 74.27 | 100.00 | 90.29 | 86.41 | 79.44 | 25.73 | 78.64 | 44.66 | 0.49 | 28.64 | 74.76 | 28.00 | 0.00 | 8.19 |
| 085900 | 土木水利 | 95.71 | 88.00 | 73.97 | 78.08 | 100.00 | 94.52 | 83.56 | 80.85 | 26.03 | 80.82 | 56.16 | 1.37 | 46.58 | 69.86 | 34.74 | 0.00 | 4.00 |
| 070503 | 地图学与地理信息系统 | 81.25 | 56.25 | 0.00 | 100.00 | 100.00 | 100.00 | 100.00 | 92.50 | 50.00 | 100.00 | 0.00 | 0.00 | 0.00 | 0.00 | 44.44 | 0.00 | 18.75 |
| 070500 | 地理学 | 58.70 | 36.96 | 66.67 | 33.33 | 100.00 | 100.00 | 100.00 | 76.67 | 33.33 | 66.67 | 33.33 | 0.00 | 0.00 | 33.33 | 35.29 | 0.00 | 6.52 |
| 070900 | 地质学 | 82.35 | 58.82 | 100.00 | 100.00 | 100.00 | 100.00 | 100.00 | 100.00 | 0.00 | 100.00 | 100.00 | 0.00 | 100.00 | 0.00 | 30.00 | 0.00 | 23.53 |
| 081401 | 地质工程 | 96.30 | 81.48 | 66.67 | 66.67 | 100.00 | 100.00 | 66.67 | 74.17 | 33.33 | 100.00 | 66.67 | 0.00 | 33.33 | 66.67 | 27.27 | 0.00 | 11.11 |
| 081800 | 地质资源与地质工程 | 94.37 | 66.20 | 75.00 | 87.50 | 100.00 | 87.50 | 75.00 | 67.19 | 25.00 | 75.00 | 25.00 | 0.00 | 12.50 | 37.50 | 31.91 | 0.00 | 19.72 |
| 083300 | 城乡规划学 | 90.00 | 83.33 | 100.00 | 100.00 | 100.00 | 100.00 | 100.00 | 95.25 | 20.00 | 100.00 | 90.00 | 0.00 | 50.00 | 50.00 | 48.00 | 0.00 | 3.33 |
| 085300 | 城市规划 | 100.00 | 88.10 | 86.96 | 78.26 | 100.00 | 91.30 | 78.26 | 71.74 | 26.09 | 65.22 | 34.78 | 4.55 | 30.43 | 43.48 | 40.54 | 0.00 | 2.38 |
| 100100 | 基础医学 | 97.25 | 85.32 | 85.29 | 73.53 | 100.00 | 94.12 | 97.06 | 87.06 | 26.47 | 91.18 | 55.88 | 0.00 | 61.76 | 0.00 | 51.61 | 0.00 | 10.09 |
| 050211 | 外国语言学及应用语言学 | 92.68 | 60.98 | 71.43 | 71.43 | 85.71 | 100.00 | 85.71 | 80.71 | 42.86 | 71.43 | 71.43 | 0.00 | 28.57 | 28.57 | 48.00 | 0.00 | 4.88 |
| 050200 | 外国语言文学 | 88.30 | 72.34 | 68.42 | 86.84 | 92.11 | 89.47 | 92.11 | 80.26 | 31.58 | 86.84 | 55.26 | 0.00 | 15.79 | 10.53 | 36.03 | 0.00 | 5.85 |
| 100210 | 外科学 | 86.63 | 55.69 | 95.65 | 78.26 | 95.65 | 82.61 | 91.30 | 73.91 | 17.39 | 69.57 | 47.83 | 0.00 | 52.17 | 8.70 | 63.11 | 0.25 | 21.53 |
| 100211 | 妇产科学 | 93.18 | 79.55 | 100.00 | 100.00 | 100.00 | 50.00 | 100.00 | 85.00 | 0.00 | 100.00 | 100.00 | 0.00 | 100.00 | 50.00 | 60.00 | 0.00 | 13.64 |
| 040106 | 学前教育 | 68.97 | 48.28 | 100.00 | 100.00 | 100.00 | 100.00 | 100.00 | 100.00 | 0.00 | 100.00 | 100.00 | 0.00 | 0.00 | 0.00 | 64.29 | 0.00 | 0.00 |
| 045171 | 学校课程与教学 | 50.00 | 50.00 | 100.00 | 100.00 | 100.00 | 100.00 | 100.00 | 80.00 | 0.00 | 100.00 | 0.00 | 0.00 | 0.00 | 0.00 | 100.00 | 0.00 | 0.00 |

续表

| 专业代码 | 专业 | 落实率 | 协议率 | 相关度 | 匹配度 | 社保比 | 职业稳定性 | 单位质量 | 工作稳定性 | 工作压力 | 工作自主性 | 薪资满意度 | 基层比 | 产业比 | 重点单位比 | 高校就业比 | 创业比 | 升学比 |
|---|---|---|---|---|---|---|---|---|---|---|---|---|---|---|---|---|---|---|
| 045106 | 学科教学（化学） | 95.12 | 92.68 | 100.00 | 87.50 | 100.00 | 75.00 | 87.50 | 85.94 | 0.00 | 75.00 | 75.00 | 0.00 | 12.50 | 0.00 | 57.89 | 0.00 | 0.00 |
| 045109 | 学科教学（历史） | 93.02 | 90.70 | 100.00 | 100.00 | 100.00 | 100.00 | 100.00 | 90.31 | 12.50 | 87.50 | 62.50 | 0.00 | 50.00 | 0.00 | 33.33 | 0.00 | 0.00 |
| 045110 | 学科教学（地理） | 96.15 | 92.31 | 100.00 | 100.00 | 100.00 | 50.00 | 83.33 | 67.09 | 0.00 | 83.33 | 66.67 | 0.00 | 0.00 | 0.00 | 33.33 | 0.00 | 0.00 |
| 045102 | 学科教学（思政） | 89.40 | 84.77 | 98.28 | 93.10 | 98.28 | 94.83 | 96.55 | 84.74 | 27.59 | 81.03 | 60.34 | 0.00 | 8.62 | 3.45 | 52.34 | 0.00 | 0.00 |
| 045104 | 学科教学（数学） | 97.09 | 92.23 | 96.55 | 86.21 | 100.00 | 75.86 | 100.00 | 85.87 | 20.69 | 82.76 | 75.86 | 3.45 | 13.79 | 3.45 | 67.37 | 0.00 | 0.00 |
| 045105 | 学科教学（物理） | 98.11 | 86.79 | 100.00 | 100.00 | 100.00 | 87.50 | 100.00 | 97.50 | 12.50 | 100.00 | 75.00 | 0.00 | 12.50 | 0.00 | 45.65 | 0.00 | 0.00 |
| 045107 | 学科教学（生物） | 96.88 | 78.13 | 100.00 | 69.23 | 100.00 | 84.62 | 84.62 | 65.96 | 7.69 | 53.85 | 53.85 | 0.00 | 15.38 | 0.00 | 76.00 | 0.00 | 0.00 |
| 045113 | 学科教学（美术） | 83.33 | 83.33 | 100.00 | 50.00 | 100.00 | 0.00 | 50.00 | 82.50 | 50.00 | 100.00 | 0.00 | 0.00 | 50.00 | 0.00 | 100.00 | 0.00 | 0.00 |
| 045108 | 学科教学（英语） | 94.48 | 86.90 | 87.04 | 79.63 | 100.00 | 87.04 | 87.04 | 80.18 | 9.26 | 70.37 | 53.70 | 0.00 | 25.93 | 3.70 | 53.57 | 0.00 | 0.00 |
| 045103 | 学科教学（语文） | 95.26 | 85.78 | 95.31 | 90.63 | 98.44 | 89.06 | 98.44 | 83.16 | 20.31 | 82.81 | 45.31 | 0.00 | 7.81 | 6.25 | 57.46 | 0.47 | 0.47 |
| 045111 | 学科教学（音乐） | 90.00 | 60.00 | 100.00 | 100.00 | 100.00 | 100.00 | 100.00 | 85.00 | 100.00 | 100.00 | 0.00 | 0.00 | 0.00 | 0.00 | 33.33 | 0.00 | 0.00 |
| 083700 | 安全科学与工程 | 95.24 | 84.13 | 57.14 | 42.86 | 100.00 | 85.71 | 71.43 | 64.64 | 42.86 | 85.71 | 57.14 | 0.00 | 28.57 | 42.86 | 13.21 | 0.00 | 9.52 |
| 025700 | 审计 | 94.12 | 94.12 | 100.00 | 100.00 | 100.00 | 100.00 | 100.00 | 84.50 | 60.00 | 80.00 | 80.00 | 0.00 | 40.00 | 20.00 | 62.50 | 0.00 | 0.00 |
| 030103 | 宪法学与行政法学 | 95.45 | 68.18 | 100.00 | 100.00 | 100.00 | 100.00 | 100.00 | 97.50 | 0.00 | 66.67 | 66.67 | 0.00 | 66.67 | 66.67 | 66.67 | 0.00 | 9.09 |
| 040107 | 小学教育 | 87.27 | 76.36 | 85.71 | 89.29 | 100.00 | 85.71 | 92.86 | 81.43 | 17.86 | 82.14 | 67.86 | 0.00 | 14.29 | 3.57 | 50.00 | 0.00 | 0.00 |
| 085507 | 工业设计工程 | 88.89 | 72.22 | 66.67 | 100.00 | 100.00 | 100.00 | 100.00 | 92.50 | 0.00 | 100.00 | 66.67 | 0.00 | 66.67 | 33.33 | 15.38 | 0.00 | 0.00 |
| 120201 | 工商管理 | 97.31 | 91.30 | 80.00 | 91.11 | 99.26 | 48.15 | 91.11 | 84.78 | 27.41 | 88.15 | 65.19 | 2.33 | 34.07 | 47.41 | 61.34 | 0.52 | 1.55 |
| 120103 | 工程管理 | 100.00 | 96.77 | 90.00 | 80.00 | 100.00 | 60.00 | 90.00 | 84.50 | 20.00 | 90.00 | 50.00 | 0.00 | 30.00 | 40.00 | 65.00 | 0.00 | 0.00 |
| 085905 | 市政工程（含给排水等） | 100.00 | 100.00 | 75.00 | 87.50 | 87.50 | 100.00 | 100.00 | 82.50 | 37.50 | 75.00 | 75.00 | 0.00 | 50.00 | 50.00 | 57.89 | 0.00 | 0.00 |
| 135105 | 广播电视 | 90.74 | 70.37 | 61.11 | 72.22 | 100.00 | 83.33 | 66.67 | 75.84 | 33.33 | 72.22 | 44.44 | 0.00 | 16.67 | 5.56 | 52.63 | 0.00 | 1.85 |

续表

| 专业代码 | 专业 | 落实率 | 协议率 | 相关度 | 匹配度 | 社保比 | 职业稳定性 | 单位质量 | 工作稳定性 | 工作压力 | 工作自主性 | 薪资满意度 | 基层比 | 产业比 | 重点单位比 | 高校就业比 | 创业比 | 升学比 |
|---|---|---|---|---|---|---|---|---|---|---|---|---|---|---|---|---|---|---|
| 070302 | 应用化学 | 100.00 | 93.75 | 66.67 | 77.78 | 100.00 | 100.00 | 100.00 | 79.72 | 44.44 | 88.89 | 44.44 | 0.00 | 66.67 | 55.56 | 46.67 | 0.00 | 6.25 |
| 045400 | 应用心理 | 70.73 | 58.54 | 0.00 | 100.00 | 100.00 | 0.00 | 100.00 | 100.00 | 0.00 | 100.00 | 100.00 | 0.00 | 100.00 | 100.00 | 50.00 | 0.00 | 4.88 |
| 020200 | 应用经济学 | 91.57 | 81.18 | 74.75 | 78.79 | 97.98 | 92.93 | 90.91 | 86.69 | 26.26 | 82.83 | 61.62 | 3.03 | 42.42 | 41.41 | 32.18 | 0.00 | 8.71 |
| 025200 | 应用统计 | 95.45 | 90.00 | 75.76 | 78.79 | 100.00 | 90.91 | 69.70 | 86.06 | 36.36 | 84.85 | 60.61 | 0.00 | 69.70 | 54.55 | 32.83 | 0.00 | 4.55 |
| 100215 | 康复医学与理疗学 | 70.00 | 30.00 | 100.00 | 100.00 | 100.00 | 100.00 | 100.00 | 86.25 | 0.00 | 0.00 | 0.00 | 0.00 | 0.00 | 0.00 | 66.67 | 0.00 | 10.00 |
| 082801 | 建筑学 | 96.83 | 87.30 | 74.32 | 79.73 | 100.00 | 97.30 | 85.14 | 87.94 | 29.73 | 86.49 | 48.65 | 5.71 | 32.43 | 75.68 | 42.73 | 0.00 | 3.17 |
| 100207 | 影像医学与核医学 | 90.63 | 71.88 | 100.00 | 91.67 | 100.00 | 91.67 | 100.00 | 97.08 | 0.00 | 83.33 | 66.67 | 0.00 | 58.33 | 0.00 | 67.39 | 0.00 | 12.50 |
| 071005 | 微生物学 | 89.74 | 64.10 | 100.00 | 100.00 | 87.50 | 100.00 | 87.50 | 76.88 | 50.00 | 62.50 | 62.50 | 0.00 | 37.50 | 0.00 | 60.00 | 2.56 | 17.95 |
| 050204 | 德语语言文学 | 100.00 | 100.00 | 0.00 | 100.00 | 100.00 | 0.00 | 100.00 | 80.00 | 0.00 | 100.00 | 0.00 | 0.00 | 0.00 | 0.00 | 0.00 | 0.00 | 0.00 |
| 045116 | 心理健康教育 | 87.69 | 73.85 | 100.00 | 78.57 | 85.71 | 100.00 | 85.71 | 75.54 | 21.43 | 71.43 | 64.29 | 0.00 | 21.43 | 7.14 | 70.83 | 0.00 | 0.00 |
| 071101 | 心理学 | 68.35 | 54.43 | 100.00 | 100.00 | 100.00 | 100.00 | 100.00 | 92.50 | 37.50 | 87.50 | 87.50 | 0.00 | 12.50 | 0.00 | 37.21 | 0.00 | 10.13 |
| 030503 | 思想政治教育 | 89.58 | 75.00 | 95.83 | 75.00 | 100.00 | 87.50 | 79.17 | 71.87 | 16.67 | 75.00 | 50.00 | 4.76 | 0.00 | 8.33 | 50.00 | 0.00 | 4.17 |
| 105117 | 急诊医学 | 92.86 | 78.57 | 100.00 | 100.00 | 100.00 | 75.00 | 100.00 | 91.25 | 0.00 | 50.00 | 100.00 | 0.00 | 50.00 | 0.00 | 54.55 | 0.00 | 7.14 |
| 130300 | 戏剧与影视学 | 87.50 | 37.50 | 0.00 | 75.00 | 100.00 | 100.00 | 100.00 | 57.50 | 50.00 | 75.00 | 50.00 | 0.00 | 25.00 | 0.00 | 33.33 | 0.00 | 6.25 |
| 620201 | 护理 | 96.52 | 88.26 | 97.83 | 93.48 | 100.00 | 91.30 | 100.00 | 93.92 | 19.57 | 89.13 | 71.74 | 0.00 | 52.17 | 8.70 | 67.98 | 0.00 | 2.17 |
| 101101 | 护理学 | 93.51 | 71.43 | 100.00 | 87.50 | 100.00 | 75.00 | 100.00 | 95.63 | 12.50 | 100.00 | 50.00 | 0.00 | 62.50 | 0.00 | 58.18 | 0.00 | 0.00 |
| 085210 | 控制工程 | 100.00 | 92.11 | 71.43 | 92.86 | 100.00 | 92.86 | 92.86 | 95.71 | 14.29 | 92.86 | 57.14 | 0.00 | 85.71 | 92.86 | 60.00 | 0.00 | 2.63 |
| 081101 | 控制理论与控制工程 | 100.00 | 100.00 | 75.00 | 75.00 | 100.00 | 100.00 | 75.00 | 85.63 | 25.00 | 75.00 | 100.00 | 25.00 | 50.00 | 25.00 | 25.00 | 0.00 | 0.00 |
| 081100 | 控制科学与工程 | 87.50 | 76.29 | 67.57 | 75.68 | 97.30 | 97.30 | 81.08 | 74.53 | 24.32 | 67.57 | 67.57 | 0.00 | 83.78 | 70.27 | 35.03 | 0.00 | 8.62 |
| 030200 | 政治学 | 84.62 | 75.64 | 100.00 | 68.75 | 93.75 | 100.00 | 87.50 | 67.66 | 25.00 | 56.25 | 31.25 | 0.00 | 18.75 | 12.50 | 50.85 | 0.00 | 8.97 |

续表

| 专业代码 | 专业 | 落实率 | 协议率 | 相关度 | 匹配度 | 社保比 | 职业稳定性 | 单位质量 | 工作稳定性 | 工作压力 | 工作自主性 | 薪资满意度 | 基层比 | 产业比 | 重点单位比 | 高校就业比 | 创业比 | 升学比 |
|---|---|---|---|---|---|---|---|---|---|---|---|---|---|---|---|---|---|---|
| 020101 | 政治经济学 | 71.43 | 57.14 | 100.00 | 100.00 | 100.00 | 100.00 | 100.00 | 100.00 | 0.00 | 100.00 | 0.00 | 0.00 | 100.00 | 0.00 | 25.00 | 0.00 | 14.29 |
| 045100 | 教育 | 98.61 | 98.61 | 90.91 | 72.73 | 100.00 | 27.27 | 72.73 | 67.05 | 36.36 | 72.73 | 54.55 | 0.00 | 9.09 | 9.09 | 83.10 | 0.00 | 0.00 |
| 040101 | 教育学 | 90.11 | 72.53 | 80.00 | 80.00 | 96.00 | 96.00 | 84.00 | 76.95 | 28.00 | 72.00 | 54.00 | 6.52 | 14.00 | 6.00 | 42.42 | 0.00 | 4.40 |
| 0713Z2 | 教育生态学 | 100.00 | 0.00 | 100.00 | 100.00 | 100.00 | 100.00 | 100.00 | 100.00 | 100.00 | 100.00 | 100.00 | 0.00 | 0.00 | 0.00 | - | 0.00 | 0.00 |
| 045101 | 教育管理 | 98.36 | 86.07 | 96.23 | 90.57 | 98.11 | 52.83 | 94.34 | 85.05 | 13.21 | 94.34 | 66.04 | 1.85 | 16.98 | 1.89 | 62.86 | 0.00 | 0.00 |
| 070100 | 数学 | 92.33 | 78.18 | 90.00 | 95.00 | 100.00 | 90.00 | 100.00 | 89.19 | 22.50 | 92.50 | 57.50 | 0.00 | 22.50 | 17.50 | 41.72 | 0.00 | 9.59 |
| 020209 | 数量经济学 | 100.00 | 100.00 | 0.00 | 0.00 | 100.00 | 100.00 | 100.00 | 100.00 | 100.00 | 100.00 | 100.00 | 0.00 | 0.00 | 0.00 | 66.67 | 0.00 | 0.00 |
| 120210 | 文化产业管理 | 83.33 | 66.67 | 33.33 | 100.00 | 100.00 | 100.00 | 100.00 | 79.17 | 33.33 | 100.00 | 66.67 | 0.00 | 0.00 | 0.00 | 50.00 | 0.00 | 0.00 |
| 0501Z2 | 文化传播与文化产业学 | 100.00 | 100.00 | 100.00 | 100.00 | 100.00 | 100.00 | 100.00 | 100.00 | 0.00 | 100.00 | 100.00 | 0.00 | 0.00 | 0.00 | 57.14 | 0.00 | 0.00 |
| 065100 | 文物与博物馆 | 100.00 | 55.56 | 66.67 | 66.67 | 100.00 | 66.67 | 100.00 | 74.17 | 33.33 | 100.00 | 66.67 | 0.00 | 0.00 | 0.00 | 80.00 | 0.00 | 0.00 |
| 050101 | 文艺学 | 96.67 | 70.00 | 80.00 | 100.00 | 100.00 | 80.00 | 100.00 | 96.00 | 40.00 | 100.00 | 80.00 | 0.00 | 20.00 | 0.00 | 47.62 | 0.00 | 20.00 |
| 085401 | 新一代电子信息技术（含量子技术） | 100.00 | 90.91 | 100.00 | 100.00 | 100.00 | 100.00 | 100.00 | 100.00 | 50.00 | 100.00 | 100.00 | 0.00 | 50.00 | 100.00 | 30.00 | 0.00 | 0.00 |
| 055200 | 新闻与传播 | 93.98 | 81.68 | 81.69 | 81.69 | 95.77 | 88.73 | 87.32 | 81.48 | 28.17 | 84.51 | 69.01 | 2.90 | 25.35 | 33.80 | 42.31 | 0.52 | 2.09 |
| 050300 | 新闻传播学 | 95.69 | 81.90 | 66.67 | 73.33 | 100.00 | 93.33 | 80.00 | 88.00 | 26.67 | 80.00 | 60.00 | 0.00 | 20.00 | 20.00 | 30.53 | 0.86 | 2.59 |
| 0705J2 | 旅游地理学 | 91.18 | 67.65 | 100.00 | 80.00 | 100.00 | 100.00 | 100.00 | 100.00 | 0.00 | 100.00 | 40.00 | 0.00 | 0.00 | 0.00 | 21.74 | 0.00 | 5.88 |
| 120901 | 旅游管理 | 89.55 | 80.60 | 53.85 | 84.62 | 100.00 | 38.46 | 92.31 | 84.23 | 30.77 | 92.31 | 46.15 | 0.00 | 30.77 | 38.46 | 66.67 | 1.49 | 2.99 |
| 070303 | 有机化学 | 100.00 | 100.00 | - | - | - | - | - | - | - | - | - | - | - | - | 0.00 | 0.00 | 0.00 |
| 080603 | 有色金属冶金 | 85.71 | 71.43 | - | - | - | - | - | - | - | - | - | - | - | - | 60.00 | 0.00 | 0.00 |
| 080803 | 机器人工程 | 100.00 | 100.00 | 100.00 | 100.00 | 100.00 | 66.67 | 100.00 | 100.00 | 33.33 | 100.00 | 66.67 | 0.00 | 66.67 | 100.00 | 33.33 | 0.00 | 0.00 |

续表

| 专业代码 | 专业 | 落实率 | 协议率 | 相关度 | 匹配度 | 社保比 | 职业稳定性 | 单位质量 | 工作稳定性 | 工作压力 | 工作自主性 | 薪资满意度 | 基层比 | 产业比 | 重点单位比 | 高校就业比 | 创业比 | 升学比 |
|---|---|---|---|---|---|---|---|---|---|---|---|---|---|---|---|---|---|---|
| 085500 | 机械 | 97.72 | 89.23 | 74.24 | 82.53 | 100.00 | 90.39 | 86.90 | 85.84 | 17.90 | 79.91 | 65.50 | 0.44 | 87.34 | 77.73 | 35.65 | 0.00 | 7.73 |
| 080200 | 机械工程 | 96.18 | 86.75 | 69.57 | 84.06 | 99.28 | 92.75 | 83.33 | 84.95 | 31.88 | 78.26 | 65.22 | 0.72 | 80.43 | 72.46 | 41.20 | 0.00 | 8.43 |
| 085600 | 材料与化工 | 96.87 | 83.98 | 70.59 | 81.62 | 99.26 | 94.12 | 83.82 | 80.44 | 29.41 | 83.09 | 64.71 | 0.00 | 86.76 | 66.18 | 30.55 | 0.25 | 10.14 |
| 080502 | 材料学 | 95.35 | 86.05 | 60.00 | 90.00 | 100.00 | 90.00 | 70.00 | 82.75 | 30.00 | 80.00 | 30.00 | 0.00 | 70.00 | 90.00 | 43.24 | 0.00 | 9.30 |
| 085601 | 材料工程 | 98.53 | 83.82 | 50.00 | 70.00 | 100.00 | 80.00 | 100.00 | 92.25 | 50.00 | 100.00 | 80.00 | 0.00 | 80.00 | 90.00 | 43.86 | 0.00 | 11.76 |
| 080401 | 材料科学与工程 | 93.44 | 78.99 | 64.56 | 82.28 | 98.73 | 96.20 | 83.54 | 79.81 | 25.32 | 82.28 | 67.09 | 1.30 | 89.87 | 65.82 | 32.69 | 0.00 | 12.04 |
| 095400 | 林业 | 85.25 | 67.21 | 72.41 | 75.86 | 93.10 | 93.10 | 89.66 | 85.09 | 37.93 | 93.10 | 37.93 | 3.57 | 20.69 | 13.79 | 39.02 | 1.64 | 3.28 |
| 085228 | 林业工程 | 86.44 | 77.97 | 71.43 | 85.71 | 100.00 | 85.71 | 78.57 | 78.93 | 28.57 | 92.86 | 42.86 | 7.14 | 71.43 | 28.57 | 32.61 | 0.00 | 8.47 |
| 090501 | 林学 | 85.96 | 62.28 | 78.43 | 66.67 | 100.00 | 90.20 | 78.43 | 77.45 | 21.57 | 80.39 | 49.02 | 0.00 | 47.06 | 13.73 | 47.89 | 0.00 | 7.02 |
| 082700 | 核科学与技术 | 92.00 | 36.00 | 66.67 | 83.33 | 100.00 | 100.00 | 83.33 | 80.00 | 33.33 | 83.33 | 83.33 | 0.00 | 50.00 | 16.67 | 22.22 | 0.00 | 20.00 |
| 120503 | 档案学 | 77.78 | 77.78 | 66.67 | 50.00 | 100.00 | 100.00 | 100.00 | 80.00 | 33.33 | 66.67 | 83.33 | 0.00 | 16.67 | 16.67 | 42.86 | 0.00 | 0.00 |
| 090103 | 植物保护 | 80.36 | 55.36 | 58.82 | 64.71 | 94.12 | 82.35 | 100.00 | 87.21 | 29.41 | 88.24 | 41.18 | 0.00 | 41.18 | 5.88 | 61.29 | 0.00 | 5.36 |
| 071001 | 植物学 | 89.66 | 82.76 | 92.31 | 76.92 | 100.00 | 92.31 | 84.62 | 77.50 | 23.08 | 76.92 | 38.46 | 0.00 | 30.77 | 15.38 | 41.67 | 0.00 | 6.90 |
| 050108 | 比较文学与世界文学 | 70.59 | 70.59 | 100.00 | 100.00 | 100.00 | 100.00 | 100.00 | 100.00 | 0.00 | 100.00 | 100.00 | 0.00 | 0.00 | 0.00 | 25.00 | 0.00 | 0.00 |
| 030304 | 民俗学 | 100.00 | 100.00 | 100.00 | 100.00 | 100.00 | 100.00 | 100.00 | 100.00 | 0.00 | 100.00 | 100.00 | 0.00 | 0.00 | 0.00 | 0.00 | 0.00 | 0.00 |
| 030400 | 民族学 | 78.95 | 57.89 | 25.00 | 75.00 | 100.00 | 100.00 | 100.00 | 60.63 | 50.00 | 75.00 | 50.00 | 0.00 | 0.00 | 0.00 | 45.45 | 5.26 | 15.79 |
| 0304Z3 | 民族法学 | 100.00 | 100.00 | 0.00 | 100.00 | 100.00 | 100.00 | 100.00 | 100.00 | 0.00 | 100.00 | 0.00 | 0.00 | 0.00 | 0.00 | 45.45 | 0.00 | 0.00 |
| 550201 | 水利工程 | 95.83 | 84.38 | 83.78 | 78.38 | 100.00 | 97.30 | 91.89 | 80.00 | 18.92 | 75.68 | 43.24 | 0.00 | 35.14 | 70.27 | 51.85 | 0.00 | 11.46 |
| 081501 | 水文学及水资源 | 100.00 | 100.00 | 100.00 | 100.00 | 100.00 | 100.00 | 100.00 | 100.00 | 0.00 | 100.00 | 0.00 | 0.00 | 0.00 | 0.00 | 0.00 | 0.00 | 0.00 |
| 050103 | 汉语国际教育 | 98.28 | 84.48 | 75.00 | 75.00 | 100.00 | 100.00 | 100.00 | 59.38 | 0.00 | 25.00 | 25.00 | 25.00 | 25.00 | 0.00 | 36.73 | 0.00 | 1.72 |

续表

| 专业代码 | 专业 | 落实率 | 协议率 | 相关度 | 匹配度 | 社保比 | 职业稳定性 | 单位质量 | 工作稳定性 | 工作压力 | 工作自主性 | 薪资满意度 | 基层比 | 产业比 | 重点单位比 | 高校就业比 | 创业比 | 升学比 |
|---|---|---|---|---|---|---|---|---|---|---|---|---|---|---|---|---|---|---|
| 050103 | 汉语言文字学 | 96.36 | 81.82 | 87.50 | 87.50 | 100.00 | 81.25 | 93.75 | 83.59 | 25.00 | 68.75 | 62.50 | 0.00 | 12.50 | 0.00 | 24.44 | 0.00 | 7.27 |
| 030101 | 法学 | 93.52 | 70.45 | 77.36 | 77.36 | 96.23 | 90.57 | 94.34 | 87.31 | 22.64 | 88.68 | 56.60 | 0.00 | 33.96 | 30.19 | 46.55 | 0.40 | 6.48 |
| 035102 | 法律（法学） | 93.49 | 83.13 | 80.00 | 78.75 | 95.00 | 95.00 | 92.50 | 85.38 | 36.25 | 87.50 | 48.75 | 1.32 | 42.50 | 22.50 | 49.86 | 0.24 | 3.61 |
| 035101 | 法律（非法学） | 92.67 | 84.11 | 80.19 | 82.08 | 93.40 | 91.51 | 92.45 | 86.70 | 33.96 | 84.91 | 59.43 | 1.05 | 33.96 | 32.08 | 50.58 | 0.00 | 1.71 |
| 100401 | 流行病与卫生统计学 | 92.00 | 80.00 | 100.00 | 93.33 | 100.00 | 100.00 | 100.00 | 87.50 | 33.33 | 86.67 | 73.33 | 0.00 | 46.67 | 13.33 | 45.00 | 0.00 | 0.00 |
| 081201 | 测绘工程 | 93.02 | 79.07 | 50.00 | 100.00 | 100.00 | 100.00 | 75.00 | 98.13 | 50.00 | 75.00 | 75.00 | 0.00 | 25.00 | 50.00 | 32.35 | 0.00 | 11.63 |
| 081600 | 测绘科学与技术 | 92.05 | 78.41 | 59.26 | 85.19 | 100.00 | 96.30 | 85.19 | 76.20 | 51.85 | 85.19 | 66.67 | 3.57 | 51.85 | 44.44 | 26.09 | 0.00 | 7.95 |
| 125604 | 物流工程与管理 | 89.29 | 71.43 | 16.67 | 83.33 | 100.00 | 100.00 | 83.33 | 69.58 | 33.33 | 50.00 | 33.33 | 0.00 | 33.33 | 50.00 | 40.00 | 0.00 | 10.71 |
| 070201 | 物理学 | 91.70 | 71.32 | 80.65 | 74.19 | 100.00 | 80.65 | 83.87 | 75.97 | 12.90 | 74.19 | 41.94 | 0.00 | 48.39 | 25.81 | 38.10 | 0.38 | 13.21 |
| 040108 | 特殊教育 | 100.00 | 88.89 | 100.00 | 100.00 | 100.00 | 100.00 | 100.00 | 100.00 | 0.00 | 100.00 | 100.00 | 0.00 | 0.00 | 0.00 | 25.00 | 0.00 | 0.00 |
| 030108 | 环境与资源保护法学 | 83.33 | 41.67 | 0.00 | 100.00 | 100.00 | 100.00 | 100.00 | 72.50 | 100.00 | 100.00 | 100.00 | 0.00 | 100.00 | 100.00 | 40.00 | 0.00 | 8.33 |
| 082502 | 环境工程 | 95.24 | 86.90 | 64.00 | 76.00 | 96.00 | 92.00 | 84.00 | 83.70 | 36.00 | 88.00 | 52.00 | 3.85 | 60.00 | 36.00 | 54.79 | 0.00 | 5.95 |
| 083000 | 环境科学与工程 | 93.49 | 76.28 | 46.38 | 65.22 | 100.00 | 94.20 | 81.16 | 83.15 | 28.99 | 81.16 | 63.77 | 4.48 | 50.72 | 55.07 | 39.02 | 0.00 | 13.95 |
| 045114 | 现代教育技术 | 88.57 | 74.29 | 66.67 | 83.33 | 100.00 | 83.33 | 100.00 | 76.25 | 16.67 | 83.33 | 16.67 | 0.00 | 0.00 | 0.00 | 53.85 | 2.86 | 2.86 |
| 020100 | 理论经济学 | 96.77 | 80.65 | 75.00 | 62.50 | 100.00 | 93.75 | 93.75 | 87.19 | 18.75 | 87.50 | 56.25 | 6.25 | 62.50 | 56.25 | 52.00 | 0.00 | 11.29 |
| 071012 | 生态学 | 89.42 | 69.23 | 69.44 | 72.22 | 97.22 | 80.56 | 88.89 | 82.08 | 27.78 | 80.56 | 44.44 | 0.00 | 30.56 | 22.22 | 55.56 | 0.96 | 7.69 |
| 0713Z5 | 生态经济与管理 | 88.89 | 66.67 | 50.00 | 100.00 | 100.00 | 100.00 | 100.00 | 90.00 | 50.00 | 100.00 | 100.00 | 0.00 | 0.00 | 50.00 | 83.33 | 0.00 | 11.11 |
| 086000 | 生物与医药 | 89.96 | 73.22 | 61.25 | 70.00 | 97.50 | 86.25 | 78.75 | 77.66 | 31.25 | 88.75 | 56.25 | 2.56 | 67.50 | 31.25 | 36.00 | 0.42 | 8.79 |
| 071010 | 生物化学与分子生物学 | 83.67 | 67.35 | 90.91 | 72.73 | 100.00 | 90.91 | 72.73 | 61.82 | 18.18 | 45.45 | 54.55 | 9.09 | 63.64 | 0.00 | 54.55 | 0.00 | 10.20 |
| 077700 | 生物医学工程 | 100.00 | 86.84 | 66.67 | 77.78 | 88.89 | 88.89 | 88.89 | 90.83 | 55.56 | 88.89 | 66.67 | 0.00 | 88.89 | 44.44 | 15.15 | 0.00 | 7.89 |

续表

| 专业代码 | 专业 | 落实率 | 协议率 | 相关度 | 匹配度 | 社保比 | 职业稳定性 | 单位质量 | 工作稳定性 | 工作压力 | 工作自主性 | 薪资满意度 | 基层比 | 产业比 | 重点单位比 | 高校就业比 | 创业比 | 升学比 |
|---|---|---|---|---|---|---|---|---|---|---|---|---|---|---|---|---|---|---|
| 071000 | 生物学 | 94.25 | 77.39 | 75.00 | 78.70 | 97.22 | 87.04 | 73.15 | 75.37 | 20.37 | 74.07 | 55.56 | 1.89 | 60.19 | 17.59 | 48.02 | 0.00 | 9.20 |
| 071003 | 生理学 | 93.94 | 66.67 | 87.50 | 50.00 | 87.50 | 87.50 | 50.00 | 70.63 | 25.00 | 62.50 | 12.50 | 12.50 | 62.50 | 0.00 | 59.09 | 0.00 | 9.09 |
| 085400 | 电子信息 | 87.89 | 77.07 | 76.55 | 84.14 | 98.62 | 90.34 | 88.28 | 87.29 | 26.90 | 89.66 | 64.83 | 0.00 | 79.31 | 60.69 | 49.09 | 0.00 | 7.45 |
| 080702 | 电子科学与技术 | 93.30 | 81.44 | 90.00 | 93.33 | 100.00 | 96.67 | 93.33 | 92.67 | 30.00 | 83.33 | 83.33 | 0.00 | 90.00 | 66.67 | 42.41 | 0.00 | 5.67 |
| 135104 | 电影 | 100.00 | 66.67 | 100.00 | 66.67 | 100.00 | 100.00 | 100.00 | 64.17 | 100.00 | 66.67 | 66.67 | 0.00 | 0.00 | 33.33 | 41.67 | 0.00 | 0.00 |
| 080800 | 电气工程 | 100.00 | 94.12 | 94.86 | 92.57 | 99.43 | 95.43 | 95.43 | 90.10 | 21.14 | 87.43 | 69.71 | 0.57 | 61.14 | 89.14 | 41.53 | 0.19 | 3.98 |
| 095133 | 畜牧 | 100.00 | 83.33 | 75.00 | 100.00 | 100.00 | 50.00 | 100.00 | 100.00 | 25.00 | 100.00 | 75.00 | 0.00 | 75.00 | 25.00 | 20.00 | 0.00 | 0.00 |
| 090500 | 畜牧学 | 83.02 | 73.58 | 87.50 | 81.25 | 100.00 | 87.50 | 93.75 | 84.06 | 18.75 | 87.50 | 68.75 | 0.00 | 68.75 | 31.25 | 51.28 | 0.00 | 5.66 |
| 100103 | 病原生物学 | 60.00 | 30.00 | 33.33 | 33.33 | 66.67 | 66.67 | 66.67 | 57.50 | 33.33 | 33.33 | 66.67 | 0.00 | 66.67 | 0.00 | 33.33 | 0.00 | 20.00 |
| 100104 | 病理学与病理生理学 | 94.83 | 65.52 | 100.00 | 100.00 | 100.00 | 60.00 | 100.00 | 91.50 | 20.00 | 60.00 | 20.00 | 0.00 | 40.00 | 0.00 | 63.16 | 0.00 | 15.52 |
| 105106 | 皮肤病与性病学 | 97.22 | 62.50 | 75.00 | 75.00 | 75.00 | 100.00 | 75.00 | 75.00 | 75.00 | 25.00 | 25.00 | 0.00 | 75.00 | 0.00 | 40.00 | 0.00 | 33.33 |
| 105111 | 眼科学 | 93.44 | 67.21 | 100.00 | 85.71 | 100.00 | 85.71 | 85.71 | 93.21 | 28.57 | 85.71 | 28.57 | 0.00 | 57.14 | 57.14 | 48.78 | 0.00 | 22.95 |
| 081900 | 矿业工程 | 94.89 | 75.18 | 80.00 | 60.00 | 100.00 | 80.00 | 100.00 | 90.00 | 60.00 | 100.00 | 80.00 | 0.00 | 60.00 | 60.00 | 30.10 | 0.73 | 16.79 |
| 120402 | 社会医学与卫生事业管理 | 100.00 | 66.67 | 100.00 | 100.00 | 100.00 | 100.00 | 100.00 | 100.00 | 100.00 | 100.00 | 100.00 | 0.00 | 0.00 | 0.00 | 100.00 | 0.00 | 0.00 |
| 030301 | 社会学 | 92.50 | 67.50 | 50.00 | 60.00 | 90.00 | 90.00 | 70.00 | 69.50 | 0.00 | 60.00 | 50.00 | 0.00 | 40.00 | 50.00 | 48.15 | 0.00 | 12.50 |
| 030302 | 社会工作 | 89.86 | 61.49 | 56.52 | 86.96 | 100.00 | 95.65 | 91.30 | 92.61 | 34.78 | 82.61 | 65.22 | 4.55 | 47.83 | 21.74 | 49.45 | 0.00 | 4.05 |
| 105104 | 神经病学 | 80.00 | 49.33 | 100.00 | 100.00 | 100.00 | 100.00 | 100.00 | 93.33 | 0.00 | 66.67 | 66.67 | 0.00 | 33.33 | 0.00 | 56.76 | 0.00 | 26.67 |
| 045117 | 科学与技术教育 | 77.78 | 77.78 | 100.00 | 100.00 | 100.00 | 100.00 | 100.00 | 92.50 | 0.00 | 100.00 | 100.00 | 0.00 | 0.00 | 0.00 | 42.86 | 0.00 | 0.00 |
| 025300 | 税务 | 98.08 | 92.31 | 75.00 | 83.33 | 100.00 | 83.33 | 95.83 | 92.19 | 45.83 | 87.50 | 54.17 | 4.17 | 29.17 | 50.00 | 41.67 | 0.00 | 5.77 |
| 120100 | 管理科学与工程 | 86.05 | 75.58 | 71.43 | 74.29 | 97.14 | 100.00 | 74.29 | 73.50 | 37.14 | 77.14 | 48.57 | 0.00 | 45.71 | 62.86 | 31.79 | 0.00 | 8.14 |

续表

| 专业代码 | 专业 | 落实率 | 协议率 | 相关度 | 匹配度 | 社保比 | 职业稳定性 | 单位质量 | 工作稳定性 | 工作压力 | 工作自主性 | 薪资满意度 | 基层比 | 产业比 | 重点单位比 | 高校就业比 | 创业比 | 升学比 |
|---|---|---|---|---|---|---|---|---|---|---|---|---|---|---|---|---|---|---|
| 100205 | 精神病与精神卫生学 | 100.00 | 60.53 | 100.00 | 75.00 | 100.00 | 100.00 | 100.00 | 96.25 | 0.00 | 75.00 | 50.00 | 0.00 | 50.00 | 0.00 | 21.74 | 0.00 | 34.21 |
| 071009 | 细胞生物学 | 95.83 | 58.33 | 100.00 | 100.00 | 100.00 | 100.00 | 80.00 | 81.50 | 40.00 | 100.00 | 80.00 | 0.00 | 20.00 | 0.00 | 42.86 | 0.00 | 29.17 |
| 030107 | 经济法学 | 100.00 | 71.43 | 100.00 | 0.00 | 100.00 | 100.00 | 100.00 | 22.50 | 0.00 | 0.00 | 0.00 | 0.00 | 0.00 | 0.00 | 80.00 | 0.00 | 14.29 |
| 071400 | 统计学 | 95.33 | 80.37 | 100.00 | 100.00 | 100.00 | 100.00 | 100.00 | 100.00 | 50.00 | 100.00 | 66.67 | 0.00 | 16.67 | 33.33 | 47.67 | 0.00 | 13.08 |
| 085412 | 网络与信息安全 | 100.00 | 100.00 | 100.00 | 100.00 | 100.00 | 100.00 | 100.00 | 93.33 | 0.00 | 100.00 | 66.67 | 0.00 | 100.00 | 100.00 | 25.00 | 0.00 | 0.00 |
| 135107 | 美术 | 82.86 | 43.81 | 60.00 | 73.33 | 80.00 | 66.67 | 86.67 | 93.50 | 33.33 | 73.33 | 40.00 | 7.14 | 13.33 | 6.67 | 39.13 | 2.86 | 0.00 |
| 130401 | 美术学 | 83.33 | 43.75 | 0.00 | 100.00 | 100.00 | 100.00 | 100.00 | 100.00 | 0.00 | 100.00 | 100.00 | 0.00 | 0.00 | 0.00 | 42.86 | 2.08 | 0.00 |
| 050261 | 翻译 | 92.06 | 78.97 | 69.89 | 83.87 | 100.00 | 84.95 | 92.47 | 83.28 | 23.66 | 75.27 | 61.29 | 1.11 | 40.86 | 31.18 | 54.44 | 0.00 | 0.93 |
| 100203 | 老年医学 | 86.21 | 62.07 | 50.00 | 100.00 | 100.00 | 100.00 | 100.00 | 92.50 | 50.00 | 100.00 | 100.00 | 0.00 | 50.00 | 0.00 | 38.89 | 0.00 | 20.69 |
| 105112 | 耳鼻咽喉科学 | 92.11 | 63.16 | 100.00 | 75.00 | 100.00 | 100.00 | 75.00 | 62.50 | 25.00 | 75.00 | 50.00 | 0.00 | 50.00 | 0.00 | 58.33 | 0.00 | 18.42 |
| 045120 | 职业技术教育 | 87.93 | 77.59 | 80.00 | 60.00 | 100.00 | 100.00 | 90.00 | 70.25 | 10.00 | 80.00 | 30.00 | 0.00 | 20.00 | 20.00 | 60.00 | 0.00 | 0.00 |
| 105113 | 肿瘤学 | 88.14 | 57.63 | 100.00 | 100.00 | 100.00 | 100.00 | 50.00 | 82.50 | 0.00 | 50.00 | 100.00 | 0.00 | 50.00 | 50.00 | 55.88 | 0.00 | 23.73 |
| 085800 | 能源动力 | 96.49 | 83.71 | 74.67 | 84.00 | 100.00 | 94.67 | 90.67 | 84.83 | 24.00 | 84.00 | 57.33 | 1.37 | 86.67 | 82.67 | 37.40 | 0.00 | 7.99 |
| 070501 | 自然地理学 | 88.57 | 71.43 | 71.43 | 100.00 | 100.00 | 85.71 | 85.71 | 71.43 | 42.86 | 57.14 | 42.86 | 0.00 | 57.14 | 0.00 | 28.00 | 5.71 | 11.43 |
| 135106 | 舞蹈 | 100.00 | 77.78 | 87.50 | 93.75 | 87.50 | 75.00 | 93.75 | 98.75 | 43.75 | 100.00 | 81.25 | 0.00 | 18.75 | 6.25 | 60.71 | 2.78 | 2.78 |
| 085806 | 航天动力工程 | 100.00 | 100.00 | 100.00 | 100.00 | 100.00 | 100.00 | 100.00 | 80.00 | 0.00 | 100.00 | 0.00 | 0.00 | 100.00 | 100.00 | 0.00 | 0.00 | 0.00 |
| 082500 | 航空宇航科学与技术 | 48.57 | 31.43 | 100.00 | 100.00 | 100.00 | 66.67 | 100.00 | 97.50 | 0.00 | 66.67 | 100.00 | 0.00 | 100.00 | 66.67 | 36.36 | 0.00 | 14.29 |
| 085503 | 航空工程 | 100.00 | 50.00 | 100.00 | 100.00 | 100.00 | 100.00 | 100.00 | 100.00 | 0.00 | 100.00 | 100.00 | 0.00 | 100.00 | 100.00 | 100.00 | 0.00 | 50.00 |
| 135100 | 艺术 | 100.00 | 93.75 | 88.24 | 100.00 | 100.00 | 100.00 | 82.35 | 95.44 | 23.53 | 88.24 | 82.35 | 0.00 | 76.47 | 82.35 | 15.56 | 2.08 | 0.00 |
| 135108 | 艺术设计 | 92.73 | 69.92 | 71.70 | 86.79 | 92.45 | 90.57 | 81.13 | 87.45 | 33.96 | 90.57 | 54.72 | 0.00 | 32.08 | 11.32 | 46.59 | 0.75 | 0.75 |

续表

| 专业代码 | 专业 | 落实率 | 协议率 | 相关度 | 匹配度 | 社保比 | 职业稳定性 | 单位质量 | 工作稳定性 | 工作压力 | 工作自主性 | 薪资满意度 | 基层比 | 产业比 | 重点单位比 | 高校就业比 | 创业比 | 升学比 |
|---|---|---|---|---|---|---|---|---|---|---|---|---|---|---|---|---|---|---|
| 055102 | 英语口译 | 88.24 | 76.47 | 100.00 | 100.00 | 100.00 | 100.00 | 100.00 | 92.50 | 0.00 | 100.00 | 100.00 | 0.00 | 0.00 | 0.00 | 46.15 | 0.00 | 0.00 |
| 055101 | 英语笔译 | 91.20 | 81.60 | 52.38 | 71.43 | 90.48 | 76.19 | 85.71 | 88.45 | 14.29 | 76.19 | 61.90 | 10.53 | 19.05 | 23.81 | 52.94 | 0.80 | 0.80 |
| 050201 | 英语语言文学 | 94.44 | 88.89 | 88.89 | 77.78 | 100.00 | 88.89 | 100.00 | 93.61 | 22.22 | 66.67 | 66.67 | 0.00 | 22.22 | 11.11 | 25.00 | 0.00 | 2.78 |
| 090900 | 草学 | 80.00 | 60.00 | 75.00 | 75.00 | 100.00 | 100.00 | 75.00 | 71.25 | 25.00 | 75.00 | 75.00 | 0.00 | 75.00 | 25.00 | 66.67 | 0.00 | 0.00 |
| 100701 | 药学 | 91.88 | 72.65 | 82.50 | 87.50 | 90.00 | 97.50 | 87.50 | 84.19 | 37.50 | 85.00 | 50.00 | 0.00 | 75.00 | 15.00 | 35.29 | 0.43 | 12.82 |
| 100706 | 药理学 | 90.00 | 80.00 | 100.00 | 66.67 | 66.67 | 33.33 | 66.67 | 66.67 | 33.33 | 66.67 | 66.67 | 0.00 | 100.00 | 33.33 | 50.00 | 0.00 | 0.00 |
| 120402 | 行政管理 | 87.18 | 76.92 | 70.59 | 94.12 | 100.00 | 88.24 | 100.00 | 80.88 | 29.41 | 94.12 | 64.71 | 6.25 | 17.65 | 11.76 | 56.67 | 0.00 | 0.00 |
| 085404 | 计算机技术 | 97.33 | 91.79 | 80.17 | 81.90 | 100.00 | 93.97 | 88.79 | 81.55 | 31.03 | 84.48 | 62.93 | 0.86 | 81.90 | 75.00 | 45.86 | 0.00 | 3.70 |
| 080901 | 计算机科学与技术 | 90.53 | 78.55 | 89.23 | 80.00 | 98.46 | 89.23 | 87.69 | 87.81 | 35.38 | 81.54 | 69.23 | 3.13 | 66.15 | 56.92 | 33.33 | 0.28 | 7.52 |
| 130500 | 设计学 | 91.05 | 72.63 | 77.14 | 91.43 | 100.00 | 97.14 | 88.57 | 93.00 | 37.14 | 88.57 | 77.14 | 2.86 | 60.00 | 57.14 | 29.71 | 0.53 | 2.63 |
| 050102 | 语言学及应用语言学 | 100.00 | 85.71 | 100.00 | 100.00 | 100.00 | 100.00 | 100.00 | 86.25 | 50.00 | 50.00 | 50.00 | 0.00 | 50.00 | 0.00 | 8.33 | 0.00 | 0.00 |
| 040102 | 课程与教学论 | 92.16 | 78.43 | 100.00 | 100.00 | 100.00 | 50.00 | 100.00 | 100.00 | 0.00 | 100.00 | 50.00 | 0.00 | 0.00 | 0.00 | 60.00 | 0.00 | 1.96 |
| 085700 | 资源与环境 | 94.31 | 76.35 | 59.14 | 79.57 | 100.00 | 94.62 | 81.72 | 83.87 | 22.58 | 78.49 | 58.06 | 1.11 | 53.76 | 60.22 | 33.33 | 0.00 | 13.47 |
| 095132 | 资源利用与植物保护 | 94.12 | 79.41 | 60.00 | 90.00 | 100.00 | 80.00 | 100.00 | 87.25 | 40.00 | 80.00 | 70.00 | 10.00 | 50.00 | 30.00 | 55.56 | 5.88 | 0.00 |
| 080902 | 软件工程 | 94.95 | 88.53 | 79.17 | 83.33 | 100.00 | 83.33 | 89.58 | 83.70 | 29.17 | 89.58 | 54.17 | 2.13 | 77.08 | 68.75 | 38.86 | 0.00 | 2.75 |
| 040205 | 运动人体科学 | 100.00 | 94.12 | 100.00 | 100.00 | 100.00 | 100.00 | 0.00 | 100.00 | 0.00 | 0.00 | 0.00 | 0.00 | 0.00 | 0.00 | 31.25 | 0.00 | 5.88 |
| 081001 | 通信与信息系统 | 100.00 | 90.91 | 71.43 | 71.43 | 100.00 | 85.71 | 85.71 | 88.93 | 28.57 | 85.71 | 71.43 | 0.00 | 85.71 | 71.43 | 70.00 | 0.00 | 9.09 |
| 085402 | 通信工程（含宽带网络、移动通信） | 97.62 | 95.24 | 80.00 | 80.00 | 100.00 | 100.00 | 90.00 | 78.50 | 40.00 | 80.00 | 60.00 | 0.00 | 100.00 | 80.00 | 37.50 | 0.00 | 2.38 |
| 082301 | 道路与铁道工程 | 98.33 | 83.33 | 78.57 | 71.43 | 100.00 | 100.00 | 100.00 | 89.64 | 21.43 | 85.71 | 57.14 | 0.00 | 7.14 | 71.43 | 24.00 | 0.00 | 10.00 |

续表

| 专业代码 | 专业 | 落实率 | 协议率 | 相关度 | 匹配度 | 社保比 | 职业稳定性 | 单位质量 | 工作稳定性 | 工作压力 | 工作自主性 | 薪资满意度 | 基层比 | 产业比 | 重点单位比 | 高校就业比 | 创业比 | 升学比 |
|---|---|---|---|---|---|---|---|---|---|---|---|---|---|---|---|---|---|---|
| 071007 | 遗传学 | 93. 90 | 69. 51 | 100. 00 | 100. 00 | 100. 00 | 100. 00 | 85. 71 | 83. 93 | 42. 86 | 85. 71 | 71. 43 | 0. 00 | 85. 71 | 28. 57 | 35. 09 | 0. 00 | 9. 76 |
| 025100 | 金融 | 96. 57 | 92. 06 | 83. 33 | 79. 17 | 100. 00 | 100. 00 | 89. 58 | 87. 03 | 29. 17 | 81. 25 | 54. 17 | 2. 08 | 64. 58 | 52. 08 | 44. 06 | 0. 00 | 3. 00 |
| 020301 | 金融学 | 93. 90 | 86. 59 | 75. 00 | 75. 00 | 100. 00 | 100. 00 | 75. 00 | 86. 25 | 50. 00 | 100. 00 | 75. 00 | 0. 00 | 50. 00 | 25. 00 | 50. 70 | 0. 00 | 3. 66 |
| 100502 | 针灸推拿学 | 93. 55 | 81. 72 | 90. 91 | 45. 45 | 90. 91 | 90. 91 | 45. 45 | 51. 37 | 36. 36 | 54. 55 | 45. 45 | 0. 00 | 63. 64 | 0. 00 | 65. 79 | 0. 00 | 6. 45 |
| 085403 | 集成电路工程 | 93. 94 | 90. 91 | 75. 00 | 50. 00 | 75. 00 | 100. 00 | 75. 00 | 75. 00 | 50. 00 | 75. 00 | 75. 00 | 0. 00 | 75. 00 | 75. 00 | 33. 33 | 0. 00 | 3. 03 |
| 135101 | 音乐 | 93. 57 | 44. 29 | 82. 93 | 85. 37 | 85. 37 | 85. 37 | 78. 05 | 92. 80 | 41. 46 | 87. 80 | 65. 85 | 0. 00 | 9. 76 | 2. 44 | 58. 06 | 0. 00 | 0. 00 |
| 130200 | 音乐与舞蹈学 | 88. 00 | 36. 00 | 100. 00 | 66. 67 | 100. 00 | 66. 67 | 100. 00 | 100. 00 | 0. 00 | 100. 00 | 66. 67 | 0. 00 | 0. 00 | 33. 33 | 55. 56 | 0. 00 | 4. 00 |
| 082803 | 风景园林 | 93. 04 | 62. 61 | 49. 06 | 75. 47 | 96. 23 | 92. 45 | 79. 25 | 83. 11 | 26. 42 | 83. 02 | 50. 94 | 4. 00 | 32. 08 | 28. 30 | 70. 83 | 0. 87 | 0. 00 |
| 083400 | 风景园林学 | 92. 31 | 74. 36 | 34. 78 | 69. 57 | 91. 30 | 95. 65 | 91. 30 | 81. 63 | 39. 13 | 82. 61 | 39. 13 | 4. 76 | 8. 70 | 26. 09 | 48. 28 | 0. 00 | 0. 00 |
| 095135 | 食品加工与安全 | 95. 52 | 82. 09 | 90. 91 | 81. 82 | 100. 00 | 72. 73 | 100. 00 | 89. 32 | 36. 36 | 90. 91 | 90. 91 | 0. 00 | 45. 45 | 45. 45 | 41. 82 | 0. 00 | 4. 48 |
| 082701 | 食品科学与工程 | 88. 00 | 62. 67 | 60. 00 | 80. 00 | 95. 00 | 85. 00 | 90. 00 | 75. 00 | 40. 00 | 80. 00 | 65. 00 | 5. 88 | 65. 00 | 30. 00 | 57. 45 | 1. 33 | 10. 67 |
| 1202Z1 | 饭店管理 | 100. 00 | 100. 00 | 100. 00 | 100. 00 | 100. 00 | 100. 00 | 100. 00 | 100. 00 | 0. 00 | 50. 00 | 50. 00 | 0. 00 | 50. 00 | 50. 00 | 44. 44 | 0. 00 | 0. 00 |
| 030503 | 马克思主义中国化研究 | 96. 77 | 83. 87 | 84. 21 | 78. 95 | 100. 00 | 89. 47 | 94. 74 | 74. 34 | 21. 05 | 73. 68 | 68. 42 | 0. 00 | 15. 79 | 21. 05 | 34. 62 | 0. 00 | 9. 68 |
| 030501 | 马克思主义基本原理 | 83. 33 | 75. 00 | 100. 00 | 100. 00 | 100. 00 | 100. 00 | 66. 67 | 88. 33 | 0. 00 | 33. 33 | 66. 67 | 0. 00 | 0. 00 | 0. 00 | 33. 33 | 0. 00 | 8. 33 |
| 030500 | 马克思主义理论 | 87. 93 | 79. 31 | 93. 38 | 88. 24 | 97. 06 | 93. 38 | 88. 97 | 83. 56 | 18. 38 | 86. 76 | 63. 24 | 0. 00 | 16. 18 | 8. 82 | 49. 28 | 0. 29 | 5. 17 |

# 后　记

就业是民生之本、发展之基，一头连着民生冷暖，一头连着发展大局。高校毕业生就业关系个人价值、民生福祉和国家发展大局，是就业工作的重中之重。党中央、国务院高度重视高校毕业生就业创业工作。习近平总书记多次作出重要指示批示，强调要把促进青年特别是高校毕业生就业工作摆在更加突出的位置，做实做细就业指导服务。习近平总书记2022年6月在宜宾学院考察时严肃指出“就业数据要扎扎实实，反映真实情况”；在2024年中共中央政治局第十四次集体学习时强调“加强宣传教育，引导全社会牢固树立正确就业观，以择业新观念打开就业新天地”。习近平总书记关于做好就业工作的系列重要论述和重要指示批示精神，是指引我们加快推进高校毕业生更高质量充分就业的思想指引和根本遵循。湖南省教育厅坚持举旗定向、对标对表，深入贯彻党的二十大精神，坚决扛起政治责任，准确把握2023届高校毕业生就业创业工作面临的严峻形势，坚持以服务国家战略为导向、以提升就业质量为重点、以满足学生需求为根本、以精准服务为依托，全力促进高校毕业生更加充分更高质量就业，着力确保就业局势总体稳定。

高校毕业生就业质量报告是高等学校建立健全就业状况反馈机制、引导高校优化招生和专业结构、改进人才培养模式、及时回应社会关切的一项重要工作。湖南省教育厅按照《教育部办公厅关于编制发布高校毕业生就业质量年度报告的通知》（教学厅函〔2013〕25号）和《教育部关于做好2023届全国普通高校毕业生就业创业工作的通知》（教学〔2022〕5号）等文件要求，结合湖南省2023届普通高校毕业生就业创业工作实际，认真开展调查，广泛征求意见，深入分析数据，精心组织编制完成了《湖南省普通高校2023届毕业生就业质量年度报告》。

本书以教育部规定的指标体系为基础，通过对全省2023届普通高校毕业生整体情况、就业特点及就业质量的总结与分析，以期比较全面地反映湖南省普通高校毕业生就业状况，为进一步健全我省高校招生计划、人才培养与就业联动机制，推进高校教育教学改革提供参考依据。本书由夏智伦同志担任顾问，兰勇、柴世钦同志负责审阅、定稿，曹敏、彭艳霞负责统稿，鲁光杰、李希敏、曾静、李昌维、胡媛承担组织协调和文稿修改工作。各章执笔人员如下：第一至第三章陶永峰、周麟、王欢；第四至第五章李浩平、田园、马子涵；第六章胡清华、朱敏、佘云阳；第七章贺佐杰、史石峰、曾敏；第八章郝加孝、聂亮、贺阳；第九章章小波、罗魏；第十章章小波、陶永峰、张燕源；第十一至第十二章章小波、周麟、刘莹、陈静。

本书比较全面地反映了我省高校毕业生就业工作的实际，体现了毕业生就业的主要特点、发展趋势，可供有关政府部门、高校、用人单位以及高考考生、大学生及其家长参考阅读。同时本书以数据为模型，从不同维度进行一般性分析并详尽罗列结果，为学术机构或个人提供了极具价值的拓展研究工具书。由于时间仓促，在分析与表述、就业质量评估模型建立等内容中，本书难免存在不妥之处，敬请读者批评指正。